○—— 제3기: 1974. 3. ~ 1983. 3. (9년)
북한, 통일 광야로의 길 모색

○—— 제4기: 2006. 7. ~ 2018. 7. (12년)
남한, 실크로드 집중 탐사

시대인, 소명에 따르다

시대인,
소명에 따르다

정수일 회고록

arte

시작하며

분단의 아픈 시대를 살아온
한 시대인이 오롯이 남기는 글

한 사람의 회고록이란 더도 말고 덜도 말고 살아온 한생을 있는 그대로 돌이켜 보는 기록이다. 사실 그러한 기록을 스스로 남기는 경우가 흔치는 않다. 나 역시 한때 그러려고 하던 사람이었다. 별로 기록으로 남길 만한 일이 없는 데다가, 얽히고 설킨 삶을 한 주제로 엮기란 여간 어렵지 않을 것만 같아 쓰기를 주저했다. 그러나 회고록 한 권쯤은 남겨놓으라는 지인들의 집요한 권고는 거의 선의의 성화에 가까웠다.

그도 그럴 것이 내 인생에는 이상야릇한 '흥밋거리'와 격변의 시대상을 엿볼 수 있는 조영물(照影物)이 수두룩이 널려 있다. 세간의 풍문을 포함해 나의 인생 처세에 관한 언설은 다채롭다. 중국의 첫 국비유학생(카이로대학), 유망한 외교관, 부와 명예를 거머쥘 수 있었으나 후회 없이 단념한 사람, 가족을 뒤로하고 민족 통일의 광야에 나선 통일 역군, 당당한 민족주의자, 상반된 두 사회제도하에서 살아본 '이색인(異色人)', 6개국 국적으로 세계를 누빈 다국적자, 음지와 양지를 넘나든 '이중인(二重人)', 남북한에서 대학교수를 지낸 사람, 박사학위와 교수직 피탈자, 이산의 한 맺힌 실향민, 분단 시대의 '불우한 천재 학자(《뉴욕타임스》)', 극형의 사지에서 구출된 행운아, 세계의 변혁을 꿈꿔온 변혁가, 가족 열두 명의 경조사에 한 번도 참석하지 못한 불초불성자(不肖不誠者), 종횡 세계 일주를 수행한 코즈모폴리턴(세계주의자) 겸 여행가, 실크로드학의 학문적 정립자(제3대 세계실크로드학회 회장 역임), 다중어자(多重語者, 폴리글롯, 세계 4대 여행기 중 3대 여행기의 한글 역주본 출간), 심지어 베이징대학 팀 축구 선수 등 유별난 처세 속에서 나름대로 덧없는 삶을 살아왔다.

보다시피 내 인생 처세의 스펙트럼은 꽤 다채롭고 폭넓은 편이다. 그야말로 영욕(榮辱)과 희비고락(喜悲苦樂)으로 얼룩진 한 인간의 삶은 일말의 '흥밋거리'로 여겨질 수도 있을 법하다. 그렇지만 더러는 그 삶 속에서 무언가를 찾아냄으로써 내게 진심 어린 권유와 격려를 아끼지 않았다. 그들의 권유와 격려에 보답고자 필을 들었지만, 삼라만상의 뒤엉킨 실타래를 한 오리로 엮어내기에는 실로 버겁고 힘겨웠다.

그러나 내 나이 미수에 다가서자 세상에 감사하는 마음이 일면서 인생을 허심하게 돌아보는 과정에 다행스럽게도 삶의 실타래를 풀어나갈 수 있는 주제어를 발견하게 되었다. 그 주제어가 바로 '시대의 소명(召命)에 따름'이라는 화두다. 이 주제에 대한 전제는 '시대인(時代人)'이란 자리매김이다. 나는 20~21세기 격동의 시대를 살아온 한 '시대인'일 따름이다. 이 시대를 앞선 사람도 아니다. 오로지 시대의 피조물로서 이 화두를 붙잡으니 비로소 글이 한 줄로 모아진다. 내가 이 곬 저 곬을 가리지 않고 한 곬으로만 걸어왔더라면 과연 어떠했을까? 물음만 남을 뿐, 답은 없다.

이 책은 잘나게 살았건 못나게 살았건을 불문하고 구십 평생 겪은 일과 생각한 일들을 총 9장(시작하며와 마치며 제외) 61절로 엮었으며, 현장의 생동감을 살리기 위해 지역별로 사진 몇 장씩을 후미에 실었다. 그리고 청년기부터 황혼기까지 총 28년을 '역마살(驛馬煞)'의 제단에 쾌척한 '종횡 세계 일주 노정도'를 첨부했다.

이 책의 마지막 글획에 종지부를 찍으면서, 나름대로 이 책이 지니고 있는 특색에 대해 곰곰이 되새겨 보았다.

첫째로, 비교적 복잡다기한 내 인생의 여정을 이해하기 위해 여정과 연동되는 시대적 및 사회적 배경을 진솔하게 기술하는 데 유념했다. 이것은 '시대인'으로서의 나의 삶과 직결되기 때문이다.

둘째로, 가급적 세계에 대한 나의 신념이나 관점, 즉 인생관이나 세계관, 철학관, 자연관, 학문관, 도덕관 등을 처처에서 드러내려고 시도했다. 이러한 시도는 나의 후반생(後半生) 30여 년에 집약되었다.

셋째로, 내용과 문맥에서 전·후반부 간에 일정한 상차가 있다. 전반부는 족보로부터 가족, 청소년기의 교육과정, 외교 일선에서의 활동 등이 포함돼 그 스펙트럼이 넓고 다양하다. 이에 비해 후반생 30여 년은 여러 가지 제약 속에 오로지 학문 연구라는 단순 작업에만 삶을 소진했다.

넷째로, 외람되게도 이 책은 한 인간의 고질인 '역마살'이 만용(蠻勇)의 기를 발산한 결과물이다. 종횡 세계 일주라는 '역마살' 인자가 내재하지 않았던들 내 삶은 크게 달라졌을 것이며, 이 책의 엮음도 도시 불가능했을 것이다.

　보다시피, 이 책을 구성한 총 9개 장 중에서 가장 많은 분량을 4장 '통일 성업의 광야에 서다'에 할애했다. 그 이유는 내 인생에서 두 번의 결정적 변곡점이 있었는데, 그 동인은 두 번 다 '통일 성업의 광야'에 굳건히 서서 한생을 불사르려는 신념과 의지였다. 첫 번째 변곡점은 중국 외교관으로 있다가 양양한 전도를 뒤로하고 민족 통일 성업에 헌신하겠다는 이유를 내세워 정정당당하게 북한으로 환국한 것이며, 두 번째 변곡점도 역시 통일 성업의 광야에 솔선하겠다는 포부를 안고 북한에서 남한으로 자진 진출한 것이다. 이렇게 보면 적어도 전반생의 대부분을 민족 통일을 위해 헌신할 구상을 무르익히고, 그 실천에 나선 시기로서 상대적으로 회고감이 많고 다양할 수밖에 없다. 나는 어디에선가 맞이하게 될 세 번째 변곡점인 '통일의 완성'을 보지 못한 채 보안법 위반 혐의로 체포되어 사형 구형과 12년 선고를 받고 5년간 복역하다가 특별사면으로 출옥했다.

　남한에서 몸소 통일 성업의 광야에 서보니 70여 년의 민족 분단사를 쉽사리 끝맺음하지 못한 주요 원인을 나름대로 찾아낼 수 있었다. 그 원인은 민족과 통일이라는 역사적으로 중차대한 의제에 관한 철학과 향도적 이론의 결핍에 있다는 사실을 절감하면서 다년간 그 천착에 전력투구했다. 그 결과를 졸저 『민족론과 통일담론』(통일뉴스, 2020)에 집약했다. 민족주의 개념과 통일담론의 철학적 기조, '진화통일론' 같은 민족주의와 통일담론에 관련한 일련의 중요한 문제에 관해 창의적인 해명을 시도했다. 이것이 이 책의 또 다른 특색이라면 특색이다. 이 책에 대해 한 통일 문제 연구자는 "이 책이 편견과 오해에서 벗어나 실사구시(實事求是)에 기초해 새로운 민족론과 통일담론을 형성하는 데 초석이 되길 기대한다"라는 서평을 냈다. 나 역시 같은 기대를 한다.

책의 특색이라고 해서 결코 비교우위론적 특징이라는 말은 아니다. 동류의 책과는 '색깔'이 좀 다를 뿐이라는 뜻이다. 독자 여러분께서는 이 점을 이해하시기 바란다. 정작 회고록이랍시고 책을 내고 보니 미흡한 점이 한두 가지가 아니다. 애당초 내놓을 생각이 없던 책인 데다가, 8개월이란 짧은 기간에 서둘러 엮어낸 책이라서 흠결백출(欠缺百出)일 수밖에 없다. 독자 여러분의 깊은 양지와 더불어 엄정한 질정을 바라 마지않는 바이다.

흔히들 회고록이라고 하면 그저 개인사의 기록쯤으로만 치부하는데, 정작 맞닥뜨리고 보니 실상은 결코 그렇지 않다. 많은 분들에게서 귀중한 조언과 자문, 확인을 받아야 했는데, 특히 회고에 필요한 자료들을 수집하는 데 출판사 '창비'와 '통일뉴스'의 편집진 여러분들의 협조와 노고가 컸다. 이에 진심으로 감사를 드리는 바이다. 이와 더불어 한국문명교류연구소 김정남 전 이사장, 장석 현 이사장, 그리고 강윤봉 상임이사를 비롯한 연구소 식구들 모두는 내가 안심하고 집필에 전념할 수 있도록 헌신적인 배려와 채근, 독려를 베푸신 조력자들이고, 연구소 소훈(所訓)인 '소위당가'(所爲當家, 연구소 일을 제집 일처럼 챙기다)의 수범자들이다. 연구소 동료들의 한없는 배려와 10여 년간 나의 종횡 세계 일주의 험로에서 동고동락한 투어블릭 강상훈 대표께 이 조그마한 선물로 보답하고자 한다. 더불어 앎의 목마름을 풀어준 '거시기산악회' 산우들, 낭인의 신세로 전전긍긍할 때 정성 어린 후의를 베푼 백낙청 교수를 비롯한 여러 지인들, 그리고 법정에서 대법원까지 상고를 주도하면서 시종 피고인을 위해 변호를 맡은 고 박원순 변호사와 김한수 변호사, 고비마다 변호와 자문을 아끼지 않은 차병직 변호사께 진심으로 깊은 사의를 표하는 바이다.

그리고 촉박한 기한 내에 어설픈 원고를 말끔히 다듬어 이토록 정갈한 책으로 꾸며준 북이십일 김영곤 대표이사를 비롯해 편집진 장미희, 김지영, 최윤지 선생의 노고에 따뜻한 위로와 고마움을 전하는 바이다.

지난 30년간 출간한 변변찮은 졸저에 대한 독자들의 서평은 수백 통에 달한다. 그들은 예외 없이 온정을 다해 격려와 축의를 아끼지 않았으며, 편달과 질정을 마다하지 않았다. 이 모든 것은 나의 모자람을 채워가게 한 분발의 촉진제였으며 보강의 양약이었다. 이에 독자 여러분께 거듭 고마움을 표하는 바이다.

2022년 11월 1일
옥인학당에서
정수일 삼가

차례

시작하며 분단의 아픈 시대를 살아온 한 시대인이 오롯이 남기는 글 4

서장 시대적 소명과 시대인 15

청년기, 민족 통일의 꿈을 품다 17
장·노년기, 겨레 헌신을 위해 학문의 뜻을 펼치다 28

1장 유랑 화전민의 아들로 나고 자라다 35

알아낸 뿌리, '본' 37 | 천년 고토를 떠난 유민 44
우리 집 '가족사 사전'에 없는 표제어들 56 | 3업을 겸직했던 조강지처를 기리며 75
더부살이 티 없는 완벽한 조선인 유민 사회 82 | 모래판에서 '천자문'을 익히다 87
일제의 식민지 동화교육에 시달리다 94 | 동트기 전의 칠칠암야 107
천지개벽의 광복을 맞다 113 | 지능에서 일어난 '돌연변이' 122

2장 개천에서 만리장천 비상하다 133

새벽길 열어준 정든 요람, 옌볜고급중학교 135
개화의 싹을 틔운 요람의 터전, 룽징 142 | '선구자'적 기상으로 영혼을 일깨우다 149
나를 돌아보게 한 빛바랜 학적부 160 | 분에 넘치는 시골내기의 베이징행 170
인생 도약의 뜀틀이 되어준 모교, 베이징대학 182
시대의 학문적 소명에 부응하다 191
지덕체를 겸비한 인간형 '삼호' 200 | 스승 지셴린 선생을 기리며 211
조국 헌신은 지고의 위업 216

3장 문명의 요람에서 세태에 눈뜨다 225

유학, 두 수반이 공들인 합작품 227 | 나일강 문명에서 잉태된 모교, 카이로대학 237
나세르가 새롭게 모색한 '혁명철학' 243 | 반가운 겨레붙이와의 뜻깊은 만남 246
아랍의 세계적 대여행가 이븐 바투타 250 | 모로코, 내 인생의 변곡점 264
개가 짖어대도 대상은 전진한다 267

4장 통일 성업의 광야에 서다 279

'잔류'와 '환국'의 곡직 평가는 역사의 몫 281 | 교육 일선에서 청춘을 불태우다 286

통일 성업으로의 마음을 더욱 가다듬다 293

구절양장 10년을 에돌아 통일 광야에 서다 300

민족사의 복원, 총사민족 이휘기사 306 | 고전은 '앎의 샘'이고 '삶의 거울' 320

맥 빠진 민족론의 재생적 담론 327 | 민족주의 역기능론과 폐기론 333

민족주의 정립 불가론의 허구성 342 | 민족주의는 통일담론의 철학적 기조 349

반통일적 '분족론'의 부당성 363 | 통일의 편익과 '진화통일론' 372

5장 후반생을 설계한 영어의 5년 381

옥중 좌우명, 수류화개 383 | 감옥은 인성 도야의 도량 389

옥사는 격폐된 '학문의 산실' 392 | 한고와 삼쾌고 398

6장 옥중에서 구사한 학문 연구 총람 405

나의 학문관 409 | 문명교류의 통로, 실크로드 414

『실크로드 사전』, 미증유의 문명교류 사전 425

실크로드 현장을 사진으로 집대성한 3대 도록 433

문명의 교류, 이상사회로 가는 첩경 438 | 불화만을 부채질하는 '문명충돌론' 448

이슬람의 바른 이해 457

7장 후반생의 문턱을 넘다 473

산 사람 입에 거미줄 치랴 475 | 지인들의 후의로 후반생의 문턱을 넘다 479
앎의 목마름을 풀어준 '거시기산악회' 486 | 아내의 지성 어린 묵묵헌신 495

8장 종횡 세계 일주의 꿈을 이루다 501

종횡 세계 일주와 '세계일화' 503 | 문명의 요람 아프리카 510
문명의 보고 라틴아메리카의 정체성과 그 문명 513
모자이크식 유럽 문명 519 | 아시아 문명의 관용적 공존 524

마치며 여명을 잉태한 낙조에 한생을 고이 묻고 훨훨 떠나련다 530

고마웠던 세월에 남긴 몇 가지 족적 531
고마움을 채 갚지 못한 아쉬움 549

색인 560

정수일 약력 569

정수일 저서 및 역주서 목록 570

서장

시대적 소명과
시대인

일러두기

— 책명은 겹낫표(『』), 짧은 글, 시, 기사, 논문 등은 홑낫표(「」),
  신문, 잡지 등의 매체는 겹화살괄호(《》)로 묶었다.
— 저자의 전작에서 인용한 일부 글들은 각주를 통해 출처를 밝혔다.
— 외래어 표기는 국립국어원의 외래어표기법을 따랐으나
  일부 용어는 저자의 의견에 따라 예외를 두었다.
— 컬러 도판은 책의 말미에 수록했다.

청년기, 민족 통일의 꿈을 품다

돌이켜 보면, 나는 오로지 시대의 소명만을 따라 살아온 한 시대인일 뿐이다. 어떤 이는 나더러 '경계인'이니 '통일인'이라고 하는데, 두루뭉술한 '경계인'이나 통일을 이루지 못했는데 '통일인'이라고 부르는 것은 다 가당치 않다. 나는 그저 이 시대의 소명에 따라 뚜벅뚜벅 할 일을 좇아 걸어온 시대인에 불과하다. 그 이상도, 그 이하도 아니다.

인간은 소정된 시대의 피조물로 시대의 소명에 따를 수밖에 없는 존재다. 제아무리 시대를 주름잡는 일세의 영웅호걸이라 할지라도 그저 시대의 소명에 순응하는 인간일 뿐, 결코 시대 위에 군림해 시대를 호령할 수는 없다. 문제는 어떤 시대의 어떤 소명을 어떻게 따르는가 하는 것이다. 시대의 부름에 따르는 것이 그 시대를 사는 인간의 사명이고, 따를 생각을 하는 것이 사명감이며, 그 생각을 실천에 옮기는 사람이 사명인, 즉 시대인이다.

시대인이란 시대의 소명을 사명으로 받아들이고, 그 실천을 위해 헌신을 마다하지 않는 사람을 말한다. 이러한 시대인의 요람은 대체로 태평성세의 시대가 아니라 난세와 격변으로 소용돌이치는 시대다. 이러한 시대에는 범상찮은 시대적 소명이 부과되어 그 소명을 다하기 위해서는 선공후사(先公後私)의 노력과 헌신이 요구된다. 나는 일찍이 '시대의 소명에 따라 지성의 양식(良識)으로 겨레에 헌신한다'를 한생의 좌우명으로 삼고, 천혜의 행운 속에 나름대로 떳떳한 시대인으로서 삶의 궤적을 개척하느라고 앞만 보고 달려왔다.

이제 와서 이러한 궤적과 행운으로 내 삶의 좌표를 두루 자리매김해 봤을 때, 과연 이 시대가 요청하는 시대인의 반열에 낄 수 있을까 자문하지 않을 수 없다. 이 물음에 대한 답안은 바로 이 회고록의 전편을 갈무리하고 있는 화제의 총결산에서 얻을 수 있다.

내가 살아온 약 100년의 세월(1934~)은 수천 년 인류 문명사에 비하면 순간에 불과하지만, 세계사나 민족사를 통틀어 보기 드문 난세와 격동으로 점철된 시대다. 이러한 시대적 특징은 나를 포함해 이 시대를 살아가는 모든 사람에게 그만큼의 어렵고 복잡한 시대적 소명을 부과하고, 그 수행을 사명으로 기제하고 있다. 그러나 개개인이 처한 구체적 환경과 인성(人性)이 천차만별이라 부과된 시대적 소명을 받아들이는 입장과 태도, 실천하는 의지와 결과는 각인각색일 수밖에 없다. 한마디로, 더러는 시대인답지만, 더러는 그렇지 못하다.

경험이 말해주듯, 시대인으로서 인간의 성장은 지난한 자기 수련과 우여곡절 그리고 시대에 대한 개안(開眼)의 점진 과정을 거쳐야 이루어지는 법이다. 나는 망국의 유랑민 후예로 이역인 중국에서 일제가 강요한 식민지 노예교육을 받던 유년기에는 그 비천하고 욕된 처지를 시대와는 무관한 숙명적인 '유전가보(遺傳家譜)'쯤으로만 여겨왔다. 극악무도한 일제 침략군 토벌대가 마을에 불을 지르고 독립투사들과 민간인들을 무참하게 학살하는 처참한 광경은 어린 영혼에 공포와 전율만 남겼을 뿐이다. 비정한 시대에 대한 의문이나 저주를 품기에는 내 나이가 너무나 어렸고 철부지였다. 오로지 순종만이 강요되는 식민지 사회에서 망국의 화전민(火田民) 자녀들은 꿈을 제대로 펼칠 수가 없었다. 공부를 통한 출세의 길은 애당초 막혀 있었다. 그들의 꿈은 움도 틔우지 못한 채 시들어 버리기 일쑤였다. 소명을 달리하는 시대가 오지 않았던들, 이러한 유년기의 가엾은 처지나 비운은 이어지는 소년기나 청년기에도 변함없이 그대로 지속되었을 것이다.

다행히도 세계를 미증유의 전란으로 몰아넣었던 제2차 세계대전의 종전을 계기로 동반구의 일우(一隅)에는 광복이라는 천지개벽의 새 시대가 도래했다. 마침 유년기를 갓 벗어나 소년기에 턱걸이하고 있을 때(12세)다. 광복이란 실로 엄청난 시대적 변혁으로서 부지불식간에 일상을 360도로 바꿔놓았다. 일제강점기에 작고 허름한 소학교밖에 없던 백두산 자락의 심산유곡에도 학교가 생겼다. 지역 유지들이 중의를 모아 조선족 자치 초급중학교인 광동중학교(光東中學校)를 세워 고작 소학교밖에 못 나왔던 시골내기들에게 중등 공부를 이어갈 수 있게 한 것이다. 광복과 더불어 어디서 퍼올린 열정인지는 딱히 알 수 없으나 공부가 마냥 즐겁고 흥겨웠다. 광복 후 했던 2년간의 공부는 광복 전 5년간의 공부를 상쇄하고도 남음이 있었다.

사실 나 자신도 의아할 정도로 광복을 분수령으로 해서 학업성취는 판이해졌다. 광복 전 일제강점기하의 소학교 5년의 공부는 딱히 장래도 기약도 없었다. 낯설기만 한 일본어로 공부를 하는 둥 마는 둥 마지못해 하다 보니 성적은 내내 중위권을 맴돌았다. 어차피 이름 석 자나 쓸 줄 알고 촌로(村老)가 될 바엔 구태여 학업에 괘념(掛念)할 필요가 없었기 때문이다. 평생 무학(無學)을 한탄하는 부모님마저 시대의 적폐를 실감한 터라 자식의 이러한 무념방종(無念放縱)에 대해 별로 채근하지 않고 그저 수심 어린 기색으로 자식의 미래를 걱정하실 뿐이었다. 그러나 광복이 되자 부모님은 지극정성으로 뒷바라지해 주셨고, 그 결과 중등 교육과정을 부모님의 기대 이상의 성적으로 마쳤다. 1947년 수석으로 광동중학교 제4기생으로 입학해 3년간 선두 자리를 늘 지켜왔으며, 이후 당시 옌볜의 유일한 고등중학교인 옌볜고급중학교 제2기생(약 250명)으로 입학했다. 광동중학교 동기생 50여 명 중 단 두 명만이 이 학교의 진학에 성공했다.

겁 모르고 천방지축, 좌충우돌하는 청년기에 이르러서는 사회에서 치열하게 일어나는 여러 변혁운동을 직접 목도하거나 동참하면서, 시대와 역사, 국가와 민족에 관한 참신한 깨달음으로 소박한 지적 욕구를 하나씩 채워나갔다. 특히 사회 변화와 연동되어 변모하는 시대상과 더불어 세계상(世界像)에 관해서도 눈뜨기 시작했다. '내가 사는 사회'만이 아니라 '여럿이 함께 사는 사회'를 동경하고, 세계는 서로 어울리고 소통하는 하나의 공동체라는 의식이 조금씩 파릇파릇 싹트면서 세계는 하나, '사해일가(四海一家)'라는 대동의식(大同意識)이 어렴풋이 생겨났다. 이러한 정신적 계몽이 아마 대학 시절부터 학문적으로 시대와 역사, 민족, 문명교류 같은 인문학 탐구에 경도하게 된 동기였을 것이다.

사실 여기까지는 이웃 땅 중국의 옌볜 일원에서 민족 독립투쟁을 벌여온 시대의 선각자들이 중심이 되어 일구어 놓은 조선족 공동체의 소명에 따라 보낸 격동의 소년 시절이었다. 그때까지는 당당하게 원적(原籍)이 함경북도 명천이었고, 조국은 한반도였다. 다만 여기 북간도(北間島, 현 옌볜)는 200여 년 전 조상들이 살길을 찾아 황무지를 화전 옥토로 개간해 몇 세대를 내려오는 동안 정착한 고향이나 다름없는 이역이다. 비록 이역 옌볜이 정처 없이 유랑하다가 정착한 고향이지만, 옌볜의 조선족들은 자신들이 단군의 혈통을 이어받은 한민족의 당당한 구성원이라는 자부심을 한시도 잊은 적이 없었다. 다들 운명 공동체로서 시대의 소명에 따라 생사고락을 함께했다.

그러나 1950년 6월 25일의 민족상잔을 계기로 옌볜 조선족들의 법적 지위가 바뀌었다. 어느 날 갑자기 국제공법상의 '조선족'이 중국 국내법상의 '소수민족 조선족'으로 뜻밖의 신분 변화가 생겼다. 이로 인해 조선족에 대한 시대나 사회의 소명 부과 주체가 달라졌을 뿐만 아니라, 그에 수반되는 사명 의식에도 변화가 생길 수밖에 없었다. 고급중학교 졸업을 앞두고 유망한 졸업생 60여 명은 '민족 간부 양성'이라는 명분 아래 세워진 지방 민족 대학인 옌볜대학이 아닌, 중국의 국립대학에 들어가야 했다. 중국 중앙 교육부의 진학 추천을 받고 6개월간의 중국어 집중학습을 거쳐 가까스로 대학 입학 시험에 응시했다. 그 결과 20여 명은 낙방의 고배를 마시고, 나머지는 둥베이 소재 중국 대학에 나뉘어 입학하게 되었다. 나는 운 좋게도 신중국 건립 후 첫 국가적 통일 시험에 합격해 베이징대학 동방학부에 진학하게 되었다.

전혀 새로운 환경 속에서 전액 장학금에 소수민족 우대금까지 받아가면서 학업에 잠심몰두(潛心沒頭)하는 청년기를 보냈다. 철두철미한 사회주의 체제를 운영하는 중국, 특히 인재 결핍에 시달리던 새 나라 건설 초기의 중국은 고등교육만큼은 그 어느 분야보다도 촘촘하고 철저하게 계획을 세워 인재 양성을 도모했다. 훗날 밝혀진 사실이지만, 나는 대학 입학 때부터 미래의 외교관 양성 대상으로 지목되어 학업을 마치고 외교부에 정식 소환될 때까지 대학 당국이나 교육부에서 줄곧 자질 검증을 받았다.

시대적 소명관 측면에서 보면, 이 과정에서 중국의 소수민족 일원으로서 사회주의적 중국이 내게 부과한 시대적 소명을 깨닫기 시작했다. 그러면서 이 과정은 훗날 외국 유학과 외교부에서의 봉직, 알제리 전장에서의 체험 그리고 사상 초유의 세계적 진영 논리의 탐구 등 다원적인 현장 활동과 실천 및 경험을 통해 20세기의 격동하는 한 시대를 살아가는 지성인, 사명인, 시대인으로서의 보다 확장된 시대적 소명관을 갖게 되는 과정으로 자연스럽게 이어졌다.

한편, 비록 타의에 의해 법제상 중국 소수민족의 일원이 되어 중국 사회의 진화에 따르는 시대적 소명에 부응할 수밖에 없었지만, 이와 동시에 '겨레 헌신'이라는 거시적인 시대적 소명 의식만은 한시도 잊은 적이 없었다. 아니, 잊기는커녕 오히려 시간이 흐름에 따라 그러한 이소고연(理所固然)의 의식은 마음속에서 더욱 굳건히 무르익었다. 대학 시절 주로 명망 있는 중국 대학에 진학한 고중 동기생 중 뜻을 같이하는 친구들 사이에는 '위국헌기위지고(爲國獻己爲至高, 나라를 위해 자기를 헌신하는 것은 가장 숭고한 위업)'라는 잠언 같은 장엄한 격려사가 묵시적으로 오갔다. 여기서의 '위국'은 다름 아닌 '조국을 위해'였다. 훗날 그날의 동지들 대부분은 조국(당시로서는 북한)의 건설과 통일이라는 시대의 절박한 소명에 결연히 호응해 환국한 후 '겨레 헌신'의 뜻을 마음껏 꽃피웠다.

이렇게 젊은 시절, 나는 전례 없는 격동과 변혁 속에서도 오로지 시대에 대한 소명 의식을 싹틔워 나감으로써 비로소 개천에서 만리장천(萬里長天) 드넓은 대지를 비상해 중화(中華)의 심장, 베이징에 안착할 수 있었다.

당시 건국 3년밖에 지나지 않은 신생 중국 앞에는 시급히 해야 할 일이 산적해 있었다. 그중 가장 절박한 당면 과제는 두 개 중국의 병립을 막고 중화 대국의 국제적 위상을 확립하며 건국의 기반을 닦는 일이었다. 이를 위해서는 고급 외교 인력을 신속히 양성하고 그와 더불어 외교 업무를 정립하고 해외 공관을 개설하는 것이 급선무였다. 여러모로 보아 나는 영락없이 신중국의 이 시대적 소명망(召命網)에 걸리지 않을 수 없었다.

대학 4년째인 1955년 4월, 인도네시아 반둥(Bandung)에서 열린 아시아-아프리카정상회의에서 처음 만난 중국 저우언라이(周恩來) 총리와 이집트의 나세르(Gamal Abdel Nasser) 대통령은 양국 간의 새로운 관계 수립의 첫발로 유학생 교환을 합의했다. 이 합의에 따라 양국 간에 '유학생을 교환한다'라는 비공식적 문서인 '문화협정의정서(文化協定議定書)'가 체결되었다. 그 결과, 나는 자본주의 나라에 파견되는 중국 국비유학생 제1호로 선발되어 카이로대학 인문학부에 3년간 유학하는 행운을 누리게 되었다. 총체적 학업 내용은 중국과 아랍-이슬람 세계의 관계 발전에 기여하는 인문학 연구에 초점을 맞추는 동시에 부수적으로 여러 관련 분야 탐구도 겸했다. 이것은 중국과 아랍 세계 간의 관계 수립과 발전에 대한 새로운 시대적 소명에 부응하는 유학 행적이었다.

이집트는 고대문명의 발상지로 찬란한 인류 문명의 유산을 숱하게 보유한 나라이며, 지정학적으로 3대륙의 요충지여서 문명과 문명교류 및 그 통로인 실크로드 연구에서 특별한 비중을 차지하고 있다. 이와 더불어 카이로는 아랍 민족주의의 본산으로 아랍 민족의 독립과 부흥 투쟁을 선도하고 있었다. 이 모든 환경 덕분에 낯선 바깥세상과 처음 맞닥뜨린 이 앳된 시골내기 서생(書生)은 복잡다기한 세태에 눈을 떴으며, 문명에 관한 이해를 새롭게 하게 되었다.

이렇게 새로운 배움과 만남에 한껏 젊음을 불태우고 있을 때, 갑작스럽게 '운명의 장난'을 경험한다. 유학 생활을 중지하고 귀국하라는 교육부의 지령이 떨어졌다. 이집트 교육부에 통고한 이유는 '만성중이염 치료'였다. 무언가 다른 이유가 있을 것이라는 어림짐작 속에 귀국했을 때(1958.8.) 나를 맞은 곳은 교육부가 아니라 외교부 인사사(人事司, 인사관리담당국)였다. 전혀 다른 건이었다. 그 진의는 '긴박한 알제리 정세 연구의 필요성'이었다. 그도 그럴 것이 1950년대 중반부터 소련을 비롯한 동유럽 사회주의 나라들이 식민지 민족 독립 투쟁에 대한 지원을 중단하거나 미루는 수정주의를 채택했다. 그 바람에 알제리를 비롯한 여러 식민지 국가들에서 진행되던 민족 독립 투쟁은 예견대로 난관에 봉착해 지지부진하거나 퇴행하는 위기에 놓였다.

바로 이때 중국은 이를 '마오이즘(Maoism, 마오쩌둥주의)'의 영향력을 확장할 호기로 판단했다. 중국으로서는 당시 유일하게 독립 무장 투쟁에 궐기한 알제리에 관해 정세를 살피고 전략을 수립할 전문 연구자가 필요했던 것이다. 개안지(開眼地) 카이로에 좀 더 남아서 공부를 지속했으면 하는 바람이 굴뚝같았다. 그러나 거시적으로 보면 알제리 무장투쟁을 통해 서아시아와 북아프리카의 아랍 세계와 아프리카에 반식민지 독립투쟁을 점화할 수도 있었기에 이를 시대적 소명이라 여기고 마음을 돌려 아쉬움을 달랬다.

쉴 틈도 없이 돌아온 이튿날 외교부 서아시아-아프리카사(司, 局) 2과에 연구관으로 임명되어 의전과 대외 활동 그리고 정세 연구 등 외교 업무를 익혀나갔다. 아랍어와 영어, 프랑스어 등 각종 언어로 쓰인 신문과 잡지, 단행본, 문건 들이 산더미처럼 쌓여 이용자를 기다리고 있었다. 내가 속한 서아시아-아프리카사는 전체 아랍 세계와의 외교 업무를 주관하는 조직으로서 산하의 3개 과에 직원 총 30여 명이 근무하지만, 그들 중 현지 언어인 아랍어 습득자는 단 한 사람, 나뿐이었다. 건국 이래 처음으로 공식 외교문서를 아랍어로 작성하거나 번역하는 일도 도맡아야 했다. 실로 하루 24시간이 모자랐다. 그렇지만 맡겨진 소명에 보답한다는 뿌듯함으로 지칠 줄 모르고 최선을 다했으며 그만큼의 성과도 거두었다.

이렇게 미래를 준비하는 데서도 보람 있고 유익한 시간을 보낸 지 1년 반이 되던 어느 날, 예단했던 대로 외교 일선에 소환되었다. '예단했던 대로'라기보다 '소원했던 대로'가 더 적절한 표현 같다. 왜냐하면, 병역 경력이 전무한 서생으로서 나는 언젠가는 포화 속을 누비면서 자신을 전사의 기질로 담금질하고 싶었으며, 또한 그러한 현장에서 압제당하는 민족들의 비운을 함께 체험하면서, 그들을 위해 헌신하는 것이 이 시대를 살아가는 참된 세계인이라는 신념을 세워나가고 싶었기 때문이다. 다행히 그 현장이 바로 카이로대학 유학 시절부터 인연을 맺어왔던 알제리전쟁터였다.

때마침 1950년대 말부터 알제리는 프랑스 식민지로 보낸 130여 년의 멍에에서 벗어나기 위한 결사 항전의 무장투쟁에 거국적으로 떨쳐 나섰다. 그들에게 절실하게 필요한 것은 군사 지원이었다. 중국은 군사 지원을 위해 알제리의 인접국이며 알제리전쟁의 후방 기지이기도 한 모로코에 지원 병참기지를 꾸리기 원했다. 알제리를 통해 모로코의 대중국관을 변경한 중국은 그곳에 이집트에 이어 아프리카에서 두 번째로 대사관을 개설하는 데 성공했다. 대사관 개설로부터 알제리전쟁의 종식 전후 4년간(1959~1963), 알제리 전선에서 생사를 넘나들며 참으로 보람찬 나날들을 보냈다. 대사관을 거점으로 아프리카 나라들, 특히 독립투쟁을 전개하고 있는 나라들과의 광범위한 연대 활동을 통해 20세기를 살아가는 한 시대인으로서 갖춰야 할 국제주의적 면모를 체질화하는 전기를 마련했다.

알제리 해방전쟁의 정화(停火)는 내 나름의 시대적 소명 의식에 일대 전환을 일으켰다. 사실 지금까지 누누이 피력한 '시대적 소명'에서 '시대'는 좁은 의미에서 중국사적 시대와 세계사적 시대로 양분했으나, 넓은 의미에서는 이 두 시대를 하나의 국제적 시대로 묶어 이해해도 무방하다. 그러나 특수하게도 나에게는 이 두 시대 말고도, 민족사적 시대라는 개념이 하나 더 첨부된다. 이 세 가지 개념은 서로가 모순되거나 층위적 개념이 아니라, 시공을 초월한 상호 보완적이며 평행적인 개념이다. 그럼에도 불구하고 시대적 소명의 구체적 내용이라든가 수행 방도는 서로 다를 뿐만 아니라 서로의 관계 설정도 가변적이다. 내가 알제리전쟁의 정화와 더불어 환국을 결심한 것은 민족사에 의해 규제된 시대적 소명의 절박성과 합리성을 확신했기 때문이다. 이러한 확신이 없었던들 내 삶에서 담대한 변곡점이 된 환국은 애당초 선택의 여지가 없었을 것이다.

환국을 둘러싸고 중국 측과 끈질긴 설전과 논쟁을 벌이던 끝에 저우언라이 총리로부터 최후 결재를 얻어 1963년 합법적으로 환국하기에 이른다. 중국의 한 매체(百度, 2018.2.2.)는 "'소설보다 더 멋진 인생'을 살아왔으나 알려지지 않은 한 전설적 인물?(有哪些不爲人知的 '人生比小說精彩的傳奇人物?')"이라는 제하에 이 과정을 다음과 같이 기술한다.

그(정수일)는 조선에 돌아가 마음속의 민족 조국을 건설할 것을 더욱더 희망했다. 그러나 당시의 외교부장 천이(陳毅)는 이러한 수재 한 사람을 놓치기 싫어 극구 반대했다. 정수일은 민족주의 경향이 비교적 강하고 성격 또한 매우 집요한 편이라 두 사람 사이에 격렬한 논쟁이 벌어졌다. 그러자 정수일의 편지를 받은 저우언라이 총리가 최종적으로 그의 조선 귀환을 승인하는 결정을 내리고 (필요한) 증명서를 발급했다. 정수일은 드디어 이 증명서를 소지하고 혈혈단신으로 조선에 귀환했다.

他〈鄭守一〉更希望回到朝, 建設他心中的民族祖國。而當時的外交部長陳毅不 愿失去這麼一个秀才, 極力反對, 鄭民族主義傾向較强, 性格也非常執着, 二人發生激烈的爭執。而接到鄭守一來信的周恩來總理最終拍板(拍板: 목판을 두드리다, 즉 결정하다), 允許鄭守一回歸朝鮮幷開具證明, 鄭持證明獨身一人回歸朝鮮。

29세, 시대적 소명과 시대인으로서의 사명에 대한 이성적 판단이 무르익을 무렵, 나는 오매불망 그리던 조국의 품에 안겼다. 그러나 그 조국은 하나가 아닌, 반으로 갈라져 서로가 앙숙으로 등지고 살아가는 치욕의 분단국이었다. 결국, 나는 많은 할 일 가운데서 첫째도, 둘째도, 셋째도 '통일 성업에 헌신하는 것'을 천명으로 주저 없이 택했다. 이것은 통일이야말로 온 겨레의 가장 긴박하고 숭고한 시대적 소명임을 확고한 태생적 신념으로 줄곧 간직해 왔기 때문이다.

장·노년기, 겨레 헌신을 위해 학문의 뜻을 펼치다

돌이켜 보면, 환국으로부터 오늘에 이르는 60년간은 오로지 민족사의 시대적 소명에 따라 겨레를 위한 헌신의 광야에서 적잖은 우여곡절을 겪으면서 부과된 사명을 나름대로 다하는 사명인으로, 시대인으로 삶의 궤적을 개척해 온 녹록잖은 과정이라고 감히 자평해 본다.

북한에서 보낸 15년은 우선 대학의 교육 전선에서 시급한 대외 인재 양성 사업의 사명을 띠고 그야말로 밤낮으로 황무지를 개척하는 지혜를 아낌없이 바쳤다. 그러고 나서 요동치는 남북 정세에 따라 지망이자 숙원이던 통일 성업에 뛰어들 호기를 잡고 그 준비를 위해 몇 년을 보냈다. 그 기간에 나는 민족사의 시대적 소명에 따르는 한 시대인으로서 북한뿐만 아니라, 남한까지 아우르는 전체적인 민족 공동체나 통일 문제에 관한 지식을 온 힘으로 쌓아나갔다.

드디어 1984년 조상의 태가 묻힌 동강 난 남한 땅을 밟게 되었다. 평양과 서울 사이의 거리는 고작 196킬로미터에 불과해 차로 달리면 세 시간 정도밖에 안 걸린다. 이렇게 지척에 있다시피 한 서울을 찾아오는데 구절양장(九折羊腸)에돌다 보니 무려 3700여 일(10년 2개월)이나 소요되었다. 매일 53미터를 답파한 셈이다.

민족 분단의 비운을 하루속히 가셔내야 한다는 절박한 시대적 소명에 따라 부득이하게 위장 신분으로 활동하던 나는 국가보안법 위반 혐의로 체포되어 5년간의 옥고를 치르고 특별사면으로 석방되었다. 그 자초지종에 관해서는 법적 단죄(사형에서 12년 징역형으로 감형)에 의해 밝혀졌기 때문에 이 회고록에서는 굳이 반복부언(反復附言)을 피하고자 한다.

기로(耆老, 예순이 넘은 노인)에 나름 시대적 소명에 따르는 사명으로 여겼던 소행이 범행으로 단죄되어 장기형을 선고받고 높은 주벽(周壁)으로 세상과 격리된 수인(囚人) 생활을 시작했을 때 가장 큰 불안은 이제 인생이 무위(無爲)의 나락에 떨어져 폐인이 되지나 않을까 하는 위기감이었다. 어찌 보면 이것은 삶을 마감할 수 있는 기로(岐路)에 선 한 인간의 허탈감이기도 했다. 고심에 고심을 거듭하던 끝에 이렇게 0.75평의 좁디좁은 감방에서 그러한 위기감이나 허탈감을 털어버리고, 한생을 시대적 소명에 따르는 '겨레 헌신'의 사명을 숙명으로 간직해 온 초지일관된 신념을 끝까지 실천하는 길은 오로지 학문의 뜻을 펼치는 길밖에 없다는 결론에 이르러서야 마음을 다잡을 수 있었다. 이제부터 '겨레 헌신'이라는 나의 시대적 소명은 오로지 학문의 결실로 겨레에 봉사하고 겨레의 위상을 드높이는 일뿐이다.

모든 것이 불비한 수의옥사(囚衣獄舍)에서 학문의 뜻을 펼친다는 것은 말 그대로 자신과 싸워야 하는 지난한 과정이다. 요체는 시대가 요구하는 새로운 학문의 창의적 개척을 위한 지적 노력이다. 공자가 말하는 '술이작(述而作)'의 학문, 즉 '선인의 것을 서술할 뿐만 아니라, 새것을 창작'하는 학문이 바로 그러한 학문이다. 새로운 학문은 예외 없이 시대적 소명에 따라 탄생하는 법이다. 나는 일찍이 대학 시절 국제관계사와 외교학을 공부하고 문명교류에 관심을 갖게 되면서 '세계는 서로가 소통하고 교류하는 하나의 공동체'라는, 당시로서는 조금 색다른 세계관에 흥미를 느꼈다. 이후 얼마 되지 않는 관련 서적들을 닥치는 대로 섭렵했다. 그러다가 카이로대학에서 유학하던 시절 이집트가 자고로 그러한 소통과 교류의 요충지라는 사실을 알게 되면서 그 통로인 실크로드와 문명교류사에 심취하게 되었다.

마침 문명교류학이 인문학의 새로운 분야로 부상하면서, 21세기가 문명교류의 무한 확산 시대로 집중 조명을 받기 시작했다. 이제 교류를 떠난 사회발전이나 시대 변화란 상상할 수 없다. 이러한 절박한 시대적 소명을 포착한 나는 수감 5년 동안 문명교류의 기초학문인 실크로드의 학문적 정립을 위해 『실크로드학』과 『실크로드 사전』(50퍼센트), 『이븐 바투타 여행기』를 비롯해 약 2만 5000매에 달하는 관련 서적을 저술하거나 번역함으로써 '실크로드학'의 학문적 토대를 구축했다. 그리고 출소 후 『실크로드 사전』과 『해상 실크로드 사전』, 『실크로드 도록』(3대 간선, 한·영 총 6권), '4대륙 여행기' 저술 7권과 2대 세계 여행기의 번역을 거쳐 2020년에 『우리 안의 실크로드』를 출간함으로써 '실크로드학'의 포괄적이고 체계적인 학문적 정립에 일단 천착했다고 자신한다.

이 과정은 세계에 대한 앎의 목마름을 해소해 준 종횡 세계 일주와 불가분의 관계에 있다. 넓은 의미에서 '세계에 대한 앎'이란, 세계가 어떻게 이루어졌으며, 어떤 요인이나 동력에 의해 어떤 이상사회로 나아가야 하는가 등 근본 문제를 올바르게 구명하는 것이다. 수천 년간 인류가 고민해 오던 이런 세계사적 의제가 우리 시대에 와서 더욱 절박한 시대적 요청으로 제기되었다.

인류가 각종 사회문제를 해결하기 위해 추구해 오던 정치적, 경제적, 군사적 패러다임이나 방도는 두 차례의 세계대전과 냉전의 종식을 계기로 그 효용에 대해 회의론이 제기되었다. 그러자 많은 문명사가들과 미래학자들은 치열한 논쟁 끝에 그 대안으로 정신적·물질적 보편 가치를 공유하고 실현할 수 있는 문명으로 관심을 돌리기 시작했다. 그러면서 새로운 문명 패러다임으로 현실을 해석하고 미래를 예단하려는 탐구가 시도되어 마침내 문명담론의 장이 열리게 되었다. 그런데 문명담론의 장을 제대로 열자면 '백문불여일견(百聞不如一見)'이라 문명의 현장을 몸소 탐방해 문명의 실태와 기능을 실사구시하게 파악해야만 한다.

그리하여 나는 카이로대학 유학 시절부터 유럽을 일주하던 시기(1955.12.~2018.7.)까지, 집중 여행 네 차례를 비롯해 비롯해 총 28년간 세계를 종횡(縱橫)으로 일주하는 이른바 '종횡 세계 일주'의 꿈을 이루었다. 탐험사에서 보통 세계 일주라고 하면 지구의 동서를 가로지르는 횡단 여행을 말하는데, 동서남북을 종횡으로 세로지는 일주는 흔치 않다. 그만큼 이 '종횡 세계 일주'는 내 삶에 비할 수 없이 소중한 깨달음을 안겨주었으며 시야의 지평을 무한대로 넓혀놓았다.

이 지구상의 5대양 6대주를 아우른 '종횡 세계 일주'를 통해 탐구하고자 했던 세계의 일체성을 발견하고 확인할 수 있었다. 세계의 일체성은 인류가 공통적 조상을 갖고 있다는 인류의 혈통적 동조(同

祖), 큰 흐름에서 세계 역사는 공통적인 발전 법칙을 공유하고 있다는 역사의 통칙(通則), 문명 간에는 선진과 후진을 가리지 않고 부단한 소통과 교류가 이어지고 있다는 문명의 통섭(通涉) 그리고 숭고한 보편 가치를 다 같이 누리려 하고 있다는 보편 가치의 공유(共有) 등 네 가지 공통 요소에서 발현되고 있다. 따라서 이 세계의 일체성이야말로 인류가 그토록 희구(希求)하는 대동세계(大同世界)와 공생 공영의 궁극적 실현을 담보하는 근본적 토대인 것이다.

이러한 일체성이 확보된 인류의 미래 사회를 건설하기 위해서는 어떻게 해야 하는가의 해답을 내놓는 것이 이 시대를 살아가는 우리에게 부과된 막중한 시대적 소명이다. 나는 작금 새롭게 열린 문명담론의 장에서 그리고 그 담론의 당위성을 현장에서 검증하는 종횡 세계 일주의 과정을 통해 종래의 진부한 정치적·경제적 내지는 군사적 패러다임이나 방도를 뛰어넘는 새로운 대안으로서 이른바 '문명대안론(文明代案論)'을 제시했다. 그러면서 각각 상이한 문명권 사이에 활발한 문명교류를 통해 인류 모두에게 유용하고 수용되는 '보편 문명'을 창출함으로써 공생 공영의 미래 사회를 건설할 수 있다는 비전과 실현 방도도 밝혔다.

세계는 지금 개방과 교류를 통해 도래한 다문명 시대를 살고 있으며, '문명의 홍수' 속에서 과학기술을 비롯한 문명을 떠나서는 한시도 삶을 지탱할 수가 없다. 이제 문명은 국가나 민족, 이데올로기나 계급을 초월해 대량으로 양산되고 소비됨으로써 미증유의 보편적이며 평준화된, 다양한 문명이 재생산되고 있다. 살아남는 길은 오로지 문명의 역군이 되는 것이며, 인간적인 삶의 척도는 얼마만큼 문명을 누리고 있는가에 달려 있다. 그리하여 문명은 어느 특정 집단의 전유물이 아니라 보편성과 대중성을 극대화하면서 무한대로 확장 심화되고 있다.

 돌이켜 보면, 나는 세계사와 민족사에서 일어난 전대미문의 격랑을 헤가르며 시대적 소명에 부응하는 한 시대인으로서 미미한 족적이라도 남기고 싶어 나름 미력하나마 기를 쓰며 살아왔다. 이제 내일의 여명을 점지(點指)하면서 저물어 가는 저 노을에 한생을 묻고 떠나야 할 때가 되었나 보다. 어언간 황혼기에 접어든 지도 한참이 되었으니. 못다 한 일에 대한 아쉬움은 있어도 한 일에 대한 후회는 없다. 절명을 각오하면서까지 이루려 했던 통일을 이루지 못한 채 그 짐을 후세에게 넘겨주는 것이 가장 아쉽고 통탄스럽다. 못다 한 일, 바라던 일은 쇠잔하는 인생과 더불어 지는 노을이 잉태하고 있는 여명이 트면 누군가에 의해 이어지고 이루어지리라 믿어 의심치 않는다.

1장

유랑 화전민의 아들로
나고 자라다

1934

1949

0세에서 15세

유년, 소학교에서 초급중학교

알아낸 뿌리, '본'

　　　　　　　　　　우리는 흔히 같은 성씨의 문중 관계를 물을 때 "본(本) 혹은 본관(本貫)이 어딘가(무엇인가)?"라고 묻는데, 여기서의 '본'은 주로 혈통으로 맺어진 문중의 최초 조상이 태어난 곳을 지칭하며, 문중의 뿌리라고도 말한다. 그리고 문중은 자기 세대 이전의 모든 세대인 조상들에 의해 세세연년 대를 이어간다. 뿌리 없는 나무가 없듯이 조상 없는 후예란 있을 수 없다. 오늘의 나를 있게 한 조상님들의 태산 같은 은혜를 잊지 않고 길이 보답하는 것이 바로 지켜야 할 인륜이다. 특히 혈통을 중시하는 우리 민족 고유의 전통에서 그 뿌리를 찾아 조상을 성심껏 섬기는 일은 일종의 신앙이라고 해도 과언이 아닐 정도로 무겁게 여겨진다.

　　그런데 세월이 흐름에 따라 문중의 분화와 이동이 많아지면서 그 관계를 관리하기 위해 우리나라에서는 부부를 중심으로 한 식구들의 신분 사항을 기록하는 호적이라는 공문서가 생겨났다. 그리고 1912년 이 호적에 관한 사항을 규정하는 호적법이 처음 제정된 후

1995년까지 아홉 차례나 개정되었고, 2008년에 이르러서는 시대의 변화에 부응해 '가족관계 등록 등에 관한 법률'이 제정되면서 폐지되었다. 남한에서는 그때까지 원래 호적이 있던 곳을 본적(本籍), 본적지(本籍地) 혹은 원적(原籍), 원적지(原籍地)라고 부르며 공식 문서에 반드시 현주소와 함께 본적을 병기하게 했다. 그러나 중국 옌볜의 경우는 남한과 마찬가지로 본적과 현주소를 병기하다가 1955년 옌볜조선족자치구를 옌볜조선족자치주로 격하한 이후에는 슬며시 폐기해 버렸다.

광복 전 일제강점기에 일제는 민족말살정책의 일환으로 본이나 본적을 애당초 무시한 채 성명을 일본식으로 바꾸는 이른바 '창씨개명'을 강요했다. 차제에 우리는 우리의 '성씨문화(姓氏文化)'에 관해 바르게 이해하고 민족적 자부심을 가져야 한다. 역사에서 우리 민족처럼 일찍부터 '성씨문화'를 가진 민족은 많지 않다. 성씨는 일반적으로 같은 혈통을 뜻하는 호칭으로서 우리나라에서는 고대부터 있었다. 문헌에 따르면, 고대의 해씨(該氏)와 예씨(濊氏), 고구려의 고씨(高氏), 백제의 부여씨(夫餘氏), 신라의 박씨(朴氏), 석씨(昔氏), 가씨(賈氏), 가야의 김씨(金氏) 등이 오랜 성씨에 속한다. 삼국시대 중엽부터 일반화되기 시작한 성은 삼국시대에는 총 120여 개로 늘어났으며, '내자불거(來者不拒)'의 대외 개방 정책을 표방한 고려시대에는 무려 160여 개에 이르렀다. 이처럼 성이 보편화함에 따라 이전처럼 성 하나만 가지고서는 혈연관계를 정확하게 구별하기가 어렵게 되자, 그러한 현상을 극복하기 위해 생겨난 것이 바로 본이다. 역사적으로 우리나라에는 성이 500여 개가 있었으나 그중 200여 개는 사라졌으며, 본만도 1만 개 가까이 되었으나 조선시대 말기에 그 수가 약 3000개로 줄어들었다고 한다. 지금은 2015년 통계청 인구주택총조사 결과에 따르면 외국에서 귀화하여 생긴 성씨까지 합하면 5582개 성씨가 있다. 이 중 한자로 표기할 수 있는 성씨는 1507개이고, 한자가 없는 성씨는 4075개다. 본관별 성씨는 2015년 3만 6774개다.

내가 광복 후 부모님에게 조상과 관련해 전해 들은 사항은, 고작 본은 연일 정씨(延日鄭氏)이고 본적은 함경북도 명천군 상고면 포하동(咸鏡北道 明川郡 上古面 浦下洞)이라는 사실뿐이다. 그리고 동네의 종친 유지 몇 분에게서는 연일 정씨의 시조는 남한의 어딘가이며, 따라서 본적도 북조선의 함경북도 명천이 아니라, 남조선의 어딘가라는 정도를 귀동냥으로 들었다. 가문에 관한 지식은 이것뿐이었다. 더 알 필요도 없었고, 또 알아낼 수도 없었다. 그러다가 1951년 옌볜 출신 조선족은 본인의 의사와는 상관없이 일괄적으로 중국의 소수 민족으로 편입되었고, 1952년 옌볜조선족자치구가 발족되었다. 대학 시절 겪은 이 일은 내게 큰 고민으로 다가왔다. 민족적 정체성의 상실과 이것이 앞으로 언젠가의 환국에 걸림돌이 되리라는 생각에 고민하기 시작했다.

가문의 족속사나 연혁사에 거의 무지한 내게 이러한 고민은 날이 갈수록 더해만 갔다. 중국 측과 환국을 둘러싸고 지루한 논쟁을 벌일 때 가족사를 명쾌하게 밝히지 못해 진땀을 빼던 일이 늘 응어리로 남아 있었다. 그리하여 남한에 발을 들여놓은 첫 순간부터 이러한 응어리를 지워버리려고 몰래 이곳저곳 다니면서 관련 문헌들을 두루 섭렵했지만 여의치 않았다. 당시만 해도 남한에서는 족보 같은 것이 제대로 정리되지 않아 엇갈린 주장들로 난마상(亂麻像)을 이루어 도무지 종잡을 수가 없었다.

그렇게 10여 년을 지나서야 뜻밖의 기회를 만난다. 1998년 대전 교도소에 수감되었을 때, 3년 이상 복역한 공안 수감자들에 대한 세뇌 교육의 일환으로 1일 참관 프로그램이 배정되었다. 담당 교도관이 넘겨주는 참관 대상지 목록에서 '대전뿌리공원'이란 곳이 눈에 띄었다. 여기서의 '뿌리'는 족보라는 설명에 귀가 솔깃해졌다. 본인의 제의에 따라 참관지는 이 공원으로 정해졌다. 그러나 공원 정문에 비치된 안내문에는 연일 정씨비란 비명이 보이지 않았다. 순간 허탈감이 들었다. 간절한 마음에 수위에게 물어보니 혹시나 해서 영일 정씨비를 말하는 건지 모르겠다며 그곳에 가보라고 권한다. 후미진 곳에 세워진 이 비석의 비문을 읽기 시작하다가 별안간 소스라치고 말았다. 첫 문장에 '연일(延日)'은 오늘날 '영일(迎日)'의 옛 이름이며, '연일 정씨'[또는 오천(烏川) 정씨]는 곧 '영일 정씨'라는 글귀가 오롯이 새겨져 있다. 순간 오랫동안 가슴을 짓누르던 큰 돌덩이가 일시에 떨어져 나가는 것만 같았다.

사실 중국에서 조선(한)민족으로 살아오면서, 환경이 환경이니만치 우리 민족의 혈통 관계나 문중 관계, 그 뿌리에 관해서는 거의 무지렁이 신세였다. 개인의 가족사에 관해서는 더욱더 그러했다. 우리 집 가족사만 봐도 '정씨'란 성 하나만 빼고는 더 알려진 바가 없었다. 안다고 한 본마저도 제대로가 아니었다. 내가 나고 자란 옌볜의 명천촌(明川村)은 북한에서 유랑 간 연일 정씨 60여 호가 모여 사는 집성촌으로서 너나없이 본적은 북한 함경북도 명천으로 알고 있었다. 그런데 남한에 와보니 놀랍게도 영일 정씨만 눈에 띨 뿐, 연일 정씨는 안다는 사람이 없을 뿐만 아니라 아예 호적이나 족보도 찾아볼 수가 없었다. 어찌된 영문인가? 이런 현실 앞에서 나는 적지않게 당황했다.

이러던 차에 대전뿌리공원의 '영일 정씨비' 비문에서 연일과 영일의 관계를 비롯해 '영일(연일) 정씨'의 내력을 간명하게나마 알게 되었다. 필기도구를 지참할 수 없어 일일이 기록하지는 못했지만, 곱씹어 되뇌었다. 이 대전뿌리공원에서 우연히 습득한 문중 관련 첫 지식은 가족사를 바르게 추적하고 이해하는 데 출발점과 기폭제가 되었으며, 선조에 대한 효심을 굳히는 계기가 되었다.

차제에 여담 하나를 덧붙이면, 3년 동안이나 높다란 옥벽(獄壁)에 갇혀서 일상을 다람쥐 쳇바퀴 돌듯 돌기만 하다가 무한 공간에 나들이를 나오니 딴 세상 같았다. 비록 교도관들의 감호 아래 있긴 했지만, 사형수와 공안수만 붙이고 다니는 적색 바탕의 수번(囚番)이 없는 헐렁한 평복에 수갑을 푼 채 대지를 활보할 자유를 몇 시간이나마 덤으로 만끽했다. 자유의 소중함을 새삼 체감했다. 더불어 이번 참관은 내 식성의 감별장(鑑別場)이기도 했다. 오랜만에 하는 외식의 소박한 점심 밥상에서 부지불식간에 첫 수저가 간 음식은 기름튀기였다. 훗날 사람들이 제일 좋아하는 음식이 무엇인지 물으면, 거침없이 기름튀기를 꼽는다. 어떻게 보면 자기부정적인 이 식성은 아마도 성장기의 20여 년간 중국 음식에 길들어 생긴 습벽(習癖)이 아닌가 한다. 아무튼 기로(耆老)에 들어서서야 식성을 알아냈다는 것은 식미(食味)에 대한 불감증을 말해준다.

각설하고, 가족의 뿌리 찾기에 관한 이야기는 범상찮은 우여곡절로 이어진다. 2000년 8·15 특별사면으로 출옥했지만, 보호관찰 대상인 데다 아무런 신분증명서(주민등록증이나 재직증명서 등)가 없기 때문에 외출은 극히 제한적으로 이루어졌다. 그 흔한 공공도서관도 출입할 수 없었다. 무국적의 불안감과 고독감, 소외감은 이루 헤아릴 수가 없었다. 이런 족쇄에서 벗어나려면 조속히 국적을 취득하는 수밖에 없었다. 다행히 변호사들의 배려로 서울가정법원에서 어렵사리 국적을 얻었다. 그런데 외국인이 대한민국 국적을 취득할 경우는 도착지를 본적으로 삼는다는 국적법에 따라 나의 본은 '한양 정씨(漢陽鄭氏)'가 되고 본적은 한양, 즉 서울이 되어야 했다. 그렇다면 나는 '한양 정씨'의 '시조'가 되는 셈이다. 육십 평생 '연일 정씨'로만 알고 살아온 나에게는 날벼락이 아닐 수 없었다.

잠시 억지로 외국인 취급을 당하는 것은 그렇다손 치더라도, 뿌리까지 바꿔놓는 것은 있을 수 없는 원통한 일이며, 일종의 불초라는 자괴심마저 들었다. 더욱이 이 아버지로부터 자신들의 본은 '연일 정씨'로만 알고 있는 자식들을 위해서도 도저히 받아들일 수가 없었다. 그리하여 바로잡는 일에 나섰다. 여기서 관건은 내가 다름 아닌 '연일 정씨'의 후손이라는 사실을 인정받는 것이다.

우선, 서울에 있는 영일 정씨 종친회 이사장을 찾아가 자초지종을 밝히고, 그의 소개로 경기도 용인시 처인구 모현읍 능원리에서 연일 정씨의 선현인 포은(圃隱) 정몽주(鄭夢周) 선생의 묘소를 관리하는 장손을 만났다. 만나 보니 그는 옌볜대학 일본어과 출신으로 한중수교 이전에 귀국했으며, 만남에 배석한 그의 어머니는 마침 나의 출생지인 명천마을과 이웃한 삼합촌(三合村)에서 소학교 교사를 지낸 바 있어 우리 마을의 내력을 환히 꿰뚫고 있었다. 그들의 증언으로 내가 연일 정씨의 후손이라는 점이 확인되었다. 그 밖에 내가 참가한 '거시기산악회'의 산우 중에 마침 동본인 정기용(鄭其鎔) 선생이 있어 많은 도움을 받았다. 그는 국세청 과장 출신으로 영일 정씨 종친회 감사직을 맡고 있었다. 그의 안내로 음력 10월 초 첫 일요일에 능원리 산자락에서 열리는 포은 선생 시제에 참배를 가서 종친회의 여러 어른들과 인사를 나누기도 했다.

이러한 능동적인 활동을 통해 여러 사람에게서 받은 종친 확인서와 추천서, 보증서 같은 필요 문건들을 빈틈없이 마련하고 나서, 본적 시정 상고서를 서울가정법원에 공식 제출했다. 면담 두 차례와 담당 변호사의 변호를 거쳐 6개월 만에 승소 판결을 받았다. 급기야 1년 남짓 임시로 보유하고 있던 '한양 시조 정씨'의 족보는 말소되고, 본래의 연일 정씨로 복원되었다.

이상과 같이, 내가 5~6년 동안 '뿌리 알아내기' 활동을 간간히 펼쳐온 결과 초보적으로나마 얻어낸 뿌리사(史)를 정리하면 다음과 같다.

1. 본적명: '연일'은 '영일'의 옛 지명(경상북도 포항)으로 연일 정씨는 곧 영일 정씨임이 밝혀졌다.
2. 시조와 종파 및 본적지: 연일 정씨의 시조에 관해서는 신라의 전신인 사로(斯盧)의 6촌장 중 한 사람인 지백호(智伯虎)가 서기 32년 봄 유리왕에게 정씨 성을 하사받아서 시조가 되었다는 일설이 있으나 신빙성이 약하다. 학계의 중론은 신라 때의 간관(諫官) 정종은(鄭宗殷)에게로 모아지고 있다. 주요 종파로는 지백호의 후손인 정습명(鄭襲明)을 중조(中祖)로 하는 지주사공파(知奏事公派)와 감무(監務)를 역임한 정극유(鄭克儒)를 중조로 하는 감무공파(監務公派), 고려 현종 때 동비원부사(東悲院副使)를 지낸 정자피(鄭子皮)가 1세조인 양숙공파(良肅公派)의 3파가 있다. 본

적지(관향)는 경상북도 포항시다.
3. 집성촌과 규모: 집성촌은 경상북도 김천시, 봉화군, 의성군, 울산시 울주군, 경기도 용인시, 평택시, 충청북도 영동군, 함경남도 고원군, 평안남도 룡강군, 황해북도 평산군 등에 있다. 2015년 남한의 인구통계에 따르면, 총인구 4970만 5663명 중 정씨는 215만 1879명으로 다섯 번째를 차지하는데, 그중 연일 정씨는 28만 4290명이다.

천년 고토를 떠난 유민

사서에 따르면, 연일 정씨 가문에 속하는 일족이 신라시대에는 근오지현(斤烏支縣, 현 포항시 영일읍) 일원에 살고 있었는데, 940년 고려 태조 23년에 근오지현이 영일현으로 개명되고, 1018년 고려 현종 9년에 이르러서는 경주부(慶州府)에 내속되었다. 여기서 주목할 점은 '영일현'의 '영일' 두 글자가 기록상 처음으로 등장하는데, '영일'의 옛 이름은 '연일'이라는 사실이다. 이것은 '연일 정씨'는 '영일 정씨'로 개명하기 이전에 이미 알려진 성씨로서, '연일 정씨' 일가는 적어도 개명하기 전, 즉 940년 이전에 고향 땅 영일현을 떠나 북상했을 개연성이 있다는 사실을 시사한다.

세종 16년(1434)부터 10년간 두만강 하류 지역에 산거하면서 침범과 노략질을 일삼는 야인(野人, 즉 여진족)들을 정벌하기 위해 경원(慶源), 회령(會寧) 등지에 6진을 설치하고, 몇 차례에 거쳐 남부지방의 민호(民戶), 즉 남도인(南道人)들을 이주시켜 이 지역을 확보하였는데, 그중 십중팔구는 동해안 영일현 일대의 주요 주민 집단인 정씨 일가였을 것이다. 그뿐 아니라 함경남도 고원군이나 함경북도 명천군을 비롯한 이북의 동해안 여러 지역에 언제 어떻게 북상했는지는 알려져 있지 않으나 오늘날까지도 연일 정씨 집성촌이 널리 산재해 있다.

아직은 연구가 미흡해 이들 6진 건설 때의 이주민이나 기타 지역의 집성촌민들의 북상 동기나 시기, 수단이나 노정 등에 관해 확실히 알 수는 없다. 그러나 분명 그들 대부분은 정착한 고향 땅을 자의 반 타의 반 떠날 수밖에 없던 하층 유민들이었을 것이다. 그들이 고달픈 유랑길을 따라 도착한 곳은 영락없이 6진과 같은 미개척 산간벽지였을 것이다. 거기서 그들은 화전민으로 황무지를 개척해 삶의 터전으로 삼고 자자손손 대를 이어 살아왔다. 그리하여 그 낯선 개척지가 세월이 흘러감에 따라 그들의 본적지가 되어버린 것이다.

이 북상 유민들 덕분에 트이기 시작한 동해안의 남북 유랑길은 점차 동해안 남북을 잇는 중요한 교통로가 되었다. 1732년 조선조 영조 8년에 포항 근처에 있는 포구인 통양포(通洋浦) 아래에 포항창(浦項倉)이란 창고를 지어 당시 가뭄이 심하게 든 함경도 백성들을 구제하는 진휼(賑恤) 기지로 꾸몄다는 이야기가 전해진다. 그리하여 조선시대에 포항(영일)은 함경도와 경상도를 연결하는 동해안 해로의 중심 역할을 감당했다.

지금까지 우리 일가를 비롯해 옌볜의 연일 정씨 집성촌인 명천마을에서 살아온 조선족들이 본적지로 잘못 알아왔던 함경북도 명천은 바로 이 6진의 중심부에 위치하고 있는 요지였다. 위에서 밝힌 바와 같이 연일 정씨의 본적지는 1000여 년 전 신라시대의 근오지현으로 거슬러 올라간다. 고려 초 연일로 개명되면서 동해안을 따라 북상하며 이주를 시작했는데 15세기 전반 두만강 하류 일대에 6진이 설치되자 유민의 북상 이주가 본격화되어 마침내 집단 정착으로까지 이어졌다. 그러다가 정착 30~40년 후인 조선 세조 13년(1468) 때 명천과 인접한 함경북도 길주 출신의 호족 이시애(李施愛)가 중앙집권 통치를 반대하는 반란(소위 '이시애의 난')을 일으켰으나 중앙군에 의해 진압되었다. 이 난의 실패로 길주가 길성현(吉城縣)으로 강등되면서 연일 정씨 집성촌 여러 곳을 아우르는 명천현(明川縣)이 신설되었다. 이때부터 '명천'이란 지명이 생겨났다.

그리고 훗날 그 후예들은 수 세기 동안 이곳에 정주하다가 20세기 초반 동양척식주식회사(東洋拓植株式會社)를 앞세운 일제의 토지 수탈로 농경지를 빼앗기게 된다. 그러자 망국의 설움을 품은 채 인접한 중국이나 러시아로 다시 유랑을 떠났다. 그리하여 그 유민들은 조상 몇 세대가 토착민처럼 살아온 명천을 법적 효력을 가진 국적 문서에 본적으로 기재하기에 이르렀고, 이것이 관행으로 굳어졌다. 이런 의미에서 명천을 그들의 '제2의 본적지'로, '제2의 고향'으로 간주해도 무방할 듯하다. 그렇지만 '뿌리 찾기'라는 역사적 맥락에서 보면 결코 그럴 수는 없다. 굳이 연일 정씨가 수 세기 시차를 두고 이룬 북상 유랑 과정을 명천과 관련짓는다면, 명천을 두 번에 걸친 역사적 북상 유랑을 이어준 징검다리나 교두보쯤으로 표현하는 것이 타당할 듯하다.

사실, 명천 하면 나는 애틋한 향수에 잠기곤 한다. 할머니의 전언과 친족들의 족보 기록에 따르면, 전대까지만 해도 유년 시절을 명천에서 보냈으며, 6~7대 선조까지도 명천을 고향으로 삼고 살아왔기에 그 땅이 바로 조상들의 뼈를 묻은 선영이 되고 말았다. 아마 그래서 어릴 적 집에서 조상에 올리는 제향은 일괄해 서남쪽 명천 방향을 향해 치러졌다. 그리고 내게도 반평생 정든 고향으로만 믿고 있던 명천은 늘 안기고 싶고 그리워지는 향수의 땅이었다. 오매불망 환국의 방향타도 그쪽으로만 맞춰놓았다. 짙푸른 동해 바닷가의 아늑한 어촌에서 조상 대대로 오순도순 살아오던 이들은 난데없이 쳐들어온 일본군의 노략질에 일시에 삶의 터전을 잃어버렸다. 그 바람에 이들은 간도로 정처 없는 유랑의 길에 올랐다. 선조의 측은한 유민사를 할머니께 들었을 때부터 아늑한 어촌에 대한 애틋한 향수가 마음속 깊이 애잔한 정념으로 드리워지게 되었다.

'간도(間島)'라는 이름의 연원에 관해서는 여러 설이 있으나, 신빙성이 있는 것은 중국과 한반도의 국경을 이루는 두만강과 압록강 북안 일대를 지칭한다는 설이다. 19세기 말에서 20세기 초, 두만강 북안의 중국 땅 광제욕(光霽峪)과 조선 땅 종성(鍾城) 사이의 자그마한 모래섬을 가리켜 '간도'라고 부르던 데서 유래했다고 한다. 남석(南石) 안수길(安壽吉)의 대하소설 『북간도』에 따르면, 두만강 남쪽 연안의 함경도 사람들이 주인 없는 이 섬을 들락거리며 농사를 지었는데, 이것을 '사잇섬 농사'라고 했다. 그렇지만 간도는 공식적인 행정구역 명칭이 아니라, 중국과 조선의 국경을 이루는 두만강과 압록강 북안 일대를 가리키는 지명으로 널리 사용되어 왔으며, 두만강 북안을 '북(北)간도'로, 압록강 북안을 '서(西)간도'로 불렀다.

이렇게 함경도 사람들이 '사잇섬 농사'를 짓다가 아예 섬을 넘어 간도 땅에 유민으로 이주하기 시작한 것은 17세기 후반부터로 짐작되며, 대규모 이주는 19세기 중반부터라는 점이 기록으로 입증되고 있다. 초기에는 가뭄으로 인한 흉작이나 전염병의 창궐, 가혹한 착취와 가렴주구(苛斂誅求), 함경도 도민에 대한 소외 등 주로 생활고의 탈출구를 찾기 위한 이주가 주를 이루었으나, 점차 시간이 흐름에 따라 국권피탈(1910)을 비롯한 일련의 정치적 격변기에 그 극복과 회복을 위한 이주나 망명이 급증했다. 그 절정기는 3·1운동의 전후였다. 우리 집의 경우도 사회운동에 관여하던 조부가 '홧병'으로 서거하자 이듬해에 증조부는 일곱 살 난 어린 부친을 이끌고 결연히 간도로 유랑의 길에 올랐다.

 간도로의 유랑길은 말로 다 형언할 수 없을 정도로 험난하고 위험한 여정이었다. 오늘까지 남아 있는 경상도 민요인 〈상주아리랑〉은 당시 정든 고향을 떠나 낯선 만주 땅으로 떠나가는 조선인들의 고난 가득한 유랑 여정을 이렇게 노래하고 있다.

  아리랑 아리랑 아라리요 아리랑 고개를 넘어간다
  괴나리봇짐을 짊어지고 아리랑 고개를 넘어간다
  쓰라린 가슴을 움켜쥐고 아리랑 고개를 넘어간다
  [아리아리 쓰리쓰리 아라리요 아리아리 얼씨구 돌아간다
  문전(門前)의 옥토(沃土)는 어찌하고 쪽박의 신세가 웬일인고
  근심 걱정 하느라고 세월만 가고 몸 따라 마음도 다 늙어간다
  돌아간다 돌아간다 내 돌아간다 정든 임 두고서 내 돌아간다
  아리랑 아리랑 아라리요 아리랑 고개를 넘어간다]
  (1절, [ ]부분은 후렴)

 표언복의 글 「만주 한인 사회의 형성」(2018)에 그 길의 참상을 현

지에서 스케치한 한 선교사의 증언이 소개되어 있다. 그가 바로 1920년대 중국 만주의 펑톈[奉天, 현재의 선양(瀋陽)]에서 '만주야소교전문학교(滿洲耶蘇敎專門學校)'를 세워 선교활동을 하던 쿡[W. T. Cook, 중국 이름 쥐위즈(鞠裕致)]이다. 그는 1920년 전후에 목도한 한국 유민들의 유랑 참상을 적어 본국 선교부에 보고서 두 편을 보냈는데, 그 첫 보고서에서 쿡은 이렇게 술회하고 있다.

> 만주를 찾아 밀려가는 한국 실향 이주민들의 참담한 모습은 이를 목격한 사람의 말로도 표현이 쉽지 않습니다. 엄동설한 영하 40도를 오르내리는 추위 속에서, 누더기 옷을 입은 말없는 사람들의 한 떼가 열, 혹은 스물, 혹은 쉰씩 호구지책을 찾아, 눈 덮인 산언덕을 허물어지듯 밀려갑니다. 만주의 나무 많고 돌 많은 버려진 땅이 아니고야 갈 곳이 없어 거기를 찾아 죽음을 걸고 한 발 두 발 내딛고 있습니다. 여럿이 그 어간 가는 길에서 먹지를 못해 죽었습니다. 여자들은 제대로 옷을 못 입어 허리께가 퍼렇게 드러나는데, 등에는 어린이를 업고 있었습니다. 그 어린 아기들은 버선 없는 맨 발목이 드러나 시퍼렇게 얼어 있습니다. 이렇게 노인들이나 부녀자들은 허리가 굽어 보기에도 가여운데, 그렇게 몇백 리를 아무 말도 없이 무너지듯 걸어갔습니다. 다리를 휘청이며 더 이상 한 발자국도 내디딜 수 없을 때까지, 그렇게들 걸어갔습니다.

쿡이 보낸 두 번째 보고서에는 더 날카로운 어조로 유랑민들의 참혹상을 묘사한다. "생을 유지하기에는 도저히 불가능한 초근목피를 먹으며 살아가고" "많은 사람들이 식량 부족으로 말미암아 죽고"

"남루한 의복을 입은 여자들이 신체의 대부분을 노출한 채 유아를 등에 업고 간다" "굽은 등과 주름살 많은 얼굴을 한 남녀 노인은 끝날 줄 모르는 먼 길을 걷다 나중에는 기진맥진해 촌보(寸步)를 옮기지 못한다". 그러면서 쿡은 이 보고서의 말미에 지난해(1920) 7만 5000명이나 되는 조선인들이 만주에 건너왔으며, 현재 만주에 산재한 조선인 숫자가 약 50만 명에 이른다고 전한다.

만주나 간도에 관한 부풀린 소문은, 수탈과 고역에 찌들 대로 찌들어 헐벗고 굶주리는 조선 서민들은 두말할 나위가 없거니와 심지어 식자들에게마저도 귀를 솔깃하게 하고 유혹을 불러일으키는 것이었다. 간도 유랑문학의 창시자 중 한 사람인 작가 김창걸(金昌杰)의 소설『무빈골 전설(武彬溝傳說)』에는 이런 대목이 나온다. "아니 그보다도 몇십 리 무연한 벌판에 드러누운 황무지, 그것을 우비어 대강 파고 곡식이라도 심기만 하면 팔뚝 같은 강냉이 이삭이 달리고 베개 같은 감자가 달린다는 곳, 그래서 미운 놈 기장밥 해준다는 곳, 그것이 조선 이민을 끄는 주된 원인일 것이다." 신통히도 김창걸은 선친과 동향이나 한 살 앞선 태생(1911)으로, 같은 나이(7세)에 같은 곳[허룽현(和龍縣) 다라쯔(大拉子)]을 통해 간도에 들어왔다.

추론컨대, 작가는 간도의 '풍요'가 마치 조선인 간민(墾民)의 유입원인인 듯 묘사하지만, 이것은 지나친 낭만적 확대 과장이라고 지적하지 않을 수 없다. 혹여 간도에 '풍요'가 있었다면, 그것은 어디까지나 조선 유민들이 피땀 흘려 황무지를 개간하고 화전을 일굼으로써 생긴 '풍요'이지, 천혜의 '풍요'나 '천부금탕(天賦金湯, 하늘이 준 좋은 땅)'은 결코 아니었다. 더구나 조선 유민들의 간도 개척과 삶의 터전을 꾸려나가는 과정에서 당한 이중 삼중의 시기와 배척, 멸시와 소외, 핍박과 착취 등의 고난사를 사실대로 복기해 보면, 그 허구성이 더욱더 명백해진다.

나는 여덟 살이 되던 해(1942, 소학교 3학년)의 겨울방학 때 할머니 손에 이끌려 처음으로 명천 땅을 밟았다. 아버지까지 삼대독자로 내려오다가 사대에 장손이 된 나를 할머니는 어릴 적부터 무척 사랑하셨다. 그리고 틈만 나면 장손 노릇을 하려면 가족과 친척, 고향에 관해 잘 알아야 한다며 여러 가지 일깨우는 이야기를 동화처럼 들려주곤 했다. 할머니는 이웃 마을의 유교 집안에서 태어나고 자랐다. 비록 무학이지만 예의가 바르고, 사리에 밝으며, 한시도 쉬지 않는 정말로 부지런한 분이었다. 이역의 고달픈 유민 처지에 반신불수인 시아버지(나의 증조부)를 모시고 나어린 남매를 키우면서 실제로 가장의 역할을 도맡았다고 한다. 엄동설한에 먼 길을 마다하지 않고 삼형제 중 나만을 데리고 고향을 찾아간 뜻은 아마도 '장손 노릇'을 잘 하라는 계도 때문이었을 것이다. 그러나 돌이켜 보면, 나는 격동의 시대에 시대적 소명에만 충실한답시고 가문의 '장손 노릇'은 거의 뒷전이었다. 한 인간으로서 조상에 대한 불초가 아닐 수 없다.

고향 마을 포하동은 동해 바닷가의 자그마한 어촌(농어민 50여 호)이다. 할머니는 희미한 흔적만이 어슴푸레 남아 있는 옛 집터와 선영을 일일이 찾았다. 얼굴 한번 뵌 적이 없는 할아버지의 산소에는 난생처음으로 정성스레 제주 한 잔 붓고 삼배를 올렸다. 그리고 나선 면내에 있는 명산 칠보산(七寶山)과 그 품에 안겨 있는 발해시대에 창건(826)된 고찰 개심사(開心寺)를 비롯한 여러 명승지를 신나게 둘러보았다. 그러던 어느 날 할머니는 검푸른 동해의 만경창파가 한눈에 펼쳐 보이는 언덕 위 바윗돌에 걸터앉더니 고향 땅을 등지고 낯선 간도로 유랑하게 된 얼기설기 얽힌 구슬픈 유민사의 실타래를 한 오리씩 풀어놓았다. 이야기 대목마다 긴 한숨을 연거푸 내쉬면서 옷고름으로 눈물을 연신 찍어내던 할머니의 측은한 모습이 지금도 눈앞에서 아른거린다.

할머니의 말씀에 따르면, 일본 놈들의 행패에 더 이상 살 수 없게 되자 반신불수인 증조부는 아비를 잃은 일곱 살 맏손자(나의 아버지)와 한 살 터울의 손녀[나의 고모, 정채옥(鄭彩玉)] 그리고 청상과부(靑孀寡婦)가 된 며느리[나의 조모, 한(韓)씨] 등 일가족 네 명을 이끌고 달랑 괴나리봇짐 하나를 지고 정처 없이 정든 고향 명천을 떠났다. 몇 날 며칠을 걸어서 두만강 남안의 6진 중 하나인 회령(會寧)에 도착했다. 여기서 도문강(圖門江, 현재의 두만강)을 건너 백두산 지맥인 오봉산(五峯山, 집에서 약 30리 거리에 있는 다섯 개 봉우리)을 잇는 오랑캐령(99개 구비)을 넘어 약 50리 거리에 자리한 허룽 다라쯔 명천촌의 궁벽한 산간벽지에 화전민으로 안착하게 되었다. 오랑캐령은 간도 유민사를 다룬 작품에서 자주 등장하는 한 토막 유랑길인데, 회령에서 두만강을 건너 간도로 들어서는 초입의 가파른 고갯길로 유랑길의 관문이다. 예로부터 이곳은 들짐승들이 욱실거리고, 야바위꾼들이 들끓는 악명 높은 고장으로 유민들은 여기만 넘으면 '간도에 다다랐다'고 안도의 한숨을 쉰다고 전해진다.

가까스로 이 험지를 지나 도착한 곳은 얼마 전에 함경북도 명천 일원에서 살던 연일 정씨 몇 호가 먼저 와서 정착한 명천마을이다. 몇 년 사이에 그들에 의해 평지는 다 개간되고 수림이 울창한 산간 오지만 미개척지로 남아 있었다. 그리하여 증조부는 어린 손자를 데리고 할머니와 함께 오지의 삼림에 불을 지펴 화전을 일궈놓고는 돌덩어리를 주워내면서 정지 작업을 해 한 뼘 두 뼘 농지로 개간해 나갔다. 할머니가 들려주는 이 고난 가득한 유민 개척사의 한마디 한마디는 아직 세변(世變)을 헤아리기에는 너무 이른 나의 어린 가슴에 망국의 설움과 일제에 대한 증오심 그리고 선조들에 대한 무한한 감사와 존경의 씨앗을 야트막하게나마 심어주었다.

차제에 한숨 돌릴 겸, 내가 평생 본적으로 알아왔던 조상들의 고향인 함경북도 명천에 관해 자고로 회자(膾炙)되어 온 서너 가지 얘깃거리를 간추려 첨언하고자 한다. 첫 얘깃거리는 '귀신의 솜씨로 빚은 산'이라는 명산 칠보산이다. 한반도에서 칠보산은 여러 가지 보물이 가득한 아름다운 산이라는 보통명사이기도 하지만, 그 뜻이 고유명사로 와전되어 여러 명산의 이름으로 알려지고 있다. 예컨대, 충북 익산과 경기도 수원, 전북 정읍, 경북 영덕 등 여러 곳에 칠보산이란 이름을 가진 산들이 있다. 모두가 명실상부한 명산이기는 하지만, 이 산들 중 명천 칠보산이야말로 명산 중 명산이라는 데는 이의가 없다.

칠보산은 우리 조상들의 고향이기도 한 명천군 상고면의 동해 바닷가에 면해 있는데, 면적만도 5000정보(1정보=3000평)에 달하며, 최고봉의 높이는 906미터나 된다. 산 전체가 기암괴석이고 금강산처럼 내칠보, 외칠보, 해칠보의 세 부분으로 이루어져 '제2의 금강산' '함경도의 금강산'이라는 별칭으로 불리기도 한다. 칠보산이라는 이름은 금, 은, 진주, 산삼을 비롯한 일곱 종의 보물이 가득 묻혀 있다고 해서 붙여진 이름이지만, 실제로는 산삼 이외의 금은보화는 발견된 적이 없다고 한다.

내칠보에서 시작되는 칠보산 관광 코스의 첫머리를 장식하는 환희고개는 여기서 산 전경을 바라볼 때 그 절경에 흠뻑 젖어서 저절로 환희의 감탄사가 나온다고 해서 지어진 이름이며, 외칠보의 만물상 지구는 세상에 존재하는 1만 가지 경관들의 집합체라고 해서 그렇게 불렀다고 한다. 그런가 하면 내칠보의 무희대는 풍경이 너무나도 아름다워 천상의 선녀들이 내려와 가무를 즐겼다는 데서 유래한 이름이라고 한다. 그 품에는 약 1200년 전(826)에 창건된 발해 최고(最古)의 불사 개심사가 호젓하게 안겨 있다. 칠보산, 분명히 우리 남북한 7000만 겨레가 태고로부터 공유해 오던 명산이련만, 이 시대를 살아가는 남한 사람들 중 과연 몇 명이나 그 절경을 만끽해 봤을까! 분단의 아픔은 여기에도 깊숙이 스며 있다.

다음으로, 명태(明太)의 명칭 유래에 관한 토막 얘기다. 어느 날 태씨(太氏) 성을 가진 한 어부가 이름 모를 물고기를 잡아 와서 명천 군수에게 물어보았다. 군수도 처음 보는 물고기라서 한참 궁리하다가 물고기가 잡힌 곳이 명천이고, 잡은 사람의 성씨가 태씨이므로, 명천의 '명'과 어부의 '태'씨 성을 따서 '명태'라고 이름을 지었다고 한다. 이것이 내가 어릴 적부터 들어온 얘기라면, 이와는 좀 다른 얘기가 전해오고 있다. 새로 부임한 함경도 관찰사가 명천군을 방문하다가 식탁에 오른 생선이 맛있어 이름을 물어보았더니 이름이 없다고 한다. 그래서 그가 명천의 '명' 자와 그 고기를 잡은 어부의 성 '태' 자를 따서 '명태'라는 이름을 즉석에서 지었다고 한다. 아리송한 전설에 비하면 이 두 가지는 그럴싸한 얘기다.

원래 명태는 동아시아 방면 러시아와 한반도의 함경도 이북 지역에 서식하는 대구과의 한류성 바닷물고기로 지방 함량이 낮고 담백한 맛이 일품이다. 어린 시절 대륙 내지인 옌볜에서 먹어본 바닷물고기로는 명태가 가장 많았고, 그다음은 어쩌다가 맛본 절인 고도에(고등어)뿐이었다. 궁금한 것은 명태란 이름이 언제부터 쓰이기 시작했는가 하는 점이다. 과문해서인지는 몰라도 어디에서도 그 해답을 찾지 못했다. 그럼에도 불구하고 몇 가지 방증 사료에 근거해 어림잡아 추론하는 만용을 부려보고자 한다.

본래 명천 태씨 일가는 발해의 건국자 대조영(大祚榮)의 후예로서 대조영의 대씨가 태씨로 개명된 것으로 전해온다. 그 과정을 추적하면, 926년 발해가 멸망하자 태자 대광현(大光顯)이 발해 유민 수만 명을 이끌고 고려에 망명했다. 호족 통합 정책을 표방하던 고려 태조(재위 918~943)는 발해 유민들에게 태씨 성을 하사했다. 이로써 어부의 성이 태씨였다는 사실이 방증된 셈이다. 한편, 전술한 바와 같이, '이시애의 난'을 평정한 조선조 세조는 징벌차 1469년에 길주를 길성현으로 강등하고 새로이 명천현을 설치했다. 이때부터 명천이란 이름이 생겨났기에 이에 연동된 '명태'란 작명은 15세기 후반 이후의 일이었다는 추론이 가능하다.

끝으로, 조선 후기의 유명한 방랑 시인 김삿갓(金笠)이 지은 시구 이야기가 전해오고 있다. 그는 명천 일대를 두루 돌아보고 나서 다음과 같은 풍자시 2구를 남겼다.

명천명천불명천(明川明川不明川)
/명천 명천 하지만 사람은 밝지 못하고
어전어전식무어(漁佃漁佃食無魚)
/어전 어전 하지만 어느 집 밥상에도 생선은 없구나
(어전: 물고기 잡고 짐승을 사냥하다)

어떤 이는 이 시구를 밥을 대접하기는커녕 문전 박대하는 명천 사람들의 고약한 품성을 풍자하는 내용이라고 비하한다. 그러나 얕은 지식이지만, 본인은 서민들의 애환을 위로하는 시인 김삿갓이 서민들의 군색한 생활상을 풍자적으로 도려낸 사실주의적 묘사라고 해석해 본다.

우리 집 '가족사 사전'에 없는 표제어들

우리 집 일행 네 명(증조부, 조모, 부친, 고모)이 고향 명천을 떠나 중국 간도(현재의 옌볜)에 이르러 내가 유년기를 보낼 때까지의 유민 생활에 관해서는 주로 할머니의 회상과 동네 몇 분 유지들의 전언으로 알게 되었다. 그 자초지종을 수십 년간 기억으로 간직해 오다가 이제야 이 회고록에 문자로 남긴다.

우리 집 일가는 1917년 조부의 급서(急逝)로 인해 기울어 가는 가운을 더 이상 지탱할 수 없게 되자, 이듬해 단오절에 일제히 조상들에게 고별 차례를 올리고 탈상도 하지 못한 채 육순을 넘긴 증조부를 따라 간도로 유랑의 길에 올랐다. 고향인 명천군 포하동에서 시작된 이 고난의 길은 백두산 자락, 두만강 하류의 간도 땅 허룽[현재의 옌지현(延吉縣)] 다라쯔 명천촌까지 이어졌다. 어림잡아 600리의 험악한 산길이다. 첫 이삼 년은 먼저 가서 자리 잡은 먼 친척 집에 더부살이를 하면서 남의 땅을 빌리거나 화전을 일궈 가까스로 농사를 지어 어렵사리 살림의 터전을 마련했다.

그나마도 다행스러웠던 점은 수십 년 전에 주로 두만강 남안의 함경도 사람들이 간도 땅에 와서 무주공산의 황무지를 개간하고 집단 부락을 이루어 서로 의지하면서 살고 있었다는 사실이다. 당시 청나라 당국은 그들을 '조선간민(朝鮮墾民, 즉 조선 개척민)'으로 불렀다. 우리의 표현으로는 '유랑 개척민' 혹은 '유민'이라고 부르는 편이 적절한 것 같다. 사실 조선인들의 간도 진출은 고려시대에 두만강 하류에 6진을 설치할 때부터 이루어졌다. 6진 설치를 계기로 여진족 등 변방 민족들과 혼거(混居)하는 등 빈번한 접촉이 있었다. 그러다가 청나라가 이곳을 지배하고, '조선간민'들의 수가 늘어나자 그들의 이주와 정착, 지위와 국경 등 문제들을 에워싸고 조선간민들과 청나라 정부뿐만 아니라, 청나라 정부와 조선 정부 사이에도 여러 가지 이견과 마찰이 발생했다. 서로의 이해관계가 상충하다 보니 해결 과정에서 많은 난관에 봉착했으며, 서로의 아집에서 오는 편향도 적지 않았다.

특히 양국 간의 국경 확정 문제는 예민한 주권 문제로서 분쟁과 타협의 과정을 거듭했다. 일찍이 청나라와 조선은 '강도회맹(江都會盟, 1627)'과 '남한화약(南漢和約, 1637)' 같은 협약을 체결해 압록강과 두만강은 양국 간의 경계를 이루는 강이고, 이 두 강은 백두산(長白山)에서 발원하며, 백두산 천지는 송화강(松花江, 현 쑹화강)과 압록강, 두만강 세 강의 발원지라는 점에 합의했다. 압록강과 두만강 중류 이하는 강폭이 넓고 수심이 깊어 양국의 경계를 분명하게 이루고 있지만, 이 두 강의 상류, 특히 두만강 상류는 강원(江源) 지대까지 여러 갈래로 나뉘고 수심도 얕아 경계가 명확하지 않고 발원지도 분명하지 않아 불법 월경이나 국경분쟁이 자주 일어났다.

1710년 조선 평안도 위원군(渭原郡)에 사는 이만지(李萬枝) 삼 형제와 기타 조선인 여섯 명이 관행으로 설정된 '국경'을 넘어 무고한 청나라 사람 다섯 명을 죽이고 인삼을 탈취한 사건이 벌어졌다. 청조는 이 사건을 국경이 불명확해서 발생한 변민 간의 충돌로 간주하고, 조선 정부에 공동 조사를 통해 국경을 확정하자고 제안했다. 이것이 계기가 되어 1712년에 드디어 백두산 천지 동남쪽 4킬로미터 지점인 2200미터 고지 분수령에 양국 간의 국경을 표시하는 높이 67센티미터, 폭 45센티미터에 이르는 '백두산정계비(白頭山定界碑)'를 세웠다. 원래 백두산을 왕실의 발상지로 인정해 온 청나라는 이 성산을 청나라의 영역 안에 넣으려는 저의를 가지고 비 건립에 극성을 부렸다. 두 나라 대표단이 공히 비 제막에 참여했지만, 청나라 대표단의 대국주의적 아집으로 비문은 이렇게 작성되었다. '대청(大淸)'이라는 두 글자를 머리에 크게 쓰고 나서 그 아래에 다음과 같은 내용을 새겼다.

> 오라총관(烏喇摠官) 목극등(穆克登)이 황제의 뜻을 받들어 변경을 답사하던 중 이곳에 와서 살펴보니 서쪽은 압록(鴨綠)이고 동쪽은 토문(土門)이 되므로 그것을 분수령 위 돌에 새겨 기록한다. 강희(康熙) 51년 5월 15일.

그러나 처음부터 조·청 양국은 비문 중 '토문'의 비정에 관해 이견을 보였다. 청 측은 두만강을 고집하나 조선 측에선 방향으로 보아 송화강이라고 주장했다. 이러한 견해의 충돌로 말미암아 비석은 오랫동안 무관심 속에 방치되었다. 그러다가 1909년 일제는 남만주철도 부설권을 청에서 얻은 대가로 주제넘게도 간도 지방을 청에 넘겨주었다. 그 후 1931년 만주사변이 일어난 직후에 이 정계비는 감쪽같이 사라져 버렸다. 우리로 보면 망국의 수난이다.

비록 국경분쟁 등 조·청 간에는 이러저러한 갈등과 분쟁이 있었음에도, 간도를 비롯한 동북 변방의 황무지 개간을 위해서는 개척 정신과 근면성이 뛰어난 조선간민들의 투입이 절실했다. 그리하여 초기에는 조선인들의 이민을 경계하던 청나라는 봉금령(封禁令, 봉쇄하고 금지하는 지령)까지 내렸지만, 점차 이러한 배타적 태도를 버리고 적극적 수용책을 추구하게 된다. 마침내 청나라 정부는 1881년 옌볜(간도) 지구에 조선인들의 이민 정착과 개간을 허용한다는 법령을 발표했다.

그렇지만 조선인들의 대대적 유입에 대해서는 경계심을 갖고 있었다. 그리하여 청나라 정부는 그해 9월 조선 정부에 이주 정착 허용은 관방에만 한하므로 일반 백성들의 대규모 이주는 막아달라는 조서를 보내왔다. 그러나 이러한 조처에도 불구하고 이민이 계속 늘어나자 청나라 정부는 두만강 연안을 중심으로 한 지역에 개간과 무역 업무를 전담하는 기구를 설치해 운영했다. 예컨대, 1883년 조·청 간에 '봉천-조선 간 변민 교역 장정(奉天與朝鮮邊民交易章程)'과 1884년 '길림-조선 상인 간 수시 무역에 관한 장정(吉林朝鮮商民隨時貿易章程)'이란 협정을 체결한 데 이어 1885년에는 화룡욕[和龍峪, 현재의 룽징시(龍井市) 즈신진(智新鎭)=명천촌]과 광제욕[(光霽峪, 현재의 룽징시 카이산진(開山鎭)]에 통상국을 개설해 월경 이민들에 관한 업무를 처리했다. 그뿐 아니라, 두만강 이북 연안의 조선 이민들의 개간 업무를 전담하는 전간국(專墾局)도 설치했다.

청나라의 이러한 수용 정책에 힘입어 조선의 이주 간민들이 급증했을 뿐만 아니라, 간도 도처에 명천촌(연일 정씨 집성촌) 같은 집성촌을 비롯한 조선인 집단부락이 우후죽순처럼 생겨났다. 그러자 청 측은 행정적·경제적[개간지 장악이나 지조(地租) 관리 등] 관리를 위해, 그리고 종국적으로는 이러한 관리를 통해 조선간민들을 일률적으로 귀화 입적(一律歸化入籍)시키기 위해 조선인 집단 거주지에 이른바 '4보39사(四堡三十九社), 즉 4개 보와 39개 사를 설치했다. 그리고 말단 조직으로 사는 다시 갑(甲, 124개)과 패(牌, 415개)로 나눴다. 당시 총 2만 899명(4308호)에 달하는 조선인 간민이 모두 이러한 다층적 관리 조직에 망라되었다. 내가 나고 자란 룽징시 즈신향(智新鄕, 명천촌의 후신)은 4보의 하나인 수원보(綏遠堡)에 속해 있었다.

간도의 조선인 집단부락은 청나라 제10대 황제 목종(穆宗) 동치(同治) 연간(1862~1874)으로부터 1900년까지 크게 세 번의 붐을 거쳐 총 267개(연평균 19.5개) 부락으로 형성되었다. 초기에는 주로 산간벽지나 구릉 지역에 집중되었다면, 후기에는 두만강 중류나 해란강(海蘭江, 현 룽징시 하이란강) 등 강 유역에 분산되었다는 점이 특색이라고 할 수 있다.

이상에서 우리 일가족을 비롯한 조선인들이 19세기 중반부터 망국의 설움을 안고 유민의 신세로 살길을 찾아 중국 간도 땅에 가서 낯선 유민으로 청나라 당국의 온갖 시기와 차별, 제재와 배척을 당하면서도 출중한 근면성과 상부상조 정신을 발휘해 간민으로 정착하게 된 역사적 배경을 대충 살펴봤다. 조금은 딱딱하고 무미건조한 역사 이야기지만, 그것을 새삼스럽게 반추하는 것은 이 이야기야말로 겨레의 망국적 유랑 민족사의 한 단면으로서 우리 일가의 유랑 가족사를 이해하는 유의미한 배경과 전제가 되기 때문이다.

이러한 역사적 배경 속에서 우리 일가의 유민사를 돌이켜 보면 몇 가지 특징을 발견하게 된다. 그 특징은 첫째로, 소수민족 유민으로서의 무권리와 불평등, 생활고를 심하게 겪었다는 점이다. 근 100년간의 조선인 간도 유민사에서 우리 일가의 유민사는 시기적으로 후반에 속해서 앞선 유민들이 겪었던 정치적 무질서나 사회적 혼란, 화전 일변도의 농경 등 전근대적 고통은 상대적으로 적게 경험했다. 그러나 일제의 가혹한 식민 통치와 약탈, 유랑 소수민족에 대한 천대와 멸시로 인해 정치적 무권리와 사회적 불평등 및 경제적 생활고에 끊임없이 시달려 왔다.

둘째로, 농경 과정의 변화다. 화전을 포함한 미개간지의 개간에 대한 당국의 제약이나 축소에 따라, 그리고 일제 군수생산의 강요에 의해 우리 일가는 자급자족적 중농(中農)에서 일부 농경지를 임차해서 경작하는 소농(小農)으로 전락했으며 급기야 단일 작물(담배)만을 재배하는 단작 농호로 변질되고야 말았다.

셋째로, 유민과 원주민 간의 공동 투쟁 전선의 형성이다. 이역 간도에서 망국 유민이 된 조선인들과 원주민인 중국인들은 비록 처지는 서로 다르지만, 일제의 식민 통치와 봉건적 착취를 반대하는 투쟁 목표를 공유하고 있었기에 자연스럽게 공동 투쟁 전선을 형성해 어깨 걷고 싸워왔다.

끝으로 그 특징은 집성촌의 구조적 변화다. 내가 나고 자란 명천촌은 초기에는 함경북도 명천에서 이주해 온 순수 연일 정씨 일족 40여 호가 혈통적 집성촌을 이루어 살고 있었으나, 점차 인척 관계로 유입된 다른 성씨 20여 호가 합류하더니 결국 연일 정씨 일족과 기타 인척 관계 성씨들이 혼거하는 친인척 공동체로 변모했다.

나는 이렇게 친인척 공동체로 변모한 간도의 집성촌 명천촌에서 1934년 음력 10월 6일(양력 11월 12일), 부친 정태극(鄭太極)과 모친 노복녀(盧福女)의 3남 3녀 중 장남으로 태어났다. 문중 족보가 소실되어 정확한 족보 관계는 알 수 없으나, 이번에 이 회고록을 준비하면서 얼추 알아낸 바에 의하면, 조상을 신라시대의 정종은(鄭宗殷) 시조 할아버지까지 소급하면 나는 57대쯤의 장손뻘이 된다. 박운(薄運)이라서 조부까지 연거푸 4대 독자로 내려와 나와 동배(同輩)에 속하는 가장 가까운 친척은 한동네에서 살던 정태일(鄭泰日)인데, 촌수로 따지면 11촌이다.

일찍이 상처한 증조부는 생전에 반신불수의 노구에 우리 일가를 이끌고 간도에 유민으로 와서 10년간 온갖 고생을 다하다 내가 태어나기 몇 년 전에 한 많은 세상을 하직하셨다. 삼대독자인 조부는 고향인 함경도 명천에서 의관(醫官)에 봉직한 유지로 꽤 명망이 높았다고 한다. 조모의 전언에 의하면, 조부는 늘 망국을 통탄하면서 식음을 전폐하기도 했다고 한다. 일제 관리들이 토지측량을 한답시고 문전옥답과 어장을 빼앗아 가자 앞장서서 싸우다가 홧병이 나서 불혹을 갓 넘어 별세했다고 한다.

일찍이 청상과부가 된 할머니 한영주(韓英珠)는 1891년 명천군 해칠보산 기슭의 한 유교 가정에서 태어나 숙녀로 고이 성장하다가 17세의 어린 나이에 조부와 결혼해 1남 1녀를 두었다. 엄격한 유교 가정에서 당대의 여성이 갖춰야 할 수양을 한껏 쌓았다. 그리하여 유민의 거친 생활고와 모진 세파에 부딪혔을 때는 실로 놀라운 외유내강의 기질로 가사(家事)의 중임을 한 몸으로 떠맡고 헤쳐 나갔다. 비록 체구는 작달막하지만 여장부의 기개 그대로였다. 평시에는 온

화한 성품으로 자손들에 대한 사랑도 극진했다. 나는 소학교에 들어갈 때까지도 할머니의 품에 안겨서야 잠이 들곤 했다. 앞글에서 보다시피, 어린 시절 고국에 대한 나의 향수는 소학교 시절 할머니의 손에 끌려 고향 땅 명천군 포하동의 옛터와 선영의 동산을 둘러본 고향 답사를 비롯해 할머니가 평소에 자주 들려주던 동화 같은 고향 이야기에서 비롯되었다. 할머니는 그 어려운 유랑길에서도 조부가 쓰던 보푸라기가 인 누르무레한 의학 서적(아마 중요한 의학서) 몇 권을 괴나리봇짐에 넣어 간도까지 이고 왔다. 식구들에게 가보처럼 잘 챙기라고 당부하던 말씀이 지금도 귓전을 울리는 것만 같다. 할머니는 내가 고급중학교 2학년 때인 1951년에 노환으로 서거하셨다.

의관의 집에서 4대 독자로 태어난 아버지는 평생 기박(奇薄)한 운명 속에서 고생만 하다가 효도 한번 제대로 받지 못한 채 병환으로 세상을 떠나셨다. 일찍이 아버지(나의 조부)가 사망해 가운이 기울자, 일곱 살 때(1919) 할아버지(나의 증조부)와 어머니(나의 조모)를 따라 간도의 유민이 되었다. 소년기부터 할아버지를 도와 가파른 언덕배기를 오르내리며 고사리손으로 나무를 잘라내고 돌을 주워내서 화전을 일구는 고된 노동에 시달렸다. 원래 부지런한 성품에 극기 정신마저 강해, 어려운 농사일이지만 누구보다도 빨리 익혔다고 한다. 약 10년 동안 손수 일궈낸 화전을 중심으로 주변 땅을 조금씩 임차하거나 매입해 세 곳에 총 200여 무[묘(畝)라고도 하며, 1묘는 30평이므로 총 6000여 평]의 척박한 농토를 마련했다.

산간벽지라서 농토는 몽땅 한전(旱田)으로, 농산물은 조를 위시해 옥수수, 수수, 감자, 콩이 전부다. 지세가 구릉지대인 데다가 골짜기를 졸졸 흐르는 시내뿐이라 벼농사는 아예 엄두도 못 냈다. 다행히

1장 ― 유랑 화전민의 아들로 나고 자라다

극심한 가뭄이나 장마 같은 자연재해가 별로 없어서 비교적 안정적인 농경을 유지할 수는 있었지만, 일제의 꼭두각시에 불과한 만주국이 생겨난 1930년대부터는 '나라 위한 공출'이란 미명하에 수확물의 5할 이상을 수탈당해 농촌의 극빈화가 가속화되었다. 해마다 사오월이 되어 보릿고개가 찾아오면 빈 뒤주를 바라보며 하염없이 한숨만을 푸푸 내쉬던 아버지의 그 수심 어린 얼굴이 지금도 눈에 선하다.

이보다 더 가혹한 것은 단일작물제(單一作物制)의 강행이다. 일제는 1930년대 후반부터 대소(蘇) 침공을 모략하면서 조·중·소 3국의 접경지대인 간도 일대를 주요 병참기지의 하나로 꾸리기 위해 병참에 필요한 농작물의 단일재배제를 강요하였다. 우리 마을은 지질과 일조량 등 자연환경이 연초(담배) 재배에 적지란 판정을 받고 아무런 보상도 없이 즉각 연초 재배에 내몰렸다. 연초 재배도 농사는 농사이지만 곡물 농사는 아니다. 연초 농사가 대두되니 곡물 농사는 불문율로 금지되어 쇠퇴했다. 문제는 강제성에다 지출되는 노력 대비 수입이 턱없이 부족했다는 점이다. 연초 농사 연간에 우리 집 보릿고개는 더 높아지기만 했다.

연초는 씨앗 뿌리기부터 모판 심기, 모내기, 거름주기, 제초, 잎 따기(3~4회), 잎 배기(잎을 새끼줄에 끼우기), 잎 줄 걸기(건조실), 건조(약 5일간), 잎 풀기, 포장(50×40×30센티미터)까지 이렇게 복잡한 작업 과정이 서로가 치차(齒車)처럼 맞물려 일사불란하게 진행된다. 그중 줄기에서 한 잎 한 잎 따는 잎 따기와 딴 잎을 또 하나씩 새끼줄 코에 끼우는 잎 배기가 가장 힘들고 손이 많이 가는 작업이다. 이 모든 작업 공정을 하루에 끝내야 하므로 그날(늦여름)이 되면 남녀노소 온 가족이 모인다. 학생들은 일손을 돕기 위해 휴학까지 하며, 일당 인부도 투입된다. 게다가 연초는 건조 시 화력의 강약이나 조절 여하에 따라 그 질이 좌우되기 때문에 화력이 센 굵고 단단한 땔나무를 사용해야 하며, 건조 기간에 불이 꺼져서는 안 되기 때문에 밤잠을 설치며 화구를 지켜야 한다. 그뿐 아니라, 연초는 생생할 때나 건조될 때 인체, 특히 호흡기계통에 유해한 물질을 발산한다. 아버지는 이렇게 고되고 유해한 노동에 수년간 시달렸으니 결코 건강할 수가 없었다. 광복과 더불어 이 지긋지긋한 고역이 끝장났을 때 아버지는 이미 심한 해수(咳嗽)에 고통스러워했다. 결국 아버지는 오랜 숙환으로 이순(耳順, 60세)도 채 넘기지 못하고 작고했다.

아버지는 평생 허약한 몸으로 아픈 내색 한 번 않고 가장으로서 무거운 짐을 도맡았다. 비록 집성촌에서 살았지만 4대 독자라서 남들처럼 몸을 사리지 않고 서로 도와주고 챙기는 가까운 친척조차 없었다. 그리하여 모든 것을 혈혈단신으로 자수성가할 수밖에 없는 고독한 처지에서 살아나가야 했으니 짐의 무게는 배로 느껴질 수밖에 없었을 것이다. 아버지는 건강을 염려해서 평생 술을 멀리하고, 담배도 하루에 몇 개비씩만 피우는 등 자제력이 남달랐다. 그리고 표현은 삼가지만, 망국의 유랑 생활과 사회의 부조리에 관해서도 내심 불만과 울분 같은 것을 비장하고 있었다. 1930년대 간도 지방, 특히 인근 허룽이나 훈춘(琿春) 일대에서 항일투쟁의 불길이 세차게 타오를 때 집단부락의 감시망을 피해 비밀리에 식량이나 생필품을 구해서 유격 근거지에 보내거나 직접 운반하는 일에 참여했다고 후일 동네 어른들께 들었다.

아버지는 홀어머니를 모시면서 효도가 남달랐다. 밥상은 늘 할머니와 한 상을 차리게 하고, 육붙이가 생기면 먼저 할머니께 올리게 하고, 한겨울 추위가 엄습한 저녁이면 으레 할머니가 주무시는 아랫방 온돌을 손으로 만져보며 한기를 걱정하곤 했다. 또한 아버지는 자식들의 교육에도 한 치의 소홀함을 보이지 않았다. 광복 전후의 소학교나 초급중학교 시절을 막론하고 아버지는 시종여일하게 학교 후원 사업에 앞장섰다. 겨울철 학교 난로용 오디(마른 나무 그루터기)를 가득 실은 달구지를 끌고 선참으로 학교 문을 들어서는 아버지의 그 늠름한 모습을 볼 때면 어린 마음에도 고마움과 자랑스러움이 가득 들어찼다.

비록 광복은 되어도 교육 환경은 녹록지 않았다. 학비는 몽땅 자비였다. 고급중학교 시절 개인 집에 하숙할 때에 월 숙박비가 좁쌀 서너 말(45~60킬로그램)로, 그 값은 대략 땔나무 한 술기(달구지)와 맞먹었다. 아버지는 가을 추수가 끝나기 바쁘게 집에서 60~70리는 족히 되는, 수목이 울창한 깊은 산중에 천막을 쳐놓고 일주일쯤 걸려 달구지 여남은 분의 땔나무를 해왔다. 그러고는 묶은 단째로 바람이 잘 통하는 산등성이에 세워서 바싹 말렸다. 이듬해 초봄부터 개학에 맞춰 한 달에 한두 번씩 말린 땔나무를 싣고 40여 리 떨어진 룽징시 땔나무 시장에 내다 팔고는, 그 돈으로 다시 좁쌀을 사서 하숙비를 치르곤 했다. 먼 길이라서 어머니를 자주 대동했다. 그런데 땔나무 값 흥정이 그리 호락호락하지는 않았다. 그래서 땅거미가 질 무렵에 귀로에 오르는 경우가 다반사였다. 특이한 것은 그럴 때를 대비해 마른 지푸라기 한두 단을 꼭 달구지에 싣고 다니는 것이었다. 알고 보니 밤이 되면 산길에 호랑이가 자주 출몰하기 때문에 이른바 봉화벽사(烽火辟邪, 불을 피워 화를 막기)를 위한 조처였다. 아무리 덩치 큰 호랑이라도 불만 보면 피한다. 이렇게 부모님은 고난을 낙으로 삼고 자식의 뒷바라지에 한평생을 바치셨다.

아버지는 워낙 성격이 과묵하고 느긋하며 신중한 편이었다. 평시 말씀이 적고 행동으로 보여줄 뿐, 성급하게 닦달하거나 심하게 채근하는 법이 없었다. 그런가 하면 그 각박한 살림을 꾸려나가는 과정에 부부간이나 고부간에 갈등이나 섭섭한 일이 없지 않았으련만, 서로 간에 벌어지는 다툼 같은 것을 한 번도 목격한 적이 없다. 적어도 우리 자식들 앞에서는 말이다. 그런가 하면, 우리 육 남매는 자라면서 셈이 들고부터는 할머니는 물론이고, 부모로부터도 매를 맞거나 큰 욕설을 들어본 적이 한 번도 없었다. 애당초 우리 집 가족사 사전에는 다툼이나 싸움, 매나 욕설, 고부갈등 같은 표제어는 없고, 오로지 사랑과 화목, 돌봄과 격려만이 있었다. 단언컨대, 이것은 우리 집이 보존해 온 자랑스럽고 첫째가는 가보였다.

어머니를 생각하면 자애의 화신으로 떠오른다. 어머니의 고향도 함경북도이기는 하나 구체적으로 어느 읍(邑), 면(面), 동(洞)인지까지는 미상이다. 아무튼 고향 집과는 가까운 곳이라고 한다. 어머니 일가는 우리 집보다 근 10년 앞서 두만강을 건너 첫 조선인 유민촌인 명동촌 인근의 작은 마을 동거우(東溝)에 정착했다. 당시 '동쪽(조선)을 밝힌다'란 뜻의 명동촌에는 독립운동가 규암(奎巖) 김약연(金躍淵) 일가를 비롯해 애국 시인 윤동주(尹東柱) 일가도 이미 와서 살고 있었다. 한마디로 명동촌은 명동소학교를 중심으로 한 반일 계몽운동의 책원지(策源地)였다. 큰 외삼촌 노진우(盧珍宇)는 윤동주와 소학교 동기로 명동소학교를 졸업한 후 청년 시절에는 외조부의 묵인하에 독립운동의 지하 청년 조직에 가담하기도 했다. 그러다가 병고로 고향 명동에 돌아온 뒤 문맹퇴치 등 계몽운동 조직의 연락책으로 적극 활동했다.

이러한 가정환경에서 태어난 어머니는 비록 학교 문턱에 가본 적은 없지만 동생이 주관한 동네 야학에서 기초적 산술과 언문(諺文, 한글)을 익히고 역사 이야기도 많이 들었다고 한다. 늘 그때를 자랑스러워했다. 돌이켜 보면, 어머니는 문자 그대로 그 시대가 요청하는 진정한 현모양처의 귀감이었다. 어머니는 갈등은커녕 대꾸 한마디 없이 그 힘든 집안 살림을 몸소 감내하면서, 청상과부로 살아온 꼬장꼬장한 시어머니를 극진히 모셨다. 그러면서 우리 자식들에게도 꼭 그렇게 하라고 늘 당부했다. 그리고 평생 병약한 아버지를 도와 밭일뿐만 아니라, 땔나무도 하고, 가축도 길렀다. 심지어 남성들도 어렵다는 후치질(북한 방언, 쟁기질)까지 할 때면 보는 이들은 그저 감탄할 뿐이었다.

그런가 하면, 우리 자식들에 대해서는 끝없는 자애를 베풀었다. 내가 초급중학교와 고급중학교, 대학 입학시험에 응시할 때면 한 번도 거르지 않고, 진하게 달인 엿을 몰래 옷깃에 붙여놓곤 했다. 그 점착처럼 시험에 합격하라는 뜻이다. 이것도 모자라서 어머니는 시험 당일 새벽닭이 첫 홰 울기 전에 청수를 떠놓고 삼배를 올리곤 했다. 이 모든 것은 그 어떤 허무한 주술이나 미신이 아니라 어머니의 간절한 기원의 표시였다. 확신컨대, 나는 어머니의 그 지극정성의 기원 덕에 모든 입학 방문(榜文)에 이름 석 자를 올릴 수 있었다. 그것은 어머니의 그토록 간절한 소원과 믿음에 보답하겠다는 의지의 결과이기도 하였다.

어머니는 정말로 '현모'다웠다. 자식들의 일이라면 궂은일 마른일

가리지 않고 발 벗고 나섰다. 나는 소학교에 입학하기 전에 서당에서 천자문을 배웠는데, 그 서당이 바로 우리 집이었다. 동네에는 또래들이 10여 명 있어 다들 입학 전 서당 공부를 원했는데, 훈장님을 모시는 일과 서당 장소가 문제였다. 어머니는 마을에서 20리쯤 떨어진 풍낙동(豊樂洞)에서 연로한 훈장님을 모셔 와서는 별로 넉넉지 않은 살림 형편에도 윗방 하나를 훈장님의 거처와 서당 겸용으로 꾸며드리고 숙식을 함께했으며, 칠판과 모래판 같은 학용품을 손수 마련했다.

원래 내가 환국한 후 정착하면 부모님과 동생들 일가족을 데려다 함께 살면서 늦게나마 자식이나 장남이 된 도리를 다하려고 했다. 가족들과 근 15년 헤어져 사는 동안 부모님은 하루가 다르게 주름살만 깊이 패어갔고, 동생들도 한창 공부할 나이로 성장했다. 부모님께는 못다 한 효도를 해드리고, 동생들에게는 형 구실을 제대로 하고 싶었다. 한마디로 장남으로서 제구실을 해야겠다는 요량으로 환국하자마자 가족들의 귀국 조치를 여러모로 강구했다. 그러나 부모님은 갑자기 대가족이 움직이면 무리가 따를 수 있다면서, 좀 더 안착한 다음에 천천히 결심하자는 신중한 회신을 몇 번 보내왔다. 사실 나는 표현할 수는 없었지만, 내심 일가족의 환국을 서두른 데는 또 다른 타산이 깔려 있었다. 그것은 작심한 터라서 있을 수 있는 조국 통일 성업의 소환에 대한 대비책이었다. 이것은 혹여 가족의 외국 국적 소지가 이 성업의 투신에 걸림돌이 되지나 않을까 하는 기우이기도 했다. 결국 불필요한 기우였음이 후사(後事)로 입증되었다.

아이러니하게도 어머니와의 마지막 만남은 일가족의 환국을 놓고 한창 협의를 하던 무렵에 이루어졌다. 1968년 2월 어머니가 국경

도강증(國境渡江證)으로 회령에 있는 이모 댁을 방문할 거라는 급보가 날아들었다. 도강증이란 중국과 북한 사이의 두만강과 압록강 연안에 거주하는 친척 간에 서로의 방문을 허용한다는 증서다. 증서 유효기간은 15일이다. 나는 이튿날 부랴부랴 둘째 딸 달미(다섯 살)를 데리고 기차를 탔고, 약 여덟 시간 만에 회령역에 도착했다. 어머니는 이미 이모 댁에서 이제나저제나 하고 우리를 기다리고 계셨다. 환국을 앞두고 작별 인사차 옌볜 집에 가서 만난 지 5년 만이다. 어머니는 도강증을 받자마자 즉시 즈신향 집을 떠나 버스 편으로 약 60리 거리에 있는 두만강 근처의 삼합촌 국경 초소에 이르렀다. 영하 20도의 간도 설한풍은 매서웠다. 강은 꽁꽁 얼어붙었다. 여기서 출국 수속을 마친 어머니는 도보로 150미터쯤 되는 한 많은 두만강 다리를 건너 맞은편 회령에 있는 이모 댁에 도착했다.

어머니와 3박 4일을 함께 보내다가 드디어 작별의 시간이 다가왔다. 일가족과 가까운 기한 내에 평양에서 만날 것을 약속하면서 다시 도강을 위해 회령 측 초소에 도착했다. 이윽고 수속을 마치고 작별 인사를 나누려 할 때, 어머니는 우리가 선물한 사과 중에서 가장 큰 것을 골라서 주머니에 따로 간수했다가 딸애의 손에 꼭 쥐여주셨다. 그 순간 우리 둘은 그만 어머니의 품에 얼굴을 파묻고 말았다. 자식에 대한 변함없는 그 자애! 다리 중간에는 함부로 넘을 수 없는 붉은 선이 가로 그어져 있다. 어머니가 그 선을 밟고 넘어서는 순간, 저 멀리 맞은편에서 손을 휘저으며 "형님! 형님!" 하는 애처로운 소리가 세찬 강바람을 타고 휙휙 들려온다. 어머니의 마중을 나온 둘째 동생 승길(承吉)의 목소리다. 어머니는 몇 걸음을 가다가도 한참 멈춰 서서 되돌아보고는 무거운 발걸음을 다시 뗀다. 자꾸 멀어져만 가는 어머니의 구부정한 뒷모습이 그렇게 측은할 수가 없었다. "어머님, 부디 만수무강하십시오!" 그때 무심코 던진 이 작별 인사가 어머께 올리는 마지막 고별인사가 될 줄이야 정녕 꿈에도 상상하지 못했다.

"가까운 시일 내에 평양에서 만나자"는 약속은 이 불효자에 의해 허공으로 증발하고야 말았다. 그때로부터 10여 년이 흘러 몇 년의 시간 차이를 두고 아버지(63세)와 어머니(76세)는 세상을 떠나셨다. 이러한 비보는 두 분이 고인이 되신 지 30~40년 후인 2011년 옌볜의 옛집을 찾아갔을 때 비로소 알게 되었다. 장남으로 임종조차 지켜드리지 못한 불초, 늦어도 너무나 늦게 두 분이 고이 잠드신 묘단에 참회의 짙은 피눈물이 섞인 술잔을 올리며 용서를 빌었다. 생전에 어머니를 모셨던 형제들에게서 들은 이야기지만, 어머니는 만년에 무슨 환각에서인지 늘 사진들에서 내 사진만을 골라서 몸에 간직하고서는 앞이 탁 트인 뒷더거지(뒷동산)에 올라 내가 금방 올 것이라고 길만 내려다보며 하염없이 기다리셨다고 한다.

생전에 부모님은 시대의 소명이랍시고 동분서주하면서 집안일은 뒷전으로 제쳐놓은 이 소자의 행동거지에 대해 한 번도 만류한 적이 없었다. 언제나 한결같이 묵묵히 이해하고 참고 성공만을 기원할 뿐이었다. 부모님인들 왜 자식을 곁에 두고 효도를 받고 사랑을 주면서 그리워하는 일 없이 오순도순 행복하게 살아가고 싶지 않으셨겠는가! 이 점에서 부모님을 비롯해 형제들 모두를 망라한 우리 집안은 나와 함께 이 시대의 소명을 공유한 자랑스러운 가정이었다고 감히 자부한다.

이렇듯 고결한 영혼을 지닌 할머니와 부모님을 모셨기에 우리 가정은 비록 근로하는 청빈한 유민 출신이었지만, 3남 3녀의 자녀를 둔 다복한 집안이었다. 큰누이 정인숙(鄭仁淑, 1929년생)은 소학교를 졸업하고 일제의 징집을 피해 룽징의 한 방직공장에 취업했다가 광복을 맞자 같은 동네의 김금철(金수哲)과 결혼해 평범한 가정주부로 살았다. 성격이 아버지를 닮아 신중하고 말수가 적었다. 광복 전 마을에서 유일한 중학생(룽징 은진중학교)이던 꿈 많은 남편은 공교롭게도 중학교를 졸업하는 해에 광복이 되는 바람에 일본 유학이 무산되어 촌에 주저앉게 되었다. 중학교에서 회계학을 배운 덕분에 매부는 광복 이듬해 즈신구(智新區, 읍)에 합작사(合作社, 협동조합)가 생기자 합작사의 회계부장으로 취직했다가 6년 후에는 룽징 소재 옌지 합작사의 재무국장으로 승진했다.

육 남매 중 둘째 누이 정인순(鄭仁順, 1932년생)은 성격이 활달하고 형제애가 남다르며 여자로서 담력도 이만저만이 아니었다. 젊어서 남편을 잃고 두 딸을 키우는 고단한 삶을 살아가면서도 누이는 일찍이 집을 나선 가문의 맏아들, 이 불초의 동생을 대신해 출가외인이 아닌 '출가내인(出嫁內人)'으로서 친정의 일이라면 궂은일 마른일을 가리지 않고 앞장서 돌보곤 했다. 춤과 노래에 장기가 많아 늘 집안에 활기를 불어넣었다. 특별히 손아래 동생인 나에게는 누이 이상의 사랑과 배려를 베풀었다. 누이는 나와 같은 광동(光東)중학교를 한 해 먼저 졸업하고는 현립 사범학교 단기반 연수를 거친 후 집에서 8리쯤 떨어진 명동(明東)소학교에 교사로 부임했다. 명동소학교는 19세기 초반 간도로 유랑 간 조선 유민들이 세운 첫 학교로 계몽과 독립투쟁의 산실이었다.

2년 후에는 옌지시 인근의 샤오잉쯔(小營子)소학교로 전근되었다. 그해(1950년 2월)가 바로 내가 옌지시에 자리한 옌볜고급중학교에 입학한 해였다. 누이는 입학시험을 치르는 날과 사흘 뒤 합격자 발표일, 이틀이나 연거푸 휴가계를 내고 시험장에 와서 어머니가 하시는 그대로 엿을 옷깃에 붙여주면서 두 손 모아 합격을 기원했다. 합격자 발표일에는 발표방(發表榜)에서 내 이름 석 자를 발견하고는 얼싸안고 볼을 비비면서 축하해 주었다. 그 길로 누이는 나를 끌고 백화점에 가서 비싼 학생복 한 벌을 입학 선물로 사주었다.

그로부터 8년이 지난 1958년 내가 유학을 마치고 돌아오니 신기하게도 누이는 나의 옌볜고급중학교 동창인 이선근(李仙根)과 결혼하고 지린(吉林)에 신혼살림을 꾸려놓았다. 매부는 나와 고교 동기로 옌볜대학 화학과를 졸업하고 지린의 한 군수공장에서 엔지니어로 봉직하고 있었다. 누이는 결혼 후 퇴직하고 남편을 따라 같은 공장에서 남편의 도움을 받아가면서 실험원으로 일하고 있었다. 부부는 찰떡궁합으로 열심히 일하고 가정도 단란하게 꾸려가고 있었다. 그러다가 내가 환국한 4년 후에 느닷없이 흑풍백우(黑風白雨, 검은 바람이 몰아치는 속에 내리는 소나기)에 휩싸인다. 중국을 뒤덮은 이른바 '문화대혁명'의 역풍이 거세게 몰아쳤다. 홍위병들은 무고한 매부에게 조선에 환국한 처남(본인)과의 서신 거래나 조선족 비밀 조직 가입 등 얼토당토않은 '죄목'을 들씌워 단죄를 시도했다.

매부는 참혹한 고문 끝에 방광이 파열되어 고문 현장에서 사망하고야 말았다. 시신은 어디에 내동댕이쳤는지 끝내 찾지 못했다. 홍위병들은 눈에 쌍심지를 켜고 구들장까지 들어내면서 샅샅이 들춰봤으나 찾으려는 '증거물'(내가 보냈다는 편지나, 심지어 무기 등)은 아무것도 없었다. 내가 카이로대학 유학 생활을 접고 돌아올 때 음악을 즐기는 누이에게 줄 선물로 사 온 신형 이탈리아제 아코디언은 이 광란 속에서 온데간데없이 사라졌다. 이러한 사상 미증유의 야만적 망동이 잦아지자 누이는 몇 번이고 베이징 중앙정부의 유관 부서를 찾아가 억울함을 호소하고 무죄를 주장하면서 법원에 상소까지 했다. 이러한 악착같은 투쟁 결과 몇 년 후 중국 정부는 공식적으로 사과하고 고인의 명예를 회복시켜 주었다고 한다.

환국 후 몇 년이 지나고부터 나는 피치 못할 사정으로 인해 누이를 비롯한 가족들과는 음신(音信)을 일절 주고받을 수가 없었다. 이렇게 격조한 지 20여 년이 지난 1997년 초여름, 누이는 서울에 다녀온 이웃 지인으로부터 동생인 내가 일심에서 사형선고를 받고 영어의 몸이 되어 있다는 청천벽력 같은 소식을 전해 들었다. 이 소식을 듣자마자 누이는 눈물을 머금고 서둘러 그해 7월 7일 김영삼 대통령 앞으로 동생이 죽기 전에 면회라도 한번 시켜달라는 애끊는 탄원서를 우편으로 보냈다. 이 자필 편지는 청와대 민정비서관실에 '친척 방문을 위한 입국 허용 요망'이란 이름으로 접수되었다.

접수 한 달여 만인 8월 21일 자로 한국 법무부는 장관 명의로 회신을 보냈다. 회신은 중국인의 한국 방문에 관한 공식 절차를 소개한 다음, "친인척 방문 허용 범위를 한국 내 거주하는 배우자나 6촌 이내 혈족 또는 4촌 이내 인척의 초청을 받은 55세 이상의 자로 규정"한다는 방문 제한 내용을 알려주었다. 한국에 아무런 연고도 없는 우리 가족 누구에게도 방한의 문은 잠겨버렸다. 실망의 늪이 얼마나 깊었을까! 살아만 있다면 "산 사람은 언젠가는 만나게 된다"라는 출처 불명의 속담을 누이는 신념인 양 눈을 감는 순간까지 되뇌었다고 한다. 애석하게도 천지지계(天地之界)를 넘어 저승에 승천했으니, 이승에서 더는 만날 수가 없게 되었다.

우리 형제는 3남 3녀의 육 남매로 모두가 중국 옌볜 명천마을 한집에서 나고 자랐다. 그 가운데 누이 두 명은 이미 작고하고 동생 셋(정인옥, 정승헌, 정승길)은 여전히 옌볜에 살고 있다. 장손으로 내가 이 회고록을 쓰면서 후회막급한 것은 조모로부터 부모님, 형제들, 조강지처, 딸들에 이르기까지 가족 열두 명 모두의 경조사를 이러저러한 일로 떠돌아다니다 단 한 번도 함께한 일이 없다는 불초불성한 서글픈 사실이다. 개명 천하에 이러한 비극이 또 어디에 있을까!

3업을 겸직했던 조강지처를 기리며

조강지처 박광숙(朴光淑)은 우리가 가정을 이룬 후, 50여 년간 성실한 직장인으로, 주부로, 가장(세대주)으로서 3업(業)을 겸직하면서 억척같이 한생을 살았다. 그의 기일조차도 딱히 알지 못하는 이 사람의 불성(不誠)에 대해 소략한 이 글로나마 자괴하면서 다시 한번 처를 기리는 글로 갈음하고자 한다.

우리 집 가족사진 앨범에는 아내가 할머니와 부모님을 모시고 형제들과 함께 찍은 사진은 있어도 내가 아내와 함께 할머니나 부모님을 모시고 찍은 사진은 한 장도 없다. 그녀는 결혼 전후에 시가(우리 집)를 돌보는 마음에서 나를 대신해 베이징에서 먼 길을 마다하지 않고 몇 차례나 찾아가 뜻깊은 인증 사진을 남겼다. 조강지처이자 현모양처인 박광숙 이야기로 독자들과 이 시대의 비장한 격변사의 한 토막을 되짚어 보고자 한다.

박광숙은 1935년 4월 18일(양력), 옌볜 허룽현(본적은 함경북도)에서 유랑 화전민의 무남독녀로 태어나서 일찍이 아버지를 여읜 후 홀어머니와 함께 유년 시절을 보냈다. 고급중학교 2년 때이자 전시 중이던 1952년 북한 당국은 천재적 무용가 최승희 선생을 중국에 파견해, 중국 측(특히 저우언라이 총리)의 적극적인 지원하에 베이징무용학교 내에 '최승희 무용반'을 신설했다. 최승희 선생이 직접 둥베이 각지에 있는 조선족 고급중학교에서 유망한 신입생 10여 명을 선발해 딸 안승희를 비롯한 몇몇 내화(來華) 제자들과 함께 무용반을 꾸렸다. 박광숙은 그중 한 명이었다. 2년 후 종전되자 내화한 최 선생 일행은 귀국하고 제자인 재화(在華) 학생들은 무용학교를 수료한 뒤, 갓 출범한 중국 중앙가무단의 창립 단원이 되었다.

그러나 박광숙만은 2년 더 학교에 남아서 심조(深造)의 교육과정을 거쳐 여느 친구들보다 예능 급수가 1등급 높은 '지도(指導)무용수' 자격으로 중앙가무단에 합류해 약 7년간 핵심 단원으로 활약했다. 나와는 내가 유학을 마치고 중국 외교부에 근무하고 있을 때인 1959년 1월 초 민족궁 식당에서 열린 재경조선족신년연환(在京朝鮮族新年聯歡) 모임에서 베이징대학 시절 멘토로 모시던 문정일(文正一, 옌볜전원공서 전원 역임) 선생의 소개로 처음 만났다. 알고 보니 나와 옌볜고급중학교의 동기 동반 동창생인 박대관(朴大官, 당시 옌볜인민방송국 아나운서)의 사촌 여동생으로 어릴 적 한마을에서 살았다. 다음 날 그녀는 이 소식을 편지로 대관에게 알렸고, 대관도 반가워하면서 즉시 답신을 보내왔다. 답신 속에는 그녀의 가정 내력이 소상하게 소개되어 있었다. 사실 그해는 중국이 공화국 창건 1주년을 맞이하고, 알제리 정세가 크게 요동치던 해라서 서로가 눈코 뜰 새 없이 분주한 때였다. 그 속에서도 특히 대관의 정열적인 거간주선(居間周旋)으로 우리 사이에 사랑의 씨앗은 하루가 다르게 푸르름을 더해 갔다. 급기야 만민의 축복을 받으며 결혼에 골인했다.

첫 만남 후 몇 주 지나지 않아 내가 모로코 주재 대사관으로 전보 발령을 받는 바람에 기약 없는 석별을 하게 되었다. 그러다가 1961년 여름 갑작스레 공무차 잠시 귀국하게 되었다. 주변의 권유로 어느 무더운 저녁 출장소였던 차오양먼(朝陽門) 밖 외교부 초대소에서 우리 둘은 낮에 근무하던 차림새 그대로 말할 수 없이 조촐한 '다과결혼식(茶菓結婚式)'을 올렸다. 말 그대로 다과 몇 홉(1홉=10분의 1되)을 식탁 하나 위에 널어놓은 것을 하객 30여 명이 한두 개씩 집어 들면서 축하의 인사를 건넸다. 이에 앞서 모두에 당시 외교부장 조리(助理, 특별보좌관)이자 내가 소속된 서아시아-아프리카사(司) 커화(柯華) 사장의 축사가 있었고 마지막에 우리 가족을 대표해 큰매부 김금철이 감사의 답사를 건넸다. 이것이 결혼식 행사의 전부였다. 30분이 채 안 걸렸다.

결혼식에는 한창 농번기의 바쁜 일손을 제쳐놓고 아버지와 큰매부, 동네의 친지 정태일(鄭泰日) 아재(아저씨)가 함께 참석하셨다. 그렇게 오고 싶어 하시던 어머니는 심한 기차 멀미로 인해 도저히 오실 수 없었다고 한다. 모진 고생을 겪으며 애지중지 키워온 자식의 평생 경사에 오시지 못한 어머니와 결혼식에 참석했어도 조촐하기 그지없는 결혼식을 눈앞에서 보고 폐백 한 번을 제대로 받지 못한 아버지의 그 심정이 얼마나 쓰리고 아팠으며 아쉬웠을까!

결혼 사흘 만에 대사관에서 급히 돌아오라는 급전호출(急電呼出)이 날아왔다. 이렇게 헤어져서 근 2년 만에 사전 예고도 없이 우리는 베이징에서 재회했다. 아내는 뜻밖이라서 처음엔 조금 당황한 기색을 보였다. 그러나 얼마 길지 않은 시간이지만 속삭임에서 묻어나는 내 심지(心地)를 짐작하고 있던 터라서 곧장 당황한 기색을 감추고 얼굴에 화색을 띠기 시작했다. 우리는 밤새도록 환국을 화두로 진솔한 이야기를 나눴다. 나는 아내가 직업적 예능인으로서 무슨 정치나 관(觀) 같은 것을 쉬이 토로하지는 않지만, 심지는 나와 진배없음을 만난 첫 순간부터 포착했었다. 무용학교 시절부터 한솥밥을 먹어오던 아내의 또래 친구들은 거개가 지체 높은 한족(漢族) 남자들과 결혼해 여유작작한 생활을 하고 있었다. 이를 곁에서 봐왔고, 또한 숱한 유혹이 있었지만 아내는 민족끼리 결혼하는 '동족 결혼관'을 끝까지 고수했다.

그러면서 우리 민족의 우수한 문화예술 전통에 대해 깊은 이해와 애착을 갖고 있었다. 그러하기에 최승희 선생은 아내만을 특선해 2년간 더 교육했던 것이다. 선생은 귀환할 때 석별의 눈물을 흘리는 아내를 달래면서 지금은 국적 문제가 있어서 함께 갈 수 없지만, 앞으로 영원히 잊지 말고 조국에 돌아오라고 신신당부했다고 한다. 아내에게는 대단히 힘을 주는 고무적인 사건이었다. 아내가 나와 함께 1963년 국제 열차로 압록강 철교를 지나 첫 관문인 신의주역에 도착하자 그때를 회상하면서 눈시울을 적시던 일이 지금도 생생하게 떠오른다. 환국 후 아내는 스승인 최 선생의 많은 사랑과 배려, 가르침을 받았다.

이 대목에서 아내가 들려준 한 토막의 감동적인 이야기를 기록으로 남기고자 한다. 아내가 속한 중앙가무단은 중국을 대표하는 일류급 예술단으로 해마다 몇 차례씩 해외 공연에 나섰다. 1961년 정예

단원들로 꾸려진 중앙가무단이 쿠바혁명 승리 1주년 축하 공연차 아바나를 방문했다. 아바나에 도착해 수만 명이 운집한 어느 광장의 노천 무대에서 첫 공연을 했다. 가무단에는 아내를 포함해 조선족 무용수가 세 명 있었는데, 가는 곳마다 사람들의 눈길을 사로잡은 인기 있는 조선 고전무용 '부채춤'을 선보였다. 공연이 막 끝날 무렵 무대 뒤에 웬 동양 노파 네 분이 공연 포스터와 꽃다발을 들고 서성이고 있었다. 그들은 나오는 무용수들의 얼굴을 찬찬히 살피고 있었다. 이윽고 맨 뒤에서 걸어 나오는 무용수의 앞을 막아서더니 "박……이 아닌가?"라고 물었다. 그렇다고 대답하니 무작정 들고 온 꽃다발을 품에 안겨주면서 손을 꼭 잡고 "반갑습니다! 반갑습니다!"라는 우리말을 몇 번이고 되뇌었다. 사연을 물어보니, 공연 포스터에서 '박'이라는 성을 발견하고 틀림없이 조선족일 거라 생각하고 이렇게 찾아왔다는 것이다. 그들은 모두 아버지 세대에 쿠바 땅에 온 이민 2세대로서, 떠듬거리기는 하지만 다들 우리말로 의사소통이 가능했다. 그들과 함께 온 몇몇 여성들은 얼굴이 가무잡잡한 3세대 혼혈 후예들이었다.

이틀 후 지방 공연을 마치고 아바나에 돌아오니 교외에 사는 어느 한 동포의 집에서 푸짐한 환영 만찬에 일행을 초대했다. 가무단 부단장과 함께 조선족 단원 셋이 이 만찬에 초대되었다. 제법 널따란 정원에서 열린 환영 만찬장에는 쿠바 예술인 몇 명과 동포 20여 명이 그들을 기다리고 있었다. 시종 동포애적 살가운 분위기 속에서 만찬이 진행되었다. 마지막엔 참석자 전원이 손에 손을 잡고 더러는 손등으로 눈물을 찍어내면서 겨레의 노래 〈아리랑〉을 합창하며 대미를 장식했다. 아내는 그때를 회고할 때마다 피는 물보다 진하고,

살길을 찾아 고국을 등지고 살아온 동포들은 낙엽이 귀근(歸根)하듯 구경(究竟)은 고국으로 돌아가야 한다는 통리(通理)를 깨닫게 되었다고 회고하곤 했다. 그러한 그였기에 나의 '위국헌기위지고'의 신념과 조국의 통일 성업에 기여하기 위해 환국하겠다는 나의 의지와 당위성에 대해서는 완전히 의기가 투합되었다. 오히려 그는 위국헌기의 첫 선물로 큰애를 조국 땅에서 낳아야 한다는 절박성을 내세워 나의 환국 투쟁을 백방으로 지원하고 그 시간 단축을 재촉했다.

환국 직후 아내는 모란봉예술단 무용수로 취직했으며, 나와는 가정주부 겸 직장인으로서 11년을 함께 보냈다. 나에게 이 11년은 통일 성업에로의 마음을 더욱더 굳히는, 한 발짝씩 다가가는 예비 과정이기도 했다. 이 사실을 현실로 받아들인 아내는 고맙게도 충분한 이해를 표하면서 이제 가정주부에서 가장으로의 전환을 차근차근 실천하는 가운데 현모다운 모성애를 더욱더 슬기롭게 발산했다. 큰딸 미란이가 우수한 성적으로 평양외국어학원에 입학하자 입지 않고 농 속에 간직해 두었던 고급 모직 주름치마를 아낌없이 싹둑 잘라서 맞춰 입혀 보내기도 하고, 평소 몸에 밴 근검절약의 정신으로 집안 살림을 알뜰하게 꾸려나갔다. 이 모든 사실은 두고두고 고맙고 미안한 일이지만, 한편으로는 아내의 가장다운 자애로움과 책임지는 대범한 기질의 반영이기도 했다.

이와 더불어 어머니에 대한 효도도 극진했다. 결혼 후에는 환국 전까지 옌볜 허룽에서 홀로 지내는 어머니와 어린 이복동생 정용석(鄭龍石, 4세)을 베이징에서 부양했다. 장모는 본 거주지가 베이징이 아니라 옌볜이기 때문에 우리와 함께 귀국할 수가 없었다. 그리하여 우리가 환국한 직후 별도의 귀국 수속을 거쳐 평양에 모셔 와 줄곧 부양가족으로 함께 살았다. 그러면서 아내는 함께 살아야 했던 시부모와 시동생을 모셔 오지 못한 일에 대해 아쉬움과 미안함을 잊지 않았다. 그리고 내가 돌아오면 꼭 모셔 오자고 한 약속이 아내가 나에게 남긴 마지막 인사이기도 했다.

우리는 평양에서 11년을 함께 살았다. 여기에다가 환국 전 베이징에서 1년간 함께 지낸 햇수를 더하면 내가 가장 노릇을 한 것은 고작 12년밖에 안 된다. 내가 1974년 대남 공작원으로 소환된 때부터 2015년경 운명할 때까지 40여 년간 아내는 충실한 직장인으로서, 자애로운 어머니로서, 정성을 다하는 효녀로서, 굳건한 가장으로서 이 못난 남편을 대신해 가정을 이끌었다. 정년 후에는 평양악기공장 지도원으로 후배들을 양성하는 데 열정을 다했다고 한다. 그의 사망 비보에 관해서는 내가 2016년 옌볜에 사는 큰누이를 찾아뵈었을 때 누이에게서 듣게 되었는데, 기일을 비롯해 확실한 사망 경위에 관해서는 더 이상 들은 바가 없다. 한평생 고생만 한 조강지처, 현모양처인 그가 이렇게 허무하게 세상을 떠나다니……. 일편단심 통일의 광장에서 만날 그날을 기약하며 모든 것을 참고 견디며 기다리겠다던 당신, 임종도 지키지 못하고, 기일이 언제인지도 어디에 묻혀 있는지도 모르는 이 부족하고 매정한 남편을 저 황천에서라도 한번 맘 놓고 크게 질타해 주오!

아내는 자애로운 모성애로 애들을 잘 키워냈으니, 이 또한 고맙고 고마운 일이 아닐 수 없다. 큰딸 미란(1963년생)은 김일성종합대학 프랑스어과를 졸업하고 주요 유적지 외국어 전담 해설 요원으로 근무하고, 둘째 딸 달미(1965년생)도 김일성종합대학 어문학부를 졸업하고 중앙통신사 기자로 활약하며, 막내딸 소나(1969년생)는 무역대학을 졸업하고 호텔 지도원으로 일하고 있다. 이복동생 정용석은 김형직사범대학을 마치고 교사로 봉직하고 있다. 직장인으로서, 여섯 가족을 이끄는 가장으로서 모두가 아내의 품에서 자라났으니 그인들 얼마나 노고가 많았겠는가!

나는 지난해(2021) 대한적십자사가 주관하는 이산가족 상봉 준비 조처의 일환으로, 비록 어미 없는 애들과의 상봉이지만, 애타는 염원을 담아 혈액 채취와 '영상 편지 보내기' 행사에 적극적으로 동참했다. 회고록을 쓰고 있는 이 시각까지도 그 결과가 오리무중이지만, 그 어느 때인가 상봉의 순간이 오고야 말리라는 간절한 기대만은 버리지 않고 있다.

더부살이 티 없는 완벽한 조선인 유민 사회

내가 나고 자란 명천마을은 모두가 살길을 찾아온 유민들이 모여 사는 정씨 일족의 집성촌이다. 그래서 문무양반의 사대부라든가 집안의 지체가 높은 사람, 지주나 자산가 들처럼 사욕만 부리는 사람들은 한 사람도 없었다. 모두가 신분상의 차별 없이 근로하는 자력 갱생형 소농들이었다. 그러다 보니 사람들 간의 갈등이나 분쟁은 애당초 자취를 감추고, 대신 대소사를 막론하고 서로가 자진해서 배려하고 협력하는 평등과 공정, 상부상조하는 분위기만이 온 마을에 훈훈하게 감돌았다. 나는 이러한 것만이 본연의 인간 공동체인 줄로 알고, 그에 익숙하게 훈육된 순박한 유년 시절을 이웃들과 함께 화목하게 보냈다.

해마다 마을 사람들은 길일을 택해 마을의 안녕을 비는 이른바 '상공당제(上供堂祭)'를 지낸다. 남녀노소 할 것 없이 모두가 마을 동구에 있는 수백 년 묵은 느릅나무 밑에 모여 정성껏 준비한 제물을 차려놓고 집체적으로 제를 올린다. 제가 끝나면 제물은 집집마다 골고루 분배한다. 어린이들에게만 즉석에서 '복물(福物)'이라는 것을 나눠준다. 줄 서서 그 복물을 받던 일이 지금도 눈에 선하다. 농망기, 특히 집을 신축하거나 이엉을 가는 등 집수리를 할 때 그리고 연초 잎을 딸 때처럼 손발이 모자랄 경우는 으레 품앗이로 해결하는 협동 관행, 십시일반으로 먼 길을 떠나는 사람의 노자를 보태주는 배려심, 해마다 단오나 추석이 되면 온 마을이 떨쳐나서서 씨름이나 그네뛰기를 하는 화합 전통……. 이 모든 것은 어린 시절 나에게 우리 민족의 미풍양속에 대한 깨우침을 심어주는 소중한 영양소였다.

내가 나고 자란 집은 전형적인 함경도의 전(田) 자형 서민 집이다. 대문은 없고 자그마한 앞마당을 낀 집은 흙벽에 짚 이엉을 이는 여덟 칸짜리 온돌 초가집으로, 15평가량의 부지에 길이 10미터, 너비 4미터, 높이 3미터쯤 되는 규모의 외통집이다. 부엌을 중심으로 오른쪽은 구유를 사이에 두고 외양간과 작두를 설치한 두 칸으로 나뉜 사료 준비실이 있다. 부엌 왼쪽은 가마솥이 달린 거실 격인 정주가 있고, 이어 전 자형의 안방(바깥방) 두 개와 고방(庫房) 두 개가 연달아 붙어 있다. 정주는 부모님이 쓰시고, 안방은 할머니와 나의 방이며, 고방은 누이들 전용이다.

집 바깥 오른쪽에는 돼지우리와 화장실이 자리하고, 왼쪽은 곡물을 저장하는 두쥐(뒤주)가 가지런히 놓인 사랑채가 집 본채와 약간 떨어져 있다. 집 앞의 길 건너 시냇가에는 10여 평 되는 텃밭이 있어 여러 가지 계절 채소를 심어 일 년 내내 푸르싱싱한 채소가 밥상에 올랐다. 주로 할머니가 가꾸는 이 텃밭에서 생산되는 채소로 지은 요리 가운데서 여름철의 싱싱한 가지순대와 겨울철의 파릇파릇한 갓김치는 별미 중 별미였다. 지의류(地衣類)에 속하는 간도의 갓과 남한의 남해 일대의 갓은 맛과 모양새가 달라 동명이물(同名異物)이 아닌가 싶다. 그뿐 아니라, 집 뒤 언덕바지에는 살구와 자두나무를 심어 과실을 동네에 나누어 주기도 했다. 그러다가 강제로 연초 재배를 하면서 일본인 수하의 '영림소(營林所)'가 '난벌(亂伐)'을 막는다는 구실하에 화목 채벌을 크게 제한하자, 할 수 없이 연초 잎 건조용 화목으로 쓰기 위해 애지중지 키워오던 이 과실나무를 싹둑싹둑 베어버리게 되었다. 광복 후 아버지는 그 자리에 개량종 배나무를 다시 심어 키웠다고 한다.

시골 살림에서 중요하고도 어려운 가사 하나가 우물에서 물을 긷는 일인데, 다행히도 우리 집은 거리도 50여 미터밖에 안 되는 '바가지 우물'(땅에 앉아서 바가지로 물을 떠 담는 우물)에서 손쉽게 물을 길어올 수 있었다. 이 우물은 아무리 가물어도 물이 마르는 법이 없고, 아무리 추운 겨울에도 물이 얼지 않는 데다가 물맛 또한 좋아 인근 주변에 소문이 자자했다. 이에 반해 마을 내 다른 세 우물은 두레박으로 5~6미터나 되는 깊은 곳에서 물을 퍼 올리는 '두레박 우물'이었다. 한겨울 아침 밤새 내려 30센티미터 이상 쌓인 우물가의 눈길을 말끔히 쓸어주면 그토록 흡족해하던 어머니의 모습이 눈길을 밟을 때마다 잊지 못할 선연한 추억으로 떠오른다. 그로부터 수십 년이 지난 2011년, 그 고향 마을을 찾아갔을 때는 집집마다 수도를 놓는 바람에 우물은 흔적조차 남지 않고 사라져 버렸다. 오늘이 과거와 완전히 단절된 듯한 허무한 느낌이 부지불식간에 스며드는 순간이었다. 이제 인간에게서 향수란 사라져도 아무렇지 않은 무의미한 낡은 기억에 불과한 걸까!

우리 마을 사람들은 비록 이국인 중국에 유랑민으로 와서 더부살이하는 신세이지만, 언어를 비롯한 의식주와 생활 풍습, 생산 활동 내지는 본적(本籍)과 의식구조까지도 모두가 고국(조선)의 전통을 그대로 따랐다. 이족(異族)이 한 집도 뒤섞이지 않은 순수한 조선족 공동체 마을이었다. 한마디로 '이족풍(異族風)'은 어디에서도 찾아볼 수 없었다. 이러한 순수성은 1945년 광복될 때까지 유지되었다.

위에서 언급한 미풍양속은 물론이거니와 신기한 관행까지도 그대로 이어받아 답습하고 있었다. 이러한 신기한 관행이야말로 더부살이하는 유민으로서의 개성이나, 민족적 특색을 가감 없이 표출하고 있는 증좌였다. 또한 그것이 개인이 성장한 사회적 배경의 한 단면이기도 했다. 이제 그 몇 가지를 살펴보면, 우선 양부모를 모시는 관행이다. 내가 4대 독자에게서 태어난 장손이라서 가족이 번성하려면 나부터가 장명(長命)해야 한다는 것이 내가 태어난 이후로 온 집안이 품어온 한결같은 염원이었다. 장명하자면 이성(異姓)의 양(養)부모를 모셔야 한다는 어느 고명한 점술가의 점괘를 듣고, 두 살 때 한동네에 사는 아버지와 동년배인 박씨 내외를 양부모로 모시고 본래의 '정해성(鄭海成)'이란 이름을 지금의 이름으로 바꾸는 개명 의식을 치르고 양부모의 족보에 양자로 이름을 올렸다. 양부모에게는 나보다 한 살 아래인 박수천(朴守天)이란 친자가 있었는데, 우리는 친형제처럼 지냈다. 더불어 우리 두 집은 큰집 작은집 하면서 친족처럼 다정하게 지냈다. 내가 열두 살 때 양부가 세상을 떠났는데,

삼년상까지 내가 맏상주 노릇을 했다.

다음으로는 가족제(家族祭) 전통이다. 우리 집에서는 1년에 한 번씩 연말에 '부근치성(付根致誠)'이라는 가족제를 지냈다. 제문을 보면, 송구영신의 뜻을 담고 있는데, 묵은해에 가내 제절(諸節)이 강녕하고 풍년을 이룬 데 대해 신주에게 감사하고, 새해에도 온 가정에 무병과 행운만이 있기를 기원하는 내용이다. 이 제에는 보통 돼지를 잡아 제물로 올리는데, 지목된 돼지는 먹잇감 등에서 특별한 배려를 받으며 거의 신성시된다. 주로 추석이나 구정 같은 명절에 일가족이 모여 자정에 지내는 조상 제사와는 달리 초저녁에 집 안에서 지내는데, 간혹 가까운 친족이 동참하기도 한다. 이 '부근치성'제는 흔히 어른들이 제주(祭酒)에 홍건히 취할 정도로 마냥 축제 분위기 속에서 치러진다. 서양의 추수감사절을 방불케 하는 행사이기는 하지만, 동양 치고도 우리 민족만이 치르는 독특한 전통 행사다. 그러한 행사가 여기 이역 간도에서 고스란히 재현되고 있다는 것은 전통에 대한 우리 민족의 남다른 집념을 말해준다. 복은 함께 나눠 누려야 한다는 뜻에서 행사 다음 날 고기는 동네 여러 집에 골고루 보낸다. 이 가족제는 형편이 웬만한 가정에서는 빠짐없이 치르는 일종의 고유 제의인 것이다.

끝으로, 지금까지도 잊히지 않는 '야위'라는 신기한 놀이다. 얼핏 보면, 돈이나 재물을 걸고 따먹기를 하는 일종의 노름 같기도 하다. 그 특이한 내용을 구체적으로 따져보면, 노름이라고 하면 부정적 편단(偏斷)만 강조되지만, 여럿이 모여 해몽(解夢)이라는 지혜를 겨루고 나누며 즐기는 노름놀이(놀이)라는 긍정적 일면을 동시에 감안하면, 반(半)노름이나 '반(半)놀이'라고 하는 것이 명실상부한 지칭이라고 할 수 있다. 바로 이러한 이중성 때문에 겨울 한철 농한기에 어른들이 선호하는 일종의 민속놀이가 되었으며, 따라서 여기 고국을 떠난 간도의 유랑민들 사이에서까지 면면히 이어지는 것이 아니겠는가.

   그 내용은 야위꾼 자신이 꾼 꿈을 해석해서 노름(놀이)을 주관하는 사람[야위 주재(主宰)]이 미리 써둔 풀이(해몽) 스물네 가지 중 어느 하나에 보상(주로 현금)을 걸고, 놀이 참여자의 해몽이 그것과 일치하면 몇 곱절의 보상을 하는 일종의 노름(놀이)이다. 여기서 중요한 것은 해몽에 관한 쌍방(야위꾼과 야위 주재)의 의견 일치다. 그것은 해몽의 일치 여부에 따라 당첨이 결정되기 때문이다. 간혹 쌍방의 의견 불일치로 야위가 무산되는 경우가 있다. 서로 인근의 다른 곳에 살고 있는 야위꾼과 야위 주재는 비밀스러운 중간 지점에서 만나 서면으로 해몽 일치 여부를 확인한다. 야위꾼은 종종 자기의 것뿐만 아니라, 여러 사람의 야위를 위탁받아 대행하기도 한다. 주로 겨울철 농한기에 농민들 사이에서 다분히 심심풀이로 즐기는 이러한 야위 놀이에 거는 밑천은 술값 정도의 몇 푼이 고작이다. 돈이 없으면 곡물이 대용되기도 한다.

모래판에서 '천자문'을 익히다

            이렇게 나는 비록 낯선 이역이지만 전통적 민족 정서와 분위기가 그대로 짙고 훈훈하게 깔린 유민 사회 특유의 배경 속에서 유소년 시절을 보냈다. 소학교에 입학하기 직전 서당을 다닌 일은 지금껏 유년 시절을 기릴 만한 추억으로 남아 있다. 앞에서도 언급했지만, 부모님에게는 비록 무학이지만 자식들만은 꼭 공부시키고 출세하게 만들겠다는 남다른 소망과 교육열이 있었다. 더불어 사회봉사 정신으로 우리 집 윗방에 서당을 차려놓고 훈장님을 모셔다가 숙식을 함께하면서 동네 또래 아이 10여 명의 부모님들과 힘을 합쳐 서당을 꾸려나가기도 했다. 여러 사람의 열렬한 호응과 열성적인 참여 속에 서당은 2년 가까이 지속되었다. 훈장님은 유가(儒家)에 일가견이 있는 노선비로서 현거(懸車, 나이 칠십)를 넘겼지만, 매사에 엄격한 분이셨다. 두메산골 후진 농촌의 자그마한 사설 서당이지만, 훈장님의 가르침에는 한 치의 느슨함도 없었다. 도식대로 회초리를 옆에 두긴 했지만 한 번도 휘두르신 적은 없었다.

서당에서의 공부 내용은 주로 오랫동안 유행하던 한자 기초 교육의 교본인 천자문 해독이었다. 말이 해독이지, 실제는 줄줄 외워대기만 하는 교조적인 암송이었다. 교재는 『석봉(石峯) 천자문』으로 기억한다. 낯설기만 한 한자를 쉽게 익힐 수 있도록 하기 위해 한자마다 한글로 음과 의미를 적고 있다. 이렇게 한자의 음과 의미를 적어놓은 한글을 읽기 위해서 천자문을 공부하기 전에 약 3개월간 한글 공부를 선행했다. 천자문은 네 자씩 된 250개 구절의 장편 고시(古詩) 모음집으로서, 소리 내어 읽는 암송과 더불어 크기가 40×30센티미터의 모래판에 손가락으로 글자를 쓰면서 필법을 익힌다. 사실 암송보다 획이 많은 한자를 쓰면서 익힌다는 것이 더 어려웠다. 매일 오전 오후 한 시간씩 공부하는데, 그 가운데 약 30분가량은 인성이나 예의범절에 관한 훈장님의 훈시 조의 이야기를 듣는 시간이다. 훈시 조의 이야기지만 쉽게 풀어서 하시니 딱딱하고 무미건조한 천자문 암송보다는 더 재미가 있었으며, 깨우치는 바도 많았다.

돌이켜 보면, 그 시절의 서당은 어렵지만 필수적인 한자에 관한 기초 지식을 맛보게 한 시식장(試食場)이었으며 어린 영혼의 눈을 뜨게 해준 개안장(開眼場)이기도 했다. 소년 시절의 문턱에서 짧은 기간 모래 칠판에 손가락으로 천자문을 익혀가면서 어설프게나마 배운 한자 지식이지만 오늘날에 이르기까지 평생 국한문(國漢文)이나 중국어 한자를 습득하는 데 밑거름이 되어온 점은 부정할 수 없는 사실이다. 중국 옌볜에서 한글로만 공부하던 고급중학교 때, 갑자기 졸업 6개월을 앞두고 중국 대학 진학이 결정되었다. 그러자 진학 준비에서 제일 큰 난제인 중국어 문제를 해결해야 했는데, 다행히 당시 옌볜교육출판사에서 출간한『천자문주해(千字文註解)』에서 그 해결책을 찾았다. 그리고 1990년대 감옥에 수감되어 1년 남짓한 기간에『우리말 큰사전』을 독파할 때도 고시어(古詩語)가 넉넉한 고전인『천자문』과 병독(竝讀)함으로써 국한문 지식을 늘리는 데 큰 도움을 얻었다. 지금도 중국의 검색엔진 '바이두(百度)'를 비롯한 여러 매체와 전문 서적 등의 탐독을 통해『천자문』의 무진장한 보고에서 한자와 고전에 관한 지식을 퍼 올리고 있다. 비록 일고여덟 살의 어릴 적 짧은 한때의 범상찮은 경험이었지만, 평생과 인연이 닿은 유의미한 추억이기에 이렇게 회고록으로 남기는 바이다.

그렇다고 해서 내가 고전의 맹신자는 아니다. 그저 값지게 활용하는 이용자일 뿐이다. 왜냐하면, 모든 고전은 예외 없이 한 시대의 피조물로서 시대적 한계성을 지니고 있기에 통째로 삼키는 것이 아니라 곱씹어서 유용한 것만을 섭취해야 하기 때문이다. 고전의 진가는 시대의 변화 발전에 따르는 창의적인 활용에 있다. 역설적으로 이 말은 어떠한 고전에도 무언가 모자라고 틀린 것이 있어서 올곧게 풀이하면서 보태고 고쳐야 한다는 뜻이다.

그렇다면 『천자문』의 한계성과 이해에서 제기되는 문제는 과연 무엇일까? 몇 가지를 살펴보면, 우선 그 저자다. 원래『천자문』은 사언절구의 한시(漢詩)이자 대표적인 한자 학습 교본이다. 일반적으로 알려진 저자는 중국 남북조시대 양조(梁朝)의 초대 황제 무제(武帝, 502~549 재위) 때의 학자인 주흥사(周興嗣)이다. 그는 양무제의 명을 받아『천자문』을 만들었는데, 그 과정에는 전설 같은 이야기가 전해진다. 주흥사는 우연한 일로 양무제의 노여움을 사서 주살당하게 되었는데, 이를 용서받는 조건으로 "하룻밤 안에 4자씩 250구절의 시를 짓되, 한 글자도 같은 글자가 있어서는 안 된다는 기준"으로 만들었다고 전해진다. 이 엄혹한 명을 수행하기 위해 주흥사는 하룻밤 새에 머리가 하얗게 세었다고 해서 훗날 사람들에게 백수(白首) 선생 혹은 백두(白頭) 선생으로 불렸으며, 그가 지은『천자문』을 '백수문(白首文)'이라고도 했다. 이『천자문』에는 자연현상에서부터 인륜 도덕에 이르는 광범위한 고시(古詩)가 수록되어 있다. 글자가 겹치지 않는 데다가 운율과 의미도 맞춰서 지었으니 어려운 작업이 아닐 수 없었다. 또한 그만큼의 허점도 면할 수 없었다. 그 밖에 중국에는 삼국시대 위(魏)나라의 종요(鍾繇)가 지었다는『천자문』을 비롯해『천자문』수십 종이 유행했다고 한다.

다음은『천자문』의 우리나라 전래 문제인데, 이 한자 학습 교본은 중국 양(梁)나라 승려 원표(元表)가 신라 법흥왕(法興王) 8년(522)에 사신으로 오면서 많은 불경과 함께 가져온 것으로 알려졌다. 그런데 이와는 달리『일본서기(日本書紀)』에는 "397년 백제의 왕인(王仁)이

『논어』열 권과 함께 『천자문』한 권을 일본에 전했다"라는 기록이 있어 『천자문』의 한국 전래 시기 문제를 놓고 학계에서 이론이 있다. 비견(鄙見)으로는, 주흥사본 이전에 유입된 다른 본(예컨대 종요본)이 왕인에 의해 일본으로 유입되었을 개연성도 없지 않아 보인다. 우리나라에도 여러 종류의 판본이 출간되었는데, 가장 오래된 것은 조선 선조 8년(1575)에 광주에서 간행된 광주판 『천자문』이며, 가장 널리 사용된 것은 선조 16년(1583)에 어명으로 명필 한호(韓濩)가 쓴 『석봉천자문』이다.

그다음으로, 내용 구성에서의 여러 가지 문제점이다. 흔히들 『천자문』은 한자나 한문(한국의 경우는 국한문)을 배우는 기초 교재로 알고 있는데, 사실을 알고 나면 결코 그렇지 않다고 고개를 절레절레 젓게 된다. 왜냐하면, 글자의 난이도 배열이나, 음이나 뜻의 분류나, 상용자와 벽자(僻字, 흔히 쓰지 않는 글자)의 구분 등에서 체계성이나 순차성, 필요성이 고려되지 않고 있기 때문이다. 그리고 그 내용 자체가 중국의 고사나 고시를 바탕으로 압축적으로 구성했기 때문에 이에 대한 배경지식이 없이는 이해하기가 여간 어렵지 않다. 중국 사람들조차도 『시경(詩經)』보다 더 어려운 고전이라고 한다. 그래서 서당 어린이들에게는 애당초 뜻 같은 것은 도외시되고 줄줄 외우기만 하면 되는 것이었다.

이러한 폐단에 대한 비판은 일찍이 조선시대부터 끊임없이 제기되었다. 실학자인 다산(茶山) 정약용(丁若鏞)은 천자문 교육의 이러한 비효율성에 대해 신랄하게 비판하면서 이른바 『아학편(兒學編)』이라는 아동용 한자 학습 교재를 따로 만든 바가 있다. 그러나 보수적 구습에 밀려 관철하지는 못했다. 문제는 오늘날 국한문 중의 한자 교육인데, 대한민국의 교육부는 전래의 천자문 교육이 안고 있는 폐단을 감안해 한자 1800자를 교육용 한자로 공식 승인했다. 이 교육용 한자에는 전래의 천자문 1000개 중 750자만이 포함되어 있다. 이를테면, 천자문 중 한자의 4분의 1이 제거된 셈이다. 반면에 이상야릇하게도 천자문에 빠져 있는 상용어인 삼(三), 육(六), 칠(七)과 같은 숫자와 북(北, 방향), 춘(春, 계절), 산(山, 자연) 등은 보충했다. 그밖에 중국의 『천자문』 저본의 초록에서 생긴 실수를 '근거'로 "겹치는 글자"가 있다느니, "의미가 통하지 않는다"는 등 실소를 자아내는 해프닝도 있었다. 예를 들어, '화인악적(禍因惡積, 재앙은 악행이 쌓인 것에 기인한다)'을 '화인악적(禍因惡績)'으로 잘못 초록함으로써(積→績) 겹치는 글자(績)가 생겼을 뿐만 아니라, 문장의 뜻도 전혀 달라진다는 오판을 한 것이다. 물론, 훗날 '천자문'의 중국 저본과 한국에서의 초록본에 대한 엄밀한 대조 검토를 거쳐 이러한 해프닝은 마침표를 찍고 말았다.

유년 시절에 천자문을 익힌 이래 오늘날까지도 천자문에 대한 미련은 가시지 않고 있다. 그 과정에서 자연스럽게 우리나라에서 한자로서 천자문이 겪은 '수난사(受難史)'가 뇌리에 떠오른다. 조선시대 세종대왕의 한글 창제를 계기로 천자문의 위상은 퇴행하기 시작했다. 그 이전에는 모든 문자(이두문 제외)가 한자 위주였으므로 천자문 교육은 필수 불가결한 기초 교육이었다. 그러나 한글이 창제되면서 한자 교육이 점차 필수에서 선택으로, 급기야 현대에 이르러서는 폐기 주장까지 공공연히 대두되어 그 위상이 크게 달라졌을 뿐만 아니라, '한글 전용'인가, 아니면 '한글과 한자의 혼용'인가를 놓고 치열한 '글자 전쟁'까지 벌어지고 있다. 서로가 한 치의 양보도 없이 우격다짐하는 꼴불견이 마치 전쟁을 방불케 한다. 이에 연동되어 이른바 '한글세대'와 '한자세대'라는 사상 초유의 세대 분열 논리도 그 부산물로 등장하고 있다. 가뜩이나 동서남북이 올올이 갈라져서 아옹다옹하는 판국에 이제 세대 간의 분열과 반목마저 엎친 데 덮친 격이 되니 이 나라, 이 겨레의 꼴이 한심스러울 따름이다. 문제가 이 지경으로까지 심각하게 번져가니, 그동안 이 문제에 관해 생각하거나 발표했던 일말의 비견이나마 회고록에 담지 않을 수 없다.

내가 시종 우려하는 것은 '한글 전용'을 한답시고 우리의 말글에 들어가 이미 우리말이 되어버린 한자, 이를테면 국한문에 대한 교육을 제대로 하지 않아 말글의 오용과 남용이 상상외로 심각하다는 점과, 우리의 아름답고 풍부한 전통문화 표현이 고스란히 응축된 한자를 마치 나와 무관한 남의 글자처럼 푸대접하면서 무턱대고 사용을 배척하거나, 심지어 그 사용을 '지식의 자랑'쯤으로 매도하는 어처구니없는 편향이다. 일부 작가들을 포함해 '한글세대'들이 쓴 글을 읽어보면 허술하기 짝이 없고 지질지질하기가 이를 데 없다. 늘어놓은 풀이만 있고 간명한 귀결이나 함축이 없고, 천편일률적으로 개성이 없으며, 요요(嫋嫋)하기만 하고 강기가 없다. 이러한 폐단은 대부분 한자(국한문)를 무시한 데서 비롯된 폐단으로 판단된다. 차제에 한 가지 꼭 짚고 넘어가야 할 것은, 이러한 폐단은 얼치기 서양어식 언어 구사와 작문법도 그 원인 제공자라는 사실이다. 이와 같이 외래어의 남용에다가 다짜고짜 늘여서 풀이해 쓰는 이른바 '서술식' 언어 구사와 작문법이 우리의 전통 말글법을 크게 해치고 있는 것이다.

요즘 세태에서 쉬운 한글도 제대로 찾아서 쓰려고 하지 않는 형국에 황차 어려운 한자에 손을 댈 리는 만무하다. 쉽고 편안한 일만을 골라 하는 약삭빠른 현대인에게 어려운 한자 공부야 짜증 나고 민망스러운 일이겠거니 싶다. 그러나 우리네 조상들은 그것으로 찬란한 문화를 창조하고 빛냈으며 오늘의 우리를 있게 했거늘, 어찌 제대로 알지도 못하는 주제에 경망스럽게 부정하고 외면할 수 있겠는가. 그래서 나는 가급적으로 선현들의 지혜가 모아진 이른바 '한자투'의 말이나 글을 많이 골라 쓰는 편이다. 남들은 나더러 구태라고 비아냥거리지만, 나는 그것이 우리의 글말과 문화를 지키는 지성의 자세라고 믿는다. 내가 이러한 '아집'을 부리는 것은 우리의 글말이 된 한자를 결코 저버려서는 안 된다는 이치를 깨우쳐 주려는 일념과 어쩌면 아직까지는 이러한 한자가 필요하다는 시대적 소명감의 발심(發心)에서, 서슴지 않고 의도적으로 그렇게 행하고 있는 것이다.

일제의 식민지 동화교육에 시달리다

유년기의 서당 공부를 마치고 이어 마을에서 약 8리 떨어진 즈신소학교에 들어가 현대식 정규교육을 받으면서 소년기 6년(1941~1946, 8~13세)을 보냈다. 그중 처음 5년은 조선이건 만주의 간도이건 다 같이 일제의 식민지 통치하에서 신음하던 시기이며, 마지막 1년은 광복을 맞아 제대로 된 민족교육을 받기 시작한 시기였다. 그리하여 아이러니하게도 시간적으로는 연속된 두 시기였지만, 전수된 교육 내용은 수화불상용(水火不相容)처럼 판이했다.

내가 유년기를 보낸 일제강점기에 간도의 조선인 유민 사회는 비록 지리적으로는 일제의 괴뢰국에 불과한 위만주국[僞滿洲國, 약칭 위만(僞滿)]에 소속되어 있지만, 실제적으로는 모든 분야가 서울에 도사리고 있는 일제의 조선총독부(朝鮮總督府) 관할하에 있었다. 따라서 유민들은 교육 분야에서도 각종 악법에 얽매여 가혹한 식민지적 압제와 차별, 무시와 수모에 시달려야 했다. 특히 때는 일제가 제국주의적 침략 야망을 실현하기 위해 태평양전쟁(1941)을 일으킨 데 이어 서구의 히틀러와 무솔리니의 파쇼 집단과 야합해 세계대전에 본격적으로 뛰어들면서 전시 동원을 위해 조선과 만주에서의 항일 투쟁을 무자비하게 진압하는 한편, 이른바 '내선일체(內鮮一體)'니 '창씨개명'이니 하는 따위의 기상천외한 각종 망언과 악법을 조작해 식민지 조선에 대한 약탈과 말살, 회유를 전례 없이 강화하던 무렵이었다.

1941년 늦겨울의 소학교 입학 날, 부모님의 교육 열망에 떠밀려 학교 정문에 가까스로 들어섰을 때, 제일 먼저 엄습해 오는 것은 생소함과 열등감이었다. 해말쑥한 여인들의 손에 끌려 들어오는 몇몇 애들은 맞춰 입은 깔끔한 양복에 가죽 구두를 신고 두 어깨에는 난생처음 보는 책가방을 멘 채로 너스레를 떨며 앞을 획획 스쳐 지나갔다. 그러한 모습은 헐렁한 무명 바지저고리에 누이가 쓰던 빛바랜 책보자기를 한쪽 어깨에 걸쳐 메고, 2월의 만주 삭풍(朔風)에 언 짚신을 끌고 온 나의 그 초라한 모습과는 너무나 대조적이었다. 알고 보니, 그 몇몇은 이 지역의 지체 있는 고관 댁 자식들이었다. 오늘부터 이렇게 부조리한 장면을 배경 삼아 그 애들과 더불어 살아가야 한다고 생각하니 어린 마음에도 위화감을 금할 수가 없었다. 돌이켜 보면, 사회적 부조리와 불평등에서 오는 그러한 위화감은 5년 내내

1장 ― 유랑 화전민의 아들로 나고 자라다

뇌리를 떠나지 않고 쓸쓸히 배회하고 있었다. 그럴 때면 그저 막연한 숙명에서 위안과 진정을 찾아 넘기곤 했다.

5년간의 소학교 교육과정을 통관하면, 한마디로 소학교는 일제의 식민지 동화순육장(同化馴育場)이라고 개괄할 법하다. 동화순육장이란, 일제가 우리 민족의 모든 것을 일방적으로 강제 흡수해 '일본화'하고 민족정신을 말살하고 길들이는 장소란 뜻이다. 조금은 생경한 '동화순육장'이란 술어에 대한 학문적인 해석에 앞서 내가 소학교 시절 표피적으로나마 체험한 사실에 준해 그 구체적인 실상부터 알아보기로 하자. 아마 몇 가지 사실만을 열거해도 목적이나 성격, 본질 및 영향 같은 내용의 고갱이를 가히 짐작할 수 있을 것이다.

간도에 있는 모든 조선족 학교(6년제 소학교와 3년제 중학교)는 이미 1930년대 말부터 완전한 일제의 식민지 동화순육장으로 변모했다. 조선총독부의 지침에 따라 학교의 행정 구조가 짜이고, 일본어로 된 교재 내용은 일본 군국주의 찬양 일색으로 꾸며져야 했으며, 교장(소수의 친일 교장 제외)은 물론이거니와 교사의 8~9할은 일본인으로 충당해야 했다. 그리고 중요한 세뇌 교육의 일환으로 매일 아침 첫 일과는 전교생이 운동장에 모여 일본 국기인 일장기를 게양하고 국가인 '기미가요'를 합창하는 일부터 시작하며, 교내에서는 일본어만 사용하도록 강요되었다.

사실 소학교에 입학하자마자 동화순육을 실시하는 데서 제일 먼저 부딪힌 난관은 언어 장벽이었다. 소학교 입학 전 서당 공부는 했어도 일본어 공부는 전혀 한 바가 없었다. 그런데 입학하니 교내에서는 일본어만 사용해야 한다고 하니, 날벼락도 이러한 날벼락이 또 어디에 있으랴. 철없는 학생들은 어안이 벙벙하다. 새로 받은 교과서는 몽땅 일자무식의 일본어로 쐬어 있다. 몇몇을 제외하고는 다들 까막눈이다. 이튿날부터 펼쳐 든 일본어 교과서는 가타카나와 히라가나 자모로 시작된 기초 교재이고 풍광이나 인물 등 삽화도 예외 없이 일본의 것 그대로이다. 동화순육의 의도에 걸맞게 꾸며졌다. 무조건 하루에 20~30문장씩 외워야 했다. 외우지 못하거나 발음이 틀리면 체벌로 다스리기 일쑤였다.

나는 일찍이 대학에서 '문명교류사'를 강의하면서 문명의 접촉으로 인해 발생하는 가장 부정적이고 파괴적인 결과를 설명할 때, 선참으로 내가 소학교 시절에 직접 겪었던 일제의 악랄한 식민지 동화정책(assimilationism)을 산 예증으로 삼곤 했다. 일반적으로 문명교류사에서 말하는 동화정책은 식민지를 경영하는 나라가 식민지 원주민의 고유한 언어와 문화, 생활양식 따위를 무시하고 대신 자국의 것을 일반적으로 강요하는 민족말살정책을 말한다. 일제가 식민지 조선을 향해 펼친 동화정책이 바로 이러한 것이었다. 그 핵심은 이른바 '내선일체'와 '창씨개명'이다. 일부에서는 이러한 것은 구시대의 퇴물로 이미 사라진 것이라고 오판하는데, 개명 천하의 오늘날까지도 일본은 우리에 대한 적대 정책이나 재일 조선인들에 대한 차별 멸시 정책을 실행하고 있다. 그 사실을 보면, 그것이 퇴물로 사라진 것이 아니라, 여전히 '생물(生物)'로 꿈틀거리고 있음을 부인하기가 어렵다.

소위 '내선일체'는 일제가 광신적인 침략 전쟁을 일으키기 위해 꾸며낸 반역사적인 조선 통치 정책이다. 여기의 '내(內)'는 일제가 제2차 세계대전 전, 해외 식민지를 '외지(外地)'라고 부른 데 대비한 일본 본토를 가리키는 '내지(內地)의' 첫 자이며, '선(鮮)'이란 조선을 가리키는 말로서, '내선일체'는 곧 일본과 조선이 '한 몸'이라는 뜻이다. 얼마나 앙증맞은 견강부회인가. 1937년 일제가 중국 침공을 시작하자 당시의 조선 총독(제7대) 미나미 지로(南次郞)는 이 대륙 침공에 조선을 동원 이용하기 위해 강압적으로 '내선일체'라는 기괴한 슬로건을 내놓았다. 그 기저에는 당면 목표로 조선인들의 항일투쟁을 진압하고, 장기적 목표로 조선 민족을 영원히 말살하려는 악랄한 계약이 숨어 있었다.

이러한 계략을 실현하기 위해 일제는 황국신민화(皇國臣民化, 모든 사람이 일본 황제국의 관원과 국민이 되다)라는 미명하에 일본 천황에게 충성을 맹세하는 구호를 집회 때마다 제창하는 것을 비롯해 신사참배(神社參拜) 강요, 지원병제도의 강제 실행(1938), 조선어 교육 폐지 및 일본어 사용의 의무화, 창씨개명의 강요(1940), 어용학자들에 의한 내선동조동근론(內鮮同祖同根論, 일본과 조선이 조상과 근본이 같다)의 주장, 일본의 조상이라고 하는 천조대신(天照大御神, 아마테라스오미카미)의 신위를 가정마다 모시기 등 치밀하고 구체적인 시행 조치를 통해 근원적으로 한민족을 말살하려는 정책을 추구했다. 그리고 《동아일보》와 《조선일보》 등 주요 일간지에 대해 언론 탄압을 강화하다가 급기야 조선어로 된 출판물은 전면 강제 폐간시켰다. 이어 태평양전쟁을 발발시킨 일제는 '내선일체'의 명분하에 조선인들을 침략 전쟁의 총알받이로 충당하기 위해 1938년 육군특별지원병제를, 1943년에는 해군특별지원병제와 학도병제를 강행했다. 이 모든 사실은 일제의 소위 '내선일체'야말로 자신들의 침략 전쟁에 조선인들을 강제 동원하기 위한 기만적인 민족말살정책의 대명사에 불과함을 실증해 주고 있다.

'내선일체'와 더불어 일제의 대조선 동화정책의 일익을 담당한 것은 노골적인 '창씨개명' 정책이었다. '창씨개명'이란, 일제의 조선 강점 시 조선 주재 일본 총독부가 조선인들의 고유한 성과 이름을 일본식으로 바꾸게 한 동화정책을 말한다. 구체적으로 바꾸는 방법은 조선인들이 전통적으로 혈통 관계를 표시하는 성(姓)을 무시하고, 대신 일본인들이 소정의 사회관계를 표시하기 위해 자의로 새롭게 씨(氏)를 만들어내고(창씨), 개성을 나타내는 조선인들의 명(名)을 일본식으로 바꾸는 것이다. 여기서 한 가지 지적할 점은 초기에는 개명을 고집하다가 그에 대한 조선인들의 저항이 심해지자 개명이 아닌 유지를 허용했다. 일부에서는 이 간교하기 이를 데 없는 정책에 대한 이해를 쉽게 한답시고 '일본식성명강요(日本式姓名强要)'라고 풀이하고 있지만, 역사학계에서는 '창씨개명'이라고 부르며, 이것이 이 정책의 본질을 더 잘 나타내는 명칭이라고 주장한다.

소학교 2학년 때(1941년)의 어느 날, 갑자기 담임선생이 아침 출석을 점검하면서 학생들이 알아듣건 말건 아랑곳없이 간단하게 '창씨개명'의 요지를 설명하고는 대뜸 바뀐 일본식 이름으로 한 명씩 호명한다. 내게는 '데이 슈이치(鄭守一)'가 아닌 '요시타케 슈이치(善竹守一)'라는 새로운 일본식 성명[일본식 창씨(創氏)인 성(姓) 요시타케(善竹)+조선식 이름인 슈이치(守一)]이 주어졌다. 대꾸 한마디 하지 못한 채 묵인한 꼴이 되어버렸다. 그렇다면 창씨인 성 '요시타케(善竹)'는 어디서 어떻게 주어진 것일까? 이에 대한 정확한 답을 얻기 위해서는 '창씨개명'의 유래와 그 악랄한 강요 과정을 사실대로 살펴봐야 한다.

일제는 1890년대 메이지(明治) 시대부터 주제넘게도 조선의 '개명화'니, 조선에 대한 '문화통치'니 하는 등 조선 침략의 구실을 조작하면서 이른바 '폐성창씨(廢姓創氏, 즉 조선인의 성을 폐지하고 대신 일본식 '씨'를 만듦)'를 주장했다. 그러나 이러한 구실에 대한 민낯이 속속 드러나 조선인들의 강력한 반발에 직면하자 조선을 합병하고 (1910) 얼마 지나지 않아 표현을 슬쩍 바꿔서 보다 음흉하고 고차원적인 계책으로서 소위 '창씨개명론'을 들고나왔다. 조선식 성을 완전히 없애는 것이 아니라, 일본식의 새로운 성씨를 부여한다는 것이다. 일본의 조선총독부는 근 30년간 연신 이 계책을 만지작거리면서 추이를 지켜보다가 드디어 1938년 11월 10일 제령(制令, 일제의 조선 강점 시 총독이 법률을 대신해 발포한 명령) 19호와 20호를 통해 '창씨개명'의 방침을 공식 발표했다.

미나미 지로 총독은 호기만장(豪氣萬丈) 창씨개명을 선포하면서 "조선은 이제 식민지가 아니라 내지다"라는 망언을 불사한 다음, 이 악법을 실시하는 '사유'를 다음과 같이 밝혔다. 그 첫째는 중국의 영향에서 완전히 벗어나 조선 고유의 문화를 확립하기 위함이고, 둘째는 조선인들이 원해서이며, 셋째는 조선의 성씨는 250여 종밖에 안 되는데, 이는 성씨가 10여만 종인 일본과는 대조된다. 따라서 일본처럼 성씨가 다양해져서 선진화와 문명화를 이루기 위해서이다. 이러한 허무맹랑한 헛말도 모자라서 뒤이어 창씨개명을 했다고 해서 "기존의 성이 없어지는 게 아니라, 기존의 성은 그대로 남고 새로운 씨를 부여할 뿐이니, 오해하지 말라"라는 기만적인 설명서까지 전국에 배포했다.

그러나 훗날의 역사적 사실이 입증하다시피, 이러한 비사실적이고 비논리적인 황당무계한 유설(謬說)과는 달리, 그 실제적인 목적은 한반도를 외지가 아닌 일본의 일부로 완전히 합병함으로써 장기적으로 조선의 인력과 자원을 대외 침략 전쟁과 패권 확장에 동원하려는 계책의 일환이다. 이와 더불어 창씨개명을 통해 조선인이라는 정체성을 희석해 독립 의지와 항일 투지를 꺾기 위한 데도 그 음흉한 시도가 숨어 있었다. 또한 창씨개명은 내선일체 실현을 명분으로 조선인의 가계 전통을 말살하고 정신적 기반을 파괴해 일본의 천황을 정점으로 하는 강력한 국가체제를 확립하려는 꼼수이기도 했다. 그리하여 표면상으로는 일본식으로 개명한 조선인이 일본인과 동등한 권리나 대우를 향유한다고 했지만, 일본은 끝끝내 조선에 거주하는 조선인과 일본인에게는 선거권을 비롯한 정치적 권리나 병역 의무를 주지 않음으로써 본국에 거주하는 주민과 차별했다. 해방 직전인 1945년에야 겨우 조선에 거주하는 일본인들에게만 제국 의회 투표권이 주어졌다. 그리고 조선인들은 고대 일본 귀족 성씨로는 창씨할 수 없으며, 창씨개명을 해서 일본 호적에 올리는 경우도 조선인임을 알 수 있는 성씨로만 창씨할 수 있도록 했으며, 창씨개명한 조선인이 범죄를 저지르면 본명으로 환원하게 했다. 이 모든 것은 분명 일본인 우월주의에서 비롯된 전근대적 민족 차별 정책이었다.

그렇다면 찬란한 문화 전통을 이어오는 우리 조선인들은 일제의 망국적 창씨개명 계략에 어떻게 대응했을까? 비록 6~7년이란 짧은 기간에 이루어진 악랄하기 그지없는 계략이지만, 우리 조선인들은 극소수의 친일파를 제외하고는 상당히 슬기롭게 대응했다. 이 계략은 선포한 대로 일본 건국 기념일인 1940년 2월 11일을 기해 효력을 발휘하기 시작했다. 조선총독부는 조선인들의 호적에 기존의 관습과 더불어 일본식 씨명을 등재하고 일상생활에서 일본식 씨명을 사용할 것을 명령하면서, 6개월 안에 호주가 의무적으로 창씨할 것을 강요했다.

그러나 조선인들이 열렬히 호응하리라는 총독부의 기대와는 달리 조선 고유의 전통을 중시하는 전국의 유림과 문중의 강력한 반발로 인해 여의찮았다. 경성부(서울)에서 첫날인 2월 11일에 창씨개명한 자는 고작 48명이었으며, 이튿날에도 이광수(李光洙)나 이승우(李承雨) 같은 친일 분자들을 포함해 겨우 45명에 불과했다. 시한의 절반이 지난 5월 20일까지 창씨개명한 가구는 겨우 전체 가구의 7.6퍼센트에 불과했다. 그러자 바빠진 총독부는 온갖 회유와 강권을 총동원해 창씨개명 가구 수를 늘리려 했지만 최종 시한까지 호응한 가구는 전체 가구 수의 약 80퍼센트(320여만 가구, 총독부의 과장 통계)에 불과했다. 이렇게 일세를 풍미하던 악명 높은 창씨개명도 1946년 10월 23일 미군정법령 제122호 '조선성명복구령'이 공포 시행됨으로써 역사의 뒤안길로 사라지고 말았다.

창씨개명을 위해 총독부가 자행한 회유와 강권의 몇 가지 대표적 실례를 들어보자. 창씨개명(이하 '창씨') 거부자는 즉시 직장에서 해고한다. 회사나 직장은 창씨를 거부한 조선인의 고용이나 입사를 금지하고, 이를 위반하면 엄벌에 처한다. 창씨를 거부하거나 하지 않는 자에 대한 봉급 급여를 불리하게 조정하거나 삭감하고, 이를 위반하면 직장을 강제 폐쇄한다. 창씨를 거부하는 교직원은 제명하거나 해고하고, 창씨를 거부하는 학생은 즉시 제적이나 퇴학 처리한다. 창씨를 집단적으로 거부하는 학교는 폐교한다. 창씨 거부자는 입학을 불허하고, 조선 성명을 쓰는 학생의 입학을 허가하는 학교는 폐교한다. 학생은 물론 그 부모와 직계가족은 창씨해야 하며 거부하면 가족 전원을 처벌한다. 창씨를 거부하는 조선인 승객은 모든 교통편이나 일등석 객차 이용을 불허한다. 조선인 성명이 표기된 철도 수송 화물의 수송을 불허하고 반송한다. 창씨를 거부한 조선인은 총독부에서 지원하는 물자와 배급 대상에서 제외한다. 조선인 성명 사용자는 행정기관에서의 민원 상담을 금지한다. 창씨를 거부하는 조선인을 불령선인(不逞鮮人, '불온하고 불량한 조선 사람'이라는 뜻으로, 일제강점기에 일본 제국주의자들이 자기네 말을 따르지 않는 한국 사람을 이르던 말), 비(非)국민, 무국적자로 취급해 헌병이나 경찰의 요시찰 대상으로 감시한다. 창씨개명법 제정 이후 출생한 조선인은 일본 성명을 먼저 혹은 단독으로 지어야 하며, 조선 성명을 단독으로 짓거나 일본 성명과 병행해서 지으면 비국민이나 무국적자로 취급해 그 부모를 엄벌에 처한다. 창씨 거부자는 내지(일본)로의 도항(渡航)을 불허한다. …… 창씨개명을 거부하면 한마디로 모든 분야에서 불이익을 당한다.

그렇다면 일제의 식민지 동화정책의 일환으로 우리에게 악명 높은 '창씨개명'이라는 잔인하고 간교한 계책이 강요되었는데, 당사자들인 우리네 할아버지와 아버지 세대는 과연 어떻게 그에 대응했는가? 불과 100년도 채 안 되는 현대사의 이야기이지만 시사하는 바가 크다. 특히 창씨개명의 구체적 내용이나 과정 및 결과를 놓고 그 성격을 규정하는 데서 혼선을 빚은 한때를 연상하면 더욱 궁금하다. 그 혼선의 요체는 창씨개명의 친일성(親日性) 여부 문제다. 사실 이 문제는 우리나라의 문제일 뿐만 아니라, 이웃 나라 중국을 비롯한 일제의 식민지 통치 아래 있던 나라나 지역에서 공통적으로 제기된 문제로서 이론(異論)이 분분했다. 대체로 공통적인 견해는, 일제의 회유나 강박하에서 생계를 유지하기 위해 마지못해 '창씨'나 '개명'을 한 경우가 대부분이므로 일률적으로 '친일'이다, '아니다'라고 단정할 것이 아니라 구체적 대상에 따라, 그리고 처한 환경과 조건에 따라 차별적으로 판정해야 한다는 것이다. 우리나라에서 실시된 창씨개명의 내용이나 과정 및 결과를 살펴보면 이러한 견해에 수긍이 간다.

사실 우리나라의 경우 이 문제에서는 여러 가지 구체성과 개별적 특성을 지니고 있기 때문에 보다 객관적인 판단의 좌표가 필요하다. 나는 소학교 시절 멋모르고 '창씨'를 당한 사람으로서 늘 그 내막이 궁금했다. 그래서 차제에 『친일인명사전』 등 관련 문헌 자료들을 두루 섭렵하면서, 창씨개명한 100여 명의 창씨 과정, 특히 창씨개명 방법에 관해 촘촘히 눈여겨봤다. 그 결과 각자가 나름대로 각양각색의 방법을 택했기 때문에 소정의 좌표(기준)를 세워놓고 유형화할 수는 없다는 결론을 얻었다.

그런 가운데서도 일부 조선인들은 일제의 악랄한 창씨개명 책동에 대한 심한 반감과 저항의 표시로 여러 가지 비웃음이나 풍자, 내지는 개드립[개ad lib, 즉 개 같은 애드리브(adlib, 즉흥적)로 실없는 농담이나 적절치 못한 말]이 섞인 말로 창씨개명을 조롱하는 흥미로운 한 유형을 발견했다. 예컨대, 전병하(田炳夏)라는 한 농부는 자신의 성에 '농(農)' 자를 붙여 '田農炳夏'라고 신고했다가 경찰서로 끌려가 물매를 맞았다. 일본식으로 읽으면 '덴노 헤이카', 즉 천황 폐하가 되기 때문이다. 어떤 이는 창씨개명을 명령한 총독의 이름이 '미나미 지로(南次郞)'인 것을 알고는 '내가 총독의 형님이다'라는 뜻으로 '미나미 다로(南太郞)'로 창씨개명했다. 일본에서 '다로'와 '지로'는 각각 장

남과 차남에게 붙이는 이름이다. 뒤늦게 알아차린 총독부는 퇴짜를 놓았다. 그런가 하면 일부러 성의 없이 대충 지을 의도로 '야마카와 구사키(山川草木)'라고 창씨개명한 사례도 있었다. 유명한 만담가인 신불출(申不出)은 '구로다 규이치(玄田牛一)'로 창씨개명해 신고했더니 불허되었다. 원인은 한자(玄田牛一)가 한국어에서는 그냥 짐승이라는 뜻의 축생(畜生)을 파자한 것이지만 일본어에서는 '개자식' 같은 욕설이 되기 때문이다. 이 모두에서 창씨개명에 대한 재치 넘치는 반항과 조롱이 보인다.

이상에서 보다시피, 내가 창씨개명에 관해 특별한 관심을 갖고 좌충우돌하면서 이것저것 파헤쳐 보려고 한 것은 구경에 가서 왜 성 '정(鄭, 나라 정)'씨가 난데없는 '선죽(善竹, 요시타케)'이라는 일본 성으로 창씨되었는가의 해답을 찾아내기 위해서였다. 어릴 적 아버지나 동네 어른들에게 여쭈어도 그 사유를 아는 이가 없었다. 늘 의문을 품어오다가 남한에 와서도 창씨 관련 자료들은 있는 대로 들춰봤으나, 역시 답은 오리무중이었다. '지야마(智山)'와 '다메카와(爲川)' '무카에다(迎田)' '오카와(大川)' 등 창씨 30여 종은 눈에 띄지만 '선죽'은 깜깜부지다. 더 이상 문자로서는 찾아내지 못할 것 같다. 그래서 일부 조선인들이 창씨할 때 본적지나 출신 지역의 특징, 문중의 역사 등에서 기릴 만한 사건을 원용하는 사례에서 힌트를 얻어 다음과 같은 추론에 맡겨본다. 즉 간도에 집거해 있는 영일(迎日) 정씨 가문이 가장 높이 추앙하는 고려 충신인 포은 정몽주가 1392년 개성의 선죽교(善竹橋)에서 피살된 충정을 기리기 위해 본의 아니게 '선죽'으로 창씨에 응한 것이 아닌가로 사료된다.

끝으로, 거듭 강조하고 싶은 것은 워낙 창씨개명은 일제의 간교한

계략의 산물이기 때문에 진위(眞僞)나 부득이함을 신중하게 가려내야 한다는 것이다. 역사의 퇴물이라고 해서 분별없이 일률적으로 처리해서는 안 된다. 1941년 기준으로 조선인의 약 80퍼센트가 창씨개명을 했다고 해서 그들 모두가 친일파일 수는 없다. 극소수의 친일파 외에 절대다수는 일제의 회유와 강요에 의해 먹고살기 위해 '울며 겨자 먹기'식으로 창씨개명에 대응할 수밖에 없었다. 그런가 하면 항일 독립운동가 중에는 일본인으로 위장하기 위해 창씨개명한 경우가 많으며, 끝까지 거절하고 자결로 맞선 애국지사들도 있었다. 그런가 하면 역설적으로 친일파 중에는 창씨개명의 이른바 '자발성'을 홍보하기 위해 꼭두각시 노릇을 한 자들도 있었다. 그 대표적인 인물이 홍사익(洪思翊)과 박춘금(朴春琴)이다. 홍사익은 본인 자신은 창씨개명을 하지 않았지만 창씨개명을 적극적으로 권장했으며, 조선인으로 유일하게 제2차 세계대전의 전범으로 기소되어 처형된 인물이다. 박춘금은 일본 중의원 의원과 정치 깡패로 활동했다.

동트기 전의 칠칠암야

흔히들 동트기 전 밤은 가장 깊은 밤이라서 칠칠암야(漆漆暗夜)라고 묘사한다. 이 자연 섭리는 사회현상에도 비유적으로 적용되는 성싶다. 제2차 세계대전의 전란 속에서 맞이하게 될 광복의 여명을 앞둔 세상은 그지없이 흉흉했다. 철없는 소학생(4~5학년)의 신변에도 그 흉흉함이 현실로 다가왔다. 가뜩이나 일제의 창씨개명이란 동화정책에 넋을 잃고 시달리며 주눅이 들어 신음하고 있는 판국에 무시로 사방에서 대전이란 무시무시한 공포가 엄습해 오고, 그에 따라 모든 것을 삼켜버리는 '전시비상'이란 광풍이 온통 사회를 휩쓸고 있었다. 간도에서도 우리 일가족의 보금자리인 즈신구는 북조선과 중국, 소련 세 나라가 서로 얼굴을 맞대고 있는 접경지이자 일제 관동군의 전략적 요충지로서 그 어느 지역보다도 전운이 날이 갈수록 짙어만 가고 있었다. 예외 없이 모든 것이 일제의 침소(侵蘇) 전쟁 준비에 모아졌다.

무슨 '애국헌납' 따위의 미명하에 매일같이 공부는 뒷전으로 미루고 군용도로와 비행장 같은 군용 시설 건설 노역에 동원되었다. 처음에는 4~6학년생들만 내몰렸는데, 후에는 1~3학년 어린 학생들까지도 차출되었다. 삽이나 괭이, 호미 같은 노동 도구의 공급이 달리자 학생들에게 자부담시켰다. 그런데 매번 이러한 힘든 노역에 권세가의 자녀들은 이 핑계 저 핑계(꾀병이나 교내 청소 등 구실) 돌려대며 빠지기가 일쑤였다. 가슴앓이하듯, 어린 마음에도 한이 맺히지만 묵묵히 참고 넘길 수밖에 없었다. 종전의 그해, 1945년엔 초봄부터 마을의 청장년 농사꾼들이 죄다 무기한 노역에 강제 동원되는 바람에 동네에는 노인들과 부녀자들만 남아, 노동력이 절대적으로 부족했다. 그러다 보니 많은 옥답이 잡초가 무성한 황무지로 변해버렸으며, 그해의 오뉴월 보릿고개는 유난히도 높았다. 고사리손까지 빌려야 했고, 선조들이 피땀으로 일궈낸 옥답이 하루아침에 쑥대밭으로 변해갔다. 그 처참한 모습과 더불어 수십만 정예 대군을 자랑해 온 관동군이 불원간 조종(弔鐘)을 울리게 될 그 가긍(可矜)한 몰골이 지금도 눈앞에 선하다.

그리고 지금까지도 가슴팍에 무겁게 꽂혀 있는 추억의 한 가지는 이른바 '황군 개선환영행사(凱旋歡迎行事)'이다. 1년에 몇 번씩 경찰서 마당에서 치러지는 이 요식 행사의 내용은 대동소이하다. 황군 예하의 특수 토벌대가 '비적(匪賊, 해를 끼치는 도둑 떼, 여기서는 항일 독립투사들을 지칭)' 소탕전에서 얻은 '전과'를 시중(示衆)하면서 반일감정이 싹터가는 백성들을 위협하기 위해 벌이는 공갈 행사다. 황군의 무개 트럭에 토벌전에서 생포한 '비적' 한두 명(많아야 서너 명)을 포승으로 꽁꽁 묶고도 부족해 수갑과 족쇄까지를 채운 채 꿇어앉히고는 강제 동원된 청중을 향해 주로 경찰서장과 일제 어용단체인 '협화회(協和會)' 완장을 낀 친일 졸개들이 활개를 치며 이구동성으로 '내선일체'나 '창씨개명' 같은 진부한 매국 친일 넋두리를 앵무새처럼 되뇌곤 한다.

학생들은 트럭이 지나가는 길 양옆에 도열해서 일장기를 흔들어대며 선생들의 선창에 따라 '반자이(만세)'를 연창한다. 동네 어른들로부터 소위 '비적'이라고 하는 사람들은 "우리같이 못사는 사람들을 위해 싸우는 착한 사람들", 이를테면 항일 독립투사들이라는 사실을 알게 되면서, 관동군이나 경찰, 친일 졸개 들에 대한 미움과 증오가 싹트기 시작했으며, 그럴수록 묶여 가는 그들의 처지가 한없이 가엾기만 했다. 그들은 40여 리 떨어진 룽징에 있는 간도영사관 형무소로 끌려가고 있었다. 광복 후 누군가가 남겨놓은 수기에 의하면, 그들 대부분은 그 형무소에서 끝까지 불굴의 투지로 싸우다가 영롱한 아침 이슬로 사라졌다고 한다. 후일 내가 다니던 옌볜고급중학교가 바로 그 형무소의 맞은편에 자리하고 있어 그 앞을 지날 때마다 옷깃을 여미고 묵념을 올리곤 했다. 그들은 비록 남루한 옷차림에 심한 고문으로 인해 육체는 반죽음이 되어서도 눈빛만은 그토록 형형할 수가 없었다. 모름지기 그 눈빛은 그 시절 어린 나의 영혼을 일깨우는 작지만 세찬 반딧불이 아니었나 회상하게 된다.

식민지 동화교육, 노예화 교육은 문자 그대로 부정과 불의, 기만과 허영, 차별과 불평등의 온상이다. 몇몇 권세가 자녀들의 평시 공부는 엉망이어도 시험 성적은 상위(上位)가 내내 '따놓은 당상'이었는가 하면, 색깔도 제대로 분간하지 못하는 권세가 자녀들의 그림이 '우수작'으로 전시에 출품되기도 한다. 가정 형편이 어려워서 월사금이나 부조금, 후원금 같은 것을 제때 바치지 못하면, 조회 때 학생들 앞에 불러 세워놓고는 욕설로 망신 주거나 퇴학으로 위협하는 비정한 일도 비일비재다. 도시락을 먹을 때면 동급생 사이라도 어울리지 않고 도시락 질에 따라 끼리끼리 먹어야 하며, 학급의 반장은 힘깨나 쓰는 애들만이 돌아가며 맡는다. 유사한 '비교육적', '반교육적' 학교교육 현장의 볼썽사나운 모습은 이루 다 헤아릴 수가 없다. 이러한 현장에서 하루하루를 보내는 어린 마음에도 상실감이나 위화감이 생기고 쌓여갔지만, 이 모든 현실을 운명으로 생각하고 조용히 지낼 수밖에 없었다. 운명이라고 못 박다 보니 분발해서 현실을 뚫고 나가려는 용기나 동기는 고갈이라기보다 애당초 없었다. 그리하여 일제 식민지하의 소학교 5년간 내내 받은 나의 공부 성적은 평균 중이나 중하 수준을 벗어나지 못했다. 때로는 그 수준이라도 유지하는 것이 행운이라 여겼다. 자식들에 대한 교육열이 그토록 높고 절박했던 부모님도 이러한 숙명론에는 유구무언일 수밖에 없었다.

그러나 세상만사에는 시작과 끝이 있는 법이다. 이를테면 시말론(始末論)의 섭리다. 국치(國恥)의 망국으로 시작된 36년간 암흑의 터널은 드디어 천지개벽의 광복(해방)으로 환한 출구를 맞게 되었다. 5학년 첫 학기를 마치고 여름방학의 막바지를 보내던 8월 초순, 부역에 강제 동원되었던 동네 사람들이 한두 명씩 갑자기 집으로 돌아왔다. 그 원인에 관해 대부분은 모르고 있지만, 몇몇은 조심스레 무슨 '큰일'이 일어날 것이라고 귀띔한다. 그들 중에는 몇 년 전에 행처 없이 사라졌다가 문뜩 고향 집으로 돌아온 김청룡(金靑龍, 당시 30대 중반)이 끼어 있었다. 알고 보니 그동안 그는 북만(北滿)의 중소 국경지대에 근거지를 둔 동북항일연군의 한 지대(支隊)에서 활동하다가 부상을 당하게 되자 한 민가에 은거하고 있었다. 그가 돌아오자 마을은 순식간에 술렁거리기 시작했다. 그러다가 며칠이 지난 8월 13일경 야밤, 마을 사람들이 몇 군데에 모깃불을 피워놓고 도란도란 야화(夜話)를 나누고 있는데, 갑자기 30여 리 거리에 있는 오봉산(五峯山) 꼭대기에서 야광이 번뜩거리더니 연거푸 포성이 은은히 울려온다. 몇몇 어른들은 뒷더거지(뒷산)에 올라가 이 불의의 야경을 확인하고, 김청룡 선생은 아래위 동네를 누비면서 이미 예견이라도 한 듯, 이것이 관동군 패전과 일제 패망의 전조임을 알린다. 이제 어떤 사태가 벌어질지를 몰라서 다들 불안 속에 뜬눈으로 하룻밤을 지새웠다. 마을이 생긴 이래 모기풀을 가장 많이 태운 밤이라고 어른들이 건네던 농담이 지금도 귓전에서 맴돈다.

이튿날은 폭풍 전야의 고요처럼 마을의 시간은 걸음을 멈추고, 하늘은 가랑비를 촉촉이 뿌려 불볕을 식혀준다. 밤을 지새운 마을 사람들은 정오를 넘겨서야 삼삼오오 모여서 마을 풍습대로 햇옥수수와 풋감자를 푸짐하게 한 솥 가득 삶아놓고 나누면서 불안과 걱정, 희망과 반가움이 뒤섞인 얘기로 시간을 때운다. 이렇게 이날(14일)

의 낮과 밤은 적막 속에 흘러갔다. 다음 날 이른 새벽 갑자기 동네 개들이 일제히 자지러지게 짖어댄다. 이윽고 누르스름한 군복 차림의 황군(관동군) 수백 명이 무리를 지어 마을 어귀에 들어선다. 대형(隊形)도 무기도 없이, 모표와 견장은 다 뜯어 팽개치고 등에는 홀쭉해진 군용 배낭 하나씩을 달랑 멘 채로 꾀죄죄한 옷차림에 지쳐서 휘적거리는 몰골이 분명 도망치는 패잔병의 몰골 그대로다. 그들은 관동군 소속 국경 경비대원들로 만주와 소련 국경지대에서 추격하는 소련 원동군에게 며칠간 쫓기다 보니 지칠 대로 지쳐버렸다. 그 기세등등하던 관동군의 호기는 가뭇없이 사라지고, 오로지 구사일생을 애걸복걸하는 가련한 무지렁이일 뿐이다. 몇몇은 더 이상 지탱 못 하고 어느 집 곡간에 숨어 있다가 뒤따랐다고 한다.

그들의 첫째 행선지는 두만강 하류에 위치한 관동군의 최후 보루인 북한 땅 나진항(羅津港)이다. 거기서 배를 타고 일본으로 건너가 고향으로 돌아가는 것이 최종 목적이다. 숱한 고비를 넘어야 하는 그 귀향길이 마냥 순탄할 수는 없었을진대, 과연 그 꿈이 얼마나 실현되었는지는 알 수가 없었다. 어린 마음에도 향수(鄉愁)는 인간을 통섭(通涉)하는 공명(共鳴)이 아닌가 싶어 측은지심(惻隱之心)으로 그들의 무고장도(無故長途)를 바랐다. 후에 안 일이지만, 이날이 바로 일본이 연합군에게 무조건 항복하면서 제2차 세계대전이 끝나고 우리 2000만 겨레가 36년간의 지긋지긋한 일본의 식민지 지배에서 벗어나 광복을 맞은 날이다.

'빛을 되찾는다'는 광복이 우리에게는 잃었던 국권을 되찾는다는 심원한 의미로서, 이날을 맞아 우리 삼천리 금수강산에는 천지개벽이 일기 시작했다. 황군 패잔병들이 황급히 마을을 빠져나간 이틀 뒤 해 질 무렵에 오봉산 쪽에서 검은 연기가 타래 쳐 피어난다. 모두 공포에 질려 뜬눈으로 또 한 밤을 지새웠다. 수소문 끝에 그곳에 주둔하고 있던 관동군 경비대가 도주하면서 산 중턱에 파놓은 비밀 병기고와 군수품 창고를 폭파하고 줄행랑을 쳤는데, 군수품 창고는 미처 다 폭파하지 못하고 일부는 남아 있다는 사실을 알아냈다. 이 소문은 삽시간에 온 마을 사람들 속에서 회자되었다. 호기심이 동한 몇몇 청년들이 한달음으로 달려가 보니, 군수품 창고 대부분은 문이 잠긴 채 폭파 흔적은 없었다. 다급한 도주병들이 미처 폭파할 겨를이 없었던 모양이다. 횡재라 싶어 얼른 문을 따고 들어가 보니, 웬걸 생전 보지 못하던 고급 모직물과 식료품, 술과 담배 등을 비롯해 온갖 생활용품들, 특히 쌀 포대가 창고마다 가득가득 채워져 있었다. 창고가 오늘만은 주인도 없고 관리자도 없이 활짝 열려 있다. 주변 마을 사람들은 너나없이 한동안 이 무주공산(無主空山)이 베푸는 뜻밖의 시여품(施輿品)에 황홀하지 않을 수 없었다.

아버지는 몇몇 가까운 사람들과 함께 술기(달구지)를 끌고 가서 으슥한 숲속에서 발견한 한 창고에서 벽장 뒤에 숨겨놓은 군수품을 한 술기 가득 싣고 돌아오셨다. 물품 중에는 난생처음 보는 고급 모직 내의와 가죽 구두, 눈송이처럼 희디흰 설탕과 이름 모를 당과류와 통조림 등등이 있었다. 어느새 구(區, 面에 해당) 소재지에는 오봉산 동굴 창고에서 공짜로 흘러나온 황군 패잔병들이 버리고 간 군수품을 거래하는 벼룩시장이 생겨났다. '고양이 뿔 말고는 없는 것이 없는' 별의별 물건이 다 매대에 올랐다. 실로 가관의 진풍경이다.

며칠 뒤 어느 날 아버지는 이 벼룩시장에서 어떻게 구했는지, 일본어로 '콜롬비아'란 상표가 붙은 축음기[蓄音機, 소리가 흘러나온다고 해서 일명 축성기(留聲機)라고도 한다] 한 대를 들고 오더니 당장 우리더러 들어보라고 하신다. 평소 과묵하고 고지식한 분이 거금을 들여 이러한 유흥용 악기를 마련한다는 것이 어찌 보면 의아스럽기도 하지만, 여기서 자식들을 위한 아버지의 깊은 속내평을 엿볼 수가 있었다. 우리가 축음기를 틀어놓고 박수 치며 기뻐하는 모습을 곁에서 지켜보던 아버지는 빙그레 입가에 미소를 지으신다. 레코드판도 여러 장 묻어왔다. 저녁마다 마을 사람들이 모여 앉아 흥을 돋웠다. 그즈음에 백년설과 남인수, 고복수 등 우리네 유명 가수들의 그 구성지고 감미롭고 격조 있는 미성이 타향살이의 설움을 녹여내고 하루의 노고를 풀어주곤 했다. 광복 전 일본 관동군에는 강제징용된 조선 청년들이 적지 않게 있어서 아마 이러한 민족 가수들의 노래가 레코드로 제작된 것 같다. 그때까지만 해도 마을의 우리 또래들은 물론이거니와, 대다수 어른들마저도 우리 민족 가수들의 노래를 들어본 적이 별로 없었다. 이런 의미에서 아버지의 '파격적' 돌출 행위는 시류 영합적인 적절성을 띠었다고 말할 수 있다. 아버지에 대한 잊을 수 없는 추억의 한 토막이다.

천지개벽의 광복을 맞다

낡은 것을 쓸어버리고 새것을 맞게 한 광복은 일시의 우연한 산물이 아니었다. 선열들의 피땀 어린 항일투쟁의 결과임은 두말할 나위가 없거니와, 광복의 서광이 비치기 시작할 때부터 명실상부한 광복을 이루어 내기 위한 수많은 지성들과 선각자들의 헌신적 노력과 투쟁 그리고 애국 애족의 의지와 선견지명이 응집된 결실이기도 하다. 그리하여 광복의 천지개벽으로 인해 생긴 일시적 혼란과 난관은 제때 극복되고, 한 많은 유민들의 구겨진 삶에 미래를 약속하는 찬란한 서광이 비치기 시작했다.

사실 졸지에 들이닥친 광복은 사회적 대변혁이었다. 사람들은 이 대변혁 앞에서 갈팡질팡 황망하지 않을 수 없었다. 어느새 살기등등하던 경찰들은 자취를 감추고, 거들먹거리며 주인 행세를 하던 일본인들은 간데온데없으며, 호사를 누리던 친일 권세가들도 어디론가 떠나버렸다. 그런가 하면, 학교는 또 학교대로 정문을 잠그고 급사(심부름꾼) 몇 명만이 남아 있을 뿐, 교장 이하 선생님들은 약속이나 한 듯 발길을 끊었다. 게다가 정체 모를 마적(馬賊, 말을 타고 다니는 도둑 떼)들이 나타나 노략질을 한다는 흉흉한 소식이 이곳저곳에서 들려온다. 한마디로, 일찍이 유민들로 채워졌던 간도는 텅 빈 공동사회(空洞社會)로 되어가고 있었다. 본래부터 애향심이 강한 조선인들은 이참에 이역 유랑지인 간도나 둥베이에서 빠져나와 고국으로 돌아가기로 했다. 고국을 향한 행렬이 줄을 이었다. 옌볜대학 역사과 교수를 지낸 고영일(高永一)의 저서 『중국 조선민족사 연구(中國 朝鮮民族史 硏究)』(학연문화사, 2002)에 의하면, 1945년 8월 광복 후 3년간 둥베이의 조선인 약 160만 명 중 무려 60만 명이나 고국으로 귀향했으며, 53만 명이 간도 지방에 눌러앉았다. 이렇게 광복을 맞은 간도 조선인 사회는 잠시나마 역사에 역주행(逆走行)하는 우여곡절과 혼동을 겪기도 했다.

그러나 이것은 '2보 전진을 위한 1보 후퇴'의 '역주행'이었다. 당시 초등학교 5학년 소년의 눈에 비친 현실은 바로 이러했다. 당장

학교 문이 닫혔으니 더 이상 학교는 다닐 수 없지 않겠는가 하는 걱정이 아직은 철부지인 나의 가슴을 옥죄었다. 그러나 이것은 한낱 기우에 불과했다. '역주행' 속에서도 새싹은 움트면서 이 휑하니 뚫려 있는 공동사회의 공간은 가뭇없이 한 칸 한 칸씩 메워지기 시작했다. 비록 유민의 신세이지만 이제는 이 땅의 당당한 주인이나 다름없이 된 평범한 조선인들은 자기 운명을 스스로 개척해 나가겠다는 자주 의지와 자력갱생의 정신을 발휘함으로써 그 과정은 일취월장(日就月將)으로 추진되었다.

이것이 내재적, 구심적 요인이었다면, 치열한 항일투쟁의 한중 공동전선에서 단련되고 육성된 조선인 선각자들의 다함없는 애족적 희생은 그 외향적, 원심적 요인이었다. 이 두 가지 유기적 상관성을 띤 요인은 광복 후 일시적으로 불안과 혼탁의 늪에 빠져 허우적거리던 간도 조선인 사회로 하여금 안정과 단합, 변혁과 발전을 도모할 수 있게 한 힘찬 원동력이었다.

다행히 간도는 일찍부터 항일투쟁의 발원지와 근거지로서 역내의 애국 애족적 한·중인들은 어깨 겯고 항일투쟁에 함께 분발했으며, 그 굳건한 바탕과 공생의 열의는 광복 후에도 고스란히 이어짐으로써 광복 직후에 직면한 난관을 극복하고 새 사회를 건설하는 데 밑거름이 되었다. "항일투쟁의 기세로!"는 대중을 동원하고 기세를 높이는 강력한 캐치프레이즈였다. 이러한 캐치프레이즈에 고무된 조선인들은 선참으로 자신들의 힘을 한데 모으는 조직 활동에 착수했다. 농민들은 농민회를, 청년들은 치안을 위한 무력 조직인 자위대를 결성하고, 부녀들은 또 그녀들 나름대로 부녀회를 조직했으며, 우리 또래들은 '소년선봉대'를 조직해 마을의 소소한 일을 하는 데 앞장섰다. 다시 마을마다 밤이 되면 야학방에서 낭랑한 글 소리가 들려왔으며, 우리 집에는 7년 전과 마찬가지로 서당이 다시 꾸려졌다.

이와 더불어 숨을 죽이고 때가 오기만을 기다리던 우리 마을의 김청룡 선생과 같은 선각자들은 뜻있는 지방 유지들과 힘을 합쳐 닫혀버린 학교 문을 다시 열기로 작심하고 '복교(復校) 모금 운동'을 벌여 폐교 3개월 만에 소학교는 다시 문을 열게 되었다. 여기에 그치지 않고 차제에 초급중학교까지 세울 작전에 나섰다. 급기야 광복 6개월 만인 1946년 이른 봄에 옛 만주국 허룽현 공서(公署, 사무청사) 자리에 '빛은 동방에서'란 뜻을 담은 광동(光東)중학교가 세워졌다. 대다수 주민에게는 얼마 전까지만 해도 항일투쟁 근거지에서 광복을 갈망하면서 유사한 조직 활동을 펼쳐오던 경험이 있어 이 모든 활동이 자연스러웠고 실현 가능했다.

광복으로 일어난 천지개벽은 마을 사람들의 일상에서도 그대로 나타났다. 그해 따라 천우신조(天佑神助, 하늘과 신령의 도움)라고나 할까, 세풍(歲豊)이 든 데다가 일제의 강제공출이 몽땅 폐기되었으니 연례행사처럼 찾아오던 '보릿고개' 걱정은 아예 없어졌으며, 광동군의 군수품 '시혜' 덕에 겨울나기 걱정도 덜게 되었다. 일제 만척주식회사 영림소(滿拓株式會社 營林所)의 채벌 감독이 사라졌으니 땔감도 마음대로 장만할 수 있었다. 요컨대, 헐벗고 굶주리며 고생만 해오던 유민들이 더 이상 의식주의 걱정 없이 허리 펴고 마음 편히 지낼 수 있는 세상이 왔다. 마을 개척 80년사에 맞는 첫 경사였다. 그해 추석날 마을 어귀에 있는 수백 년 묵은 신당수(神堂樹) 둘레에 단정하게 한복 차림을 한 남녀노소 수백 명이 한데 모여 경사를 기리던 모습이 지금도 눈에 선하다. 나는 난생처음이자 마지막으로 할머니가 덩실덩실 춤을 추시는 모습을 봤다. 그해 가을과 겨울 사이에 마을에서는 유달리 많은 잔치(환갑, 결혼, 생일 등등)가 벌어졌다.

한편, 광복 후 둥베이에 거주하는 조선인들의 지위나 성격 문제에 관해 중국은 물론, 소련도 관심을 보였다고 한다. 고영일에 의하면, 1951년 1월 저우언라이가 마오쩌둥을 수행해 소련을 방문할 때, 스탈린과 '중소우호동맹호조조약(中蘇友好同盟互助條約)'에 관한 협상을 진행하는 자리에서 둥베이 지구 조선인의 성격 문제가 거론되었다. 논의 중 스탈린이 문득 "제3국민이 중국 둥베이와 신장 지구에 거주하는 것을 허용해서는 안 된다"라고 언급하자 저우언라이는 즉시 "둥베이에는 많은 조선 민족이 살고 있는데, 그들을 제3국 공민으로 봅니까?"라고 반문했다. 그러자 스탈린은 한참 동안 침묵하다가 "나의 본뜻은 미·일·영 등 제국주의 국가 인민이 둥베이에 진입하여 활동하는 것을 두고 한 말입니다"라고 얼버무렸다고 한다. 중국 측은 이것이 중국에 대한 소련 측의 내정간섭 언동이라고 불쾌하게 여겼다. 문제의 협상이 어떻게 낙착되었는지는 알려지지 않고 있다.

소련이 이렇게 간도의 조선인 문제에 관해 관심을 갖게 된 데는 여러 가지 역사적 사정에서 비롯되었다고 추측된다. 일찍이 19세기 말엽부터 러시아의 시베리아 극동 지역에는 중국 간도 지방을 거쳐 이주한 '카레이스키(고려인)'들이 정착해 튼튼한 조선인 사회를 건설해 소비에트 홍군과 함께 역내의 백파군(白派軍)을 필두로 한 반소비에트 반동 세력들을 소탕하는 투쟁에서 혁혁한 전공을 세웠다. 그러나 후일 호시탐탐 소련 침공을 노리고 있던 일제의 모략에 걸린 스탈린은 고려인들을 일제의 '밀정(密偵)'으로 몰아붙여 극동 시베리아의 터전으로부터 갑자기 삭막한 중앙아시아로 강제 이주시켰다. 물론, 스탈린 사후(1953) 그 진실이 밝혀졌지만, 생전에는 그 무모한 범행에 대해 미처 자성하지 못했기에 '제3국민'에 대한 노골적인 냉대를 노정한 것으로밖에 달리 이해할 수가 없다.

스탈린의 그러한 태도는 또한 간도에 정착한 조선인들의 대소, 대중 관계에 대한 무지의 소치이기도 한 것 같다. 주지하다시피, 간도를 비롯한 둥베이 각지에 유민으로서의 터전을 마련했던 조선인들 가운데 적잖은 카레이스키들(고려인, 즉 조선인)은 시베리아 연해주 지역에 이주해 설한풍이 휘몰아치는 시베리아 동토를 옥토로 개척했을 뿐만 아니라, 백파군의 반란과 일제의 침공으로부터 시베리아 소비에트 정권을 수호하는 데 영웅적 위훈을 수두룩하게 세웠다. 한 걸음 더 나아가, 억울하게 강제 이주를 당한 숱한 고려인들은 황막한 중앙아시아 사막을 옥답으로 개간해 러시아인들에게 밥맛을 알게 했으며, 소련의 제2차 세계대전 승전에도 고려인들은 응분의 기여를 했다. 더욱이 소련에서 항일 투지를 담금질하고 간도에 귀향한 여러 혁명가들은 간도 조선인들의 유망한 지도자로서 중국 전우들과 함께 항일투쟁을 승리로 이끌기도 했다. 그러고 나서는 광복을 맞아 일시적으로 혼돈에 빠져 허우적거리던 재중 조선인 사회를 재건하는 사업에 앞장섰다. 그 대표적인 인물로는 옌볜조선족자치구의 초대 주석을 역임한 주덕해(朱德海, 모스크바 동방노동자공산대학 출신, 옌볜대학 초대 총장)와 조선인 최고 학당인 옌볜대학 부총장을 맡아 대학의 기틀을 마련한 림민호(林民鎬, 모스크바 동방대학 출신)를 들 수 있다.

중국은 간도 조선인에 대한 소련의 제삼자적 냉정한 입장과는 다른 입장을 취했다. 물론 우여곡절은 있었고, 또 현실도 그러하지만 대체로 항일 공동 투쟁의 전우로, 국내 소수민족의 일원으로, 신중국 건설의 공건자(共建者)로 간주하고 공생 공영했다. 일제가 패망하기 직전인 1945년 8월 11일 12시에 당시 연안(延安)에 있던 중국 인민해방군 총사령관 주더(朱德)는 제6호 명령을 포고했는데, 그 내용은 "조선의용군 사령 무정(武亭)과 부사령은 소속 부대를 이끌고 팔로군과 함께 둥베이로 진출해 적위(敵僞, 적 일제와 위만주국)를 소멸하고 둥베이의 조선 인민을 조직해 조선 해방의 임무를 달성해야 한다"라는 것이었다.

함경북도 경성에서 태어난 무정[본명 김무정(金武亭)]은 스무 살(1924) 때 중국에 가서 보정강무당포병과(保定講武黨砲兵科)를 졸업한 후 중국 홍군의 2만 5000리 장정(1934)에 동참, 연안에 도착한 후에는 팔로군 총사령부 직속 포병단을 창설했다. 그즈음에 중국공산당과 마오쩌둥은 무정을 비롯한 조선인 간부들에게 "가능하면 빨리 조선인 간부들을 묶어 세우며, 사업 중심을 본 민족의 간부 대오를 양성하는 데로 전환함으로써 본 민족의 해방을 위해 힘을 축적해야 한다"라고 간곡한 지시를 내렸다. 이 지시를 관철하기 위해 무정은 1941년 1월 10일 '화북조선청년연합회'를 결성하고, 회장에 당선되었다. 이듬해엔 이 연합회를 '조선독립동맹'으로 개칭하면서 같은 해에 재중 조선인들의 최강 무장 조직인 '조선의용군'을 창군하고 사령관에 임명되었다. 1945년 무정은 '조선의용군'을 이끌고 11월 초 선양에 도착했다. 거기서 그는 조선의용군을 두 갈래로 나누어 일부는 둥베이 조선인 집거지로 진출시키고, 나머지는 그가 직접 인솔해 평양으로 직행했다.

하얼빈과 창춘(長春), 선양, 간도 등 둥베이 조선인 집거지 가운데서 인구수나 면적, 집중성이나 영향 관계로 보나 핵심지역은 간도다. 그리하여 중국공산당 측이나 조선의용군 측 모두 간도 지역을 조선인 사회의 중심지로 건설하기로 계획하고 여기에 주덕해를 비롯해 유능한 조선인 간부들을 파견하기로 했다. 소련 유학에서 돌아온 후 연안에서 조선혁명군정학교 교무위원과 총무처장을 맡고 있던(1943) 주덕해는 조선의용군 제3지대 정치위원으로 선양에 체류하게 되면서 간도 조선인 사회 건설에 본격적으로 착수하기 시작했다. 1947년에 중공이 건립한 둥베이행정위원회 민족사무처장을 거쳐 1949년에는 중공 옌볜지구위원회 제1서기로 임명되었다. 이를 계기로 '간도'나 '조선인'이라는 낡은 이름 대신 '옌볜'이나 '조선족'이라는 새로운 이름이 공식적으로 등장한다. 그해 6월 주덕해는 옌볜의 조선족을 대표해 베이징에서 중화인민공화국의 건국 문제를 협상하는 전국정치협상회의 준비위원회에 참석해 제1기 전국위원회 위원으로 당선되었다.

이듬해에 주덕해는 지린성 제1차 인민대표회의에 참석해 성(省) 인민정부 위원으로 선출되고, 그해 한국전쟁이 발발하자 옌볜지구의 방공 사업을 가일층 강화하기 위해 조직된 옌볜방공위원회(전시의 비상사태 관리) 주임으로 임명되었다. 이러한 승승장구의 과정을 거쳐 드디어 1952년 9월 3일에 옌볜조선족자치구 정부 주석으로 임명되었다. 그리하여 9월 3일은 옌볜조선족자치구 창건일로 결정되었다. 후일 행정 개편에 따라 주덕해는 중공 옌볜자치구위원회 제1서기 겸 주장에 선임되었으며, 초대 옌볜대학 총장을 역임하고, 끝으로 1956년엔 전국인민대표대회 제3기 민족위원회 부주임으로 당선되어 10여 년간 옌볜의 조선족 사회를 이끌었다. 그러나 불행하게도 1969년 문화대혁명 때 이 노혁명가도 박해를 받아 후베이성(湖北省) 63농장으로 하방(下放, 원인 불명)되어 고초를 당하다가 1972년 향년 61세를 일기로 별세했다. 6년 뒤 명예는 복원되었다.

나는 주덕해를 한 번 만나본 적이 있다. 베이징대학 시절인 1954년 가을 어느 날, 당시 베이징 서단(西段)에 자리한 중앙민족사무위원회 부사장(副司長, 부국장) 문정일 선생으로부터 긴급한 전화가 왔다. 문 선생은 옌볜 즈신구의 고향 선배이자 인생의 멘토로 자주 찾아뵙던 분이다. 전화 내용인즉 고향 간부 한 분을 점심시간에 만나기로 했는데, 시간이 되면 사무실로 오라는 것이었다. 한달음으로 달려가니 온다는 '손님'은 옛 조선의용군에서 문 선생의 전우였으며, 지금은 옌볜조선족자치구 주석이자 나와 동향인 주덕해 동지였다. '손님'은 예정 시간보다 약 20분 늦게 도착했다. 그가 동향이라는 점에 적이 놀랐다. 수수한 중산복 차림에 한 손에 문서 가방을 든 채 통성(通性)부터 하는데, 주 주석은 옌지현 즈신구 승지촌(勝地村)이 고향이고, 내 고향은 즈신구 명천촌이니 결국 같은 구내의 동향인 셈이다. 무척 반가웠다. 간단한 인사말을 나누고 나서는 인근에 있는 '옌볜냉면'집으로 자리를 옮겼다. 주 주석은 우선 내 가정 형편과 개인사를 친절하게 묻고는 격려의 말씀을 많이 해주었다. 두 분의 노혁명 전우가 나누는 이야기는 주로 옌볜 자치구의 운영에 관한 문제들이었다. 서로 농담을 건네다가도 해당 문제의 상담에 들어가면 그렇게 엄숙하고 진지할 수가 없었다. 저것이 진정한 노혁명가들의 우정이구나 하고 감명을 받았다. 한 시간 남짓한 만남을 마치면서 주 주석은 나의 손을 꼭 잡고 학업을 마치면 다른 곳엔 가지 말고 고향 옌벤에 돌아와 공작(工作, 사업)을 하라고 당부한다.

이상에서 나는 광복 후 일시나마 혼탁했던 간도 조선인 사회가 어떻게 빠른 시일에 수습되고 정리되어 갔는가를 주·객관적 요인, 특히 주덕해를 비롯한 간도 출신의 민족지도자들에 의한 사회체제 및 제도의 수립에 관해 돌이켜 봤다. 사실 이것은 광복을 전후한 소년 시절, 본인의 성장배경이기도 하다.

지능에서 일어난 '돌연변이'

광복은 모든 일상에서 명실공히 천지개벽을 가져왔다. 마치 생물진화에서 일어나는 돌연변이처럼. 나의 어린 삶에서도 분명 이러한 천지개벽의 흔적이 찍혀 있다. 그 가운데서도 일생의 행보를 좌우하리만큼 큰 영향을 미친 개벽은 광복을 계기로 소년 시절에 일어났던 '지능(IQ)에서의 돌연변이'라고 자평해 본다. 사실 이러한 엉뚱한 자평을 내리기까지는 한평생의 장고(長考)가 뒤따랐다.

이 장고의 발단은 광복을 전후해 '돌발'한 학업성적의 비약적 격차에서 비롯되었다. 광복 전 일제의 식민지 동화교육으로 소학교 5학년 1학기를 다닐 때까지의 학업성적은 나름대로 노력한다고 했음에도 중급 수준을 넘지 못했다. 그 때문에 늘 기를 펴지 못한 채 수심에 빠져서 우울한 나날들을 보냄으로써 부모님께도 심려를 끼쳐 드렸다. 혹여 낙오자가 되지나 않을까 하는 우려와 실망에 몸부림칠 때도 있었다. 그런데 광복을 맞이해서 별로 나아진 바가 없는 환경에서 엇비슷한 노력을 들였는데 신기하게도 부지불식간에 학업성적은 일진월보(日進月步, 날과 달이 감에 따라 끊임없이 발전)하는 것이었다. 공부가 마냥 흥겹고 재미가 있었다. 그래서 학우들의 부러움을 사기도 했다.

그러다 보니, 수석(97점)으로 초급중학교인 광동중학교에 입학했으며, 졸업생 80여 명 중 단 두 명만이 당시 간도의 유일한 조선족 고급중학교인 옌볜고급중학교에 무난히 진학했다. 그리고 졸업생 250여 명 중 역시 두 명만이 제1차 전국통일입학시험에 합격해 지원한 전공대로 베이징대학에 입학했다. 이상의 여러 수학 과정에서 거의 모든 교과목의 성적은 우(優) 이상이었다. 특히 대학 입학시험 6개월을 앞두고 조선족 학생도 통일시험을 통해 중국 대학에 입학할 수 있다는 교육부의 결정에 따라 당연히 모든 졸업생은 중국 대학 진학을 갈망했다. 그런데 가장 큰 난관은 미흡하기 짝이 없는 중국어 실력이었다. 주당 서너 시간씩, 외국어로 배워온 중국어 실력으로는 도저히 응시할 수가 없었다. 그래서 많은 학우들이 중국 대학 진학을 포기했다. 그러나 나는 죽기 살기로 집중력을 발휘해 이 난관을 극복하고 중국 대학 진학에 성공했다. 노력에 비하면 '머리 덕'은 미미했다.

원래 중국이나 북한 같은 사회주의 나라들에서는 인간의 지적 평등과 무차별을 강조하기 때문에 지능지수(IQ) 검사는 거의 금기시되어 있다. 그러나 평생에 딱 두 번에 걸쳐 우연히, 자의 아닌 타의로 지능지수(중국어로는 智力商數 혹은 智商)를 감식받을 기회가 있었다. 한번은 중국 외교부 근무 시 모로코에 사업차 장기 파견되기 직전 베이징에서 가장 현대적이라고 하는 협화의원(協和醫院, 미국인 경영)에서 중이염 때문에 고막 이식수술을 하기 전에 IQ 검사를 실시했는데, 고지수(高指數) 검사기가 없어서 감식할 수 없게 되자 담당 의사는 병력서에 그저 '고지수'라고만 기재했다.

다른 기회는 평양에 환국해 국제관계대학에서 근무를 시작한 첫해, 교수들의 연간 학습 총화(필답시험)에 참가했는데, 뜻밖의 생소한 일이라서 어떻게 답안을 작성해야 하는지 막막했다. 그래서 학습 노트에 필기한 관련 내용을 거의 통째로 옮겨 답안으로 제출했다. 채점관들은 베끼는 등 부정행위를 한 것이 아닌가 하는 의심 끝에 채점을 보류하고 있다가 사실임을 확인한 다음에 최고 점수를 매겼다고 한다.

사실 이러한 지능과 관련한 사례가 마뜩잖은 자화자찬(自畫自讚)일 수 있어, 지금까지 베이징 협화의원에서 수술 때문에 받은 것 말고는 지능지수 검사를 한 번도 받아본 적이 없으며, 본인의 지능 여하에 관해 누구에게도 털어놓고 이야기한 바도 없었다. 단지 본 회고록에서는 육체적 삶이건 지능적 삶이건 간에 그 궤적을 한번 사실대로 복기할 필요성을 느껴 간략하게 언급했다. 그리고 흔히 한 인간의 성장과정을 입체적으로 조명할 때 심심찮게 그 사람의 천부적인 재능과 기울인 노력 간의 관계에 주목한다. 나도 예외는 아니어서 그 관계에 관한 미숙한 체험이나마 회고에 담고픈 심경이 생겨났다.

역설적으로 광복은 나의 학업이라는 지능 세계에서 범상찮은 일대 돌변을 일으켰다. 광복 전 나의 소학교 학업 과정은 앞에서도 언급했지만 극히 평범한 중급 수준의 연속이었다. 그러나 불가사의하게도 광복이 계기가 되어 돌연히 공부가 마냥 '체질화'되면서 초등교육에서 고등교육에 이르는 전 학업 과정에서 발군의 성적을 놓친

적이 별로 없었다. 요즘은 인성이니 봉사활동이니 공부 외적인 여러 요인을 감안해 학생들의 성적을 평가하는 추세이지만, 그 시절에는 오로지(간혹 예외는 있지만) 시험 결과에 의해서만이 성적이 평가되고, 등차가 결정되었다. 따라서 성적이나 등차에서 발생한 돌변은 필히 시험에서 발생한 돌변 그대로였다.

그렇다면, 광복 후 각급 교육과정에서 줄곧 맞닥뜨린 시험에서 발생한 돌변은 과연 무엇이었을까? 그것은 털어놓기가 민망스럽기까지 해서 나름대로 이름 지은 '재생적 환각(再生的 幻覺, 엄밀한 학술적 용어는 아니다)'이다. 한마디로 이 환각은 몇 번 읽어본 글이 마치도 칠판이나 컴퓨터 화면에 재현되는 듯 눈앞에 나타나는 현상이다. 시험을 치를 때면 여러 환각 조각들을 한데 묶는 대로 답안이 된다. 글을 쓸 때도 이러한 환각은 크게 도움이 된다. 그러나 아쉽게도 만고의 섭리를 좇아 육체적 노쇠와 함께 환각의 활력도 점차 무디어 간다.

나는 나의 이러한 형질학적 돌변 기사(奇事)에 관해 애초부터 생각해 보았다. 도대체 무슨 현상인가? 왜 생기는 걸까? 몇 년 후 고급중학교에 진학해 생물 과목(金容哲 선생 담당)을 배우는 과정에서 눈이 좀 떴다. 알고 보니 그 현상이 생물진화론에서의 '돌연변이'(일명 '偶然變異', mutation)를 연상시킨다. '돌연변이'란 쉽게 풀어서 이해하면, 어버이 계통에 없었던 새로운 형질이 돌연히 자식에게 나타나 그것이 유전하는 현상을 말한다. 엄밀하게 이 생물진화에서의 고전적 정의에 비추어 보면, 광복 후 내 학업성적에서 나타난 '돌변'이 꼭 맞는 비유는 아닌 것 같지만, '돌변'이라는 공유성을 살려 이렇게 표현해 본다. 억지 비유라고 비판해도 무방하다. 덧붙여, '돌연변이설'이란 네덜란드의 생물학자 휘호 더프리스(Hugo de Vries)가 1901년에 최초로 주장한 생물진화론으로서 돌연변이에 의해서만 새로운 형질이 생기고, 그것이 환경에 적응한 경우에 신종이 형성되며, 따라서 생물의 진화는 반드시 연속적인 것은 아니라는 학설이다.

그간 나의 졸저들에 대해 여러 평론가들은 서평 모두에서 《뉴욕타임스》의 글귀를 인용해 "분단 시대 비운의 천재적" 학자라고 평하는데, 나는 그럴 때마다 쑥스럽고 당황스러움을 느낀다. 솔직히 말해 나는 단 한 번도 나 자신을 '천재'라고 생각해 본 적이 없다. 그저 노력하는 '시대인'으로만 남고 싶었다. 또한 내 운명을 '비운'이라고 생각해 본 적도 없었다. 그저 분단 시대의 소명에 부응하는 사명인으로만 살고 싶었다. 그리고 나는 늘 천재적 발명가 에디슨(T. Edison)의 다음과 같은 명언을 가슴 깊이 새기고 노력하는 과정에서만 보람을 느꼈다.

천재는 1퍼센트 영감(inspiration)과 99퍼센트 땀(perspiration)으로 이루어진다.

흔히 천재의 비밀은 천부적인 두뇌(영감)에 있다고 생각하는데, 사실은 두뇌보다는 땀, 즉 노력에 있다. 이것이 내 체험이고, 내가 얻은 결론이다.

아무리 광복으로 맞은 천지개벽이라고 할지라도, 그 수혜자인 조선인들이 단합해서 끊임없이 부닥치는 난관들을 극복하는 노력이 없었던들, 간도의 조선인 사회는 오늘과 같은 면모를 갖추지 못했을 것이다. 오늘과 같은 면모를 갖추는 데 가장 큰 원동력은 교육 분야의 노력이었다. 교육 열의가 남달리 높은 부모님들은 힘든 농사일에서 자식들을 해방시키고, 학교 후원 사업에도 너나없이 발 벗고 나섰다. 가정 형편이 어려워서 학교에 못 갔거나 중도 퇴학한 어린이들을 위해 학교에서는 속성반을, 마을에서는 야학을 따로 꾸려 모두에게 공부할 기회를 제공했다.

그런가 하면 학생들은 또 학생들대로 공부에 열중했다. 그러나 교육 여건은 금세 바뀌지 않았다. 중학교는 세웠지만 당장 교사가 없어 몇 곳에서 교사들을 초빙해야만 했다. 광복이 되자 룽징의 폐교된 일본 중학교 네 곳에서 일했던 조선인 교사들, 청진(淸津)을 비롯한 북조선에서 온 교사들 그리고 조선의용군에서 파견된 교사들로 교사진을 꾸렸다. 다음으로 큰 문제는 교재였다. 조선인 학교에서 기존의 일본어나 중국어 교재는 무용지물이다. 할 수 없이 한글 교재는 대부분 북조선의 각급 학교에서 사용하는 소련제 번역 교재를 그대로 수입해다 썼다.

차제에 내가 다닌 초급중학교인 광동중학교의 출범 과정과 궤를 같이해 온 간도 유일의 조선인 최고학부인 옌볜대학의 설립 과정을 자랑스러운 우리 민족 교육사의 회고 차원에서 한번 되돌아보는 것도 유의미한 듯하다. 광복이 되자 일제강점기에 일본을 비롯한 여러 외국에 유학했던 젊은 학도들이 고향 땅 간도에 돌아왔다. 애국애족적 신념이 강한 그들은 저마다 자기들의 지적 자산을 간도 동포 사회의 발전에 환원하고자 교육을 비롯한 각종 계몽 사업에 대한 헌신을 마다하지 않았다. 이즈음에 1947년 림민호와 지희겸(池喜謙, 광복 직후 옌볜인민민주대동맹 집행위원장 역임)을 비롯한 일군의 지식인들이 조선인 대학교 창립을 발의했다. 그들의 노력으로 얼마 후 룽징의 개척의학전문학교와 차오양(朝陽)의 천교도(天敎徒)대학, 화

뎬(樺甸)의 군정(軍政)대학이 옌지(延吉)에서 둥베이 군정대학 지동(吉東)분교로 통합되었다. 그러다가 1949년 12월 간도를 대표한 주덕해가 지린(吉林)에서 중국공산당 지린성위원회가 소집한 민족사업회의에 참석해 조선인 대학 설립을 공식 제의했다.

회의 후에 림민호, 문정일, 로기순(盧基舜, 옌볜의학원 창시자) 등은 둥베이 조선인민대학 준비위원회를 결성하고 대학 창립 활동을 벌였다. 이듬해 2월에 주덕해가 옌볜에 부임하고 4월 1일에 옌볜대학이 개교했다. 대학은 모스크바 동방대학 출신의 림민호와 일본 법정대학 출신의 박규찬(朴圭贊), 만주 건국대학을 나온 김유훈 등을 비롯한 대학 졸업 경력자 예닐곱 명을 핵심으로 한 교수들과 '짚신에 쌀 망태기를 지고 들어온' 학생 400여 명으로 첫 발걸음을 뗐다. 그런데 역시 가장 화급한 것은 한글로 쓰인 교재 문제였다. 상의 끝에 '과도적 방법'으로 북조선 김일성종합대학에 가서 가져오는 것이 가장 현실적인 방법으로 낙점되었다. 부교장 림민호는 몇몇 교수들을 이끌고 북조선에 가서 김일성종합대학 등 몇 개 대학을 견학하고 돌아올 때 북조선 측의 동포애적 후원 속에 많은 교재를 무료로 가져왔다. "뜨거운 민족애에 크게 감동했다"라고 림 부총장은 그때를 회상했다.

각설하고, 초급중학교 시절의 교육 상황 이야기를 이어가면, 당시 학교 운영의 재원은 태반이 몰수한 일본 관공서나 일본인들이 소유했던 밭이나 논을 교사들과 학생들이 공동으로 경작해서 얻는 수확물이었다. 학비는 거의 상징적인 수준에 불과했다. 겨울철 난로용 화목이나, 낡은 건물의 수리(오래된 건물이라서 자주 수리), 수확물의 운반 등 굵직한 작업은 학부모들의 몫이었다. 이렇듯 마을마다 꾸려진 '학교후원회'의 헌신적인 후원과 보살핌이 없었더라면 학교의 운영은 도시 불가능했을 것이다. 품앗이로 시작된 우리 민족의 상부상조하는 미풍이 여기 이역 동포 사회에서도 계속 꽃피고 있다는 살아 있는 증거다.

자식 사랑이 각별한 우리네 부모님들은 가난과 고역을 더 이상 대물림하지 않기 위해 자신들을 희생해 가면서 자식들이 편히 공부할 수 있도록 갖은 고생을 마다하지 않는다. 그러나 만사가 자치와 자력갱생의 부담과 노고를 불가피하게 하는 당면한 환경은 부모님들의 순박한 기대와는 달리 학생들의 노고를 필요로 한다. 심지어 앳된 학생들마저도 여러 가지 사회참여를 요청받게 된다. 학교의 자영자생(自營自生)을 위해서는 얼마간 농사일을 해야 하고, 빈번한 사회 활동에 호응해야 하며, 크고 작은 집안일도 '아닌 보살' 할 수 없다. 게다가 야학은 거의 의무적이다. 급변하는 사회만큼이나 남녀노소 할 것 없이 할 일이 많아졌다. 그러다 보니 주경야독(晝耕夜讀)은 학생들의 삶뿐만 아니라, 어른들의 삶 속에서도 일상사가 되어버렸다. 이것이야말로 80여 년 마을 역사에서 처음 맞는 경조(慶兆)다.

그런데 야독(밤 공부)에서 가장 큰 문제는 등불이었다. 아직껏 마을에는 전기가 없었다. 전기가 들어오자면 6~7년을 더 기다려야 했었다. 등화(燈火)용 석유나 기름은 절품이 다반사인 데다가 값이 비싸서 등불로 쓸 수가 없었다. 그래서 마을 사람들은 대용으로 '겨릅등'(혹은 '저릅등')이라고 하는 등을 만들어 조명으로 사용해 왔다. 겨릅대(삼의 겉껍질을 벗겨낸 속대, 길이 약 1.5~2미터)에 깻묵과 쌀겨를 짓쩔은('짓쩔다'는 '짓찧다'의 함경도 방언) 반죽을 골고루 발라 햇볕이나 화덕에 말려서 만든다. 그 화력은 기름기를 흥건히 머금은 깻묵 반죽에서 발생한다. 등불로 쓰기 전에 바싹 말려야 연기 없이 잘 탄다. 이러한 등 한 대가 타면서 발화하는 시간은 대략 40~50분 정도다. 그래서 매일 밤 필요한 양만큼 아궁이나 화덕에 말려서 쓴다. 세 시간 쓰려면 4~5대를 장만해야 한다. 습기 때문에 한꺼번에 많이 만들어 놓을 수가 없어 1년에 몇 번씩 만들어야 하는데, 소요 재료와 노력이 이만저만 들지 않는다. 문제는 광도(光度)인데, 재료의 질에 따라 다르다. 보통 사방 30센티미터 이내에서 책을 읽을 수 있는 희미한 불빛이다. 중국의 사자성어 '형설지공(螢雪之功)'에 나오는 '형설', 즉 반딧불이나 겨울철 눈에 반사되는 달빛의 광도와 고작 대비된다. 쓸 때는 겨릅대를 등경대(燈檠臺, 철사를 꼬아서 만든 Y 자형 기구)에 얹는다. 등경대의 받침은 나무로 만드는데, 이를 '등잔판'이라고 한다. 등잔판에는 작은 홈을 파놓았는데, 거기에는 겨릅대가 타들어 가면서 생기는 재를 담는다. 일설에 의하면, 이 겨릅등은 만주에서 기원했다고 한다. 한반도에서는 발견되지 않았다.

우리 집에는 7년 전 소학교 입학을 앞두고 차린 야학 경험을 살려 다시 야학을 열었다. 정면 칠판 위에는 서당 시절 훈장님의 정성이 담긴 '형설지공'이란 자그마한 나무 현판을 잘 보이는 도리에 걸어 놓았다. 이 사자성어는 자고로 중국이나 한국에서는 언제 어디서나 어린이들의 공부를 독려하는 금과옥조처럼 회자되었다. 옛날 중국의 동진(東晉) 시대에 차윤(車胤)과 손강(孫康)이란 두 선비가 있었는데, 가정 형편이 어려워 등불을 켤 기름을 살 수가 없었다. 그리하여 차윤은 깨끗한 천 주머니 속에 반디(螢) 수십 마리를 넣어 그 빛(반딧불) 아래서 책을 읽었다. 그런가 하면 손강은 겨울철 눈(雪)에 반사되는 달빛 아래서 공부를 했다고 한다. 이렇게 어려운 환경 속에서 공부한 두 선비는 훗날 대성했다. 그리하여 '형설지공'은 '고진감래(苦盡甘來)'와 뜻이 상통하는 성어로 쓰이고 있다.

　나는 이렇게 '형설'의 불빛보다 못하면 못했지 결코 더 밝지 않은, 겨우 사방 30센티미터밖에 비추지 못하는 희미한 '깻묵등'을 벗 삼아 초급중학교를 마칠 때까지 밤 공부를 이어갔다. 이 하찮은 '깻묵등'이 없었던들, 시골내기인 나의 취학의 길은 일찌감치 막혀버렸을 것이며, 또한 '깻묵등'은 한창 발육기에 접어든 나에게 극기의 의지와 구지(求知)의 정신을 가다듬어 주었다. 하여 나는 늘 이 운명적인 '깻묵등지공'에 감지덕지할 따름이다.

2장

개천에서
만리장천 비상하다

1950

1955

16세에서 21세

고급중학교에서 대학교

새벽길 열어준 정든 요람, 옌벤고급중학교

나의 모교 룽징고급중학교(옛 옌벤고급중학교) 교가는 모교를 이렇게 노래한다.

룡(용)들의 우물가에 종을 울리네
새벽길 열어준 정든 요람
열여덟 청춘이 웃는 창가에
푸른 하늘이 비껴 흐르네
아, 별이 솟는 룽징고중
룽징고중 별바다여 별바다여
(김성휘 작사, 동희철 작곡)

보다시피, "새벽길 열어준 정든 요람"은 모교 룽징고급중학교의 교가 중 한 구절이다. 1950년 제2기생으로 내가 입학해 다닐 때의 학교명은 옌벤에서 유일한 조선족 고급중학교였으므로 '옌벤고급중학교'(옌지 소재)라고 명명했다. 이듬해 룽징으로 이사해 졸업할 때까지도 학교명은 변하지 않았으나, 얼마 후 옌볜에 연이어 고급중학교가 몇 곳 더 생기면서 '옌볜고급중학교'는 '룽징고급중학교'로 개명되었다. 그리고 옌볜고급중학교 시절에는 교가가 없었으나, 룽징고급중학교가 새로 나오면서 만들어진 것으로 알고 있다. 아무튼 내가 소년기를 마치고 집을 처음 떠나 나를 알고 남을 깨닫는 청년기의 초입에 옌볜고급중학교의 문지방을 넘었으니, 이 학교는 나의 "새벽길을 열어준 정든 요람" "별이 솟는" 고급중학교임에는 틀림없다.

중국에서 유일했던 조선인 고등중학교인 옌볜고급중학교는 광복 후 옌볜 조선인들의 높아지는 교육 열의를 반영해 1949년 3월 지금의 옌볜조선족자치주 주도인 옌지에 설립되었다. 신입생은 옌볜에 있는 조선인 초급중학교 다섯 곳을 중심으로 기타 둥베이 지방에 흩어져 있는 중국인 초급중학교 내의 조선인 졸업생들이 대상이었다.

나는 광동중학교 제4기 졸업생으로서 졸업 때 학우 50여 명 가운데에서 10여 명이 설립 1년밖에 안 되는 옌볜고급중학교에 진학 추천을 받았다. 입학시험 결과 장재촌(長財村) 출신의 윤순찬(尹順贊)과 나, 단둘만이 합격했다. 상급학교에 진학하는 것이 우리가 처음이라 학교로서는 큰 경사였다. 정문에는 입학을 축하하는 커다란 플래카드까지 걸어놓았다.

사실 그때까지만 해도 옌볜고중이 설립되어 진학의 문은 활짝 열려 있었고, 또한 이웃한 북조선에도 여러 곳에 고급중학교가 개설되어 마음만 먹으면 얼마든지 진학할 기회가 주어졌다. 그러나 아이러니하게도 당면한 사회의 절박한 수요는 졸업생들로 하여금 진학의 길을 포기하도록 유도했다. 초급중학교만 졸업해도 '지식인'으로, '사회의 역군'으로 각광받던 시대였다. 끊임없이 일어나는 사회변혁은 일꾼들의 공백으로 인해 더 이상의 진전을 멈춰야 할 지경에 이르렀다. 이 초중 졸업의 경력자인 참신한 지식인, 활기찬 사회 역군들은 이러한 급박한 시류에 영합함으로써 그러한 공백을 메꾸는 데 안성맞춤이었다.

광동중학교 제1기 졸업생인 둘째 외삼촌 노용활(盧龍活)은 졸업하자 인민해방군 군사학교에 입학해 2년 만에 장교(소대장)로 임관했으며, 제3기 졸업생인 둘째 누이 정인순은 졸업하기 바쁘게 몇 달간의 사범대학 연수를 거쳐 명동소학교 교사로 임명되었다. 이쯤의 공직자가 되어도 가문의 영광이라고 사람들로부터 축하 인사를 받곤 했다. 그도 그럴 것이 직급을 불문하고 일단 공직자를 배출한 가문에서는 가난에 굽은 허리가 펴지기 시작할 뿐만 아니라, 꿈에도 상상 못 하던 '도시 유입'이라는 새로운 풍조도 생겨났다. 어린 마음에도 주변에서 일어나는 이러한 사회적 변화와 풍조가 못내 부러웠다. 평생 심심산골에서 고생만 해오던 부모님인들, 왜 이러한 사회적 기류가 부럽거나 탐나지 않으셨겠나. 그러나 겉으론 아무런 내색도 내비치지 않은 채 학교의 선택과 추천에 따르라고만 타일렀다. 지금 돌이켜 보면, 부모님은 그 어떤 심원한 선견지명이 있어 그러했던 것 같다.

설한풍의 여독이 채 빠지지 않은 음력 2월 말, 입학 선물로 둘째 누이가 사준 새 양복을 입고, 어머니가 정성껏 마련해 주신 이부자리를 등에 지고 옌지로 첫 객지 생활에 나섰다. 즈신에서 무개 마차를 타고 두 시간 걸려 룽징에 도착해 그곳에서 다시 무개 목탄차를 갈아타고 두 시간 반 만에 목적지인 옌지에 도착했다. 누이가 예약한 하숙집에 이르자, 동거하기로 한 윤순찬이 몇 시간 전에 미리 와서 기다리고 있었다. 동갑내기인 순찬은 유일하게 나와 함께 초중(광동중학교)을 졸업하고 고중에 입학한 동창이다. 초중 4년을 보낸 동창이다 보니, 서로 잘 아는 친구였다. 그는 외아들로서 가정 형편은 우리 집보다 넉넉했다. 내가 하숙비에 밀려 고민하면, 어느새 눈치채고 대납하곤 했다. 공부도 잘하고 성격도 나와 비슷해 합숙 기간 내내 서운한 일은 별로 없었다. 단지 복습이나 예습을 할 때 그리고 가끔 사회문제를 논할 때면 서로 아집을 부리면서 쉬이 양보하지 않아 젊음의 발산으로 저도 모르게 고성이 오갈 때가 있었다. 이럴 경우엔 옆방에서 듣고 있던 주인집 대학생(옌볜대학 역사학과 1기생) 형이 미닫이를 슬며시 열고 들어와서는 차근차근 해명해 주면서 분위기를 가라앉히곤 했다. 우리는 짬이 나는 대로 이 대학생 형으로부터 역사에 관해 유익한 얘기를 많이 들었다. 지금도 그 형에 대한 고마움을 간직하고 있다. 그러던 순찬은 1년 후 가족을 따라 북한의 한 고등학교로 전학하고 말았다. 죽마지우(竹馬之友)를 잃은 일은 고독이라기보다 차라리 아픔에 가까웠다.

이튿날 우리는 학교를 찾아갔다. 학교의 터는 옌지 시내의 중국인 거주 구역인 '아라깨방지'에 자리했으며, 건물은 허름한 2층짜리 붉은색 벽돌집이었다. 교장은 옌볜조선족전원공서 최채(崔采) 선전부장이 겸직했고, 실제 교무는 권녕하(權寧河) 부교장이 맡았다. 옌지는 고향에서 80리 떨어진 낯선 고장이다. 그때만 해도 조선인은 시민의 약 30퍼센트에 불과했고, 대부분은 중국인(漢族)들이었다. 하숙은 외아들이 옌볜대학 역사학과를 다니는 집에 정하고, 달마다 하숙비는 좁쌀 두서 말(1말은 약 18리터다) 혹은 잡곡 네댓 말어치였다. 학교는 부지가 좁아 1년 후 2학년 때인 1951년 초 룽징으로 이사했다.

이사 온 룽징 청사는 광복 전에는 일본 소학교로 사용된 건물이다. 건물은 일제의 간도 통치의 본산인 총영사관(지금은 룽징시 정부 청사)과 길 하나를 사이에 두고 하이란강 강변에 자리한 단층 건물 여러 채다. 광복 후에는 '3·1소학교'라는 조선족 소학교로 쓰이다가 1951년 옌볜고급중학교에 자리를 내주었다. 2011년 약 60년 만에 모교를 찾아갔을 때 안 일이지만, 우리 제2기생이 졸업한 후 얼마 있다가 옌볜에 여러 고급중학교가 생기면서 옌볜고급중학교는 룽징고급중학교로 교명이 바뀌었다. 이를 계기로 학교의 면모는 일신되었다. 학교 전시실 입구에는 룽징고중의 발전 연혁에 관해 이러한 소개문이 붙어 있다.

룽징시고급중학(약칭 룽징고중)은 1950년 3월 17일에 창립된 전국 첫 조선족 고중이다. 1963년, 1978년, 2005년 학교는 선후로 지린성중점중학, 지린성중점고중과 지린성시범성보통고중으로 명명되었다. 목전 학교 부지 면적은 5만 제곱미터, 건축 면적은 2만 2000제곱미터에 달한다. 현재 학교에는 학생 1400여 명, 24개 학급, 교직원 152명이 있는데 그중 전직 교사만 128명에 달한다. 건교 60년 이래 룽징고중인들은 민족교육 진흥의 사명을 짊어지고 견정불이(堅定不移)하게 당의 교육 방침을 견지하며 간고분투, 개척 진취하는 전통을 계승 발양하여 왔는바 이미 나라를 위하여 합격된 졸업생 2만 5000여 명을 배양하였으며 대학, 전문학원만도 1만 4000여 명이나 보내 나라의 건설과 민족의 진흥을 위하여 거대한 공헌을 하였다.

　개혁 개방 30년 이래 특히 근년에 와서, 학교에서는 과학적 발전관을 지도로 하고 '학생의 종신 발전을 근본으로' 하는 반학리념을 견지하며 시범학교 건설을 가강하여 왔는바 학교 규모는 부단히 확대되고 운영 조건이 눈에 띄는 개선을 가져왔으며 교육 교수 질은 온건한 발전을 가져왔고 학교는 수차 성 '정신문명건설선진단위', '미성년사상도덕건설선진학교', 옌볜주 '교육관리선진단위', '사덕건설선진학교' 등의 영예를 따냈다.

　목전 전교 사생들은 일치단결하여 기회를 다잡고 도전에 맞받아 인민이 만족하는 교육으로, 민족교육 특색이 짙은 '브랜드 학교'로 꾸려나가기 위해 분투하고 있다.ⁱ

　이상은 모교 룽징고급중학교가 반세기(1950~2000 초) 동안 걸어온 길을 간략하게 소개하는 글이다. 졸업생으로서 모교가 이룩한 장족의 발전과 번영에 다함없는 뿌듯함을 느끼면서 선생님들과 후배들에게 높은 경의와 깊은 사의를 표하는 바이다. 그러면서 졸업 선배로서 한 가지 아쉬운 점은 우리의 아름다운 전통적 한글의 '옌벤식(또는 중국식) 변모'다. 나는 이 모교의 소개문과 뒤에 나오는 학적

---

i　— 전직(專職) 교사: 전임 교사
　— 견정불이(堅定不移): 확고부동
　— 지도(指導): 지침
　— 반학(泮學): 옛날 학교, 전통 학교
　— 가강(加强): 강화
　— 수차: 여러 번
　— 사덕(四德): 4가지 덕, 즉 인(仁), 의(義), 예(禮), 지(智)
　— 사생(師生): 스승과 학생

부의 관련 사항을 원문 그대로 옮기면서 8000만 우리 민족 동포들 모두가 독해할 수 있도록 부득불 본의 아닌 '각주'를 달지 않을 수 없었음을 밝히는 바이다. 나는 '각주'를 달 것인가를 놓고 한참 동안 망설였다. 이 뼈를 깎는 아쉬움과 슬픔의 현실에서, 이것이 과연 누구 탓이고 무엇 때문이며, 또 어떻게 될 것인가의 의문 아닌 의문을 거듭 반추하면서 가까스로 '각주'를 정리했다.

이상은 2006년에 공고된 학교 소개 글 전문이다. 그 이후에도 괄목할 만한 발전을 이룬 것으로 추측된다. 일례로, 2011년 7월 모교를 방문했을 때 학생 수는 1700명으로 크게 늘어났으며, 조선족의 천부적 예능(藝能)을 계승하기 위해 '전국예술교육시범학교'로 지목되었다고 방송산(方松山) 부교장은 자랑삼아 소개했다. 아무튼 제2기 졸업생으로서 모교의 건재와 장족의 발전에 다함없는 경의와 축원을 보내는 바이다. 그 어디에 있든 간에 모교란 문자 그대로 어머니의 자애로운 품이다. 그 품이 있었기에 오늘의 내가 있는 것이 아니겠는가! 모교는 인생의 발자취를 비춰주는 백미러이며 성장을 이어주는 징검다리다.

제3모교 옌볜고중에 들른 후 그 길로 40리 떨어진 즈신촌에 자리했던 제2모교 광동초급중학교를 한달음에 찾아갔다. 그토록 익숙해서 눈감고도 다니던 통학의 길은 쑥대밭으로 변해 오솔길을 더듬으며 겨우 교정에 들어섰다. 뛰놀던 운동장은 잡초만 무성하고, 마지막 한 해를 보낸 교실은 반쯤 썩어버린 널빤지로 빗장이 걸려 있고 천장에는 거미줄이 낮게 드리워진 채 들고양이들의 소굴로 변해 있었다. 그 처참한 모습은 차마 눈뜨고 볼 수가 없었다. 진학을 축하한다는 플래카드가 걸려 있던 정문의 녹슨 게양대에는 어디선가 바람에 날려온 헝겊 조각만이 속절없이 나부끼고 있었다. 쳐다보는 순간 가슴이 울컥하고 눈시울이 촉촉해진다. 인생을 이어준 한 고리가 허공으로 증발해 버린 허탈감이 가슴을 옥죈다. 알아보니, 40여 년 전 '문화대혁명'을 전후해 즈신촌을 비롯한 주변의 조선족 원주민들이 어디론가 뿔뿔이 흩어져 떠나는 바람에 결국 학교는 폐교되고 말았다고 한다. 세월의 풍상에 모든 것이 변해도 저 멀리 우뚝 서 있는 오봉산 연봉만은 60성상, 아니 6만 성상이라도 변함없이 그 기상으로 이 땅을 지켜줄 것이다.

돌아오는 길에 제1모교인 즈신소학교에 들렀는데, 자리는 변함없지만 광복 후 완전히 새로 지어서 외양을 일신했으니, 추억으로 심회(深懷)할 만한 곳이 별로 없었다. 게다가 늦은 시간이어서 꼼꼼히 돌아볼 여유도 없었다. 겉보기에 규모는 옛날 그 시절의 것과 진배없으나, 세월이 지났는데도 산뜻해 보인다. 방과 후라서 누구 하나 만나지 못한 채 아쉽게도 주마간산으로 첫 모교의 방문을 마칠 수밖에 없었다.

개화의 싹을 틔운 요람의 터전, 룽징

되돌아보면, 내 성장의 과정에서 옌볜고급중학교가 '새벽길 열어준 정든 요람'이었다면, 룽징은 그 개화의 싹을 틔운 요람의 터전이었다. 여기서의 개화에는 크게 물질적 개화와 정신적 개화 두 가지가 내포되어 있다. 그래서 옌볜고급중학교와 룽징은 내 인생의 여정에서 지울 수 없는 중요한 자리를 차지하고 있다. 룽징은 간도에 이주한 조선인들의 최초 공동체 사회로서 우리에게 널리 알려진 도시로 근현대 우리 민족사의 전개와 떼어놓고 생각할 수 없는 유서 깊은 곳이다.

룽징은 백두산 동쪽 기슭에 자리 잡고 있으며, 도시 한가운데를 두만강의 지류인 해란강(중국식 지명 하이란강)이 흐르고 있다. 면적은 2591제곱킬로미터이며 인구는 약 26만 명(2000년대 초)인데, 중국 도시 중 조선족 비율(약 70퍼센트)이 가장 높은 도시다. 룽징은 순수 조선인들이 개척한 도시로서, 그 이름은 '용두레 우물'에서 기원했다. 원래 이 우물은 이곳에 살던 몇몇 만주족들이 사용하던 우물인데, 1879년부터 1880년 사이에 조선에서 넘어온 청년 장인석과 박인언이 다시 발견하고 우물가에다 용두레(낮은 곳의 물을 높은 곳으로 퍼 올리는 데 쓰는 농기구)를 세웠다. 이후 1934년 룽징에 살던 이기섭의 주도하에 우물을 정비하고 그 옆에 '룽징지명기원지우물'이라고 새긴 약 2미터 높이의 돌비석을 세웠다. 그러나 문화대혁명 때 파괴되고 말았는데, 1986년 룽징 인민정부가 그 자리에 '룽징지명기원지정천(龍井地名起源之井泉)'이라는 돌 비석을 세웠다. 이 우물 주변에 한국 거제시와의 자매결연을 기념하기 위해 1997년에 준공된 '거룽우호공원(巨龍友好公園)'이라는 작은 공원이 있다. 공원 이름은 거제시의 '거(巨)' 자와 룽징시의 '용(龍)' 자를 따서 지었다. 시는 행정적으로 가도(街道) 2개, 진(鎭) 5개, 향(鄕) 2개, 촌(村) 65개로 구성되어 있다. 우리 집은 즈신진에 속해 있다.

룽징에 조선족 마을이 처음 생긴 해는 1877년으로, 함경북도 회령 출신의 이재민과 평안북도의 김인삼 등 14호가 처음으로 해란강 가에 모여 황무지를 개간해 벼농사를 지으면서 정착했다고 한다. 황무지를 개척해 평화롭게 살던 이곳에 1905년 을사늑약이 체결된 후 1908년 일제는 '총영사관'의 전신인 '조선통감 간도 파출소'를 세워 조선인들을 박해하고 식민지적 수탈을 시작했다. 이에 많은 시민들이 단결해 반일투쟁을 진행했으며, 급기야 1919년 3·1운동 시에는 대규모의 '3·13 만세 운동'이 벌어졌다.

룽징은 간도에서 가장 빠르게 도시화와 문명화의 꽃이 피어난 곳으로서 나를 문명적으로 개화시킨 곳이다. 룽징은 어릴 적 나를 현대적 물질문명으로 세뇌시킨 고장이며, 몽매에서 개명으로 넘겨준 관문이기도 하다. 고향에서 40리 거리에 있는 룽징에는 고모 정채옥(鄭彩玉) 일가가 살고 있어 광복 전에도 몇 번 할머니의 손에 끌려 다녀왔다. 이곳에서 처음으로 눈 깜짝할 찰나에 어둠을 거둬내는 전기와 연기를 뿜으며 쌍궤도를 질주하는 철마(鐵馬)를 봤으며, 아스라한 높이의 굴뚝을 낀 공장(간장 공장과 연초 공장 등)도 만났다. 쇠파이프에서 물이 콸콸 쏟아지는 것도 신기했다. 그리고 흰 줄을 친 모자에 단정한 교복 차림을 한 중학생들의 의젓하고 늠름한 모습은 사뭇 부럽기만 했다. 불과 40리(16킬로미터)의 지척지지(咫尺之地)에 떨어져 있는 룽징과 우리 마을 명천촌, 도시화를 갖추기 시작한 룽징의 개명과 여전히 전근대적 후진에 빠져 허덕이는 명천촌의 미개 사이에 이토록 엄청난 괴리와 유무의 천양지차가 생겨난 현실 앞에서 그저 어리둥절하기만 했다. 나는 이 천양지차의 원인을 이제부터 풀어내리라는 작심을 굳혔다.

그 가운데서도 가장 인상 깊게 남아 있는 것은 난생처음으로 영화를 관람한 일이다. 때는 1949년 초가을 어느 날 초급중학교 4학년 때, 처음으로 학교가 집단적으로 룽징에 영화 구경을 간다는 소문이

퍼졌다. 다들 책에서나 영화 얘기를 읽었을 뿐 그 실체에 관해서는 깜깜밤중이다. 흥분 속에 손꼽아 기다리던 날 새벽, 어스름이 채 가시기도 전에 우리 4학년 졸업반을 비롯해 학생 100여 명이 운동장에 모였다. 출발 전 옷차림, 특히 신발과 도시락 그리고 건강 점검까지 꼼꼼히 마쳤다. 왕복 80리 길이라서 아이 걸음으로는 적어도 여덟 시간이 걸리기 때문에 만반의 준비가 필요했다. 만일의 사태에 대비해 술기(달구지) 한 채도 장만했다. 달구지 안에는 여선생님들이 준비한 주먹밥이 소복이 쌓여 있다. 어려운 형편의 제자들을 염려하신 선생님들의 자애로운 사랑을 싣고 달구지는 대열의 뒤를 따랐다. 대열은 전쟁터를 향하는 용감한 전사들의 출진을 방불케 했다.

대열은 민족시인 윤동주의 생가가 있는 명동을 지나 항일 투사들이 가파른 산꼭대기에서 100여 미터 아래의 산언저리를 지나가는 일제 황군들에게 돌 세례를 안겼다는 선바위를 거쳐 낮 10시경에 목적지 룽징에 있는 영화관에 도착했다. 이날 방영될 영화는 그해 북한에서 제작한 첫 극영화인 〈내 고향〉(감독 강홍식)이다. 간도에서도 처음으로 접하는 북한 영화라서 인기가 대단했다. 방영을 시작한 지 달포가 넘었는데도 매표구에는 관람객들이 장사진을 치고 있으며, 큰 길가에 자리한 영화관을 둘러싸고 숱한 사람들이 웅성거린다. 400~500명을 수용하는 극장은 입추의 여지없이 초만원이다. 아직 관람 문화가 제대로 확립되지 않아 상영 중에 제멋대로 들락날락하며, 심지어 뒷구석에서는 흡연까지 한다. 아무튼 성황리에 하루 3~4회씩 방영한다고 한다. 관객 대부분은, 특히 우리 일행의 학생들은 먼 길에 쌓인 노독에 지칠 법도 한데 모두가 넋을 잃고 삼매경에 빠져 상영이 끝났는데도 한 번 더 보고 싶다면서 종시 자리를 뜰 생각을 안 한다.

영화가 끝나자 우리 일행은 뜨락에 삼삼오오 모여 앉아 각자의 도시락을 깠다. 학교 학부모 후원회가 보낸 후원금으로 여러 가지 한식과 중국요리가 보태어져 점심은 제법 푸짐했다. 식후 한 시간은 휴식과 자유 시간을 가졌다. 오래간만에 도시 구경을 하고 더러는 떠날 때 부모님들이 찔러준 '여행비'를 소비하기에 여념이 없었다. 오후 2시쯤 일행은 귀로에 올랐다. 갈 때에 비해 휴식은 두세 번 늘어났다. 그때마다 장만해 간 주먹밥이며 간식을 나눠 먹고는 기력을 되살리면서 걷고 또 걸었다. 그 와중에도 영화에 관한 얘기는 도란도란 그칠 줄 몰랐다. 석양이 뉘엿뉘엿 질 무렵 일행 전원은 무사히 즈신촌 어귀에 도착했다. 많은 사람들이 마치 개선장군을 영접하듯 기다리고 있었다. 그중에는 어머니도 있었다. 다다음 날 수업 시간엔 일제히 영화 감상문을 제출했다.

학생들끼리 나눈 영화 얘기 가운데서 가장 많은 비중을 차지하는 것은 뜻밖에도 배우들에 대한 나름의 평가였다. 그들 가운데서 연기나 외모에서 오랫동안 여운을 남긴 출중한 배우는 주역을 맡은 문예봉(文藝峰)이었다. 어린 마음에도 그녀의 청순하고 단아한 모습은 우리 한민족의 전형적인 여성상으로 깊이 각인되었다. 그런데 우연하게도 평양에서 그녀와 이웃하게 되었다. 1963년 내가 환국해서 배정받은 평양시 중구역 문화인아파트에 문예봉 선생이 이미 거주하고 있었다. ㄷ 자형 5층 아파트 6현관에 선생이, 1현관에 내가 입주하게 되었다. 이 아파트에는 월북한 유명 예술인들이 다수 집거하고 있었다. 어느 날 출근길에 우연히 선생을 만나 첫인사를 나누면서 14년 전 룽징에서 영화 〈내 고향〉을 관람한 사실을 들려주었다.

그랬더니 놀라는 기색으로 얼굴에 부드러운 미소를 띠면서 무척 반가워했다. 그즈음 선생은 조선예술영화촬영소 전속 배우로서 활발한 활동을 하고 있었다. 그날도 선생은 단아한 한복 차림으로 출근하고 있었다. 그 이후에도 같은 아파트에 사는 이웃으로서 비록 오랜 기간은 아니었지만, 자주 만났었다.

60년 세월이 흘러간 오늘, 삶의 여로에서 과객처럼 스쳐 지나간 한 인격체와의 만남을 새삼스럽게 다시 꺼내 복기하는 것은 이 시대를 살아가는 우리더러 망국과 분단이라는 특수한 역사적 배경 속에 일어난 이중적 행적에 대해 불편부당한 인식과 실사구시한 평가를 공유해야 한다는 시대의 소명 때문이다. 그 대표적인 일례가 배우 문예봉의 경우다.

남북한 모두에서 '삼천만의 연인'으로 추앙받아 온 문예봉[본명 문정원(文丁元)]은 함경남도 함흥에서 태어나 어려서부터 천부적인 예능(藝能)으로 남북한의 현대 예술사에 큰 족적을 남겼다. 그가 주역을 맡은 영화를 헤아려 보면, 남한과 북한에서 각각 24편(1932~1944)과 14편(1949~1996)이나 된다. 그러나 망국과 분단이라는 민족적 수난 속에서 숱한 우여곡절을 겪으면서 헤쳐온 행적에 관해선 거의 상극으로 평가가 갈리고 있다. 남한에서는 친일 매국노로 『친일인명사전』에 수록되어 있는가 하면, 북한에서는 배우로서 최고 명예 훈장인 '인민배우'상을 받고 '애국열사릉'에 안장되어 있다. 완전히 대조적이다. 그런가 하면, 목 놓아 부르던 〈선구자〉의 작곡가 조두남(趙斗南)이나 〈고향의 봄〉 작곡가 홍난파(洪蘭坡), 심지어 〈애국가〉의 작곡가 안익태(安益泰)에 대한 남한 사회의 평가는 아직도 중구난방 오리무중이지만, 친일 쪽으로 무게추가 기울어지는 추세다. 누가 봐도 상을 찌푸릴 수밖에 없는 이 이상야릇한 현실을 우리는 어떻게 보고, 또 어떻게 타개해 나가야 할 것인가? 우리 세대가 저지른 일이라서 결자해지(結者解之)해야 할 것이다.

이 대목에서 학창 시절 중국에서 몇 번 유사한 사회변혁 운동에 참여했던 경험이 상기된다. 1950년 초·고급중학교에 입학하자마자 농촌에서 전개되기 시작한 '토지개혁운동'에 기록원으로 차출되었다. 이 운동은 중화인민공화국의 건국 전에 산발적으로 단행된 좌경 급진주의적 토지개혁 편향을 바로잡기 위해 다시 진행한 운동이었다. 여기서 지주와 악질(친일 매국) 지주, 부농 등 농촌 계급 분화에 관한 지식을 얻었다. 그 후 베이징대학 재학 시 전개된 이른바 '숙반운동(肅反運動)', 즉 '반혁명을 숙청하는 운동'(1953~1955) 때는 교수와 학생으로 전문 '공작조(工作組)'를 조직해 일제강점기와 국민당 통치 시기에 매국적 반역죄를 저지른 베이징대학과 옌징(燕京)대학 출신자들을 색출해 심문하는 과정을 통해 여러 형태의 매국적 반역 행위에 대한 식별력을 키울 수 있었다. 그 후 외교 일선을 전전하면서도 늘 인물 평정의 난제에 부닥치곤 했다. 이러한 일련의 과정을 겪어오면서 인물 평정에 관해 얼마간의 노하우를 터득했다. 그러나 한반도와 같이 배경이나 실정이 다른 현실 앞에 서면 왠지 더더욱 민감해지면서 섣불리 말을 섞는 것을 주저하게 된다.

아무튼 본 회고록을 쓰면서 과거 친일 행위에 관한 평가 문제와 같이 껄끄러운 문제를 피해 갈 수는 없으니, 논급하되 원론적인 차원에서 비견이나마 피력하고자 한다. 요체는 평가 기준 문제다. 즉 무엇을 기준으로 해서, 또는 무엇을 고려해서 평가를 내리는가 하는 문제이다. 그러한 고려 문제들로는 다음과 같은 사항이 있다.

1. 사회적 배경. 행위를 촉발하게 된 당시의 사회적 배경이나 환경.
2. 주동성과 피동성. 행위에 주동적(능동적)으로 참여했는가, 아니면 외부적 강요나 요청에 의해 피동적으로 간여했는가의 여부.
3. 생계형과 탐욕형. 생계를 위해 부득이하게 행한 행위인가, 아니면 개인적 사욕(정치적 및 경제적)을 목적으로 한 행위인가 여부.
4. 죄와 과. 사회적 공익을 침범하는 상습적 범죄인가, 아니면 일시적 실수에 의한 과오나 범실인가의 여부.
5. 아집과 자성. 자신이 범한 범죄나 과오를 인정하지 않고 아집을 부리는가, 아니면 자성하고 개조에 부심하는가의 여부.
6. 기여도와 영향. 행위자의 사회적 공익에 대한 기여도와 사회에 미친 긍정적 및 부정적 영향 관계.

친일 행위에 대해서는 이러한 기준(고려 사항)을 편파적이 아닌 종합적으로 적용해 그 허실과 경중을 구체적으로 신중하게 따져봐야 한다. 만물의 영장인 한 인간의 인격과 인권에 관한 문제이기 때문에 흑백논리식으로 경솔하게 다뤄서는 결코 안 된다는 것이 나의 일관된 지론이다.

'선구자'적 기상으로 영혼을 일깨우다

룽징은 나를 정신적으로 개화시킨 고장이다. 룽징은 일찍이 전기니, 기차니, 공장이니, 영화니 하는 따위의 현대 문명의 상징물들과 접하게 함으로써 나를 물질적으로 개화시킨 곳일 뿐만 아니라, 보다 더 중요하게는 나의 잠재적 영혼을 '선구자'적 기상으로 깨우치게 한 곳이다. 이를테면 정신적 개화의 성지였다. 그것은 항일 독립운동의 숭고한 기상을 말해주는 숱한 유적유물과 항일 독립투사들이 남겨놓은 빛나는 발자취가 오롯이 실증하고 있다.

룽징시 근교에는 3·13 만세 시위에 참가했다가 무차별 총격으로 순국한 의사(義士) 17명이 안장된 '3·13 반일의사릉(反日義士陵)'이 있다. 이균필(李均弼)을 제외한 김병영(金炳榮), 이유주(李裕周), 최익선(崔益善) 등 의사 16명이 안장되어 있는데 모두 건국훈장 애국장에 추서되어 독립유공자로 높이 추앙되고 있다. 선열들은 독립을 되찾기 위한 계몽운동의 일환으로, 그리고 청년 독립운동가들을 양성하기 위한 조치를 취했다. 1906년 독립운동가 이상설(李相卨)과 이동녕(李東寧) 등은 룽징 관내에 있는 명동소학교의 후신으로 룽징 시내에 한국 최초의 신학문 민족 교육기관인 서전서숙(瑞甸書塾)을 세워 항일 독립운동가들을 신교육 방법으로 양성했다. 이어 룽징에는 은진중학, 동흥중학, 광명중학, 대성중학, 명신여중, 광명여중 등 여섯 중학교가 우후죽순으로 설립돼 수많은 항일 독립운동가들을 배출했다.

룽징이 간도 항일 독립운동의 성지로서 젊은이들의 영혼에 정신적 개화를 불러일으킨 데는 명동 출신인 민족시인 윤동주의 괄목할 만한 역할과 영향이 있었다. 광복 후 3~4년이 지나 둘째 누이가 명동소학교 교사로 부임해 학생들을 가르칠 때, 묵지(墨紙)에 펜으로 눌러쓴 시인의 시 몇 편을 보여주면서 낭송하던 일이 아직도 어렴풋이 기억에 남아 있다. 그때 처음으로 시인을 알게 된 나는 고급중학교에 입학해서 한때 문학청년의 꿈에 부풀어 있었다. 그 당시 맨 처음으로 문학 담당 교사이던 시인 서헌(徐憲) 선생을 찾아가 시인에 관해 이것저것 여쭈었다. 그때 선생은 시인과 동배(同輩)로서 시인에 관해 상당한 연구를 했던 것 같았다. 수업 시간이면 자주 시인의 시편을 소개해 주거나, 본인이 직접 낭송도 했다. 선생을 따르던 우리 몇몇은 선생으로부터 손으로 인쇄한 시편 묶음을 받기도 했었다. 우리 가운데서 선생은 '서동주'로 통했다. 당시 옌볜고급중학교 동창생들 치고 시인의 시작 한두 편은 다 알고 있었을 것이다.

그리고 1946년 9월 광복 한 돌을 맞아 1920년대에 세워진 기존의 여섯 개 중학교를 하나로 통합한 대성중학(1921년 설립) 자리에 '룽징중학교'가 들어섰다. 지금 그 건물 앞에는 여섯 개 중학교의 연혁을 상징하는 조형물들이 전시되어 있다. 맨 왼쪽에는 '대성중학 옛터(大成中學舊址)'란 안내판이, 그 오른쪽에는 여섯 개 중학교를 통합해 룽징중학교를 세웠다는 내용이 새겨진 '연합기념비(聯合紀念碑)'가 서 있다. 눈길을 끄는 입구 쪽에는 '윤동주 시비'가 자리하고 있는데, 시비는 2층의 검정색 대리석 위에 대표작인 「서시(序詩)」를 새긴 하얀 대리석을 올려놓았고, 그 위 자연석에 '윤동주 시비'라고 쓴 머릿돌이 놓여 있다. 내용이나 조각술, 그 어느 면으로 보나 공들인 걸작이다. 1, 2층의 몇 개 교실은 여섯 개 중학교에 관한 전시관인데, 윤동주 기념관만큼은 별도로 마련되어 있다. 기념관의 전시품 중에서 우연히 시인이 한동네 소꿉친구였던 문익환 목사와 함께 찍은 빛바랜 사진을 발견했다. 기념관에는 시인에 관한 소중한 유품과 기록물이 소장되어 있다. 이 시비와 기념관은 룽징 참관의 첫 코스로서 국내외 참관객들의 발길이 끊이지 않고 있다.

눈길을 교외로 돌리면, 시에서 서남쪽으로 4킬로미터쯤 떨어진 비암산(琵岩山) 정상에 우뚝 서 있는 룽징의 랜드마크인 일송정(一松亭)이 시야에 들어온다. 일송정이 룽징의 랜드마크가 된 이유에 대한 명확한 해답은 어디에서도 찾지 못했다. 감히 주관적 예단을 피력한다면, 아마도 이 일송정이 간도 유랑 조선인들의 룽징 개척사와 수난을 같이하면서 항일 독립투쟁의 상징적 구심력으로 기여했기 때문이 아닌가 추론해 본다. 사실 룽징에서 고급중학교를 다니면서 새로운 문명 세계에서 영혼의 정신적 개화기를 맞이했었지만, 그 개화는 아직 너무나 피상적이고 천협(淺狹)했다. 일송정의 상징성이라든가, 간도의 항일 독립투쟁에서 룽징이 차지했던 성지적 입지나 위상 등에 관한 지식의 공백이 너무나 컸다. 고급중학교 재학 시 전교적인 행사로 가까운 비암산에 몇 차례 원족(遠足, 소풍)을 갔지만, 그때는 일송정이나 〈선구자〉 노래비 같은 징표적 유물이 없어서 룽징의 성지적 면모에 관해서는 구체적으로 실감할 수 없었다.

다행히 옌볜을 떠난 지 꼭 60년 만인 2011년 선영(先塋)이 있고, 형제자매들이 모여 사는 옌볜 땅에 귀향해 소년기를 보냈던 마을과 옛 집터, 모교 세 곳(소학교, 초급중학교, 고급중학교)을 두루 돌아봤다. 그 후 연거푸 세 번을 더 방문해 성산 백두산을 비롯한 여러 명구승지(名區勝地)와 전적지들을 역방했다. 그간 강산이 여섯 번이나 변했으니 모든 것이 새롭고 놀라웠다. 특히 나의 소년기와 밀접한 관계가 있는 룽징은 몰라보게 달라졌으며, 그만큼 룽징에 관한 연구도 심화해 새로운 지식으로 그 시절 부득이하게 남겨놓을 수밖에 없었던 '지식의 공백'을 한껏 메울 수 있었다. 따라서 이 글에서 언급되는 일부 내용, 예컨대 1950년대 이후의 일송정 수난사라든가, 노래

〈선구자〉에 관한 논쟁 등은 60년 뒤의 귀향 과정에서 채록했거나 습득한 지식임을 밝혀두는 바이다.

일송정은 비록 그 상징성으로 인해 룽징의 랜드마크로 공인되고 있지만, 그 외관적 실체에 관해서는 이러쿵저러쿵 여러 가지 설이 있다. 그 가운데서 일송정은 정자가 아니라 한 그루의 소나무라는 설이 유력하다. 그럼에도 불구하고 이 소나무의 모습이 마치 정자와 닮았다고 해서 '일송정'이라고 한다는 것이다. 그런가 하면, 또 다른 주장으로는 소나무 옆에 나무 정자가 있어 누군가가 그 정자의 이름을 '일송정'이라고 지었다는 얘기 등이 전해오고 있다.

일송정이 자리한 비암산은 별로 높지 않은 나지막한 산이지만 사방이 평원 지대라서 유달리 높아 보인다. 산정에 올라서면 동쪽으로는 룽징시와 서전(瑞甸)벌이, 서쪽으로는 해란강과 평강(平崗)벌이 눈 아래에서 아득히 펼쳐진다. 역사적으로는 유서 깊은 곳으로서, 발해 초기의 황성이었던 중경현덕부(中京顯德府) 자리가 바로 근처에 있었으며, 비암산 정상에는 봉화대가 설치되어 있었다. 그리고 지금의 일송정 소나무가 있는 바로 옆 절벽 끝에는 1938년까지 수령 수백 년을 헤아리는 아름드리 노송 한 그루가 보란 듯 자라고 있었다. 일송정의 원조 격인 이 소나무는 마치 바위 위에 위풍당당히 걸터앉은 호랑이 모습을 하고 있다고 해서 룽징 사람들은 이 소나무를 룽징을 지키는 당산나무로 경배하고 신성시했다.

일제강점기에 룽징 일대에서 활약하던 항일 독립운동가들은 지정학적으로 유리한 이곳을 비밀 집회 장소로 자주 활용했다. 온갖 수단을 다 동원해 독립운동을 탄압하던 일제는 조선인들의 민족적 정기가 생생히 살아 숨 쉬고 있는 이 당산나무의 존재를 허용할 수가 없었다. 여기로부터 일제에 의한 일송정의 처참한 수난사가 시작된다. 일송정을 눈엣가시처럼 여기던 일본군은 이 소나무를 과녁 삼아 사격 연습을 하거나 소나무 껍질을 벗겨 구멍을 뚫고 대못을 박는 등 모진 행패를 부렸다. 급기야 그 원조 일송정은 말라 죽고 말았다.

그 후 한참 동안 일송정은 사람들의 뇌리에서 사라져 버렸다. 룽징에서의 고급중학교 재학 시절 몇 번 비암산에 원족을 갔지만, 안내원들은 정상에서 보이지 않는 소나무를 놓고, 원래 소나무가 무성했는데 왜인지는 몰라도 갑자기 고사했다는 식의 한두 문구를 던지는 것으로 해설을 대신했다. 그래서 일송정의 실체, 특히 그 수난사는 제대로 밝혀지지 않았다. 그러다가 무시당한 민족정기를 바로 세우려는 한국의 한 민간단체가 1990년 룽징시 정부의 협력으로 정자를 세우고 소나무 한 그루를 다시 심었다. 그러나 하늘도 무심하게 이 소나무는 오래가지 못하고 안타깝게도 고사하고 말았다. 소나무가 고사한 원인에 관해서는 땅이 척박해 뿌리를 내리기 어려웠다는 설과 누군가에 의해 훼손되었다는 두 가지 설이 있다. 그러나 이 소나무를 심기 이전에 그 자리엔 낙락장송이 자라고 있었다는 사실을 감안할 때 고사 원인에 관한 전자의 설은 어불성설이고, 후자의 설에 신빙성이 있어 보인다. 이러한 과정을 지켜보던 룽징 시민들은 의분에 북받쳐 소나무가 죽으면 다시 심고 또다시 심기를 다섯 번, 드디어 2003년 3월 여섯 번째로 심은 소나무가 살아남아서 저 푸르싱싱한 일송정의 맥을 이어가고 있다.

일송정이 소생을 위해 몸부림치고 있을 때인 1991년 일송정 부근에는 높이 10여 미터나 되는 대리석 '선구자탑'이 세워졌다. 탑에는 가곡 〈선구자〉 1, 2절 가사와 노래의 유래가 자세히 적혀 있었다. 그런데 이 탑은 아이러니하게도 바로 한중 양국이 수교를 맺던 1992년 그해에 중국 당국에 의해 폭파되고 말았다. 무슨 의도였는지 무턱대고 자행된 일방적인 폭거였다. 그로부터 4년이 지난 1996년 9월, 룽징시와 자매결연을 맺은 한국 거제시의 한 독지가는 '선구자탑'이 얹혀 있던 기석 위에 다시 가곡 〈선구자〉와 〈고향의 봄〉 한글 가사를 새긴 노래비를 세웠으며, 그로부터 다시 4년이 지난 2000년 6월에는 한국의 한 기업가가 남북한 정상의 만남을 기리기 위해 북한 노래인 〈반갑습니다〉 노래비를 추가로 세웠다. 그러나 이 노래비들에 새겨진 가사도 모두 2003년 10월 영문 없이 삭제되고, 이듬해 4월에는 다른 가사와 내용으로 대체되었다. 즉 〈선구자〉는 〈룽징찬가〉로, 〈고향의 봄〉은 〈비암산 진달래〉로 각각 바뀌었다. 그런가 하면 노래비 〈반갑습니다〉의 자리는 초서로 갈겨쓴 붉은 '용(龍)' 자 낙서로 둔갑했다. 여기서 주목되는 것은 이러한 비문명적 횡포가 이른바 '동북공정(東北工程)'과 맥을 같이하면서 저질러졌다는 사실이다.

일송정에 관한 연구와 관련해 한 가지 흥미로운 사실은 그 상징성(혹은 주인공)을 전설적 독립운동가이자 '만주벌의 호랑이'로 불렸던 일송(一松, 암호) 김동삼[金東三, 본명 김긍식(金肯植)] 장군과 연관시키는 주장이다. 경상북도 안동시 임하면 천전리 내앞마을에서 태어난 장군은 일찍이 독립운동을 하다가 만주에 망명한 후에는 북간도와 서간도를 포함한 전 만주 지역뿐만 아니라, 중국과 해외 지역에서 흩어져 진행되고 있는 항일 독립운동의 강화를 위해 동분서주했다. 특히 그는 각지 독립운동의 통합과 유일당(唯一黨) 건설을 위해 한생을 바쳤다. 그가 1923년 베이징에서 열린 국민대표대회에서 의장으로 선임되고, 1928년 지린에서 열린 민족유일당재만책진회(民族

唯一黨在滿策進會)에서 중앙집행위원장을 맡은 사실만으로도 해외 독립운동에서 장군이 차지하고 있는 지도자적 위상을 짐작할 수 있다. 그러다가 1931년 만주사변 때 하얼빈에 은거 중 일제 경찰에 체포되어 서울 서대문형무소에서 10년 형을 선고받고 옥고를 치르다가 1937년 3월 3일 향년 59세에 별세했다. 1962년 항일 독립운동에서 세운 불후의 공적이 높이 평가되어 장군에게 대한민국 건국훈장 대통령장이 추서되었다.

장군은 "나라 없는 몸, 무덤은 있어 무엇 하느냐. 내 죽거든 시신을 불살라 강물에 띄워라. 혼이라도 바다를 떠돌면서 왜적이 망하고 조국이 광복되는 날을 지켜보리라"라는 비장한 유언을 남기고 장렬히 순국했다. 장군이 순국하자 일제는 이를 비밀에 부쳤는데, 마땅히 그의 시신을 거둘 유가족도 없었다. 평소 장군을 존경했던 만해 한용운 선생이 한걸음으로 달려와 "내 이 어른을 내 집에 모시는 것을 더없는 영광으로 알겠다"라고 하면서 자신의 거처인 서울 성북동 심우장(尋牛莊)에 시신을 모시고 장례를 치렀으며, 유언대로 그 재는 한강에 뿌렸다. 만해는 그 장례식에서 일생에 단 한 번 눈물을 흘렸다고 그때를 회고했다. 평생 뜻을 같이한 참된 우국지사들 간의 거룩한 신의와 우애에 머리 숙여지는 대목이다.

주제로 돌아가면, 일송 김동삼 장군은 간도의 항일 독립운동에도 깊숙이 관여했고, 일송정이나 노래 〈선구자〉 속의 '일송'과 장군의 아호 '일송'이 동명이라는 사실에 유념하지 않을 수 없다. 따라서 장군이 그 '일송정'이나 〈선구자〉 속의 '일송'의 상징적 인물 혹은 '실제 모델'이라는 일부의 추론에 대해서는 그 개연성을 부정할 수만은 없다고 사료된다. 그 이유는 장군이 1920년대 간도 지방에서 성공적으로 진행된 봉오동전투나 청산리전투에서 비록 승리를 이끈 주역은 아니었지만, 그 주요 일익을 담당해 대첩(大捷)에 크게 기여한 것만은 사실이기 때문이다. 또한 일송정 일원에서 독립운동가들의 비밀 집회도 자주 있었다고 하니, 혹여 일송 장군이 그 집회들의 주역으로 활동함으로써 명성이 회자되었을 가능성도 있기 때문이다. 아무튼 아직은 연구의 미흡으로 그 상징성 관계의 직접적 근거 같은 것은 밝혀지지 않아서 시비 여부에 대한 단정은 신중해야 할 것이다.

룽징이 초기 항일 독립운동의 성지와 같은 위상을 누리게 된 데는 랜드마크인 일송정 말고도 숱한 수난과 우여곡절 그리고 논쟁의 대상이 되고 있는 노래 〈선구자〉가 영향을 미쳤다. 나는 일찍이 초급중학교 재학 시절과 광복 후의 야학에서 〈선구자〉의 노래를 배우고 수시로 목청껏 부르기도 했다. 고급중학교 재학 시절에도 교내의 행사 때마다 이 노래가 약방에 감초처럼 빠지지 않았다. 아직은 졸업가가 없었던 시절이라서 졸업가로도 불렀던 것 같다.

> 일송정 푸른 솔은 늙어 늙어 갔어도
> 한줄기 해란강은 천년 두고 흐른다
> 지난날 강가에서 말 달리던 선구자
> 지금은 어느 곳에 거친 꿈이 깊었나
>
> 용두레 우물가에 밤새 소리 들릴 때
> 뜻깊은 용문교에 달빛 고이 비친다
> 이역 하늘 바라보며 활을 쏘던 선구자
> 지금은 어느 곳에 거친 꿈이 깊었나

용주사 저녁 종이 비암산에 울릴 때
사나이 굳은 마음 길이 새겨두었네
조국을 찾겠노라 맹세하던 선구자
지금은 어느 곳에 거친 꿈이 깊었나

당시 이 우람하고 역동적인 곡과 가사는 불러도 불러도 흥이 샘솟고 젊음을 불타게 했다. 그러나 고급중학교를 졸업하고 룽징을 떠난 후에는 한 번도 이 노래를 불러본 적이 없었다. 세월은 흘러 이순에 가까워 서울에 와서야 〈선구자〉에 관한 이론(異論)과 논쟁의 자초지종을 알게 되었다.

앞에서 기술한 바와 같이 1991년 일송정 근처에 세워진 '선구자탑'은 1년 후 중국 당국에 의해 폭파되었으며, 2004년 4월경에는 8년 전 '선구자탑' 자리에 세운 '선구자 노래비' 가사마저 느닷없이 〈룽징찬가〉로 바뀌었다. 이즈음에 옌볜 음악계의 원로인 김종화(金鍾華)는 가곡 〈선구자〉는 일송정과 아무런 연관이 없다는 폭탄선언을 했다. 그는 〈선구자〉의 작곡가 조두남이 〈징병제 만세〉, 〈황국의 어머니〉, 〈아리랑 만주〉 등을 작곡한 친일 음악가였으며, 작사자인 윤해영(尹海榮)도 일제의 만주 침략을 정당화하고 찬양한 〈낙토 만주〉 등을 창작한 친일 문학가였다고 증언했다. 또한 〈선구자〉의 가사가 조두남이 말했던 1932년 어느 독립군(윤해영)에 의해 창작된 것이 아니라 1944년 조두남이 헤이룽장성(黑龍江省) 영안에서 발표한 〈룽징의 노래〉를 개작한 것에 불과하다고 주장했다.

김종화가 증언하고 주장했던 내용은 옌볜 동포 작가 류연산(柳燃山)에 의해 하나씩 밝혀졌다. 류연산은 김종화와 마찬가지로 일송정과 〈선구자〉는 아무런 관계가 없으며, 조두남이 자신의 친일 행적을 숨기기 위한 방편으로 꾸며낸 위작(僞作)이라고 결론지었다. 류연산은 월간《말》지(서울, 2002)와 저서『일송정 푸른 솔에 선구자는 없었다』(아이필드, 2004)에서 김종화의 폭로 내용을 낱낱이 공개했다. 여기서 한 가지 부언할 것은, 음악가 김종화는 만주 헤이룽장성 신안진(新安鎭)에서 과외악당에 재직하고 있을 때인 1942년 조두남에게 가르침을 받은 제자였다. 그리고 김종화는 〈선구자〉의 작사자 윤해영을 친일 문학가라고 지적했으나, 한국의 원로 문예비평가인 김영수는 윤해영이 "친일 시인이 아니다"라고 반박했다는 사실이다.

한편, 한국에서도 광복 후, 특히 지난 세기 1970~1980년대 재야와 운동권 학생들 사이에서 〈선구자〉는 널리 불렸다. 우리의 민족적 정서에 알맞은 가락에다 나라 잃은 백성의 한 맺힌 서러운 감정을 불러일으키는 가사가 시류와 영합되어 널리 불렸다. 그러나 2000년대에 들어와 엔벤에서 〈선구자〉의 친일 논란에 관한 불똥이 튀어오르면서 치열한 진실 게임이 시작되었다. 그 발단은 조두남의 고향인 마산에 '조두남음악관'을 건립하는 문제를 둘러싸고 2003년부터 3년간 계속된 갑론을박의 논쟁이었다. 우여곡절 끝에 2005년 마산시는 '조두남음악관'을 '마산음악관'으로 개칭하고, 〈선구자〉와 관련된 모든 상징물을 철거해 버렸다. 조두남을 비롯한 일제강점기 음악가들의 친일 행적이 밝혀짐에 따라 〈선구자〉는 친일 가곡이라는 데로 저울추가 기울어지고 있다. 제행(諸行)이 무상(無常)함을 입증하듯, 한때 젊은이들의 애창곡으로 유행했던 〈선구자〉는 이제 금지곡까지는 아니더라도 기피곡으로 추락한 것 같다.

그러나 가곡 〈선구자〉의 작곡가나 작사자, 나아가 가곡 전체의 친일성 여부 문제에 관해 문예계 일각에서는 다른 시각에서 다른 목소리를 내는 것도 사실이다. 비견이지만, 앞에서 제기한 친일 문제 해결의 6대 기준에 따라 논쟁의 해소와 공유의 천착이 이루어졌으면 하는 바이다.

나를 돌아보게 한 빛바랜 학적부

2011년 7월 6일 꼭 60년 만에 내 개화의 싹을 틔워주고 영혼을 일깨워 준 요람인 모교 룽징고급중학교(옛 옌볜고급중학교)를 찾아갔다. 강산이 여섯 번씩이나 변한 룽징에도 예외 없이 천지개벽이 일어났다. 옛 거리나 집은 거의 눈에 띄지 않아 물어물어 겨우 학교를 찾아냈다. 없던 대문과 담벽이 생기고, 단층 건물은 모두 2층으로 증축되었다. 운동장도 두 배나 넓어졌다. 모든 것이 생소하다. 학기말시험 기간이라서 교내는 정막이 감돌 지경으로 고요하다.

우선 2층에 자리한 교장선생님의 집무실에 들러서 비서에게 신분과 찾아온 사연을 밝히며 명함을 건넸다. 이윽고 젊은 부교장 방송산 선생이 일행을 반갑게 맞아준다. 방 선생은 그간의 학교 연혁에 관해 간단명료하게 설명하면서, 문화대혁명(1960년대 말) 이전에 베이징대학이나 칭화대학 같은 명문 대학에 진학한 졸업생이 있었다는 소문은 들었지만 직접 맞아보기는 처음이라면서 무척 반가워했다. 그러면서 비서에게 학교 전시관에서 학적부(學籍簿)를 가져오라고 지시한다. 방 부교장은 빛바랜 두툼한 학적부를 일일이 살피더니 소개한 대로 1952년 제2회 졸업생 학적부에 '정수일 학생'의 명단이 있다고 하면서 펼쳐 보인다. 방 선생을 비롯한 좌중의 모든 분이 축하의 박수를 보냈다.

부교장 선생의 안내로 1층에 있는 학교 전시실로 자리를 옮겼다. 벽에는 기별 졸업생들의 졸업 기념사진이 쭉 걸려 있다. 문화대혁명 때 일부 사진은 훼손되었거나 분실되었다고 한다. 조마거리는 심정을 억누르면서 찾아보니 다행히도 우리 2기생의 사진은 완벽하게 보존되어 있다. 제4반, 마지막 반이라서 맨 뒷줄 가운데서 비스듬히 서 있는 내 모습을 한눈에 알아봤다. 그리고 앞줄에 앉은 권녕하(權寧河) 교장선생님과 조원섭(趙元燮) 교무주임 선생님, 반 담당교사 서헌(徐憲) 선생님과 허대진(許大鎭) 선생님을 비롯한 그리웠던 여러 선생님들과 뒤쪽 두 줄에 가지런히 서 있는 반 동창생들의 얼굴이 일시에 주마등처럼 눈앞을 스친다. 얼마나 보고 싶던 얼굴들인가. 실로 감격적인 순간이었다.

이어 '광영방(光榮榜)' 코너에 이르렀다. 여기는 졸업생들 중 영광스럽게도 이른바 명문 대학에 진학한 졸업생들을 특별히 소개하는 코너다. 여기에는 문화대혁명 이후에 명문 대학에 진학한 졸업생 남녀 10여 명을 걸개그림으로 소개하고 있다. 물론 나나 림원철(林元鐵, 나와 함께 베이징대학에 진학한 동창)은 빠져 있었다. 나는 애초부터 허영으로 포장된 '명문 대학'이라는 아리송한 개념에 의문을 던져왔다. 쑥스럽게도 일행 중에서 누군가가 내 이름을 거명하면서 그 '방'에 올려야 하지 않겠는가 하고 말했다. 그러자 방 부교장은 곧 그렇게 하겠다고 응수했다. 그리고 이 시골 학교의 전시관을 돌아보면서도 중국의 '문화대혁명'이란 탁류가 정말로 모든 정상을 뒤죽박죽으로 만들어 놓고, 전진을 차단했거나 후퇴시킨 망징패조(亡徵敗兆)가 든, '혁명' 아닌 난동에 불과했다는 사실을 재삼 깊이 느꼈다.

다시 응접실에 돌아와서는 학교 측의 허락을 받고 학적부에서 나의 학적과 관련된 부분만을 골라서 카메라에 담았다. 내 삶의 한때를 되돌아보게 하는 냉철한 증빙이자 기소장이기 때문에 사뭇 필요했다. 나 자신도 60년 만에 처음 보는 학적부라서 무엇이 어떻게 적혀 있는지 퍽 궁금하고 가슴이 울렁거리기도 했다. 먼저, 졸업을 앞둔 마지막 학기에 3년간의 학적, 주로 품행과 학업성적을 총평한 원문부터 그대로 인용해 보기로 하자.

> 로동에 적극 참가한다. 급벽보와 흑판보 공작에 노력한다. 체육 활동에 적극 참가한다. 체육조장과 과대표로서 학생들의 의견을 성실하게 제출한다. 호조호학이 좋다. 비평을 허심하게 한다. 동무들과 대할 때 인상이 좋다. 소조공작에 노력한다. 음주를 했으며 집체 활동 참가에 솔선한다. 5·4행진 시에 개인행동을 취했다. ○○○○에 적극 참가하였다. 각종 공작에 적극적이며 성적이 좋다. 부과된 임무를 초과 수행한다. 자기개조(自己改造)에 노력한다. 방위(防委)(衛) 학습성적 91점, 대수과대표(代數科代表), 3년 우등(三年優等). ⁱⁱ

학적부에는 이러한 총평과 함께 놀라울 정도로 3년간의 기별 시험 성적과 학생의 가정 관계 및 일신 상황에 관해 구체적인 기록을 남기고 있다. 3년간의 학습 과목으로는 러시아어, 중국어, 정치경제학, 평면기하, 입체기하, 삼각, 대수, 생물, 화학, 물리, 중국혁명 운동사, 세계사, 지리학, 음악, 체육위생, 미술, 중국통사, 공용국어 등 총 18개 과목이었다. 보다시피, 학과목에는 인문학과 사회학, 자연과학 계보의 다양한 기초학문이 골고루 포함되어 있다. 교재는 중국 관련 세 개 과목을 제외하고는 모두 소련 교재를 번역 편집한 북한 교재(한글)를 거의 그대로 수입해서 사용했다. 그리고 시험제도가 상당히 엄격해서 거의 매달 한 번씩 예고 없이 시험을 치르며, 학기 말 성적은 달마다 받은 성적을 합산해 평균으로 매긴다. 성적 구분은 수(秀, 95~100점=5점), 우(優, 85~94점=4점), 양(良, 75~84점=3점), 가(可, 65~74점=2점), 낙제(落第, 64점 이하=1점)의 5등분법을 채택했다. '가'까지가 합격이고, 그 이하는 불합격(낙제)이다. 나는 학적부대로, 3년간 3점(양)이 한 과목(2학년 체육위생)일 뿐, 모두 4~5점(우~수)을 받아 3년 연속 우등생이었다.

그 밖에 학적부에는 가족관계와 가정의 동산(소 한 마리)과 부동산(토지 약 2만 제곱미터, 집 여덟 칸짜리 1동) 소유 상황과 개인의 체질 관계도 구체적으로 기록되어 있다. 신장과 체중, 가슴둘레가 학기마다 적혀 있는데, 입학할 때와 3학년 1학기를 비교해 보면, 신장은 165.7

---

ii — 급벽보: 학급에서 운영하는 벽보; 흑판보: 학교에서 운영하는 칠판 벽보
— 공작: 사업이나 활동; 체육조장: 반별로 진행되는 과외 체육 활동의 책임자
— 과대표: 반별로 매 학과목 담당 교사와 함께 후진 학생의 학습을 도와주는 학생 대표
— 호조호학: 학생들끼리 서로 돕고 서로 학습하는 기풍
— 소조공작: 학교에서 조직을 짜 진행하는 각종 사회 활동
— 음주: 졸업 학기 소풍을 가서 몇몇 학생이 대오를 이탈해 몰래 음주한 사건
— 5·4행진 시 개인행동: 2학년 때 중국 5·4운동 기념 거리 행진 시 몇몇이 대열을 이탈해 영화를 본 사건
— 각종 공작: 사회봉사와 전선 지원 등 여러 가지 사회 활동
— 방위(防衛) 학습: 한국전쟁 때의 국방 관련 훈련과 학습

에서 170.2센티미터로, 체중은 52에서 60킬로그램으로, 가슴둘레는 80에서 85센티미터로 각각 늘어났다. 시력과 청력도 학기마다 기록돼 있으며, 경력(과대표)과 수상(우등상) 관계도 빠지지 않았다. 한 가지 특이한 것은, 입학 때부터 판정받은 적록색맹(赤綠色盲) 기록이다. 이 판정을 받고 나서 나는 적색과 녹색을 잘 분간 못 하는 태생적인 체질 결함을 갖고 있다는 사실을 알게 되었으며, 결국 자연과학으로의 길은 아예 포기하고야 말았다. 이것은 내가 학문적 진로를 결정할 때 인문학(문학)이 아니면 사회학(국제관계학이나 외교학)으로 방향타를 돌린 한 원인이기도 했다. 담임선생님에게서 수학과 대표의 위임을 받았을 때, 색맹으로 맡을 수 없다고 하자 "당장은 관계가 없고, 또 너밖에 맡을 학생이 없으니 맡아달라"라는 간청에 '울며 겨자 먹기'로 받아들였던 일이 떠오른다.

원래 내 목표는 광복 전 일제강점기에는 가정 형편상 소학교나 졸업해 이름 석 자나 쓸 정도로 문맹에서나 벗어나자는 것이었다. 그러다가 광복을 맞아서 지력에 돌연변이가 생기면서 초급중학교 시절부터는 어느 순간 세계의 앎에 대한 호기심이 싹텄다. 그리하여 그러한 앎을 충족시킬 만한 진로를 찾기 시작했으나 그저 암중모색일 뿐, 막막하기만 했다. 고작 갈 수 있는 곳은 신생 옌볜대학뿐인데, 그곳에는 그러한 앎을 채워줄 그릇이 없었다. 혹여 문학에서 그러한 그릇이나 그러한 길을 만나지나 않을까 하는 한 가닥 기대 속에 문학작품을 닥치는 대로 탐독하기 시작했다. 그러는 사이 자신도 모르게 문학작품, 특히 시문학에 푹 빠져버렸다. 심지어 시험 기간에도 하다못해 몇 페이지라도 작품을 읽고 나서야 제대로 시험공부를 할 수 있을 정도로 문학에 중독되었다.

이러한 중독은 고급중학교에 와서 시인 서헌 선생을 만나서는 절정에 달했다. 속된 말로 '문학으로 먹고살자'가 삶의 꿈이고 과녁이었다. 이렇게 일변도로 치닫고 있을 때인 3학년 마지막 학기 초에 '중국 대학 개방'이라는 행운의 여신이 찾아왔다. 중화인민공화국이 건국된 이래 대학들의 첫 전국통일입학시험에 응모할 자격이 불과 한 학기를 앞두고 조선족을 비롯한 소수민족들에게 주어졌다. 급기야 잠적했던 구몽(舊夢), 아니 원몽(原夢)이 갑작스레 긴 기지개를 켜기 시작했다.

쟁쟁한 중국 대학의 응시 자격을 얻어 취학의 무대를 넓힐 수 있다는 사실은 그지없이 뿌듯한 일이 아닐 수 없었다. 그렇지만, 응시원서를 제출하는 순간부터 큰 고민거리가 생겨났다. 거시적으론 시대인으로서의 장래 종착지와 미시적으론 그 종착지에 다다르기 위한 당면 전공 분야를 어떻게 조화시켜 선정할 것인가 하는 난제가 뇌리를 휘감기 시작했다. 거시적이건 미시적이건 간에 문제의 고갱이는 미래의 어느 시점에서 무엇을 가지고 어떻게 떳떳한 시대인으로서 굳게 간직했던 '겨레 헌신'이라는 초지를 굽히지 않고 올곧게 실현할 수 있을 것인가 하는 문제였다. 문제의 절박성은 지금이 그 선택의 갈림길인데, 자칫 잘못하면 발을 헛디뎌 영영 낭패를 당할 수도 있다는 점이었다. 짐짓 답답하기도 하고 겁도 났다.

며칠간 부대끼다가 평소 존경하고 따르던 문학 과목 담당 서헌 선생님과 역사 과목 담당 허대진 선생님을 찾아가 심경을 털어놓았다. 두 분 선생님의 한결같은 조언은 지금 좋은 중국 대학에 입학해서 대성하기만 하면, 미래의 숙원은 스스로 이루어지게 될 것이니, 열심히 준비해서 지망 대학에 합격하는 것이 최상의 지름길이라는 것이었다. 그러면서 지망 대학을 물으시기에 세계에 관한 앎을 채워줄 수 있는 베이징대학이나 중국인민외교대학이라고 대답하니, 그렇다면 더더욱 그러하다고 격려해 주셨다. 나는 진정한 사제동행(師弟同行)의 사도(師道)의 길을 걷는 두 분 선생님의 원견지명(遠見之明)에 따라 갈림길에서 바른길을 찾아냈다. 학교 전시관에 걸린 2기 졸업생 기념사진에서 두 분 은사와 사진으로나마 만났을 때, 그 시절의 가르침과 격려가 무엇과도 바꿀 수 없는 소중한 추억으로 삼삼히 떠올랐다. 그동안 한 번도 찾아뵙지 못한 것이 불초로 가슴을 옥죌 뿐이다.

사실 나의 고급중학교 시절의 대부분은 두만강 너머 지척에서 일어난 민족상잔의 전쟁과 병행했다. 전쟁이 발발한 첫날부터 시종여일 내 머리를 휘감고 있던 것은 전쟁의 종언과 더불어 오게 될 통일의 그날, 어떻게 '겨레 헌신'이라는 초지를 실현할 수 있을까 하는 기대와 걱정이었다. 나는 민족 분단으로 인해 발생한 이 전쟁이 불원간 민족의 재통일로 결말이 날 것이라는 예단(豫斷)을 내렸다. 뒷일이 보여주다시피 이 예단은 성급하고 미숙한 오판이었다. 전쟁은 속전속결이 아니라 고급중학교를 졸업하고 대학에 입학해서까지 2년, 3년간의 장기전으로 지속되었다.

이러한 예단에 쫓겨 고민하고 있던 때(1951년 초여름), 만 18세의 제1기 졸업생들에게 참전 동원령이 내렸다. 1기 졸업생 형들을 떠나보낸 교정은 텅 빈 것만 같았다. 그런데 몇 달 뒤에 뜻밖에도 앞에서 이야기한 바와 같이 중국 대학으로 진학하는 길이 열렸고, 학교 측에서는 응시자들을 선정해야만 했다. 응시자에 선정된 순간부터 나에게는 고민이 생겨났다. 전쟁이 장기화에 접어들어서 그 전망이 불투명할진대 중국 대학에 진학하면 어떻게 '겨레 헌신'이라는 초지를 변함없이 실현하겠는가 하는 초심고려(焦心苦慮)였다. 그래서 서헌과 허대진 두 분 은사를 다시 찾아가 고민을 털어놓고 가르침을 구했다. 드디어 그분들의 원견지명에서 해법을 찾고 올곧은 길에 들어섰다. 돌이켜 보면, 인생에서 다시 없는 일기일회(一期一會)의 행운이었다.

앞의 학적부에 올린 총평은 3년간 고중 생활의 이모저모를 되돌아보게 하는 백미로서 그 시절 나의 개성과 자태를 적나라하게 드러내고 있다. 나는 천성적으로 직설적이고 동태적이고 외향적이었으며, 자유분방하고 호방함을 추구하는 편이었다. 돌이켜 보면, 그 시절은 시대의 소명에 눈을 떠가면서 나의 개성과 자태가 자리매김해 가는 정초기(定礎期)였다. 그러하기에 천방지축(天方地軸) 으쓱거리며 협기(俠氣)를 마다하지 않아 시련을 겪기도 했다. 그러나 그 모든 것이 후일에는 나를 조련(操鍊)하는 채찍이 되었으니 오히려 다행스러운 일이었다.

총평에도 지적되었지만, 나는 몇몇 또래 친구들과 졸업을 앞둔 마지막 소풍 때, 하이란강 주변 버드나무 숲속에서 몰래 폭음하고 큰 폐를 끼쳤던 일이 있다. 그럼에도 별 자성 없이 신통찮은 시 몇 구로 '반성문'을 써서 반 벽보란에 떡하니 붙였다. 이튿날 당시 학교 학생단체(신민주주의청년단)에서 학생 교양을 담당하고 있던 서헌 선생님이 불러서 사무실에 갔더니, 문을 열자마자 다짜고짜로 "너는 청년단에서 제명이야!"라고 윽박지른다. 그러면서 말씀하신다. "너는 시를 쓰자고 술 마시는가? 주제넘게……." 평소엔 그렇게 유하던 분이 삽시간에 노기등등해서 무어라고 계속 호통치는데 당시에는 마이

동풍(馬耳東風)으로 흘려들었다.

　한마디 대꾸도 없이 머리를 숙인 채 연거푸 사죄만 했다. 취중이 아니라서 이태백(李太白)의 「장진주(將進酒)」 중 한마디 "회수일음삼백배(會須一飮三百盃, 술을 마시려면 마땅히 300잔을 마셔야 하지 않겠는가)"를 읊조릴 수는 없어 그만 꾹 참았다. 애주 시인들이 즐기는 한마디다. 글이란 쓰는 데 적재적소가 있는 법이다. 선생님의 분부대로 다음 날 '주범(酒犯)' 일당을 대표해 진지한 서술식 반성문 한 장을 써서 학교 정문 왼쪽 편 벽보란(지금도 생생하게 기억난다)에 붙였다. 상황이 이랬는데도 우리 일당은 크게 개의치 않고 그저 젊음의 발산이나 협기쯤으로만 가볍게 여겼다. 그러다가 꼭 60년 만에 뜻밖에도 빛바랜 학적부에서 '음주했다'는 기록에 접했을 때, 그것을 한낱 60년 전 '지나간 일'로만 치부할 수는 없었다. 새삼스레 그것을 내 인생에 매듭짓지 못한 미제(未濟)의 '기소장(起訴狀)'으로 받아들이면서 자신을 더욱더 가다듬어야겠다는 다짐을 굳혔다.

　나는 그 시절 사회주의적 인간상 형성에서 가장 중요시되는 기초적 정치생명을 얻었다. 그것이 바로 2학년 때의 신민주주의청년단 입단이었다. 당시 중국은 아직까지 사회발전사에서 사회주의사회는 아니고 반제반봉건적(反帝反封建的) 신민주주의사회였다. 그리하여 미래의 역군인 청년들을 조직화하는 첫걸음은 그들 가운데서 유망한 젊은이들로 신민주주의청년단을 꾸리는 일이었다. 그리하여 전체 청년들 가운데서 3분의 1 정도의 우수한 청년들로 이 조직을 꾸렸다. 나는 2학년 때 같은 반 학우인 송기춘(宋基春)의 추천과 보증으로 청년단에 가입했다.

　일단 청년단 단원이 되면 공부를 잘하는 것은 물론, 각종 교내외의 활동에 적극적으로 참여해야 한다. 나는 다른 친구들보다 학업에서 여유가 좀 생겨 더 많은 시간을 사회 활동에 할애할 수 있었다. 저녁이면 시내와 근교의 야학에 나가 한글을 가르치거나 『야학독본』이나 『농민독본』을 함께 읽는 등 문맹퇴치 사업에 많은 공을 들였으며, 토지개혁을 비롯한 여러 가지 변혁 운동이라든가, 진행 중인 한국전쟁 등에 관한 시국 강연도 곁들였다. 심지어 둥베이 지방의 항일투쟁을 주제로 한 단막 콩트로 순회공연을 한 적도 있었다. 그런가 하면 주말이나 공휴일에는 공장이나 농촌에 찾아가서 노동자나 농민들의 바쁜 일손을 돕는 노력 봉사활동도 중요한 사회 활동의 하나였다. 책상머리에 앉아서 그저 글귀나 달달 외우는 서생이 아니라, 약동하는 현실 속에 들어가 서민들과 어울리고 주고받으며 배우는 사회 활동이야말로 한창 성장과정에 있는 젊은이들의 사회성이나 근면성, 봉사 정신을 함양하는 지름길임을 체감했다. 그러다 보니 사회 활동은 부담이 아니라, 즐겨 겪는 일상이 되어버렸다. 학적부의 총평 중에 나오는 "……에 적극 참가한다" "……공작에 노력한다" 같은 표현은 아마 이러한 긍정적인 사회 활동에 대한 평가라고 사료된다.

분에 넘치는 시골내기의 베이징행

나는 궁핍한 두메산골에서 나고 자랐다. 고급중학교 시절 3년을 옌지와 룽징에서 보냈지만, 수도(베이징)에 비하면 멀리 떨어진 변방의 산골에 불과하다. 인격적으로 보면, 아직도 세태에 몽매한 시골뜨기다. 어쩌다 우연히 대학 진학이라는 행운이 찾아와 붕정만리(鵬程萬里, 붕새를 타고 만 리 길을 가다) 초행길 수도에 가게 되었다.

1952년 8월 17일과 18일 이틀간 제1차 전국통일입학시험('약칭 통일시험')을 옌볜대학에서 치렀다. 그때까지만 해도 중국 대학들은 학기는 3월에 시작하는 것으로 통일되었지만, 시험 일시나 시험 과목, 시험 방법 그리고 수업 연한 등은 각 대학이 자율적으로 제정해 실시했다. 그러던 것을 중화인민공화국이 건국(1949.10.1.)된 직후인 1952년부터 학기는 3월이 아닌 9월부터 시작하고, 입학시험은 전국적으로 같은 날 같은 시각에 같은 출제로 실시하는 전국통일입학시험 제도를 도입했다. 다행히 우리 2기 졸업생들에게 첫 응시의 영예가 주어졌다. 그만큼 우리는 선도(先導)의 무게를 감수해야만 했다. 시험과목은 중국혁명 운동사, 세계사, 지리, 수학(대수와 기하 혼합), 물리, 화학, 작문, 체육 등 인문학과 사회학, 이공학의 기초학문이 골고루 포함되었다. 문제는 정식으로 배운 지 1년도 채 안 되는 미흡한 중국어 실력이었다. 따라서 '비한족 가산점'에 기대를 걸 수밖에 없었다. 둥베이 소재 시험장은 옌볜 시험장을 비롯해 모두 6~7개소(주로 대도시)였다. 옌볜 시험장의 응시자는 동등 학력 소유자 10여 명과 우리 옌볜고중 졸업생 중 추천된 50여 명, 도합 60여

명이었다. 시험 결과 응시생의 약 3분의 1(20여 명)은 낙방했으며, 나머지 대부분은 둥베이의 각 대학에 입학하게 되었다. 동기생이지만 나보다 두 살 연상인 림원철과 함께 두 명만이 베이징대학(그는 철학과, 나는 동방학부)에 각각 입학하게 되었다. 시험 감독은 둥베이인민정부 교육청에서 직접 파견한 교육행정 전문가들이었다.

당초 통지에는 9월 중순께 합격자를 발표한다고 했는데, 근 한 달이나 발표가 늦춰졌다. 이제나저제나 하는 초조한 마음은 흡사 석탄처럼 까맣게 타들어 갔다. 어디를 통해 어떻게 통지가 올 것인가를 전혀 가늠할 수 없는 이 시골뜨기가 고심 끝에 짜낸 유일한 기략(機略)은 시골 촌 정부에 하나밖에 없는 수동 전화기 곁에 딱 붙어서 모교에 전화를 걸어 알아보는 것뿐이었다. 기실 수십 번 걸었으나 종무소식이라는 답변뿐이었다. 날이 갈수록 눈앞에 자주 아른거리는 것은 '낙방(落榜)'이라는 악령이었다. 이렇게 좌불안석(坐不安席)의 나날을 보낸 지도 어언 한 달이 넘은 어느 날 오후 3시경, 아버지와 함께 뒷더거지(뒤편 언덕) 밭에서 누룻누룻 탐스레 익어가는 조 가을걷이를 한창 하고 있을 때였다. 저 멀리 동구에서 누군가가 허겁지겁 달려오면서 숨찬 목소리로 내 이름을 연신 불러대면서 우리 집으로 서둘러 들어간다. 아버지는 무슨 텔레파시가 통했는지, 주름진 얼굴에 가는 미소를 지으면서 가을걷이하던 낫마저 버린 채 내 손목을 끌고 한달음에 집까지 내달렸다. 찾아온 분은 아랫마을에 살면서 즈신구 구정부에 근무하는 직원인데, 방금 동료 직원인 전화수로부터 엔지현 현정부에서 내려보낸 '정수일 베이징대학 입학'이라고 쓴 전화 메모지를 건네받았다면서 그 메모지를 내놓는다. 꿈같은 현실 앞에서 할머니와 어머니는 손등으로 눈물을 연신 찍어낸다.

오랜 기다림이라서 그러했는지, 잘 믿어지지 않아 뜬눈으로 밤을 지새우고, 이튿날 이른 아침에 모교에 전화를 걸었다. 마침 교무주임 조원섭 선생님이 출근길에 그 전화를 받고서는 "우선 축하하네. 그렇지 않아도 어제《둥베이인민일보》에 입학 소식이 실려 있어 오늘 알려주려던 참이었네"라면서 무척 반가워했다. 후에 봐서 알았지만,《둥베이인민일보》는 둥베이 출신 응시생 가운데서 다른 성 명문 대학에 입학한 응시생들의 합격 소식을 특집으로 따로 게재했다.

모교를 통해 사실이 확인되자, 고맙게도 조용하던 시골 마을은 경사로 흥성거리기 시작했다. 그도 그럴 것이 이때까지 70여 호 마을에서 대학생이 한 명도 배출된 전례가 없었다. 아버지는 사흘 만에 마을 사람들의 축하와 사랑에 보답하기 위해 손수 기르던 어미 돼지 한 마리를 잡아 잔치를 베풀었다. 회령 건너 두만강가의 삼합촌에 사는 고모 내외와 명동에 이웃한 장재촌(長財村)에 거주하는 외삼촌 내외도 방문해 기쁨을 함께 나누었다. 오래간만에〈아리랑〉과〈노들강변〉의 리듬에 맞춰 흥겨운 춤판도 벌어졌다. 나는 난생처음이자 마지막으로 어머니가 덩실덩실 춤추는 모습을 곁에서 지켜봤다. 한평생의 고달픔을 싹 쓸어내는 것만 같아서 가슴이 뭉클했다. 그리고 어르신들의 덕담도 줄줄이 이어졌다.

덕담 가운데서 가장 많은 것은 "개천에서 용 났다"였다. 다들 진심으로 축하하는 마음에서 우러나온, 아버지를 향해 무심코 던지는 속담이었다. 아버지도 무심결에 받아들이면서 못내 흐뭇해하는 표정을 지었다. 나도 어르신들의 애정 어린 덕담을 고맙게 받아들였다. 그러나 한편, 겸연쩍고 아리송한 심정을 금할 수가 없었다. 왜냐하면, 범상한 소인을 임금이나 성인의 상징으로 쓰이는 상서로운 동물인 '용'에 비유하는 것부터가 천부당만부당할 뿐만 아니라, 이 속담은 대상을 가려서 바르게 쓰지 않고 틀리게 쓰면 큰 불경(不敬)이 될 수 있기 때문이다. 지체 있는 분 앞에서 그분의 자제가 거둔 성공이나 대성을 축하한답시고 이 속담을 곧이곧대로 쓴다면 '그분'은 하찮은 '개천'으로 비하되므로 큰 실언이 아닐 수 없다. 단, 어려운 환경에서도 성공했거나, 성공할 수 있다는 식의 격려 축사에는 아귀가 맞는 속담이다. 요즈음의 세태에서 아무리 노력해도 빈천한 '개천' 신세에서 벗어날 수 없다는 역설적 비관론(숙명론)이 대두되고 있는데, 이것은 이 속담의 진의에 대한 무지의 소치다.

흥분을 가라앉히고 베이징행을 차분히 준비해야 하는데, 뒤늦게나마 합격 통지는 받았지만, 개학 날짜에 관해서는 깜깜무소식이다. 9월 하순이 되자 여느 대학들은 모두 개학했는데, 유독 베이징대학만은 예외였다. 후에 안 일이지만, 베이징대학과 옌징대학이 하나로 통합하는 바람에 기숙사를 비롯한 시설물이 턱없이 부족해서 진행한 신축이나 증축 공사가 의외로 지연되면서 개학도 순연될 수밖에 없었다고 한다. 이러한 부득이한 사정을 알 길이 없었던 터라, 무조건 빨리 찾아가자는 조바심에 서둘러 집을 나섰다.

10월 말, 떠나는 아침에는 일찍이 일어나 동네 어르신들과 친지들을 찾아다니면서 작별 인사를 나눴다. 어느새 집 마당에는 일손을 놓고 일부러 환송하러 온 이웃들로 붐볐다. 이웃들은 노자에 보태라고 쌀 몇 되를 쏟아놓는가 하면, 어떤 이는 쌈짓돈을 털어놓기도 한다. 그렇지 않아도 함경도 풍습대로 떠나기 며칠 전부터는 친척들이 하루에 한두 집씩 식사에 초대하곤 했다. 우리 겨레만이 누리고 있는 소박하면서도 훈훈한 정감 어린 미풍양속이다.

그리고 어머니는 또 어머니대로 며칠간 밤을 지새우면서 만리장천 초행길 먼 곳으로 떠나보내는 자식의 손짐을 꼼꼼히 챙긴다. 혹여 굶을까 봐 태엿을 준비했다. 태엿은 함경도의 고유 음식인데, 눅진한 엿물에 미숫가루를 듬뿍 넣어서 만든 부식으로서, 주로 여행을 다닐 때 먹는 대체식품이다. 변하지 않고 휴대가 간편하며 영양가가 높아서 비상식량으로 많이 챙긴다. 어머니는 나와 원철 친구의 동행을 타산해 각자 5일분씩 준비했다. 그 무게만도 상당했다. 그리고 솜을 새로 타서 폭신한 이부자리(이불, 요, 베갯잇)도 마련했다. 게다가 여유 옷가지까지 합치니 결국은 손짐이 아니라 짊어져야 할 큰 보따리가 되고 말았다. 그래도 어머니는 무언가 빠진 것이 있는 성싶어 허전해하는 기색이 역력했다. 이것이야말로 우리네 어머니들의 진심 어린 모성이고 자애가 아닌가!

할머니께는 큰절로, 아버지께는 깊이 허리 숙여 떠나는 인사를 올렸다. 멀리 언덕배기에서 떠나온 집을 되돌아보니 아버지는 뒷짐 진 채 하염없이 이쪽을 바라보면서 마당에서 한참을 서성거린다. 마을에서 5리 남짓한 거리에 있는 다라쯔 마차역에 도착했을 때는 이미 환송객 10여 명이 와서 기다리는 중이었다. 그중에는 가장 가까운 친족 가문의 정태일(鄭泰日) 아재와 어릴 적에 소꿉질을 하며 같이 놀던 소꿉동무 최상익(崔相益)과 김낙훈(金落勳), 이송만(李松萬), 장수철(張壽哲) 등이 끼어 있었다. 우리 집은 아버지까지 삼대독자여서 당시 생존한 친족 가운데서 가장 가까운 분은 11촌인 태일 아재였다. 두 집은 조부 때 함께 고향 명천에서 이곳으로 유랑을 와 이웃으로 정착해 생사고락을 같이했다. 그래서 한마을에서 큰집 작은집 사이처럼 친하게 지내왔다. 10여 년 후에 마을에 가보니, 그날 환송

나왔던 소꿉동무들은 다 어디론가 흩어졌고, 그날 손을 저으며 바래다주던 그 얼굴들 모습만이 애틋한 추억으로 떠올랐다.

며칠을 가야 할지 기약할 수 없는, 수도 베이징으로 가는 노정(路程)의 첫 행선지는 40리 떨어진 룽징이며, 그곳까지의 교통수단은 마차다. 당시만 해도 룽징까지 가는 데는 마차가 유일한 교통수단이었다. 그것마저도 구 소재지인 즈신촌에서 떠나는 것이 아니라, 여기서 15리쯤 멀리 있는 한 중국인 마을에서 비정기적으로 다니는 상업용 개인 마차다. 보통 두 마리 말이 끄는 무개 평마차로서 승객은 10명 내외다. 룽징까지는 두 시간에서 세 시간이 걸린다. 문제는 마차꾼들이 누구의 통제도 받지 않고 제멋대로 행동한다는 것이다. 마음이 내키는 대로 나타나다 보니 승객들은 온종일 기다리다가 오지 않아 허탕을 치는 일이 비일비재하다. 그날도 이러한 비상상태가 우려되어 상익은 달구지를 몰고 왔다. 마차가 안 오면 달구지를 타고 떠날 작정이었다. 그러나 다행히 그날은 좀 늦기는 해도 정오 가까이에 마차가 나타났다. 어린이까지 승객 10여 명이 서로 어깨를 붙이고 빼곡히 탔다. 울퉁불퉁한 비포장길이라서 낙상이 염려되어 마차는 제 속력을 내지 못한다.

이 베이징행의 첫 구간은 어머니가 동행했다. 룽징에서 떠나는 기차의 첫 환승역인 차오양촨(朝陽川)에 바로 외갓집이 있어서 나들이 겸 환송차 그곳까지 가겠다고 했다. 그렇게 1박 2일밖에 안 되는 짧은 기간이지만 어머니와 행운의 동행을 하게 되었다. 원래 외갓집은 우리 마을에서 10리쯤 떨어진 명동촌 근처에 자리한, 10여 호밖에 안 되는 작은 외진 마을인 동거우(東溝)였는데 내가 초급중학교 4학년 무렵에 벼농사를 짓는 고장인 이곳 차오양촨으로 이사 왔다. 기차역에서 30여 분 걸어서 외갓집 대문에 들어섰을 때 외할아버지와 외할머니는 "장손이 왔나?" 하고 연신 부르면서 반겨주었다. 아버지까지 삼대독자로 내려오다가 내가 4대 장손으로 태어났으니 노인장들은 손 귀한 집 자식이라는 뜻에서 '장손'이라고 부르곤 했다.

늦게 밭일에서 돌아온 큰외삼촌 노진우(盧珍宇)는 누구보다도 나를 반가이 맞아주었다. "'일(一)'이 왔나?" 하면서 언제나처럼 내 두 손을 꼭 잡아주었다. 돌이켜 보면 내 유소년 시절에 친인척이나 외척 가운데서 나의 성장에 가장 큰 영향을 준 사람은 이 큰외숙부였다. 어려서부터 외숙부는 나더러 '수일'이 아닌 '일'로만 부르곤 했다. 언젠가 한 번 내가 셈들어서 그 까닭을 여쭈었더니, 빙그레 웃으면서 "큰사람이 돼야 할 사람의 이름 두 자를 어떻게 함부로 부를 수가 있어!"라고 답변했다. 어린 마음에 조금 쑥스럽기는 했지만 그 영문을 제대로 알 리는 만무했다.

외삼촌은 일찍이 한동네나 다름없는 명동촌에 자리한 명동중학교를 다녔다. 주지하다시피 이 학교는 간도에서 민족교육의 요람이자 반일 투사들의 양성소이며 독립운동가들의 활동 근거지이기도 했다. 외삼촌은 이 학교 출신인 민족시인 윤동주보다 몇 살 위의 연장자로서 학창 시절 독립투쟁을 벌이다가 중퇴당하고 옥고를 몇 번 치른 후 시골에 묻혀버린 우국지사다. 그는 주변의 명동촌과 장재촌 일원에서 야학을 선도하면서 독학으로 학문도 많이 익혔다. 특히 우리나라 역사와 고전에 관해서는 놀라울 정도로 박학다식(博學多識)했으며, 아무리 어려운 주제라도 쉽고 재미있게 풀어주는 언술이 또한 뛰어났다. 그래서 나는 어려서부터 외삼촌을 존경하고 따랐다. 늘 가까이하고 싶었으나 서로 떨어져 살다 보니 여의찮아 그것이 늘 안타까웠다. 그러나 다행히도 일 년에 한 번씩은 꼭 어머니와 함께 찾아가서 이삼일 묵으면서 값진 가르침을 받고 앎의 공간을 채워가는 호기가 있었으니, 그것이 바로 어머니와 함께 해마다 정초에 행하는 세배였다.

초하루나 초이틀은 집에서 가족이나 친지들과 함께 설을 쇠고는 초사흘이 되면 외가 나들이에 나서는 것이 거의 불문율(不文律)이 되었다. 워낙 세밑이면 눈이 많이 내리는 고장이라서 때로는 함박눈으로 메워진 길 위에 어머니가 발자국을 찍어놓으면 나는 그 발자국을 오졸오졸 따라가곤 했다. 어머니가 이고, 내가 지고 가는 세배품 중에는 어머니가 손수 빚은 소주와 손으로 켜낸 엿가락(주로 조나 수수엿)이 빠지지 않았다. 나는 해마다 이날을 애타게 기다리곤 했다. 외지에 나들이 간다는 호기심과 더불어 외할아버지나 외할머니로부터 받게 되는 세뱃돈에도 적이 마음이 끌렸지만, 그보다도 외삼촌을 만나뵙고 싶은 마음이 더 간절했기 때문이다. 그런가 하면 외삼촌은 또 외삼촌대로 그날을 기다린다고 했다.

외삼촌은 우리나라 역사와 몸소 겪었던 3·1운동이나 항일투쟁 이야기는 물론, 특히 을지문덕에서 이순신, 홍범도에 이르기까지의 역대 전설적 영웅들에 관한 이야기를 그렇게 재미나고 신나게 들려줄 수가 없었다. 몇 번인가는 외삼촌의 이야기에 넋을 잃어서 어머니를 먼저 돌려보내고 외삼촌 곁에 여러 날 더 묵은 적도 있었다. 외삼촌은 기골이 장대하고 성격이 활달하며 두주불사(斗酒不辭)하는 호걸형이면서도 매사에 신중하고 자상한 분이었다. 지금 생각해도 촌부로 시골에 파묻혀 있기에는 너무나도 아까운 분이었다. 단언컨대, 시대만 잘 만났던들 한몫 단단히 할, 한 시대인이 아니었겠는가

하는 애달픈 회상에 가끔 잠겨본다. 어머니는 내가 외모나 체구, 성격, 심지어 공차기를 즐기는 것까지 큰외삼촌을 꼭 빼닮았다고 늘 말씀하셨다. 그럴 때면 좀 쑥스럽기는 했지만, 속으론 적이 그랬으면 하는 마음이 간절했다.

외삼촌은 이미 머리에 흰서리가 잔뜩 내려앉고 얼굴엔 깊게 팬 주름살이 그물을 치기 시작한 촌로가 되었다. 그러나 기백만은 젊었을 때의 그대로였다. 새벽닭이 홰칠 때까지 우리의 이야기는 그칠 줄을 몰랐다. 외삼촌의 주 관심사는 나의 전도(前途) 문제였다. 나는 그때까지의 생각을 솔직하게 말씀드렸다. "어디 가서나 자기 민족을 잊지 말라"라는 것이 외삼촌의 시종일관된 표제어이고 강조점이었다. 외삼촌의 이 금과옥조 같은 가르침과 당부는 평생 내 삶과 행동을 기제하는 좌우명의 고갱이가 되어왔다.

이튿날 떠나기에 앞서 이 '장손'은 외할아버지와 외할머니께 큰절로 작별의 인사를 올렸다. 정오가 좀 넘어 창춘으로 향발하는 차오양촨 기차역 플랫폼에는 어머니를 비롯해 큰외삼촌 내외, 엔지 백화상점에서 근무하며 개가도 하지 않은 채 외동딸 백수(白洙)를 키우는 둘째 외숙모[남편인 노용활(盧龍活)은 중국 인민 지원군으로 한국전쟁에 참전했다가 전사했다]가 먼 길을 마다하지 않고 환송하러 나왔다. 먼발치에서 걸어오는 둘째 외숙모를 보자 한달음으로 달려가 부둥켜안고 고맙고 반가운 격정이 뒤섞인 눈물을 마구 쏟아냈다. 이윽고 기차는 검은 연기를 내뿜고 출발 기적을 울리면서 바퀴는 걸음마를 떼기 시작한다. 다들 기차가 떠나는 방향을 향해 손을 흔들며 장도의 안녕을 기원한다. 그때까지만 해도 꼿꼿이 선 채로 손을 흔들던 어머니는 기차가 굽이를 돌아 모습을 감추기 시작하자 이내 몸을 굽히고 뒤로 돌아선다. 아마 눈시울에 눈물이 어렸기 때문일 것이다. 이날 아침, 베이징대학에 함께 입학한 고급중학교 동창 림원철이 동행하기 위해 상삼봉(上三峯, 북한)-카이산툰(開山屯, 두만강)-바다오거우(八道溝, 림원철의 승차역)-룽징행 기차를 타고 차오양촨역에 도착해 나와 합류했다.

당시는 석탄에서 발산하는 화력을 동력으로 기차가 운행되던 시기라서 그 여건이 말할 수 없이 열악했다. 역마다 운행 시간표가 나붙어 있기는 하지만 제시간에 운행한다는 것은 거의 '기적'에 가까운 일이었다. 기차표를 구하기란 '하늘의 별 따기였으며, 어쩌다 표를 구해도 좌석이 지정되어 있지 않아 '좌석 선점'을 위해 차 안에서 서로 밀치며 치고받는 일이 다반사였다. 어디서나 차 안은 입추의 여지가 없다 보니 몇 시간씩 입석의 고달픔을 참아야 하며, 역마다 계단이 달린 문이 아닌, 겉벽에 뚫려 있는 좁은 창문이 일상의 출입구 구실을 하는 괴현상도 낯설지 않았다. 중간 정차역마다 먹거리를 구입해 끼니를 때울 수 있다는 것은 한낱 헛소문에 불과했다. 간혹 정차역에서 빵이나 당과류 같은 간식을 팔기는 하지만, 입체적으로 꽉 막힌 객차 칸을 헤집고 나갈 수가 없으니 그 모든 것이 그저 그림의 떡일 뿐이다. 자칫 잘못하다가는 기차를 놓치기 일쑤다.

이상은 나와 원철이 베이징행 중에 직접 겪은 객차의 운행 실태다. 그러나 차오양촨역을 떠날 때는 외숙부가 이웃에 살고 있는 역무원 지인에게 부탁해서 사전에 기차표를 구입하고 좌석까지 특별예약석으로 '확보'해 놓았기 때문에 10여 시간이 걸리는 차오양촨-지린-창춘 간의 기차 여행은 그런대로 별고없이 마쳤다. 그렇지 않았더라면 초행길인 데다가 언어 소통도 변변치 않아서 큰 고초를 겪었을 것이다. 단, 중간에 자오허(蛟河) 지역의 고산지대를 오를 때는 기차가 동력이 부족해 멈칫거리기도 했다. 그러면 승무원들의 안내에 따라 젊은이들이 내려서 가쁜 숨을 몰아쉬는 열차를 떠밀어 올리는 희한한 사태가 두세 번 벌어졌다.

창춘역에서 서너 시간의 새우잠으로 하룻밤을 때우고, 새벽 첫차로 해 질 무렵까지 하루 종일 달려서 선양역에 도착했다. 이 구간의 열차도 어제 차오양촨-창춘 구간의 열차와 붐비기로는 막상막하였다. 그런데 여름 새 내린 큰비로 랴오허(遼河)가 범람해 철교가 물에 잠기고 철도가 무너졌는데, 그 복구가 지금까지도 진행되고 있어 기차 운행이 원활하지 못해 기차표의 예약제를 실시한다는 통지문이 역 입구에 버젓이 나붙어 있다. 그래서 알아보니, 베이징행 기차표 예약 구입에는 며칠이나 걸린다고 한다. 딴 묘수가 없어 우리는 상의 끝에 하루 이틀 상황을 지켜보기로 하고, 시내 바이타(白塔) 구역에 있는 작지만 아담한 조선족 여관으로 찾아가 그날 밤을 느긋하게 숙면으로 보냈다. 도중에 비상시 식량으로 대용하라고 어머니가 꽁꽁 챙겨준 태엿은 지난 이틀간 정말 유효적절하게 절반쯤 소모했다. 어머니의 혜안과 예견이 너무나 고마웠다.

이튿날 무턱대고 기다릴 수가 없어서 여관집 주인아저씨에게 사정을 실토하면서 도움을 요청했다. 사려 깊고 마음씨 좋은 아저씨는 기꺼이 응했다. 우리를 데리고 선양역 역무 책임 간부를 찾아가서 베이징대학 입학 통지서를 내보이면서 사정이 화급하니 협조해 달라고 거듭 간청했다. 왼쪽 가슴에 '위인민복무'(爲人民服務, 인민을 위해 복무하라)라고 흰 바탕에 붉은 글자로 쓴 마오쩌둥의 어록 흉장(胸章)을 단(당시 국가 공무원들 속에서 유행하던 차림새였다) 그 간부는 처음엔 안 된다고 매몰차게 거절하다가, 하도 간청하니 조금은 누그러지면서 어디엔가 전화를 걸더니, 두 시간 후에 다시 와보라면서 자리를 뜬다. 정확히 두 시간 후에 다시 찾아가니, 그 '간부'는 아니고, 부하 직원이 밀봉한 작은 봉투를 하나 주면서 차표 매표구에 가보라고 한다. 그러면서 '비정규 표'이니 출발이나 정차 시간에 특별히 주의하라는 당부까지 한다. 날 것만 같은 기분으로 매표구에 뛰어가 봉투를 건네주니 성명만 확인하고 별말 없이 베이징까지 가는 직행 표 두 장을 꺼내준다. 그 길로 여관에 돌아와 주인아저씨께 사연을 말씀드리니 몹시도 흐뭇해하던 아저씨의 모습이 지금도 눈에 선하다. 우리는 깊이 머리 숙여 작별 인사를 하고 장도를 이어갔다. '피는 물보다 진하다'는 만고의 섭리를 새삼 뼈저리게 느꼈다.

정규 열차보다 객차 칸을 절반쯤(역 10칸)으로 줄인 특별열차는 선양역을 출발해 진저우(錦州)까지 달리는데, 구간 곳곳에 랴오허강의 범람으로 철교와 철도가 형편없이 부서져 버린 흔적이 역력하며, 복구공사도 한창 진행 중이었다. 그래서 열차는 가다 서기를 반복하면서 때로는 거북이걸음을 한다. 산하이관(山海關)부터는 열차의 몸집도 길어지고 속도도 정상을 회복해 톈진(天津)을 거쳐서 황금빛으로 물든 드넓은 화베이(華北)평야를 시원스레 달린다. 드디어 초행의 우여곡절 끝에 집을 떠나 4박 5일 만에 종착역 베이징역에 안착했다.

인생 도약의 뜀틀이 되어준 모교, 베이징대학

상상했던 것보다 베이징역은 의외로 작고 허름한 데다가 오가는 승객들로 북새통이다. 겨우 역을 빠져나오자 보따리를 짊어진 두 시골내기를 발견한 삼륜차 호객꾼들이 파리 떼처럼 모여든다. 귀찮아 아무거나 하나 잡아타고 시내 샤탄(沙灘)에 있는 베이징대학으로 향했다. 약 40분 걸려서 삼륜차 몰이꾼이 빗장이 걸려 있는 자그마한 대문 앞에서 도착했으니 내리라고 한다. 내리자마자 깜짝 놀랐다. 말이 '대문'이지 보통 출입문 크기만 한데, 둘러봐야 아무런 간판도 눈에 띄지 않는다. 자그마한 쪽문이 비스듬히 열려 있을 뿐 얼씬하는 사람도 없다. 몰이꾼은 사람만 내려놓고는 휙 가버려 물어볼 사람도 없었다.

할 수 없이 그 쪽문을 열고 들어서는데 어디선가 인기척이 나면서 얼굴도 내밀지 않은 채 "누구냐?"라고 퉁명스레 묻는다. 그는 나이 지긋한 경비원이었다. 찾아온 사연을 말하니, 짓궂은 안색을 지으며 어이없다는 식으로, 한 달 전에 이미 시자오(西郊)에 있는 옌징대학과 통합돼서 그쪽으로 이사 갔다고 한다. 이러한 사실도 모르고 성급하게 찾아왔으니 더 이상 할 말이 없었다. 돌아서 나오려고 하는데 웬 중년 부인이 앞을 막아서면서 자기를 '마오쩌둥사적전시관' 직원이라고 소개하면서 온 사연을 묻기에 자초지종을 말했더니 경비원의 말을 그대로 복창한다. 그러면서 고맙게도 종잇장을 꺼내 40여 리의 교외에 있는 옌징대학까지 가는 길을 그림으로 자세히 가르쳐 준다. 문을 나서면서 보니 교사는 낡은 3, 4층의 붉은 벽돌 건물로서, 이것이 바로 세인에 알려진 베이징대학의 상징, 붉은색 누각인 홍러우(紅樓)임을 눈으로 확인했다. 이것만으로도 내가 오늘부터 이 명문 대학의 당당한 일원이 되었다는 행운과 자부를 함께 느끼며 여러 날 동안 쌓였던 여독이 스르르 가신다.

시외버스 터미널에서 시자오싱 버스를 갈아타고 무너진 성벽을 끼고 한참 달리니 허름한 농가들이 옹기종기 몰려 있는 허허벌판이 펼쳐진다. 흙길로 약 40분을 더 가니 새로 갈아 단 '베이징대학'이란 간판이 나타난다. 일반적으로 여느 대학에서는 출입문이 '정문'과 '후문'으로 나뉘어 있지만, 한가운데에 '웨이밍호(未名湖)'라는 호수를 둘러싸고 있는 베이징대학의 넓은 교정은 출입문이 동서남북의 방위를 따라 북문과 남문, 서문으로 나뉜다. 우리가 도착한 문은 북문이다. 활짝 열린 문으로 들어서니 분위기부터가 확 다르다. 문 좌우에 수위실과 안내실이 따로 분리돼 여러 직원이 오는 손님을 친절히 맞이하고 있다. 우선 수위실에 들러 입학 통지서를 보여주면서 사연을 말하자, 곧바로 안내실로 안내한다. 안내실에서도 입학 통지서를 보자마자 알았다는 듯이 직원을 시켜 약 100미터 직선거리에 있는 대학 본관 1층 신입생 등록실로 안내한다.

담당 직원은 반갑게 맞이하며, 유감이라고 말한다. 아무리 책망해도 변명할 여지가 없는데, 오히려 학교 측은 시설 공사가 지연돼 신입생들을 제때에 받아들이지 못해 미안하다고 사과하면서 앞으로 얼마 동안은 임시 숙소에서 불편한 생활을 할 테니 양해해 달라고 당부한다. 그러면서 임시로 거처할 실내 체육관 출입증과 10일분의 식표(食票)를 넘겨준다. 이 실내 체육관은 옌징대학에서 넘겨받은 약 500명을 수용할 수 있는 농구장이다. 학생 기숙사가 완공될 때까지 체육관 관람석에 매트리스를 깔고 초겨울이 닥쳐올 때까지 약 한

달 동안 기숙했다. 식사는 내부 미장이 절반쯤 끝난 대형 식당의 한 모퉁이에 임시로 마련한 주방에서 했다.

환담을 나누는 사이에 입학 관련 서류첩을 찾아다가 몇 가지 신원을 확인하고 나서 공식 입학 등록증을 발급해 준다. 그 순간 내가 꿈에도 그리던 이 명문대 베이징대학의 당당한 일원이 되었다는 행운과 자부심을 함께 느끼며, 여러 날 쌓였던 여독이 눈 녹듯 사라졌다. 저녁 식사 후 불꽃 튀는 건설 현장인 교정을 두루 돌아보고 나서 바로 체육관 숙소와 맞붙어 있는 웨이밍호 호숫가 벤치에 걸터앉았다. 앞으로 이 대학의 전당에서 어떻게 미래를 향한 도약의 뜀틀을 하나씩, 차곡차곡 쌓아 올릴까 하는 기대와 다짐의 물결이 가슴팍에서 조용히 일렁이기 시작한다. 이 도약의 뜀틀은 어차피 베이징대학이 지니고 있는 고유의 전통과 지향성 그리고 능력과 활력에 따라 그에 걸맞은 모양새와 탄력의 좌표가 설정될 수 있을진대, 이 도약의 시발점에서 미래를 예단할 수 있게 하는 대학의 연혁사(沿革史)를 한번쯤 반추해 보고자 하는 충동이 일어났다.

나는 베이징대학 제64기 입학생이며, 올해(2022)로 대학은 창립 124돌을 맞는다. 물론 세계 대학사에서 보면, 그리 오래된 대학은 아니다. 그러나 보기 드물게 국가나 민족, 사회와 영욕(榮辱)의 운명을 함께한 굴지의 대학이다. 그만큼 국가와 민족, 사회의 변혁과 발전에 대한 기여도가 높다. 여기에 대학과 더불어 '베이징대학인'들의 한결같은 긍지와 자부가 있는 것이다.

대학은 1898년 '경사대학당(京師大學堂)'의 이름으로 출범한 중국 최초의 국립 종합대학이며 중국 최고의 교육 행정기관이었다. 대학당은 새로운 교육 장정(章程)을 제정해 진부한 과거제도를 폐지하고, '중체서용(中體西用, 중국의 학문을 바탕으로 서양의 과학기술을 받아들인다)'과 '중서병중(中西幷重, 중국과 서양을 다 함께 중시한다)'의 참신한 교육제도를 도입했다. 그러나 1900년 의화단운동과 8국 연합군의 베이징 입성으로 인해 대학당은 창립 2년 만에 폐교의 수난을 당한다. 그러다가 2년 후에 청나라 정부의 위임으로 대학당은 가까스로 복교되고, 이듬해에 처음으로 유학생 47명을 외국에 파견하며, 1907년에는 창립 9년 만에 첫 졸업생을 배출했다. 그리고 1912년에는 '국립'이란 칭호가 붙은 '국립베이징대학'으로 개명했다.

대학은 제2대 차이위안페이(蔡元培) 총장 시기(1916~1927)에 개혁에 의한 전성기를 맞았다. 그는 우선 자격 미달의 국내외 교수들을 사퇴시키고, 천두슈(陳獨秀), 후스(胡適), 루쉰(魯迅), 마인추(馬寅初) 등 우수한 교수들을 초빙했다. 그리고 교수들에 의한 대학 운영과 민주 관리 제도를 추진하기 위해 교수들로 대학의 최고 권력기관이자 입법기관인 평의회를 설립하고, 계(系, 학부)마다 교수회를 조직해 운영했다. 이러한 선행 조치에 바탕해 범대학적인 행정 회의와 교무 회의, 총무처 등 정연한 교육행정 체제를 수립했다.

그는 또한 교육에 대한 관료나 정객의 간섭을 단호하게 배격하고 교육적 자립을 주장하면서 "나는 절대로 자유롭지 못한 대학 총장이 되지 않을 것"이라고 거듭 강조하면서 그 자신이 바로 그렇게 행동했다. 그뿐만 아니라, 차이위안페이 총장은 학문 연구를 심화시키기 위해 문과와 이과, 법학과에 각각 연구소를 설치했는데, 이것은 중국 최초의 연구소다. 그 밖에 그는 학생들의 개성을 살리기 위해 수강 과목의 선택제를 채택하고 과목 간의 통섭을 권장했다. 또한 그는 양성평등에도 관심을 돌려 1920년에 최초로 여학생 세 명의 문과 방청을 허용한 데 이어 한 학기 후에는 여학생의 입학을 공식화함으로써 중국 국공립대학에서 남녀공학을 실현한 개창자가 되었다.

1919년의 5·4운동은 베이징대학의 선도하에 폭발하고 승리의 개가를 울린 학생들의 첫 반제 애국 운동이었다. 대학생 푸쓰녠(傅斯年)이 시위의 총지휘를 맡았고, 대학생 쉬더헝(許德珩)은 자신이 기안한 「베이징학생계선언」을 집회에서 낭독했으며, 역시 학생인 뤄자룬(羅家倫)이 기안한 「베이징학생계전체선언」이 시위 대열 속에 널리 뿌려져 시위자들의 반제 애국 운동을 크게 진작시켰다. 그런가 하면 차이위안페이 총장을 비롯한 많은 교수들이 학생운동을 지지하고 성원하는 선언을 발표하고, 일부 교수들은 학생들과 시위 대열에 함께 서기도 했으며, 체포된 학생들의 구명운동에도 적극적으로 나섰다. 그리하여 베이징대학은 5·4운동의 책원지(策源地)이고 역사적 증인이며 정신적 계승자라는 높은 평가를 받고 있다. 한편, 5·4운동을 계기로 대학은 중국에서 마르크스주의를 연구하고 보급하는 핵심 기지가 되었다. 1921년 중국공산당 제1차 대표자대회가 개최되기 전에 전국에는 공산당원이 53명 있었는데, 그중 베이징대학의 교수나 학생, 동문이 21명이었다.

이러한 급진적 변화의 와중에 대학은 두 번째 수난기(1927~1930)를 맞는다. 1927년 둥베이군벌이 베이징에 쳐들어와 정권을 찬탈하고는 강제로 대학을 폐교하고, 베이징 소재 여덟 개 국립대학을 이른바 하나의 '징스(京師)대학교'로 통합해 버렸다. 이듬해 난징 국민정부는 1년 사이에 이 대학교의 이름을 '중화(中華)대학'에서 '베이핑(北平)대학'으로, 그리고 다시 '국립베이핑대학 베이다(北大)학원'

으로 세 번이나 연거푸 바꿨다. 이에 불만을 품은 베이징대학 출신 교직원들이 이듬해에 자진 복교를 선포하자, 국민정부는 '울면서 겨자 먹기'로 할 수 없이 '국립베이징대학'이란 원명을 되돌려 주었다. 그리고 나서는 초대 교육부 장관 장멍린(蔣夢麟)을 대학 총장으로 임명하고 기존의 대학 관리 제도를 전면적으로 수정해, 교수들과 학생들의 사회참여를 지양하고 오로지 교육과 학습에만 몰두하라는 '16자 방침'을 제시했다.

1937년 일제의 대륙 침략 전초전인 루거우차오(盧溝橋) 사건이 발발하자 대학은 국민정부의 지령에 따라 후난성(湖南省) 창사로 남천(南遷)해 국립칭화대학과 톈진(天津)의 사립난카이(南開)대학과 합쳐 국립창사임시대학으로 개편했으나 이듬해에 윈난성 쿤밍(昆明)으로 옮겨서는 이름을 '국립시난연합대학'(1938~1946)으로 고쳐 불렀다. 척박한 곳에서 건물은 비좁고 실험 기구와 자금이 턱없이 모자라는 등 열악한 여건 속에서 대학이 운영되다 보니 일부 교직원과 학생들은 부업으로 생계를 유지해야만 했다. 그러나 이러한 환경 속에서도 9년간 매해 재학생 8000명을 대상으로 정규적인 학제를 운영해 연구생 약 3900명을 양성해 냈다. 그중에서 중국과학원 원사 90명과 노벨물리학상 수상자 두 명을 배출했다.

1945년 8월 일제가 패망하고 항일전쟁이 승리하자, 이듬해에 세 개 대학을 통합해 창립했던 국립시난연합대학은 역사의 뒤안길로 사라지고 세 대학은 각각 원래의 고지(故址)로 돌아갔다. 국립베이징대학도 베이징에 있는 대학의 상징인 홍러우 자리로 돌아왔다. 얼마 후 미국에서 돌아온 후스가 총장으로 부임하면서 학제를 비롯한 전반적인 대학의 관리 운영 제도가 재정비되었다. 문학원과 이학원,

법학원의 세 개 학원 산하 33개 계(系, 학부)에 망라된 학생 수는 총 3420명에 달했다. 후스는 재임 시 대학 내에 원자능연구소를 설치할 구상(미수에 그침)을 하고 있었으며, 1948년 국립중앙연구원이 선정한 원사 중 10명이 베이징대 교수로서 단위별로는 최다였다. 이는 당시 국립 베이징대학이 타의 추종을 불허하리만치 최고의 학문 수준에 천착했음을 실증하는 것이다.

그해 말 베이징이 남진하는 중국인민해방군에게 포위되자, 국민정부는 대학을 또다시 남천할 계획을 세웠으나, 대학교수회의 반대로 무산되었다. 그러자 국민당은 '대륙 학자들의 구출 계획'이란 구실하에 비행기를 보내 일부 중요 학자들의 '이경남하(離京南下, 베이징을 떠나 남하하다)'를 종용했다. 총장 후스는 "비록 몸은 멀리 있지만 베이징대학을 절대 잊지 않겠다"라는 한마디 어정쩡한 고별사를 남기고 첸쓰량(錢思亮) 등 일부 학자들과 함께 그 종용에 걸려 이경남하고야 말았다. 그러나 대다수 교수들과 학생들은 비겁한 '도피'를 결연히 규탄하면서 잔류를 고집했으며, 탕융퉁(湯用彤, 당시 부총장)을 비롯한 세 교수는 공석 중인 총장을 대신해 대학 업무를 성공적으로 이끌었다.

중화인민공화국의 건국 3년째 되던 1952년 초, 중앙정부는 이른바 '학부조정(院系調整)'법을 제정해 전래의 자유주의적 '각개도생(各個圖生)'의 고등교육 제도를 폐지하고 고등교육 제도를 전국적으로 일원화하는 이 법을 실행했다. 예컨대 베이징대학과 칭화대학, 화베이대학의 세 개 농학부를 하나로 통합해 베이징농업대학을 세우고, 베이징대학 지질학부를 칭화대학 등 여러 대학의 지질학부와 합쳐서 베이징지질학원을 새로이 설립했다. 베이징대학과 칭화대학, 엔징대학의 자연과학과 인문과학의 교수들이 베이징대학 한곳에 결집됨으로써 베이징대학 고유의 문리과학의 학문적 연구 기초를 튼튼히 다질 수 있었다. 이것은 '학부조정'의 결과로 이루어진 장점의 몇 가지 실례다. 이 법이 반포된 후 베이징대학은 역사의 진애(塵埃)가 켜켜이 쌓인 '홍러우'의 구지에서 풍광수려한 엔징대학 위치로 이사해, 그 외모가 내실(內實)과 어울리게 일신되었다.

그 이후에도 베이징대학은 진화 도상에서 숱한 우여곡절을 겪었지만, 그때마다 130여 기 졸업생들을 포함한 전체 대학 구성원들의 일심협력과 애교 정신에 힘입어 장족의 발전과 번영을 거듭했으며, 시종일관 국내에서 수위(首位)는 물론, 국제적으로도 유수의 대학으로서 그 위상을 굳혀왔다. 그러나 졸저는 한 개인의 성장과 관련된 영향 관계를 소급해 회상하는 회고록이니만치 그 회상의 범위는 구성원으로 몸담고 있던 시기까지(1955)의 연혁사에 국한되지 않을 수 없다.

그렇지만 모든 공동체나 조직체의 연혁사도 그 주역(주체)들이 처한 사회적 환경과 그들이 간직하고 있는 정신적 이념이나 신념, 그들이 추구하는 지향성이나 목적, 그들이 숭상하는 윤리·도덕이나 기풍, 이를테면 그들 고유의 정신 문화적 소양에 연동되어 그 전개 과정과 양상이 결정되곤 한다. 베이징대학의 경우, 그 주역들인 교직원과 학생에 의해 싹트고 키워져 꽃핀 특유의 '베이징대학 문화' 덕분에 수차례의 폐교 위기를 겪고 미증유의 격변기를 맞으면서도 굴하지 않고 떳떳하게 연혁사를 빛나게 엮어왔다.

나는 운 좋게도 '학부조정'법의 첫 수혜자로 베이징대학에 입학해 그 수혜를 마음껏 누리고 미래를 향한 비상과 도약의 뜀틀을 차곡차곡 쌓아 올렸다. 그런데 이러한 '뜸틀 쌓기' 작업은 대학의 연혁사에서 유효한 경험과 교훈을 찾아 실패의 전철을 밟지 않음으로써 성공의 가도를 일로매진할 수 있었다. 이와 더불어 대학 특유의 문화, 즉 '베이징대학 문화'에서 도약의 추진력과 성장의 영양소를 섭취했다. 요컨대, 연혁사와 문화의 중층적 축적이 없었던들, 그 시절 도약의 뜸틀은 축성이 도시 불가능했을 것이다. 설혹 축성했다 해도 그것은 사상누각(砂上樓閣)에 불과했을 것이다.

그렇다면 '베이징대학인'들의 정신세계를 기제하고 훈육하는 이른바 '베이징대학 문화'란 과연 무엇인가? 한마디로 그것은 '4통(統) 4풍(風)'을 핵심으로 하는 베이징대학 특유의 문화다. 여기서 '4통'이란 네 가지 전통 정신, 즉 애국, 진보, 민주, 창신(創新)이며, '4풍'은 네 가지 학풍, 즉 근분(勤奮, 근면), 엄근(嚴謹, 엄격), 구실(求實, 실사구시), 창신을 말한다. 우리의 정신세계나 학풍에 관한 언급에서도 자주 등장하는 술어로서 그 구체적 내용에 관해서는 더 이상 부언이 필요 없을 것이다. 보다시피, 핵심 중 핵심은 '4통'이나 '4풍'에서 공히 제시된 '창신', 즉 '새것의 창조'인 혁신이다. 이것은 베이징대학이 지향하는 궁극적 목표는 시대정신을 반영한 혁신이라는 점을 말해준다.

이러한 '4통 4풍'은 경사대학당에서부터 시작된 베이징대학의 전 연혁사에서 확고부동한 전통 정신과 학풍으로, 그리고 불변의 건학 이념으로 '베이징대학 문화'를 꽃피우고 튼실한 결실을 보게 했다.

그 밖에 베이징대학을 상징하는 휘장을 살펴보면, 중화 전통문화의 특색과 지덕체를 갖춘 완벽한 인재를 양성한다는 대학의 지향성을 오롯이 반영하고 있다. 휘장의 구도에서 중앙에 자리한 '북대(北

大)'란 두 글자는 전통적 전각체(篆刻體)로 음각되어 있고, 그 형상은 와당(瓦當)을 방불케 하며, 3인의 형상으로 '북대'란 두 글자를 음각한 것은 지덕체를 겸비한 인재를 양성한다는 뜻이다. 그리고 전체적인 구도는 소박하고 간명하다. 한마디로 이 휘장은 '4통' '4풍'의 '베이징대학의 문화'를 함축하고 있다. 이 휘장은 1917년 차이위안페이 총장이 문호 루쉰에게 의뢰해 설계한 것이라고 한다. 역시 수위의 휘장답다.

돌이켜 보면, 잊을 수 없는 추억으로 넘쳐나는 모교 '베이징대학 문화'의 조각마다 스승들의 올곧은 가르침이 짙게 투영되어 구지욕에 불타던 내가 인생의 길, 학문의 길에서 미로에 빠지지 않고 정도를 향할 수 있게 했다. 또한 이러한 가르침이 있었기에 보다 넓은 세계로 도약할 수 있었으며, 오늘의 내가 있게 된 것이다.

시대의 학문적 소명에 부응하다

대학은 학문의 전당이고 수장고(收藏庫)이며 시대의 학문적 소명 의식을 일깨우는 성소(聖所)다. 나는 광복 후 '지적 돌연변이'를 겪으면서부터 학업에서만큼은 누구에게도 뒤지지 않으려 하고 학문에 깊은 뜻을 두었다. 어차피 세계는 학문에 의해 지배되고, 변혁을 이어가게 되며, 인간이 동물과 다른 것은 바로 학문을 갖고 있다는 점이라는 것이 그 시절의 소박한 학문관이었다. 이러한 학문관을 지녔기에 드라마틱한 인생 여정을 답파하면서 한순간도 손에서 책을 놓아본 적이 없었다. '역마살'이 끼어 이곳저곳을 누비다 보니 실로 읽을거리가 지천에 깔려 있었다. 책에는 '좋고 나쁨'이 따로 없으니 닥치는 대로 읽어댔다. '나쁜 책'은 나쁜 것을 알려주니 그 나름의 쓸모가 있는 것이 아닌가.

돌이켜 보면, 상아탑 교실이나 연구실에서 안온하게 학문의 길을 걸어온 처지는 아니었지만, 현실 속에서 실천을 통해 나름대로 시대의 학문적 소명을 헤아리고 학문적 비전을 세우면서 간단없이 도전을 이어왔다. 무언가 하나라도 일구어 후세에 남겨야겠다는 의욕과 선진국들을 따라잡고 뛰어넘어 앞서야겠다는 오기도 생겨 말 그대로 공부에 잠심몰두했다.

대학에 진학하기 전까지는 주로 공부를 잘해 학문적 성취를 이룸으로써 시대의 소명이나 사회의 요구와는 무관하게 이름 석 자라도 남기는 학자나 발명가가 되겠다는 개인 출세욕이 학문을 하겠다는 동기와 동력이었다. 그러나 대학에 들어와서 앞에서 언급된 '베이징대학 문화'의 짙은 훈육 속에서 구태의연한 개인 출세주의적 폐단과 학문의 참뜻을 깨닫기 시작했다. 그것은 입학과 더불어 제기된 전공의 선택 문제에서 나타났다. 대학인이라면 누구나 한 번쯤은 다 맞닥뜨리는 문제일 것이다. '전공의 선택'은 필생의 생업이나 전도를 좌우하는 중차대한 문제로서 다들 최대의 신중을 기한다.

나는 외교관을 선호해 지망대로 베이징대학 동방학부에 입학했다. 그리고 전공 선택에서도 은사들의 조언을 참고로 했지만, 궁극적으로는 국가의 할당(割當)에 순응했다. 즉 사회주의적 계획 제도를 철저하게 준수하는 중화인민공화국의 새 정부는 미래에 전개될 외교 활동을 미리 예견하고 그에 필요한 외교관 양성 계획을 구체적으로 짜고 그대로 집행했다. 베이징대학 아랍어과의 경우, 1952년

제1차 전국통일입학시험 합격생 중 적격자 다섯 명만을 선발해 한 반을 편성했다. 이 다섯 명 중 우칭량(吳慶良), 샤산안(夏珊安), 자오 귀중(趙國忠) 세 명은 현역군인이고 한 명은 전해의 제대군인 천푸(陳敷)이며, 유일하게 나만이 학생 출신이었다. 이렇게 보면, 우리 다섯은 공히 시대적 소명(국가의 요구)에 따른 시대인인 셈이며, 이것은 또한 시대적 소명 의식의 발현이었다. 우리 모두는 이 시대적 소명에 따름을 영광스럽게 생각하고 공부에 열중했다.

그렇지만 입학해 첫해를 보내면서 전공과 직결된 학문적 진로에 관해 심각한 고민에 빠졌다. 물론 어문학 지식은 외교관에게 필수불가결의 활동 수단이기는 하지만, 그것은 필요조건일 뿐, 결코 충분조건은 아니라는 지론이 나를 괴롭히기 시작했다. 충분조건이란, 외교관으로서 대성하는 데 필요한 외교학이나 국제관계학 및 그와 관련된 인문학 등 다방면의 지식을 폭넓게 겸비하는 것이다. 그리하여 나는 별다른 내색을 하지 않고 충분조건을 갖추는 데 필요한 교과목들을 골라 '부전공'으로 삼고 두루 청강하는 욕심을 부렸다. 다행히 당시는 학생들의 창의성을 키운다는 명목하에 자유 청강이 허용되었다. 그런데 이렇게 전공과목들과 부전공과목들을 섞어 청강하다 보니(때로는 부전공과목 수가 전공과목 수보다 더 많은 경우가 있었다) 수업 시간이 겹치는 경우가 있어 늘 전공과목 시간표와 혼합(부전공) 과목 시간표를 따로따로 짜서 이용하곤 했다. 공부가 배로 힘들었지만, 스스로 택한 일이라서 오로지 '고진감래'의 일념으로 버텨내니 결국 기쁨이 배가되고 보람도 그만큼 컸다.

학문적 진로와 관련되어 발생한 또 다른 고민거리는 학문의 성격 문제였다. 일반적으로 학문에는 실용적 학문과 탐구적 학문이란 성격을 달리하는 두 가지가 있다. 둘 다 학문으로서의 가치를 공유하고 있는 것은 사실이지만, 시대적 소명과 학자의 자질이나 취미에 따라 달리 선택될 수 있다. 나는 선천적으로 탐구적 학문을 선호하는 편이었다. 그러나 시대의 소명에 따르다 보니 학문의 진수를 맛보기 시작한 대학 시절에 그만 전공으로 어문학이라는 실용적 학문을 선택하게 되었다. 나는 그것을 외교관(대외 일꾼)으로서 갖춰야 할 필요조건으로 치부하고, 충분조건을 갖추기 위해서는 소정의 탐구적 학문을 천착(穿鑿)해야 한다는 소신을 갖게 되었으며, 그러한 학문을 주로 대학 내의 법학부나 역사학부에 설정된 관련 과목들 중에서 찾아냈는데, 그 일순위는 국제관계사였다.

그러나 아이러니하게도 내가 속한 동방학부에서도 외교관 양성을 교육목표로 하고 있기 때문에 고학년 교과목에도 기초 지식을 전수하는 교양과목으로서의 외교학이나 국제관계사, 국제법 같은 과목들이 편성되어 있었다. 그러나 교양과목이니만치 전공 강좌나 학부에서 다루는 전문성을 띤 탐구적 학문과는 심도나 폭에서 다를 수밖에 없다. 따라서 교양과목은 나의 탐구적 학문의 지적 욕구를 충족시킬 수가 없었다. 그렇지만 유사 과목이라도 강의하는 교수님들의 내공이나 경험에 따라 전수 내용은 다를 수가 있으며, 왕왕 그 다름에서 상부상조적인 반사이익을 얻을 수가 있었다. 그리하여 탐구적 학문에 속하기만 하면 유사 과목이라도 반복을 마다하지 않고 열심히 청강했다.

교양과목이건 청강 과목이든 간에 내가 가장 탐구하고 싶고 관심이 많은 학문은 국제관계사였다. 사실 고급중학교 시절 세계사를 수강하면서 국가나 민족 간의 관계, 즉 국제관계에 의해 세계가 움직이고, 세계사가 전개되며, 외교를 비롯한 대외 활동을 제대로 하려면 국제관계학을 알아야 한다고 한 은사 허대진(세계사 과목 담당) 선생님의 국제관계 담론에 깊은 감명을 받았다. 선생님은 전국 대학교육 지침서 같은 데서 베이징대학 역사학부에 국제관계사 전공 강좌가 개설되어 있다는 사실과 국제관계사 연구의 권위자인, 베이징대학의 장톄성(張鐵生) 교수까지 찾아내어 나에게 알려주었다. 나는 역사학부에서 교과목으로서의 '국제관계사'를 찾아냈을 때, 허 선생님의 뜻깊은 가르침을 되새기면서 수강 의지를 더욱 굳게 가다듬었다. 그리하여 전공 강좌의 저학년 강의뿐만 아니라, 내친김에 고학년 강의까지 놓치지 않고 연속 청강했다.

그러나 수강(청강)에 수반되는 탐구의 심도가 깊어지고 폭이 넓어짐에 따라 나름대로 현행 국제관계사와 관련된 전반적인 강의나 교재, 참고 문헌에 편재한 허점이 보이기 시작했다. 미숙한 초학자의 비견으로도 간과할 수 없는 그러한 허점 말이다. 그것은 다음과 같다.

첫째로, 서구 문명 중심주의에 입각한 편향적 관계. 국제관계사의 서술 체계나 내용에서 소수 서구 열강들 상호 간의 역학 관계를 위주로 하고, 부수적으로 이른바 '선진국들'과 '후진국들' 간의 관계만 다루고, 절대다수인 '후진국들'의 상호 관계는 도외시되고 있다.

둘째로, 불법적인 지배관계. 소수 강대국들이 주권국가들 간에 공약된 보편적 국제관계 규범이나 질서를 일방적으로 무시하고 약소국가들에 대한 무단 침략과 통치, 내정간섭과 불평등 차별 등 불법적 지배관계를 강요하거나 묵과하고 있다.

셋째로, 국제관계 범주의 편파성. 국제관계의 범주를 주로 국가들 간의 갈등과 모순, 이해의 상충관계를 다루는 정치관계나 경제관계,

군사관계에만 한정하고, 소통과 교류를 통해 이러한 갈등과 모순, 이해 충돌을 극복함으로써 인류의 공생 공영을 실현할 수 있는 문명관계는 무시되고 있다.

특히 나는 국가나 민족들 간의 관계 연구에서 문명관계 연구를 무시하거나 소외시키는 것은 적어도 20세기에 와서 문명이 시대적 화두로 떠오르기 시작한 역사의 추이에 역행하는 전근대적 무지의 소치일 뿐만 아니라, 국제관계사의 범주 설정에서도 학문적 하자가 있음을 직감했다. 따라서 국제관계의 중요한 구성 성분의 하나이며, 새로운 인문학의 한 분야로 자리매김되어야 하는 문명과 그 관계에 관한 연구는 이 시대의 절박한 학문적 소명이라는 판단을 감히 내렸다. 이러한 판단은 문명과 그 관계에 관한 공부를 심화하면서 더더욱 굳어졌다.

그런데 앞에서 언급했다시피 20세기 1950년대, 나의 대학 시절까지만 해도 국제관계사라고 하면 그 범주에 정치관계나 경제관계 그리고 군사관계의 3대 부문만을 포함시켰을 뿐, 문명관계는 아예 소외되었다. 문명사를 통관하면, 19세기 후반에 프랑스를 비롯한 서구의 몇 나라에서 문명의 발생이나 진화, 이동 등 문명 자체에 관한 논의가 시작되었으며, 20세기 전반 제국주의에 의한 세계 분할과 두 차례의 세계대전을 거치면서 드디어 문명들 간의 상호 관계에 관한 담론의 장이 펼쳐지기 시작했다. 또한 1990년대에 냉전체제가 무너지면서부터는 문명담론이 활성화되었다. 그리하여 1950년대 중반, 나의 대학 시절에는 국제관계사나 역사학, 문화인류학 등 관련 학문에서는 고작 문명의 기초적 개념에 관해서만 약간 논급될 뿐, 문명관계에 관해서는 동서양 학계의 연구가 백지상태였다. 그 원인은 아마 체질적으로 문명관계는 타자론적 평등주의에 의한 소통과 교류를 통해서만 이루어지는데, 갈등과 이해 충돌을 전제로 한 제국주의 시대의 국제관계에서는 이것이 용납될 리 만무하기 때문이다.

내가 문명과 그 관계, 즉 '문명교류사'를 시대의 학문적 소명으로 받아들이고, 필생의 전공 학문으로 자리매김한 것은 다음과 같은 학문적 이유에서이다.

20세기 후반 냉전시대가 마감되면서 문명담론이 시대의 화두와 소명으로 부상했다. 우선, 문명과 그 관계에 의한 사회문제 해결의 새로운 대안과 해법을 모색하는 것이 그 역사적 배경이다. 지난 2세기 동안 인류의 문명사를 재량하던 유아독존적(唯我獨尊的)인 서구 문명 중심주의는 이제 설득력을 잃고 빛이 바래고 있으며, '문명화 사명'을 자처하던 서구 문명은 서구인들 스스로 인정하다시피 더 이상 고압적인 우월주의에 안주할 수 없게 되었다. 대신, 천시되고 도외시되던 이른바 '주변 문명' '저급 문명'이 점차 위상을 되찾으면서 문명 간에는 타문명을 발견하고 이해하려는 문명타자론(文明他者論)이 대두되고 있다. 이를 계기로 문명 간의 관계에서 문명을 이해하고, 정의하려는 현대적 문명담론이 활성화되고 있으며, 문명 인식이 점차 균형을 잡아가고 있다.

이 과정에서 미래의 비전을 지향하는 문명대안론(文明代案論)이 거론되기 시작했다. 인류 역사는 인간 사회가 제기하는 갖가지 문제에 대한 해답(상징적이건 구체적이건)을 모색하고, 그것을 실천해 나가는 과정이다. 종교는 선악을 가려내고, 철학으로 사유를 진작시키며, 윤리로 도덕을 바로잡고, 예술로 미의식을 함양하며, 생산으로

부를 축적하고, 교류로 유무상통하는 등 모든 것이 바로 그러한 과정이다. 이러한 과정을 추구하는 논리적 틀로서 허다한 학설과 주의주장이 안출되었고, 그 실천 방도와 보장책으로서 각종 제도와 규범이 마련되었다. 그러나 역사적 경험이 보여주다시피 그 어느 것 하나도 격폐된 세계 속에서 시공을 초월해 보편타당한 해법으로 기능하지는 못했다.

특히 20세기에 들어와서 미증유의 세계대전을 두 차례나 겪은 데다가 냉전까지 겹치다 보니 종래의 해법에 대한 회의론이 일면서 새로운 대안 모색이 시도되었다. 그 대안의 하나가 바로 문명이다. 그 근거는 한마디로 공유를 생명으로 하는 문명만이 모든 문제 해결의 공분모(共分母)로 작용해 보편 문명을 창출함으로써 인류의 공생 공영을 보장할 수 있다는 것이다. 그런데 이러한 보편 문명은 오로지 서로 부정이 아닌 긍정, 상극이 아닌 상생 속에서 상부상조적 교류를 통해서만 실현 가능하다.

다음으로 문명의 의존도가 상승하고 그 중요성이 증대된 것이 또 하나의 역사적 배경이다. 20세기는 바야흐로 개방과 교류를 통해 도래한 다문명 시대를 살고 있으며, '문명의 홍수' 속에서 과학기술을 비롯한 문명을 떠나서는 한시도 삶을 지탱할 수 없다. 이제 문명은 국가나 민족, 이데올로기나 계급을 초월해 대량으로 양산되고 소비됨으로써 전례 없이 보편적이고 평준화되었으며 다양한 문명이 재생되고 있다. 살아남는 길은 오로지 문명의 역군이 되는 것이며, 인간적인 삶의 척도는 얼마만큼 문명을 향유하고 있는가에 달려 있다. 그리하여 문명은 어느 특정 집단의 전유물이 아니라, 차별 없이 만민에게 보편성과 대중성을 띤 '대중문화'의 이름 아래 무한대로 확장 심화되고 있다.

사실 나는 대학에서 탐구적 열정을 가지고 3~4년간 수강과 청강을 번갈아 가면서 나름대로 국제관계사를 공부했다. 그 과정에서 현행 국제관계사 교과목에 내포된 허점과 문제점 중 가장 큰 허점과 문제점은 국가 간의 관계를 다루는 국제관계사에서 문명관계가 배제된 점이라는 것을 얕은 지식으로도 간파할 수가 있었다. 담당 교수와 조교를 찾아가 이 점에 관한 소견을 피력하고 가르침을 구했으나 여의찮았다. 그도 그럴 것이 그분들에게는 거의 초문(初聞)의 생소하고 엉뚱한 문제이기 때문이었다. 그럴수록 나는 나대로 학문적 소신을 더욱 가다듬었다. 그 과정에서 가장 버거웠던 것은 이 '문명관계'라고 자칭한 학문의 계보는 인문학의 한 분야가 분명한데, 그 학명을 무어라고 지을 것인가 하는 점이었다. 결국 동서고금의 문헌 자료를 참고하고, '문명관계'의 본질적 함의를 살려 '문명교류사'라고 일단 지어봤다. 대학을 졸업할 무렵 '문명교류사'를 '국제관계사'에서 완전히 독립시켜 새로운 인문학의 한 분과로 학문적 정립을 시도해보고픈 욕심이 싹텄는데, 급기야 그것을 필생의 전공 학문으로서 좌표를 세우기에 이르렀다.

그러나 이 새로운 학문 분야의 개척이라는 거대한 '공룡' 앞에서 걱정과 두려움이 엄습했다. 과연 해낼 수 있을까 하는 걱정과 두려움 말이다. 그러나 천만다행으로 졸업 후 문명 세계로의 유학을 계기로 문명교류의 통로인 실크로드를 따라 종횡무진 세계 일주를 수행하고, 현장 답사에 바탕한 관련 여행기와 학문 저서를 집필하고, 문명교류연구소를 운영하는 등 시공간적으로 이론 및 실천적 연구를 지속할 여건과 계기를 마련할 수 있었다. 그럼으로써 젊은 대학 시절 만용에 가까웠던 필생의 학문적 좌표에 감히 크게 일그러지지 않은 동그라미 표(○)를 그려 넣게 되었다. 일그러진 곳은 후학들이 슬기롭게 채워주리라 믿어 의심치 않는다. 한편, 국제관계사의 진부한 허점을 도려내고, 시대의 추이에 걸맞은 문명교류학(사)이란 새로운 학문 분야를 개척함으로써 시대의 학문적 소명에 미미하게나마 응답했다는 자부심과 긍지를 갖게 되었다.

지덕체를 겸비한 인간형 '삼호'

앞글에서 보다시피, 베이징대학의 4통, 즉 전통 정신으로서의 애국, 진보, 민주, 창신과 4풍, 즉 학풍으로서의 근면, 엄격, 실사구시, 창신으로 대표되는 건학 이념(베이징대학의 문화)은 중국 다른 대학의 건학 이념과 사뭇 다름을 발견하게 된다. 다른 대학의 경우는 보통 건학 이념에 유교적 이념이나 도덕관을 '약방에 감초'처럼 빠뜨리지 않고 한두 조항을 꼭 집어넣는 데 반해 베이징대학은 결코 그렇지 않다. 내가 입학한 해를 기준으로 소급해도 64년 전 청나라 말엽인데도 건학 이념의 여덟 개 조항이 한결같이 현대화를 지향하는 내용들뿐이다. 나는 4년간 대학에 몸담으면서 이 점을 절실하게 느꼈다. 대학은 곧바로 이러한 이념을 좇아 일로매진하고 있으며, 교직원과 학생을 망라한 구성원 전체가 이러한 이념으로 세뇌되고 단련되고 있음을 목도했다.

학생들 선발부터가 엄격하다. 후에 안 일이지만 내가 이집트 유학생에 선발되기 몇 달 전에 중앙정부(어느 부서인지는 미상)로부터 옌

옌벤조선족자치주 정부를 통해 가족과 친인척의 신분 조사를 진행했으며, 그로부터 약 두 달 후에는 중앙정부 요원이 직접 마을과 출신 고교인 옌벤고급중학교에 들러 현지 확인을 했다고 한다. 또 한 가지 실례로, 나와 절친한 동급생으로 유학도 함께 간 샤산안의 안타까운 순애보를 들 수 있다. 그는 대학 3학년 때 국경절 경축 행사에 참석한 한 아랍 대표단의 통역에 나갔다가 우연히 자원봉사차 행사를 함께 치른 베이징의과대학 여학생을 만났는데, 그만 열애에 빠졌다. 그런데 이미 작고한 그녀의 아버지가 국민당 고위 공직자였다. 문제는 여기서부터 꼬이기 시작한다. 나보다 세 살이나 연상인 산안은 큰형이 팔로군을 따라 옌안(延安)으로 잠적하자 어릴 적부터 상하이에서 부두 노동자로 고생하다가 광복을 맞았다. 성년이 되자 중국인민해방군에 자진 입대해 다년간 군무에 종사했다.

그러다가 나와 같은 해에 군에서 대외 일꾼들을 양성하려 할 때, 그는 군적을 유지한 채 베이징대학 아랍어과에 편입했다. 그는 영어를 유창하게 구사하는 데다가 외국어 습득 능력이 뛰어났다. 그의 형은 '노간부'로서 내가 재학할 때는 중국인민해방군 '군보(軍報, 신문)'의 편집을 맡고 있었는데, 나도 몇 번 만나본 일이 있다. 이러한 산안 개인의 성장이나 가정의 배경으로 보면, 중국공산당에 입당할 충분한 자격이 있다. 사실 유학 가기 전에도 그의 입당 문제가 거론된 바 있다. 그러나 그 여자 친구의 가정 환경 때문에 입당은 번번이 무위로 돌아가고야 말았다. 혹여 유학을 보내면 그녀와의 관계가 단절되지나 않을까 하는 기대에서 유학을 보냈지만, 산안은 끝내 순애보를 지키고 유학에서 돌아와 결혼하고 행복한 가정을 꾸렸다고 한다. 5년간 고락을 함께한 학우로서 그때를 회고하면 어쩐지 측은함을 지울 수가 없다. 무슨 영문이 있었겠지만, 한 인간의 순애보에 대한 과잉 대응이 아니었나 하는 생각이 든다.

　내가 여기서 수십 년 전에 있었던 한 친구의 순애보를 둘러싼 비극적 이야기를 꺼내는 것은 가정이나 사회의 출신배경을 절대시한 나머지 여러 가지 사회적 무리가 발생할 수 있다는 우려 때문이다. 인간의 사고나 행동은 출신배경이나 환경에서 일정한 영향을 받기는 하지만, 그것은 절대적인 등식(等式) 관계가 아니다. 왜냐하면 인간은 필요하다면 자신의 출신배경이나 환경에서 일탈할 수 있는 능동성을 지닌 만물의 영장이기 때문이다. 사실 세계나 중국의 지성사를 보면, 적잖은 선각자들이 자신들의 출신 성분(배경이나 환경)에서 비롯된 신념이나 행위에 배리되는 참삶을 살아옴으로써 청사에 명수죽백(名垂竹帛, 이름이 죽간과 비단에 드리운다는 뜻, 즉 이름이 역사에 길이 빛남을 이르는 말)하는 사례들을 수두룩하게 목격하게 된다. 따라서 인물 평가에서는 교조주의적 편단(偏斷)을 버리고, 실사구시의 상대주의적 잣대를 기준으로 삼아야 한다.

　각설하고 본론에 들어가면, 개명한 현대화를 목표로 한 베이징대학의 첫째 실천 과제는 지덕체를 겸비한 완벽한 현대인을 양성하는 것인데, 그 구체적 지표는 '3호(好)', 즉 학습호(學習好), 공작호(工作好), 신체호(身體好)다. 달리 말해 학습 잘하기, 사회 활동 잘하기, 건강 잘 챙기기 세 가지다. 이 '3호'의 여하에 따라 학생의 학업성적과 인성, 능력이 평가되며, 졸업 후의 전망이 결정되기도 한다. 그리하여 학생들은 경쟁적으로 이 '3호'에 운명을 걸고 '3호생'이 되기 위해 불철주야 학업에 몰두한다. 그런데 간혹 과도한 경쟁심 유발로 인해 부작용이 발생하는 경우가 없지 않다. 혹자는 이 '경쟁심 유발'

을 '고전적 사회주의의 노력 강요'쯤으로 알고 사안시하는데, 결코 그렇지만은 않다. 물론 악의적 경쟁이야 백해무익하지만, 반면에 선의의 경쟁은 다다익선이다.

'3호'에 도달하는 첫 관문인 '학습 잘하기'는 '베이징대학 문화'이자 건학 이념의 주요한 두 가지 구성 요소의 하나인 4대 학풍(근면, 엄격, 실사구시, 창신)을 실천함으로써 이루어진다. 이러한 학풍은 불변의 전통으로 100여 년간 면면히 이어져 왔는데, 그것은 학과마다 당대 유수의 석학 스승들이 계셔서 사자상승(師資相承, 제자가 스승의 학문을 이어감)했기 때문에 가능했다. 다행히 박학다식하고 진정한 사표(師表)로서 스승들의 참된 가르침이 있었기에 그 뒤를 이어가는 제자로서, 후학으로서 학습을 잘할 수가 있었다. 우리는 '그 스승에 그 제자'라는 의미를 깊이 되새기면서 스승에 누를 끼치지 않기 위해서라도 공부를 잘했어야만 했다.

우리 동방학부는 조선어과를 비롯한 일본어과, 몽골어과, 베트남어과, 인도네시아어과, 인도어과, 미얀마어과, 타이어과, 아랍어과의 아홉 개 아시아 지역학과로 구성되어 있는데, 학과마다 해당 지역학의 대가들이 이끌었다. 특히 나의 은사인 학부장 지셴린(季羨林) 교수는 자타가 인정하는 '국보'와 '국학의 대사(大師)', '학계의 태두'라는 3대 계관인(桂冠人)일 뿐만 아니라, 언어학의 천재(12개국 언어 가능)이고 산스크리트어의 세계적 권위자이자 대학 부총장으로서 학부와 대학의 발전과 아시아 지역학의 학문적 정립에도 선도적 기여를 했으며 각종 학술 단체장을 맡아 활발한 사회 활동도 전개했다. 고매한 인품으로 신망도 높았다. 모두가 따라 배우려는 스승의 수범(垂範)이었다. 순자(荀子)는 『권학편(勸學篇)』에서 학문의 발전

을 위해서는 제자가 스승보다 나아야 한다는 것을 '청출어람(靑出於
藍, 쪽에서 나온 푸른 물감이 쪽보다 더 푸르다는 것으로, 제자나 후배가 스승
이나 선배보다 낫다는 뜻)'이란 자연의 섭리에 비유하면서 그 당위성을
강조했다. 그렇다면 이 시대에 학문적으로 지셴린 선생을 뛰어넘은
제자가 과연 몇이나 되며, 또 어디에 있단 말인가! 나의 어림잡은 계
산에 의하면, 선생은 98세를 사는 평생 여덟 가지 연구 분야에서 전
문 학술 저서 68권, 번역서 12권, 산문집 18권, 문집 24권 등 도합
122권이라는 상상을 초월하는 방대한 역작을 세상에 내놓았다.

우리 아랍어과의 경우도 마찬가지였다. 교수는 모두 다섯 분[학과
장 마젠(馬堅), 류린루이(劉麟瑞), 왕스칭(王世淸), 마진펑(馬金鵬), 양유○(楊
有○), 모두 무슬림]이 재직했는데, 그분들은 1930년대 무슬림 세계의
최고 전당인 카이로 아즈하르대학 유학생 20여 명 중 선발된 우수
생들이다. 그중 학과장인 마젠 교수는 제1기 유학생 세 명 중 한 명
으로 중국 이슬람 사회의 명실상부한 최고 엘리트이며, 이슬람학의
태두이다. 또한 박학다식한 이슬람 학자로서 이슬람학과 과련된 신
학이나 철학, 역사학, 문학, 법학, 언어학에 정통했다. 이슬람교 경
전 『꾸란』의 첫 한역자(漢譯者)이기도 하다. 그는 제1기 전국정치협
상회의 위원이며, 1~5기 전국인민대표회의 대표(국회의원)로서 사
회 활동에도 적극 참여했다. 나는 마젠 교수의 주옥같은 강의와 자
주 나눈 대화를 통해 이슬람 세계에 대해 눈뜨기 시작했다. 마젠 교
수는 이슬람 명절이 되면 꼭 자택으로 초청해 음식을 나누며, 나의
이집트 유학도 적극 찬조하고 추천해 주었다. 그 고마움을 가슴속
깊이 새겨두고 있다.

훌륭한 스승들을 만나 그분들의 가르침과 사랑 속에 배움의 순풍

을 타고 미래를 향한 꿈이 영글어 가고 있었지만, '학습 잘하기'의 '호점(好點)'에 이르기까지 순풍만 탄 것이 아니라 역풍도 있었고, 어려움도 적잖이 겪었다. 가장 어려웠던 고비는 수강을 제대로 할 수 있을 때까지 '한어(漢語, 중국어)의 난관'을 극복하는 일이었다. 나는 옌볜의 순수 조선족 혈통의 가정에서 태어나 역시 순수 조선어(한글)가 통용되는 고급중학교 과정까지 마쳤으며, 그때까지 역시 순수 조선 국적자였다. 그러던 어느 날(1951) 갑자기 중국 소수민족의 일원인 조선족으로 국적이 바뀌고, 대학 진학 응시를 한 학기 남겨놓고 조선어 통용 대학(옌볜대학)이 아닌 중국어 통용 대학으로 진학하라는 국가의 명령이 떨어졌다. 사실 그때까지만 해도 중국어는 고급중학 시절에 외국어로 주당 두 시간씩 건성건성 배운 것이 고작이었다. 한자 지식은 소학교 입학 전 서당에서 모래판에 써가면서 익힌 천자문이 전부다. 그래서 억지로 대학 진학에 응시해 가까스로 합격했다.

그러다 보니 대학 문에 들어서는 순간부터 언어(중국어) 장벽이 갈 길을 가로막았다. 수강한답시고 교실에 들어가면 교수님의 강의는 열 마디 중 겨우 한두 마디만 알아들으니 처음에는 짜증만 나고 속만 타들어 갔다. 그럴수록 귀청을 최대치로 열고 처음부터 끝까지 꼼꼼히 경청하고 알아들은 단어만을 노트에 기록하곤 했다. 그럴 때면 교수님은 조교에게 방과 후 개별지도를 지시했다. 그런가 하면, 나는 나대로 학우들과의 접촉 기회를 늘리기 위해 소수민족을 우대한다고 두 명만 합숙하는 방을 내놓고 자진해서 네댓 명이 합숙하는 너른 방으로 옮겨가 여러 학우들에게 도움을 받고 회화 능력도 키웠다. 약 1000여 개의 격언이나 고사성어집을 따로 만들어 무조건 외위대는 만용도 부려봤다. 필요한 만용이었다. 이렇게 한 학기가 지나니 귀가 약간씩 뚫리기 시작했다.

고학년이 되면서 교과목들의 전문성이 높아지고 심도가 깊어짐에 따라 '사서오경(四書五經)'을 비롯한 경서들과 『삼국지』나 『홍루몽』 같은 고전들이 자주 인용된다. 고학년에는 고전 번역이라는 비교적 어려운 과목이 따로 주어져 '중국어-아랍어', '아랍어-중국어'의 고전 번역을 전수한다. 중국 학우들의 경우, 벌써 중등교육 수준이면 웬만한 중국어 경서와 고전을 줄줄이 외웠다. 식자들의 문장에 경서나 고전에서 따온 몇 마디 인용하지 않으면 졸문으로 문전박대를 당하기 일쑤였다. 따라서 고전 돌파가 당면한 난제로 나를 옥죄었다.

'언어의 난관'을 갓 벗어난 터에 경서나 고전의 내용을 파악하고 번역한다는 것은 결코 쉬운 일은 아니었다. 중국 학우들에 비해 배가로 노력하지 않으면 뒤처질 게 자명했다. 탈출구는 오로지 하나, 시간과의 싸움이며 노력의 절대적 투자다. 자정이 지난 줄을 잊은 채 교실을 홀로 지키는 일이 비일비재했다. '학습 잘하기' '호점'을 그나마 딸 수 있었던 것은 무엇보다도 그러한 노력의 덕분이고 결과였다. 여기에 부수적인 한 요인을 덧붙인다면 '지적 돌연변이'에서 비롯된 '재생되는 환각'의 인연을 들 수 있다. 아무튼 그렇게 훌륭한 은사들의 가르침 속에 자신을 지지고 볶으면서 학업을 연마했기 때문에 뒷날 창창한 대로를 활보할 학문적 토대가 대학 시절에 마련되었다.

베이징대학의 학생 양성 지표 세 가지, 즉 '3호' 중 두 번째(2호)는 '공작(사회 활동)을 잘하기'다. 베이징대학 학생 수칙을 보면, 학생들은 '인민을 위해 복무'하는 데 필요한 모든 공작에 적극 참가하는 것이 하나의 의무로 규정되어 있다. 새 중국 건국 초기인 당시에는 '인민을 위한 복무(봉사)'가 최고의 가치이고 미덕이었다. 마오쩌둥의 친필로 '베이징대학'이라고 새겨진 학교 휘장 위에 역시 그의 친필인 '위인민복무'란 명패를 달고 다닐 정도로 '인민을 위한 복무'가 지상의 가치와 미덕으로 중요시되던 시기다. 건국 초기 숱하게 제기되는 사회개혁의 추진 요인은 바로 이 '인민을 위한 복무' 정신이었다. 따라서 '복무'에 필요하면 공무원이건, 군인이건, 학생이건 무조건 호응했어야만 했다. 이러한 사회 활동과 사회참여는 건국 의지의 발현이기도 했지만, 인간 개조의 방책이기도 했다. 사람들로 하여금 이러한 사회 활동에 참여하게 함으로써 현장에서 사회의 각종 부조리와 병폐를 파악하고, 창의성과 근로정신 및 협동 정신을 배양하며, 사회적 윤리 도덕을 터득하게 하는 등 인성 도야에 크게 기여했다.

미래의 역군이 될 학생의 경우, 이러한 사회 활동이나 사회참여는 미래를 위한 바람직한 준비이고 경험이며 축적이다. 그리하여 사회 활동이나 사회참여를 학생들이 지켜야 할 수칙으로 의무화하고 독려했다. 나는 기본적인 '언어 난관'을 극복한 2학년 2학기부터 대학 내 신민주주의청년단 조직부 간사로 임명되어, 처음에는 당안 관리 업무를 보다가 약 1년 후부터는 청년단 지부(세포) 조직 간사를 맡았다. 비상근 일꾼으로 격일(오후)로 출근해 업무를 처리하곤 했다. 청년 학생들에 대한 조직 사업을 경험한 좋은 기회였다. 당시 대학 신민주주의청년단 서기(위원장)는 나보다 5~6세 연상인, 이 대학 물리과 출신으로 훗날 중국신민주주의청년단 총서기를 거쳐 공산당 정치국 상무위원까지 오른 후치리(胡啓立)였다. 4년 후인 1957년 내가 카이로대학에 유학 중일 때, 청년단 대표단을 이끌고 이집트를 방문한 후치리를 카이로대학에서 만났다. 반가운 인사를 나누고 하루를 대표단과 함께 여러 유적지를 관광하면서 보냈다.

한편, 새 중국의 건국 초기라 무질서와 혼란 속에 많은 건설과 개혁 사업을 추진하는 데 숱한 인력 자원이 시급히 필요했다. 그 자원의 주요 원천의 하나가 바로 대학생들이었다. 재학 기간 댐 건설과 철도 부설, 식목, 공공건물 건설, 농사 돕기 등 노동 현장 투입은 부지기수였으며, 문맹퇴치의 주역으로서 대학 부근의 농촌에 나가 야학을 돕는 일도 다반사였다. 그런가 하면 1950년대 전반에 거쳐 신생 국가를 전복하려는 60만 '반혁명 분자'들을 색출하는 이른바 '반혁명진압운동'이 벌어졌을 때도 '촉망'받는 일부 대학생들이 연일 동원되었다. 지금도 기억에 생생한 것은, 베이징시에서 남쪽으로 약 60리 떨어진 다싱현(大興縣) 감옥에 몇 차례 찾아가 현지 공안(公安, 경찰)들과 함께 반혁명 분자 7~8명을 심문하던 장면이다. 몇몇은 심문에 공손히 응했으나, 몇몇은 독기 어린 눈매로 쏘아보면서 심문에 불응하거나 묵묵부답으로 일관했다. 섬뜩한 경험이라서 오래도록 잊히지 않았다.

끝으로 학생 양성 지표의 '3호' 중 하나는 '건강을 잘 챙기기'다. 일찍부터 대학의 현대화를 지향하면서, 지덕체의 '3호' 구비를 중시해 온 베이징대학은 '새 중국'(중화인민공화국을 뜻하는 어휘로서 당시 중국인들이 즐겨 사용했다) 건국 후 '건강 잘 챙기기'를 학생에 대한 3대 양성 지표의 하나로 의무화하고, 적극적으로 추진했다. 대학에서는 매일 오후 한 시간을 '과외활동'이라는 공식 교과목으로 정해, 각자의 취미에 따라 반드시 운동이나 서클 활동을 하게 했다.

나는 대학 축구부에 속해 매주 3회씩 '과외활동' 시간에 집단 훈련을 하고 매월 적어도 2회씩은 대외 경기에 출전했다. 당시 베이징에만 해도 대학급 축구단이 20여 개가 있었으며, 서로 경기도 자주 했다. 그리고 당시는 건국 초기라서 중국을 대표하는 국가팀은 아직 없었고, 둥베이, 베이징, 화베이, 상하이, 화난, 시베이 등 지역 단위별로 대표팀을 꾸리기 시작할 때다. 우리 대학팀은 선수 20여 명으로 꾸려졌는데, 여러 나라 유학생들을 망라한 다국적 팀이다. 1950년대 당시는 헝가리, 동독, 소련, 체코슬로바키아 등 동유럽 사회주의 나라들이 축구에서 강세를 보일 때라서 우리의 다국적 혼합팀은 맞수가 별로 없었다. 여기에다가 후에는 옌볜대학 축구팀 주장 오동규(吳東奎, 중간공격수, 옌볜대학 정치학과 1기 졸업생으로 베이징대학에 와 연수 중이었다) 선배까지 합세해서 문자 그대로 '무적의 함대'였다. 실력이 일변도라는 여론이 일자, 우리 팀은 외국 유학생 출전 선수를 한 명으로 제한했다.

키가 177센티미터인 나는 상대적으로 크고 골격도 굵으며 공도 어지간히 다룰 줄 알아서 대학 대표팀 출전 시 미드필더(등번호 5번, 당시 포지션은 지금과는 달리 1-2-3-5제)의 포지션을 맡았다. 대학 4학년 때 대학 축구팀 감독인 양(楊) 교수(7~8세 연상)의 권유로 화베이 지역 내의 경기에 베이징팀으로 몇 번 출전했는데, 그때 포지션은 후위(後衛 3번, 주장 양 교수는 5번)였다. 키가 작달막하고 아주 다부진 몸매를 가진, 엄하면서도 친절을 잃지 않고 세심하고 애정을 담아 가르치던 양 교수에 대한 기억이 새삼스럽게 되살아난다. 양 교수는 새로 꾸리는 화베이팀에 들어가면 국가 대표팀으로 가는 길이 열릴 수도 있다면서 몇 번이고 권유의 말을 넌지시 던졌다. 그럴 때면 나 역시 넌지시 거절의 의사로 되넘겼다.

그 시절의 축구 이야기를 꺼내니 문뜩 잊히지 않는 한 장면이 파노라마처럼 스쳐 지나간다. 1953년 늦가을의 어느 날로 기억된다. 당시 베이징대학교를 비롯해 부근의 칭화대학교 등 여러 대학에 북한 유학생 수백 명이 있었다. 그중 대부분은 베이징대학에서 약 1년간 중국어를 공부한 후에 각 대학의 전공과에 배치된다. 그 덕분에 나는 그들과 교분을 쌓아갔다. 어디 가나 조선 사람들은 축구를 즐기는 터라, 그들 역시 이역 땅에 와서도 축구팀을 꾸려 주로 중국 대학팀과 자주 친선경기를 벌이곤 했다. 그럴 때면 스스럼없이 나를 불러 팀에 합류하자고 한다. 시간만 맞으면 나는 흔쾌히 응했다. 피는 물보다 진하므로.

그날에는 특별한 경기가 있으니 꼭 함께하자는 전갈이 왔다. 행선지는 베이징 교외에 있는 징산(景山) 기슭의 중국인민해방군 총정치부 산하의 축구장으로, 이날 중국인민지원군 축구팀과 북한 유학생팀 간의 친선경기가 마련되어 있었다. 어찌 보면 불청객이지만 나는 마냥 유학생팀의 일원이 되어 뛰고 또 뛰었다. 경기가 끝난 뒤 조촐한 다과회가 있었는데, 우리는 우리 민족 모두의 구전민요인 〈아리랑〉으로 이날의 뜻깊은 행사를 마감했다. 뒷날 안 일이지만, 이날 행사에는 전남 광주 출신으로 〈중국인민해방군군가〉를 작곡한 정율성(鄭律成) 선생이 자리를 함께했으며, 상대방인 지원군 축구팀 주장은 옌볜고급중학교 1기 졸업생인 동문 김광수(金光洙, 후일 옌볜대학 체육과 교수로 부임) 선배였다.

스승 지셴린 선생을 기리며

　　　　　　　백수(白壽)를 눈앞에 둔 노스승 지셴린 선생이 타계했다는 비보를 접했을 때 슬픔과 애달픔을 금할 수 없었다. '국학의 대사', '학계의 태두', '국보'로 높이 추앙받아 온 선생의 타계는 중국뿐만 아니라 세계 학계의 크나큰 손실이다. 옷을 여미고 머리 숙여 심심한 애도의 뜻을 표했다.

　노스승과의 첫 인연은 70년 전으로 거슬러 올라간다. 1952년 여름, 중국에서 처음으로 실시된 전국통일입학시험에 합격했다는 소식만 듣고 한달음으로 베이징대학에 찾아갔을 때, 대학은 시내에서 지금의 자리로 이사하느라 개교를 미루고 한창 기숙사를 짓고 있었다. 신입생이 기거할 곳은 아직 마련되지 않았다. 아득히 먼 변방 옌볜에서 마차와 버스, 기차를 번갈아 타며 4박 5일이나 걸려 찾아온 곳이므로 다시 고향으로 돌아갈 수는 없는 일이다. 동방학부 신입생으로서 의지할 곳은 학부 주임(학장) 지 선생뿐이었다. 학자풍의 인자한 지 선생은 제자의 사연을 듣고는 무턱대고 자택에 와 지내라고 제안했다. 초면에 차마 그럴 수는 없어 사양하니, 친히 대학 관리 부서로 이끌고 가 대책을 신신당부했다. 결국 실내 체육관 2층에 매트리스를 깔고 임시 거처를 마련했다. 거기서 달포나 지내는 동안 선생은 몇 번이고 찾아오셨다.

　학기가 시작되자 동방어학 분야 중(당시는 아홉 개 어학) 전공 어학을 결정해야 했다. 물론 전공은 고등교육부나 대학 당국이 최종적으로 배정하지만, 학생들의 지망도 참고하기 때문에 전공 선택을 심사숙고하지 않을 수 없었다. 역시 상의를 드릴 분은 선생뿐이었다. 12

개 언어에 달통하고 언어학에도 조예가 깊은 선생은 한국어와의 상관성을 감안할 때는 몽골어가 적절하지만, 전망성으로 미루어 볼 때는 아랍어를 택하는 것이 더 좋겠다는 조언을 해주었다. 사실 한국어와 몽골어와의 관련성은 어슴푸레하게나마 알고 있었지만, 아랍어의 '전망성'에 관해서는 전혀 문외한이었다. 결국 선생의 '더 좋겠다'는 조언대로 아랍어과에 배정되었다. 그 배정에는 선생의 뜻깊은 배려가 깃들어 있었을 것이다. 이렇게 아랍어와의 인연은 시작되었다. 그 후 이집트 카이로대학 유학을 비롯해 지금까지 50여 년간 내내 아랍-이슬람 세계와 씨름하면서 선생의 그 탁월한 선견지명과 사려에 거듭거듭 감복하곤 한다.

 선생은 인문학의 모든 분야를 두루 통섭한 학계의 태두이자 동양학의 거장이다. 선생의 학문적 연구 분야만 해도 고대 인도어, 토카리스탄어, 고대 인도 문학, 인도 불교사, 중국 불교사, 중앙아시아 불교사, 당사(唐史), 중국-인도 문화교류사, 중국-외국 문화교류사, 중국-서구 문화의 비교, 미학과 중국 고대 문학예술론, 독일 및 서양 문학, 비교문학, 민간 문학, 산문 창작 등 실로 다종다양할 뿐만 아니라 모든 분야에서 발군의 업적을 남겼으니 실로 놀라운 일이 아닐 수 없다. 선생께서는 구십 평생 『지셴린문집』 24권을 비롯해 박학다식한 저서와 역서를 총 122권 출간했다. 그래서 선생께서는 고문자학자, 사학자, 동방학자, 사상가, 번역가, 불교학자, 산스크리트어 학자, 작가 등 근 열 가지 학문적 전문가 칭호가 따라다닌다.

 특히 산스크리트어 고전 학문 분야에서는 세계적 석학으로서 타의 추종을 불허한다. 해박한 고전 지식으로 동양학의 원류를 밝히는 선생의 강의와 논저는 구지욕에 불타는 우리 젊은 학도들의 가슴속을 깊이 파고들었다. 40여 년이 지나서 이순을 훨씬 넘긴 나이에 이 제자가 감방에서 만학으로나마 산스크리트어를 익히려고 한 것은 바로 선생이 일찍이 심어준 학문 인자의 싹이 돋은 덕분이다. 이것이야말로 제자가 스승의 학문을 이어받는 '사자상승'일진대, 학문은 그래야 이어지고 살찌는 법이다.

1955년 말, 카이로대학 유학을 앞두고 선생 댁에 들렀다. 만면에 환한 웃음을 지으며 제자의 두 손을 꼭 잡고 축하해 주었다. 한 말씀 부탁드리니, 잠시 사색에 잠겼다가 "아랍은 고전의 보고"이니 고전부터 독파하라고 당부하며 아랍 고전에 관한 연구는 독일이 가장 앞섰다고 덧붙인다. 학문에 달관한 스승의 그 말씀이 무엇을 뜻하는지 짐작하고는 그대로 하리라 마음먹었다. 유학 기간에 어렵지만 고전에 대한 접근만은 끈을 놓지 않았다. 그 접근을 위해 스승이 예시한 대로 독일어에도 손을 댔다. 고전은 학문의 샘이다. 샘물만이 참 물이다. 강물이나 냇물은 이미 참 물이 아니다. 뿌리 없이 휘젓기만 하는 얄팍한 학문적 세태를 탈피하는 첩경은 '고전벽(癖)'이다. '고전벽'에 미쳐야 학문의 경지에 미치게 된다. 이것은 스승의 가르침에서 터득한 제자의 학문적 신조다. 스승을 떠나보내던 순간, 신조를 새삼 되새겼다.

세월은 어느새 8년을 훌쩍 뛰어넘어 1963년 환국을 앞둔 어느 날 인사차 노스승을 찾아갔다. 그날도 선생은 고전 속에 파묻혀 무언가 깊이 사색하고 계셨다. 이제 머리에는 서리가 내려앉기 시작했다. 찾아온 사연을 말씀드리니, 처음엔 흠칫 놀라워하다가 이내 평정을 되찾고는 특유의 인자함과 소탈함으로 동정을 표한다. 선생은 늘 나를 중국 경내에 사는 소수민족인 조선족의 일원으로 여기지 않고,

조선(한국)의 한 젊은이로 보았기에 제자의 환국을 오히려 의젓하게 생각하셨다. 어쩌면 마지막이 될지 모를 노스승과의 만남은 아쉬움을 감싸는 환담으로 이어졌다. 인생과 학문에 관해 또 한 차례 많은 귀중한 가르침과 당부의 말씀을 들려주었다. 지금도 잊히지 않는 것은 '위국효용(爲國效用)', 즉 "나라(조국)를 위해 배운 것을 효과 있게 쓰라"라는 독려였다. 그러면서 산스크리트어 번역 시집 한 권을 작별 선물로 주셨다. 노스승은 참으로 학문도 바닥 없이 깊거니와 도량도 한량없이 넓으신 분이다.

선생은 높은 학덕만큼이나 인품 또한 고매하다. 늘 빛바랜 중산복 차림에 천으로 지은 책가방을 자전거 핸들에 걸쳐놓고 대학 캠퍼스를 누비던 그 수수하고 소탈하던 모습이 지금도 눈에 선하다. 선생은 부드러우면서도 결코 불의 앞에선 굽히지 않는, 유약한 지식인이 아닌 강인한 지성인의 표상이다. 선생의 삶의 좌우명은 도연명의 시 한 수에서 따온 "거칠고 변화 많은 세상에 무엇을 기뻐하고 무엇을 두려워하랴, 마땅히 해야 할 일을 하면 걱정할 것이 없으리"다. 얼마나 호방하고 떳떳한 인생관인가. 뒤에 들은 이야기지만, 그 무지막지한 '문화대혁명' 때는 죽음을 무릅쓰고 앞장서 맞받아 나갔다고 한다.

당시를 회고한 책 『우붕잡억(牛棚雜憶)』(『외양간의 갖가지 기억』, 여기서 '외양간'은 '문화대혁명' 때 비판 대상자들이 갇혀 있던 장소를 빗댄 말)에 의하면, 스승은 연금 상태에서 낮에는 홍위병들로부터 '비판'을 받으면서도 밤에는 서양 시를 중국어로 번역했다고 한다. 지성인의 참모습이다. 그래서 국무총리 원자바오(溫家寶)는 병석에 누운 선생을 다섯 차례나 방문해 치국(治國)의 가르침을 구하면서 '정신적 스승'으로 높이 모셨다고 한다. 학계의 거목이 쓰러졌으니 세상이 다시 방황하게 될 것이라고 중국인들이 우려했던 이유가 바로 여기에 있다. 학문이 중히 여겨지고, 학자가 대접받는 사회만이 진정한 문명사회이고 바람직한 미래 사회다.

스승이란 제자의 삶을 일깨우고 이끌어 주는 사표이다. 스승의 가르침과 인도가 있기에 사람은 성숙하고 사회는 발전한다. 참 사표, 참 제자가 고갈된 사회는 병들고 썩은 사회, 무망(無望)의 사회다. 일일지사 백세지부(一日之師 百歲之父), 즉 '하루 스승 백년 어버이'라는 말은 스승의 가르침이 얼마나 소중하고 영원한가를 일러준다. 스승과 제자의 인연이야말로 전세와 현세 그리고 내세까지 이어지는 '사제삼세(師弟三世)'라고 하니, 인연 치고는 가장 끈질긴 인연이라 아니할 수 없다. 그럴진대 스승이 남기고 간 유업은 제자가 맡아 수행해야 한다. 학문에 국경이 없듯이 사제 간에도 국경이 따로 있을 수 없다. 노스승과 같이 덕재(德才)를 겸비한 세기의 '사건 창조적 인물'에겐 더더욱 그러하다.

스승이시여, 저승에서 이승의 학문 개화를 지켜보면서 고이 잠드소서. 다시 한번 머리 숙여 명목을 비는 바이다.ⁱⁱⁱ

---

iii 프레시안에 실었던, 스승 지셴린 선생을 기리는 추모사를 일부 수정했다. (정수일, 〈스승 지셴린 선생을 기리며: [추모사] 한국에 있는 제자 정수일이 삼가〉, 《프레시안》, 2009.7.16.)

조국 헌신은 지고의 위업

돌이켜 보면, 베이징대학에서의 한때는 내가 큰 걸음으로 지적 세계에 다가서서 인생관의 좌표를 확고하게 세운 시기였다. 그런데 여기에는 뜻을 같이하는 옛 학우들(주로 고급중학교 동창생들)과 지인들로부터의 큰 공명과 연동이 있었다. 그들과의 진솔한 인생 담론은 서로의 눈을 크게 뜨게 했다.

1954년 대학 3학년 때의 설날로 기억하는데, 나는 몇몇 학우들에게 보내는 연하장에 '위국헌기위지고(爲國獻己爲至高)'라는 칠언구(七言句)를 적어 보냈다. "나라를 위해 자기를 바치는 것이야말로 가장 숭고한 일이다"라는 뜻이다. 여기서의 '국'은 다들 숙지하는바, '중국'이나 일반 '나라'가 아니라, '조국-조선'의 은어였다. 조금은 거창한 교설 같지만, 사실 이것은 낯선 이국땅 타향살이에서도 조국과 겨레를 잊지 않고 장밋빛 미래를 설계하던 우리 열혈 청년들의 한결같은 지향이자, 인생의 좌표였다.

나는 재학 시 방학이 되어 짬만 생기면 선열들이 비록 이국땅이지만 몸과 마음을 다 바쳐 조국의 독립과 광복을 위해 일편단심 싸웠던 여러 전적지를 두루 답사하면서 그들이 발휘한 '위국헌기위지고'의 애국 애족의 숭고한 정신을 현장에서 체감하며 많은 감명을 받았다. 그리고 아직은 미숙한 인생관을 지니고 천방지축(天方地軸) 물불을 가리지 않는 철부지 시골내기가 어쩌다 번듯한 베이징대학에 들어가니 거기는 말 그대로 별천지였다. 볼거리, 읽을거리가 지천으로 깔려 있어서 지적 욕구를 충족시키기에는 부족함이 없었다. 게다가 학생 신분이지만 격변기의 여러 가지 사회변혁 운동에도 몸을 담아 세상사를 직접 체험하기도 했다. 그런 와중에서 이 '위국헌기위지고'라는 칠언구를 영원한 인생 좌표로 삼게 되었으며, 그것이 뜻밖에도 훗날 이순의 중반에 이르러서 내 개인 아호(雅號)인 위공(爲公)의 작명 근거가 되었다. 참으로 세상사란 무상무궁(無常無窮)해 예측이 어렵다.

1998년 여름 대전교도소에서 부산교도소로 이감된 지 열흘쯤 되던 어느 날 높이 3미터는 실히 되는 원추형 단독 운동장 어귀에서 운동을 마치고 감방으로 돌아가는 웬 '적색 흉패인(胸牌人)' 한 분과 마주쳤다. 교도소에서 '적색 흉패인'은 붉은색 바탕의 흉패(일반 수인은 백색 바탕)를 부착하고 있는 공안수(정치범)나 사형수를 지칭한다. 이렇게 교도소에서는 공안수가 살인범 같은 사형수와 등치(等値) 취급되고 있다. 문명 세계의 비극이 아닐 수 없다. 그 '적색 흉패인' 요수(僚囚, 수감 동료)는 이른바 남민전 사건으로 수년째 수감 중인 유명한 세계적 수학자이며 통일운동가인 안재구(安在求, 나보다 한 살 연상) 선생이었다. 선생은 나를 먼저 알아보고 인사를 건넸다. 얼결에 눈길만 마주치고 헤어졌다.

얼마 후 역시 그곳에서 다시 마주치자 선생은 대뜸 호를 묻는 것이었다. 예로부터 제 이름 석 자라도 쓸 줄 아는 사람이면 으레 호 하나쯤은 가지는 것이 상례로 여겨졌다. 그도 그럴 것이 나이 들어 어른 대접을 받는 사람의 이름을 함부로 부르는 것은 불경스러운 일로 여겨졌다. 그래서 아호 격인 '호'라는 것이 생겨났다. 그래도 나는 여태껏 그따위는 무시하고 무호인(無號人)으로 편히 살아왔다. 며칠 후 또다시 만났을 때 안 선생은 친히 두 가지 호를 지어 와서 고르라고 한다. 호마다 너무나 장엄한 내용이 들어 있어 마음에 거슬리기도 하거니와, 그때까지만 해도 호를 가질 생각이 별로 없었다.

이미 고인이 된 선생(삼가 명복을 다시 한번 빈다)의 호의에 찬 제의를 받아들이지 않은 미안함이 늘 마음속을 맴돌고 있는 데다가, 본의 아니게 취한 가명(깐수)이 회자되고 있는 마당에, 그것을 상쇄하기 위해서라도 호 하나쯤은 필요할 것이라는 생각이 점차 들었다. 그렇다면 무엇으로 할 것인가? 요체는 어떤 상징성을 띠는 것이다. 궁리 끝에 젊은 시절부터 내 인생의 좌표로 삼아왔던, 그리고 학우들과 뜻을 같이했던 바로 그 '칠언구'에서 찾아보기로 했다. 급기야 찾아낸 것이 주제구(主題句)이기도 한 '위국(爲國, 나라 위함)'이었다. 그러나 너무나 거창하고 딱딱한 감이 들어서, 부드러우면서도 그 '위함'의 대상이 좀 더 보편성을 띠어야 하겠다는 생각이 들어, '위국'을 '위공(爲公, 남을 위함)'으로 바꾸기로 했다. 지난 40여 년간 이것저것 세계와 부딪치면서 세계에 대한 안목이 그만큼 넓어진 증좌이기도 하다.

나는 일단 '위국헌기위지고'라는 칠언구를 삶의 좌표로 설정하고, 학우나 지인과 그 뜻을 공유하면서 지성인으로서 우리가 어떻게 초지를 이어 그 뜻을 끝까지 지키고 실천하겠는가에 담론의 초점을 맞췄던 것이다. 요컨대 나라를 위해(위국) 자신을 바치는(헌기) 데서 지성인이 앞장서서 수범을 보여주어야 한다는 것이 나의 일관된 소신이고 지론이었다. 그러기 위해 나는 베이징대학 조선어과 도서실이나 대학 도서관에 자주 들러 우리 민족의 지성사에 관한 사료들을 있는 대로 섭렵했다. 특히 한국전쟁 때 북한사회과학원 언어연구소에서 베이징대 조선어과에 전문가(專家, 고문)로 파견한 류열(柳烈) 교수로부터 남한의 지성사에 관한 연구 현황을 깊이 있게 알게 되었다.

　차제에 재학 시 특별한 스승으로 모시고, 지성사 특히 망국과 민족상잔의 비극으로 점철된 우리나라의 근현대사에서 지성들이 마땅히 해야 할 역할에 관한 대화를 많이 나누고 가르침을 받았다. 류열 선생은 이 모든 비극을 몸소 체험한 분이었다. 그리하여 차제에 선생에 관한 잊지 못할 회고담 몇 토막을 기억나는 대로 되새겨 보려고 한다. 선생은 1953년 초 한국전쟁이 막바지에 이르렀을 때 북한에서 공식 파견한 전문가로 베이징대학 조선어과에 부임했다. 대학 측에서는 8대 석좌교수들만이 거주하는 특별 주택 구역 내의 2층짜리 저택을 선생 일가(할머니와 사모님, 선생, 두 자녀)에게 마련해 주고, 사모님도 조선어과 전임교수로 위촉하는 배려를 했다. 선생께 첫인사를 드리려고 댁에 찾아갔을 때 조선족 학생이 조선어과가 아닌 아랍어과를 선택한 데 대해 매우 의아해하면서 내가 조선인 중 첫 아랍어 습득자라면서 무척 반가워했다. 그러면서 언어학자로서 아랍어, 특히 고대 아랍어의 연혁에 관해 이모저모를 물으며, 아랍-이슬람 세계의 역사 문화에 관해 깊은 관심을 보였다.

　꼿꼿한 외모에 말수가 적고 겸손이 몸에 밴 선생은 전형적인 선비의 모습이다. 그러나 일단 마주 앉으면 그렇게 친절하고 다정다감하며 솔직할 수가 없다. 스스럼없이 묻고 대답하며 지적이나 비판을 마다하지 않는다. 마침 저택이 우리 기숙사와 지척에 있어 허물없이 자주 드나들었다. 특히 인자하신 할머니는 식후라도 찾아가면 객지에서 고생한다면서 난생처음 맛보는 남도 음식을 꼭꼭 차려주시곤 했다. 사실 할머니로부터는 한 번도 가보지 못하고 들어보지도 못했던 남한 사회의 민간 풍습이나 경상도 사투리 같은 귀중한 지식을 귀동냥할 수가 있어 할머니와의 만남은 늘 유익하고 흥미진진했으며 기다려지는 호기였다.

한평생 고대의 우리말을 연구한 저명한 언어학자 류열 선생은 우리나라 역사나 문화에도 조예가 깊다. 이번 회고록을 정리하면서 스승에 관한 앎이 너무나 빈약함을 개탄하던 중 우연히 광복 직후 조선어학회에서 함께 활동했던 고려대학 국문과 김민수 명예교수가 다음 날 서울을 방문하는 류 선생에 관해 쓴 짤막한 회고록 한 편을 발견(《국민일보》 2000.8.14.)했다. 김 교수는 류 선생이 "우리말 연구에 무서우리만치 철저했던 사람"이라고 회고하면서, 선생의 이력과 연구 업적에 관해 간략하게나마 소개했다.

'우리말 지킴이' 류 선생은 경남 진주고보를 졸업한 뒤 독학으로 우리말 공부와 연구를 계속하다가 늑막염을 앓으면서도 한동안 우리말을 잃었던 아이들을 위해 『현대 학생 우리말 사전』과 『알기 쉬운 한글 강좌』를 각각 편찬했다. 1945년 광복 당시는 『우리말큰사전』의 편찬위원으로 불철주야 활동했다. 월북 후에도 우리말 연구를 이어오다가 1983년에는 북한에서 삼국시대 한자로 표기된 인명과 지명, 관직명을 우리말로 풀이한 『세 나라 시기의 리두에 관한 연구』를 편찬함으로써 고대 국어 연구의 독보적인 존재로 평가받았다. 김 교수는 월북 이전 류 선생이 펴낸 국어 연구 서적들을 수십 년간 고스란히 소장하고 국문과 수강생들에게 소개하기도 했다면서 "류 교수의 가장 큰 업적은 일제강점기에 잊혔던 우리말의 복원과 보급에 앞장섰다는 점"이며, "우리말 연구에 대한 그의 열정은 사상적 궤적을 떠나 그 가치를 인정받아야 할 것"이라고 강조했다.

공교롭게도 류 선생이 서울을 방문한 2000년 8월 15일은 내가 특별사면으로 출옥한 날이다. 방문 일정을 사전에 알기만 했어도 근 반세기 만에 우리의 해후(邂逅)는 다름 아닌 서울에서 이루어졌을 것이다. 그렇게 되었더라면 나는 "선생님, 그 시절 선생님께 맹세한 '위국헌기위지고'의 뜻이 이루어져 이렇게 해후하게 되니 정말 감개무량합니다"라고 첫인사를 드렸을 것이다. 선생도 무척 반가워하고 자랑스러워했을 것이다. 그 시절 나는 선생께 삶의 좌표로 세운 이 칠언구의 의지와 소신에 관해 생각한 바를 여러 차례에 걸쳐 소상히 여쭙고 가르침을 받았다. 선생은 나를 전폭적으로 지지하며 격려 말씀을 아끼지 않았다.

선생이 들려준 여러 격려의 말씀 가운데서 나의 폐부를 가장 감명 깊게 찌른 것은 몇몇 애국지사들이 나라와 겨레를 위해 자신의 모든 것을 초개처럼 바친 '헌기(獻己)'의 비장한 이야기였다. 그러한 이야기들은 여과 없이 뜻을 같이한 학우들과 지인들에게 즉시즉시 전하곤 했다. 모두들 크게 감동했다고 이구동성이었다. 그래서인지 그러한 이야기들은 지금까지도 생생한 기억으로 내 뇌리에 남아 있다. 그 몇 가지를 추려 한번 반추해 보고자 한다.

1910년 나라가 경술국치를 당하자 시골에 칩거해 있던 반골 선비 매천(梅泉) 황현(黃玹) 선생은 "나라가 선비 기르기 500여 년인데, 나라가 망하는 날 한 사람도 죽는 자가 없다면 어찌 통탄스럽지 않으랴"라고 절규하면서 "망국 선비로는 못 산다"라는 유언과 함께 그 유명한 「절명시(絶命詩)」 4수를 남기곤 더덕술에 아편을 타 마시고 자결했다. 매천은 3수에서 이렇게 애절하게 읊조리고 있다.

새와 짐승도 슬피 울고 강산도 찡그리니 鳥獸哀鳴海岳嚬

무궁화 온 세상이 이젠 망해버렸어라 槿花世界已沈淪

가을 등불 아래 책 덮고 지난날 생각하니 秋燈掩卷懷千古

인간 세상에 지식인 노릇 하기 어렵기도 하구나 難作人間識字人

세상과 나라에 대한 응분의 사명을 뒤늦게나마 깨달은 매천의 원통함이 그대로 스며 있으나, 오히려 자결로 그 사명을 다하는 비장함과 떳떳함이 더욱 돋보인다. 여기서 매천이 말하는 '지식인'은 분명 지식의 사회 환원을 자각한 '지성인'을 지칭한다. 매천은 자신의 경험을 통해 지성인이 되기란 어렵다고 실토한다. 그러면서 그는 4수에서 "내 일찍이 나라를 버티는 일에 서까래 하나 놓은 공도 없거늘(曾無支廈半椽功)"이라고 대의명분을 중시하면서도 적극적인 행동에 나서지 못하는 지식인(선비)의 한계를 스스로 고백하고 있다. 그렇다. 글만 읽던 선비가 망국에 통탄해 자결까지 한다는 것은 실로 쉬운 일이 아니었을 것이다.

다른 한 분, 상해임시정부 제2대 대통령을 지낸 백암(白巖) 박은식(朴殷植) 선생은 자신을 '태백광노(太白狂奴)', 즉 백두산이 있는 도도한 나라의 사람으로서 망국을 슬퍼하며 미쳐서 돌아다니는 노예라고 자처하고, 또 '무치생(無恥生)', 즉 나라를 잃고도 살아 있으니 부끄러움을 모르는 인간이라고도 자책하면서 고고한 지성인의 고결한 정신 면모를 보여주었다. 망국을 통탄하는 유명한 역사책 두 권을 펴낸 백암의 이러한 자처나 자책은 모두 지성인으로서 나라를 되찾아야 한다는 사명감에서 우러나온 진심이었다.

또 한 분, 우리나라 실학의 디딤돌을 놓은 이익(李瀷) 선생은 자신을 글만 읽는 서생일 뿐, 실오라기 하나, 곡식 한 톨도 제힘으로 만들어 내지 못하는 한 마리의 '좀벌레'에 불과하다고 지성인으로서의 양심적인 자성을 토로한 바 있다. 현실 대응에 너무나 무맥함을 통탄하는 자성이고 자괴였다.

 이 밖에도 우리의 지성사에는 나라와 민족, 사회의 공익을 위해 헌기불사(獻己不辭)한 선례들이 수두룩하다. 우리는 그러한 선례들을 귀감으로 삼아 위국위공(爲國爲公)의 헌기로서 지고(至高)의 삶을 누려야 할 것이다.

3장

문명의
요람에서
세태에 눈뜨다

1956

1963

22세에서 29세

유학, 외교부, 대사관, 환국

유학, 두 수반이 공들인 합작품

1955년 4월 인도네시아 반둥에서 열린 제1차 아시아-아프리카정상회의에 갓 실권(총리직)을 장악한 이집트의 나세르와 중국의 저우언라이는 각각 나라의 대표단을 이끌고 회의에 참석했다. 저우 총리와 나세르는 회의에서 두 차례 만나 두 나라 간의 관계에 관해 의견을 나눴다.

회의 후 나세르는 동행한 종교부 장관 바쿠리(Ahmad Hasan al-Bakuri)를 중국에 파견해, 공산주의 국가 중국에서 이슬람교도들의 신앙생활과 아랍어 교육 실태를 현지에서 구체적으로 알아보도록 했다. 당시 비수교국인 '공산주의 중국'에 공식 사절단을 보낸다는 것은 실로 파격적인 선택으로, 나세르같이 젊고 패기 넘치는 권력자만이 할 수 있는 용단이었다.

그해 5월의 어느 날, 바쿠리 장관은 수행원 몇 명을 대동하고 비밀리에 아랍어 수업이 한창이던 우리 반 교실에 나타났다. 그는 교수의 양해를 구하고는 학우 다섯 명에게 표준 아랍어로 이런저런 질

문을 던졌다. 우리는 영문도 모른 채 성의껏 답했다. 동문서답은 아니었는지, 장관은 흐뭇한 기색으로 연거푸 "콰이스(좋아)!"를 외치고 나서는 교수님께 아랍어 교육에 관해 몇 가지를 묻고서 교실을 나섰다. 그 길로 바쿠리 일행은 베이징 시내에 있는 회민(回民, 무슬림) 학교와 마스지드(al-masjid, 이슬람 사원), 중국이슬람협회 등 이슬람과 관련된 여러 시설들을 찾아가 현장을 확인했다고 한다. 일종의 암행 사찰인 셈이다.

바쿠리는 귀국 후 나세르에게 중국은 공산국가이긴 하지만, 무슬림들이 여전히 이슬람교를 신봉하고 있으며, 아랍어와 이슬람을 공부하는 학생들도 제법 있고, 저우언라이는 양국 간의 친선과 교류를 중히 여긴다는 등 긍정적인 복명서(復命書)를 올렸다. 그러자 나세르는 즉각 실제적인 조처를 취하라고 하명했다고 한다. 급기야 바쿠리는 중국을 다시 방문해 중국 문화부장과 유학생 파견을 회복한다는 비공개 '양국문화협력기요(兩國文化協力紀要)'를 체결했다. 의정서는 즉시에 발효되어 처음에는 베이징대학 동방학부에서 4년째 아랍어 공부를 해오던 나와 샤산안 두 명이 선발되어 유학을 준비하다가 출국을 얼마 앞두고 저우 총리의 긴급 지시로 부랴부랴 학생 다섯 명과 교수 한 명이 추가되었다.

당시 소련을 비롯한 동구의 사회주의 나라들은 같은 사회주의국가인 중국의 유학생들을 학비를 받지 않고 무제한 받아들였다. 그러나 이집트 같은 자본주의 나라에 유학생을 파견하는 일은 우리가 첫 경우였다. 더욱이 이집트는 미수교국이라서 유학생 파견에 걸리는 문제가 한두 가지가 아니었다. 그렇지만, 중국 정부는 일기일회(一期一會)라 호기를 놓칠 수 없다는 판단으로 유학생 파견을 강행했다.

가까스로 준비를 마치고 떠날 시각만을 기다리던 11월 말 어느 날 저녁, 교육부에서 보낸 특별 차량을 타고 흥분 속에 중난하이(中南海) 쯔광거(紫光閣)에 갔다. 응접실에는 외교부와 교육부, 중국이슬람협회의 몇몇 간부들이 미리 와서 대기하고 있었다. 이윽고 평생 흠모해 마지않던 저우언라이 총리가 나타나 대기자들과 일일이 악수한다. 총리가 내 앞에 다가왔을 때 수행 비서가 나를 가리켜 조선족 학생이라고 소개하자 총리는 한참 나를 쳐다보다가 자상한 어조로 "어디서 왔는가?" 하고 물으셨다. "옌볜에서 왔습니다"라고 대답하자 "하오(好)……" 하며 몇 마디 했는데 무어라고 했는지 통 기억이 안 난다. 이것이 존경하는 저우언라이 총리와의 첫 만남이었다.

그 후 외교부 재직 시 몇 차례 총리의 아랍어 통역을 담당한 적이 있고, 후에 언급할 테지만, 1962년 모로코 주재 중국 대사관 근무 시절 현지에서 내 인생의 변곡점이 된 조국으로의 환국 탄원서를 직접 저우언라이 총리에게 올리기도 했다. 그로 인해 외교부에 소환되어 근 1년간 환국을 둘러싸고 외교부와 설왕설래 논쟁을 벌이고 있을 때 재차 총리에게 같은 취지의 환국 탄원서를 올렸다. 드디어 총리의 최종 결정 지시에 따라 나의 환국의 꿈은 실현되었다.

나는 평시 저우언라이 총리의 대한국관(對韓國觀)을 잘 알고 있었다. 당시로서는 실로 파격적인 대한국관을 견지하고 있었다. 그는 북한 대표단의 방문 석상에서 공개적으로 고구려와 발해의 옛 땅은 한국 땅이고, 한중 관계에 관한 잘못된 기록의 책임은 중국 측의 대국주의 사관에서 기인한 것으로서, 이러한 잘못에 대해 중국 측은 응당 사과해야 하고, 앞으로 양국이 노력해서 공통적인 역사관을 만들어 내자는 제안까지 했다. 돌이켜 보면, 저우 총리의 판단과 예견대로였다면 오늘과 같은 양국 간의 무모한 역사 전쟁은 애당초 발발하지 않았을 것이다. 환국한 후 안 일이지만, 북한에 세워진 유일한 외국인 동상은 함흥 흥남비료공장 구내에 세워진 저우 총리의 동상이 유일하다고 한다. 이렇게 저우언라이 총리는 내 생애에 영원히 잊지 못할 위대하고 존경하는 은인이다.

각설하고, 그날 회견장에서 있었던 이야기를 계속해 보기로 하자. 저우 총리는 자리에 앉아서는 교수와 학생 여섯 명의 이름과 출신 학교를 일일이 묻고 나서 나세르를 만나서 유학생 파견 문제를 논하던 과정을 생생하게 회고한다. 그 과정에 유학생 가운데 무슬림 학생이 누군지 물었다. 옆자리에 앉아 있던 교육부의 한 간부가 무심결에 없다고 대답하자, 총리는 금세 정색하면서 크게 나무란다. 자신이 무슬림 학생 파견을 명분으로 내세웠는데, 없다니 그게 말이 되는가 하고 강한 어조로 반문하면서 그 명분을 누구이 설명하는 것이었다. 그 명분은 지극히 정당했다. 저우 총리는 당장 두세 명을 무슬림 학생으로 교체하라고 하명했다. 그러고는 파견 예정이었던 산둥(山東)대학 중문과 교수의 짙은 사투리를 귀담아듣고는 외국 학생들에게 정확한 표준어를 가르쳐야지, 사투리를 가르쳐서야 되겠는가 하고 엄히 지적하는 것이었다.

궁색해진 교육부 간부는 일행이 내일 출발하기로 결정되어 카이로행 비행기표까지 이미 예약했고, 짐도 광저우행 열차 편으로 붙였다고 응수하려 했다. 그러자 총리는 비행기나 짐이 문제인가, 모든 일을 신중하게 제대로 처리해야 한다면서, 당장 비행기표 예약은 취소하고 짐은 돌려보내라고 지시했다. 그 밖에 유학생들을 홀로 보내는 것이 걱정된다면서 즉석에서 통화로 대외무역부 관계자를 불러 양국 간에 초보적으로 합의된 무역대표부 개설 문제를 최대한 빨리 매듭 지어 가급적 유학생들과 함께 떠나는 것이 좋겠다는 지시도 내린다.

이날 회견에서 남긴 총리의 기발한 유머는 지금도 기억에 생생하다. 총리는 배석한 외교부 유럽사(국) 사장 우렁시(吳冷西)에게 그의 이름에 빗대 "이제 서방에 대해서는 냉대만 하지 말고 뜨겁게 가까이할 줄도 알아야 한다"라고 비유법을 이용해 균형 잡힌 사고를 주문했다. 그러면서 끝으로 우리 유학생들을 향해 세 가지 행동 지침을 내렸다. 그 첫째는 유학을 통해 참다운 지능을 키움으로써 양국 간의 친선을 다지는 튼실한 교량이 될 것, 둘째는 사상과 감정의 소통을 위해 이집트와 기타 아랍 나라 청년들과 많이 사귈 것, 셋째로 자기에 대한 엄격한 요구를 계속 유지함으로써 부딪히는 난관을 자력으로 극복하고 해결해야 한다는 지침이었다. 그리고 이집트 정부나 교육부 및 대학에 폐를 끼치지 말며, 현지의 각종 규칙과 제도를 준수할 것까지 구체적으로 요구했다. 우리 유학생들은 유학 기간 내내 총리의 이 세 가지 지침을 기준으로 삼아 그대로 행동했다. 나는 저우언라이 총리를 이렇게 유학을 계기로 만난 것 이외에도 몇 번 총리의 통역을 담당하면서, 총리야말로 이 시대의 거룩한 '사건 창조적 위인'임을 절감하곤 했다.

총리의 현명한 지략과 선견지명에 감복하면서도 혹여 모든 것이 무위로 돌아가지나 않을까 하는 우려를 금할 수 없었다. 총리의 하명대로 비행기표 예약은 즉각 취소되었고, 짐은 며칠 후 되돌아왔다. 또한 사투리가 염려되었던 산둥대학 교수는 표준어를 제대로 하는 시베이(西北)대학 영어과 진자전(金家楨) 교수로 즉각 교체되었다. 그뿐 아니라 학생들 가운데서도 두 명은 무슬림 학생 리전중(李

振中)과 원량(溫亮)으로 교체되었다. 무역부에서도 무역대표부 개설 준비 작업으로 분주히 움직였다. 드디어 12월 22일 떠나기 하루 전날 밤, 총리는 일행을 다시 불렀다. 일행은 무역대표부 개설을 위한 선발대 열한 명, 교수 한 명, 우리 유학생 일곱 명, 모두 열아홉 명이었다. 총리는 한 달 전 지시했던 사항들 하나하나 실행 여부를 점검하고 나서 준비 상황에 만족을 표시했다. 총리와의 뜻깊은 환담은 근 두 시간이나 이어졌다. 건승 속에 다시 만날 것을 기대하면서 작별 인사를 나눴다.

이튿날(1955.12.23.) 일행은 기차로 베이징역을 떠나 닷새 만에 광저우(廣州)에 도착했다. 도중 우한(武漢)에서는 전쟁으로 파괴된 양쯔강 철교가 복구되지 않아 타고 간 기차를 두 칸씩 해체해 앉은 채로 배를 타고 약 20분간 강을 건넜다. 대안에 자리한 우창(武昌)에서 기차를 다시 조립해 광저우로 향했다. 광저우부터는 행동상 비밀 보장을 위해 일행은 두 개 분대로 나눠 선전(深圳)을 거쳐 드디어 홍콩에 입성했다. 미행을 따돌리느라고 택시 세 대에 분승, 이리저리 에돌아서 모싱링(摩星嶺) 정상에 수림으로 에워싸인 신화통신사 홍콩 분사 관저에 도착해 여장을 풀었다.

이튿날 이른 아침에 역시 두 개 분대로 나눠 지우룽(九龍)에 있는 치더(啓德) 공항에서 영국해외항공(BOAC) 소속 대형 여객기 편으로 이집트 입국 비자를 받기 위해 파키스탄 카라치로 향발했다. 10시경에 이륙한 비행기는 미얀마의 양곤과 인도의 뭄바이에 들르더니 해가 저물어서야 카라치 공항에 안착했다. 이곳에서 황궁호텔(Palace Hotel)에 투숙하면서 이집트 입국 비자 발급을 기다려야 했다. 비자 발급은 부지하세월(不知何歲月)이라 무턱대고 기다리는 수밖에 없었다. 무료함을 달래기 위해 인근의 명승지나 유적지를 찾아다녔다. 색다른 세상을 접하게 되니 어리둥절하기도 하고 이상야릇하기도 했다. 어차피 이제부터 살아가야 할 세상이니, 좋든 싫든 겪어야 하고 익숙해져야겠다는 초심을 가다듬었다.

다행히 좌불안석인 카라치에서의 생활은 열흘을 넘기지 않았다. 그래도 비자가 순조롭게 나와서 무역대표부 직원 열한 명이 1진으로 떠난 지 나흘 후 진 교수와 학생 일곱 명 2진은 역시 BOAC 편으로 카라치를 떠나 약 여덟 시간의 비행 끝에 카이로 공항에 안착했다. 이렇게 베이징에서 카이로까지의 여정에는 22일(1955.12.23.~1956.1.14.)이나 걸렸다. 공항에는 이집트 교육부 부부장 아흐마드 나지브 하심(Ahmad Najeeb Hashim) 박사를 비롯한 교육부와 카이로대학 직원들 그리고 나흘 전에 앞서 도착한 무역대표부의 유학생 관리 담당인 화(華) 서기관이 마중 나와 있었다. 하심 부부장은 교육부의 공무용 차에 동승해 카이로대학으로 직행했다.

하심 부부장은 대학 총장실에 들러 인사 겸 유학생 입학 신고를 한 다음 곧바로 기숙사 타운 책임자와 함께 대학 기숙사 타운으로 우리를 안내했다. 부부장은 타운 관리 사무실에서 관리 총감에게 일행을 일일이 소개한 다음, 숙식 문제에 대해 물었다. 총감은 두툼한 식권 묶음을 내보이면서 식당 이용 질서를 자세히 설명하고는 일행이 거처할 숙소로 안내했다. 숙소로 쓸 2호동(입구에서 오른쪽)의 2층에 있는 방 세 개는 이미 깨끗하게 정리된 채 주인을 기다리고 있었다. 부부장은 헤어지면서 두 정부 사이에 이루어진 합의로 우리의 학비와 기숙사비(식비 포함)는 대학 측에서 일체 부담한다고 알려주었다. 이에 우리는 깊은 사의를 표했다. 얼마 지나지 않아 타운 측은 숙소를 2호동에서 대학원생 전용인, 좀 더 큰 1호동 2층으로 옮겨주었다. 1인당 방 하나씩 주어졌다.

이집트 교육부는 우리의 생활과 학습에 관해 세심히 배려해 주었다. 기숙사 타운에는 우리의 생활을 직접 책임질 전문 직원을 배치하고 주마다 한두 차례씩 숙소를 방문해 보살펴 주었다. 그리고 교육부에서는 유능한 고등학교 아랍 문학 교사 두 명과 감독관 한 명을 파견해 고급반과 초급반으로 나눠 우리의 아랍어 학습을 지도했다. 대학에서 아랍어를 이미 배운 나와 학우 샤산안은 고급반에 편성되어 매일 두 시간씩 반년간 지도를 받고 나서 인문학부 공식 청강생으로 편입되었다. 나머지 다섯 명은 아랍어가 초학이라서 초급반을 꾸려 다른 교사(이브라힘 아부 파타흐)에게서 매일 4~6시간씩 1년 반 동안 학습지도를 받았다. 교육부 부부장이 직접 지명 파견한 반백(半白)의 감독관 무스타파 유소프(Mustafa Usof) 박사는 이삼일에 한 번씩은 꼭 퇴근길에 들러서 학습 상황을 점검하곤 했다. 때로는 실력 테스트까지 하지만 학생들을 나무라는 일은 없고, 오히려 교사만 채근하곤 했다. 평생 감독관으로 보낸 박사는 엄하면서도 정이 많았다. 자애로운 어버이 같은 마음으로 정성을 다해 보살펴 준 세 분의 아낌없는 노고를 영원히 잊을 수가 없다.

1950년대 이집트에 파견된 중국 유학생은 3기에 걸쳐 모두 열두 명이었는데 모두 카이로대학 인문학부에 유학했다. 1기는 나와 샤산안(1930년생) 두 명, 2기는 양푸창(楊福昌, 1932, 후일 외교부 부부장), 위장룽(余章榮, 1932, 대학 교수), 리전중(李振中, 1936, 대학 교수), 원량(溫亮, 1936, 당중앙 연락부) 네 명, 3기는 리류건(李留根, 1935, 대사, 1급 통역관), 뤼쉐더(呂學德, 1935, 교수), 장전(張眞, 1935, 대사), 화웨이칭

(華維卿, 1935, 방송국 아나운서), 양하오청(楊灝成, 작고), 판사오민(范紹民, 상하이) 여섯 명이었다. 전공별로는 어문학이 가장 많았고, 다음으로 역사학과 고고학 순이었다.

내가 제일 먼저 유학을 마치고 외교부에 소환되어 일선에서 동분서주한 데다, 특히 일찍이 환국하는 바람에 학우들과의 연락은 끊기고 말았다. 그러다가 자그만치 54년 만인 2012년 1월 13일, 연구소의 장석 상임이사(현 이사장)의 초청으로 베이징 나들이에 나섰다. 일행은 장석 상임이사와 이재서 화백, 나와 아내 네 명이었다. 그날 일행은 오매에도 그리던 모교 베이징대학을 방문하면서 출신 학과인 동방학부 아랍어과에 들렀다. 그리고 3기 유학생 학우인 리류건 전 대사와의 통화가 성사되었다. 그는 매우 반가워하며 당장 달려오겠다고 하다가 "아니, 내가 오늘 저녁에 재경 유학생 전체를 모으겠다"면서 약속 장소와 시간을 알려주었다.

설레는 가슴을 가까스로 억누르며 약속 장소인 중국 외교부 클럽 식당에 갔더니, 리류건은 벌써 와서 기다리는 중이었다. 반세기의 세월을 넘어서 희끗희끗한 머리칼에 초로가 되었지만, 젊은 학창 시절 짙은 눈썹에 이목구비가 뚜렷하던 그 남아다운 모습은 여전했다. 우리는 일견에 알아보고 굳게 껴안았다. 이윽고 옛 학우들이 하나둘씩 나타났다. 젊디젊은 그 시절 생소한 이역만리에서 희비고락을 함께했던 친구들이었다. 서로 다른 길을 걸어오다가 길고 긴 격조(隔阻) 끝에 홀연히 이루어진 해후였으니 그야말로 각별할 수밖에 없었다. 그러하기에 열두 명 학우 중에 작고 한 명, 지방 체재 한 명, 노환으로 두문불출 두 명을 제외하고는 여덟 명 전원이 만사를 제쳐놓고 달려왔다고 했다. 그들끼리도 10여 년 만의 만남이라고 한다. 서로가 포옹하고 낯을 비벼대는가 하면 어떤 친구의 눈가에는 이슬이 맺혔다. 나 역시 그러했다. '감개무량'이란 바로 이런 경우를 두고 하는 말 같다.

연회는 족히 세 시간이나 계속되었다. 학우들 사이는 물론, 학우들과 내빈인 우리 일행 사이에도 시종 정겹고 훈훈한 분위기가 감돌았다. 서로가 앞을 다투어 축배를 들고 덕담을 나눴다. 양푸창 부부장은 주중 이스라엘 대사가 선물한 고급 포도주와 코냑으로 축배의 말문을 열었다. 나는 끝날 무렵 약 15분을 할애해 환국 후 지나온 경위와 지금의 연구 활동 등에 관해 간략하게 소개했다. 어떤 친구는 대체로 알고 있다는 뜻으로 머리를 끄덕이기도 하지만, 다들 신중하게 경청하다가도 격려의 박수를 보내곤 했다. 한 가지 미안했던 점은 서울을 떠나면서 혹여 옛 학우들 한둘이라도 만날 수 있지 않을까 하는 기대에서 중앙박물관에 가서 선물로 한글이 새겨진 넥타이 네 개(그것이면 족하리라 짐작했다)를 장만했는데, 그것으로 절반밖에 줄 수 없으니 실로 미안하고 쑥스러웠다. 이에 사과하고 양해를 구하면서 다 채워 보내주겠다고 약속했다. 그런데 그만 잊고 보내지 못했다. 이와 더불어 한 가지 아쉬웠던 것은 나와 베이징대학 아랍어과 동기동창(한 반에 다섯 명)으로서 1기 유학도 함께한 지기지우(知己之友)인 샤산안은 노환으로 외출이 불가해 이날 모임에 참석하지 못했다는 점이다. 이튿날 통화하니 겨우 알아듣고는 '푸우' 하며 긴 한숨만 쉬고는 말을 더 이상 잇지 못한다. 다들 재회를 기약하면서 아쉬운 작별을 고했다. 양 부부장은 자신의 전용차로 우리 일행을 호텔까지 안내했다. 이렇게 뜻깊었던 옛 중국 학우들과의 해후는 지금까지도 아름다운 추억으로 고이 남아 있다.

나일강 문명에서 잉태된 모교, 카이로대학

작금 세계에는 고등교육기관으로 대학과 학원이 근 9000개가 있는데, 그 가운데서 창립 역사와 건학 이념, 규모, 교육과 학문 수준, 사회적 기여도 등을 기준으로 약 60개 대학이 영광스럽게도 명문 대학의 반열에 올라 있다. 찬란한 나일강 문명의 요람에서 잉태된 이집트 카이로대학은 명실상부한 세계적 명문 대학의 하나로, 교육과 학문에서 100여 년의 빛나는 역사를 장식해 왔다. 그동안 대학은 이집트뿐만 아니라, 아랍 세계의 고등교육 발전, 그리고 고대 이집트문명과 아랍-이슬람 문명의 발전에 지대한 학문적 기여를 했다.

고대 나일강 문명의 상징인 3대 피라미드와 스핑크스가 몰려 있는 유서 깊은 나일강 문명의 요람인 기자(al-Gizah) 지역에 자리한 카이로대학은 전통과 현대를 유기적으로 잘 아우른 대형 종합대학으로 발돋움했다. 전공 학과 하나와 교수 몇 명, 수십 명에 불과한 학생들로 1908년 12월 21일 걸음마를 뗀 대학은 오늘날 14개 학부에 124개 학과, 학부급 연구소 6개, 과급 연구 센터 20여 개, 분교(캠퍼스) 3개, 교직원 약 1만 명, 재학생 15만여 명을 망라한 대형 종합대학으로 초고속 성장했다. 이를테면 무에서 유를 창조한 셈이다. 그리고 1983년까지 졸업생 100여만 명을 배출했는데, 그중 석사와 박사만 해도 약 10만 7000명에 달한다. 이렇게 카이로대학은 이집트를 비롯한 전체 아랍 세계에서 현대의 모든 학문 분야를 총망라하고 있는 최초의 현대 종합대학인 것이다.

나는 1956년 1월부터 1958년 8월까지 카이로대학 인문학부에서 연구생으로 수강하면서 학적은 아랍어과에 등록하고는 학부와 대학원 과정에서 필요한 여러 과목을 선택해 수강했다. 나는 유학을 떠나기 전, 교육부와 외교부 관계자들이 제시한 유학 지침에 따라 수강 과목들을 내심 정한 상태였다. 첫째로 아랍어 실력을 고급 통번역원 수준으로 끌어올리기 위한 아랍어 어학 및 문학 과목들이고, 둘째는 이집트를 중심으로 한 북아프리카와 서아시아의 아랍 세계와 아프리카의 현대사 위주의 역사와 인문 관련 과목들이며, 셋째는 중국과 이 지역 나라들 간의 관계사 관련 과목들이었다. 다행히 이러한 과목들은 주로 인문학부에서 교과목으로 선정되어 있어 수강엔 큰 어려움이 없었다. 덤으로, 이슬람 문명과 종교에 관한 과목들은 종교 대학이 아니라서 교과목에서 빠져 있는 것으로 짐작하고 갔는데, 의외로 이러한 과목들이 인문학부 교과목에 포함되어 있으며, 특히 법학부의 교과목은 비교론적으로 취급하고 있어 수강 소득이 짭짤했다. 그리고 둘째와 셋째의 교과목에 연계해 그 내용의 숙지를 구실로 한 잦은 현지답사나 탐문은 북아프리카와 서아시아의 아랍 세계와 아프리카에 관한 지적 안목을 넓히는 데서 적잖게 실효적 기여를 했다.

유학 1년을 지나서부터는 모든 것이 안착기에 접어들었다. 이때부터의 '동분서주'는 좌표가 뚜렷한 지향적 동분서주여서, 비록 그 강도나 진폭은 더 높아지고 넓어졌지만, 마냥 기운이 샘솟고 흥미가 더해졌다. 그러던 때에 카이로 주재 중국 '신화통신사'에서 카이로대학을 소개하는 글을 써달라는 원고 청탁을 받았다. 그렇지 않아도 모교이니만치 대학의 연혁쯤은 확실하게 알아야겠다고 생각하던 참이라서 기꺼이 승낙했다. 그때 써 보냈던 원고의 여운이 이 순간까지도 그 잔명을 어지간히 유지하고 있어, 이 회고록을 엮는 데 밑거름이 되었다.

나는 도서관에서 대학의 연혁에 관한 자료를 섭렵하면서 대학 창립을 위한 심한 우여곡절과 확고부동한 건학 이념, 엄격한 학풍, 일사불란한 운영체제, 불의와의 투쟁 전통 등 선진 대학이 지향하는 모든 학사(學事)와 제도를 완벽하게 겸비하고 있는 데 놀라지 않을 수 없었다. 사실 이 면에서는 베이징대학에 비해 앞섰으면 앞섰지, 결코 뒤지지 않는다고 감히 말한다.

카이로대학은 유럽의 어느 선진 대학에 못지않게, 그리고 아랍-이슬람의 유구한 문화 전통에 걸맞게 교육과 행정이 완벽한 이념과 제도하에 일사불란하게 운영되고 있다. 카이로대학은 110여 년의 연혁 과정에서 대학 명칭만도 정세의 변화에 따라 네 번이나 바뀌었다. 즉 이집트사립대학(1908)에서 이집트국립대학(1925), 다시 푸아드 1세대학(1940) 그리고 카이로대학(1953)으로 개명되었다. 대학 초기부터 연속 네 번이나 총장을 지낸 아흐마드 루트피 알 사이드(Ahmad Lutfi al-Sayyid)는 대학의 역사적 사명에 대해 이렇게 말했다.

국가와 겨레를 위해 대를 이어가면서 문화와 지식을 소유한 청년들을 양성함으로써 후일 국가의 재목이 되도록 하며, 그들이 과학과 문화를 융성하게 하고 사회의 진보와 발전을 촉진하도록 하는 것이다.

그러면서 그는 학문의 자유에 관해 "진정한 자유는 여러 가지 의견의 발표와 각종 관점의 홍보, 각종 진리의 선양을 허용해야 한다"

라는 유명한 말을 남겼다.

그리고 카이로대학은 시종일관 창의적인 건학 이념을 중시하는데, 그들이 내세운 건학 이념은 "독립 자주의 대학 운영 방침과 고등교육과 과학 연구의 특성에 따라 자유로운 탐구와 독립적인 사고의 분위기를 조성함으로써 교직원들과 학생들에게 좋은 학술 연구의 환경을 제공하는 것"이고, "대학은 정부나 왕실에 소속되지 않고 완전히 독립적으로 운영"하며, "문학과 과학 지식의 보급을 통해 이집트인들의 지식과 도덕 수준을 제고하고 종교 신앙을 차별하지 않는다"라고 규정하고 있다.

카이로대학의 교육과 행정제도의 운영에서 몇 가지 특징을 종합해 보자.

1. 대학은 이집트 국민의 적극적인 지지와 성원 속에 창립하고 운영해 나가며, 대학의 발전과 성장은 국가의 전도와 민족의 운명과 밀접한 관계를 유지한다.
2. 대학의 발전은 사회발전과 경제발전, 세계 과학기술 발전 추이와 수준, 본국과 본 지역의 실정과 객관적 여건 등 제반 요인들과의 밀접한 관계 속에서 점진적으로 추진한다.
3. 대학 운영에서의 재정 자립과 교학 방침이나 계획에서의 독립 자유를 견지한다. 대학 경비는 국가 예산에서 직접 수령하고 국가의 감독을 받지만 그 구체적인 사용에 관해서는 정부의 승인이나 비준을 받지 않고 대학 자체로 결정한다.
4. 대학 운영에서의 엄격성과 학풍의 수립을 위해 완전하고 효과적인 각종 관리 제도를 제정해 집행한다. 이에 따라 학생 모집과

시험, 학적, 교학, 과학 연구, 교수 양성 등에서 비교적 완벽한 세칙을 제정해 엄격하게 집행한다. 예컨대, 학생이 1년간 지불하는 다섯 가지[도서관비, 학생회 회비, 의료비, 보험비, 학생 호조(互助)기금] 봉사비 총액은 약 3.85 이집트 파운드(EGP)이고, 실험비의 경우 대학생은 3EGP, 대학원생은 5EGP를 지불하며, 군사훈련은 필수과목으로서 3주간(108시간) 진행한다. 해외 파견 유학생은 유학 기간에는 결혼이 금지된다. 이렇게 모든 교육 및 행정제도는 구체적 실행 세칙에 의해 작동한다.

5. 이집트 고등교육 체제는 카이로대학을 기준으로 하여 수립하며, 기타 대학들의 학제 등 제반 교육 및 행정제도는 카이로대학의 모범을 따르도록 한다.

이렇게 완벽한 교육 및 행정제도하에서 학업에 여념이 없는 카이로대학 구성원들(교수와 학생)이지만 일단 나라가 위기에 처하거나, 부정 비리가 사회를 좀먹거나, 학문의 현대화를 기피하는 수구 보수 세력이 대두했을 경우, 교수들과 학생들은 일심동체가 되어 투쟁의 선봉에 서왔다. 이것은 하나의 굳어진 대학 전통으로서 세계 대학사에서 보기 드문 일이라 하지 않을 수 없다.

한 가지 실례를 들어보면, 1926년 카이로대학의 건학 이념인 학문의 자유를 지키기 위한 대학 대 정부와 수구 학계 간의 치열한 논쟁과 투쟁으로 건학 이념의 전통적 뿌리를 내리게 한 이른바 톼흐 호사인[Tah Hosain, 타하 후세인(Taha Hussein)이라고도 한다] 사건이 있다. 대학의 장학금으로 프랑스에 유학을 갔다가 돌아와 카이로대학 문학원 교수가 된 진보 학자 톼흐 호사인 박사(시각장애인)는 『이슬람

이전 시대의 아랍 시가(詩歌) 연구』라는 제하의 일서를 출간했는데, 저자는 새로운 시각에서 고대 아랍 시가를 평가하고 이집트 역사와 이슬람교의 일부 폐단에 관해 비판을 서슴지 않았다. 그러자 보수적 학계에서 신문지상은 물론, 심지어 정부나 국회에서까지 저자와 그가 속한 카이로대학에 맹공격과 비난을 퍼부으면서 그의 퇴직을 강요했다.

이에 카이로대학 총장을 비롯한 교무위원회 소속 교수들은 일치단결해 학술과 사상의 자유, 상이한 견해의 발표 등 대학의 건학 이념으로 반격을 가했다. 그의 퇴직 강요의 부당성을 지적하면서 교수나 학생에게 어떤 문제가 생겼다면 대학 자체 내에서 해결해야지 정부나 사회가 나서서 처리 문제나 대학의 존엄에 대해 왈가왈부하는 것은 있을 수 없는 일이라고 대학의 입장을 끝까지 견지했다. 결과적으로 대학 교무위원회에서는 2년 후에 똬흐 호사인을 문학원장으로 임명했다. 그전까지의 원장은 모두 유럽 출신의 동방학자들이 맡았다.

한 가지 부언할 것은 나도 카이로대학 유학 시 아랍 문학의 태두인 똬흐 호사인 선생의 강의를 한 학기 청강했다. 문학원과 인접한 사회학원의 가장 큰 강당에는 300명이 넘는 수강생들로 입추의 여지가 없었다. 선생의 턱밑까지 수강생들이 몰려들어 수강하던 광경이 지금도 눈에 선하다. 나는 선생의 명강의에서 정말로 많은 것을 배웠다. 선생은 강의 도중 가끔씩 카이로대학의 연혁에 관한 일화들을 곁들이는데, 이럴 때면 수강생들은 영락없이 큰 박수를 치곤 했다.

나세르가 새롭게 모색한 '혁명철학'

　　　　　　　　　　자타가 인정하는 아랍 민족주의 기수인 나세르는 1955년에 그의 유일한 저서 『혁명철학(Egypt's liberation: The philosophy of the revolution)』을 집필 출간했다. 이 책은 세 부분으로 구성되어 있는데, 첫 부분은 이집트인들이 1800년 이래 지금까지 일으킨 수다한 혁명 투쟁이 남겨놓은 역사적 경험과 교훈을 간략하게 기술하고 있다. 이 책에서 그는 이 일련의 혁명들에 관해 봉건통치를 뒤집어엎고 혁명 정권을 세우며, 외래 침략자들을 몰아내고 국가의 주권을 유지 옹호하는 정치혁명과, 사회의 공정과 평화를 실현하고, 국민의 권리와 사회안전을 보장하는 사회혁명 두 가지로 대별하고 있다. 공인되고 있는 혁명 개념과 진배없을 정도다.

　저서의 두 번째 부분은 자신이 주도한 1952년의 이집트혁명이 지향한 목표와 자신의 사상 발전 과정에 관한 설명이다. 혁명의 목적은 독립하고 번영하는 강대한 이집트를 건설하는 것이라고 밝히고 있다. 그는 초등학교 때 하늘에서 떠도는 영국 군용기를 쳐다볼 때마다 영국 점령자들을 증오하는 정서가 생겨났다고 한다. 그러면서 그는 '헌정(憲政)'만이 이집트혁명이 반드시 걸어야 할 길로서 헌정을 통해서만 전진 도상의 장애를 제거할 수 있다고 주장한다. 나세르는 이 부분에서 생산을 발전시키는 것은 정치혁명을 성공시키는 기틀이고, 경제발전은 국가의 미래에 대한 튼튼한 보증이며, 각 분야의 전문 인재들이 지니고 있는 장점과 재능을 발휘하도록 하는 것은 국가의 앞날을 위해 필수라고 강조한다.

　저서가 담고 있는 세 번째 내용은 그가 간직하고 있는 중심 사상과 철학의 집약으로서, 본서의 정수라고 말할 수 있다. 나세르는 이 집트혁명의 거시적 목표는 아랍 대단결과 아프리카 대단결, 이슬람 대단결이라는 세 가지 대단결(al-halq)을 실현하는 것이라고 강조하면서 다음과 같이 지적한다.

> 나는 이 공동투쟁의 길 위에는 거대한 장애가 있다는 것을 인정하지만, 동시에 이 장애가 반드시 제거되리라고 굳게 믿는다. 서로의 불신은 전진 도상의 제일 큰 장애다. 우리의 공동의 적들은 우리의 가슴속에 이러한 불신의 씨앗을 심어놓았는데, 그 목적은 우리가 함께 투쟁하는 것을 가로막는 것이다.

나세르가 지니고 있는 혁명 사상과 철학을 종합적으로 분석해 보면, 거기에는 전통 사회주의와 유사한 사회주의적 요소들이 혼재되어 있음을 발견하게 된다. 나세르는 권좌에 올라 국가 통치를 수행하는 과정에서 자신을 이슬람사회주의자라고 누차 표명한 바가 있다. 그렇지만 이슬람사회주의의 정체성이나 개념에 관한 과학적인 정의는 별로 찾아볼 수 없으며, 이론이 분분하다. 나의 비견대로라면, 이슬람사회주의란 이슬람의 근본원리와 전통을 준수하면서도 사회적 평등이나 부의 공정분배, 반억압, 외세 배격 같은 전통적 사회주의의 고유한 일부 원리를 접목한 복합적 사회주의 사상 조류를 말한다. 원래 이슬람사회주의는 제1차 세계대전 후 특정된 일부 계층 속에서 싹트기 시작해 1920년대에는 몇몇 이슬람 국가에서 그 신봉자들로 소그룹이 형성되었다. 그러다가 제2차 세계대전 후 이슬람 세계, 특히 아랍-이슬람 지역에서 표현 방식은 약간씩 차이가 있지만, 이슬람사회주의라는 독특한 이념이 본격적으로 등장했다. 그 선구자가 바로 나세르 대통령이다.

일부에서 '알라 플러스 혁명'으로 일컬어지는 이슬람사회주의는 여러 현대적 사상 조류와는 구별되는 일련의 특징을 지니고 있다. 우선, 이슬람교의 근본 교리와 사회주의의 일부 원리가 혼재되었다. 이슬람사회주의자들의 주장에 따르면, 이러한 혼재는 인위적인 것이 아니라 본래부터 이슬람의 경전 속에 내포되어 있었다. 어떤 사람은 경전『꾸란』에 나오는 "인간에게는 노력한 것만큼만 주어지니, 그 노력의 결과는 장차 보게 될 것이고, 그에게는 완벽한 보상이 주어질 것이다"라는 구절과 "실로 대지는 알라의 것이니, 그분의 뜻에 따라 그분의 종복들이 상속하리라"라는 구절 내용이 사회주의 원리와 같다고 주장하기도 한다.

다음으로 나라의 부강과 발전을 위해 일부 유효한 사회주의적 경제 원리들을 도입한다는 점이 특징이다. 그뿐 아니라 인간을 각종 후진에서 벗어나게 하는 것은 이슬람이나 사회주의가 공히 추구하는 목표이기 때문에 국유화나 계획경제·협동 경영·복지 향상·무상 치료 등 사회주의 본연의 제반 사회경제 시책들을 이슬람이 받아들일 수 있다는 것이다. 실제적으로 일부 이슬람 나라들에서 이러한 시책들을 받아들이고 있다. 그러나 사회경제 구조의 근본적인 개혁이 없는 한 그 성과에는 일정한 한계가 따르게 마련이다. 여기에 이러한 나라들의 고민이 있다.

이슬람사회주의자인 나세르는 전통 사회주의와는 본질적으로 다르다는 점을 구구히 해명하고 있다. 그에 따르면 그 주요 차이점은 종교의 신봉, 계급독재의 부정, 사유제의 유지, 폭력혁명 거부 등에서 나타나고 있다. 이와 같이 이슬람사회주의는 이슬람의 근본적인 종교 이념과 전통에 저촉되지 않는 한계 내에서 일부 사회주의 시책들을 절충적으로 받아들여 사회의 개혁과 발전을 시도하고 있다. 그러나 그 과정에서 자의건 타의건 간에 이슬람의 세속화나 실용화의 우를 범하게 된다는 비판을 면치 못하고 있다.

일세를 풍미했던 나세르 대통령에 대한 평가는 각인각설로 다양해졌다. 아랍 민족주의 영웅, 이슬람사회주의 선도자, 이집트의 현대판 파라오, 독재자, 나세르주의 창시자, 혁명의 기수, 선전 활동의 대가, 아랍 르네상스의 선도자 등등. 나로서는 어느 한두 가지에 낙점을 찍으려고 시도해 봤지만 자신이 없다. 판단은 역사에 맡길 수밖에 없다.

반가운 겨레붙이와의 뜻깊은 만남

1957년 12월 26일부터 1958년 1월 1일 사이에 카이로에서 제1차 아시아-아프리카인민단결대회가 열렸다. 이 대회는 2년 전의 반둥 아시아-아프리카정상회의 결의를 받들어 개최된 것이다. 이 대회에 당시 북한 최고인민회의 상임위원회 부위원장(부대통령급) 한설야(韓雪野) 선생을 단장으로 하는 대표단 세 명이 참석했다. 다른 두 인물은, 한국 고고학계 1세대로 당시 최고인민회의 상임위원이며 과학원 산하 물질문화연구소장이던 도유호(都宥浩) 선생과 북한 노동당 부부장이며 훗날 주중 대사를 역임한 주창준(朱昌駿) 선생이다. 나는 대표단의 도착 소식을 듣고 대표단이 머물고 있는 나일강변의 사미라 미스르 호텔에 무턱대고 찾아가 간단하게 인사를 올렸다. 서로가 생면부지라서 의아함 속에 인사는 건성건성일 수밖에 없었다. 문전 박대는 아니더라도 인사 몇 마디 말고는 말을 섞을 수가 없었다. 참으로 안타까웠다. 이튿날 중국 대표단 통역에 동원된 나는 대회 개막장에서 중국 대표단 실무 일꾼의 소개로 북한에서 온 세 사람을 만났다. 그제야 환한 웃음 속에 뜨거운 악수를 나누며 서로 명함을 주고받았다. 피는 물보다 진하다. 이것은 어쩔 수 없는 이소당연한 인륜이다. 즉석에서 북한 대표단의 실무를 담당한 주창준 선생은 중국 대표단 측에 나를 보내 통역에 협조해달라고 요청했다. 형제 국가인 중국 측은 즉석에서 흔쾌히 동의했다. 대회 폐막 후 그날 오후부터 이틀간의 관광이 끝날 때까지 매일같이 아침 일찍 북한 대표단 숙소를 찾아가 하루 일정을 협의하곤 했다. 특히 대표단 가운데서 유일하게 영어를 아는 도유호 선생은 그 바쁜 와중에도 틈만 생기면 나를 불러 박물관을 비롯한 인근 역사 유적지를 함께 관광하곤 했다. 선생의 박식과 학자로서의 고상한 인품은 영원히 받들어야 할 스승의 좌표였다.

선생과의 만남에서 가장 인상 깊이 남아 있는 추억은 이집트의 유명한 고고학자인 카이로대학 고고학과의 파크리(Ahmed Fakhry) 교수와의 만남을 주선한 일이다. 만나고 보니 둘 다 독일 유학파 출신들이지만, 파크리 교수가 3년 선학이다. 만남에는 파크리 교수의 독일 출신 부인도 함께했다. 세 사람은 오래간만에 만난 옛 친구처럼 반가워하며 담소를 나누었다. 파크리 교수가 맨 처음으로 안내한 곳은 가장 큰 쿠푸 피라미드의 발굴 현장이다. 이곳에 쿠푸왕이 다시 소생하면 극락세계로 타고 가기 위해 만들어 놓았다는 길이가 70여

미터에 달하는 돌배가 있는데, 이 돌배가 바로 파크리 교수가 발견한 유물이다. 피라미드 발굴사에서 일대 월척이다. 이곳에서 발길을 옮겨 약 100미터 거리에 있는 언덕바지에 자리한 한 묘소에 도착했다. 잠금쇠를 열고 들어가니 사방이 3×4미터는 족히 되는 아담한 모래벽 방이다. 놀랍게도 이 방은 파크리 교수가 미리 준비해 놓은 합장 묘소라고 한다. 원래 이슬람에서는 부부 합장을 불허하지만 파크리 교수는 이러한 종교 관행을 무시하고 사후의 부부 합장묘를 미리 마련한 것이다. 곁에서 사연을 듣고 있던 부인은 "저이는 자기가 무슨 파라오라도 된 줄로 착각하고 있는 것 같아요"라며 우스갯소리를 했다. 도유호 선생이 "파크리 교수야말로 현대판 파라오니 그럴 만하지요"라며 유머로 화답하자 다들 한바탕 앙천대소(仰天大笑)했다. 저녁에는 인근에 있는, 이집트의 전통 요리로 유명한 비둘기 요리 식당으로 안내했다.

이 한 주간은 정말로 카이로대학 유학 생활에서뿐만 아니라 인생에서 잊히지 않는 뜻깊은 한때였다. 귀국하는 세 사람에게 상아로 만든, 담배 한 개비씩 넣어서 두 개 층으로 접는 접기 담뱃갑과 피라미드가 새겨진 넥타이를 각각 선물로 드렸다. 후일 환국하는 과정과 환국 후 평양 생활에서 그분들께 많은 배려와 따뜻한 사랑을 받았다. 도유호 선생의 사무실 책상 위에는 선물한 접기 담뱃갑이 놓여 있었다. 그것을 화제로 카이로에서의 추억을 회상하곤 했다.

도유호 선생이 주창하던 '문화 전파론'은 문명교류사의 탐구에 닻을 내린 이 후학에게 값진 항진의 자양분을 공급해 주었다. 그 과정에서 깨달은 바지만 선생이 주장했던 '문화 전파론'은 일방적인 '문화 영향론'이나 '문화 주입론'이 아니라, 상호성에 바탕을 둔 '문화 소통론'이며 '문화 교류론'이었다. 바로 이것이 갓 학문의 문턱을 넘어선 이 후학에게 던져준 도유호 선생의 긴 여운이다.

나는 그때 이역만리에서 처음으로 반가운 선배 혈육들을 만나 며칠간을 정말로 흥겹고 따뜻한 정을 함께 나누며 보냈다. 그 아름다운 추억이 파노라마처럼 눈앞을 스쳐 지나가는 순간, 내가 감옥살이 할 때 생면부지의 서해성 작가가 어느 일간지에 「책의 발견」이라는 제하에 졸저 『신라·서역교류사』에 대한 독후감을 발표한 사실이 떠오른다. 그는 이 글에서 "어느 책에도 우리 겨레붙이를 중심에 놓고 엮어가는 이야기가 없다"라고 개탄하면서 바로 이러한 "기갈(飢渴) 위로 가히 사막의 모래바람 하르마탄 같은 열풍이 몰아쳐 왔으니", 그것이 바로 이 졸저라는 과분한 평가를 내리고 있다.

사실 내 평생의 학문 연구는 시종일관 겨레붙이를 중심에 놓고 민족사의 위상을 정립하는 데 초점을 맞춰왔다. 그래서 나는 일련의 졸저에서 우리 겨레를 중심축으로 하고 동서 문명의 교류 과정을 엮어나가려고 했다. 따라서 실크로드의 궁극적 과녁은 문명교류의 대동맥인 실크로드의 동방 종착점이 작금의 통설처럼 중국의 어느 곳이 아니라 한반도였다는 사실을 구명함과 동시에 일찍부터 '세계 속의 한국'이었다는 우리 겨레의 빛나는 역사적 위상을 복원하는 데 일심정념(一心正念)하고 일로매진했다.

아랍의 세계적 대여행가 이븐 바투타

2009년 1월 16일, 모로코에 도착한 실크로드 답사단 일행과 함께 탕헤르에 있는 이븐 바투타(Ibn Batutah)의 영묘를 참배했다. 영묘의 벽에는 그의 불후의 명저 『이븐 바투타 여행기』(아랍어)가 전시되어 있었다. 이 명저와 마주치는 순간, 나는 전율을 느끼면서 눈길을 뗄 수가 없었다. 꼭 10년 전 나는 2년간(1998~1999)이나 세상과 동떨어진 높은 담벽 너머의 감방에서 밤낮을 가리지 않고 한 글자 한 문장씩을 곱씹어 가면서 이 아랍어 고전을 한글로 번역하고, 휴지 열두 조각을 모아 붙여 여행기 전도를 그렸다. 그 순간들이 주마등처럼 눈앞을 지나갔다.

프랑스어와 영어에 이어 세계에서 세 번째로, 공역이 아닌 단독 완역으로는 세계에서 첫 번째로 이 명작을 우리글로 번역한다는 자부심과 더불어 책임감에 무거운 나날들을 보냈다. 출옥 후 2001년 역주서로 출간되자 곧바로 서울 주재 모로코 대사를 통해 이 역주본 두 부를 증정하면서 필요한 기관에 전달해 달라고 요청했건만, 그 행방이 묘연했다. 그럴 바에는 이번 답사길에 역주본을 직접 휴대하고 와서 영전에 바쳤어야 했다는 후회가 들었다. 저 멀리 동방의 일우(一隅), 한국에도 그 명성과 진가를 제대로 알고 있는 일군의 사람들이 있다는 그 사실 하나만이라도 알리고 싶어 기념사진을 남겼다. 영묘의 어느 한 귀퉁이에 그 마음이 남아 있었으면 하는 바람을 뒤로한 채 영묘를 떠났다.

모로코가 배출한 세계적인 대여행가이며 탐험가인 이븐 바투타는 상상을 초월하는 간고한 여건 속에서 숱한 죽음의 고비를 기적적으로 넘기면서 추호의 동요나 후퇴도 없이 오로지 미지의 세계에 대한 탐구의 일념으로 일로매진함으로써 희세의 대여행가, 대탐험가의 전형을 여실히 보여주었다. 그는 명실상부하게 인류가 배출한 가장 위대한 여행가이며 탐험가이다. 1997년 미국의《라이프(Life)》지는 인류의 지난 1000년을 만든 위인 100명을 순위별로 선정했는데, 그중 여행가로는 이븐 바투타와 마르코 폴로(Marco Polo) 두 사람이 들어 있다. 그러나 순위상으로는 이븐 바투타가 44위로 49위인 마르코 폴로를 앞선다. 두 여행가의 여행 기한이나 여정 그리고 두 여행기의 포괄적 내용 등을 비교해 보면《라이프》지의 선정은 십분 공정하고 타당하다는 사실을 확인하게 된다.

이븐 바투타(1304~1368?, 이슬람력 703~770)는 이슬람력 703년 7월 17일, 즉 서력 1304년 2월 24일 현 모로코의 서북단에 위치한 항구 도시 탕헤르(아랍어로 탄자)에서 베르베르계의 라오티(al-Lawātī) 부족의 법관 가문에서 태어나서 1368년 향년 64세로 타계했다. 사실 그의 생애에 관해서는 별로 알려진 바가 없다. 그의 졸년(卒年)에 관해서는 1377년 70세란 이설이 있으며, 사망지에 관해서도 모로코의 페스(Fās)와 틸림산의 안파(al-Anfah)라는 두 가지 설이 있다. 이븐 바투타의 완전한 이름은 샴숫딘 아부 압둘라 무함마드 븐 압둘라 븐 무함마드 븐 이브라힘 라와티 탄자(Shams'dīn Abu Abdu'llāh Muhammad Ibn Abdullāh Ibn Muhammad Ibn Ibrāhīm Lawātī Tanjah)이나, 약칭으로는 아부 압둘라 븐 무함마드라고 한다. 그는 동쪽에서 해가 뜨는 것을 즐겨 보았기 때문에 스스로 '샴숫딘'이란 아호를 쓰기도 했다. 아랍어로 '샴스'는 '태양'이고 '딘'은 '종교'란 뜻이기 때문에 '샴숫딘'은 '종교의 태양'이란 의미다. 마슈리크(al-Mashriq), 즉 아랍 동방 사람들은 그를 '샴숫딘'이라 부르나 정작 마그레브(al-Maghrib), 즉 아랍 서방(모로코를 포함한 북아프리카 아랍 나라들) 사람들은 '이븐 바투타'라고 즐겨 부른다. 그런가 하면 그의 친구들은 그를 '아부 아흐마드(Abu Ahmad)', 즉 '아흐마드의 아버지'라고 불러 그에게 '아흐마드'라는 맏아들이 있었음을 알 수 있다.

이븐 바투타는 어려서부터 법관 가문과 문화 부흥기라는 좋은 교육 환경 속에서 성장하여 성실성과 겸손, 인자, 효성, 우정 중시, 선현 존중, 호학 등 우수한 윤리와 도덕으로 내공을 쌓았다. 그는 이슬람교 교법과 『하디스』(al-Hadith, 교조 무함마드의 언행록)에 정통할 뿐만 아니라, 문법학과 문학도 찬수했으며 튀르크어와 페르시아어를 알고 있어 여행에서 요긴하게 써먹곤 했다. 그는 학식에다가 높은 도덕성 그리고 활달한 성격에 붙임성이 남달리 좋아 생소한 현지에도 곧잘 적응하고 언어도 금방 익히곤 했다. 게다가 현지 여인을 아내로 삼고 정착하면서 현지 풍습과 관행에 쉽게 익숙해졌다. 그는 또한 견인불발의 강인한 의지의 소유자이기도 했다. 이러한 의지와 구지욕 때문에 만난을 극복하고 그토록 장기간 많은 지역을 주유할 수 있었다.

그리고 그는 비상한 기억력의 소유자이기도 했다. 그가 인도에서 중국으로 항해하는 도중 바다에서 해적을 만나 그때까지 20여 년간 수집한 기록 자료를 몽땅 빼앗기고 만다. 그때로부터 다시 10년이 지난 후 그는 30년간의 대장정에 관한 기억을 되살려 여행기를 완성한다. 여행기에는 인물 1483명과 지명 961곳을 비롯해 수많은 사원과 학교, 묘지, 성보, 시장, 하천 등이 이름과 함께 관련 내용이 구체적으로 기술되어 있다. 물론 개중에는 오기나 착각이 없지는 않지만, 그토록 방대한 내용을 일일이 기억한다는 것은 출중한 기억력의 소유자가 아니고서는 도저히 불가능한 일이다.

이븐 바투타는 이슬람문화 속에서 철두철미하게 훈육(薰育)된 독실한 법관으로서 모든 사물의 가치 기준을 이슬람교의 교리와 법률에 두고 고찰하고 판단했으며, 여행 중 여섯 차례나 성지인 메카를 순례했다. 여행하면서 위험에 부딪힐 때마다 알라의 구제를 기원해 이슬람 경전 『꾸란』의 '이흘라스 장(탈출의 장)'을 10만 번이나 염송하고, 여행 중에도 이슬람 성전에 자진해서 참여하기도 했다. 여행 내내 그는 이슬람 세계 각지의 종교계 명사들과 접촉하고 분에 넘치는 예우를 받았다. 인도 델리와 몰디브 제도에서는 법관을 역임하고, 델리 술탄의 특사로 원나라 순제(順帝)에게 파견되기도 했다. 여행에서 귀향한 후 타계할 때까지도 줄곧 법관을 지냈다. 지금 탕헤르에는 그의 고거(故居)를 기리는 '이븐 바투타 거리'가 있다.

장장 30년간 이어진 이븐 바투타의 세계적 대여행과 탐험의 전 과정은 크게 세 부분으로 이루어져 있다. 첫째 부분은 25년간의 동행(東行, 아시아)인데, 고향을 출발해 북아프리카와 서아시아, 중앙아시아, 인도, 동남아시아를 거쳐 중국까지의 왕복 여행이다. 둘째 부분은 2년간의 북행(北行, 유럽)으로서 수도 페스를 떠나 지브롤터해협을 건너 당시 이베리아반도의 마지막 이슬람 왕조인 나스르(al-Nasr)왕조의 수도 그라나다까지 갔다가 귀향한 후 이어 모로코의 남부 도시 마라케시를 에돌아 페스로 돌아오는 여행이다. 마지막 셋째 부분인 남행(南行)은 페스에서 남하해 사하라사막을 횡단하며 내륙 아프리카까지 왕복하는 사상 초유의 여행이었다.

희대의 여행가이며 탐험가인 이븐 바투타가 세계 주유의 대장정에 오르게 된 당초의 동기는 무슬림의 5대 종교 임무의 하나인 메카 성지순례를 결행하면서, 이를 계기로 마슈리크, 즉 동방 이슬람 세계에 관한 지식을 탐구하려는 것이었다. 그는 동방 여행 기간(1325~1349)에도 아무리 먼 길도 마다하지 않고 네 차례나 메카를 찾아 순례함으로써 소기의 첫째 목적을 달성했다. 이와 더불어 이슬람 문명의 발원지이자 개화지인 동방 이슬람 세계는 구지욕(求知慾)에 불타던 그에게 선망과 탐구의 대상이 아닐 수 없었다. 그리하여 여행기에서 보다시피 그는 멀리 인도에서까지도 이슬람과 관련된 명소나 명인들이라면 빠짐없이 찾아가고, 당대 각지 이슬람 문명의 전개상을 다각적으로 기술하고 있다. 이러한 과정에서 그는 여행과 탐험의 묘미를 터득하고 경험을 축적하면서 그 지평을 부단히 넓혀나갔다. 급기야 카스피해 북부나 인도, 중국, 아프리카 내륙 등 수많은 이교도 지역을 두루 탐방하고 세계적인 여행가이며 탐험가로서의 견문과 소견을 실사구시하게 피력하고 있다.

이븐 바투타가 이슬람 세계를 중심으로 3대륙 여러 지역을 주유한 14세기 전반은 3대륙을 아우른 이슬람 세계가 여전히 세계 중심 세력의 하나로 기능하는 가운데, 이슬람의 지역적 다극화가 추진되던 시기다. 1258년 아바스조(al-Abbas) 이슬람통일제국이 멸망한 후 이슬람 세계에는 동방의 일칸국(Il Khān, 1256~1335)과 서방의 맘루크조(al-Mamlūk, 1250~1517) 그리고 이베리아반도의 나스르조(al-Nasr, 1230~1492)를 비롯한 지역적 중심 세력이 형성됨으로써 전래의 통일적 이슬람 세계에는 다중심적 다극화 현상이 나타났다. 그 결과 이슬람 문명의 토착화와 이에 따른 이슬람 문명의 지역적 특성이 가시화되기 시작했다. 이슬람 세계와 이슬람 문명의 이러한 새로운 변화 추세는 이븐 바투타의 탐구심과 호기심을 더욱 불러일으켰으며, 마침내 그로 하여금 메카나 바그다드 같은 이슬람 세계의 중심뿐만 아니라 인도와 중국, 동부 유럽과 아프리카 오지 같은 이슬람 세계의 변두리 중심 지역을 찾아 떠나게 했던 것이다.

이러한 이슬람 문명의 지역적 다극화 과정에서 이슬람 포교에 주동적 역할을 한 것이 수피즘(Sufism, al-Tasawwuf), 즉 신비주의 교단이다. 이븐 바투타가 여행 중 도처에서 만나는 이른바 '자위야(al-Zāwiyah)'는 바로 수피즘들의 수행 도장이었다. 그들은 이슬람 세계에 하나의 거대한 포교망을 형성해 교세 확장에 앞장서고 있었다. 그들이 운영하는 '자위야'는 수행과 포교 활동의 거점인 동시에 무슬림 여행자들의 숙관(宿館)이자 보급기지이기도 했다. 도처선화당(到處宣化堂) 격인 이러한 '자위야'의 존재는 이븐 바투타의 여행을 가능케 한 현실적 요인의 하나였다. 이러한 요인에 의한 물질적·정신적 보장이 없었던들 그의 길고도 넓은 여행은 도시 불가능했을 것이다.

이와 더불어 이븐 바투타가 미증유의 대탐험을 단행할 수 있었던 또 다른 요인과 시대적 배경은 세계에 관한 선배 아랍-무슬림들의 축적된 지식이다. 10세기를 전후한 이슬람 문명의 전성기에 많은 아랍-무슬림 지리학자와 역사학자, 여행가와 상인 들은 세계 방방곡곡을 누비면서 숱한 현지 견문록을 남기고 귀중한 인문 지리서를 찬술했다. 이와 같은 기록과 저술, 특히 여행 관련 기록이나 지리서는 이븐 바투타의 여행에 참고서와 길잡이 역할을 톡톡히 했다. 그는 여행기에서 자주 선행 여행가들과 학자들의 관련 기록이나 견해를 인용하면서 자신의 여행 지침으로 활용하곤 했다.

또한 이븐 바투타가 혈혈단신으로 30년간 3대륙 각지를 주유할 수 있었던 간과할 수 없는 객관적 요인의 하나는 이슬람 특유의 '형제애(al-Ikhwan)'다. 종교적 기본 이념에서 나타나는 특색을 논할 때, 기독교는 박애이고 불교는 자비라면, 이슬람교는 형제애다. 전 세계 무슬림들은 혈통이나 언어, 지위와 빈부 여하에 관계없이 모두가 형제라는 것이 무슬림들 간의 기본적인 인간관계다. 이 여행기의 곳곳에서 발견되다시피, 특히 샤이크(al-Shikh, 이슬람 장로)와 까디(al-Qādī, 법관)의 신분으로 이슬람 세계를 편력하는 그에게 형제애적 환대와 협조, 성원은 숙식이나 여비, 안내, 호송, 건강 등 제반 여행 여건의 조성을 십분 가능하게 했다. 이와 더불어 이슬람에 관한 해박한 지식과 독실한 종교 이념, 성실한 생활 태도와 고상한 인품으로 말미암아 그는 이르는 곳마다 환영을 받고 환심을 사 여행과 정착에 필요한 지원을 받을 수 있었다. 심지어 곳곳에서 외래인임에도 불구하고 공식적으로 샤이크나 까디로 임명되어 사회적 명망가로 활동하기도 했다. 인도 델리 술탄의 공식 사절로 원나라 순제에게 파견되어 중국을 여행하게 된 것은 그 대표적 일례다.

이슬람 세계에서 일어난 이러한 새로운 추이와 이슬람 고유의 특색과 더불어 근대화를 지향해 동서 간에 바야흐로 태동하고 있던 내왕과 만남, 소통은 이븐 바투타의 여행을 유발한 또 다른 객관적 요인이자 시대적 배경으로 볼 수 있다. 특히 13~14세기 동서를 넘나들면서 귀중한 여행 기록을 남긴 여러 여행가들의 활동은 동시대인으로서 이븐 바투타와 그의 여행기를 이해하는 하나의 역사적 배경이 될 것이다. 그뿐 아니라 13~14세기 당시 이븐 바투타의 모국인 모로코를 직접적으로 통치하며, 밀접한 관계를 유지하고 있던 안달

루스(al-Andalus, 현재의 스페인)를 통해 유럽과의 소통이 이루어지고 있었다. 더욱이 이븐 바투타의 고향 탕헤르는 지브롤터해협의 남단에 위치한 항구도시로서 당대 유럽 여행 문화의 정보를 쉽게 접할 개연성이 있었다고 보인다.

세계적 여행 문화의 보록(寶錄)인 『이븐 바투타 여행기』는 중세의 가장 위대한 여행가이며 문명 탐험가인 이븐 바투타가 30년간(1325.6.14.~1354.1.) 아시아, 유럽, 아프리카 3대륙 12만 킬로미터를 종횡무진 편력하면서 직접 보고 들은 내용을 연대기 형식으로 기술한 현지 견문록이다. 원제는 『여러 지방의 기사(奇事)와 여러 여로(旅路)에서 이적(異蹟)을 목격한 자의 보록(Tuhfstu'd Nuzzār fi Gharāibi'l Amsār wa Ajāibi'l Asfār)』이나, 일반적으로 『이븐 바투타 여행기(Rihlatu Ibn Batutah)』로 알려져 있다. 원제의 역명(譯名)을 『수방편답기문보록(殊邦遍踏奇聞寶錄)』으로 축약할 수 있다.

원래 여행기는 내용의 역사성과 사실성 그리고 서술의 생동성으로 말미암아 역사 속에서 오래도록 깊은 여운을 남기는 기록물이다. 특히 그것이 미지의 세계에 대한 탐험적 성격이 짙은 작품일 경우, 그 학문적 가치는 가위 기념비적이라 할 수 있다. 그리하여 여행가들은 승위섭험(乘危涉險)으로 이 땅의 구석구석을 누비면서 견문과 전문을 기록으로 엮어내고, 후학들은 그것을 재현하고 구고(究考)하여 인류 공유의 소중한 문화유산으로 보존하기 위해 진력하는 것이다.

문화유산으로서 학문적 가치가 높은 이러한 기록물은 왕왕 역사의 흐름 속에서 망각되거나 홀대받기도 하며, 때로는 평가절하되거나 왜곡되기까지 한다. 따라서 그것을 복원하고 연구를 심화시켜 문화적·학문적 가치를 재생산하는 것은 자못 중요한 의미를 지닌다.

그러한 작업의 첫걸음이자 토대 마련이 바로 문헌에 대한 해제 작업이다. 667년 전에 쓰인 이 여행기에 관한 그동안의 연구는 비교적 영성적(零星的)으로 진행해 오다가 2004년 저자에 관한 유네스코의 국제학술심포지엄을 계기로 학계에서 연구 활동이 활성화되기 시작했다. 이러한 추이에 발맞춰 이 여행기에 관한 해제 작업을 진일보하게 추진하는 것은 시의적절할 뿐만 아니라 고전 해제에 대한 각성을 촉구하는 계기가 될 것이다.

이븐 바투타는 3대륙 여러 지역을 두루 역방하면서 직접 보고 들은 기사이적(奇事異蹟)을 총 502문단으로 구성된 여행기 속에 담았는데, 그 내용은 문자 그대로 삼라만상으로서 당대 답사 지역의 역사상을 여실히 전해주고 있다.

우선 광범위한 지역에 뿌리내린 이슬람에 관해서는 성소와 명소, 법관을 비롯한 명사들, 각종 종교의식과 명절 행사, 마스지드와 자위야(수도소)의 건축양식 및 운영 방식, 숨(금식)과 자카트(종교 부금) 등 종교 의무 수행 상황, 여러 교파의 실태, 무슬림과 비무슬림(이교도) 간의 관계, 부분적인 문화접변 현상과 지역성 등 이슬람교와 이슬람 문명 전반에 관해 세심하게 관찰하고 나름의 판단을 곁들여 기술하고 있다.

둘째로 정치 생활 일반에 관해서는 술탄의 계위 관계와 가문, 잔인성과 관용성의 이중성을 지닌 술탄들의 통치 행태, 술탄이나 아미르(장관, 수장)들의 치적과 하사(下賜) 관행, 위정자들 간의 갈등과 상잔(相殘), 궁정 규모와 궁중의 의례 행사, 술탄을 비롯한 위정자들의 신앙 관계, 관리 임용과 책봉, 징세와 관세 제도, 각종 행정 시책, 수도를 비롯한 주요 도시들의 규모와 건축 및 시장 상황 등을 때로는 소략하게, 때로는 지루하리만큼 장황하게 기술하고 있다.

셋째로 사회·경제생활 면에서는 각종 매매 행위와 교환관계 및 상술, 대내외 교역품, 물가 지표와 통화제도 및 환율, 다양한 의식주 관습, 지역 특유의 동식물과 농작물, 수륙 교통수단의 준비와 제작 및 이용, 도정(道程)과 도로 상황, 관혼상제의 관행, 예법, 민간요법, 특이한 폐습과 악습 등을 생동감 있게 묘사함으로써 귀중한 문화인류학적 사료로 남겨놓았다.

끝으로 여행기 전반에 걸쳐 주로 전해 들은 고사나 전설, 영험(靈驗)이나 기적에 관한 이야기가 계기에 따라 간헐적으로 삽입되어 있다. 읽다 보면 황당무계한 점이 없지 않다. 여러 언어로의 초역본(抄譯本)에서는 이러한 내용을 대체로 삭제하고 있다. 그러나 깊이 음미해 보면 여기에는 여느 고사나 전설과 마찬가지로 일정한 역사성이나 현실성이 반영되어 있어 그것을 무시할 수는 없다. 특히 '바라카[al-barakah, 길상(吉祥)·영복(營福)]'에 의한 영험이나 기적에 대한 시사는 여행기 저변에 적이 깔려 있어 흡사 기복신앙(祈福信仰)을 연상시킬 때가 있다. 이것은 당시 성행한 수피즘의 기복관을 반영한 것으로 판단된다. 그렇지만 한편으로는 이러한 고사나 전설, 영험이나 기적에 관한 이야기는 대표적인 여행문학작품으로서 이 여행기의 문학성을 한층 높여주고 그 내용을 풍부하고 다양하게 해주는 소재라고 할 수 있다.

이븐 바투타와 그의 여행기에 관한 연구의 태두인 모로코왕국 아카데미 원사 압둘라 하디 앗 타지(Abdu'llah Hadi ad-Tazi) 박사는 여행기가 내포하고 있는 각종 사항을 다음과 같은 구체적인 통계로 적시하고 있다. 즉 각국 인물 1483명, 각국 지명 961곳, 부락과 가족 등 인종 231개, 공구(工具) 183종, 무기 39종, 질병 15종, 하천 52개, 호수 4개, 밭곡식 25종, 수식(首飾) 42종, 동물 102종, 식물 93종, 향료 35종, 식품과 음료 182종, 특이한 풍습 144종, 문헌 23부, 복장 154종, 각종 재료 318종, 대소 시장 76곳, 성보(城堡) 30채, 자위야(수도소) 123곳, 궁전 16채, 이교도 교회 30채, 학교 53개, 묘소 250곳, 마스지드 112곳, 건물 153채, 화폐 35종, 각종 전문용어 319가지, 시문(詩文) 64수, 『꾸란』경문 48절, 『하디스』 14절, 속담 20가지다. 여행기 내용의 심도와 광폭을 실증하는 통계다.

이렇게 한 시대를 살아가는 인류의 다종다양한 생활상을 실사구시하게 동서남북 종횡으로 엮어낸『이븐 바투타 여행기』는 한마디로 인류가 공유해야 할 귀중한 문화유산으로서 중요한 의미를 지닌다.

그 의미는 우선 중세 인문지리학 자료의 보고로서 학문적 연구 가치가 높은 고전이라는 데 있다. 아직까지 이 여행기처럼 중세를 살고 있던 동·서양인들의 서로 다른 생활상과 자연·지리적 환경을 포괄적으로 생동하게 기술한 기록물은 발견되지 않고 있다. 특히 내륙 아프리카에 관한 여행 기록과 무려 네 개 장을 할애한 이슬람 투글루크조(Tughluq, 1320~1414) 시대의 인도 관련 기술은 사상 초유의 것이다. 아울러 이 여행기는 중세 이슬람 문명을 이해하는 데 하나의 지침서로 정평이 나 있을 뿐만 아니라 당대의 수많은 실존 명사들을 정확히 소개하고 있다는 점에서 인물 사전이라는 평가까지 받고 있다. 요컨대, 이 여행기는 중세 연구에 있어 높은 사료적 가치를 지니며 중세의 실상을 전해주는 현상제(現像劑, 현상액의 북한어)라고 감히 말할 수 있다.

다음으로 중세 동서 교류상을 입증해 주는 소중한 문헌이라는 데 그 의미가 있다. 원래 여행기, 특히 이질 문명 간의 여행기는 그 자체가 일종의 정신문명교류의 표상이고 촉매제다. 장장 30년에 걸친 이븐 바투타의 여행기는 당대 동서 교류의 대동맥인 실크로드의 오아시스 육로와 해로 그리고 대상(隊商) 등을 통한 육·해상의 교역 등 동서 교류의 제반 실상을 선명하게 전해주고 있다. 특히 도정이나 도로 상황, 여행지의 생활환경 등에 관한 구체적인 정보를 폭넓게 세세히 담고 있다는 점에서 손색 없는 '여행 안내서'라는 평가도 함께 받고 있다. 그만큼 여행기는 중세 인류의 소통에 큰 기여를 해왔다.

끝으로 여행문학의 좌표를 세운 수작이라는 데 그 의미가 있다. 이 여행기에서는 여행문학 고유의 사실성과 생동성 그리고 지식 전달의 특색이 뚜렷하게 부각되고, 여행문학으로서의 작품성도 돋보이며 수사학적 언어표현도 적절해 명실공히 아랍-이슬람 여행문학의 대표작이라고 평가할 수 있다.

인류의 여행사와 탐험사에 그야말로 명수죽백(名垂竹帛)할 이 보록(寶錄)도 세진(世塵) 속에 묻혀 400여 년간 잊혔다가 1808년 독일의 탐험가 제첸(Ulrich Jasper Seetzen)에 의해 처음으로 그 필사본이 발견되어 세인의 주목을 끌기 시작했다. 그 후 몇 개 국어로 번역됨에 따라 이 여행기에 관한 연구가 점차 심화되었다. 그러나 원문의 난해함 때문에 구미 선진국에서조차 완역은 좀처럼 엄두를 내지 못했다. 최초의 번역본은 1829년 런던에서 출간된 영문 초역본(抄譯本)이다. 그 후 두 번역가가 알제리에서 발견된 여행기 전문 필사본을 1853~1858년 네 권으로 된 프랑스어 완역본으로 파리에서 출간했다. 이것이 최초의 아랍어 원문 완역본이다.

그 후 영국의 깁(H. Gibb)은 네 권으로 된 완역본을 시도하다가 세 권까지만 번역하고 사망했다. 그가 세 권까지 번역하는 데는 13년 (1958~1971)이 걸렸다. 그 뒤 베킹엄(C. Beckingham)이 이어받아 영역본 4권을 1994년에 출간했다. 내가 감옥에서 이 여행기를 완역했을 때는 베킹엄에 의해 영역 완역본이 나왔다는 정보를 알지 못했다. 내 완역본이 두 번째 완역본인 줄로 믿고 있다가 이번에 회고록을 정리하면서 이 사실을 확인했다. 이에 독자들에게 양지를 바란다. 따라서 내 완역본은 프랑스어와 영어에 이어 세 번째 완역본이며, 공역이 아닌 단독 번역으로는 세계에서 첫 번째 완역본이 되는 셈이다. 나는 여러 가지 불비한 여건 속, 옥중에서 1년 9개월 만에 역주 완역을 매듭지었다. 이에 비하면, 프랑스어 완역본은 두 사람이 5년간 작업해 출간했고, 영어 번역본은 한 사람이 13년간 3권까지 그리고 또 다른 한 사람이 23년 뒤에 나머지 1권을 작업해 출간했다. 보다시피, 우리말 완역본은 프랑스어나 영어 완역본에 비하면 그 역출(譯出) 속도(1년 9개월)가 훨씬 빠르다.

같은 동양 문명권에 속하는 일본과 중국에서는 각각 자국어로 1953년과 1985년에 초역본이 상재(上梓)되었다. 그러다가 중국에서는 우리의 완역본보다 7년 늦은 뒤인 2008년 『異境奇觀(伊本)·白圖泰遊記』(全譯本), 李光斌(飜譯, 馬賢 審校, 《海洋出版社》) 제하의 중국어 완역본을 출간했다.

졸역 『이븐 바투타 여행기』에 첨부된 '이븐 바투타 여행로' 전도는 손바닥만 한 토막 종이 12조각을 짜 맞춰서 만든 합성 지도(56×39cm)다. 우연히 쓰레기통에서 주운 토막 종이를 무엇에 쓸 곳이 있을 성싶어 간수했다가 이 지도 제작에 정말 요긴하게 썼다. 어렵사리 구한 토막 종이를 붙이는 일 역시 소박한 지혜의 소산이었다. 오늘날 인쇄기로 찍어낸 이 매끌매끌한 지도의 남본(藍本)은 밥풀로 이어 붙인 토막 종이의 합성품이다.

말 그대로 한증탕 같은 여름철, 더덕더덕 땀띠 돋아난 엉덩이를 마룻바닥에 붙이고 하루 열댓 시간씩 뭉개면서 내내 생각한 것은 유배 생활 18년간 저서 500여 권을 남긴 다산 정약용 선생이었다. 선생은 줄곧 앉아서 너무 오래 글을 쓰다 보니 엉덩이가 짓뭉개져 벽에 선반을 매고 일어서서 썼다고 한다. 실감 나는 이야기다. 어떤 역경 속에서도 절차탁마(切磋琢磨, 옥돌을 자르고 줄로 쓸고 끌로 쪼고 갈아 빛을 내다라는 뜻으로, 학문이나 인격을 갈고닦음을 말한다)하고 마부위침(磨斧爲針, 도끼를 갈아 바늘을 만든다는 뜻으로, 힘든 일이라도 노력하면 성공함을 말한다)하는 선현들의 불요불굴(不撓不屈)의 의지와 실천은 이 여행기의 번역 과정에서도 내게 불변의 귀감이었음을 자랑스럽게 회상하는 바이다.

아랍어는 세계 3대 어족의 하나인 셈어족의 적통어(嫡統語)로서 근 2000년간이나 한 어족 고유의 전통을 고스란히 이어온 세계 최장수의 살아 있는 언어이며, 명실상부한 문학어이다. 그리고 이 여행기는 전형적인 중세 아랍어로 쓰인 여행문학의 고전이며 백미(白眉)다. 역자로서의 나는 아랍어 특유의 역사성과 문학성을 감안해 가급적 직역과 의역을 조화시켜 원의(原意) 전달에 충실하고자 했다. 그러나 가끔 합당한 대역어를 찾아내는 데 역부족이었음을 솔직히 고백한다. 아울러 비록 번역은 여의찮지만 당대 아랍의 대문장가인 이븐 주자이의 서문이야말로 대표적인 아랍어 명문으로서 아랍어 문장의 진미를 맛보게 할 것이라는 점을 부언하는 바이다.

이 역서는 과분하게도 2002년 《한국일보》 제정 제42회 한국백상 출판문화상 출판상(번역 부문)을 수상했다.

모로코, 내 인생의 변곡점

내 인생에서 카이로대학 유학이 세상을 향한 개안의 계기가 되었다면, 모로코에서의 나날들은 확안(擴眼)의 계기가 되었다. 1960년을 전후한 시기는 알제리의 민족해방 무장투쟁을 비롯해 아프리카에서 독립을 쟁취하고 수호하기 위한 투쟁이 가장 치열하게 전개되던 시기였다. 그즈음에 소련을 비롯한 사회주의진영의 대다수 나라는 수정주의에 빠져 제삼세계 독립투쟁, 특히 무장투쟁에 대해서 겁을 먹고 지원을 철회하거나 방관시하는 소극적 태도를 취하고 있었다. 이에 반해 마오이즘을 앞세운 중국은 그 대척점에서 제삼세계의 독립투쟁을 적극 지지하고 성원했다. 모로코 주재 중국 대사관은 중국이 아프리카에서 이집트에 이어 두 번째로 개설한 대사관으로서, 알제리 무장투쟁을 비롯한 아프리카 전반의 독립투쟁에 대한 지지 성원의 징검다리나 보급기지 역할을 수행했다.

나는 이러한 역할을 수행하기 위해 동분서주하는 과정에서 제삼세계의 독립투쟁과 세계정세의 흐름에 관해 더 깊고 바르게 터득하게 되었다. 그 과정에서 아프리카 독립투쟁을 진두에서 이끄는 1~2세대 지도자들과 교분을 쌓게 되었으며, 온갖 수모와 굴욕을 당해온 아프리카를 위한 설욕의 증인이 되리라는 각오도 다지게 되었다. 더욱이 그 과정에서 내 자신의 정체성과 관련된 국가와 민족, 국제주의와 민족주의 등 민감한 이념 문제에 대해서도 나름의 합리적 해답을 찾아내고, 그것을 부동의 신념으로 굳게 간직하게 되었다. 알제리 독립전쟁이 막바지에 이른 1962년 늦은 봄, 급기야 정든 인생의 수련장이자 눈을 보다 크게 뜨게 한 확안장이었던 아프리카 땅을 과감히 떠나 오로지 조국 통일의 일념으로 오매에도 그리던 환국(還國)의 직항로를 결연히 택하기에 이르렀다. 이것은 나의 인생에서 하나의 숙명적인 변곡점이었다. 그 변곡점의 도약지는 다름 아닌 모로코였다. 물론 이것은 어느 순간 졸지에 우발적인 전환이나 이탈이 아니라, 나의 성장과 더불어 장기간 심연 깊이 간직한 확고한 신념의 폭발이고 결과였다.

변화무상한 세상을 살아나가려면 누구나 일생에서 자의건 타의건 간에 삶을 돌려놓는 변곡점을 맞게 된다. 변곡점이란, 곡선에서 오목한 모양이 볼록한 모양으로, 또는 그 반대로 바뀌는 자리를 나타내는 점을 말한다. 부침과 기복의 연속일 수밖에 없는 복잡다기한 인생사에서 변곡점은 삶의 화복을 예시하는 계측점이라고 할 수 있다. 그래서 인생에서 변곡점은 신중하고 또 신중하게 선택해야 한다. 그 신중함에 있어서는 선택의 변을 바로 내세우는 것이 무엇보다 중요하다. 어떻게 보면 내 생애에서 가장 유의미한 변곡점일 수 있는 아프리카 땅에서의 환국에는 이소당연의 변과 더불어 그 당위성과 필요성이 당당하게 공존하고 있었다.

그러나 환국의 길은 결코 순탄치만은 않았다. 그것은 그 길 자체가 탈선이어서가 아니라, 그 변을 놓고 '눈 가리고 아웅' 하는 중국 측과 1년 가까이 설왕설래 티격태격이 이어졌기 때문이다. 그 지루한 과정의 자초지종을 다 털어놓을 수는 없지만, 그 가운데서 단 한 가지 변곡점의 변에 관한 왜곡만은 밝혀놓아야 할 것 같다. 작금 남한의 거의 모든 언론 매체들이 나의 변곡점 선택의 변에 관해 터무니없는 왜곡을 일삼고 있는 점이 못내 아쉽고 섬쩍지근하기까지 하다. '중국 내의 소수민족 차별에 실망'한 나머지 중국을 떠나버렸다는 것이 중론의 요체다. 이 중론이 어디서 튀어나온 건지, 또 누가 띄워놓은 허깨비 풍문인지, 출처와 진원지는 밝혀진 바가 전혀 없다. 한마디로, 사실무근의 망언으로서 사실에 대한 철저한 왜곡일 뿐만 아니라, 한 인격체에 대한 용납 못 할 모독이다.

사실은 이렇다. 당시만 해도 소수민족 우대 정책으로 백두산 오지의 한 촌뜨기가 세상사에 눈뜨기 시작한 지구인으로 성장하고 입지를 굳혀가고 있었다. 오로지 민족적 분단을 극복하고 통일의 성업을 이루는 데 이바지하겠다는 것이 변곡점의 확고한 변이었다. 그렇지만 나와 중국 측은 이 변의 이념적 바탕에 관해 진정한 민족주의인가 아니면 협애한 민족주의인가를 놓고 맞장을 뜨지 않을 수 없었다. 당시 많은 사람들은 '계란으로 바위 치기'니 승산 없는 짓을 아예 그만두라고 선의의 권유를 했다.

그렇지만 나는 일찍부터 민족문제에 관심을 갖고 동서고금의 방대한 민족문제 관련 서적들을 닥치는 대로 섭렵한 데다가, 외교 일선에서 진정한 민족주의의 정체를 터득했기 때문에 당당히 맞장을 떴으며, '계란'이 아니라 굳을 대로 굳은 돌덩이로 '바위'와 부딪혔다. 그리하여 고군분투가 외롭지 않았다. 종당에는 맞장에서 승산을 보았다. 이 책의 서장, 1절에서 밝힌 바와 같이 저우언라이 총리의 공식 허락하에 합법적 환국을 보장받았다. 진정한 민족주의의 신승

(辛勝)에 일말의 자부심을 느끼면서 신념을 더욱 굳혔다.

개가 짖어대도 대상은 전진한다

몇 년 전 북한과 미국 트럼프 정부 간에 욕설이 오갈 정도로 관계가 악화되어 일촉즉발의 전운이 감돌 때 남한의 언론매체에 의하면 북한 당국은 '개가 짖어대도 대상은 전진한다'라는 식의 유사 속담으로 미국의 공갈에 맞섰다고 한다. 이 속담을 놓고 한국 언론과 관련 인사들의 해석이 분분했다. 더러는 미국 속담이라고까지 우겨댔다. 과문인지는 몰라도 당시 이 속담의 출처나 진의에 관한 올바른 발설(發說)은 한마디도 듣거나 보지 못했다. 그때를 이어 지금, 이 회고록을 다듬는 순간, 비록 시간 격차는 60여 년 전 일이지만 유사 사건의 직접 경험자로서 그 고갱이가 삼삼히 떠오른다.

우선 출처부터 밝히면, 이 속담은 오래전부터 아랍 베두인족(사막 유목민)에게서 회자되던 속담이다. 사막에 흩어져 사는 유목민들은 짐승이나 도둑들로부터 가재나 인명을 안전하게 지키기 위해서는 집집마다 맹견 몇 마리씩 기르는 것이 일종의 생존 관행이었다. 일단 사막의 이곳저곳을 돌아다니며 행상이나 교역에 종사하는 낯선 대상(隊商, 주로 낙타 이용)이 나타나면 개들이 지레 겁을 먹고 마구 짖어댄다. 그렇지만 덩치 큰 낙타나 짐꾼들은 조금도 개의치 않고 늠름하게 제 갈 길을 간다. 이러한 현상을 함축하고 있는 속담이라서 인간관계에서 속절없는 허장성세 같은 비위(非違)를 풍자하거나 비꼴 때 흔히 쓰는 속담으로 널리 알려져 있다.

4년 동안 모로코 주재 중화인민공화국 대사관에 근무하던 때 세 번이나 프랑스 정보국은 비열하고 끈질긴 음해(陰害) 책동으로 중국의 정정당당한 아프리카 진출과 알제리 독립전쟁에 대한 지원을 차단하거나 방해했다. 이러한 책동을 단호하면서도 슬기롭게 물리친 사실을 유사 속담 형식을 빌려 한번 회고해 보려고 한다.

1950년 중반 소련이 느닷없이 니키타 흐루쇼프(Nikita Khrushchyov)의 수정주의 노선에 경도되어 아프리카를 비롯한 제삼세계의 민족해방전쟁에 대한 군사적 지원을 돌연 중단한다. 동유럽의 소련 위성국들도 뒤따라 미미하던 지원마저도 일시에 끊고 만다. 갓 독립투쟁에 일어선 나라들, 특히 알제리같이 무장투쟁을 주요 투쟁 노선으로 채택하고 바야흐로 사회주의진영의 지원하에 그 실천에 나선 나라들에게는 청천벽력 같은 일대 타격이었다. 민족해방이나 사회주의에 대한 그들의 기대나 신념이 하루아침에 물거품이 되는 순간이었다. 그리하여 그들 나름대로 새로운 '지원 세력', '협동 세력'을 목마르게 찾고 있었다. 제2차 세계대전 후 제삼세계에서 요원의 불길처럼 일어났던 민족해방전쟁의 도도한 시류에는 일시 허망한 '공백'이 생겨났다. 역사가 일찍이 경험해 보지 못했던 '공백'이다. 누가 나서서 이 '공백'을 메울 것인가? 시대의 궁박(窮迫)한 고민이었다.

한편, 무장투쟁 노선으로 사회주의(짧은 첫 단계는 신민주주의) 정권을 세운 중국공산당은 무장투쟁과 농촌 포위 투쟁 노선을 핵심으로 하는 '마오이즘'을 앞세워 식민지 민족해방전쟁의 성공적 경험을 바탕으로 프롤레타리아국제주의를 표방했다. 그러면서 이 '공백'을 채우는 국제주의적 지원을 선도해야 하며, 또 선도할 수 있다는 책임감과 가능성을 동시에 절감하고 자신했다. 문제는 대상지 선정과 지원 시기의 완급, 대상지 인근에 지원 거점의 설치였다. 그뿐 아니라 난제인 지원 루트의 확보 등 여러 가지 문제가 상정되었다. 그때는 바로 내가 유학을 마치고 중국 외교부 지역 부서(서아시아-아프리카사)에 배치되어 신중국 외교 일선에서 '마오이즘'을 관철하기 위해 열혈 청춘을 불태우던 시기로서 나에게는 인생의 도야장(陶冶場)이기도 했다.

건국 10주년(1959)을 맞아 우리 부서가 국가에 바쳐야 하는 '경축 선물'은 최종적으로 '공백 메우기' 작업에 착수하는 중차대한 과제였다. 1년여의 '무허회의(務虛會議)' 끝에 드디어 '경축 선물'은 낙착되었다. 그에 따라 우리의 사업은 비록 우여곡절은 면할 수 없었지만 일사불란하게 추진되었다. 차제에 '무허회의'에 관해 부언하자면, 이것은 중국 행정기관들이 항일 전쟁 시기부터 공화국 성립 이후에도 습용(襲用)한 사업 방식으로, 집단적 지혜를 모아 상정된 의제를 해결하거나 정책을 결정한다. 여기서의 '무(務)'는 우선 담당자가 구체적 실무 내용에 관해 세세히 소개하거나 발표한 후 집단적 심사숙고를 거쳐 당장 혹은 얼마 지나서 합의점을 모아 의결하는 회의 방식이다. 여기서의 '허'는 다분히 정책적 방향 제시에 초점을 맞춘다. 나는 외교부와 대사관에 근무할 당시, 주로 정세 문제를 다루는 이 회의의 주무관으로서 이 사업 방법과 회의 방식을 통해 많은 것을 배우고 익히고 터득했다. 지금도 그 여진이 내 몸 어디엔가에 잠복되어 있음을 느끼곤 한다.

각설하고, 대사관 근무 시 프랑스 비밀 정보기관과 암암리에 서너 차례 숨바꼭질하던 이야기로 넘어가기로 하자.

일단 알제리와 가장 긴 국경선을 맞대고 있는 모로코는 북아프리카에서 맹주 역할을 자임해 왔으며 독립 직후 비교적 강한 반프랑스 정서로 국왕이 프랑스 식민 당국에 의해 해외(마다가스카르) 유배를 강요당하기도 했다. 여러 가지 지정학적 여건을 고려해 모로코는 알제리 해방전쟁의 지원 거점으로 지목되었다. 복합 채널을 가동하던 모로코와 중국 양국은 외교관계 수립(서아시아와 아프리카 지역에서 이집트에 이은 두 번째 외교관계 수립국)에 따르는 대사관 설치 문제를 공식적으로 합의했다. 중국으로 보면, 해방전쟁의 지원자라는 명분과 아프리카 일원에 대한 영향력 확장의 전초기지를 마련한 일석이조의 결과를 따낸 셈이다.

'쇠뿔도 단김에 빼라'고, 알제리 정세의 급변에 부응해 의결한 지한 달도 채 안 되어 외교부는 서둘러 국경절 다음 날(1958.10.2.) 대사관 개관 준비팀 1진으로 쉬잉(徐英) 참사와 저우하이핑(周海平) 2등 서기관, 우톈포(吳天坡) 프랑스어 통역관, 기밀문서를 관리하는 기요원(機要員) 무전수, 요리사 등 다섯 명을 모로코에 급파했다. 이로부터 달포 후 나는 2진으로 바이런(白認) 대사 부부를 수행한 채 외교부 커화(柯華) 사장 등 간부들의 환송 속에 베이징역을 떠났다. 바이런 대사는 대외무역부 부장조리직에서 모로코 주재 중국 특별 전권대사로 전보 발령되었다. 그는 산전수전을 다 겪은 '장정간부(長征幹部)', 즉 중국 항일 전쟁 시 2만 5000리 장정을 수행한 핵심 노간부로서 매사에 능수능란하고 듬직했다. 동행에 안심은 되지만, 수행원으로서는 어떻게 하면 잘 모실 수 있는지 지레 걱정이 앞섰다.

일행은 중국 둥베이 만저우리(滿洲里)를 통과하는 시베리아 국제열차를 타고 7일 만에 모스크바에 도착해 당일 오후 소련 항공편으로 밤 8시경에 파리 샤를드골국제공항에 안착했다. 노정과 의전에 관해 사전에 모로코 측과 합의한 원래 계획은 파리 공항에서 두세 시간 휴식한 다음 역시 소련 항공 여객기로 환승해, 자정 무렵 모로코 제2의 도시 카사블랑카(당시 수도 라바트엔 공항이 없었다)에 도착하는 것이었다. 파리 공항에 도착하자마자 나는 파리 주재 신화통신사에 일행의 무사 안착을 알렸다. 통신사는 이 소식을 외교부에 즉시 보고했다. 당시는 아직 중국과 프랑스는 미수교 상태라 홍콩처럼 파리 주재 신화통신사가 외교부를 대신해 비자 발급 같은 영사 업무를 대리 수행하고 있었다.

공항 휴게실에서 휴식하면서 소련 항공사를 찾아가 카사블랑카까지의 비행기표를 확인하고 휴게실에 돌아오자 난데없이 어디선가 경찰 완장을 찬 건장한 네 명이 불쑥 나타났다. 그들은 험상궂게 얼굴을 찌푸리면서 여권과 비행기표를 대충 훑어보더니 서투른 영어로 또박또박 "상관의 지시에 따라 당신들은 더 이상 이 공항에 머물 수 없으니 당장 공항을 떠나야 한다"라고 무슨 고소장이라도 낭독하듯 두세 번 반복했다. 그러더니 무조건 비행기 이륙 대기실에 붙어 있는 빈방으로 안내했다. 말이 안내이지 사실은 반감금 상태였다. 후일 모로코에서 벌어진 일련의 유사 사태에 비추어 봐도 여기서의 '상관'은 분명 프랑스 정보국이며, 이 야비한 단말마적 모략을 꾸며낸 장본인도 다름 아닌 프랑스 정보국이다. 이 '늙다리 종이호랑이'와의 숙명적 숨바꼭질은 이제부터가 시작이다.

침착하고 노련한 바이런 대사도 불의에 당한 일이라서 처음엔 약간 당황한 기색을 보이다가 금세 정색하면서 이유를 따져 물었다. 그러나 답은 "상관의 지시"라는 말뿐이다. 나는 대사의 지시에 따라

신화통신사와 연락을 취하려고 탁자 위에 놓인 수동 전화기에 손을 뻗었다. 그러나 경찰은 나의 손을 잡아채면서 전화 코드를 빼버렸다. 이제 외부와의 연락은 완전히 차단된 셈이다. 나는 치솟는 울분을 참지 못하고 국제법과 외교 관행을 근거로 일국의 공식 대사를 경유국이나 환승국에서 이렇게 불법적으로 억류하다시피 하는 것은 중대한 국제법 위반으로 그 책임을 묻겠다며 엄중히 항의했다. 그러자 한참 만에 상급 경찰관이 거들먹거리며 들이닥치더니 마치 무슨 '선의'라도 베푸는 양 해결책은 타고 온 나라의 항공편으로 다시 돌아가는 길뿐이라고 너스레를 떤다. 우리는 어이없는 제안이라면서 상급 경찰관의 말을 거듭 일축했다.

사후에 안 일이지만 이즈음에 우리 일행이 파리 공항에 무사히 도착했다는 연락을 받고 통신사 기자가 안내차 공항에 찾아왔으나, 경찰은 역시 같은 구실로 공항 진입을 불허했다. 기미를 알아차린 기자는 즉각 베이징 외교부 신문사(新聞司)에 화전(火電, 가장 신속한 전보)으로 보고했다. 외교부에서는 사태의 엄중성을 고려해 여러 가지 구제책을 논의하던 끝에 영국 외교부의 협조를 구하는 방안이 결정되었다. 당시 영국은 홍콩 문제로 중국에 저자세를 보이고 있었으며, 알제리 문제에서는 프랑스의 강경책(전쟁)에 회의적 시선을 보낼 때였다. 그래서 중국 측에서는 영국의 협조가 가능할 것이라고 판단했던 것이다. 과연 이 판단은 적중했다.

지령을 받은 영국 주재 중국 대사관은 이경(2更) 야밤인데도 영국 외교부에 상황을 알리고 협조를 요청했다. 그러자 영국 외교부는 즉각 파리 공항 주재 영국 항공사인 브리티시항공 측과 협의해 우리 일행을 영국 항공편으로 파리 공항을 벗어나게 한 뒤, 런던 공항에 기착하면 영국 항공편으로 목적지(카사블랑카)까지 갈 수 있도록 편의를 제공하겠다고 약속했다.

한창 마굴(魔窟) 독방에서 프랑스 정보국의 경찰들과 옥신각신하고 있을 때 웬 영국 항공사 직원이 갑자기 나타나 경찰 우두머리와 귓속말을 몇 마디 나누더니 호주머니에서 일행 세 명의 영국행 비행기표를 꺼내 보이면서 서둘러 떠날 채비를 하라고 다그친다. 이 말이 떨어지기 바쁘게 경찰들은 '닭 쫓던 개'처럼 머쓱한 표정으로 사라졌다. 그 영국 회사 직원에게 감지덕지 인사치례를 할 겨를도 없이 영국 비행기에 탑승했다. 긴장이 풀리니 호졸근히 잠에 빠졌다. 그러나 반백(半白)의 바이런 대사만은 깊은 사색에 잠긴다. 대사는 험난한 앞날이 걱정되어서인지 뜬눈으로 한밤을 지새운다. 처처에서 노혁명가의 수범을 보였다. 그 후 대사와 함께 부대끼면서 보낸 3년은 그 시절의 내 인생에서 영원히 잊히지 않는 참된 도야기(陶冶期)였다.

이튿날 카사블랑카 공항 영빈실에서 모로코 왕궁 의전 대신을 비롯한 외교부와 수도 라바트와 카사블랑카시 의전 관련 관료들과 독립당을 비롯한 사회단체 대표들 그리고 사전에 파견된 중국 대사관 준비팀 등 50여 명이 한자리에 모여 우여곡절 끝에 부임한 대사의 영접식을 엄숙하게 치렀다.

이것이 프랑스 정보국과의 숨바꼭질 1라운드라면, 그로부터 1년도 채 지나기 전에 2라운드가 새로운 링에서 펼쳐진다. 어느 날 새벽 일찍이 대사관 요리사가 대문에 들어서 1층 오른쪽 복도를 지나 주방으로 가는데, 새벽의 고요를 깨우며 복도 기둥에서 찰칵거리는 소리가 가느다랗게 들려왔다. 무심결에 지나갔던 그는 아무래도 이상한 소리 같아서 다시 돌아와 기둥에 귀를 바싹 댔다. 분명 시곗바늘 소리처럼 찰깍거리는 소리가 띄엄띄엄 무질서하게 들려왔다. 그는 대사관 보안 요원이 출근하자 그 사실을 알렸다. 보안 요원은 고도의 긴장 속에 전기를 켰다 껐다 하면서 살폈으나 종시 감청기에는 아무것도 잡히지 않았다. 밤이 으슥해지자 나를 포함해 몇몇 직원들이 번갈아 가면서 두꺼운 차광막을 쳐놓고 감시를 계속했다. 이윽고 자정이 지나서야 바로 요리사가 보고한 그곳에서 찰깍거리는 소리와 삑삑 하는 소리가 마구 섞여 귀청을 울린다. 보안 요원은 그 소리를 그대로 녹음하고, 현장을 그대로 보존했다.

대엿새 후 본부에서 감청 전문가 두 사람이 극비리에 급파되었다. 감청 결과 2층 건물의 1층 출입문 복도와 응접실 벽면에서 좁쌀 크기에 머리칼만큼 가는, 길이 5~6센티미터의 안테나가 한두 개씩 달린 도청기를 10여 개 발견했다. 전문가들은 도청기가 수명을 다했거나 고장 나는 바람에 제대로 작동되지 않아 저절로 노출된 것으로 판단했다. 열 달 전 모로코 제1정당인 독립당 당수 파시(Fasi)의 저택을 구입하면서 며칠간 보수를 추진한 기간에 도청기를 설치했을 것으로 추정했다. 사건 발생 후 본부에서는 보안을 강화하기 위해 보안 요원 한 명을 추가 파견해 1년간 상주시키는 조처를 취했다. 이렇게 프랑스 정보국은 2라운드 대결에서 정보국의 자체 실수로 꼬리를 드러내고 패자의 신세가 되고 말았다. 이것은 또 한 번 "개는 짖어대도 대상은 전진한다"라는 역사 발전의 섭리에 대한 엄연한 증언이다.

그렇다고 프랑스 정보국이 악랄한 정보 모략을 접은 것은 결코 아니었다. '늙다리 종이호랑이'라도 야수는 야수인 만치 그 본색이 달라질 수는 없다. 중국과의 또 다른 숨바꼭질 라운드를 호시탐탐 노리고 있었다. 이른바 '차종(茶種) 재배를 둘러싼 라운드'다.

2라운드를 치른 지 꼭 50년이 되는 2009년 1월, 우리 한국문명교류연구소 실크로드 북아프리카 답사단이 모로코의 북부 중심 도시 메크네스(Meknes)에 들렀다. 한 식당에서 점심식사를 하면서 후식으로 차를 주문했더니 홍차인가 아니면 녹차(우리를 녹차를 즐기는 중국 답사객으로 오인)인가를 묻기에 얼결에 녹차라고 대답했다. 웬걸 이윽고 '모로코산 녹차'란 상표가 붙어 있는 차팩을 갖다주는 것이 아닌가! 어안이 벙벙했다. 일부러 주인을 불러 모로코에서 언제부터 국산 녹차를 마시게 되었는지 묻자, 언제부터인지는 몰라도 중국 사람들이 와서 녹차 재배법과 가공법을 가르쳐 주었다고 들은 이야기를 전한다.

그러자 차종 재배를 둘러싼 프랑스 정보국과의 세 번째 라운드가 주마등처럼 눈앞을 스쳐 지나간다. 때는 1961년 늦가을, 모로코 농업부는 대사관을 통해 중국 정부에 차종 재배를 도와달라는 공식 요청서를 보내왔다. 모로코는 전통적으로 홍차를 즐기지만, 여느 북아프리카 나라들과는 달리 녹차도 선호하는 편이었다. 그러나 지금까지는 프랑스의 몇몇 회사가 소비 전량의 수입과 시장을 독점함으로써 막대한 국가 지출이 소요되고, 가격도 천정부지(天井不知)로 치솟은 데다 수급도 원활하지 못해 국민들이 큰 고통을 겪고 있었다. 그래서 중국이나 동남아 지역처럼 자력으로 차나무를 심어서 해결하려고 하니 재배나 가공을 도와달라는 요청이었다. 이에 중국 정부가 즉각적인 환영과 동의를 표하자 모로코 농업부는 실무진을 보내 양국 간에 구체적인 업무 계약을 체결했다. 얼마 후 중국 측에서는 차 재배 적지를 조사하기 위한 지질 전문가와 차 재배 및 가공 전문가를 보내왔다. 당시 휴전 여론이 일면서 알제리전쟁이 일시 소강상태에 들어가자 지원 사업에 여유가 생겼다. 그래서 나는 중국 전문가들의 통역원 겸 수행원으로 동행하게 되었다. 모로코 농업부에서 파견한 수행원 두 명과 우리 세 명, 모두 다섯 명으로 '양국 차 재배 조사단'을 뭇고 서둘러 조사 작업에 착수했다.

그런데 프랑스 정보국은 현지에 거미줄처럼 쳐놓은 정보망, 특히 왕궁과 농업부 내의 프락치들을 통해 이 사업의 전말을 꿰뚫고 있었다. 각종 압력을 가했으나 실패하자 비밀 정보원 대여섯 명이 시종 추적 차량을 바꿔가면서 미행을 계속하고, 일행의 동선에 차단물을 설치해 행동을 방해하는 일은 다반사였으며, 조사 대상지를 아예 봉쇄해 버리기도 했다. 한때 신변 안전이 염려돼 모로코 측에서 작업을 중단하고 철수할 것을 제안하기까지 했다. 그럴 때 바이런 대사는 '늙다리 종이호랑이'의 무모한 발악일 뿐 "하이부랴오(害不了, 해하지는 못할 것이다)"라고 단안을 내리면서 용기를 북돋아 주었다. 이것을 지켜보던 모로코 측에서는 최신 방탄 설비를 갖춘 차량으로 일행이 이용하던 구식 차량을 바꾸고, 지역마다 경찰국에 의뢰해 일행의 에스코트를 맡도록 조처했다.

이렇게 약 두 달 동안 진눈깨비 휘몰아치는 음산한 모로코 북부 아틀라스산맥 기슭의 벽지를 종횡무진 누비면서 현장 실험을 거쳐 차 재배 적지를 광범위하게 찾아냈다. 누구도 이러한 산간벽지에 차 재배 적지가 펼쳐져 있으리라고는 상상도 하지 못했다고 한다. 대사관에 돌아와 약 일주일간 불철주야 연구 끝에 재배지 남본을 완성했다. 고별 접견에서 모로코 총리는 이 전대미문의 창의적인 성과에 크게 탄복하면서, 중국 정부에 사의를 표하고 가까운 장래에 이곳에서 재배하고 수확한 명성 높은 중국차를 직접 마셔보기를 바란다고 큰 기대를 나타냈다.

중국차 재배 조사단이 귀국한 후 얼마 지나지 않아 나는 환국차 본부에 소환되었다. 그해(1962) 여름 나는 베이징《인민일보》2면에 「우의의 씨앗(友誼的 種子)」이란 제하의 조사단 수행기를 생생하게 게재한 바 있다. 그 후 근 반세기 동안 작지만 유의미한 이 일을 까마득히 잊고 있다가 내 청춘의 한때를 보낸 땅, 북아프리카의 모로코 아틀라스산맥 기슭을 여행하던 중 어느 날 우연히, 실로 우연히 그 인연과 맞닿으니 감개무량하기 그지없었다. 그 '늙다리 종이호랑이'의 단말마적 몸부림을 잠재운 자부심이 더불어 강하게 치솟았다.

4장

통일 성업의
광야에 서다

1963

1996

29세에서 62세

북한의 국제관계대학과 외국어대학,

남한의 단국대학

'잔류'와 '환국'의 곡직 평가는 역사의 몫

나는 감옥에서 어버이날과 스승의날이 있는 5월을 몇 번 보냈다. 왠지 나는 5월만 되면 범상찮은 회상에 잠기곤 했다. 그 회상은 '어버이로서의 나'와 '스승으로서의 나'를 겨레의 수난사에 대비시켜 좀 더 냉철하게 돌이켜 볼 수 있게 했다. 그러한 의미에서 올해의 5월은 각별하다.

2000년 5월 신문 매체들이 연일 중국정치협상회의 조남기(趙南起) 부주석의 내한에 관해 대서특필한 기사들을 읽었다. 매체들은 그가 62년 만에 고향인 청원 태성리에 금의환향(錦衣還鄕)했다고 일제히 환영 보도를 했다. 중국에 사는 소수민족인 조선족 가운데 최고위급 인사로서, '조선족의 우상'으로까지 추앙받는 인사라고 한다. 그래서인지는 몰라도 국빈 대우를 받는 그의 일거수일투족은 가는 곳마다 특종 기사로 화려한 조명을 받았다. 대학들은 앞을 다투어 군인 출신인 그에게 경제학 명예박사학위를 수여하고 명예교수로 추대하는가 하면, 고속전철 측은 그에게 새 차의 시승 영예를 안졌으며, 한 산업단지는 투자 유치 약조도 했다고 한다. 연일 이어지는 명소 관광이나 기자 인터뷰, 연회, 그 모든 것이 금의환향의 존영(尊榮) 그대로였다. 물론 우리의 수백만 해외 유민들 가운데서 조 씨와 같이 현지에 잘 적응한 인물들이 배출된다는 것은 겨레붙이로서는 반갑고 자랑스러운 일이 아닐 수 없다.

그러나 그 배면에는 또 다른 역사가 흐를 수도 있다는 사실을 간과하거나 무시해서는 안 된다. 그것은 개인사나 민족사의 경우가 다 마찬가지다. 구한 말과 일제강점기에 살길을 찾아 중국에 유랑 간 조선족의 현대사에서는 물론, 그것을 압축해서 조 씨와 우리('우리'라는 말에 유념하기 바란다)의 경우를 대응해 보면, 또 다른 배면의 실상이 극명하게 드러난다. 현대사에서 재중 조선인들의 정치·사회 활동 계보를 대충 훑어보면, 1930년대에는 1세대가, 1950년대에는 2세대가 그 계보를 이어왔다. 그렇게 보면 비록 성장배경은 다르지만, 조 씨는 1.5세대이고 나는 2세대(광복 후의 1세대)에 속한다고 볼 수 있다.

여기서 중요한 것은 단순하게 나이에 따르는 계보가 아니라, 이 시대를 엮어가는 민족사의 대세에 어떻게 영합하는가에 따르는 계보이다. 물론 우리는 모두 일제의 가혹한 식민지 통치를 못 견뎌 단장의 망향가를 부르면서 설한풍 휘몰아치는 황량한 만주 땅에 살길을 찾아 유랑 간 망국 유민의 후손들이다. 비록 몸은 이역에 있지만 거기서 우리는 망국의 한을 달래면서 언젠가는 꼭 돌아가고야 말 조국에 대한 애정과 충정을 키우며 살아왔다. 모두의 한결같은 신념은 조국애와 민족애였고, 지향은 그 실천을 위한 환국이었다.

그러나 거대 중국이 부상함에 따라 이러한 신념과 지향에는 후천적인 이반(離叛) 현상이 생기기 시작했다. 돌이켜 보면, 1950년대 초반부터 1960년대 중반, 중국에서 '문화대혁명'이 일어나기 직전까지 약 15년 동안은 조선족 식자층 속에서 이른바 '환국파'와 '잔류파'가 나뉘어 갑론을박의 격론을 벌이던 시기였다.

그 시기는 마침 내가 베이징대학과 카이로대학 유학을 마치고 나서 중국 외교부에서 근무하다가 환국을 결행하던 시기였다. 내 인생 역정에서는 하나의 전환기였다. 당시 베이징 소재 중앙정부급 기관에 재직 중인 조선족 출신 간부는 나를 포함해 몇 명밖에 안 되었으며, 재중 조선족 가운데서 최고위급 인사는 중앙민족사무위원회의 부사장(副司長, 부국장)직에 있는 문정일 선생이었다. 그는 광복 직후 옌볜에 첫 조선족 자치 기구인 옌볜조선족전원공서(延邊朝鮮族專員公署)를 설립하는 등 민족이념이 비교적 투철한 분이었다. 그즈음 기라성 같은 열혈 청년 학생들이 조국 건설을 위해 환국해야 한다는 미래의 푸른 꿈을 키우고 있을 때, 조 씨는 변방인 옌볜의 한 중급 군사간부였다.

당시 옌볜고급중학교 1, 2기 졸업생(나는 2기) 가운데서 중국 대학(주로 둥베이 지방의 각 대학)에 진학해 공부하고 있던 50~60명 학생들을 핵심으로 한 일군의 조선족 청년 학생들은 6·25전쟁을 겪으면서 모국(조선)에 대한 관심과 사랑이 전례 없이 고양되었다. 그들은 폐허가 된 모국의 전후 복구 건설에 기여하겠다는 의지에 불타고 있었으며, 그 실천을 위해 언젠가는 기회가 닿는 대로 환국해 '조국을 위해 헌신하겠다'는 결심을 다지고 있었다. 실제로 우리 동기생 중 6~7할은 환국해 요소요소에서 중임(重任)을 맡아 성실하게 수행했다. 우리는 내심 이들을 '환국파'라고 불렀다. 이 파는 어떤 유형적 조직체가 아니라, 의지가 투합되어 자연적으로 결속된 무형의 의지 집합체였다. 이들의 환국은 중국 측 국적법에 준하면 범법 행위이므로 합법적 환국은 불가능했다. 그리하여 이들의 절대다수는 걸어서 두만강이나 압록강을 불법 도강하지 않을 수 없었다. 그러나 아이러니하게도 이 도강은 친선 협력 관계에 있던 조중 양국의 묵인하에서 개별적으로 단행된 '불법' 도강으로서 큰 문제가 야기되지는 않은 채 다년간 지속되었다.

'환국파'에 대응한 '잔류파'란, 역시 무형의 의지 집합체로서 이러저러한 이유로 환국할 수 없거나 환국하고 싶지 않아서 중국에 그대로 눌러앉은 재중 조선인들을 범칭한다. 이들의 이념적 성향은 꽤 복잡한데, 그들 가운데서 극단적인 일부는 허무맹랑한 국제주의를 앞세워 환국을 '협애한 민족주의'로 호도하면서 환국에 대해 상당히 도전적 태도를 취했다.

우리 환국파는 상시적인 연락망을 구축해 유지하면서 뜻을 한데로 모아갔다. 우리의 이념적 캐치프레이즈는 '위국헌기위지고', 즉 '나라 위해 자기를 희생하는 것은 가장 숭고한 위업'으로서, 여기서 말하는 '나라'는 다름 아닌 '조국 조선'이었다. 그 종국적 지향점은 두말할 나위 없이 조국에 돌아가 조국 건설에 헌신하는 것이었다. 그 과정은 '잔류파'들과의 치열한 논쟁의 과정이기도 했다. 이번에 내한한 조 씨는 한 기자와의 인터뷰에서 '성격에 맞지 않아' 환국하지 않았다고 털어놓았다. 이것저것 '맞지 않는다'는 것이 당시 '잔류파'들이 들고나온 주요한 변이었다. 우리는 이 변에 여지없는 통박을 가하면서 환국의 당위성과 절박성을 시종일관 주장하면서 설득에 나섰다. 1960년대를 기해 우리 '환국파'들은 대부분이 지향하던 환국의 뜻을 이루었다. 두 파의 시비와 곡직(曲直) 여부에 관해서는 역사가 엄정하게 판단할 것이다.

나는 이 격동의 시대를 그나마 의미 있게 장식했던 여러 가지 비사(秘史)를 글로 엮어 후대에 전하고 싶다. 나아가 우리의 할아버지들, 아버지들이 살길을 찾아 고국산천을 떠나 저 낯설고 거친 간도 땅에 흘러간 유랑의 비사(悲史)도 책으로 묶어 후세에 전하고 싶다. 왜냐하면, 그 모든 것은 우리 겨레가 겪어온 현대사의 한 단면이며, 그 속에서만이 어제의 내 자화상을 바르게 그려낼 수 있기 때문이다.

나는 오른쪽 가슴팍에 사형수와 정치범에게만 주어지는 흰 바탕에 붉은색 수번이 쓰인 수의를 입고 0.75평밖에 안 되는 좁은 옥방에서 수의환향인(囚衣還鄕人)의 신분으로 조 씨의 화려한 금의환향을 지켜봤다. 물론 원천적으로 보면 내 고향은 몇 대 조상의 뼈가 묻혀 있는 함경북도 명천이지만, 환국한 나에게는 이 땅의 어드메든 다 나의 고향이다. 40여 년 전의 '잔류'와 '환국'이라는 두 상극이 조 씨의 '금의환향'과 나의 '수의환향'이라는 오늘날의 또 다른 상극으로 이어진 것은 하나의 역사적 아이러니가 아닐 수 없다. 그러나 그 역시 엄연한 역사적 사실이다. 이 아이러니에 대한 판정도 나는 역사에 맡긴다.

단, 나는 그 상극의 대국(對局)을 주도한 내 행동의 정당성이나 당위성을 오늘까지도, 아니 영원히 시종여일 확신하고 있으며, 그날의 내 처지를 결코 비감하게 여기지 않았다. 오히려 나는 이 시대에 누군가는 감당해야 할 짐과 아픔을 나 스스로 떠맡았다는 데서 크나큰 자부심과 긍지를 느꼈다. 그러기에 눈부신 비단 차림의 '금의환향'을 결코 부러워하지 않고, 허술한 차림의 '수의환향'에 못내 자족했으며, 한 평도 채 안 되는 감방에서 그날도 내 삶의 좌우명을 실현코자 여념이 없이 정진했다.

교육 일선에서 청춘을 불태우다

이역 중국에서 살아가는 30년간 나는 한시도 내가 당당한 단군의 후예인 조선인(한국인)이라는 점을 잊어본 적이 없었으며, 종당에는 고국에 돌아가 헌신하고야 말겠다는 심지를 줄곧 굳혀왔다. 대학을 졸업한 후 여러 가지 특전을 누리면서 모두가 선호하던, 외교관이라는 전도양양한 직업도 보장받았다. 초대 한국 주재 중국 대표인 서(徐) 씨는 베이징대학 동방학부 아랍어과의 후배다. 당시 중국 외교부 내에서는 나만큼 여러 외국어를 구사하는 외교관이 별로 없어서 한 몸에 촉망받던 때도 있었다. 지금쯤 카이로대학 유학 시절의 후배들은 모두가 중국 관부의 고위직에 있을 것이다. 외람되지만 자화자찬하는 듯한 넋두리를 염치없이 좀 늘어놓았다. 젊은 시절의 나에 대한 궁금증을 푸는 데 필요하지나 않을까 해서다.

오늘의 속된 말로 표현하자면 부와 명예를 다 거머쥘 수 있는 탄탄 가도를 거침없이 달리고 있었음에도 불구하고 나는 그 모든 것을 주저 없이, 후회 없이 단념하고 고국으로 돌아왔다. 굳이 내가 그렇게 한 것은 지성인으로서 시대와 역사 앞에 지닌 민족적 사명을 다하기 위해서였다. 그 사실을 나는 환국을 신청하면서 중국 측에도 떳떳이 밝혔다. 나의 순수한 마음과 결백한 의지를 모를 바 없는, 또 이해 못 할 바도 아닌 중국 당국이지만, 공들여 양성한 사람을 쉬이 놓아줄 리가 만무하다. 당연하다면 당연한 일이 아니겠는가? 그들의 거듭되는 만류는 '협애한 민족주의자'니, 해직이니, '하방(공장이나 농촌으로 추방)'이니 하는 위협 공갈로까지 이어졌다. 어떻게 보면 '눈 가리고 아웅 하는' 격이었다. 그러나 나는 그러한 위협 공갈 앞에 추호의 동요도 없이, 일보의 후퇴도 없이 정면으로 정정당당하게 맞받아 나갔다. 결국 신승(辛勝)을 거두었다.

드디어 1963년 4월, 오매에도 그리던 조국의 품, 겨레의 품에 안겼다. 파릇파릇 봄기운이 감도는 조국의 산천은 나를 무척 반겨 맞아주었다. 북녘에 돌아와서도 애국 애족의 초지(初志)는 변함이 없었다. 아니, 말이 아닌 행동으로 옮겨야 하는 현실이고 보면, 그러한 초지는 더더욱 절박하기만 했다. 천리마의 기세로 비상하던 1960년대 초의 북녘은 나의 지적 기여를 절실히 필요로 했다. 개인의 전도(前途) 같은 것은 아예 묵살하고 이역을 떠나 낙엽귀근(落葉歸根)의 모국의 품에 안긴 터라서 초지만 실천할 수 있는 일자리라면 가리지 않았다. 평양에 도착한 후 환국자들을 관리하는 '교포사업총국'에 제출한 나의 사업 지망란에는 "첫째도, 둘째도, 셋째도 조국 통일 성업에 이바지하는 어떠한 일"이라고 하고픈 일을 오롯이 밝히면서 그 일을 실현할 수 있기를 간절히 바랐다. 그것은 1000여 년 통일 민족사에 오점으로 남아 있는 이 국토 분단과 민족 분열의 비극을 우리 세대에 꼭 종언하고자 하는 일관된 의지와 신념에서였다.

사업 지망서를 제출한 후 며칠 지나서 만난 '교포사업총국' 책임 간부는 해외 교포들, 특히 일본 조총련계 교포들의 귀국 상황과 귀국 후 그들에 대한 사업(직업) 배치에 관해 개략을 설명한 후 관계기관들과 협의한 끝에 나의 지망과는 다르게 잠정적으로 평양국제관계대학 교수로 임명하기로 결정했다고 통보했다. 그러면서 제삼세계 성원국으로서 서아시아와 북아프리카의 아랍 세계에 진출하는 데 아랍어 전문가들과 외교 일꾼들이 거의 전무한 상태이므로 그 양성이 절실하기 때문이라고 그 이유를 구구이 설명한다. 이러한 사정을 이미 잘 알고 있는 나로서는 결코 뜻밖의 일이 아니어서 태연하게 받아들였다.

며칠 후 연락을 받고 대학 총장실에 갔더니 총장의 테이블 위에 임명장이 이미 놓여 있었고, 고등교육부 인사 담당관이 배석하고 있었다. 총장은 교포사업총국의 통보 내용과 다름없는 내용을 설명하면서 '상급 교원'이라는 직함이 찍힌 임명장을 공식적으로 수여했다. 그러고 나서는 우선 신설된 아랍어과의 실태를 요해(了解)하는 것이 급선무라면서 과 교수들과의 좌담회를 따로 마련해 주었다. 좌담회에는 과내 교수 다섯 분이 참석했다. 나는 그들로부터 아랍어과를 신설하기 위해 헌신한 놀라운 자력갱생의 역정, 무에서 유를 창조하기 위한 헌신적 노력 이야기를 듣고 실로 탄복하지 않을 수 없었다.

원래 평양국제관계대학은 대외 일꾼들의 양성과 재교육을 목적으로 1960년 9월 김일성종합대학(1949.11. 설립) 법학부에서 분리되어 국제관계학부와 다섯 가지 외국어(러시아어, 중국어, 일본어, 영어, 프랑스어, 스페인어)를 망라한 두 개의 외국어학부(동양어학부와 서양어학부)로 독자적 출범을 한 교육기관이다. 이 대학은 김용순 등 주요한 외교 및 대남 일꾼들을 배출했다. 그러다가 1962년 하반기에 아랍어가 추가되었다. 그러나 당시 문제점은 다른 다섯 개 언어들은 그나마도 교수 진영이 꾸려져 정상적인 교육을 진행할 수 있었는데 아랍어만은 전공 교수가 한 명도 없어서 아예 교육이 불가능했다는 것이다. 학생은 모집해 놓고 가르칠 선생이 없으니, 큰 낭패가 아닐 수 없었다. 이 문제를 어떻게 해결할 것인가?

숙의 끝에 다른 어학과 재직 교수들로 임시 자습반을 꾸려 2~3개월 선행 자습을 한 다음 아랍어과 신입생(약 20명) 강의를 분담하게 했다. 당시 일본 외국어대학 출신으로 프랑스어과에 재직 중이던 심정기 부교수를 책임자로 해 러시아어과 최희송 교원과 김창규 교원, 중어과의 이봉길 교원과 양승주 교원 다섯 명을 긴급 차출해 교수 자습반을 꾸리고 교수들이 자습하면서 학생들을 가르치는 진풍경이 벌어졌다. 이 다섯 명을 차출한 것은 그들을 통해 프랑스와 러시아 및 중국에서 사용하는 아랍어 교재를 구해 올 수 있었기 때문이다. 교수들은 정말 낮과 밤을 가리지 않고 난생처음 보는 아랍어의 알파벳부터 익혀가면서 교단에 섰다. 교단에 섰다기보다 차라리 학생들과 한 책상에 앉아서 실타래를 한 오리 한 오리씩 풀어나갔다고 하는 편이 더 적절한 표현이다.

나는 자력갱생의 숭고한 정신으로 오로지 후대들의 교육과 나라의 장래를 위해 일분일초를 아껴가며 묵묵히 봉사하는 교수들에게 뜨거운 감사와 경의를 표하면서 다 같이 아랍어과를 잘 꾸려나갈 것을 다짐했다. 교수들도 한숨 돌리게 되었다고 무척 반가워하면서 거듭 환영의 박수를 보내왔다. 2년쯤 지나서 중국 베이징대학 아랍어과에서 아랍어 교수를 고문으로 파견했고, 곧이어 베이징대학 아랍어과로 유학갔던 안종무 학생이 유학을 마치고 돌아와 교수진에 합류했으며, 과 1기 종업생 중 윤순찬, 길금성, 박성숙 세 명이 과 조교로 임명되었다. 이렇게 학과 구성의 기본 여건이 갖춰지자 심 교수와 이 교수, 양 교수는 '본가'인 프랑스어과와 중국어과로 각각 돌아갔고, 러시아어과에서 차출된 최 교수와 김 교수는 그대로 유임되었다.

나는 심 교수에 이어 아랍어과 학과장으로 임명되었다. 북녘 대학에서 학과장은 대학 운영의 핵심으로서 선출제가 아니라 임명제다. 학과장으로 임명된 나의 어깨는 한층 무거워졌다. 첫 과제는 아랍어 교재의 전면적인 개편이었다. 그때까지는 학과 성장의 요람기라서 아랍을 비롯한 외국에서 사용하는 교재, 특히 저학년 교재는 옮겨 쓰는 것이 묵과되거나 허용되었다. 하지만 앞으로는 주체적 이념이 결여된 내용의 교재는 지양되어야 했다. 특히 고학년 교재는 더욱 각별한 주의를 기울여 선정해야 했다. 따라서 적격한 교재를 선정하는 데 많은 노력과 시간을 투하하지 않을 수 없었다. 시간에 쫓겨 사무실에서 며칠씩 숙식하는 일은 비일비재했으며, 4~5년간 근 교재 15종(주로 강독과 문법, 회화 교재)을 편찬했다.

대학에서의 강의(주당 20여 시간)와 교재 편찬 말고도 문헌 번역이라든가 내빈 통역 등에도 연간 평균 두 달쯤은 할애해야 했다. 국가적으로도 주체성을 확립하기 위해 주요 번역이나 통역은 가급적 원어로 해야 한다는 경향이 일면서 이러한 외부 행사나 사업이 날로 늘어났다. 그 와중에 1969년 독자적인 평양국제관계대학이 신설되면서 이 대학은 평양외국어대학과 분립(分立)되었다. 평양국제관계대학은 국제관계만 다루는 단과대학으로 전문화되고, 평양외국어대학은 아랍어과를 비롯한 기존의 두 개 외국어학부를 그대로 물려받았다. 전체 학생 수는 약 800명, 교직원 수는 100여 명에 달했고,

당시 세계적으로 유행하던 '시청각법' 등 새로운 수업법이 널리 도입되었다. 우리의 신생 아랍어과는 교수들과 학생들이 일심동체가 되어 주어진 교학 과제를 나름대로 큰 차질이 없이 수행했다.

차제에 한 가지 부언하고 싶은 것이 있다. 내가 평양외국어대학 재직 시 집필을 시작했던 아랍어 학습 참고서에 관한 것이다. 1974년 대학 사직으로 집필이 중단된 『아랍어-조선어 사전』이 아랍어과의 공저로 출간되어 1980년대 카이로에서 개막된 '아랍어 서적 전시회'에 출시되었다는 소식을 접했을 때 내심 감개무량했다.

내가 평양국제관계대학과 평양외국어대학에 11년간 재직하는 동안 졸업생 70여 명을 배출했다. 그들은 모두 전화(戰禍)를 겪은 지 얼마 되지 않은 넉넉잖은 여건에서도 한 명의 낙오자도 없이 열심히 공부하고 활발하게 사회 활동에 참가하면서 미래를 준비하는 믿음직한 이 나라의 동량들이었다. 사자상승이라, 그들이 못내 그리워진다. 나는 그들이 있었기에 한때 교육의 일선에서 보람 있게 청춘을 불태울 수 있었다. 이러한 보람과 더불어 대학과 국가가 베푼 크나큰 배려는 통일 성업에 대한 나의 마음을 더욱 굳게 다잡게 했다.

당국은 경험이 전무한 나에게 '상급 교원'이란 직함으로 교수직을 수여한 데 이어 1년이 좀 지나서는 아랍어과 학과장으로 임명했다. 임명 당시 대학교수의 직함은 조교, 교원, 상급 교원, 부교수, 교수의 다섯 등급이었는데, 우리 대학에는 남녘 출신의 교수 두 명(영어과의 김학수 교수와 중어과의 박준영 교수)과 부교수 세 명뿐이었다. 나보다 몇 달 앞서 재일본 조총련에서 활동하다가 귀국한 예성기 선생(나보다 6~7세 연상)이 영어과에 부임했는데, 우리 두 사람의 직함은 똑같이 '상급 교원'이었지만 봉급을 비롯한 물질적 대우에서는 부교수급의 파격적 예우를 줄곧 받았다.

주택 문제도 각별한 배려로 무난하게 해결되었다. 사실 내가 귀국할 당시 북녘은 백방으로 경제 건설을 다그치고 자위적 국방력을 강화하기 위해 공공건물을 많이 짓고 있었지만, 상대적으로 주택 건설은 병진할 여력이 미흡했다. 대학 측에서는 몇 달 전 프랑스어과에 고문으로 파견되었던 베트남 교수가 임기 만료로 귀국했지만 그가 살던 주택은 반환하지 않고 비워두었다. 그래서 나는 귀국 시 평양역에 도착하자마자 입주 허가증을 받고 이 집으로 직행했다. 집은 평양시 중심부인 중구역에 있는 대동강국제호텔 바로 옆집이었다. 이 집은 전후 소련의 무상원조로 지어진 첫 5층짜리 석조건물로, '문화인아파트'라는 이름으로 불렸다. 첫 현관(현관 여섯 개를 갖춘 ㄷ 자형 아파트)의 1층 1호가 주소였다. 당시로서는 현대적 설비가 갖춰진 아파트로서 가재도구가 다 마련되어 있었다. 시 중심권에 있어서 교통도 편리했다. 나로서는 실로 분에 넘치는 호사(豪奢)가 아닐 수 없었다.

건물의 한 현관에는 15세대가 입주해 있는데, 이 세대들로 주민자치 조직인 '인민반'이 운영되고 있다. '인민반'은 수시로 운영협의회를 열어 제기되는 사안들을 협의하기 때문에, 모두가 친한 이웃들이다. 우리 현관만 보더라도, 우리 곁집 2호에는 부인이 미국 출신인 중앙통신사 번역가, 3호에는 남녘 출신으로 평양음악대학 교수 부부가, 3층에는 유명한 남녘 출신의 한학자 홍기문 선생의 장남인 평양의과대학 생물학과 홍 교수(부친이 살던 집을 물려받았다)가, 4층에도 남녘 출신의 저명한 공훈배우인 심영 선생이, 6층에는 인민배우 가수가 이웃으로 살았다. 인민 반장은 심영 선생의 상냥한 부인이 맡았다. 나는 가장 젊은 세대주로 이웃들로부터 많은 배려와 사랑을 받았으며, 그들에게서 남녘에 관해 많은 것을 배웠다. 다들 화목한 대가정의 식솔들처럼 오순도순 함께 지냈다. 이 모든 것이 오늘날까지도 아름다운 추억으로 남아 있다.

통일 성업으로의 마음을 더욱 가다듬다

1970년대를 맞으면서 전반적인 국제 정세에서 데탕트 무드(détente mood, 국가 간의 긴장 상태가 완화된 분위기)가 조성됨에 따라 한국의 남북 관계와 그에 따르는 통일 정세에도 새로운 변화가 일어났다. 그 변화는 소위 '닉슨독트린(Nixon Doctrine)'에서 시작되었다.

1970년을 전후로 세계적으로 자본주의진영과 사회주의진영 간에 평화공존 체제가 형성되기 시작했다. 이러한 국제 정세의 변화는 미국의 베트남전 개입 실패와 국제적 데탕트 무드의 형성에 따라 일어나기 시작했다. 미국은 가능한 한 국제분쟁에 개입하지 않으려 했고, 이미 약화될 대로 약화된 미국의 군사적 부담을 경감해 보려고 시도했다. 이러한 배경 속에서 닉슨 대통령은 1969년 7월 괌에서 새로운 대아시아 정책인 '닉슨독트린'을 발표하고 이듬해 2월 국회에 보낸 외교교서를 통해 '닉슨독트린(일명 괌독트린)'을 전 세계에 공식 선포했다. 그 주된 내용은 미국은 베트남전과 같은 군사적 개입은 피하며, 아시아 나라들에 대한 직접적인 군사적·정치적 과잉 개입을 금하는 한편 자주적 행동은 측면 지원한다는 것이다.

한편, 남한에서는 미국이 아시아 개입 전략에서 후퇴를 공공연히 선언하고 주한미군 감축까지 시사하자 국가안보에 대한 우려가 깊어졌다. 더욱이 당시 남북한 간의 국력 대결에서 경제 면으로는 남한이 북한을 겨우 따라잡았지만 군사 면으로는 '엄청난 열세'였다. 이러한 상황에서 남한의 박정희 대통령은 1970년 8월 15일 광복절 경축사에서 남북한이 '개발과 건설과 창조의 경쟁'에 나설 것을 촉구하는 이른바 '8·15평화통일구상선언'을 발표했다. 이것을 기점으로 1960년대까지 냉전의 압력 기류 속에서 대화에 감히 나서지 못했던 남과 북은 1970년대에 들어와 새로이 대화의 물꼬를 텄다. 최초의 남북대화는 1971년 8월 이산가족 문제를 해결하기 위한 '남북적십자회담'의 파견원 접촉이었다. 이는 8월 12일 대한적십자가가 KBS 방송을 통해 남북한 이산가족 찾기를 위한 남북적십자회담을 개최할 것을 제안한 데 이어 북한 측이 8월 14일에 평양방송을 통해 그 제안에 동의를 표명함으로써 이루어진 것이다. 이어 이듬해인 1972년 8월부터 1973년 7월까지 이산가족 주소와 생사 확인 등 다섯 개 항목을 의제로 한 '남북적십자회담'의 본 회담이 일곱 차례나 열렸다.

이러한 분위기를 타고 남북 당국의 공식 대표가 1972년 5월 평양과 서울을 오가며 회담을 가진 결과, 분단 이후 최초로 당국 간의 정식 합의문인 역사적 '7·4남북공동성명'이 채택되고 '남북조절위원회'가 발족됐다. 공동성명에는 자주·평화·민족 대단결의 통일 3대 원칙을 비롯해 상대방에 대한 중상 비방의 중지, 군사 충돌의 방지 조치, 서울-평양 간 상설 직통전화 설치 등 중대한 실행 조치들이 포함되었다. 그러나 아쉽게도 냉전 체제를 기반으로 한 적대적 대결

구도를 극복하지 못함으로써 남북 관계 개선으로까지는 이어지지 못했다.

이상에서 내가 남녘에 오게 된 당시의 객관적 정세의 변화 일단을 피력했다. 물론 객관적 정세의 변화야 어떻든 크게 개의치 않고 오로지 통일 성업에 헌신하겠다는 일념에는 추호의 변화가 없었다. 오히려 시간이 흘러갈수록 그러한 일념은 실천을 향해 더욱 굳어지기만 했다. 그렇지만 가끔 그 '굳어짐'에는 '초조함'이 수반되기도 했다. 이제 교육 일선에서 10여 년간 봉직하면서 나름대로 '급한 불은 껐으니 제 할 일은 해야 하지 않겠는가?' 하는 마음과 '통일 정세가 평화 무드 쪽으로 기우니 바라던 활동 광야가 쭈그러들지나 않을까?' 하는 기우에서 비롯된 '조바심'이었다.

그즈음에 나는 고질인 중이염이 도져서 치료차 6개월째 휴직 중이었다. 이 병은 내가 카이로대학 유학 시절 아시아-아프리카 대학생 여름 캠프에 참가해 지중해에서 수영 훈련을 받던 중 거센 파도에 부딪혀 왼쪽 고막이 파열되어 생긴 질환이었다. 대학 졸업 후 환국할 때까지 이러저러한 공무에 동분서주하다가 제때 치료를 받지 못해 경미하지만 고질로 변하고 말았다. 그래서 관계 당국의 특별 배려로 중앙급 간부들의 전용 병원인 '봉화진료소'에서 완쾌될 때까지 통원 치료를 받았다. 완치되자 대학에 복직되지 않고 곧바로 대남 사업에 차출되었다.

돌이켜 보면, 대남 사업에 차출된 데는 주관적 및 객관적 요인이 작용했다. 주관적 요인은 비록 이역 출신이지만 어려서부터 조국애와 민족애가 남달랐으며, 이러한 조국애와 민족애로 중국 측의 완강한 만류와 제지를 뿌리치고 환국의 합법성을 인정받을 정도로 민족주의 신념이 확고부동하고, 오로지 통일 성업에 대한 헌신을 시종일관 지상의 목표로 삼고 있다는 점 그리고 환국 전후를 막론하고 사회·정치적 삶이 건전하고 맡겨진 과업(환국 후의 교육사업 등)을 성실하게 수행했다는 점, 끝으로 사업 능력 면에서 중국에서 최고 엘리트 교육을 받고, 외교와 식민지 해방전쟁의 현장, 특히 자본주의사회의 현장에서 다년간 수행한 정세 연구와 실천 과정에서 쌓은 지식과 경험이 대남 사업 현장에서 유용하게 활용될 수 있다는 점 등등이다.

이에 대응되는 객관적 요인으로는 한마디로 남북 관계의 정세 변화에 따르는 통일 성업의 전략 전술적 조정이다. 전술한 바와 같이 1970년대를 맞아 남북 관계에서 전래의 냉전 구도에 금이 가기 시작하고 평화 무드의 조짐이 나타났다. 이러한 시류에 영합하기 위해서는 냉전시대의 급진적이며 단기적인 전략 전술에 조정을 가해야 할 필요성이 제기되었다. 그러한 조정은 준비된 유능한 개별 공작원에 의해서만 가능했다. 나는 이러한 객관적 요인을 시대의 소명으로 받아들이고 그에 부응하려 했다.

피차출인 신분으로 내가 이 대목에서 굳이 차출 원인을 밝히고자 하는 것은 남한의 일부 언론매체가 그에 관해 전혀 가당찮은 거짓을 제멋대로 꾸며내고 있기 때문이다. 최근, 모 종합 매체는 나의 평양 국제관계대학 재직 시를 언급하는 글에서 이렇게 허담(虛談)을 남발하고 있다. "정수일은 중국의 소수민족 정책에 회의를 품어 넘어간 북한에서 자신을 일개 어학 교수로 대접하며 매주 하루이틀씩 막노동을 강요하고, 매주 25시간 강의 외에 아랍어 방송으로 자신을 혹사시키는 것에 힘들어했으며······"라고. 이것은 한마디로 완벽한 날

조다. 왜냐하면 몽땅 거짓이기 때문이다. 한 인격체에 대한 비하나 모독도 유분수지, 어떻게 대명천지에 이러한 허담 날조를 함부로 할 수 있단 말인가.

이렇게 통일 성업에 헌신한다는 숙원이 이루어질 주관적·객관적 여건이 바야흐로 무르익고 있을 즈음에 내 신변에 통일 성업을 향한 마음을 더욱 간절하게 하는 뜻밖의 일이 일어났다. 나를 스승으로 따르고, 나 또한 수제자로 여겨 첫 졸업생 조교로 발탁한 윤순찬이 돌연사(突然死)한 것이다. 그는 남녘 출신으로 6·25전쟁이 발발하자 여섯 살에 전쟁고아가 되어 몇몇 고아원을 전전하다가 정화(停火)와 더불어 평양에 정착하게 되었다. 열여덟 살(1962)이 되자 무연고 고아로 평양국제관계대학 아랍어과에 입학했다. 키가 훤칠하고 용모도 준수했던 그는 대학 학과 공부도 열심히 해 수석으로 졸업했다. 그와의 첫 만남은 내가 1963년 8월 첫 강의차 교실에 들어갔을 때 이루어졌다. 정숙하게 앉아 수강하는 그가 첫눈에 들었다. 친화력과 통솔력도 겸비하고 있어 학급 반장을 맡겼다. 그는 고생하면서 고아로 자란 터라서 부지런하고 협조심도 강했다. 어느 것 하나 빠짐이 없는 완벽한 젊은이였다.

그가 남녘 출신이라는 데 더욱 관심이 쏠렸으며, 시간이 갈수록 그에 대한 애정은 깊어만 갔다. 명랑하다가도 고향이나 성장과정에 관한 이야기가 나오면 금세 얼굴에 그늘이 드리우고 수심의 기색이 아련히 피어난다. 그에 관한 기록은 그가 서울에서 후퇴하는 인민군의 등에 업혀 북녘에 와 고아원에서 자랐다는 고아원의 한 줄 기록뿐이다. 그의 기억에 따르면, 그는 어딘가 꽤 번화한 곳에서 일가와 함께 살다가 폭격을 맞아 부모님과 헤어졌다고 한다. 다시는 만나지 못했는데 지금도 눈을 감으면 부모님의 얼굴이 어렴풋이나마 떠오른다고 한다. 그럴 때면 그의 해맑은 눈가가 촉촉이 젖어 든다. 그럴 때면 나는 실로 참을 수 없는 측은지심에 그의 손을 꼭 잡고 눈물을 닦아주면서 그를 위로했다. 이것이 바로 우리 겨레의 비참한 분단 현실의 한 단면이다. 내가 이러한 비극을 지워버리려고 여기에 오지 않았는가! '순찬아, 조금만 더 참고 기다려라, 스승과 함께 네 고향에 찾아갈 그날을.' 이것은 내 심연 속에 묻어둔 절규요, 바람이었다. 그러나 아직은 그에게 털어놓고 할 이야기와 약속은 아니었다. 그렇지만 그러한 절규와 바람은 통일 성업으로의 격정을 더 끓게 하는 암장(巖漿), 즉 마그마임에는 분명했다.

순찬은 조교로 임명된 후 얼마 지나지 않아 동기 동창인 같은 대학(평양국제관계대학) 영어과 교사와 화촉을 올렸다. 순찬의 장모는 순찬을 친자식으로 생각하고 예서(豫壻, 데릴사위)로 맞아들였다. 행복하고 단란한 한 가정의 가장으로서 그는 든든한 버팀목이 되었다. 얼마 있다가 그에게는 귀여운 딸도 생겼다. 그리고 나서는 평소의 과묵한 그답지 않게 가끔 장모와 처, 딸의 자랑을 하곤 했다. 그럴 때면 곁에서 지켜보는 나는 '고진감래'란 이런 경우를 두고 하는 말임을 새삼 절감하면서 정말로 흐뭇해하며 반가워했다.

그러던 어느 날 출장 중이던 나에게 뜻밖에도 순찬이 급성신장염에 걸려 병원에 입원했다는 소식이 날아왔다. 일을 마치고 저녁 늦게 부랴부랴 병원에 찾아갔더니, 중환자실에 누워 있는 그는 아프다고 한 지 며칠도 안 됐는데, 이미 혼수상태에 빠져 있었다. 가슴이 덜컹 내려앉았다. 부지불식간에 심상찮다는 예감이 들었다. 그 길로 집에 들러 내가 평소 비상약으로 장만해 가지고 다니던 사향고(麝香

膏)를 있는 대로 다 털어서 가져갔다. 후일 들은 이야기이지만, 이 사향고를 한의사의 처방에 따라 묽게 갈아서 입에 떠 넣었더니, 한참 있다가 긴 호흡을 몰아쉬면서 몸을 한 바퀴 뒤척였다고 한다. 다시 두 번 떠 넣었더니 이틀날에는 두세 번 눈을 뜨고 주변을 두리번거렸다고 한다. 그러고 나서는 하루를 더 지나 영면에 들었다고 한다. 아무리 회생의 명약이라고 해도 여기까지가 효력의 마지노선이었다.

이렇게 순찬은 한창 꽃다운 청춘의 나이에 영원히 우리 곁을 떠났다. 주변에서는 출장이 끝나는 날에야 이 청천벽력 같은 비보를 알려주었다. 며칠 지나서 그의 유품을 정리하려고 그의 처가 딸을 데리고 과 사무실에 찾아왔다. 서로 애써 흐르는 눈물을 참으려 했다. 정리가 끝날 무렵 순찬의 처는 가방 안 구겨진 봉투 속에서 쪽지 한 장을 꺼낸다. 쪽지에는 고인이 작고 전날, 무슨 정신에서인지 홀로 써낸 글이 담겼다. "선생님, 저는 이제 명을 다하고 저세상으로 떠나야 하는가 봅니다. 선생님, 고맙습니다……." '안녕히'란 말도, 이름 석 자도 쓸 맥이 없어서 글은 여기에서 멈춰버렸다. 부인이 눈물로 범벅이 된 글자를 다리미로 다려서야 겨우 알아봤다고 한다. 손이 떨리고 가슴이 울렁거려 차마 그 쪽지를 받을 수가 없었다. 한참 머뭇거리다가 그래도 그것이 순찬이 이 못난 스승에게 남긴 생의 마지막 성의이고 당부이니 받지 않을 수가 없었다. 그 쪽지야말로 통일에 대한 우리 남북 한겨레의 한결같은 염원의 징표이며, 통일 성업의 광야로 내모는 채찍이었다. 하여 나는 비록 한 제자의 한 줄밖에 안 되는 평범하고 짤막한 쪽지 글이지만 두고두고 전할 가보로 농 속에 깊이 간직하게 되었다.

그로부터 15여 년 세월이 흘러 서울의 변화한 거리를 거닐 때면 늘 이 거리가 혹여 순찬이 나고 자란 그 거리가 아니겠는가 하고 걸음을 멈추어 주위를 살펴본다. 하지만 그렇다 할 인증 사진 하나 없으니 도시 찾을 길이 없다. 그저 그의 얼굴과 그 쪽지 글이 삼삼히 떠오를 뿐이다. 이렇게 내 생애에 처음으로 맺은 순찬과의 사제 관계는 스승과 제자가 한마음과 한뜻으로 일하고, 스승이 제자에게 학예를 이어 전하는 사제동행, 사자상승의 아름다운 인연으로 싹트고 꽃피다가 불현듯 중단되고 말았다. 그러나 나는 결코 허무하게 생각하지 않는다. 자고로 사제 간의 인연은 전세, 현세, 내세까지 계속된다는 사제삼세(師弟三世)이므로.

구절양장 10년을 에돌아 통일 광야에 서다

드디어 명실공히 통일 성업의 광야에 서는 길이 틔었다. 1974년 3월 대학의 교직을 그만두고 남녘땅의 통일 성업 광야를 향한 구절양장의 장도에 올랐다. 그 첫 코스는 산간벽지에서 통일 광야를 누빌 수 있는 지식과 기술 및 체력을 도야하는 기간으로서 불혹을 넘긴 범인(凡人)에게는 과부하가 아닐 수 없었다. 그러나 의지로 하나하나 극복했다. 급기야 통일 광야인으로서의 자신감이 생겨났다. 이 기간에 나는 남녘의 당면 정세는 물론이거니와 역사와 문화, 사회와 경제, 군사, 일상에 이르기까지 낱낱이 섭렵했다. 돌이켜 보면, 이때가 내 평생에서 학습 강도가 가장 높았다. 그것은 이제 다가올 나의 소작(所作)의 승패와 직결되기 때문이었다.

전장에 나가는 전사에게 총포에 탄약을 가득 재는 것은 백전백승의 선결 조건이다.

이렇게 나는 나름대로 4~5년간 총포에 튼실한 탄약을 가득 잰 전사의 기개로 겨레의 반쪽 땅에 펼쳐진 통일 성업의 광야를 향한 구절양장의 가파르고 험한 장도에 성큼 뛰어들었다. 이제부터 난제는 그 광야를 향한 순행(順行)의 길을 암중모색하는 일이다. 그러나 그 어디에도 그러한 길은 없었다. 모든 것이 '의지와 기지의 줄타기'뿐이며, 모험이 수반되었다. 때로는 끝 모를 인내심이나 왕척직심(枉尺直尋, 한 자를 굽히고 여덟 자를 펴다, 조그마한 양보로 큰 이득을 얻다, 작은 어려움을 참고 큰일을 성사시키다) 같은 지혜가 필요할 때도 있었다.

통일 성업을 이루기 위해 남녘땅을 향한 장도에 오른 지 10년 2개월(3700여 일)만인 1984년 4월, 평양-레바논-튀니지-몰타-뉴질랜드-오스트레일리아-파푸아뉴기니-인도네시아-싱가포르-말레이시아-필리핀을 지나는 그야말로 구절양장의 험난한 길을 에돌아 서울에 이르렀다. 평양과 서울 사이의 직선거리를 196킬로미터로 치면, 매일 약 53미터의 거리를 주파한 셈이다. 승용차로는 세 시간을 달리는 거리다. 이러한 수치 자체가 분단의 장벽이 얼마나 높은가를 실증한다.

난생처음 밟은 남녘땅, 그 어디에 이르러도 새록새록 정겨운 소회가 솟구쳐 오른다. 우리는 한 핏줄을 이어받은 한겨레일진대, 남녘도 내 나라다. 그래서 내 나라, 내 겨레를 통틀어 아는 데는 북한만을 아는 것으로는 모자란다. 분단 현실을 감안했을 때는 더더욱 그러하다. 반드시 남녘도 함께 알아야 한다. 고유의 가치관을 비롯한 우리 겨레의 빛나는 역사와 문화, 전통에 관한 나의 바른 앎은 남녘에서의 삶이 있었으므로 비로소 더 성숙해질 수 있었다.

남녘에 와서 나의 이러한 겨레 사랑의 마음과 겨레를 통틀어 알고픈 욕망은 더욱 절절해졌다고 역설적으로 말할 수 있다. 외국인으로 위장 행세하면서도 언제 어디서나 이곳도 바로 내 사랑하는 모국의 품이라는 일념을 버린 적이 없었다. 마음으론 전혀 낯선 곳이 아니었다. 나는 학생들 앞에서 늘 우리의 금수강산을 세상에 더없는 으뜸 강산으로 찬양했고, 그 품속에서 영근 우리 겨레의 유구한 역사와 찬란한 문화를 역설했다. 나는 유난히 강을 좋아한다. 철길을 따라 낙동강을 지날 때면 중학 시절 조명희의 소설 『낙동강』을 읽을 때의 그 격정이 마냥 새로워지곤 했다. 낙동강의 그 유장한 흐름, 파란만장한 애환의 삶을 살아온 우리 겨레의 역사를 고스란히 안고 유유히 흐르는 낙동강, 그 강은 압록강이나 두만강, 청천강이나 대동강, 한강이나 영산강과 다를 바 없이 일렁이는 생명력의 원천이다. 낙동강 강가에 탯줄을 묻은 주인공 성운이와 로사가 이 강을 떠나면서 그리던 그날의 꿈은 이 강들 모두에서 피어날 꿈이었다.

길 가는 사람은 저마다 나의 부모 형제자매다. 나는 대학에서 강의하면서 한국에 관해 이야기할 때면 '한국'이라는 3인칭을 쓰지 않고 꼭 '우리나라'라는 1인칭을 쓰곤 했다. 그랬더니 어느 날 한 학생이 의아한 표정을 지으면서 "교수님은 한국인이십니까?"라고 물어온 적이 있었다. 눈망울이 초롱초롱한 젊은 학생들은 모두가 나의 혈육이고, 이 나라, 이 겨레의 대들보들이다. 오늘은 비록 갈라져서 아옹다옹하지만 언젠가는 꼭 다시 하나가 되어 우리의 찬란한 미래를 이끌고 나갈 것이다.

'초록은 동색'이라, 남이건 북이건 간에 우리는 한 핏줄을 이어받은 한겨레인 것이다. 다 같이 단군 조상의 후예들이다. 몇 년 전 어느 날 늦은 밤에 올림픽 출전권을 따내기 위한 한일 간의 축구 경기를 텔레비전으로 관전하다가, 한국팀이 격전 끝에 이기자 나도 몰래 곤히 잠든 아내를 깨워 기쁨을 함께 나눈 적이 있었다. '위장(僞裝)'이란 절제를 넘어 왜 이러한 일들이 나도 모르게 일어나고 있을까? 그것은 한겨레(동족)라는 혈연적·문화적 인자를 공유하고 있기에 비롯된 원초적 잠재력의 발산이며, 소이연한 조건반사인 것이다.

이러한 원초적 잠재력인 동족애는 어떠한 인위적인 제재나 강요로도 막을 수 없는 초법적이며 자생적인 정열이다. 내가 체포되어 공안 기관에서 한 달 반의 힘겨운 고문 조사를 받고 난 뒤 이감(移監)된 곳은 뜻밖에도 서울구치소 외국인 수감동이었다. 2층짜리 나무 침대가 면적의 근 7할을 차지하는 한 평가량의 비좁은 옥방이다. 벽에는 지우다 만 영어 낙서가 희미하게 보인다. 여기가 외국인 감방이라는 흔적이다. 방 점검차 들른 교도관에게 이곳에 오게 된 사연을 묻자 '외국인'이기 때문이라는 외마디 대답만 건넨다.

며칠 후 수감 상황이 궁금해 찾아온 담당 변호사에게 물었더니, 그는 내가 외국 국적자(필리핀)이기 때문에 법정에서 진행되는 재판 과정 여하에 따라 외국으로의 추방 판결이 나올 수도 있다고 한다. 물론, 사전에 예상하지 않은 것은 아니지만, 정작 법정대리인인 변호사의 말을 듣고 나니, 가슴이 울렁거리기 시작한다. 설마 하고 우려하던 일이 현실이 되고 말 것 같았다. 나의 첫 반응은 "어떠한 경우에도 그것만은 불가!"였다. 나는 그 자리에서 변호사에게, 그리고 며칠 후에는 구치소 소장을 찾아가 나의 소견과 주장, 제의를 피력했다. 그 내용을 요약하면 다음과 같다. 나는 분단된 겨레의 다시 하나 됨을 위한 성업에 헌신하고자 이국에서 담보된 모든 영달을 주저 없이 버리고 환국했다. 환국 후 나는 치욕으로 점철된 분단의 역사에 종지부를 찍고 통일을 이루는 성업에 몸 바치겠다는 결심을 더욱 굳게 다지면서 '통일 역군'으로 남한에 파견되었다. 나는 남한에서 내 사명의 당위성과 절박성을 더욱 깊이 절감했다. 물론, 분단 현실에서 이것이 '범법'으로 정죄(定罪)되어 옥고를 감수했다. 나는 '확신범'으로서 나의 사명에 대해 추호의 후회도 없었다. 그리하여 나는 살아서는 물론이거니와, 죽어서도 이 땅에서 살다가 죽고, 묻혀도 이 땅에 묻혔으면, 아니 묻혀야 한다는 것이 내 생사관이다. 그리고 어떤 형벌을 받아 죽는다고 해도, 죽는 순간까지도 우리 겨레의 다시 하나 됨을 위해, 우리 겨레의 무궁한 번영을 위해 무언가 하나라도 남겨놓고 싶은 심경뿐이다. 당시 이순을 넘긴 나이에 수인의 신세가 되었으니, 오로지 '왕척직심(枉尺直尋)'이란 선현들의 가르침대로 잠재적 자산인 자그마한 지식과 학문으로라도 이 땅에 남아서 못다 한 '겨레 위함'의 숙원을 풀고 싶었다.

그로부터 약 한 달이 지나서 출정(出廷)했을 때, 가명이 진명으로 바뀌면서 나의 입방(入房) 주소는 외국인 동에서 내국인 동으로 바뀌었다. 그제야 안도의 숨을 길게 내쉬었다. 새 '입주지'로 돌아오는 호송차 철창 밖에서는 한창 무르익은 황금 오곡이 넘실거리고 있었다. 눈을 지그시 감으니, 당장 해야 할 일들이 주마등처럼 스쳐 지나갔다.

[추기(追記)]

국제평화대회와 함께 뉴욕에 세워질 광복 50주년 기념비의 비문을 써달라는 한 목사님의 부탁을 받고 다음과 같은 비문을 써 보냈지만, 이후에는 아무런 소식도 없었다. 그러다가 우연히 인터넷신문 《뉴스파워》 2003년 10월 14일 자 기사에서 유엔 본부 근처의 함마슐드광장에 2톤짜리 한반도평화기원탑이 놓였는데, 거기에 내 가명인 '무함마드 깐수'란 이름이 적혀 있다는 내용을 발견했다. 비록 가명으로 비문을 쓰지 않을 수 없었지만, 분단의 아픔과 통일에 대한 절절한 소원을 담아내려고 했다. 기회가 주어지면 한번 현지에 가서 확인하려고 한다. 비문은 다음과 같다.

한민족에게 20세기는 영욕이 부침되는 범상찮은 한 세기다. 겨레 사상 초유의 망국이 분단으로 이어져 어언 반세기가 흘러갔다. 동강 난 땅에서 겪는 겨레의 아픔과 슬픔이란 결코 숙명과 선택이 아니었기에 더 모질고 더 욕되다. 강산은 다섯 번 변해도 단 한 가지 변하지 않은 것은 천손으로 물려받은 겨레와 나라의 하나 됨이다. 억겁의 풍상에서 잠시도 비상의 날개를 접은 적 없는 한민족은 바야흐로 밝아오는 민족 진운의 돛을 높이 올려서 통일과 번영의 대안으로 슬기롭게 항진하고 있다. 한민족의 통일은 마냥 지켜보는 이웃들의 성원 속에서 영글어 갈진대, 여기 만방의 향심적 유엔 광장에 개천국조의 제천성산인 마니산의 오석을 정성 모아 다듬어 7000만 한민족의 통일 비원과 온 인류의 평화 이념을 기리고자 이 비를 세운다. 뜻과 마음을 함께하는 벗으로서 삼가 이 글을 드린다.

문학박사 무함마드 깐수 씀

광복 50주년 분단 50주년 민족 희년 1995년 8월 15일

민족사의 복원, 충사민족 이휘기사

나는 장충식(張忠植) 총장을 비롯한 단국대학교가 추구하는 '충사학문(忠事學問)'의 심원한 홍도(洪圖) 덕분에 대학원 사학과에 입학해서 학문을 연마할 수 있었다. 나는 민족 통일 문제에 지향점을 맞추는 민족사의 복원과 민족론(민족과 민족주의)의 재정립을 연구의 목적으로 삼았다. 대학원 졸업 후에는 단국대학 사학과 초빙교수 재직 시부터 수감 시기를 거쳐 출옥 후 종횡 세계 일주를 마칠 때까지 간단없이 그 실현에 진력했으며, 나름대로 소기의 학문적 성과를 이루었다.

이 절의 주제인 '충사민족 이휘기사(忠事民族 以輝其史)'는 '민족을 충실히 섬겨 민족사를 빛내다'라는 뜻으로서, 그 내용은 우리의 유구한 민족사를 복원해야 한다는 한마디로 함축할 수 있다. 민족사의 복원은 우리의 자랑스러운 5000년 통일 민족사에 대한 민족적 자부심을 함양하고, 현실적으로 분단된 우리 민족을 다시 하나로 묶어 세우는 통일 위업의 당위성과 절박성 및 그 실현 방도에 대한 바른 이해를 도모하며, 강성 통일 대국의 찬란한 미래 비전까지 제시함으로써 남북한 온 겨레가 통일의 광야에 손잡고 함께 나설 수 있게 하는 자양분과 활성소가 될 것이다. 요컨대, 민족사의 복원은 통일 위

업 달성의 선결 조건이며 징검다리라고 말할 수 있다.

그리하여 나는 남한 땅에 발을 붙인 순간부터 이 숙명적인 민족사의 복원에 큰 관심을 가지고 다각적인 접근을 시도했다. 그러한 여러 시도 가운데서 두 가지만을 추려서 언급하기로 하자.

신라와 아랍-이슬람 세계의 만남의 역사 복원

나는 본래 남한에 올 때 대학원 박사학위 논문 주제를 석사학위 논문 주제를 확장시킨 '이슬람의 동아시아 전파'(가제)로 잡았다. 그러나 단국대 대학원에 입학한 후 1986년 카이로에 논문 사료를 수집하러 갔을 때 뜻밖에도 여러 도서관과 박물관에서 고대 신라와 아랍-이슬람 세계 간의 관계에 관한 중요한 사료들을 발견했다. 가슴이 벅차 체류 기간을 연장하면서까지 관련 사료를 몽땅 복사하고 필요한 문헌들도 구입했다. 돌아와서 단국대 대학원 측에 논문 주제 변경 신청을 제출하고 허락을 받았다. 그리고 4년 후인 1990년에 「신라·아랍-이슬람 국제관계사 연구」로 문학박사학위를 받았다(6년 후 국가보안법 위반 혐의로 수감되었을 때 학위는 취소되었다). 졸업과 더불어 단국대학 사학과 초빙교수로 재임명되고, 2년 후 학위 논문을 『신라·서역교류사(新羅·西域交流史)』(단국대학교출판부, 1992)의 제하에 출간했다. 이 책은 한국 최초의 교류사 전문 학술서라는 학계의 호평을 받았다. 그 내용을 요약하면 다음과 같다.

우리와 이웃하면서 한 문명권에서 살아온 중국이나 일본 외에 이 세상에서 우리를 가장 먼저 알고 찾아와서 교제한 사람들은 과연 누구일까? 그동안 그 해답은 제대로 주어지지 않았다. 역사를 제대로 알지 못한 서양 사람들이 우리더러 세상과 동떨어진 호젓한 '은둔의

나라'라고 하니, 남들은 물론 우리마저도 그저 그런가 보다 하고 무심히 넘겨버렸다. 그러나 알고 보면 결코 그렇지가 않다. 그 해답은 중세 아랍 사람들이 주고 있다.

지금까지 학계에서는 1254년경 프랑스의 루이 9세가 원나라 헌종 황제에게 파견한 사신 윌리엄 루브룩(William Rubruck)이 돌아가 쓴 여행기에서 '섬의 나라 까우레(고려)'라고 한마디 한 것이 유럽에 알려진 한국에 관한 첫 기록으로 여긴다. 일본에서 포교 활동을 하던 스페인 선교사 세스페데스(Gregorio de Cespedes)가 1593년 12월 임진왜란 때 왜군을 따라 남해안 웅천항(熊川港, 현 진해구)에 도착한 것이 유럽인으로서는 최초의 한국행이며, 1627년 일본 나가사키로 항해하다가 풍랑을 만나 제주도에 우연히 표착한 네덜란드 상선 우베르케르크(Ouwerkerck)호가 한국 해안에 나타난 최초의 이양선으로 알려져 있다.

그러나 윌리엄 루브룩보다 400~500년, 세스페데스보다는 무려 700~800년 앞서 신라에 많은 아랍인들이 오갔을 뿐만 아니라 정착까지 했다는 기술과 더불어 신라에 관한 귀중한 사료들이 중세의 여러 아랍 문헌에 기록되어 오늘날까지 전해오고 있다. 요컨대 한(漢) 문명권 밖에서 처음으로 한국(신라)을 알고 그 존재를 세계만방에 알린 사람들은 다름 아닌 9세기 중엽의 아랍인들로서 그 역사는 자그마치 1000여 년 전으로 거슬러 올라간다. 그러면 그들의 눈에 비친 신라의 모습은 과연 어떠했으며, 그들은 신라를 세계에 어떻게 알리고 있었던 것일까? 그 모습은 우리가 미처 알지 못했던 자화상이기도 하고, 세계 속에서 일찍이 우리 겨레가 누리던 드높은 위상이기도 해서 자못 궁금하지 않을 수 없다.

중세 아랍인들에게 신라는 한마디로 '동방의 이상향'이었다. 그들의 기록에 의하면, 세상에는 '행운의 섬'이나 '불멸의 섬'으로 알려진 이상향이 두 곳 있는데, 그 하나는 서방의 그리스 전설에 나오는 대서양의 신비의 섬 아틀란티스(Atlantis)이고, 다른 하나는 바로 동방의 신라다. 그러나 같은 이상향이라도 아틀란티스는 무인도인 데 반해, 신라는 사람이 사는 곳으로 경작지와 과수원이 있다고 했다. 바꾸어 말하면, 아틀란티스는 전설 속의 한낱 이상향에 불과하지만, 신라는 속세의 살아 숨 쉬는 이상향이라는 것이다. 물론 글자 그대로 받아들일 수는 없지만, 그들에게 신라가 동경과 선망의 대상이었음은 분명하다. 이러한 동경과 선망은 신라에 대한 그들 나름의 지식과 견문, 이해에서 비롯된다.

아랍인들은 지구상에서 신라가 어디에 있는가를 일찍감치 제대로 알아냈다. 9세기 중엽에 나온 한 지리서는 섬과 산이 많은 신라가 중국의 동편, 지구의 동쪽 끝에 있으며 역청해(瀝靑海, 태평양)로 에워싸여 있다고 지적한다. 인도나 중국의 광저우(廣州)와 취안저우(泉州)까지 여러 차례 다녀간 아랍 상인 술라이만 앗 타지르(Sulaiman ad Tajir)는 여행기 『중국과 인도 소식』(851)에서 신라가 중국의 동쪽 바다에 자리하고 있다고 하고, 중세 아랍 역사학의 태두인 알 마스오디(al-Mas'ordi)도 신라의 위치를 '중국의 동쪽 바닷가'나 '육지의 동쪽 끝'으로 설정했다. 이것은 중국보다 더 동쪽에 신라가 위치하고 있다는 사실을 밝힘으로써 육지의 동쪽 끝을 오로지 중국으로만 보아오던 종래의 그리스-로마의 지리관을 타파하고 동방에 관한 새로운 지리 지식을 첨가한 엄청난 발견으로 평가된다.

신라의 지리와 관련한 아랍 학자들의 기술에서 특별히 주목을 끄는 것은 중세 아랍 지리학의 거장인 알 이드리시(al-Idrisi)가 그린 세계지도에 신라가 자리한 사실이다. 그는 전래의 지리 지식을 집대성하여 지은 『천애 횡단 갈망자의 선택』(일명 『로제왕의 서』, 1154)이라는 책 속에 세계지도 한 장과 지역 세분도 70장을 그려넣었다. 그는 아랍의 전통적 '7기후대설'에 따라 지구를 일곱 지역으로 나누고, 매 지역을 서에서 동으로 다시 10등분하여 총 70장의 지역 세분도를 완성했다. 제1지역도 제10세분도에 다섯 개 섬으로 구성된 신라를 명기하고 있다. 이 지도는 이때까지 유럽의 세계지도에 처음으로 한국이 등장한 바르톨로메우 벨류(Bartolomeu Velho)의 세계지도(1561)보다 무려 407년 전에, 그리고 한국명이 적힌 최초의 유럽 지도라고 하는 메르카토르(Mercator)의 세계지도(Corea, 혹은 Cory로 표기, 1569)보다는 무려 415년 전에 만들어졌다. 따라서 이 아랍 지도야말로 한국 이름이 적힌 세계지도로서는 가장 오래된 것이라고 말할 수 있다.

알 이드리시의 세계지도는 이라크과학원이 1951년에 너비 2미터, 길이 1미터인 대형 지도로 복원했다. 나는 1979년 바그다드박물관 전시실에서 벽에 걸려 있는 이 지도를 목격한 바 있다. 그래서 지난해 취재차 이 박물관을 찾아가는 모 방송사 취재진에게 확인을 부탁했더니, 지도는커녕 박물관 전체가 텅 비어 있었다고 한다. 반문명인들이 저지른 저주받을 현대판 반달리즘(Vandalism, 문명 파괴)에 그저 비분강개할 뿐이다.

중세 아랍인들은 이렇게 신라의 위치나 지형뿐만 아니라, 신라의 자연환경에 관해서도 놀라운 기록들을 남겨놓았다. 열사에 찌들고 풍랑에 지친 그들에게 산명수려한 자연경관과 풍부한 지하자원을 가진 신라는 꿈속의 안주처일 수밖에 없었다. 그들은 한결같이 신라는 "공기가 맑고 부유하며 땅이 기름지고 물이 좋을 뿐만 아니라, 주민의 성격 또한 양순"하기 때문에 누구든 일단 들어가기만 하면 떠나지 않고 정착하고야 만다고 입을 모았다. 특히 그들의 눈에 비친 신라는 황금이 지천에 깔려 있는 말 그대로의 '황금의 나라'다. 금이 너무나 흔해서 가옥은 금으로 수놓은 천으로 단장하고 금제 식기를 쓰며, 심지어 개의 쇠사슬까지 금으로 만든다는 것이 그들이 믿고 있는 신라의 모습이다. 그래서 일단 신라를 떠나지 못한다고 지적한다. 사학자이며 지리학자인 알 마크디시(al-Maqdisi)는 『창세와 역사서』(966)에서 이렇게 쓰고 있다.

> 중국의 동쪽에 신라가 있는데, 그 나라에 들어간 사람은 그곳이 공기가 맑고 재부가 많으며 땅이 비옥하고 물이 좋을 뿐만 아니라, 주민의 성격이 또한 양호하기 때문에 그곳을 떠나려고 하지 않는다. …… 신라인들은 가옥을 비단과 금실로 수놓은 천으로 단장하며 식사 때는 금으로 만든 그릇을 사용한다.

앞에 언급한 지리학자 알 이드리시도 다음과 같이 소개하고 있다.

> 그곳을 방문한 사람들은 누구나 정착하여 다시 나오고 싶어 하지 않는다. 이유는 그곳이 매우 풍요롭고 이로운 것이 많은 데 있다. 그 가운데서도 금은 너무나 흔한바, 심지어 그곳 주민들은 개의 쇠사슬이나 원숭이의 목테도 금으로 만든다.

이와 더불어 그들은 이상향으로 선망하는 심정에서 신라인들의 유족한 생활상과 쾌적한 환경을 세심한 필치로 이모저모 묘사하고 있다. 지리학자 알 카즈위니(al-Qazwini)는 1250년에 쓴 저서 『여러 나라의 유적과 인류의 소식』(1973 발행)에서 이 방면에 관한 석학들의 기술을 다음과 같이 종합한다.

> 신라는 중국의 맨 끝에 있는 절호의 나라다. 그곳은 공기가 깨끗하며 물이 맑고 토질이 비옥해서 불구자를 볼 수 없다. 만약 그들의 집에 물을 뿌리면 용연향(龍涎香)이 풍긴다고 한다. 전염병이나 질병은 드물며 파리나 갈증도 적다. 다른 곳에서 질병에 걸린 사람이 이곳에 오면 곧 완치된다. …… 알라만이 시혜자다.

그 환경이 얼마나 정갈했으면 물 뿌린 집에서 용연향이 풍기고, 불구자도 없으며, 외지에서 온 환자는 금세 치유되겠는가. 극찬의 표현이다. 그러면서도 이슬람 세계관으로 훈육된 사람답게 그는 신라의 이 같은 윤택한 생활환경을 유일신 알라의 은혜로 돌린다.

그런가 하면 신라인들은 세상에서 가장 아름다운 외모를 가지고 있다는 찬사도 아끼지 않는다. 인종학적으로 인간 외모의 우열을 가린다는 것은 현실적으로 어렵고 또한 무모한 일이지만, 그들이 지적한 '가장 아름다운 외모'란 때 없고 병 없는 환경에서 사는 신라인들이야말로 그 외모가 준수할 수밖에 없다는 하나의 은유이기도 할 것이다. 또한 신라인들의 성격이 양순하다고 한 것은 대인관계의 친절성이나 유화성, 신뢰성을 의미한다. 신라인들의 외모가 아름답다거나 성격이 양순하다고 한 것은 그들의 높은 문화 수준과 윤리·도덕성에 대해 아랍인들이 품고 있는 일종의 선망이라고 말할 수 있다.

그 밖에 신라인들의 종족적 기원이나 신라의 대외관계, 특히 중국과의 관계에 관한 기술에서도 눈길을 끄는 대목이 여럿 있다. 예컨대 신라인들은 "중국 황제와 서로 선물을 주고받고 하는데, 만약 그렇게 하지 않으면 하늘은 그들에게 비를 내려주지 않는다"라는 기록이 몇 군데 있다. 여기서 주목되는 것은 신라인들이 중국 황제와 서로 선물을 교환한다는 내용이다. 신라와 중국(당나라) 간의 관계는 모화사상(慕華思想)이나 사대주의에 기초한 조공 관계가 기본이었다는 것이 통념이었다. 그에 반해, 양국 간에 상호성에 입각한 선물 교환이 이루어지고 있었다는 이 기술은 양국 관계의 다른 한 측면을 음미해 보게 한다. 서로가 선물을 교환하지 않으면 천벌로 가뭄이 들게 한다는 내용은 천리(天理)를 빌려 양국 간의 긴밀한 관계를 강조한 것으로 풀이된다.

이 '동방의 이상향' 신라에서 나는 물건이 아랍인들의 호기심을 끄는 것은 당연한 일이었다. 9세기 후반의 기록에 따르면, 그들은 신라에서 비단(harir), 검(firnid), 사향(misk), 말안장(suruz), 흑담비(sammur) 가죽, 오지그릇(gardar), 계피(桂皮, darushin) 등의 물품을 수입해 갔다. 그 통로는 주로 중세 아랍 상인들의 활동 무대였던 남해의 바닷길로서, 여기에는 아랍 특유의 돛배가 이용되었다. 비단이나 검, 오지그릇이 국제 무역품으로 등장했다는 점은 신라의 대외 교류사에서 자못 의미 있는 일이다.

이렇듯 중세 아랍인들의 캔버스에는 윤색 같은 것이 없지는 않지만, 신라의 넉넉하고 진취적인 자화상이 생생히 그려져 있다. 이런 것을 알 바 없는 서구인들은 19세기 말 우리를 '은둔'의 화신으로 곡필했고, 거의 같은 시기에 일본 사람들은 엉뚱하게도 신라에 관한 중세 아랍 문헌의 기술은 신라가 아닌 일본에 관한 기술이라고 아전인수하는 이른바 '신라일본비정설(比定說)'을 들고나와 반세기 동안이나 사람들을 현혹시켰고, 그 여파는 우리네 학계에까지 미쳤다. 나라가 힘이 약하고 학문이 뒤처지면 참역사가 난도질당한다는 뼈저린 교훈을 얻는다.

조선은 열린 나라였다는 역사의 복원

흔히 조선시대를 멍들게 한 병폐의 하나로 '쇄국(鎖國)', 즉 통상수교거부정책을 꼽는다. '쇄국'으로 인해 나라가 근대화를 이루지 못하고 급기야는 망국을 자초하고 말았다는 것이다. 그렇다면 이러한 논리는 제대로 된 역사 인식에 바탕한 정론일까. 이를테면 조선은 빗장을 걸어 잠근 닫힌 나라였는가. 겨레의 비상을 앞둔 이 시점에서 한 번쯤 되돌아볼 일이다.

사실 조선조의 쇄국 논리를 실사구시하게 따져보면, 내적으로는 주로 19세기 후반 대원군(大院君)이 주장한 쇄국정책에, 외적으로는 그 무렵 서양인들의 뇌리에 각인된 이른바 '은둔국관(隱遁國觀)'에 그 근거를 두고 있다. 그것이 일제의 식민사관과 우리의 자학적 역사관에 의해 부지불식간에 굳어진 것이다. 이러한 논리는 나무만 보고 숲을 보지 못한 판단이며, 무지에서 비롯된 사견(邪見)이기도 하다.

한 왕조 치고 유례가 드물게 518년(1392~1910)이란 긴 수명을 누린 조선조 전체를 조감하면, 비록 이러저러한 우여곡절은 있었으나, 조선조가 갖고 있는 내재적이며 자율적인 힘에 의해 바야흐로 정치·경제·문화·사회의 각 방면에서 근대화라는 정상적인 궤를 따라 전진하고 있었다. 그러다가 후기에 이르러 신흥 서구 세력과 후발한 일본의 도전에 직면해 이러한 궤도가 가로막히게 되자, 대원군은 임기응변으로 쇄국정책을 택한 것이다. 18세기부터 이른바 이양선이라고 불리는 서양 함선들이 탐험이니 측량이니 하는 구실을 붙여 한반도 연해에 무시로 출몰하면서 개항과 통상을 강요하고, 19세기 전반에는 중국에서 아편전쟁을 계기로 영국과 프랑스가 베이징을 강점하며, 북방에서는 러시아가 연해주 일대로 영토를 확장하는 등 외압이 도를 넘고 있었다.

한편, 이러한 서세동점(西勢東漸)과 때를 맞추어 스며드는 서양의 천주교는 전통 유교사상이나 종교 신앙에 반한 일종의 폐단으로 간주되었다. 그리하여 대원군이 서양 세력의 침투에 대한 우선 대응으로 천주교 박해책을 강구했는데, 그 결과 이를 구실로 프랑스 함대가 강화에 침입한 병인양요(丙寅洋擾, 1866)가 발생했다. 이어 미국 상선 제너럴셔먼호(General sherman)가 대동강(大同江)으로 몰래 거슬러 올라가다가 저지당하자 아시아 함대 소속의 군함을 급파한 신미양요(辛未洋擾, 1871)가 일어났다. 여기에다 무지막지한 독일 상인 오페르트(Ernst Jacob Oppert)가 고종 5년(1868) 세 번째로 조선에 와서 충청도 아산만(牙山灣)에 상륙해 덕산(德山)에 있는 대원군의 부친인 남연군(南延君)의 무덤을 도굴하는 만행까지 겹치다 보니, 대원군으로서는 서양을 불신하고 경계하지 않을 수가 없었다.

두 차례의 양요를 격퇴한 대원군은 서양에 대한 자신감을 얻어 쇄국정책을 더욱 강화하게 된다. 이 무렵 서양 문물을 수용해 메이지 유신(明治維新)을 단행한 일본까지 주제넘게 조선에 대해 통상수교(通商修交)를 요청하자 대원군은 서양을 배척하는 척양(斥洋)과 똑같은 명분으로 척왜(斥倭)를 표방한다. 그러면서 그는 양이(洋夷, 서양 오랑캐)와 화의를 반대하는 척화교서(斥和敎書)를 반포하고 서울의 종로와 전국의 요소에 "양이침범 비전칙화 주화매국(洋夷侵犯 非戰則和 主和賣國)", 즉 "양이가 침범함에 싸우지 않음은 곧 화의하는 것이요, 화의를 주장함은 곧 나라를 파는 것이다"라는 실로 전의에 불타는 내용의 척화비를 세워 호국의 쇄국정책 의지를 더욱 가다듬는다.

이러한 대외적인 쇄국정책과 더불어 왕권을 강화하고 혼탁한 정국을 수습하기 위해 대원군이 단행한 일련의 국내 개혁정책은 일정한 실효를 거두었지만, 유림 세력을 비롯한 정적들의 반발과 대내외 개화 세력들의 압력에 그는 하야하고 만다. 섭정으로 시작된 그의 쇄국정책은 10년(1863~1873)이라는 단명으로 끝난다. 그 이후로는 양이와 왜이의 내침이 빈번해지고, 갑신정변(甲申政變, 1884)이나 갑오개혁(甲午改革, 1894), 광무개혁(光武改革, 1897, 대한제국 선포) 같은 일련의 개화운동이 전개됨에 따라 쇄국정책은 더 이상 지탱되지 못하고 막을 내린다. 이렇게 보면 '쇄국'은 한순간의 요동일 뿐, 조선의 전 시대를 갈무리한 것은 결코 아니었다.

더욱이 이 '요동기'를 포함해 조선조 전 기간에 걸쳐 간단없이 전개된 대외 활동이나 교류상을 감안하면, '쇄국'이란 일시적 몸부림에 불과했음이 자명해진다. 건국 초기부터 이웃인 명나라와는 전통적인 사대교린정책(事大交隣政策)을 계승해 내왕이 빈번했다. 초기에는 해마다 사신을 7회나 파견하다가 점차 횟수가 감소되기는 했지만, 병자호란(丙子胡亂, 1636) 때까지 242년간 총 186회나 견사(遣使)하고, 명나라도 정상적으로 사신을 보내왔다. 정치·외교관계뿐만 아니라, 사신을 통한 공무역이나 사무역 및 밀무역 등 경제·문화

교류도 활발했다. 여진(女眞)과는 북방 국경지대에 교역장을 개설하고 서울에는 북평관(北平館)을 세워 사신들을 맞아 교역을 진행했다. 심지어 여진인들을 받아들여 왕궁을 지키는 시위로까지 기용했다.

일본에 대해서도 상당히 개방적이었다. 세종 연간에는 해마다 일본으로부터 배가 200여 척 들어오고 5500여 명이 내왕했다. 그러다가 대마도(對馬島)주의 간청을 받아들여 내이포(乃伊浦, 현 웅천), 부산포(富山浦, 현 동래), 염포(鹽浦, 현 울산)의 3포를 11대 중종(中宗, 1506~1544) 때까지 개항하고 일본인들의 거주를 허용했다. 이에 자극을 받은 류큐(琉球)의 중산왕(中山王)은 국서를 보내 신하로 자칭하기까지 한다. 임진왜란 직후에는 일본 측의 요청에 의해 통신사를 파견(1607~1811 사이 12회)하고 일본인들의 내왕무역을 허용하는 을유조약(乙酉條約, 1609)을 체결하기도 한다. 그 밖에 일찍이 없었던 동남아시아 지역과의 내왕이나 교류도 트였는데, 그곳에서는 각종 약재와 향료, 염료 등을 수입했다. 특기할 것은 임진왜란 때 명나라 군대에 소속된 오늘의 타이나 인도 사람들이 성주(星州) 지방에서 조선군과 어깨를 겯고 왜군과 싸웠다는 사실이다.

이러한 활발한 대외 교섭과 더불어 조선은 건국 이래 '쇄국기'를 포함한 전 기간에 걸쳐 시종 외국과 폭넓은 교류를 펼쳐왔다. 세종을 비롯한 몇몇 성군들의 선정과 중국을 내왕하던 사신들의 노력, 그리고 여러 선각자들의 혜안으로 세계에 대한 새로운 인식이 싹트면서 서역과 서양의 선진 문물을 적극 받아들여 근대화의 기틀을 마련하기에 이르렀다. 이 점을 감안하더라도 조선은 결코 닫힌 나라가 아니었고 열린 나라였음을 알 수 있다. 다만, 그 열림이 순탄치 않아서 때로는 넓게, 때로는 좁게 열렸고, 그런가 하면 일순(10년)의 닫힘도 있었다. 그러나 문명은 모방성이라는 근본 속성을 지니고 있기 때문에 그 교류에 '쇄국' 같은 인위적 차단은 있을 수 없다.

이럴진대, 일본의 근대화 전야인 에도(江戶)시대에 일본 도쿠가와 막부(德川幕府)의 지독한 쇄국정책은 265년(1603~1868) 중 무려 220년간(1633~1853)이나 지속되었다. 그것이 마치 조선 '쇄국'의 전철인 양 말하고 있는데, 이것은 무지의 소치로서 그야말로 어불성설이다. 도쿠가와막부가 추구한 쇄국정책의 핵심은 기독교를 금지하고 막부가 무역을 독점하는 것이다. 도쿠가와는 처음에 무역을 촉진하려는 목적에서 기독교를 묵인했으나, 그 신자가 70만 명에 달하자 위협을 느껴 1612년에 에도, 교토(京都), 나가사키(長崎) 등 직할 도시에서의 기독교 활동 금지령을 내리고 교회를 파괴했다.

이어 법령을 제정해 선교사나 신자들을 해외로 추방하거나 학살했다. 동시에 독점 조합을 만들고 도항 허가증을 발급하며 무역항을 축소하는 등 국내 외인들의 무역 활동을 통제·제한하는 조치를 취하고, 심지어 포르투갈인들을 추방하고 스페인과는 단교까지 한다. 막부의 쇄국 대상에는 네덜란드나 포르투갈 외에 중국이나 한국, 류큐까지도 포함되었다. 막부는 조선의 수교 사신이나 통신사를 마지못해 받아들이면서 그들의 도일(渡日)을 마치 일본에 대한 조선의 '조공' 행사처럼 비하하는 오만도 서슴지 않았다. 도쿠가와막부의 쇄국은 1853년 미국의 페리(M. C. Perry)가 군함 네 척을 이끌고 쳐들어와 이듬해 미일화친조약을 체결할 때까지 장장 220년간이나 지속되었다.

이러다 보니 일본은 선진 문물을 수용하는 데 조선보다 한발 늦곤 했다. 조선에서는 1402년에 가장 뛰어난 세계지도의 하나로 손꼽히는 〈혼일강리역대국도지도(混一疆理歷代國都之圖)〉를 완성했는데, 일본은 그보다 무려 390년 뒤(1792)에야 재중 선교사인 마테오 리치(Matteo Ricci)가 그린 지도를 본떠 처음으로 〈지구전도(地球全圖)〉라는 세계지도를 만들어냈다. 조선은 세종 때 벌써 원나라와 명나라 그리고 회회(回回, 이슬람)의 역법들을 참고해 조선식 역법인 『칠정산내외편(七政算內外篇)』을 편찬한 데 비해 일본은 1863년에야 회회 역법에 준한 『정향력(貞享歷)』을 만들고, 1865년부터 근 200년 동안 사용했다. 세계 지리서의 경우도 이수광(李睟光)의 『지봉유설(芝峯類說)』(1614)은 일본 니시카와 조켄(西川如見)의 『화이통상고(華夷通商考)』(1695)보다 80여 년이나 앞선다.

우리 스스로 조선을 '쇄국'이라고 오해하는 것이 일종의 자학적 역사 인식이라면, 서구가 우리더러 '은자의 나라'라고 하는 것은 무지의 소치이거나 작위적 오도일 것이다. 어느 것이든 사람들의 뇌리에 조선을 '쇄국'으로 오인시켰다는 지탄에서는 자유로울 수 없다. 조선을 가리켜 '은자의 나라'라는 이름 아닌 이름으로 붙인 사람은 미국의 동양학자이자 목사인 그리피스(W. E. Griffis)다. 그는 일본 문화에 매료되어 연구를 시작했는데, 한국의 역사와 문화를 모르고는 일본 문화를 제대로 이해할 수 없음을 깨닫고 1871년 조선에 왔다. 이것저것 신기한 것을 보고 돌아가서 『은자의 나라 한국』(1882)이란 책을 써냈다. 이 책은 3부 53장으로 되어 있는데, 1부는 고대·중세사를, 2부는 문화사 일반을, 3부는 근·현대사를 다루고 있다. 그는 대한제국의 멸망을 필연으로 보면서, 조선을 세상이 알지도 못하고, 알려지지도 않은 호젓하고 닫힌 '은자의 나라'라고 못 박았다. 책 속에 이색적인 서양 식기들로 가득한 식탁을 조선의 '잔칫상'이라고 그린 삽화만큼이나 그의 조선관은 우스꽝스럽다.

당쟁을 한국인의 고질적 '민족성'이라고 냉소하면서, 조선시대의 큰 병폐로서 나라를 망하게 해 결국 한일합병조약을 할 수밖에 없었다고 강변하는 일제 식민사학의 해악을 갈파하고 있는 오늘, 같은 맥락에서 또 다른 병폐라고 꼬집는 이른바 '쇄국'에 대해 재고를 요청한들, 조선은 '닫힌 나라'가 아니라 '열린 나라'였다고 항변한들, 과연 그것이 무리일까.

고전은 '앎의 샘'이고 '삶의 거울'

이 글은 우리 겨레의 잊혔던 민족사의 복원을 위해 내가 역주한 신라 고승 혜초(慧超)의 여행기 『왕오천축국전(往五天竺國傳)』을 청소년들이 쉽게 읽을 수 있도록 한국문명교류연구소 상임이사인 강윤봉 선생이 저술한 해설서 『혜초의 대여행기 왕오천축국전』(두레아이들, 2010)의 감수자로서 쓴 뒷글 서평을 고쳐 쓴 것이다.

고전이란 뒷날에 남을 만한 가치가 있는 옛날의 책을 말한다. 오래도록 가치가 남아 있을 정도로 고전은 '앎의 샘'이고 '삶의 거울'로서 복원이 필수다. 그런데 시대가 다른 옛날에 쓰였기 때문에 고전은 이해하기 어려울 수밖에 없다. 그래서 다들 쉬이 다가서지 못한다. 더욱이 청소년들에게는 훗날 일로 아예 미루기 일쑤다. '앎의 샘'과 '삶의 거울'로서의 고전을 제대로 복원해 바르게 이해시키는 것은 어릴 적부터 절실하게 필요한 일이다. 사실 고전에 다가설수록 그만큼 앎과 삶이 커진다.

나는 불후의 고전인 혜초의 『왕오천축국전』을 역주하고도 늘 고민하는 바가 있었다. 과연 읽는 사람은 얼마나 될까? 더욱이 젊은이들은 이 책을 읽어낼 수 있을까? 읽는다면 정말 그들에게는 '샘'과 '거울'로 안겨왔을까 하는 것이다. 그럴 때면 좀 더 쉽게, 좀 더 맛깔나게 원문을 옮기고 풀이했어야 하는데 하는 모자람을 느끼곤 한다. 독자들의 바람도 그러할 것이다. 다행히 강윤봉 선생께서 이러한 모자람을 채워주고 바람에 보답하는 훌륭한 책을 펴냈다.

그렇다면 이 고전의 내용과 저자의 삶 속에 갈무리되고 있는 '남을 만한 가치'는 과연 무엇인가? 이를테면 어떠한 '앎의 샘'과 '삶의 거울'이 있기에 꼭 읽어봐야 하는가?

이 여행기는 우리나라에서 가장 오래된 서지(책)다. 우리나라에서 이 여행기에 앞선 책다운 책은 아직 발견된 바가 없다. 그뿐 아니라 동서양 학자들이 8세기 당시 인도와 중앙아시아 및 서아시아에 관한 지식을 얻고 싶을 때 서가에서 뽑아내는 첫 책이 바로 이 여행기다. 비록 간략하기는 하지만 다양한 역사적 사실을 정확하게 기록한 으뜸 명저이기 때문이다. 흔히 말하는 원전 중 원전으로서 인류 공동의 문화유산이다.

혜초는 지구의 동쪽 끝 한반도에서 태평양과 인도양을 건너고 인도아대륙을 거쳐 멀리 아시아의 서쪽 끝 대식(아랍)까지 직접 발로 걸어서 다녀왔다. 그 기행을 실감 나게 적은 이 책이야말로 시기나 내용 면에서 하자가 없는 세계적인 여행기임에는 의문의 여지가 없다. 지금까지는 제대로 알지 못한 채 뒤늦게 13~14세기 사이에 쓰인 마르코 폴로의 『동방견문록』과 오도릭(Odorico da Pordenone)의 『동방기행』 그리고 이븐 바투타의 『이븐 바투타 여행기』만이 세계 3대 여행기로 알려져 왔다. 그러나 혜초의 『왕오천축국전』은 이들보다 500~600년 전에 나왔을 뿐만 아니라 내용에서도 결코 뒤지지 않는다. 기록의 생명인 사실성에서는 그 어느 여행기도 견줄 수가 없다. 요컨대 세계적 대여행기의 반열에 올려놔도 아무런 손색이 없다. 우리가 세계 4대 여행기의 하나라고 당당하게 주장하는 이유가 바로 여기에 있다.

어떤 사람들은 '간략'하다고 토를 달면서 여행기의 가치를 낮춰보려고 하는데, 이것은 겉만 핥는 얄팍한 생각이다. 알다시피 '간략'한 것은 원래 책을 간추렸기 때문이다. 그럼에도 불구하고 약 1300년 전 혜초의 독창성을 전해주는 내용이 수두룩하다. 예컨대, 중세 아랍을 '대식'이라고 이름한 것은 이 책이 처음이며, 이 책을 발견한 펠리오(Paul Pelliot)도 현지 발음대로 지명을 정확하게 표기한 데 대해 찬사를 보냈다. 까다로운 외국의 지명이나 풍물을 적절하게 적고 전달하는 언어표현 능력도 놀랍기만 하다. 혜초의 깊은 학문적 통찰력을 말해주는 한 대목이다.

여행기에는 멋진 오언시 다섯 수가 그대로 남아 있다. 고향에 대한 향수에 젖을 때나 어려운 환경에 맞닥뜨릴 때나 마음을 가다듬는 심경에서 읊조린 시구들은 딱딱하고 메마른 여느 여행기들과는 달리 이 여행기의 품격을 '서정적 여행기'로 자리매김하게 했다. 그래서 역사서이기도 한 이 여행기에 문학서란 칭호가 하나 더 붙는다.

이 모든 것은 오늘을 사는 우리에게 그 시대 그곳을 참으로 알 수 있게 하는 '앎의 샘'이다. 이 한 가지만으로도 혜초의 『왕오천축국전』은 '뒷날에 남을 만한 가치'를 지녔다고 말할 수 있다. 그러나 이 진서는 이것 말고도, 우리에게는 어찌 보면 이것보다 더한 '가치', 이를테면 '삶의 거울'이라는 가치를 안겨준다.

'삶의 거울'이란 사람의 됨됨이에서 따라 배울 만한 본보기란 뜻이다. 그렇다면 이 여행기와 저자 혜초에게서 우리는 무엇을 거울로 삼아 따라 배워야 할 것인가?

우선 탐구와 개척 정신이다. 혜초는 동양인으로서는 처음으로 해로와 육로로 아시아 대륙의 중심부를 일주하고 그 서쪽 끝까지 다녀와서 전례 없는 현지 견문록을 남겼다. 중국의 현장이나 의정을 비롯한 여러 스님들도 인도에 다녀와 각각 나름의 훌륭한 기록들을 남겨놓았다. 그러나 현장은 육로로만, 의정은 바다로만 오간 데다, 혜초처럼 아시아 서쪽 끝까지는 밟지 않았다. 더 멀리 바다로 갔다가 육로로 돌아온 혜초의 길이야말로 갑절 어려운 샛길이다. 그래서 우리는 그를 문명교류사의 개척자, 선구자라고 높이 평가한다.

우리 겨레의 역사에서 혜초는 첫 세계인이란 명예를 지닌 분이다. 세계인이란 세계를 알고자 낯선 세계 속에 들어가 삶을 함께한 사람을 말한다. 우리 역사에서 혜초에 앞서 이웃인 중국이나 일본을 제외한 낯선 세계에서 몇 년을 보낸 사람은 없다. 뒤늦게나마 우리 학계에서 혜초를 '세계정신을 탐험한 위대한 한국인'으로 인정한 것은 다행스러운 일이다. '세계화'가 요동치는 오늘, 혜초의 '세계정신'은 실로 귀중한 귀감이 아닐 수 없다.

이와 더불어 혜초가 만방에 과시한 우리 겨레의 얼과 넋, 슬기는 우리가 영원히 이어받아야 할 소중한 정신적 밑천이다. 향수의 오언시에 나타난 나라와 겨레를 사랑하는 얼, 거듭되는 고행을 이겨내는 도전과 극복의 넋, 20대 초반에 미지의 세계를 여행하고 그 내용을 세세히 기록하며 뛰어난 문필력을 발휘한 슬기, 이 모든 것은 혜초가 우리에게 남겨준 보배로운 민족 유산이며 거울이다.

이상을 모아보면, 『왕오천축국전』은 분명히 불후의 고전으로서 '앎의 샘'이며, 저자 혜초는 위대한 한국의 첫 세계인으로서 우리 모두에게 '삶의 거울'이다. 이러한 깊은 뜻을 독자들, 특히 젊은 독자들에게 고스란히 전하고자 지은 것이 바로 이 책이다. 고전을 풀이하는 유사한 책들이 시중에 많이 나돈다. 그러나 이 책만이 가진 특징이 있다.

그 특징은 첫째로 될수록 원전의 뜻을 살려서 전하려고 한 점이다. 흔히들 고전을 해석한답시고 원전은 별로 인용하지도 않은 채 저자의 주관적 해석만을 개진하는 경향이 있는데, 이 책은 그렇지 않다. 요소마다 원문을 그대로 인용하면서 여기에 해석을 가한다. 그러다 보니 원전을 읽는 감각이 사그라지지 않고 그 뜻을 제대로 이해하려는 탐구심이 생겨나며 원전에 대한 독해력도 기르게 된다.

독자들이 펼쳐보면 금방 발견하겠지만 내용 설명에 충분한 현장 사진들을 곁들였다는 특징이 있다. 가감 없이 말하면 이 책 속의 사진들은 『왕오천축국전』과 저자 혜초에 관한 사진 자료는 거의 다 들어간 셈이다. 이러한 사진 자료들은 현장성과 생동감을 줌으로써 내용을 파악하는 데 큰 도움이 될 것이다.

그간 『왕오천축국전』과 저자 혜초에 관한 저서나 논문이 국내외에서 간간이 나와 기본적인 문제들에서 일정한 연구 성과를 거뒀다. 그러나 아직껏 풀지 못한 여러 가지 일들이 과제로 남아 있다. 가장 큰 과제는 지금의 잔간은 원본을 간추린 필사본(총 3권 중 2권)이므로 원본을 찾아내는 것인데, 답답하지만 아직은 어떤 단서도 잡히지 않고 있다. 하지만 해야 하고, 또 그런대로 할 수 있는 일은 지금의 잔본에서 아예 없어진 160자를 찾아내 복원하고, 글자가 모호해서 이론이 분분한 107자를 정확하게 판독하는 것이다.

그리고 혜초의 생애에 관해서도 모르는 것이 아는 것보다 훨씬 더 많다. 신라의 출생지를 포함해 기록에 없는 것은 어떻게 밝혀낼 도리가 없지만, 기록에 남아 있는 것마저도 아직 제대로 알아내지 못하고 있다. 일례로 스님의 입적지가 중국 오대산 건원보리사(乾元菩提寺)라는 기록은 있지만, 그 없어진 건원보리사 자리가 도대체 어디인지는 아직 밝혀내지 못하고 있다. 그런가 하면 여행기가 외국인에 의해 발견된 지 100년이 넘었는데도 우리 손으로 평전 한 권 펴내지 못한 형편이다. 이제 우리는 한 차원 높은 시각에서 여행기가 지닌 민족사적 업적과 세계사적 의미를 재조명해야 할 것이다.

더불어 기리는 사업을 적극 벌여야 할 과제도 남아 있다. 이 여행기는 우리나라에서 가장 오래된 책으로서 이름에 걸맞은 국보급 진서다. 그러나 그 잔본마저도 아직 프랑스의 한 도서관에 있다. 반환운동을 펴서라도 영원히 찾아와야 한다. 그러면서 국보뿐만 아니라 세계문화유산으로도 등재해 그 진가가 공인되어야 한다.

기리는 사업에서 또 하나 중요한 것은 이 땅에 필요한 기념물을 마련하는 일이다. 관심 밖에 있다가 다행히 2009년 1월 평택시의 발의로 '평택 혜초 기념비 건립준비위원회'를 발족하고 정견 심복사 주지 스님과 내가 공동준비위원장으로 선출되었다. 그해 5월 28일 평택항 예술공원에서 성대한 기념비 제막식이 거행되었다. 기념비 비문은 미흡한 대로 내가 집필했다. 제막식에는 유엔 대표와 실크로드 연도 20여 개국 시장들이 참석했다. 일단 세우고 나니 후손으로서 불초의 응어리를 풀었다는 한 가닥 후련함이 감돌았다. 비문은 여행기의 내용과 혜초의 생애 및 그 거룩한 의미를 다음과 같이 함축하고 있다.

혜초는 단장의 향수를 읊은 시편에서 "내 나라는 하늘가 북쪽에 있고(我國天岸北)…… 누가 소식 전하러 계림(신라)으로 날아가리(誰爲向林飛)"라고 하여 자신이 신라인임을 밝힌 바 있다. 704년경 신라에서 태어난 그는 열여섯의 나이에 구도의 푸른 꿈을 안고 당나라로 건너가, 723년에 다시 천축(인도)을 향한 위험천만한 대장정에 나섰다. 장장 4년간에 걸쳐 천축과 서역을 두루 답사하고, 727년 당나라로 돌아온 세계적 문명 탐험가이며 한국 최고(最古)의 서지로서 불후의 국보급 진서인 『왕오천축국전』을 찬술하였다. 그 후 50여 년간 장안의 여러 명찰에 주석하면서 궁중 원찰인 내도량의 지송승(持誦僧)으로서 도화원력(道化願力)이 지고의 경지에 이르렀다. 780년 한생의 마감을 예감한 듯, 노구를 이끌고 오대산 건원보리사로 옮겨 역경본을 적다가 조용히 붓을 놓은 채 입적하셨다.

당대 동아시아에서 아시아 대륙의 서단까지 해로로 갔다가 육로로 돌아와 현지 견문록을 남긴 것은 일찍이 없었던 장거이다. 혜초는 이역만리 험난한 여정에서도 수구초심(首丘初心)을 내내 간직한 채 고국과 겨레 사랑의 얼, 극기와 창의의 넋, 탐구와 구지의 슬기를 만방에 과시한 한국의 첫 세계인이다. 1200여 년이 지나, 이제 후손으로서 불초의 응어리를 풀었다는 후련함 속에 온 국민과 평택 시민의 한마음 한뜻을 모아 여기 서해(西海)를 오간 구법 고승들의 발자국이 찍혀 있는 평택 땅, 서기(瑞氣) 어린 이곳에 억겁에 빛날 그의 위업을 기리는 기념비를 세워 영원토록 기리고자 하는 바이다.

2009년 5월 28일

다른 한 가지 기리는 사업으로, 경상북도가 야심 차게 진행한 '코리아 실크로드 프로젝트'(내가 기획위원장 겸 고문을 맡았다)의 일환인 '2014 해양 실크로드 글로벌 대장정'의 '인도 순례길대(隊)'가 2014년 11월 부처의 초전 설법지인 녹야원(鹿野苑, 사르나트)에 1300년 전 혜초의 이곳 순례를 기리기 위해 '혜초 기념비'를 세우고, 인근 국립공업대학 내에 '혜초 도서관'을 개관하면서 기념 강연회도 열었다. 귀국 후 대장정 결산대회에서 차광호 박사는 「해양 실크로드 글로벌 대장정과 한국인의 해양 정체성」 제하의 논문을 발표했다.

맥 빠진 민족론의 재생적 담론

민족 통일 문제의 궁극적 해결은 올바른 민족론의 탐구에서 비롯되어야 한다는 것이 나의 일관된 지론이다. 그러면서 민족론을 민족과 민족주의 담론에 관한 통칭으로 규정하고, 그 재생적 담론을 시도했다. 여기서 '재생적'이란 무지와 오해, 남용과 악용의 대상이었던 민족론의 복원적 재생, '촌것'으로 몰려 퇴조한 민족론의 구원적 재생, 전가의 보검이 아니라 '동네북'으로 전락하고 있는 민족론의 계승적 재생을 함의하고 있다.

그렇다면 왜 이 시점에서 우리는 재생적 담론을 시도해야만 하는가? 어떤 이는 유럽에서는 우파의 구시대적 전유물로 전락한 민족담론이 여기 한국에서는 '노익장'을 과시한다며 쓴웃음을 던진다. 그렇지만 나는 현실적 당위성을 내세워 담론을 재생시키려고 한다. 그 당위성은 한마디로 이러한 복원적·구원적·계승적 재생에 대한 절박한 시대적 요청이라는 점이다.

우선, 담론 지형의 변화에서 오는 요청이다. 작금 세계화의 바람이 일면서 이제 담론의 지형이 종래의 보수 대 진보 담론에서 세계주의(혹은 지역주의) 대 민족주의 담론으로 점차 바뀌고 있다. 물론 국내외를 막론하고 보수 대 진보 간의 갈등이나 충돌이 사라진 것은 아니다. 그렇지만 20세기 후반 냉전체계가 무너지면서 일방적인 세계화가 기세를 부리고 지역적 통합이 마냥 시대의 추세인 양 비친다. 그 대응 논리로 떠오르는 것이 한때 수면 아래로 가라앉았던 민족론이다. 예측과는 달리 도처에서 민족 분쟁이 다발하고, 민족적 정체성을 되찾거나 세우려는 노력과 투쟁이 팽배할 뿐만 아니라, 새롭게 다민족, 다문화주의가 부상되고 있는 현실을 제대로 읽고 대처하려면 결코 민족론을 외면할 수가 없다.

다음은, 민족 통일의 실현을 위한 당위성에서 오는 요청이다. 반세기가 넘는 분단의 장벽 속에서 남북 간에 나타나는 '이질성'을 이유로 '단일민족론'을 거부하는 이른바 '타민족론'이나 '분족론', 심지어 '친구론' 같은 사이비 민족론이 거리낌 없이 배회하고, 이 땅에서 평화 유지나 공동 번영 같은 이슈가 민족 통일의 일차적 당위로 둔갑하고 있다. 통일운동의 활로를 떳떳한 범민족적 대로에서가 아니라 협애한 뒤안길에서 찾는 허망하고 움츠러드는 현실을 감안할 때, 민족론의 재생이 더더욱 절박함을 느낀다.

일반적으로 갈라진 민족이 재통일되어야 할 불변의 근원적 당위성은 하나의 민족이라는 데 있다. 그 밖에 분단 민족 간의 관계에 따라 재통일의 당위성(혹은 필요성이나 지향성)에는 여러 가지 이슈가 등장할 수 있다. 가령 남북한으로 갈라진 한민족처럼 치열한 갈등 관계에 있는 분단 민족의 경우에는 전쟁 방지나 평화 유지 및 공동 번영 같은 이슈가 재통일을 위한 가변의 시류 영합적 당위성으로 제시될 수 있다. 그러나 이러한 이슈는 어디까지나 민족 내부의 문제로서 그 해결의 주체는 민족 구성원들이다. 따라서 민족을 떠난 그 어떤 민족 통일의 '당위성'이나 '지향성'은 결국 허구에 불과할 수밖에 없다.

우리는 왜 숱한 우여곡절을 겪으면서도 갈라진 민족을 다시 하나로 묶는 통일에 이르려고 하는가? 물론 더러는 지쳐서 통일을 포기하거나 통일에 회의적이기도 하지만, 통일이 대세임을 거역할 수는 없다. 그 이유는 뭐니 뭐니 해도 한 민족이기 때문이다. 그래서 우리는 이웃 중국이나 일본과는 아닌, 남과 북으로 갈라진 동족이 다시 하나로 되자는 것이다. 요컨대, 통일의 근원적이며 일차적인 당위성은 그 어떤 다른 이슈가 아니라, 하나의 민족이라는 데 있다. 우리에 앞선 독일이나 베트남, 예멘의 민족 통일이 바로 이를 명증한다. 그런데 근간에 '타민족론'이나, '탈민족주의' 같은 엉뚱한 분단론 망령이 기승을 부리는 바람에 주눅이 들어서 '민족'이나 '민족주의'를 아예 벙긋하지도 못하는 괴이한 현상이 벌어지고 있다. 이럴진대, 우리는 더 늦출 겨를 없이 공명정대한 민족론의 재생에 불을 댕겨야 할 것이다. 사그라드는 분단 극복의 원동력을 민족이나 민족주의 샘에서 새롭게 퍼 올려야 할 것이다.

그다음은, 참된 사회의 윤리적, 도덕적 규범의 확립에 대한 요청이다. 작금 세계 어디를 막론하고 지각 있는 사람들은 다들 헝클어져 가는 인간의 윤리와 도덕을 심히 걱정하고 있다. 황금만능주의나 쾌락주의, 극단적 개인주의 같은 패륜이 인간의 아름다운 전통이나 미풍양속을 좀먹고 있기 때문이다. 이러한 폐단에서 인간을 구출하려는 시도가 일찍부터 있었지만 여의치 않다. 아직은 인류의 대다수가 그 폐단에서 벗어나지 못하고 있다. 문제는 길을 밝힐 만한 사상적, 윤리적, 도덕적 지침이 결여되어 있다는 데 있다. 숱한 폐단을 저지르고는 출로에 허둥거리는 자본주의가 이러한 지침을 제공할 리는 만무하다. 그렇다면 과연 어디에서 찾아내야 할 것인가? 우리는 그 유력한 지침을 바로 역사의 보편적 가치와 보편적 진보주의를 갈무리하고 있는 올곧은 민족론에서 찾아낼 수 있다. 왜냐하면 전승되고 있는 인류 전통의 뿌리나 원초적인 미풍양속은 민족에서 비롯되며, 그것을 지켜내는 힘은 민족주의에서 발원하기 때문이다. 지금은 물론이거니와, 미래의 상당한 기간, 민족성을 떠난 문명이나 윤리와 도덕은 애당초 상상할 수가 없다.

'진부'해서 버려야 한다는 민족과 민족주의에 관한 해묵은 민족론을 내가 이 시점에서 굳이 재생을 들고나온 것은 앞에서 말한 이론적·실천적 당위성 말고도, 나의 체험적 신념 때문이기도 하다. 학문 연구를 포함한 매사에서 개인이 몸소 겪은 귀중한 체험은 그 신빙성이나 확고성을 부동의 신념으로 굳히게 한다. 민족론에서도 사정은 마찬가지다. 민족발생론에서 근대주의 창시자로 알려진 영국의 사회학자 겔너(E. Gellner)와 이 근대주의 확산에 앞장섰던 역사학자 홉스봄(E. Hobsbawm)은 둘 다 유대인 출신으로 나치의 파시즘 민족주의를 증오하던 터라서 본능적으로 민족주의에 대한 거부와 편견의 입장에 쏠리고 만다. 한국의 귀화인 한 분이 한국을 매몰차게 타자화하면서 한국의 민족과 민족주의를 그토록 백해무익한 폐단으로 매도하는 것도 알고 보면 그의 몰지각한 민족관이나 얄팍한 계급론과 더불어 서생적(書生的) 천방지축에서 비롯된 것이 아닐까 점쳐본다. 물론 몰지각한 민족관이나 뜨거운 가슴이 아닌 냉랭한 잔머리를 굴리는 서생적 자태는 그만의 일은 아닌 것 같다. 체험이란 잘되면 약이고 못되면 독이 되는 법이다.

나는 그 시절 일방적인 국제주의에 훈육되다시피 한 정신상태에서 제삼세계의 민족해방운동을 여러 기회에 직접 목격한 바 있다. 그 과정에서 민족과 민족주의의 실체에 접근하게 되었고, 민족주의와 국제주의는 결코 상치되는 것이 아니라 상부상조하는 변증법적 관계에 있다는 사실을 깨달았으며, 진정한 민족주의자만이 진정한 국제주의자가 될 수 있다는 믿음을 갖게 되었다. 급기야 이 문제를 둘러싼 치열한 입씨름 끝에 환국의 길에 오르게 되었다.

주지하다시피, 민족주의와 국제주의가 갈등할 때 민족주의가 승리하고야 만다는 것이 일종의 경험적 불문율로 연구자들 속에 회자되고 있다. 그러나 그 이유에 관해서는 대저 동문서답한다. 민족주의를 역사의 퇴물로 보는 탈민족주의자들로서는 그럴 수밖에 없을 것이다. 이를테면 그들은 그 소이연이 민족주의의 역사적 보편 가치와 보편적 진보주의에 내재되어 있다는 사실을 인식하지 못하거나 외면하고 있기 때문이다.

이와 더불어 나는 평생 부심하고 있는 학문 연구를 통해서도 민족론의 당위성을 학문적으로 더욱 확신하게 되었다. 민족이나 국가,

지역을 초월한 서로의 교류와 소통을 연구 대상으로 삼는 문명교류학을 전공하는 내가 '배타'나 '폐쇄'일 수밖에 없다고 하는 민족론을 굳이 주장하는 것은 전공 학문에 대한 '일탈'이 아닌가라는 예리한 질문을 가끔 받는다. 선의의 기우임을 알고 질문을 고맙게 받아들이면서 이렇게 답한다. 원래 문명교류란 것은 본질적으로 이질 문명 간의 주고받음인데, 그 이질 문명은 어디까지나 종족적·문화적 최대 인간 집단인 각이한 민족들에 의해 만들어지고 갈라진다.

민족이 없었던들 문명다운 문명은 애당초 창조가 불가능했을 것이며, 민족주의가 없었던들 문명의 성장이나 전파, 교류는 역사가 기록한 양상으로 전개되지 못했을 것이다. 따라서 민족론과 교류론은 모순관계가 아니라 불가분의 관계에 있다. 민족의 존재는 문명과 그 교류의 전제다. 인간의 문명화는 언어를 비롯한 여러 가지 공통적 구성 요소를 최초로 공유한 민족 집단으로부터 시작되고 확산된다. 인간 개개인의 윤리, 도덕이나 숭고한 사회적 가치도 민족 집단 구성의 세포인 가족으로부터 배우고 익히게 된다. 그래서 필자는 문명교류학을 연구하면서 민족을 더 깊이 생각하게 되고, 민족주의와 더 가까워지게 되었다.

민족과 민족주의에 관한 담론은 어제오늘의 일이 아니다. 관련 논저만 해도 한 수레 가득 담고도 남음이 있을 만큼 수북하며, 그 논란도 수많은 갈래로 실타래처럼 엉켜 있다. 그럼에도 불구하고 이 시점에서 새삼스럽게 이 구태의연하고 난삽한 담론을 재생하려는 목적은 무엇보다도 일그러진 우리의 민족론을 바로잡음으로써 부당한 민족론의 양산으로 인한 갖가지 적폐를 막아보자는 데 있다. 아울러 내 나름의 여러 가지 천견이나마 개진해 민족론의 유의미한 장이 열렸으면 하는 기대도 가져본다.

　사그라드는 민족론의 재생을 위해 민족론과 통일담론에 깊은 관심을 보인 일군의 연구자들이 2008년에 한자리에 모여 '21세기민족주의포럼'(회장 정해랑)을 결성했다. 그리고 매달 한 차례씩 연구 모임을 가졌으며, 2년 후에는 그간의 발표 글들을 묶어 『21세기 민족주의: 재생의 담론』(통일뉴스, 2010)을 펴냈다. 나는 서문과 함께 논문 한 편을 게재했다. 이 책에 대해 한 통일 문제 연구자는 통일 문제에서 주눅 들던 사람들에게 '가뭄 속 단비'처럼 큰 위안과 힘이 될 것이라고 평가했다. 사실 이 모임은 '통일뉴스' 이계환 대표가 주도했으며, 나는 이론적 좌장 역할을 했다. 모임에서 나는 평생 사색하고 천착하던 민족론과 통일론에 관한 지론과 그 대강을 발표하곤 했다. 고맙게도 이계환 대표는 2021년 11월 20일에 열린 '위공 정수일 선생 미수 기념 학술대회'에서 「정수일의 민족론과 통일담론」이란 귀중한 논문을 발표해 내가 운을 떼고 불을 지핀 재생의 담론에 심층적인 분석과 해설을 덧붙였다.

민족주의 역기능론과 폐기론

　　　　　　다들 한국에서 민족주의가 점하는 현실적 중요성을 한결같이 인정하고 있다. 민족주의는 한국 사회에서 '최강의 이데올로기'이고, 이념들 중 '부침 없는 지존의 위치'를 유지하고 있는 이념이며, 한반도를 통틀어 '유일한 정치 이념'이며, 한반도 '전체 대중의 정서가 깊이 뿌리박고 있는' 이념이라고 하는 등 중구여일(衆口如一)에서 그 중요성이 여실히 증명되고 있다. 그런데 아이러니하게도 민족주의가 이렇게 중요하고 절박하다고 하면서도 그 기능에서는 순기능보다 역기능이 훨씬 더 많이 부각되고 강조된다. 이것은 분명 어딘가에 문제가 있는 이율배반적 괴현상이다. 그래서 그 민낯을 몇 가지 실례를 들어 살펴보려고 한다.

첫째, 권력 지향적 기능론이다. 어떤 이는 민족주의를 "민족에 기반을 둔 국가의 형성을 지상 목표로 하고, 이것을 창건, 유지, 확대하려고 하는 민족의 정신상태나 정책 원리 또는 그 활동"이라고 규정한다. 또 다른 이는 민족주의란 "간단히 민족(nation)과 민족국가(nation-state)를 충성과 정체성의 단위로 설정하는 근대적 정서 및 이데올로기"라고 정의한다. 이것은 민족주의를 근대 민족국가 건설과 밀착시키는 권력 지향적 기능론이다. 표현은 조금씩 달라도 많은 사람들이 이러한 기능론에 기울고 있다. 어떤 이는 정치권력과 민족주의를 '날줄과 씨줄로 함께 짜인 텍스트'에 비유한다.

물론 민족주의가 때로는 시대의 요청에 따라 이러한 기능을 주 기능으로 선정하고 그 수행을 위해 전력투구할 수 있다. 그러나 민족주의는 권력 지향적 기능 말고도 민족국가 건설 전후에 수행해야 할 여러 가지 기능이 따로 있다. 그럼에도 불구하고 민족국가 건설을 민족주의 일반의 지상 목표로 내세우는 것은 일종의 편단이다. 때로는 건설된 민족국가를 지켜내는 것이 최상의 목표일 수가 있고, 때로는 민복(民福)이 민족주의가 추구해야 할 지상 목표가 될 수도 있다. 바로 이러한 편단된 기능론 때문에 민족국가 건설을 민족주의 '사다리'의 착점(着點)으로 착각하고, 일단 그 착점에 오르게 되면 민족주의를 폐기해야 한다는 단계론 주장까지 나오게 된 것이다.

둘째, 사회운동적 기능론이다. 적잖은 논자들은 오로지 격렬한 운동성을 띠고 있다는 이유로 민족주의를 어떠한 규범이나 분석 틀로도 가둘 수 없는 변화무쌍한 행로를 밟는 사회운동이라고 못 박는다. 그러면서 외견상 가장 역동적인 저항적 민족주의를 그 발원지로 지목하고 저항과 '반역'이 수반된 사회운동을 그 주된 기능으로 여긴다. 그리하여 민족주의를 강압이나 폭력의 온상으로 치부하고 경계를 당부한다. 그리고 일단 사회운동이 끝나면 민족주의가 그 존재이유를 상실했다고 하면서 사회로부터 추방할 것을 주문한다.

참된 민족주의자는 민족주의의 사회운동적 기능을 일괄 부인하지는 않는다. 왜냐하면 그러한 기능에 의해 사회는 변혁되고 발전되기 때문이다. 문제는 이 역시 민족주의가 담당해야 할 기능의 전부는 아니라는 점이다. 더욱이 이러한 기능을 빌미로 삼아 민족주의를 폭력과 배타의 온상이나 진원지로 낙인찍는 것은 극히 온당치 못한 매도다. 진정한 민족주의자는 열렬한 사회운동가인 동시에 포용과 의협심을 겸비한 사회의 유능한 계도자다.

셋째, 반계급적 기능론이다. "계급 모순이라는 기본적인 문제를 덮어버리는 것이야말로 민족주의의 가장 큰 폐단"이라고 한다든가, 민족주의는 계급적 차별을 무시한다든가 하는 등 민족과 계급을 대치시키는 견해가 바로 이 '반계급적 기능론'의 핵심이다. 이러한 이분법적 흑백 기능론은 대체로 마르크스주의 계급론에 빗대어 나온 것 같은데, 빗댈 데 빗대야 하지 잘못 어긋나게 빗대면 어불근리(語不近理)의 조롱거리가 되고 만다. 계급은 민족 내부에서 일어난 사회적 분화 현상으로서 민족을 떠난 계급이란 존재할 수 없고, 민족론을 떠난 계급론은 무의미하며 입론이 불가하다. 소정된 역사시대에

계급은 변해도 민족은 상수로서 조락할 때까지 간단없이 연속한다. 이것은 민족지상주의가 아니라, 민족 생성의 정상적인 궤도다.

한편, 일국 내 사회적 분화 현상으로서의 계급은 서로 간의 갈등과 모순으로 인해 이른바 '계급투쟁'이 불가피하지만, 이러한 투쟁은 결코 민족을 배제하거나 약화시키는 것이 아니라 오히려 '민족수호'의 기치 아래 민족 역량을 더 튼실하게 꾸려준다. 이것은 계급 모순이나 투쟁도 민족적 이익에 부합되게 해결해야 한다는 명제를 일깨운다. 나라가 위기에 처했을 때, 민족 모순이 계급 모순에 우선한다는 것은 역사에 의해 명증된 통리(通理)다. 일국에서 새 사회를 지향하는 계급 혁명이 일어났을 때, 민족주의자는 '우군'으로, 때로는 주력군으로 그 혁명에 동참하게 된다. 이렇듯 민족과 계급은 상극 관계가 아니라 밀접하게 상관된 변증법적 관계에 있다. 민족과 계급을 대치시키는 것이야말로 백해무익한 분열 행위다.

어떤 이는 우리 한민족의 건국이념이자 정신적 뿌리인 '홍익인간'을 한 노동계급 정당이 '이용'하는 것에 대해 냉소를 보낸다. 원인은 '널리 이롭게 한다'라는 '홍익'이 '계급 모순을 부정'하기 때문이라고 한다. 어설픈 '소아병'적 발상이다. 이것은 계급론이나 역사관에 대한 무지나 옹졸함의 극치로밖에 달리 설명할 도리가 없다. 노동계급을 포함해 그 누구라도 사회적 평등과 정의, 자유를 이루어 널리 만방을 이롭게 한다면 그 이상 더 바람직한 일이 또 어디에 있겠는가. 그는 또한 "단군 왕검이 고조선을 건국했다"는 단군신화를 국사 교과서에서 가르치고 있는 것을 심히 역겨워한다. 일말의 민족주의적 양식이라도 있다면 결코 이러한 유치한 발상을 토설하지는 않았을 것이다. 우리의 귀중한 문화유산인 단군신화는 우리 민족에게 오래전부터 공통된 '역사의 기억'으로 전승되어 온 민족 구성의 한 주관적(정신적) 요소이다. 이러한 '역사의 기억'을 부정하면 민족은 오늘밖에 모르는, 역사적 전승이 없는 몽매한 기형아가 되고 말 것이다.

넷째, 반자유주의적 기능론이다. 민족주의는 태생적으로 개인의 자유나 인권을 침해하는 본능을 잠재하고 있다는 견해다. 그 근거는 민족주의는 통일성과 집단성 그리고 억압을 강요하고, 자유주의는 개별성과 다양성 그리고 자유를 추구함으로써 이 두 주의는 병존이 불가할 수밖에 없다는 데 있다. 앞에서 지적한 진보를 표방하고 있는 한 정당이 펴낸 같은 책에는 이러한 구절이 있다. "민족주의는 분명 20세기의 진보와 해방 프로젝트 중 하나였다. 수많은 피압박 민족들이 민족주의를 무기 삼아 제국주의에 맞서 싸웠고, 저마다 자신의 민족국가를 전리품으로 확보했다. 하지만 일단 승리한 민족주의, 즉 민족국가를 쟁취한 민족주의는 진보와 해방의 수단이 아니라 새로운 억압과 모순의 진원지가 된다." 이렇게 민족주의를 '악의 근원'으로 매도하고 있다. 어떤 근거에 의해, 그리고 민족주의에 무슨 한이 그렇게도 사무치게 맺혀 있기에 이렇게 독단 치고는 너무나 심한 독단을 함부로 내리는지 도시 이해할 수 없다. 도대체 이 세상에 민족주의가 승리한 민족국가가 과연 몇이나 되는가? 하물며 이 땅이야 말해 무엇하겠는가. 그들은 민족주의를 '양날의 칼'을 품은 야누스의 얼굴로 여겨 증오하면서 험담을 내뱉는다. 그래서 그들은 지난 20세기는 '진보와 해방 프로젝트 중 하나였던 보배로운 민족주의가 오늘은 갑자기 소름이 끼치는 흉물로 일변했다'는 궤변을 마다하지 않는다.

도대체 20세기에 비해 21세기가 '진보와 해방 프로젝트', '제국주의 존재', '민족주의 승리', '민족국가 쟁취' 등에서 어떠한 질적 도약을 이루었기에 민족주의가 하루아침에 '진보와 해방의 프로젝트'로부터 '새로운 억압과 모순의 진원지', '악의 축'으로 돌변하게 되었는지, 그래서 용도 폐기해야 하는지 도무지 납득이 안 간다. 억지 논리라고밖에 달리 설명할 길이 없다. 민족은 개개인으로 구성되므로 개인은 민족의 행동 주체다. 그렇다고 개인이 민족 위에 군림할 수는 없다. 민족 구성원으로서의 개인다움을 유지하고 민족 전체의 집단적 이익을 보장하기 위해서는 통일성과 집단성을 관철하지 않을 수 없다. 구성원 개개인의 자유와 권익은 이러한 통일성과 집단성의 범위 내에서 허용되고 실현되는 법이다. 그 이하도 그 이상도 아니다.

민족 통일의 한 축인 북녘 동포들을 형제가 아닌 '친구'로 삼고, 대중이 '깊이 빠져 있는' 민족주의를 '진보와 해방의 프로젝트'가 아닌 '새로운 억압과 모순의 진원지'로 배척하고 압살한다면, 그네들은 도대체 어디에다 발을 붙이고 어디에서 사회적 동력을 얻겠다는 건지 심히 우려되는 바이다. 이 시대에 연대 의식과 민족 수호 및 발전 지향을 근본 속성으로 하는 민족주의를 제쳐놓고 사회의 정의니, 부의 공정분배니, 녹색혁명이니, '친구 통일'(북한 동포들을 한민족 구성원으로 보는 것이 아니라 '친구'로 여기면서 그런 '친구'와 통일하겠다는 어불성설)이니 하는 따위의 사회변혁을 과연 이룰 수 있겠는가.

이러한 역기능 주장과 더불어 여러 가지 현실적 이유를 들어 민족주의를 폐기해야 한다는 이른바 '민족주의 폐기론'(일명 '해체론', '탈민족주의론')이 이 사회에 만연하다시피 하고 있다. 이러한 폐기론은 경계론과 맥을 같이한다. 경계론자들은 민족주의의 폐기나 이탈을 강변하면서도 담론 자체에 대한 경계나 불안을 고스란히 내비치고 있다. 대표적인 글 한 꼭지를 그대로 인용해 보자. "민족주의는 너무 뜨거운 담론이기에 대중에게 설득력을 갖는다. 하지만 한 발만 잘못 디뎌도 색깔이 다른 길로 떨어지는 위험한 줄타기이기도 하다. 그렇기 때문에 남북이 가장 뜨겁게 만나는 지점이 민족주의 담론일 수 있 겠지만 가장 경계해야 할 것도 민족주의 담론이 아닐까."

필히 있어야 할 민족주의 담론에 대한 회의와 기우, 불안과 기피를 동시에 실토하고 있다. 그러다 보니 남의 눈치에 밀려 민족주의에 노출되는 것을 꺼리는 것이 작금의 가냘픈 풍조다. 자신을 민족주의자라고 떳떳이 밝히는 사람이 과연 얼마나 될까. 어찌 보면 이것이야말로 한국 민족주의와 그 담론의 현주소가 아닌가 싶다. 그럼에도 불구하고 나는 감히 그런 담론에 도전장을 내밀고 있다. 이제는 어차피 반민족주의, 탈민족주의와 시비를 가르는 맞장을 떠야 하기 때문이다.

민족주의 폐기론자들이 들고나온 폐기 이유는 갖가지다. 우선은 진부하기 때문이라고 한다. 2007년, '민족문학작가회의'는 근 1년 동안의 격론 끝에 20년간 써오던 이 명칭에서 '민족'이란 말을 쏙 빼고 대신 '한국'이란 말을 집어넣었다. 개명에는 다민족과 다문화라는 시대정신과 젊은 작가들을 포섭하기 위함이라는 변이 따랐다. 그날 한 시인은 현장에서 "문학은 포기해도 민족은 포기 못 해!"라고 절규했다. 인터넷 소통 시대에 남과 말이 통해야 하기 때문에 민족주의와 결별해야 한다는 한 유명 작가의 말도 귓전에서 맴돈다. 20세기식 민족주의 역사학은 그 소임을 다했다는 한 역사학자의 고별 선언도 귀에 거슬린다. 한마디로, 이제 민족주의는 제 시대를 다 산 진부한 노폐물이기 때문에 폐기 처분해야 한다는 것이다.

'다민족'과 '다문화'는 각이한 민족들의 정체성이 존중될 때만이 비로소 시대정신이 될 수 있다. 젊은 작가들이 민족을 혐오한다면, 도대체 그들은 무엇을 가지고, 무엇에 의해 '작가다움'을 유지할 것인가. 작가든 학자든 자기 몸에 선천적으로 배어 있는, 그래서 가장 잘 사고하고 표현할 수 있는 민족어로 글을 쓰고 학문을 하는 것이 우선시되어야 하지 않겠는가. 또 그럴 수밖에 없지 않겠는가. 작가의 경우는 더더욱 그러하다. 문학이나 학문의 보편 가치는 그 표현 수단의 일치성이나 공유성에 있는 것이 아니라, 내재적 가치의 공통성에 있다. 한국에서의 노벨문학상은 인류의 보편적 정신 가치가 관류된, 한글로 쓰인(물론 외국어로 역출된) 작품에 주어질 수밖에 없다.

다음으로 민족주의가 국제화에 역행한다는 것도 그 폐기 이유의 하나다. "한국인들은 이제 20세기의 민족주의 시대를 넘어 21세기 '국제 협조-국제 연대의 시대'로 나아갈 필요가 있다"라고 주문하는 이가 있는가 하면, 남북한 통일 문제를 민족주의로 접근하는 시대는 지나갔으며, 민족문제를 우리끼리가 아니라 국제적인 협조 아래 해결해야 한다고 역설하는 이도 있다. 대학의 국제화를 위해 '민족을 버리고 조국을 등져야 한다'고 민족대학을 표방해 온 한 대학 총장은 학생들에게 호소한다. 듣기만 해도 섬뜩하다.

국제화 시대는 민족문제 해결에 유리한 국면을 열어놓을 수 있지만, 그 역의 경우도 있을 수 있다. 어떤 경우를 막론하고 민족주의와 건전한 국제화는 모순관계에 있지 않다. 발전 지향을 속성으로 하고 있는 민족주의는 국제 협조와 국제 연대를 거역하는 것이 아니라 적극적으로 환영하고 수용한다. 오늘의 국제화 시대에 일국의 민족문제에는 국제성이 배제될 수 없지만, 해결의 주체는 어디까지나 당사자 자신들이다. 주체가 주체다워야 국제 협조나 국제 연대가 제대로 이루어지게 된다. 남북한 통일 문제도 마찬가지다.

민족주의 폐기 이유로 그 밖의 각종 폐단이 심심찮게 거론되고 있다. 민족주의가 대내적으로는 전체주의와 파시즘을 낳고, 대외적으로는 배타주의와 침략주의를 결과하는 위험한 독을 품고 있다는 것이다. 또한 열린 민족주의건 닫힌 민족주의건 간에 모두 폐쇄적 민족 절대주의를 바탕에 깔고 있기 때문에 탈민족주의(포스트 민족주의)가 불가피하다고도 한다. 그 밖에 민족주의는 대한민국 선진화를 가로막는 5대 사상의 하나이며, 한국 사회에서 체제 이데올로기를 키워내는 온상이므로 해체되어야 한다는 강변도 있다. 논자들은 이 위험천만한 '독물'을 하루빨리 제거해야 한다는 데 입을 모으고 있다.

그러면 어떻게 제거할 것인가. 방법은 '민족주의 장례'를 치르는 것이다. 그런데 그 지지자들이 지닌 진정성만은 존중되어야 하므로 겸손한 마음으로 장례식을 치러야 한다고 한 철학자는 민족주의 전문 연구서에서 이율배반적인 주문을 하고 있다. 그러나 그도 뒤에 가서 민족주의 '독소'를 언급할 때는 태도가 무시무시한 강경으로 돌변한다. 같은 책에서 대담자로 나선 한 '사학자'는 한술 더 떠서 이렇게 독설한다. "민족주의가 독이 있지만 독을 잘 다스리거나 주의하면 된다는 식으로는 안 된다고 생각합니다. 왜냐하면 망치처럼 단순한 도구가 아니라 열정과 맹목적 충성을 불러일으킬 수 있는 원초적 힘이 있기 때문입니다. 특히 한국의 민족주의는 같은 핏줄에 의거하고 있으므로 적당히 제어할 수 있는 대상이 아닙니다."

보다시피, 이들은 민족주의를 물러나게 하기 위한 '겸손한 마음의 장례식'과는 사뭇 다르게 민족주의를 살벌한 타도의 대상으로 점지하고 있다. 민족주의를 '맹목적 충성을 불러일으키는' 충동질이나 유혹쯤으로 보는 것은 숭고한 민족주의에 대한 무지의 소산일 뿐만 아니라 가소로운 모독이다. 아무리 비위에 맞지 않는다고 해도 학문에서 독기를 발산하는 것은 저급하고 유치한 대응이다.

 민족주의 폐기론이 내세우고 있는 이상의 여러 이유에 대해 정확히 분석하고 판단하며, 그에 대한 적절한 대응 논리를 개발하는 것이 절실하다. 이것은 비단 한국 사회에서 '최강의 이데올로기'로 '지존의 위치'를 지키고 있는 민족주의 문제를 해결하는 일일 뿐만 아니라, 민족론 일반의 학문적 연구에도 유의미한 기여를 하게 될 것이다.[i]

민족주의 정립 불가론의 허구성

 지금까지 민족주의의 기원이나 전개 과정, 유형이나 기능에 관해서는 왈가왈부 논급이 많았지만, 도대체 민족주의란 무엇인가에 관한 정의나 규범에 대한 논의는 별로 눈에 띄지 않는다. 그것은 한마디로, 민족주의란 개념 정립이 불가능하다는 이유에서일 것이다. 더러는 그 개념에 관해 몇 마디씩 언급하고는 있지만, 너무나 소략하고 내용 전개도 없어 통 갈피를 잡을 수가 없다. 뿐만 아니라, 민족주의를 권력 지향적 기능에 맞춰 정의하는 데서

---

[i] 정수일, 『민족론과 통일담론』, 통일뉴스, 2020. 57~67쪽.

보다시피 편파적으로 개념 정립을 시도하는 경우도 있다.

그렇다면 민족주의 개념 정립이 불가능하다고 하는 근거는 도대체 무엇인가? 다음과 같은 이유를 대고 있다.

1. 이데올로기로서의 민족주의는 다른 사회 이데올로기와 결합해야만 나타나는 '2차 이데올로기'이기 때문에 스스로 완결된 논리 구조를 갖출 수 없으며 늘 가변적이다.
2. 여러 민족이 겪는 경험이 다양하므로 보편적 이론 합의가 불가능하다. '천의 얼굴'을 가진 민족주의는 누구에 의해 어떤 사회 환경 속에서 만들어지는가에 따라 매우 상이한 성격을 지닌다.
3. '운동의 방향에 따라 조작되기가 쉽고' 다분히 감성적 산물이다.

이렇게 개념조차 정립이 불가능할 뿐만 아니라, 진부하고 폐단도 만만찮은 민족주의를 굳이 정의하거나 연구할 필요가 없다는 주장도 가끔 나온다. 그들은 한국 사회의 당면 과제는 "민족주의 개념 정의나 이론이 아니라…… 민족 분단, 민중 차별과 갈수록 열악해지는 생존 조건, 신자유주의의 초국적 자본의 야만적 공세에 대응하기 위해 지혜를 모으는 일이다"라고 잘라 말한다. 마치 그들이 주장하는 당면 과제와 한국의 민족주의는 무관한 것으로 비치는데, 사실은 무관한 것이 아니라, 깊은 연관이 있다. 왜냐하면 민족주의는 분단 극복을 비롯한 여느 사회적 의제를 푸는 데서 동력으로 기능할 수 있기 때문이다.

서구의 민족론 연구자들은 민족론, 특히 민족주의론 분야에서는 대사상가를 배출할 수 없다고 자탄한다. 철학적으로 내용이 빈약하고 일관성이 결여되어 개념조차 제대로 정립할 수 없는 터라서 다른 이념들과는 달리 민족주의에서만은 대사상가나 대이론가가 나올 수 없다고 단언한다. 그러나 따지고 보면 내용이 빈약하거나 일관성이 결여되어서가 아니라, 정확하고 적중한 문제의식에서 출발한 심층적 연구가 미흡하기 때문이라고 솔직히 인정해야 할 것이다. 민족주의 경험이 일천하고 당초부터 이데올로기화, 정치화한 서구에서 논리적 개념 정립이나 대사상가의 배출이 불가능한 것은 당연지사다. 그렇다면 오랜 역사 속에서 민족주의 실천 경험이 풍부하고 바탕이 튼실한 우리 동양, 우리 한국에서 그런 대사상가, 대이론가가 나와야 하지 않겠는가. 맹목적인 추미주의(追尾主義)에서 벗어나 제 머리로 사고하기만 하면 충분히 가능하다.

이상으로 민족주의를 근대의 산물로 간주하면서 근대의 종말과 더불어 없어져야 할 진부한 이데올로기로서, 국제화에 역행하고 숱한 폐단을 양산하는 폐물이며 다른 이데올로기에 부수되는 '2차 이데올로기'이기 때문에 개념조차 정립할 수 없다는 탈민족주의, 반민족주의가 유포시킨 여러 가지 오해와 편단을 살펴보았다. 이러한 오해와 편단으로는 민족주의에 대한 정확한 이해를 도모할 수 없고, 그 위상을 제대로 세울 수 없으며, 나아가 우리의 현실에 적용할 수 없다는 것은 너무나 자명한 사실이다.

이에 반해 나는 민족주의야말로 역사의 보편 가치로서, 보편적 진보주의로서 정연한 논리적 체계와 내재적 구조를 갖춘 이념이고 의식구조이며 생활 모습이라고 확신한다. 내재적 속성으로 인해 역사성과 보편성, 역동성을 함께 지니고 있는 민족주의는 다른 주의들과는 달리 어떠한 한시적인 시류나 흥행물이 아니라, 통시적인 역사

과정에서 형성 축적된 역사와 생존의 보편 가치다. 또한 민족주의는 '2차 이데올로기'가 아니라 인류의 모든 진보 사상과 이념에 편재하고 있으며 그것들을 아우르는 보편적 진보주의다. 그리하여 지구화가 일어나는 가운데서도 민족주의는 여전히 사회적 원동력으로 기능하고 있다. 좌파를 국제주의자로, 우파를 민족주의자로 보는 것은 서구식 개념이다. 동서에서 공히 보수라고 지탄받는 이른바 '배타적 민족주의'나 '폐쇄적 민족주의'는 본질상 민족주의와는 무관한 다른 주의다.

그런데 한국에서 민족주의와 진보주의 간의 관계 개념에서 시비를 가리지 못하고 혼동하는 현상이 나타나고 있다. 어떤 이는 민족주의와 진보세력은 '짝일 뿐'이라고 그 관계를 동반자 관계쯤으로 설파하면서, '민족주의의 부정적 면'을 제거하는 이른바 '민족주의 환골탈태'를 주장할 뿐만 아니라, 민족주의를 넘어선 사람(진보주의자)과 넘어서지 못한 사람(민족주의자)으로 편을 가르고 있다. 이것은 민족주의 보편 가치에 대한 몰이해에서 비롯된 일종의 편견이다. '민족주의의 부정적 면'이란 표현은 적절하지 않다. 왜냐하면 역사적 보편 가치로서의 민족주의 자체는 부정적 면이 있을 수 없기 때문이다. 있다면 미숙한 민족주의자가 민족주의를 실천하는 과정에서 노정한 '부정적 면'일 것이다. 본연과 본연에서의 일탈은 천양지판이다. 그러한 일탈적인 부정적 면을 '환골탈태'하는 데는 이의가 따로 있을 수 없다.

역사에서 민족주의가 보편적 진보주의라고 하는 것은 어떠한 역사적 시대를 막론하고 민족주의는 진보주의의 토양이며 진보주의는 결코 민족주의와 양립할 수 없다는 뜻이다. 그렇다고 '일체(一

體)'는 아니다. 왜냐하면, 진보주의는 시대의 변화에 따르는 시류 영합적인 산물이기 때문이다. 역사의 보편 가치로서의 민족주의와는 달리 진보주의는 시대에 따라 그 내용과 전개 양상이 상대적으로 다를 수밖에 없다.

그리고 흔히 서구적 개념을 좇아 민족주의와 국제주의를 대치시키면서 민족주의는 '보수'로, 국제주의는 '진보'로 흑백논리화하는데, 이 역시 시정해야 할 착각이다. 나의 체험으로서도 단언할 수 있는 것은 민족주의와 국제주의는 결코 서로 어긋나지 않고 조화를 이룸으로써 진정한 민족주의자는 진정한 국제주의자이고, 참된 국제주의자는 참된 민족주의자라는 사실이다. '가장 민족적인 것이 가장 국제적이라는 것'은 역사적 경험이 응축된 동서고금의 대명제다.

여기에 이런 교훈적인 일화가 있다. 베트남의 국부 호찌민[Ho Chi Minh(胡志明)]이 냉전시대 어느 날 스탈린을 만났다. 석상에서 스탈린은 작심한 듯 문뜩 그에게 "당신은 민족주의자로 남고 싶소, 국제주의자로 남고 싶소?"라고 묻는다. 호찌민은 "민족주의자와 국제주의자로 함께 남고 싶소"라고 주저 없이 확답한다. 아마 뜻밖의 대답에 스탈린은 계면쩍었을 것이다. 우리가 안중근 의사를 '국제주의자'라고 높이 평가하는 것은 그가 동양 평화론을 제창했기 때문이다. 그에게 나라 사랑의 민족주의와 동양 평화 사랑의 국제주의는 일체화된 이념이었다. 어떤 경우든 민족주의와 국제주의는 대치 관계가 아니다.

이상에서 민족주의에 관한 여러 가지 기본 문제들을 두루 살펴봤다. 이제 그 논의를 한데 모아 민족주의 개념에 대한 내 나름의 정의를 다음과 같이 내려본다.

민족주의는 민족 구성원 간의 연대 의식과 민족 수호 의지 및 발전 지향성을 추구하는 민족의 이념적 표상으로서 민족 구성원 개개인의 삶에 체화된 의식구조이며 구체적 생활 모습이다.

이 민족주의 개념 정의에서 중요한 것은 연대 의식과 민족 수호 의지 및 발전 지향성을 민족주의의 3대 속성으로 규정하면서, 민족주의는 관념적 이념(사상, 이데올로기, 주의)일 뿐만 아니라, 자체의 정연한 내재적 논리 구조와 규범을 갖추고 있는 의식구조이며, 추상이 아닌 일상의 생활(집단생활과 개인 생활)과 활동에서 드러나는 구체적인 모습과 태도라는 점이다. 대체로 민족주의라고 하면 거대 이념으로서 고고한 상위개념으로만 알고 있는데 사실은 그렇지 않다. 민족주의가 '포괄적인 정치 명분이나 이념'으로 쓰일 때는 그 좌표가 상위개념일 수 있지만, 작위적이 아니라 일상적인 감정이나 행동, 구체적인 생활 모습에서 자연 발생적으로 나타날 때는 평범한 하위개념에 속한다고 말할 수 있을 것이다.

우리들의 일상에서 일어나는 일들에 대해 정치 원리나 경제 논리, 철학 해석이 제대로 된, 납득할 만한 해답을 주지 못하는 경우가 왕왕 있다. 일례로, 4년마다 주기적으로 일고 있는 이른바 '월드컵 응원 열기' 문제다. 세계 방방곡곡에서 너나없이 자국의 월드컵 승리를 가위 '폭발적 광란'이라 할 정도로 열렬히 응원하고 있는 이 현상을 우리는 어떻게 설명해야 할 것인가? 우리의 경우, 더 '광란적'이라는 것이 남들의 정평이다. '붉은 악마'의 물결은 서울 거리만이 아니라, 저 멀리 뉴욕과 파리, 런던과 마드리드 거리에서 오매불망 조국의 강성을 기원하는 우리의 동포들에 의해 거세게 일렁이고 있다.

왜 그럴까. 다들 그 해답에 부심하고는 있지만, 오리무중인 성싶다.

우리 민족 고유의 '한풀이'라느니, '국가주의' 표출이라느니 하는 등 해답이 구구하다. 그러나 설득력이 별로 없어 보인다. 세상에는 우리 민족보다 한이 더 많이 맺힌 민족이 수두룩하며, 우리 민족은 그 누구보다도 노래와 춤으로 한을 풀 줄 아는 낙천적인 민족이다. 구태여 월드컵을 기다렸다가 맺힌 한을 일시에 풀 필요가 없다. 그리고 국가권력의 강요나 동원이 아닌 대중의 자발적 거리 응원이나 함성은 결코 국가주의의 산물일 수가 없다. 여기서 애국 애족과 국가주의를 혼동해서는 안 된다. 대중이 국가권력의 강요가 아니라 자발적으로 모이는 원인은 다른 잠재의식 속에 있는데, 그것이 바로 발전 지향성을 한 속성으로 하는 민족주의 의식이다. 이러한 민족주의 의식은 항시 사람들의 심연 속에 애족의 암장으로 온축되고 관류되어 오다가 때를 만나면 마치 쌓였던 한을 풀듯 화산처럼 자연 분출한다.

발전 지향성이란 말 그대로 남보다 진보를, 남과의 겨루기에서 승리를 염원하고 촉구하는 이념이자 감정이다. 민족주의가 일찌감치 사라졌다고 하는 유럽에서의 '응원 광기'도 이것 말고는 달리 설명할 수가 없다. 이것은 발전을 지향하는 선의의 경쟁이지 결코 배타는 아니다.[ii]

[ii] 정수일, 『민족론과 통일담론』, 통일뉴스, 2020, 68~74쪽.

민족주의는 통일담론의 철학적 기조

서구의 민족론 연구자들은 철학적으로 내용이 빈약하고, 일관성이 결여되어 개념조차 제대로 정립할 수 없는 민족론, 특히 민족주의론 분야에서는 정연한 이론이나 대사상가를 배출할 수 없다고 꼬집는다. 그것은 어디까지나 서양 민족론자들이 자신들의 처지를 놓고 하는 자괴적 비하일 따름이다. 따지고 보면, 그 원인은 민족주의 자체가 철학적으로 내용이 빈약하거나 일관성이 결여되어서가 아니라, 적중한 문제의식에서 출발한 심층적 및 광폭적 연구가 미흡하기 때문이다. 민족주의 경험이 일천하고 당초부터 민족주의를 이데올로기화, 정치화한 서구에서 논리적 개념 정립이나 대사상가 배출이 불가능한 것은 너무나 당연하다.

그렇다면 오랜 역사 속에서 민족주의 실천 경험이 풍부하고 바탕이 튼실한 우리 동양, 우리 한국에서 그런 대이론가, 대사상가가 나와서 탈서구적 민족론을 새롭게 밝히고 정립해야 하지 않겠는가. 이를 위해 우리는 『논어』 「술이편(述而篇)」이 가르치는 '술이작'의 학풍을 철저히 세워야 할 것이다. 특히 냉전시대가 막을 내린 21세기를 맞이한 분단국들이나 민족적 정체성을 회복하려고 하는 나라들에게는 일련의 민족문제에서 진부한 서구 이론을 뛰어넘는 창의적인 민족론이 필수다. 더 이상 맹목적인 추미주의나 사대주의에 연연하지 말고 과감하게 제 머리로 사고하고 실천하기만 하면 이러한 시대적 사명은 십분 수행할 수 있다.

오늘 우리는 민족 통일이라는 시대적 사명에 부응하기 위해서는 참된 민족주의 담론에서 저만치 비켜간 서구의 진부한 전철을 그대로 밟을 것이 아니라, 우리 나름의 창의적이고 합리적이며 성공적인 길을 개척해야 한다. 이를 위해서는 '술이작'의 학풍과 더불어 통일담론에서 사회학적인 접근 방법과 인문학적 접근 방법을 적절히 배합해서 선용(善用)해야 할 것이다. 정치학을 비롯한 사회학적 접근은 좀 더 미시적이고 임기응변적이며 전술적인 관점에서 주어진 문제를 분석하고 구체적인 정책 방향이나 지침 등을 제시하는 데 치중한다. 이에 비해 철학을 비롯한 인문학적 접근은 보다 거시적이고 원리적이며 전략적인 측면에서 해당 문제의 기저에 자리한 근본적인 사상과 이념 및 총체적인 이론적 윤곽과 그 지향점 등을 고찰하는 데 주안점을 두는 보다 포괄적인 접근을 중시한다. 이 두 가지 접근 방법을 적절하게 배합해야 어느 한쪽에 치우치는 기형적 편향을 지양하고 불편부당한 접근을 추구할 수 있다.

분열된 민족 공동체의 재결합을 위한 통일담론에서는 인문학적 접근뿐만 아니라, 통일 정책이나 방안 제시 등 사회학적 접근에서도 그 철학적 기조는 시종 민족주의여야 한다. 왜냐하면, 민족주의만이 이 두 가지 접근을 조화시키는 매체 역할을 수행할 수 있으며, 그에 따라 민족 통일은 우여곡절을 피하거나 극복하면서 순탄한 대로를 따라 매진할 수 있기 때문이다. 70여 년의 한반도 분단사를 돌이켜 보면, 애당초 통일담론의 철학적 기조에 대한 공유 의식이 부재했기 때문에 심한 우여곡절을 겪음으로써 통일은 그만큼 지지부진할 수밖에 없었다.

지금까지 학계의 통일담론에서 나타난 가장 심대한 문제의 하나는 사회학적 기능주의 접근에 치중한 나머지 인문학적 접근에서 한계를 드러냈다는 점이다. 다행히 근간에 이러한 한계를 인지한 인문

학계 일부에서는 통일담론에 관한 인문학적·철학적 성찰을 시도하고 나섰다. 그러나 아직은 시도에 불과해 많은 심층적 연구가 요망된다. 이 대목에서 주목을 끄는 것은 작금 남북 당국자들 간에 통일과 관련해 합의된 일련의 문서에 의식적이건 무의식적이건 간에 민족주의적 통일 철학이 반영되어 있으며, 그것이 점차 확산 기미를 보이고 있다는 점이다.

앞에서 밝힌 바와 같이 민족주의가 갈무리하고 있는 연대 의식과 민족 수호 의지 및 발전 지향성의 3대 속성은 민족 분단의 극복을 지향하는 통일담론이 받아들이고 지켜야 할 철학적 기조인 동시에 민족주의적 통일 철학의 핵심이다. 그 구체적 반영이나 구현 상황은 그간 남북한 당국자들이 공식 합의해 발표한 6종의 공동성명이나 선언, 합의서에서 찾아볼 수 있다.

첫째, 연대 의식이다. 원래 민족 구성원들 간의 연대 의식은 민족 구성의 주관적 요소인 민족의식의 자연적 발현으로서 어느 민족에게나 그 형성과 존속에서 필수 불가결의 가치관이며, 민족주의의 고유한 속성 가운데 하나다. 이것이 결여될 때, 민족의식이라는 주관적 구성 요소가 마비됨은 물론이고, 혈연이나 언어, 경제, 문화, 지역, 역사 등 객관적 요소들을 공유하는 일마저도 불가능해져 궁극적으로는 민족의 쇠망을 초래하게 된다. 이러한 연대 의식은 민족 구성원 간의 상호 신뢰와 상부상조, 유대감, 단결, 화해, 관용 등 인간 관계의 자각적인 미덕으로 나타난다.

한민족은 발전의 전 과정에서 이러한 민족적 연대 의식의 수범을 보여왔으며, 그것이 한민족의 성장과 민족주의 성숙에서 강력한 동력과 자양분이 되었다. 공생 공영과 상부상조의 공동체 정신을 함양

함으로써 널리 인간을 이롭게 한다는 홍익인간(弘益人間)의 개국 이념으로부터 시작해 일찍이 항간에 유행했던 복덕방이나 향약, 품앗이에 이르기까지 모두가 상호 협력과 합심을 유발하는 공동체적 연대 의식에서 비롯된 것이다.

이러한 전통적 연대 의식은 민족 분단이란 엄혹한 현실에서도 외면당하지 않고 그 맥을 그대로 이어오고 있다. 그동안 남북한이 공동으로 제시한 통일 방안을 비롯한 일련의 통일담론에서 우리는 이 점을 읽을 수가 있다. 분단 후 처음으로 '대결의 동면(冬眠)' 속에서도 남북 쌍방은 '7·4남북공동성명'(1972)을 발의해 자주와 평화, 민족적 대단결이란 조국 통일 3대 원칙을 천명하면서 "끊어졌던 민족적 연계를 회복하며…… 남북 사이에 다방면적인 제반 교류를 실시하기로 합의했다".

그로부터 20년이 지나서 20세기가 가기 전에 남북한이 '하나의 사회적·문화적·경제적 공동체로 통합될 수 있을 것'이라는 '장밋빛 합의의 시대'(노태우 정권 시대)에 이르러 쌍방은 역사적인 '남북기본합의서'를 체결했다. 모두 25조인 합의서 내용은 크게 남북 화해와 남북 불가침, 남북 교류와 협력의 3대 범주로 구성되었으며, 근 1년에 걸쳐 합의서를 집행하기 위한 세부 합의문 9종도 작성되었다. 이 합의서야말로 당시 내가 심혈을 기울여 탐구하던 통일 방안 구상을 거의 반영했을 뿐만 아니라, 그 후 오늘에 이르기까지 상정된 모든 통일 방안의 명실상부한 모본(模本)이 되고 있다는 점에서 감히 '역사적인 합의서'라고 말할 수 있다. 그러나 막바지에 아쉽게도 쌍방 간의 의견 차이로 인해 구체적 시행을 보지 못한 채 그저 '상징적인 문서'로만 남게 되었다.

이 합의서에 명시된 연대 의식과 관련된 구체적 내용을 보면 다음과 같다. 상대방의 체제를 인정하고 내정에 간섭하지 않으며 상호비방을 중지하고 분쟁은 평화적으로 해결한다. 자원을 공동개발하고 경제교류를 추진하여 민족경제의 통일적 발전과 민족 전체의 복리 향상을 도모한다. 사회문화의 여러 분야에서 교류를 촉진하고 자유 왕래를 실현하며 대외에 공동으로 진출하고 국제 무대에서 협력한다. 물자 교류를 상호성과 유무상통의 원칙에서 진행하며, 경제 관계를 무관세의 민족 내부 관계로 발전시킨다. 또한 여러 분야의 행사를 공동으로 진행하며 동포애로 상대방의 재난 구제에 동참한다는 등 실로 다양한 연대 의식 증진에 합의했으며 구체적인 실현 방도까지 제시되었다.

이후에 제시된 일련의 통일 방안에도 예외 없이 이러한 연대 의식 정신이 계승 반영되었으며, 그 실현을 위한 구체적 조치들이 명문화되고 있다. 5년간의 '공백의 시대'를 뛰어넘어 드디어 맞게 된 '접촉의 시대'(김대중-노무현 정권 시대) 7년간에는 사상 초유로 남북한 정상회담이 두 차례 열려 남북 관계 개선과 통일의 전망에 바야흐로 여명이 동트고 있었다. 첫 회담에서 발표된 '6·15남북공동선언'(2000)에는 "남과 북은 경제협력을 통하여 민족경제를 균형적으로 발전시키고, 사회·문화·체육·보건·환경 등 제반 분야의 협력과 교류를 활성화하여 서로의 신뢰를 다져 나가기로 하였다"라는 대강(大綱)을 제시하면서 연대 의식의 바탕인 '상호 신뢰'를 강조하고 있다.

두 번째 회담에서 발표된 '남북 관계 발전과 평화 번영을 위한 선언'인 '10·4 남북정상선언'(2007)은 앞의 '6·15남북공동선언'을 '고수하고 적극 구현'하기 위한 후속 선언이기는 하지만, "쌍방은 우리 민족끼리 뜻과 힘을 합치면 민족 번영의 시대, 자주 통일의 새 시대를 열어나갈 수 있다는 확신을 표명하면서 "남과 북은 우리 민족끼리 정신에 따라 통일 문제를 자주적으로 해결하며 민족의 존엄과 이익을 중시하고 모든 것을 이에 지향해 나가기로 하였다"(1조)라고 조문화함으로써 남북 간에 있던 역대 어느 선언이나 성명보다도 '우리 민족끼리'란 자주의 기치를 높이 든 강경하고 명철한 선언이었다. 특히 이 선언 명문에는 통일담론의 철학적 기조인 민족주의의 3대 속성(연대 의식, 민족 수호 의지, 발전 지향성)이 오롯이 함축되어 있어 선언의 심원한 함의를 깊이 되새기게 한다.

이러한 함의는 다음과 같은 조항들에서 구체화하고 있다. 즉 "남과 북은 민족경제의 균형적 발전과 공동의 번영을 위해 경제협력 사업을 공리 공영과 유무상통의 원칙에서 적극 활성화하고 지속적으로 확대하고 발전시켜 나가기로 했다. 남과 북은 경제협력을 위한 투자를 장려하고 기반 시설 확충과 자원 개발을 적극적으로 추진하며 민족 내부 협력사업의 특수성에 맞게 각종 우대 조건과 특혜를 우선적으로 부여하기로 하였다"(5조). "남과 북은 민족의 유구한 역사와 문화를 빛내기 위해 역사·언어·교육·과학기술·문화예술·체육 등 사회문화 분야의 교류와 협력을 발전시켜 나가기로 하였다"(6조). "남과 북은 인도주의 협력사업을 적극 추진해 나가기로 하였다. 남과 북은 흩어진 가족과 친척들의 상봉을 확대하며 영상 편지 교환 사업을 추진하기로 하였다"(7조).

여기에서 '공동의 번영'이나 '공리 공영과 유무상통', '민족 내부 협력사업의 특수성', '특혜의 우선적 부여', '인도주의 협력사업' 같은 표현은 모두가 갈라진 겨레 간의 연대 의식 함양을 지향한 뜨거운 동포애의 표출이다.

그러나 통일의 길은 결코 평탄하지 않다. 가다 서다를 반복한 남북 관계와 통일담론은 엉뚱한 '북한 붕괴론'과 '통일 대박론'에 발목이 잡혀 9년간(2008~2017)의 '공든 탑이 무너지는 퇴행의 시대(이명박-박근혜 정권 시대)'에 맞닥뜨렸다. 그러나 민족적 지혜를 모아 이 어두운 시대를 어렵사리 넘기고 다시 전격적인 '접촉의 시대(문재인 정권 시대)'를 맞았다.

2018년 다섯 달을 사이에 두고 남북 두 정상이 판문점과 평양에서 번갈아 만나 공동선언과 합의서를 발표했다. 판문점선언에서는 새로운 평화 시대의 도래를 선포하고 그에 걸맞은 단합과 협력 교류, 민족 공동 행사 등을 약속하고, 평양 합의서에서는 민족 자주와 민족자결 원칙을 재확인하고 남북 관계를 통일로 이어갈 전망을 제시했다. 그러나 두 정상의 백두산 정상 만남으로 상징되는 '접촉의 시대'는 뜻밖의 단절로 허무하게 흘러가고만 있다.

우리 민족은 재래로 남다른 포용력을 숙성시킨 민족으로 알려져 왔다. 어떤 이는 대한민국이 아시아에서는 최초로 2005년부터 외국인에게 제한적인 참정권을 부여하기 시작한 일을 포용력의 미덕으로 크게 내세우지만, 사실은 1000여 년 전에 이러한 미덕은 이미 이 땅에서 꽃피고 있었다. 그 대표적인 일례는 고려가 채택한 이른바 '내자불거'의 포용적 귀화책이다.

고려는 튼튼한 국력과 높은 문화적 자신감을 바탕으로 귀화인에게 최대의 포용과 우대의 선정을 베풀었다. 호적에 편입시키고 성을 하사할 뿐만 아니라, 관직을 제수하고 작위와 식읍을 내리며, 안착용 주택과 전답, 미곡, 의복, 기물, 가축 등까지도 시여했다. 심지어

도래한 범죄자들의 안전을 염려해 국경에서 멀리 떨어진 곳에 안착시키는 세세한 배려까지 잊지 않았다.

이러한 포용과 우대로 귀화인들은 고려 문화의 용광로에 자연스럽게 융화되었다. 여러 민족 간에 포용에 바탕한 연대 의식이 없었다면 이러한 민족문제 해결은 결코 불가능했을 것이다.

이와 같이 민족주의 속성의 하나인 민족 구성원 간의 연대 의식은 유구한 민족사에서뿐만 아니라, 분단 시대인 오늘에 와서도 통일담론의 철학적 기조로서 통일 방안을 비롯한 제반 통일담론에서 핵심 논제의 하나로 기능하고 있다. 그러나 지금까지 통일담론에 대한 철학적 접근이 제대로 이루어지지 않은 탓에 연대 의식에 속하는 여러 가지 내용을 선언이나 협약으로 기제하면서도 그것에 대한 원론적이고, 철학적인 분석이나 이해는 간과했다. 그럼에도 불구하고 다행스러운 점은 비록 둘로 갈라졌지만, 모두가 하나같이 민족 공동체로서의 정체성을 잃지 않고 계승하고 고수하면서 연대 의식을 굳건히 간직하고 있으며, 그것이 통일 방안을 비롯한 통일담론에 반영되어 있다는 사실이다.

둘째, 민족 수호 의지다. 우리의 민족사가 보여주다시피, 민족주의의 한 속성인 민족 수호 의지는 민족의 흥망성쇠와 직결된 중요한 가치관으로서 우선, 외침으로부터 민족의 독립과 자주를 지켜내는 데서 나타난다. 우리 민족은 역사상 1100여 차례의 외침과 간섭을 물리치고 독립을 지켜냈다. 고려는 거족적으로 궐기해 강적 몽골의 125년간의 간섭을 막아냈다. 그런가 하면 유교사상으로 인해 문치주의 문약(文弱)에 빠졌다고 폄훼(貶毁)되던 조선은 중근세의 세계적 격랑 속에서도 단일민족 왕조를 518년간이나 유지했다. 이는 세계사에서 드문 일이다. 특기할 것은 어떠한 외래 사상도 일단 한국에 들어오면 한민족의 민족 수호 의지에 감응되어 열렬한 호국 애족의 사상으로 변모한다는 사실이다. 조선시대 문치나 성리에만 안주하던 유생 문반들(의병의 80퍼센트)도 일단 나라와 민족의 수난 앞에서는 의연하게 총대를 잡고 민족 수호를 위해 결사 분전하는 용맹을 떨쳤던 것이다.

다음으로, 우리나라와 같이 민족이 분열된 경우에 민족 수호 의지는 민족의 통일과 단결 및 동질성을 복원하고 지키는 데서 나타난다. 여기서 중요한 것은 민족 구성의 객관적 요소들인 언어, 문화, 역사, 경제, 지역 등의 동질성을 확보하는 것이다. 지금 일부에서는 시간이 흐름에 따라 남북한의 이질화가 심화되면서 동질성이 점차 사라져 급기야 '타민족'일 수밖에 없다는 패배주의적 '타민족론'이 거론되고 있다. 이러한 '타민족론'은 '우리는 하나'라는 캐치프레이즈 속에 전개되는 통일담론에 상치(相馳)되는 위험천만한 '분열론'이다.

그 밖에, 민족 수호 의지는 세계 속에서 민족의 당당한 위상이나 존엄을 지키면서 응분의 국제적 역할을 다하는 데서도 나타난다. 진취성을 천부적으로 체질화하고 있는 한민족은 슬기로운 지혜와 남다른 근면성과 낙천성으로 인류 역사의 발전에 나름대로 기여함으로써 일찍부터 세상에 알려지고 선망의 대상이 되었다. 특히 민족 분단이라는 엄혹한 여건 속에서도 민족을 지켜내고 빛내는 민족적 저력에 대해 한결같은 찬사를 받고 있다.

이러한 민족 수호 의지의 대의는 얼마간 온도 차이는 보이지만, 남북 쌍방이 합의해 발표한 일련의 통일 방안에서 시종여일 변함없이 그대로 반영되고 있다. 첫 합의 문서인 '7·4남북공동성명'에서 제시한 조국 통일 3대 원칙 가운데서 "통일은 외세에 의존하거나 외세의 간섭을 받음이 없이 자주적으로 해결해야 한다"라는 1조와 "사상과 이념, 제도의 차이를 초월하여 우선 하나의 민족으로서 민족적 대단결을 도모하여야 한다"라는 3조는 바로 이러한 민족 수호 의지의 강력한 표출이다. 남북 간의 대립과 갈등이 심각한 시기에 쌍방이 가까스로 합의한 이 조국 통일 3대 원칙은 후일 통일 방안을 비롯한 모든 통일담론에서 민족 수호 의지를 선도하고 규제하는 철학적 기조가 되었다.

이 철학적 기조가 1990년대 초의 '남북기본합의서'에서는 "남과 북은 국제 무대에서 대결과 경쟁을 중지하고 서로 협력하며 민족의 존엄과 이익을 위하여 공동으로 노력"(6조)하며, 민족경제의 통일적이며 균형적인 발전을 위해 자원의 공동개발과 물자 교류, 합작투자 등 경제교류와 협력 방안으로 구체화되었다. 6·15남북공동선언과 10·4남북정상선언에 이르러서는 한 걸음 더 나아가 '우리 민족끼리'란 정신으로 국제 무대에서 '민족 이익'과 '동포 권익'을 위해 협력할 것(8조)을 강조하고 있다. 이러한 맥락에서 문재인 대통령과 김정은 위원장은 2018년 '4·27판문점선언'과 '9·19평양공동선언' 합의서 모두에서 "우리 민족의 운명은 우리 스스로 결정한다는 민족 자주와 자결의 원칙"을 다시금 확인한 다음 종전을 선언하고 정전협정을 평화협정으로 전환하며 핵 없는 한반도를 실현한다는 등 보다 진취적이고 심원한 통 큰 철학적 밑그림을 그려놓았다.

셋째, 발전 지향성이다. 민족주의를 조금이라도 제대로 이해하는 사람이라면 전술한 바와 같이 연대 의식과 민족 수호 의지를 민족주의의 2대 속성으로 규정하는 데 대해 별다른 의문을 제기하지 않고 수긍할 것이다. 그러나 발전 지향성을 세 번째 속성으로 설정하는 데 대해서는 창의적이고 생소한 개념인 만큼 고개를 갸우뚱할 것이다. 십분 이해한다. 그것은 종래 민족주의 속성에 대한 불완정(不完整)한 편견이 학계와 여론을 지배했기 때문이다.

주지하다시피, 지금까지 민족주의에 대한 가장 치명적인 오해와 왜곡은 민족주의의 '폐쇄성'이나 '배타성' 운운이다. 이른바 '폐쇄적 민족주의'나 '배타적 민족주의'가 마치 하나의 고유한 태생적 유형인 양 민족주의에 제멋대로 붙여진 부당한 딱지다. 그런가 하면 민족주의의 부분적 '진보성'을 긍정하는 일부 논객들마저도 민족주의의 '폐쇄성'이나 '배타성'의 대척 개념에서 이른바 '열린 민족주의'를 무슨 새롭게 발명한 민족주의의 한 유형처럼 들먹이고 있다.

이러한 무분별한 주장들은 모두가 민족주의 고유 속성의 하나인 '발전 지향성'에 대한 무지이거나 오해에서 비롯된 것이다. 민족주의에는 근원적으로 '폐쇄적 민족주의'니 '배타적 민족주의'니, 또 무슨 '열린 민족주의'니 하는 별종의 주의가 따로 있을 수 없다. 오로지 민족주의 그 자체만이 있을 뿐이다. '폐쇄적 민족주의'나 '배타적 민족주의'는 본질적으로 '민족 폐쇄주의'나 '민족 배타주의'로서 역사의 보편 가치로 정립된 참 민족주의와는 전혀 무관한 이탈적 주의 주장일 따름이다.

일반적으로 발전 지향성이란, 말 그대로 남보다 진보를 추구하고, 남과의 겨루기에서 승리를 염원하고 추구하는 이념이자 몸에 밴 정서다. 민족주의가 일찌감치 사라졌다고 하는 유럽에서 운동경기 때마다 폭발하는 응원 광기의 동인은 과연 무엇일까? 그것은 남과의 겨루기에서 승리를 추구하는 민족주의의 순수한 고유 속성으로서, 자연스럽게 발산되는 발전 지향성으로밖에 달리 설명할 도리가 없다. 이것은 민족(민족국가)의 발전이나 융성을 지향하는 선의의 경쟁이지, 결코 타자에 대한 능멸적 배타나 시기, 우월감은 아니다. 개개인의 이러한 지향과 정서가 민족 공동체의 연대 의식을 통해 발현되는 것이 바로 민족주의의 '발전 지향성' 속성이다. 우리의 민족사에서 여실히 입증되다시피, 진정한 민족주의는 민족의 발전을 지향해 민족이나 민족국가의 경계에 빗장을 잠그는 것이 아니라, 타자와의 공생 공영을 도모하며 폐쇄와 배타가 아닌 개방과 수용을 추구하는 이념이며 태도다.

발전 지향성을 포함한 민족주의 속성은 원래 민족 구성의 주관적·객관적 요소의 필연적인 소산이다. 민족은 혈연, 언어, 역사, 지역, 경제, 문화와 같은 객관적 요소와 이러한 요소들을 직접적·간접적으로 반영한 귀속 의식이나 연대 의식, 애족 사상, 민족 수호 의지, 발전 지향성, 민족정신 같은 주관적 요소에 의해 동질성과 일체성, 정체성이 보장됨으로써 비로소 강력한 민족 정체성이 생성된다. 민족학에서는 이 두 가지 요소, 즉 객관적 요소와 주관적 요소가 다 갖춰진 민족을 정통성, 유구성이 뚜렷한 대자적 민족(對自的 民族, Nation für sich)이라 하고, 객관적 요소만 갖추고 주관적 요소가 결여된 민족은 즉자적 민족(卽自的 民族, Nation an sich)이라고 한다. 이러한 즉자적 민족은 민족정신이나 기개가 빈약한 것이다.

보다시피, 우리 민족과 같은 대자적 민족이 지닌 연대 의식이나 민족 수호 의지 그리고 발전 지향성 같은 민족주의 속성은 민족 구성의 주관적 요소의 필연적인 발현으로서 시종 민족의 생성과 궤를 같이하고 있다. 따라서 민족이 존재하는 한 민족주의는 간단없이 존속되며, 그 속성에서 발원되는 긍정적이며 건설적인 기능도 지속된다. 그래서 민족주의는 도구적이거나 임시적인 현상이 아니라, 지극히 자연스럽고 정상적으로 장기간 작동하는 일종의 사회현상이다.

지난 분단 70여 년 동안 남북 간에 공식적으로 발표된 공동성명이나 선언, 합의서 여섯 건의 서명 당사자를 보면, 남한은 열 명 중 다섯 명, 북한은 세 명 중 세 명 모두가 정상급이다. 남북한의 최고 권력자들인 이들 여덟 명 정상이 동의하고 서명한 통일 방안에는 통일을 이 시대의 민족 지상 과제로 인지하고 민족 성원 간의 연대 의식과 민족 수호 의지로 민족 통일의 숙원을 실현해야 한다는 민족주의 속성의 당위성에 공히 합의했다는 사실을 앞의 여러 통일 방안 분석에서 확인할 수 있었다. 같은 맥락에서 이들 정상들은 민족주의의 다른 하나의 속성인 '발전 지향성'의 구현으로 통일 강국을 이루겠다는 강한 의지도 곳곳에서 표명하고 있다.

모든 통일 방안의 모태인 '7·4남북공동성명'에서는 "조국 통일을 일일천추로 갈망하는 온 겨레의 한결같은 염원에 부합되는" 합의 사항이라고(7조) 본 성명의 밝은 전망을 예시했으며, '남북기본합의서'에서는 "쌍방 사이의 관계가 나라와 나라 사이의 관계가 아닌 통일을 지향하는 과정에서 잠정적으로 형성되는 특수 관계라는 것을 인정하고(서언) …… 남과 북은 국제 무대에서 대결과 경쟁을 중지하고 서로 협력하며 민족의 존엄과 이익을 위하여 공동으로 노력한다"(제6조)라고 합의함으로써 통일은 한민족 공동체 내에서 서로의 발전을 지향하는 민족적 과제임을 확인했다. 한반도 분단 역사상 처음으로 남북 정상 간에 합의한 '6·15남북공동선언'에서는 "남과 북은 나라의 통일을 위한 남측의 연합 제안과 북측의 낮은 단계의 연방 제안이 서로 공통성이 있다고 인정하고 앞으로 이 방향에서 통일을 지향해 나가기로 하였다"(2조)라고 천명했다. 이렇게 통상 상대방에 대한 이해와 양보를 기꺼이 수락함으로써 합의에 이르는 회담(담판) 역사상 유례 드문 전범을 보여준 이 공동성명서는 통일의 미래지향적 방향성까지 명백히 밝히고 있다.

  이 통일의 지향성을 계승한 '10·4남북정상선언'은 '우리 민족끼리'나 '민족 번영', '민족경제' 같은 민족의식이 짙게 응축된 내용들을 특별히 강조하면서, "민족 내부 협력사업의 특수성에 맞게 각종 우대 조건과 특혜를 우선적으로 부여하기로 하였다"(5조)라고 규정함으로써 민족경제의 균형적 발전과 남북 공동의 번영에 대한 온 겨레의 발전 지향적 염원을 만천하에 선포했다. 이어 발표된 '4·27판문점선언'과 '9·19평양공동선언'은 선행한 '6·15남북공동선언'과 '10·4남북정상선언'에서 밝힌 통일 방안의 기조를 기본적으로 그대로 유지하면서 이 선언이 민족의 공동 번영을 앞당기고 남북 관계를 개선하는 데서 '역사적 전기'가 될 것이라는 전망을 공유했으며('9·19선언' 서언), 2032년 하계올림픽을 공동 개최하기 위해 협력한다는 구체적 지향 목표('9·19선언' 4조 2항)까지 제시했다.[iii]

[iii] 정수일, 『민족론과 통일담론』, 통일뉴스, 2020. 116~132쪽.

반통일적 '분족론'의 부당성

'분족론'과 그 실상

당면하여 통일을 저해하는 가장 위험한 요인은 탈통일적 평화 지상주의와 반통일적 분족론이다. '분족론'이란, 우리 한민족과 같이 민족 구성의 객관적 요소(혈연, 언어, 경제, 문화, 역사, 지역 등)와 주관적 요소(귀속 의식, 연대 의식, 민족 수호 의지, 발전 지향성 등)를 모두 갖춘 인간 공동체로서의 민족이 생성 과정에서 인위적으로 겪게 되는 분열을 의제로 하는 담론을 말한다. '분족론'은 원래 하나의 공동체로 살아오던 동족을 서로가 자의 반 타의 반 타자화하는 담론으로서 일명 '타민족론'이라고도 한다. 어떤 구실을 대든, 어떤 미사여구로 분장하든, '분족론'은 역사를 거역하는 것이고 시대를 역행하는 것이며 민족의 불행일 수밖에 없다.

그리하여 '분족론'의 이러한 적폐를 자각한 대다수 나라와 민족은 분연히 일어나 분족의 비극에 종지부를 찍고 민족 통일의 위업을 달성했다. 그러나 유독 우리 한민족만은 아직껏 분족의 쇠사슬에 묶여 전전긍긍하고 있다. 작금 이러한 수치스러운 모습에 자괴자성(自愧自省)을 하기는커녕, 도리어 영구 분족을 꾀하는 '분족론'이 혼탁한 시류를 타고 세차게 꿈틀거리고 있다.

인위적으로 갈라진 국토와 민족을 하나로 되돌리는 것은 8000여만 우리 겨레의 한결같은 민족적 숙원이다. 따라서 이 소원의 근원적 당위성은 오로지 남북한이 하나의 민족이라는 데 있다. 그런데 이러한 엄연한 사실이 '눈 가리고 아웅'하는 식의 '분족론'이나, '친구론' 같은 사이비 민족론에 침식당하고 있으며, 그 여진으로 인해 통일운동은 원동력을 잃어가고 있다.

여기서 분족론자들이 주장하는 몇 가지 견강부회(牽强附會)적인 언설을 들어보자. 이제 "역사 공동체를 바탕으로 한 민족 개념은 성립하기 어렵다", "민족이란 안정적으로 존재하는 것이 아니라, 그날그날의 투표와 같은 의지의 선택에 의해 결정된다"[에르네스트 르낭(Ernest Renan)], "민족에 의해 민족주의가 만들어지는 것이 아니라 주입된 민족주의에 의해 민족이 만들어진다"('민족 만들기', 에릭 홉스봄), "민족은 상상의 공동체"[베네딕트 앤더슨(Benedict Anderson)], "민족은 계약 공동체", "매일 결속하는 의지 공동체", "같은 민족이라는 것은 군더더기로 보인다. 대한민국 국민이라고 하면 충분하다. 여기에 같은 민족이라고 덧붙여 말할 필요가 전혀 없다. …… 민족이란 단지 이름일 뿐이다"(탁석산), "이렇게 완전히 다른 사회에 살고 있는 남과 북의 주민이 과연 하나의 민족국가를 형성할 수 있을까? 또 하나의 민족국가를 이루는 것이 두루 행복이 될까?", "북한 핵실험을 계기로 해서 우리는 민족이란 마술에서 깨어나 현실을 직시해야 한다", 민족이란 문화공동체인데 이제 남북은 "판이한 정치제도와 경제구조로 인해 더 이상 문화적 유사성을 공유하는 문화공동체"가 아니다, 이제 "핏줄로도 같은 민족이라고 할 수 없으니 단일민족이란 근거는 그 어디에서도 찾아볼 수 없다", "지금 우리 민족이 누구인가는 '김정일의 핵'에 대항해서 한반도에서 우리의 생존을 위해 함께 고민하고 결의하는 의지 공동체라고 정의해야 할 것이다"(김기봉). 즉 북핵 지지자들은 '김정일 민족'이라는 등등 한마디로, 남북한은 이제 더 이상 단일민족이 아니라 서로 다른 정치제도와 경제구조 및 언어나 핏줄을 가진 다른 민족이라는 것이다. 그 근거를 민족 구성 요소들의 공통성, 특히 경제적 공통성의 상실에서 찾고 있다.

이렇게 오도된 민족론을 반영하듯, 최근 한 정당의 유력 대선후보는 통일 정책 구상 발표에서 지난 70년간 남북한 간의 경제력과 인구구성 및 통일에 대한 인식에서 큰 변화가 일어났다는 주관적 오판에 근거해 공공연히 "단일민족에 근거한 당위적 통일 논리로는 국민의 동의를 얻을 수 없습니다"라고 마냥 단일민족론이 아닌, '분족론'에만 통일의 당위성이 있는 양 주장한다. 그렇다면 그가 꿈꾸는 대통령은 과연 단일민족 대통령인가, 아니면 분열 민족 대통령인가를 되묻지 않을 수 없다. 그럴진대 '통일 대통령'이란 외침은 한낱 허구로밖에 들리지 않는다. 그 역시 남북한 간의 경제력 변화(상차)를 '분족론'의 주 요인으로 간주함으로써 사실상 단일민족에 의한 통일을 불신하고 외면하고 있는 것이다.

'분족론'의 3대 부당성

지난 70여 년간의 한반도 분단사는 아직도 통일의 철학적 기조에 대한 확고부동한 신념을 세우지 못한 채 임기응변의 기능주의적 방편으로 통일과 민족문제를 다루다 보니, '분족론' 같은 허무맹랑한 통일담론이 거침없이 통일의 행보에 역행하고 있다. 예컨대, '남북 간의 동질성 상실'이라는 조작된 허구에 떠밀려 단일민족의 실재가 부정되고 있을 뿐만 아니라 "한 민족이기 때문에 통일을 해야 한다"라는 극히 소박하고 근원적인 통일의 당위성마저도 의문시되고 있다. 급기야 "젊은 층일수록 통일을 원치 않는다"라는 낙담이 매체의 댓글로 둔갑하고, 이 나라의 대통령을 꿈꾸는 사람까지도 '분족론'을 정강으로 명문화하는 지경에까지 이르고 있다. 그런가 하면 지성의 양식이 살아서 숨 쉬어야 할 학계는 또 학계대로 문제의 심각성을 깨닫지 못하고 민족이나 민족주의를 무턱대고 빛바랜 의제로 터부시하면서, 자칫 이념 논쟁에 휘말릴까 눈치 보고 쭈뼛거리기만 한다. 심히 우려스러운 현실이다.

특히 통일 문제의 종국적 해결을 위한 여러 가지 새로운 전략적 전환이 모색되고 있는 이 시점에서 '분족론'같이 미적지근하게 다뤄오던 중요한 문제들을 이론과 실천으로 명백히 밝혀내는 것은 절박한 시대적 요청이다. 이러한 요청에 부응해 나는 '분족론'이 내포하고 있는 부당성을 세 가지 측면에서 조명하고자 한다.

첫째, 민족론에 대한 심각한 무지와 오해다. 분족론자들은 민족을 구성하고 있는 여러 객관적 요소들의 공통성(공유성)이 점차 사라지고 있는 반면에 이질성이 두드러지고 있다는 이유를 들어 남북한이 더 이상 하나의 민족이 아니라 다른 민족이라고 강변한다. 이런 강변에 일반인들은 물론이거니와 식자층이나 전문 연구자들마저도 분별없이 현혹되어 추종하고 있다. 분족론자들은 혈연이나 언어, 문화, 지역의 이질성과 더불어 특히 경제적 이질성을 앞세워 자신들의 허망한 '논리'를 합리화하려고 시도한다. 물론 남북한 간에는 경제제도나 경제 수준에서 차이를 보이고 있기는 하지만, 그러한 차이 때문에 민족 구성의 주요한 객관적 요소의 하나인 경제적 공통성이 이미 사라졌으며, 나아가 그로 인해 남북한은 더 이상 하나의 민족으로 남아 있을 수 없다는 것이 그들의 천박한 '논리'다. 사실 이러한 표피적인 경제 논리가 분족론자들이 일관하게 주장하는 '분족'의 가장 중요한 근거다.

원래 민족의 객관적 구성 요소로서의 경제적 공통성이란, 경제제도나 경제 수준을 의미하는 것이 아니라, 경제의 기층 구조(농업이나 공상업 등)와 경제생활(주로 의식주) 그리고 경제에 영향을 미치는 자연·지리적 여건(기후와 부존자원 등)의 3대 요인에서 나타나는 공통성을 말한다. 역사가 증언하다시피, 봉건제도나 자본주의 제도 등 각이한 경제제도나 경제 수준을 겪으면서도 경제적 공통성은 시종 상실되지 않고 민족 구성 요소로서의 원초적 기능을 그대로 유지하게 되는데, 그것은 바로 위의 3대 요인 때문이다. 작금 남북한 간에 경제적 소통이나 경제제도 및 경제 수준의 상호 보완 같은 것이 이루어지지 않고 있어도, 이 3대 요인에 바탕을 둔 경제적 공통성은 질적 변화 없이 여전히 유지되고 있다. 따라서 경제제도나 경제 수준의 상차를 근거로 남북한의 단일민족성을 부정하고 타민족론을 주장하는 것은 현실에 대한 무지나 오해에서 비롯된 일종의 어불성설에 불과하다.

혈연이나 언어, 문화 면에서의 남북한 간의 차이와 공통성 문제에 관해서도 이와 같은 실사구시한 문제의식으로 접근한다면 틀림없이 바른 이해를 갖게 될 것이다. 이것은 '분족론'이나 '친구론' 같은 반민족론을 극복하는 데서 유력한 이론적 무기가 될 뿐만 아니라, 분명히 통일운동의 활력소로도 기능하게 될 것이다.

둘째, 남북 간 합의에 대한 공공연한 거역과 도전이다. 분단 이래 지난 70여 년 동안 숱한 우여곡절과 결렬의 위기까지 겪으면서도 남북한 정상들 사이에 이루어진 통일 관련 6대 합의서(성명, 선언)를 비롯한 수많은 합의 문서는 시종일관 통일 문제를 단일민족('1민족') 내부의 문제(혹은 민족끼리 문제)로 다루었지, '분열된 민족들(분족)' 간의 문제로 변질시킨 적은 한 번도 없었다. 남북 간의 첫 공식 합의

문서인 1972년에 이루어진 '7·4남북공동성명'은 그 엄혹한 '대결의 동면(冬眠)' 속에서도 조국 통일의 셋째 원칙으로 "사상과 이념, 제도의 차이를 초월하여 우선 하나의 민족으로서 민족적 대단결을 도모하여야 한다"라고, 둘 아닌 오직 "하나의 민족으로서 민족적 대단결을 도모하는 것"을 선차적 통일 원칙으로 규정하고 있다.

남북 분단 이후 오늘에 이르기까지 정권이 열두 차례나 바뀌는 과정에서 '전두환 군사독재 시대'와 '공백의 시대'(김영삼 정권), '공든 탑이 무너지는 퇴행의 시대'(이명박-박근혜 정권)를 제외한 나머지 '장밋빛 합의의 시대'(노태우 정권)와 '접촉의 시대'(김대중-노무현 정권), 재접촉의 시대(문재인 정권)에 남북한 수뇌들 간에 맺은 네 번의 통일 관련 합의서에는 "1민족, 2국가, 2체제……"라는 표현으로 통일의 주체가 '하나의 민족'임을 명시하거나 암시하고 있다. 김영삼 대통령의 경우, 5년간 '공백의 시대'를 보내면서 일방적으로 발표한 '민족 공동체 건설을 위한 3단계 통일 방안'(1994)에서도 통일 과정은 기존의 통일 3대 원칙(7·4남북공동성명)과 '자유민주주의의 기본 철학'을 바탕으로 화해 협력과 남북 연합, 통일국가 완성의 3단계를 거쳐 1민족, 1국가, 1체제, 1정부의 통일국가를 완성해야 한다는 통일의 3단계론을 제기했다.

요컨대, 역대 남북 간의 공식 합의 문서에서는 적어도 명문상으로 '1민족'(하나의 민족)에 의한, '1민족'을 위한 통일만이 공식화되고 있으며, '분족론'은 아예 입지의 여지가 없다. 따라서 '분족론'을 주장하는 것은 남북 간의 합의와 공론에 반하는, 공공연한 거역과 도전이라는 각인을 지울 수가 없다.

셋째, 우리의 통일 민족사에 대한 반역적인 이탈과 포기다. 공식 통계에 의하면 2015년 우리나라 성씨는 5582개로 그중 한자가 없는 성씨는 4075개, 한자가 있는 성씨는 1507개다. 한자가 없는 성씨 대부분은 귀화인들이 등록한 성씨인데, 두타, 하불로, 무크라니, 앙드링카, 솔라스크 등이 있다. 이렇게 출몰을 거듭해 온 숱한 성씨 중 내력이 밝혀진 현존 성씨는 약 275개에 달하는데, 그중 귀화 성씨는 절반에 가까운 130여 개다. 그중에서 40개는 신라시대에, 60개는 고려시대에, 30개는 다들 '은둔국'이니 '쇄국'이니 하는 조선시대에 귀화가 이루어진 것이다. 한마디로, 우리나라는 혈통적으로 30여 인종을 아우르는 다민족 다문화 국가였다. 그럼에도 불구하고 우리네 조상들은 선진 문명과 강성한 국력을 바탕으로 높은 수용력을 발휘해 슬기롭게 다민족을 단일민족으로 응집하는 데 성공함으로써 사상 희유의 통일 민족국가를 출범시킬 수가 있었다. 고려시대의 일례로 그 실상을 헤아려 보기로 하자.

고려는 튼튼한 국력과 높은 문화적 자부심을 바탕으로 '내자불거', 즉 "오는 자는 거절하지 않는다"라는 대범한 귀화책을 쓰면서 유례없는 포용과 우대의 선정을 베풀었다. 호적에 편입시키고 성을 하사하며, 관직을 제수하고, 작위와 식읍을 내리기도 했다. 그뿐 아니라, 안착용 주택과 전답, 미곡, 의복, 기물, 가축도 시여했으며, 안전을 위해 국경에서 멀리 떨어진 곳에 안착시키는 등 주도면밀한 배려를 아끼지 않았다. 그리하여 고려라는 큰 용광로 속에 귀화인들은 스스로 용해되어 비록 생물학적 핏줄이야 하나로 될 수 없었지만, 혈연을 제외하고는 생활문화나 의식구조 면에서 단일민족 구성에 하등의 하자가 없는 동질성과 일체성이 확보됨으로써 구경에는 완벽한 하나의 민족으로 응결되었던 것이다. 신라나 조선시대도 마찬가지였다.

이처럼 우리나라는 복잡다기한 다민족문제 해결에서 자랑스러운 수범을 세웠던 것이다. 삼삼오오 흩어져 살길을 찾아온 지구상 30여 인종이 불과 1000년 좀 남짓한 기간에 8000만 단일민족 대공동체로 급성장하게 된 것은 사상 희유의 기적이라 하지 않을 수 없다. 이 혈육의 정으로 끈끈히 뭉친 단일민족 대공동체야말로 우리가 물려받은 가장 소중한 유산이며, 값진 자산이다. 그러한 유산과 자산을 홀대하고 무시하는 '분족론'이야말로 통일 민족사에 대한 반역적 이탈과 포기이며, 고마운 조상에 대한 배은망덕인 것이다.

끝으로, '분족론'과 더불어 지적하지 않을 수 없는 것이 근간에 튀어나온 이른바 '친구론'이다. 진보를 표방하는 어느 한 정당의 정책연구소가 펴낸 홍보책에는 남북한이 '1민족 2국가'라는 특수한 관계 속에서 서로를 '형제이자 주적'으로 인식하고 있는 극단 상황을 극복하는 데는 남북 관계를 특별한 '친구 관계로 전환'하는 길밖에 없다고 강변한다. '형제이자 주적'이라는 동서고금에 유례없는 반인륜적 관계를 '친구'라는 미명으로 포장하려는 얄팍한 꼼수다. 형제면 영원히 형제여야 하지 어떻게 좀 귀찮다고 해서 형제가 '친구'로 돌연변이를 일으킬 수 있는가. 따지고 보면, '친구론'은 '분족론'의 아류에 불과하다.

누가 뭐라고 해도 남북한은 하나의 민족으로, '친구' 아닌 형제로, 피를 나눈 혈육으로 살아왔으며, 앞으로도 세세연년 그렇게 살아갈 것이다. 이러한 신념이 없이 민족의 다시 하나 됨을 외치는 것은 공염불에 불과하며, 이러한 신념을 굳건히 간직할 때 '분족론'은 퇴치될 것이다.

'분족론'의 극복

한국에서 '분족론'이 본격적으로 대두되기 시작한 것은 지난 세기 1990년대 중반 남북한 간에 여러 분야, 특히 경제 분야에서 현격한 이질성과 격차가 표출된 때부터다. 이러한 현실에 맞다든 남한에서는 '가난한' 북한과 통일이 되면 한국인들의 삶의 질이 크게 나빠질 것'이라는' 퇴행적 빈곤화(退行的 貧困化, 남북한 간의 심한 빈부격차 속에 통일이 되면, 남한이 덩달아 못살게 된다는 것) 주장이 절대적 우세를 차지한 속에서 통일된 뒤에 들어가는 투자 비용을 가늠하는 이른바 '통일비용론'이 새롭게 대두했다. 사실 이 논의는 1992년 말 '일본장기신용은행'이 주제넘게도 남북한 통일비용을 예측하는 엉터리 연구 결과를 발표하면서 불이 붙었다.

논의가 일면서 이른바 '통일비용론'이 대두되었는데, 그 후 이러한 이질성과 격차가 더욱더 심해짐에 따라 단일민족에 의한 남북한 통일이 자초하게 될 '퇴행적 빈곤화'의 후과에 대한 회의론과 공포증이 일면서 '분족론'은 날개 돋힌 듯 급속하게 확산되었다. 한편, 이 과정을 지켜보던 학계의 일각에서는 서구의 진부한 민족론을 거르지 않고 그대로 받아들여 '분족론'에 오도된 이론적 '전거'를 제공하면서 그 '합리화'에 혈안이 되었다. 이와 더불어 '분족론'에 관한 제대로의 의식 교육 부재로 인해 작금의 남한 사회에서 이 사론(邪論)은 상당한 흡입력으로 사람들을 현혹하고 있다.

한반도의 통일 행보에서 새로운 전략적 전환기를 맞고 있는 오늘날, 이 반통일적인 '분족론'의 확산을 더 이상 방치할 수는 없으며, 신속하고 철저하게 퇴출시켜야 할 것이다. 그러기 위해서는 통일의 철학적 기조의 하나인 '발전 지향성' 통일관에 입각해 '분족론'의 핵심 환부인 이른바 '퇴행적 빈곤화' 시각을 '선진적 부유화' 시각으로 교정하는 의식구조 혁명을 단행해야 한다. 그 구체적 조치가 바로 하나된 민족에 의한 통일이 가져다주는 막대한 편익을 터득하고, 최대한 도모하는 것이다.

통일의 편익과 '진화통일론'

통일의 편익

작금 남북한 간의 경제적 격차를 이유로 통일 미래에 대해 의심하거나 절망하며 반대하는 현상이 상당한 파급력을 가지고 널리 퍼지고 있다. 이것은 통일 미래에 대한 바른 인식의 결핍에서 비롯되었다고 사료된다. 이 내재적 걸림돌은 오로지 미래지향적인 통일의 편익 문제에 대한 바른 인식을 공유할 때만 제거할 수 있다.

이 미래지향적인 인식은 다름 아닌 통일담론의 철학적 기조로서 민족주의 속성인 발전 지향성에서 발원되고 도모되는 것이다. 통일의 편익이란, 분단이 종식되고 통합이 이루어지는 과정에서 인구가 증가하고 '규모의 경제'를 실현할 수 있게 되고 수출경쟁력이 생기는 데서 오는 일련의 이득, 즉 통일로 얻을 수 있는 가시적인 실리를 뜻한다.

1990년대 중반 남한에서는 '가난한' 북한과 통일이 되면 한국인들의 삶의 질이 크게 나빠질 것이라는 이른바 '통일비용론'이 대두되면서 '통일 공포증'이 일기 시작했다. 여기서 '통일비용'이란, 통일된 뒤에 들어가는 투자 비용을 말한다. 통일의 미래, 특히 통일의 편익에 관한 확실한 논의나 교육이 결여되다 보니 이 '공포증'이 일파만파로 퍼진 결과 합일 통일에 역행하는 후유증이 만만치 않다.

사실 이 논의는 일본이 악의적으로 지핀 화마(火魔)였다. 1992년 말 '일본장기신용은행'이 주제넘게도 남북한 통일비용을 예측하는 연구 결과를 발표했는데, 그 액수는 통일 초 10년 동안 매해 한국 GDP(국내총생산)의 15퍼센트쯤을 차지하게 된다는 것이다. 이것은 당시 국가 예산의 절반 정도가 되는 엄청난 액수다. 연구서 말미에 "한국 혼자의 힘만으로는 감당 못 할 테니, 결국 일본이 도와줘야 할 것이다"라는 음흉한 흑심을 드러냈다. 이 수치는 독일이 화폐 통합과 부동산 처리에서 통일비용을 낭비한 실책을 분별없이 표본으로 삼은 데서 비롯된 부풀린 비용, 즉 '통일비용 과다론'이다. 이 끔찍한 '과다론'에 한국 민심이 흉흉해지기 시작했고, 정부도 덩달아 당황했다.

이에 겁을 먹은 한국의 통일 관련 기관에서는 여론에 밀려 경쟁적으로 통일비용 산출에 나섰다. 1993~2011년 사이에 개인이나 기관 28곳에 의뢰해 통일비용을 산출했는데, 그 수치는 천차만별로 종잡을 수가 없었다. 그중 국회로부터 학술 용역을 수주받은 신창민 교수(중앙대학교 경영학과)가 제출한 장문의 「통일비용과 분단비용」이란 연구보고서(2007)가 비교적 신빙성이 있는 것으로 정평이 나 있다. 이 보고서는 "통일비용은 통일되는 날부터 10년 동안 매년 GDP의 6퍼센트 내지 6.9퍼센트가 소요될 것이다"라는 결론을 내리고 있다. GDP가 약 1조 달러이므로 그 6퍼센트 내지 6.9퍼센트는 약 600억 내지 690억 달러로 환산된다.

그런데 통일이 되면 국방비는 많이 삭감될 것이며, 통일 준비 기금 같은 부대 비용은 더 이상 필요 없게 된다. 이러한 사정은 남북한이 마찬가지다. 그러므로 남한을 기준으로 할 때, 통일비용에서 불필요한 연간 국방비 약 25조 원(GDP의 2.5퍼센트, 국가 예산의 8~9퍼센트)과 통일 준비금 등을 뺀 데다가 연평균 11.25퍼센트의 경제성장률을 더하면 연간 순 통일비용은 약 20조 원(200억 달러, GDP의 2퍼센트)이 소요되는 셈이다.

신 교수 외에도 한반도의 통일 편익에 관심을 기울인 기관이나 연구자들이 펼친 이 편익에 관한 고무적인 주장들을 소개한다.

- 미국의 보수적 투자 은행인 '골드만삭스'에 의하면, 한국이 통일되면 2025년에 1인당 국민소득이 8만 달러에 달해 세계 2위가 될 것이다. (《에포크타임스》, 2010.10.2.)
- 통일 후 남한의 군비 지출을 GDP의 1퍼센트 수준으로 묶어놓으면 매년 비용 약 12조 원을 절감할 수 있다(중앙대, 신창민 교수).
- 전쟁 위험만 해소돼도 국가신용등급이 한두 단계 올라갈 것이며, 그렇게 되면 국내 기업이나 은행이 해외에서 돈을 빌릴 때 적용되는 가산금리가 내려가며 한국에 대한 투자는 늘어나게 된다.
- 현 남한의 국방비 50조 원 중 30조 원을 절감할 수 있는데, 30조 원은 서울시 1년 예산에 맞먹으며, 5000만 인구 1인당 60만 원씩 보너스로 지급할 수 있다(북한 경제 전문가 정봉헌).
- 북한의 원유 매장량은 600억 배럴인데, 현재 50억 배럴(현 남한의 500년 수입량)이 채굴 가능하다. 통일되면 120만 개 일자리 창출이 예상된다(정봉헌).
- 통계청이 발표한 〈2010년 북한 주요 통계 지표〉에 의하면, 북한에

는 유용광물 200여 종이 매장되어 있는데, 그 매장량은 7000조 원(남한의 24.1배)에 달하며, 철광석만도 매장량이 20~40억 톤(남한의 100~200배)이다. 특히 선박 등 고급 철강 생산에 필수인 마그네사이트(마그네슘에서 추출)는 세계 1위로서(남한은 없어서 전량 수입) 남북한의 공동개발이 절실하게 필요하다.

- 인구 편익으로 남북한 인구를 합치면 세계적 인구 대국이다. 2005년 남북한 인구 7201만 4000명으로 세계 18위, 2020년 7755만 9394(남한 5178만 5079, 북한 2577만 8815)명이다.
- 1995년에 통일된다면 통일 편익은 1996년에 2조 5600억 원, 2020년에는 16조 4700억 원이 될 것이라고 일찍이 예언했다(조동호).

이렇게 신창민 교수를 비롯한 관련 기관이나 연구자들의 통일 편익에 대한 주장대로 통일되면 통일비용보다 훨씬 큰 규모의 통일 편익이 발생할 것이라고 추단할 수 있다. 이렇게 보면 속된 말로 '통일은 크게 남는 장사'라고 말할 수 있다. 이것이 단순한 경제적 편익이라면, '하나 된 민족', '하나 된 나라'라는 긍지와 안정, 행복에서 발생하는 정신적 '편익'을 더한다면 숫자로는 헤아릴 수 없는 거대한 편익이 발생하게 된다. 이것이 바로 한반도 통일에 대한 우리의 참된 민족주의가 예고하는 발전 지향적인 성찰이며 기대이다.

이렇게 이것이 통일을 경제적 실리에서 따져본 경제적 편익이라면, 이러한 경제적 편익에 못지않은 또 하나의 편익, 즉 돈으로 계산할 수 없는 정신적 편익도 아울러 있음을 잊어서는 안 된다. 우리가 아무리 오늘을 자랑하고 내일을 미화해도 이러한 편익에 힘입어 통일을 이루기 전까지는 '저희끼리 싸우는 못된 사람'이라는 남들의 비하나 조롱 앞에서는 유구무언일 수밖에 없다. 남들처럼 통일되어 그 편익을 누리게 될 때만이 그러한 수치스러운 비하나 조롱에서 떳떳하게 탈출할 수 있다.

통일론의 진화와 '진화통일론'

20세기 냉전시대에 분단국들은 대체로 통일이 어느 순간 '열전(熱戰)'의 기운을 타고 갑작스레 도래할 것이라는 단견(短見)의 유혹 속에 분단을 대결과 갈등의 화신으로 간주하고, 상대방을 압승하는 전쟁이나 흡수통일 방식으로 통일을 이루는 그날까지만을 필히 거쳐야 할 과정으로 인식하고 있었다. 그리고 일단 이 '짧은' 과정이 끝나면 통일 과업은 완수될 것이라는 낙관에 부풀기도 했다. 그러나 이러한 인식이나 낙관과는 달리 바라던 '통일 과정'이 끝나도 분단에서 비롯된 전래의 고통이 일시에 치유되지 않는 데다가 분단 주체들이 처했던 체제의 다름으로 인해 새로운 사회문제들이 속출했다. 이러한 고통과 사회문제는 오로지 통일 후 국가체제를 하나로 통합할 때만이 해결할 수 있기 때문에, 통일의 후속 과정으로서 체제 통합 과정이 필수 불가결의 절박한 과제로 제시되었다.

따라서 통일 과정은 분단으로부터 통일까지 이어지는 과정일 뿐만 아니라, 통일 이후 두 체제를 합치는 과정, 즉 통합 과정까지를 통틀어 통일 과정으로 정립해야 한다는 주장이 대두되었다. 이는 분단 극복국들의 현실이 그 절박성과 정당성을 실증하고 있다. 이렇게 통일론(학)이 이른바 '민족 통일론'으로부터 '체제 통합론'으로 진화하면서 '통합'이나 '체제 통합론' 같은 새로운 개념이 창출되었으며, 점진적 통일 과정의 중요성이 강조되었다.

현대의 국제정치에서 통합(unity)이란 개념은 제2차 세계대전이 종료된 후 서유럽에서 출현했다. 1945년 대전이 끝나자 미국과 소련을 중심으로 한 동서양 양 진영 간에 체제와 이념의 차이에 따라 냉전이 격화되면서 서유럽 국가들은 군사적으로 미국을 중심으로 한 북대서양조약기구(NATO)를 결성하고, 경제적으로는 1952년 석탄과 강철이라는 제한된 분야에서 공동체(ECSC)를 결성한 데 이어 정치, 경제, 사회 분야로 점차 폭을 넓히면서 통합을 지속했다. 이렇듯 애초 유럽에서의 통합은 서로 다른 민족과 국가 간에 전후 경제부흥이라는 공동 목표를 실현하기 위해 이루어진 다국가 간의 결합이다. 이것은 한 민족이 두 체제 또는 두 국가로 분리되었다가 다시 결합하는 통일과는 개념상 다르다.

비록 이러한 다른 점이 있지만, 1990년대에 들어서면서 통일을 달성했다고 자부하던 분단국 독일과 예멘에서는 여전히 남아 있는 상이한 두 체제 간의 갈등으로 인해 예상 밖의 많은 사회문제가 돌출해 완전 통일의 발목을 잡게 되자 통합에 의한 체제의 단일화 문제가 급선무로 떠올랐다. 그리하여 갈라진 두 체제를 하나로 결합하는 통합 이론을 통일론에 대입하기 시작했으며, 체험을 통해 이질화된 두 체제를 효과적으로 통합하는 것이 통일국가가 장기적으로 안전하게 생존하고 번영을 누릴 수 있으며 궁극적으로 완전 통일을 달성할 수 있는 바탕이 된다는 사실을 깨달았다.

이와 같은 통일론의 진화 과정에서 통합과 통일(unification)의 차이점이 점차 명확하게 드러났다. 대체로 통합은 국가를 단위로 이루어지지만 통일은 민족을 단위로 달성된다. 통합은 어떤 공동 이익의 추구를 목표로 하지만, 통일은 민족적 일체감이란 당위성을 기초로 한다. 통합은 그 주체들이 정치, 경제, 군사의 여러 형태들의 단계적이고 점진적인 진행 과정을 중시하는 '과정적 움직임의 총합'이지만, 통일은 결과적으로 어떤 상태가 되었는가에 초점을 맞추는 '특정한 목표 지향의 완료 상황'이므로 합의 통일을 제외한 무력 통일이나 흡수통일의 경우 주체들의 의지와는 무관하게 급진적으로 이루어지는 것이 상례다.

이와 같이 통일론의 진화 과정에서 통일의 점진론과 더불어 통일과 통합의 관계 문제가 해명되었을 뿐만 아니라, 통일의 형식 문제도 새삼스레 부각되었다. 그간 분단국들이 도입한 통일 형식(부류)을 통관하면, 대체로 무력(전쟁) 통일과 흡수통일, 합의 통일의 세 가지 유형으로 분류할 수 있다. 베트남의 통일은 남부(자본주의)에 대한 북부(사회주의)의 무력(전쟁) 통일에 의한 흡수통일 형식을 취했다는 데는 의문의 여지가 없다.

그러나 독일과 예멘의 통일 형식에 관해서는 왈가왈부 논의가 분분하다. 독일통일의 경우, 서독(자본주의)이 국제환경의 변화와 체제의 구조적 결함으로 붕괴된 동독(사회주의)에 대한 평화적 흡수통일이란 것이 중론이지만, 통일의 결속만은 양 독일의 합의에 의해 이루어졌다는 이른바 '흡수-합의 혼합식'이라는 주장도 있다. 예멘 통일의 경우는 더욱 복잡하다. 1차 통일(1990)은 북부(자본주의)와 남부(사회주의)의 평화적 합의 통일(일명 '준 합의의 비례대표 유형')이나, 2차 통일(1994)은 통일 체제에 내재하던 문제가 내적으로 비화되자 결국 북부에 의한 무력 통일로 오늘날까지 지속되고 있다.

이러한 형식 분류와는 별도로 일각에서는 통일을 주도한 주체를 기준으로 한 유형화를 제의하기도 한다. 독일은 동독 국민이 자국

체제를 부정하고 총선을 통해 서독에 편입된 아래로부터의 통일이라면, 예멘의 합의 통일은 정치 엘리트들에 의해 주도된 위로부터의 통일이라는 것이다.

이상에서 고찰한 바와 같이, 냉전시대의 통념으로는 주로 상대방을 압승하는 전쟁이나 흡수통일 방식으로 통일을 이루는 그날까지를 통일 과정으로 인식하고 그날이 되면 통일 과업은 완수될 것이라고 낙관했다. 그러나 통일 후의 독일이나 예멘의 현실은 이러한 인식이나 낙관과는 너무나 다르게 펼쳐졌다. 장기간의 분단에서 비롯된 고통이 채 가시기도 전에 체제의 다름으로 인해 많은 사회문제가 속출했다.

문제는 여기까지가 완전 통일의 과정이 아니라는 데 있다. 기대했던 완전 통일까지는 갈 길이 멀고 단계적으로 점진적으로 수행해야 할 새로운 과제들이 산적해 있다. 이 새로운 과제들을 종래의 미시적인 불완전 통일론으로는 담아낼 수가 없다. 오직 완전 통일까지의 과제들을 구사하고 그 해결을 인도할 수 있는 진화된 새로운 거시적 완전 통일론만이 감당할 수 있다. 그 통일론이 바로 '진화통일론'이다. '진화통일론'이란, 한마디로 종래의 불완전 통일론을 완전 통일론으로 진화 발전시킨 통일론이다. 완전 통일을 실현하는 과정에서 발생한 통일의 편익을 최대한 효율적으로 누리고 이용하면서 '진화통일론'으로 수행해야 할 주요 국가적 과제는 다음과 같다.

1. 체제 통합을 비롯한 사회 전반의 화합
2. 민족 공동체의 정체성 복원과 전통 의식의 함양
3. 1민족, 1체제, 1정부의 통일국가 건설과 운영

4. 통일담론의 철학적 기조와 이중 패러다임 고수

5. 통일국가의 자주성 수호와 위상 제고

나는 졸저 『민족론과 통일담론』에서 통일론의 진화와 '진화통일론'에 관한 비견을 피력했다. 이 책에 관해 한 통일 문제 연구자는 "편견과 오해에서 벗어나 실사구시에 기초해 새로운 민족론과 통일담론을 형성하는 데 초석이 되길" 기대한다고 소감을 밝혔다.[iv] 나도 같은 기대를 갖고 있다.

[iv] 정수일, 『민족론과 통일담론』, 통일뉴스, 2020, 144~149쪽, 159~162쪽.

5장

후반생을 설계한

영어의 5년

1996

2000

63세에서 67세

서울, 대구, 대전 구치소

옥중 좌우명, 수류화개

옛날 우리네 조상들은 초여름인 음력 5월을 '깐깐 5월'이라고 했다. 말인즉 몹시 힘들고 더디게 지나가는 5월이란 뜻이다. 농경사회에서 묵은 곡식은 다 떨어지고 보리는 아직 여물지 않아 식량이 부족할 때가 바로 이 5월이니, 하루가 이틀 맞잡이로 힘들고 더디게 느껴질 수밖에 없었을 것이다. 그래서 이 넘기 어려운 고비를 보릿고개 혹은 춘궁기(春窮期)라고 했다.

지금은 세월이 어지간히 달라져서 그 궁함을 몸소 체험할 수가 없거니와, 그 속절도 헤아리기 힘들 것이다. 그러나 우리는 결코 그때를 잊어서는 안 될 것이다. 왜냐하면 그때가 있었기에 오늘이 있고, 또 언제 그런 때가 다시 돌아올지도 모르기 때문이다. 그 귀감으로 "올챙이 적 생각은 못 하고 개구리 된 생각만 한다"라는 속담이 있다. 어렵게 지내던 옛적을 생각하지 않고 잘된 때에 호기만 부린다는 뜻이다. 누구나 새겨들어야 할 유익한 교훈이다. 어차피 인생도 자연이나 사회와 마찬가지로 보릿고개 같은 시련의 고비에 부딪힐 수 있다는 경고의 메시지이기도 하다. 아울러 마음에 대비의 기둥만 튼튼히 세워놓으면 어떠한 시련의 고비도 너끈히 넘겨버릴 수 있다는 깨우침의 예고이기도 하다.

문제는 그러한 고비를 어떻게 슬기롭게 극복하는가 하는 것이다. 자칫 실의나 허탈에 빠져 자포자기하거나 나태해질 수도 있으며, 또한 마냥 '깐깐한 5월'로만 느껴 짜증만 부리고 초조해질 수도 있다. 그러다가 갈팡질팡 세월을 헛되이 보낼 수도 있다. 나는 내 인생에서 또 하나의 '보릿고개', 정말 깐깐할 수도 있는 오늘의 이 '춘궁기'를 어떻게 현실로 받아들이고 감내할 것인가를 곰곰이 생각했다. 감옥에서의 나날보다 더 지루한 나날들이 또 어디에 있으랴! 허송세월해도, 무위도식해도 변명할 필요 없는 무풍지대에서 자기를 재발견하고 스스로 재기의 도전장을 던지기란 결코 쉬운 일이 아니다. 무언가 새롭고 파격적인 각성과 설계, 인고의 행동이 요망되므로.

나는 비록 이순을 한참 넘긴 나이에 세상과 동떨어진 수감 생활을 장기간(12년간) 해야 하는 극한 처지에 놓였지만 세월을 허망하게 소일할 수가 없었다. 일각을 천금으로 여기고 몇 갑절 분발해야 하는 것이 나에게 주어진 운명이고, 내가 치러야 할 응분의 몫이었다. 나는 이러한 신념과 실천으로 줄기차게 나 자신의 재발견을 시도했다. 그 과정에서 그래야 하고, 또 그럴 수 있다는 귀중한 경험과 교훈을 얻었다. 그러면 과연 그 무엇이 이렇게 허송(虛送)을 불허하고 자신의 재발견을 시도하게 하며 억척같이 도전하도록 하고 있는가? 그 잠재적 동력과 버팀목은 과연 무엇인가?

물론, 나는 이러한 처지나 환경을 예견하지 않은 바는 아니었지만, 막상 닥치고 보니 처음에는 좀 당황하기도 했다. 그도 그럴 것이

다산이 말한 것처럼 아무리 어떻다고 해도, 결국 '감옥이란 이승의 지옥'이니 말이다. 일단 그 속에 묻히면, 어떻게 나 자신을 지탱할 것인가에 대한 사색과 고민의 심란에 빠지기가 일쑤다. 입옥(入獄) 신고를 하고 나서 처음 얼마 동안은 매일같이 이리 불려 다니고 저리 끌려다니다 보니 제대로 된 사색이나 고민을 할 겨를이 없었다. 그러다가 '나들이'가 좀 뜸해지고, 수감 생활에도 점차 적응하자 마음이 차분히 가라앉으면서 새 환경에 걸맞은 일상을 설계하기 시작했다. 그 요체는 자칫 깐깐하고 시들먹해질 수밖에 없는 이 일상, 그것도 한두 해가 아니라, 어쩌면 끝이 안 보일 수도 있는 이 핍박받는 팍팍한 일상에 생기를 불어넣어 기죽지 않고 꿋꿋이 버티면서 차려진 몫을 다해야 한다는 것이다.

그러자면 든든한 정신적 지주와 행동의 나침반이 필수이다. 그러한 지주와 나침반을 나는 일상의 좌우명에 대입했다. 좌우명, 그것은 늘 자리 옆에 가까이 두고 수시로 독려와 성찰의 잣대나 채찍으로 삼을 수 있는 모종의 잠언 같은 격언이어야 할 것임을 깨달았다. 이러한 의미에서 문명인이라면 누구나 적어도 좌우명 하나쯤은 가지고 있는 것이 본색일 것이다. 그런데 이러한 좌우명은 평생 하나일 수도 있지만, 특수한 환경에 처했을 때는 그에 적중되는 좀 더 구체적이고 실용적이며 세부화된 좌우명이 필요할 수도 있다. 내가 맞닥뜨린 감옥이라는 낯설고 탐탁잖은 환경에서 꼭 필요한 것은 실용적인 좌우명이다. 궁리 끝에, 그리고 몇 달 동안의 검증을 거쳐 마침내 수감이라는 특정 환경 속에서 시구에서 찾아낸 좌우명이 바로 '수류화개(水流花開)'다.

'물이 흐르고 꽃이 피다'라는 '수류화개'는 지극히 평범한 표현이고 너무나 당연한 자연의 이치이고 현상이다. 그러나 그 '평범'과 '당연' 속에 언필칭 좌우명이 될 법한 오묘하고 생기를 북돋는 뜻이 담겨 있다. 내 나름대로 그 상징적인 뜻을 풀이하면, 삶이란 언제 어디서나 어떤 환경 속이라도 늘 물이 흐르고 꽃이 피듯이 팍팍하지 않고 싱싱하게 이어져서 알찬 열매를 맺어야 한다는 것이다. 이러한 유의미한 영감은 중국 송대의 시인 황산곡(黃山谷)의 다음과 같은 유명한 시구에서 건져낸 것이다.

구만리 푸른 하늘에　　　萬里靑天
구름 일고 비 내리네　　　雲起雨來
빈 산에 사람 하나 없어도　空山無人
물은 흐르고 꽃은 피네　　水流花開

얼핏 보면 시인은 그저 청천 하늘에 구름이 끼고 비가 오며 적막한 산속에서 물이 흐르고 꽃이 피는 평범한 자연의 섭리나 현상을 꾸밈없이 사실적으로 담담하게 읊조린 것 같다. 그러나 따져보면 거기에는 심오한 시상(詩想)이 눅진하게 온축되어 있다. 세상이 비바람으로 인해 난세가 되더라도, 인적이 없는 한적한 곳에 격폐되어 있어도 인생은 흐르는 물처럼 맑고 깨끗하며, 피는 꽃처럼 낙천적이고 종당에는 결실한다는 멋진 인생철학과 슬기가 담겨 있다고 나는 풀이한다. 그래서 나는 '빈 산에 사람 하나 없어 공산무인'의 신세일망정 '수류화개'를 감히 내 좌우명으로 삼은 것이다. 물은 흐르지 않고 고여 있으면 썩어서 변질하고 악취가 나며, 꽃은 피지 않으면 꽃이라 할 수 없고 열매를 맺을 수 없기 때문이다. 이런 경우를 두고

'평범 속에 비범이 있다'고 한다. 이것이 바로 '시 속의 철학이고, 철학 속의 시'이다. 그래서 철학 없는 시는 시가 아니고, 시 없는 철학은 철학이 아니라고들 한다.

인생에서는 늘 그 무엇인가가 살아서 숨 쉬고 움직이며, 커져서 조금이라도 보태지는 새것이 생겨날 때만이 하루하루의 삶이 지겹지 않고 무료하지 않은 법이다. 또한 토실토실한 꽃망울에서 꽃잎이 터져 나와 향기를 뿜다가 튼실한 열매나 씨앗을 남겨놓듯이, 인생에서도 간단없는 노력으로 무언가 하나씩 이루어진다면, 비록 고난의 시련 속에 있다 하더라도 어느 때인가 삶에서 보람과 의욕이 생기고 내일의 희망이 다가오게 마련이다.

누덕누덕 기운 옷을 입고 하염없는 구름처럼 떠다니고 막힘없는 물처럼 흘러다니는 운수납자(雲水衲子)인 한 스님이 외진 산속에 마련한 자신의 거처를 '수류화개실(水流花開室)'이라고 이름하면서 나름대로 '수류화개관(觀)'을 피력한 글을 읽은 적이 있었는데 퍽 흥미로운 글이었으며 그 스님이 더욱더 우러러 보였다. 너나없이 '수류화개'를 명제로 깊이 간직하고 그대로 살다 보면 삶은 필히 메마르거나 구겨지지 않고 넉넉해질 것이다. 이것이 바로 삶에서의 비관이 아닌 낙관이고, 염세가 아닌 낙천이다. 감옥 같은 역경에서는 물론이거니와 다른 그 어떠한 환경 속에서도 이치는 마찬가지일 것이다.

이 스님의 '수류화개관'은 아마 앞선 선사(禪師)들의 '수류화개관'에서 고스란히 영감을 얻었으리라 짐작된다. 알다시피 조선 말의 유명한 초의(艸衣) 선사는 선(禪)과 차(茶)를 묘하게 일치시켜 '선다일여(禪茶一如)'로 다도(茶道)를 세운 대덕 고승이었다. 그는 자신이 직접 가꾼 차를 당대의 거성 추사(秋史)에게 보내주곤 했다. 이에 추사는 화답으로 이런 시를 써 보냈다고 한다.

고요히 앉은 자리엔 차가 절반 줄어도 향기는 여전하고
靜坐處茶半香初
신묘한 작용이 일 땐 물이 흐르고 꽃이 피어나누나
妙用時水流花開

워낙 어려운 시구라서 내가 제대로 옮겼다고 장담할 수는 없다. '선다일여'의 경지에 이른 초의 선사가 조용히 좌선하면서 향기 그윽한 차를 마시면 그 신묘한 작용으로 세상에 물이 흐르고 꽃이 피듯 심신이 맑아지고 새로워지며 아름다워진다는 뜻이 담겨 있는 것 같다. 그렇다고 보면 앞에서 황산곡이 말한 '수류화개'의 뜻과 맥을 같이한다고 봐야 한다. 그래서 '수류화개'는 회화나 서예에 자주 등장하는 주제어의 하나가 되었나 보다.

꽁꽁 묶여 있는 사람이 감히 '수류화개' 운운하는 것이 어찌 보면 마이동풍 같은 소리로 들릴지도 모르겠지만, 나는 이 말이야말로 팍팍한 옥살이하는 사람들이 한 번쯤 되새길 만한 명제라고 감히 추천한다. 그래서 그것을 하나의 '영어문화(囹圄文化)'로까지 승화시켰으면 하는 기대도 나름대로 해보았다. 그렇게만 된다면 '교도'나 '감시'가 따로 필요 없지 않을까.

감옥은 인성 도야의 도량

　　　　　　　　　다산 정약용은 저서 『목민심서(牧民心書)』에서 '옥(獄)'을 가리켜 '옥자양계지귀부(獄者陽界之鬼府)', 즉 "감옥이란 이승의 지옥"이라고 했다. 그만큼 조선시대에는 감옥이 지상의 지옥이라고 할 정도로 무시무시한 공포의 대상이었다. 유배지보다 더 혹독하고 잔인무도한 곳으로서 투옥(投獄)은 곧 참사(慘死)의 운명을 의미했다. 물론 오늘날에는 그 형태나 정도에 차이가 있기는 하지만, '인간다움'이 무시되고 제약되며 짓밟힌다는 본질에서는 피장파장이다. 이것이 일반적인 수동적 통념이라면, 특수하게는 수감자 중 누군가는 전화위복의 지혜를 발휘해 능동적으로 이 수동적인 통념의 구각을 깨부수고 인성 도야와 자기 충전의 일기일회의 호기로 삼는 이들이 있어 화제가 되기도 한다. 나는 자신을 그런 수인 중 한 사람으로 자처한다.

　나는 일단 수류화개를 옥중 좌우명으로 정하고 나니, '깐깐한 오월'처럼 곽곽한 옥살이를 타개할 수 있는 정신적 지주와 행동의 나침반을 얻게 되었으며, 활력과 생기를 내포하게 되었다. 이렇게 정신적 지주와 행동의 나침반에다가 육체적 활력과 생기까지 보태지다 보니, 자연스럽게 지나온 나날들을 돌아보고, 오늘의 처지를 재량(裁量)하며, 내일의 후반생을 예측하게 되었다. 이 자체가 인성의 도야다. 인성이란 인간의 성품, 즉 사람 됨됨이고, 도야는 심신을 닦는다는 뜻이며, 이렇게 심신을 닦는 곳을 도량(道場)이라고 한다.

　나는 이러한 인성의 도야에 관해 비록 '이승의 지옥'이라고 하는 범상찮은 감옥이지만 도량으로 삼고 수감 내내 심사숙고하고 실천했다. 그리고 그 자초지종을 『소걸음으로 천리를 가다』(일명 『牛步千里』, 창비)라는 서간집으로 엮어 출옥 후 2004년에 상재했다. 이 졸저는 과분하게도 2005년 한국문학진흥원이 추천하는 '우수문학도서'로 선정되었으며, 독자들의 관심과 애독 속에 2021년 9월까지 모두 14쇄의 증쇄를 기록했다.

나는 이 책에서 넓게는 내가 걸어온 길과 삶에 관한 나의 생각(인생관)과 세상사에 관한 나의 견해(세계관)에서부터 좁게는 당면한 옥살이에 이르기까지 계기마다 나와 나를 위요(圍繞)한 주변에서 일어났던 대소사에 관해 나름대로 술회하고 자평을 곁들이기도 했다. 물론 빠진 것도 있고 미흡한 점도 적잖으며, 게다가 환경이 환경이니만치 다 말할 수 없는 제약도 있었지만, 나름의 좌표를 따라 나를 한번 정리했다는 데서 의미를 찾고 일말의 자위를 느끼기도 했다.

이 서간집에는 수감 5년간, 주로 아내와 지인들에게 보낸 편지 가운데서 90통만 골라서 올렸다. 펼쳐보면 다양한 주제이지만, 그중 약 3분지 1은 다방면으로 접근한 인성 도야 문제에 초점을 맞춘 글들이다. 나는 격폐된 영어의 도량에서 삶과 앎의 심조(深造)를 터득하면서 그 실천에 심혈을 기울였다. 우선 '시대와 지성 그리고 겨레'('시대의 소명에 부응해, 지성의 양식으로, 겨레에 헌신하다')라는 내 삶의 화두를 풀이하고 점검했다. 분단 시대를 살아가는 우리에게 시대의 소명으로 주어진 신성한 사명을 나 자신의 구체적인 행동이나 처신과 결부시켜 심사숙고하고, 자신을 분단 시대의 한 지성인으로 자임하면서 세계 지성사를 통관한 지성인 공유의 인생 패턴을 그려보기도 했다. 특히 나는 '겨레 사랑'이나 '겨레 위함'이라는 주제에 심원한 사색을 모으면서, 이 시대에 겨레가 갖는 의미와 우리 겨레의 실체도 아울러 냉정하게 짚어봤다. 이러한 것들이 내가 삶의 심조를 위해 애써 탐구하고자 했던 선차적 주제들이다. 이러한 탐구는 필연적으로 내 후반생의 삶을 지탱하는 밑거름으로, 원동력으로 기능했다.

이와 더불어 앎의 심조를 위해서도 각고의 노력을 경주했다. 이제 학문으로 이 나라, 이 겨레를 위해 봉사해야겠다는 사명감, 비록 영어의 몸이 되었지만 학문의 총림에서 결코 무위의 낙과(落果)가 될 수 없다는 분발심, 뒤처진 우리의 학문을 추켜세워야 한다는 사명감과 오기에서 감옥이라는 처절한 환경에도 불구하고 나는 학문 연구에 문자 그대로 잠심몰두했다. 정말 나에게는 '할 일에 날짜가 부족(惟日不足也)'했다.

그간 써낸 집필물의 양을 합치면 200자 원고지로 어림잡아 2만 5000매쯤 될 것 같다. 참고 자료를 마음대로 이용할 수 없는 여건에서 쓰고 메모한 것들이라서 미흡한 점이야 없을 수가 없다. 그러나 그 모든 것은 내 심혈의 결정체이기 때문에 나에게는 더없이 소중했다. 특히 수감 기간에 여러 가지 불리한 환경 속에서도 문명교류학 연구의 핵심인 '실크로드학'의 학문적 정립을 위한 메모 작업을 완수했다는 점을 가장 큰 성과와 보람으로 생각했다. 그것이 신생 학문으로서 초창적 의미가 있다는 데서 더욱 그러했다.

어떤 독자분들은 졸저 옥중 서간집 『소걸음으로 천리를 가다』를 나의 자필 회고록이나 자서전쯤으로 여기는데, 옥중 서간집으로 자필한 것은 맞으나, 회고록이나 자서전은 아니다. 그렇다고 다 틀린 것도 아니다. 왜냐하면 책 속에는 시공을 초월해 인생관이나 세계관, 자연관, 학문관, 민족관, 통일관 등 다양한 분야에 관한 나름의 단상들이 옥중 서간이란 형식을 빌려 회고나 자서(自敍)에 속하는 내용이 다분히 집약되어 있기 때문이다. 이런 의미에서 회고록이나 자서전의 일부라고 해도 무방하다.

이 책에 대한 독자들의 관심은 의외로 뜨거웠다. 그것은 2004년 10월 초간 후 2021년 9월까지 기간에 무려 14쇄나 출간되었다는 사실에서 알 수 있다. 어떤 독자는 이 졸저를 "글이란 늘 스승 앞에서 쓴다는 마음가짐으로 신중하게 써야 한다"는 죽비의 경책(警責)으로 받아들이고 있다고 하는가 하면, 어떤 주부는 이 책에 나오는 32가지 격언을 기록하고 두고두고 간직하겠다며 다짐까지 했다고 한다.

옥사는 격폐된 '학문의 산실'

세계 지성사를 훑어보면, 참된 지성들은 수감을 비롯한 그 어떤 역경 속에서도 절차탁마하고, 마부위침하는 불요불굴의 정신과 의지, 실천으로 옥사를 '학문의 산실'로 만들어 그야말로 명수죽백할 명저들을 남겨놓아 인류의 문명사에 불후의 공적을 쌓아 올렸다. 가까이로는 중국의 실례를 들어보면, 중국의 사서(史書) 중의 사서라고 하는 『사기(史記)』의 저자 사마천(司馬遷)은 적국 흉노에게 투항한 사람을 변호했다는 죄로 극형에 버금가는 중형인 궁형을 선고받고 감옥에서 갖은 천대와 수모를 받으면서 3000년 중국 역사를 갈무리한 대작을 써냈고, 손자(孫子)는 발의 근육을 도려내는 무지한 형을 받고 유명한 『손자병법(孫子兵法)』을 펴냈으며, 서백(西伯)과 한비자(韓非子)는 각각 갇힌 몸으로 불후의 명작 『주역(周易)』과 『한비자』를 지었다. 서양에도 이러한 예가 수두룩한즉, 중세 세계 2대 여행가의 한 사람인 마르코 폴로도 감옥에서 세계적 여행기 『동방견문록』을 구술했다.

우리네 선현들도 이에 못지않은 본보기를 남겨놓았다. 다산 정약용 선생은 유배 생활 18년 동안 무려 500여 권에 달하는 책을 써냈는데, 이것은 동서고금 그 유례를 찾아볼 수 없는, 그야말로 우리네 선현만이 해낼 수 있는 기적이다. 그는 너무 오래 앉아서 글을 쓰다 보니 엉덩이가 짓뭉개져 할 수 없이 벽에 선반을 매달고 일어서서 썼다고 한다. 우리나라 근대 지성사의 여명을 연 선진 실학자 다산은 구태의연한 세도정치 세력에 의해 "멋모르고 천주교도들을 쫓아다니며 부화뇌동(附和雷同)한 정신적 방황자, 나약한 비겁자"로 무고하게 치죄(治罪)되어 길고 고난에 찬 유배 생활을 하게 되었다. 그러나 그는 결코 굴하거나 실의에 빠지지 않고 시대의 거장으로서 역사와 진실한 대화를 계속했다.

다산은 아들에게 보낸 편지에서 그가 유배지에서 쓴 학문 서적들을 모아서 책으로 엮어 정리할 것을 간곡히 부탁했는데, 그 이유는 자신에 대한 후세의 정확한 판단을 기하기 위함이라고 했다. 그의 선견지명대로 그가 유배지에서 남긴 주옥같은 저서들이 있었기에 비로소 후대에 와서 그에 대한 정확한 역사적 평가가 내려지게 되었음은 물론, 19세기 전반에 전개된 우리나라의 진실한 역사가 제대로 복원될 수 있었다. 유배지에서 보낸 다산의 말년은 우리에게 시사하는 바가 크다고 하겠다. 한마디로 '다산식 전범(典範)'을 세워놓은 것이다.

이렇듯 조선시대의 유배지는 학문의 산실 역할을 했다. 퍽 신기하고 아이러니한 일이다. 그렇다면 조선시대의 유배지와 거의 맞먹는 오늘날의 감옥은 어떠한가? 과연 '학문의 산실' 역할을 해본 적이 있는가? 또 할 수 있는가? 대답은 거의 부정적일 수밖에 없다. 있다면 극히 드문 일이다. 물론 개별적인 '옥중 저서' 같은 것이 없지는 않지만, 다산처럼 일대를 풍미하는 학문 세계를 감옥 안에서 펼쳐놓은 사람은 아직 없다. 감옥은 그저 감옥일 뿐이다. 비록 어렵기는 하지만, 오늘의 감옥이라고 해서 '학문의 산실'이 되지 말라는 법은 없지 않은가? 그 여하는 오로지 옥살이하는 사람들의 자세에 달려 있다.

나는 옥중의 격폐된 '학문의 산실'에서 내내 은사인 김원모 교수가 들려주신 "지재불후 대기만성(志在不朽 大器晚成)", 즉 심지가 썩지 않으니 대기만성할지어다라는 사자성어를 가슴속 깊이 간직하고 되뇌면서 학문을 연마했다. 은사는 1996년 10월 21일 서울구치소에 면회를 와서 투명창 너머로 쪽지에 쓴 이 사자성어를 보여주었다. 단국대학교 대학원 사학과 박사과정 지도교수인 은사는 언제나 넓은 아량으로 변함 없는 혜려(惠慮)와 지도를 아끼지 않았다. 사자상승, 사제동행의 진정한 사표이시다.

나는 옥살이의 인고 속에서 묵묵히 하나의 학문적 구상을 무르익혔다. 그 구상이란 한마디로, 나름의 '학문의 산실'에서 '실크로드학'이라는 신생아의 고고지성(呱呱之聲)을 듣는 것이었다. 바꿔 말하면, '실크로드학'의 학문적 정립이다. '실크로드학'은 내가 일찍부터 그 뼈대와 얽음새를 구사했기 때문에 여기에 얼마간의 살점(자료)을 붙이기만 하면 부실하지만 바라던 결과물이 나올 수 있을 성싶었다. 게다가 작금 실크로드에 대한 관심이 새로운 파고를 맞고 있는 상황에서 그 연구는 더 이상 미룰 수 없는 절박한 과제로 다가오고 있었다. 그래서 '실크로드학'의 학문적 정립에 먼저 손대기로 작심했다.

'실크로드학'은 문명교류학의 이론적 토대이자 기초학문인 것이다. 문명교류가 미증유로 확산되고, 그것이 인류의 숙명적인 생존 전략으로 부상될 새로운 세기를 앞두고 학계가 실크로드 연구에 관심을 돌리는 것은 당연한 귀결이다. 120여 년 전 실크로드의 실체가 추인(追認)된 이래 꾸준한 연구가 진행되어 적잖은 성과가 쌓였지만, 지침이 될 만한 이론과 학문적 규범 및 과학적 연구 방법이 결여된 탓으로 아직은 유사 접근에만 머물고 있는 형편이다. 워낙 어려운 학문이라서 그런지, 근간에는 연구의 난맥상을 보이면서 저조의 기미까지 나타나고 있다. 한마디로, '실크로드학'이란 이름에 걸맞은 학문적 정립은 여태까지 미제의 과제로 남아 있었다. 이 분야에서 선두 주자로 인정되었던 일본마저도 1994년에야 '실크로드 연구 중심'을 개설해 본격적인 연구에 돌입했다고 한다.

바야흐로 인류는 서로의 어울림과 주고받음으로만 생존의 길을 보장받을 수 있는 교류 확산 시대를 맞고 있다. 이러한 교류의 통로인 실크로드에 관한 학문, 즉 '실크로드학'이라는 새로운 국제적 인문학의 한 분야를 학문적으로 정립하는 것은 더 이상 미룰 수 없는 시대적 요청이다. 이러한 요청에 부응하자면 무엇보다도 먼저 학문적 자질을 갖춘 전문 학자가 필요하다. 지금까지 '실크로드학' 정립이 미완의 과제로 남아 있게 된 주요 원인 중 하나가 바로 이러한 전문 학자들의 결여라고 나는 생각한다. 명실상부하게 문명교류사나 실크로드를 연구하려면 서양이나 동양뿐만 아니라, 중간에서 양쪽의 교량 역할을 해온 서아시아와 북아프리카의 아랍을 제대로 알아야 한다. 그런데 지금까지는 주로 동양학 연구자들에 의해서만 연구가 편향적으로 진행되다 보니 연구에서 기형화나 편파성을 면치 못하게 되었다.

　나는 이 세 분야(유럽, 서아시아와 북아프리카의 아랍, 동양)를 두루 섭렵한 사람으로서, 필요한 학문적 자질을 어느 정도 갖추고 있다고 감히 자부한다. 바로 이것이 이 어려운 학문의 망망대해에 뛰어들게 한 주된 요인이다. 그것이 아니었다면, 나는 이 학문과 인연 맺기를 크게 주저했을 것이다. 물론 중요하고도 새로운 인문학의 한 분야라는 데서 매력을 느낀 점도 부인 못 할 사실이기도 하다. 게다가 이제 우리도 학문, 특히 인문학 분야에서 남을 뒤따를 것만이 아니라, 무언가 남보다 앞서는 선도적 역할도 해야 하겠다는 시대적 소명감과 오기도 생겨났다. 그래서 그 시대의 유배지가 아닌, 이 시대의 감옥 안에서 인고의 구상을 무르익혔던 것이다. 절차탁마하고 마부위침하는 정신과 의지 그리고 끈기로 5년 수감 기간 중 2년 3개월에 걸쳐 완성한 연구 메모지 뭉텅이를 안고 옥문을 나섰다. 이로써 나는 옥사에 마련되었던 고난에 찬 정든 '학문의 산실'과 작별하게 되었다.

　끝으로, 한 가지 부언할 것은 원래 '실크로드학'의 구상은 감옥에서 계획한 '편지 강의'가 그 발단이다. 본인의 구금으로 인해 단국대 대학원에 개설된 '동서문화교류사 연구' 과목이 폐강되어 교류사 전공을 희망하는 원생들의 수강이 불가능해졌다. 담당 교수로서 자책하면서 그들에게 문명교류학의 핵심인 '실크로드학'에 관해 한 달에 두 번쯤 편지로라도 전수하고 싶었다. 어떻게 해서든 갓 닻을 올린 '문명교류호'를 피안까지 무사히 가닿게 하기 위해서였다. 그리하여 박사과정에 있는 전공 수강생인 배준원 군에게 이러한 구상과 취지를 담아 띄운 첫 편지에 '실크로드학'의 서론 부분을 적어 보냈다.

1주 후인 1998년 3월 29일에 보낸 편지 강의에는 '실크로드의 개념'(1장 1절)에 관한 내용을 적어 보냈으나 교도소 측에서 발송을 불허했다. 기발한 발상으로 생각하고 시작한 편지 강의는 단 한 번으로 그치고 더 이상 이어지지 못했다. 어차피 누군가에 의해 언젠가는 학문적 정립이 이 땅에서 이루어져야 했기 때문에 미래를 기약하고 편지 쓰기 대신에 연구 메모 작업에 돌입해 수감 기간에 교본 한 권쯤을 완성하려고 작심했으나, 결과는 무위로 돌아가고 말았다.

　'학문의 산실' 얘기를 마감하면서, 한 가지 덧붙이고자 하는 것은 이 '산실'에서 명실상부한 우리의 주체적 학문을 알차게 키우자면 학문의 심조자득(深造自得, 스스로 정확하게 이해할 수 있도록 뜻을 바르게 밝힘)에 천착해야 하는데, 그러자면 그 표현 수단인 우리글부터 깊고 그리고 바르게 터득해야 한다는 신념에서 수감 직후부터 당시로서는 가장 큰 우리말 사전인 『국어대사전』(한국어사전편찬회 편, 1988, 옥방 배식구로 들여보낼 수 없어 문을 따고 들여보낼 정도로 큰 사전, 총 2349쪽)을 통째로 공부했다. 매일 아침 첫 일과로 5~6쪽씩, 총 433일(1997.3.26.~1998.6.4.)에 걸쳐 몽땅 독파했다. 낯설거나 모르는 단어는 바늘로 구멍을 살짝 내서(감옥에서는 영치물에 어떤 표식도 불허한다) 표시했다가 취침 전에 한 번 복습한다. 그뿐 아니라 더러 당장 필요할 성싶은 단어들은 따로 다른 책 여백에 전사했다가 수시로 뒤져보곤 했다. 이렇게 심조자득한 우리글의 혜택을 오늘까지도 톡톡히 보고 있다.

한고와 삼궤고

　　　　　　나는 새벽 한기에 손발과 귀가 얼어 터지는 줄도 모른 채 신명을 다해 낮과 밤을 이어가면서 '학문의 산실'에서 학문 연구에 몰입했다. 흔히들 감옥에서의 한때를 '잃어버린 시간'으로 개탄하곤 하지만 나로서는 항시 "세월은 사람을 기다려 주지 않는다(歲月不待人)"라는 성어의 경종처럼, 일각을 천금으로 여기고 시간을 무자비하게 혹사하면서 1분을 2분 맞잡이로 쓰다 보니 오히려 그만큼 '얻은 시간'이 되어버렸다.

　　그간 영어의 생활 속에서 나는 삶의 소중한 지혜를 여러모로 터득했다. 삶의 지혜에 관해서는 시각에 따라 여러 가지로 운운할 수 있겠지만, 내가 터득한 최상의 지혜는 역경을 능동적으로 극복하려는 의지와 자세를 가지고 몸소 실천하는 것이다. 누군가가 "부(富)는 그쪽에서 찾아오는 수도 있지만, 지혜는 항상 이쪽에서 다가가지 않으면 안 된다"라고 했다. 그렇다. 재화 같은 것은 우연히 거머쥘 수 있지만, 지혜는 앉아서 생기는 것이 아니라 발 벗고 다가가서 낚아채지 않으면 지닐 수가 없는 것이다. 어떤 역경 속에서도 낙심하지 않고 신심 가득 분발해 헌신한다면 지혜는 소유할 수 있다. 아마 이러한 지혜 때문에 나는 사형을 구형받은 그 '마의 2주'도 슬기롭게 넘겨 보낼 수가 있었으며, 옥살이 좌우명으로 낙천적인 '수류화개'를 낙점했던 것이다.

　　다산이 말하다시피 감옥은 '이승의 지옥'이니만치 동서고금을 막론하고 감옥의 본질적인 민낯은 '사람다움'의 권리는 박탈하고 의무만을 강요하며, 인고로 사람을 길들이는 강제적 구류소일 따름이다.

따라서 수인들이 감내해야 할 고통은 이루 다 헤아릴 수가 없다. 내가 글에서 감옥을 마냥 '수류화개'의 꽃동산으로 묘사하고, 인성 도야의 도량이나 '학문의 산실'에 비유한 것은 결코 감옥의 객관적 실재성에 대한 인증이 아니라, 나 자신의 인고를 위한 일종의 방편이었다. 이러한 방편으로는 감옥의 민낯을 상쇄시킬 수가 없다. 그럼에도 불구하고 굳이 상기하는 것은 내가 인생의 한때를 인고 속에서 보냈다는 회고를 남기고픈 심경에서다.

무릇 인생이란 늘 길흉화복을 엇바꾸는 새옹지마(塞翁之馬)일진대, 자율적이건 타율적이건 간에 역경이 없을 수가 없다. 문제는 그 역경을 어떻게 인내하면서 극복하여 순경으로 돌려놓는가 하는 것이다. 이를테면 전화위복이다. 여기에 인간의 최대 지혜가 있다고 하겠다. 고사에 이르기를 "역경에 처하면 주위가 모두 침(針)이고 약인지라, 자신도 모르게 절조(節操)를 닦고 행실을 바르게 하는 데 힘쓰게 된다"라고 했다. 뜻인즉, 사람이 불우한 일을 당하게 되면 그로부터 오는 고난과 시련이 자기 수양과 단련의 계기가 되어 스스로 꿋꿋한 기질을 기르고 참된 행실을 닦게 된다는 것이다. 참으로 실감 나는 명언이다.

나는 감옥에서 겪은 숱한 인고 가운데서 유의미한 두 가지만을 얘기하려고 한다. 하나는 한고(寒苦) 얘기이고, 다른 하나는 삼궤고(三机苦, 세 책상으로 인해 생긴 고통) 얘기다.

우선, 한고부터 이야기하면, 우리 북반부에 사는 인간에게 겨울은 인고를 강요하는 계절이다. 봄, 여름, 가을 내내 푸르싱싱하고 풍성하던 산천은 겨울을 맞아 삭막하고 앙상해지며, 설한풍이 휘몰아치고 기온이 급강해 한고를 가져온다. 그리고 이러한 한고를 견뎌내야만 무사히 월동할 수가 있다. 우리의 지성사에서 큰 족적을 남긴 최치원(崔致遠)에게는 겨울의 인고를 달랜 감동적인 이야기 한 토막이 전해오고 있다. 그는 중국 땅에서 좀 더 큰 포부를 실현하고자 말직을 그만두고 어느 산속 추운 객사에서 열심히 시험공부를 하고 있었다. 그의 방에는 눈 온 뒤의 매서운 찬바람이 스며들어 물이 꽁꽁 얼고 붓이 말라버렸다. 그러나 그는 외로운 등불에 그림자를 벗하면서 3년간 침묵 속에 인고에 인고를 거듭하여 마침내 뜻을 이루는 봄볕을 맞게 되었다. 고운의 삶에도 이렇게 언 붓을 입김으로 녹이면서 글을 써야 했던 가필(呵筆)의 인고와 침묵의 곡절이 있었다.

감옥에서는 겨울철이면 추위에 거의 무방비 상태로 노출됨으로써 감방에서의 기온은 오로지 피부를 파고드는 한기의 쑤심 정도에 따라 대충 가늠할 수밖에 없다. 정월 중순쯤 되면 바깥 기온은 영하 15도를 오르내리고, 난방시설이 전무한 냉방은 한 생명 보존체가 내뿜는 매지근한 온기 때문에 온도는 가까스로 영하 6~7도쯤을 유지한다. 수감 첫해 겨울 멋모르고 방심해 얼굴을 가리지 않고 잤다가 그만 귀와 콧등, 볼, 손등에 동상을 입은 것이 근 30년이 지난 지금도 여독(餘毒)으로 나를 괴롭히고 있다. 바깥세상에서는 육체와 대기를 차단하는 '차단벽'이 몇 겹으로 두툼하게 에워싸고 있어서 제아무리 혹독한 추위라도 겹겹으로 굴절하다 보니 그대로 감지할 수가 없다. 그렇지만 감방에는 그러한 '차단벽'이 별로 없으며, 있다 해도 상당히 얄팍하기 때문에 추위는 굴절 없이 육체로 직사해서는 가차 없이 인체를 괴롭힌다.

반일 독립운동의 거장이고 대선사인 만해(卍海) 한용운(韓龍雲) 선생이 감옥에서 지은 한시 중에는 겨울나기의 인고에 관한 시가 여러

편 있다. 그중「눈 오는 밤(雪夜)」이란 시편을 보면, 선생은 눈 내리는 밤 감방에서 "무쇠같이 찬 이불 속에서 재 되어 꿈꾸며(衾寒如鐵夢如灰)", 철창을 여러 겹으로 잠그고 자물쇠를 채워놓아도 "그 어디선가 밤 종소리 들려오누나(夜聞鐘聲何處來)"라고 차디찬 감방에서 겨울밤을 지새우는 심경을 토로하고 있다. 또 다른 편지에서 선생은 "북풍에 기러기도 자취를 감추는(北風雁影絶)" 엄동설한이지만 하늘 가에는 "언제나 구름이 유유히 떠도네(一雲萬古閒)"라고 읊조리고 있다.

눈 내리는 겨울밤 무쇠같이 찬 이불 속으로 파고드는 종소리, 기러기도 날지 못하는 추운 날씨에 함께 유유히 거닐고 싶은 구름, 이것은 겨울나기의 인고 끝에 맞게 될 새봄의 희망과 자유에 대한 선생의 절절한 신념일 것이다. 이러한 신념을 굳건히 간직했기에 선생은 그토록 꿋꿋이 겨울을 이겨낼 수 있었다.

선현들은 흔히 '추위의 괴로움'을 동연(凍硯, 얼음이 언 벼루)이나 가필(呵筆, 언 붓을 입김으로 불어 녹임)에 비유하고 있다. 실감 난다. 나도 겨울이면 영락없이 가필로 연구 메모지를 한 장씩 채워갔으니.

다음으로, 화제를 삼퀘고 얘기로 돌려보자. 애당초 감옥에서는 소반이니, 책상이니, 평상이니 하는 '상(床)' 개념이 아예 없다. 무엇을 받쳐놓고 식사를 하거나 글을 쓴다는 것은 '호강'에 속하기 때문에 아예 허용이 만무했나 보다. 밥은 바닥에 놓고 허리를 80도 각도로 굽혀가면서 먹어도 괜찮은데, 쉴 새 없이 글을 써대는 나에게 받치고 쓸 것이 없다는 것은 큰 곤욕이 아닐 수 없었다. 더구나 무릎인대가 늘어나고 무릎관절에 이상(정확한 진단은 못 받았다)이 생겨 다리가 부석부석 부어 있는 상태에서 두 다리를 포갠 채 바닥에 엉덩이를 붙이고 앉아 아무 데나 대고 쓴다는 것은 고문과 별반 다를 바 없는 고통의 연속이었다. 그렇게 두세 시간 쓰고 나면 다리에 피가 통하지 않아 발등은 희끄무레하게 변색되고, 하체는 거의 마비 상태여서 고목처럼 꼬집어도 별 감각이 없다. 그럴 때면 가까스로 일어서서 어정어정 걸음마를 떼면서 다리에 생기가 감돌기를 기다렸다가 다시 앉아서 쓰곤 한다. 시간이 갈수록 이런 일을 자주 반복해야만 했다.

그렇다고 가중되는 고통을 그대로 감내하면서 쓰기 작업을 계속할 수는 없었다. 왜냐하면 인고에도 한계가 있고, 더구나 쓰기가 점점 막막해지기 때문이었다. 막다른 골목에서는 꼼수도 수인가 보다. 궁리 끝에 '반칙'으로까지는 몰리지 않을 꼼수 하나가 떠올랐다. 이른바 '삼궤(三机)', 즉 세 가지 책상을 만들어 쓰는 발상이었다. 애벌 발상은 무릎 위에 넓적한 책을 고여놓고 쓰는 '궤궤(跪机)'였으나 오래 지탱할 수 없는 결함이 있었다. 그리하여 지름 약 20센티미터의 화장용수 물통을 뒤집어 놓고 쓰는 '통궤(桶机)'나 임시로 책을 쌓아놓고 쓰는 '퇴궤(堆机)'로 발상이 진일보했다. 이런 경우를 두고 "하늘이 무너져도 솟아날 구멍이 있다"고들 하는가 보다. 그 후부터는 이 삼궤를 엇바꾸어 가면서 효용했다. 말이 좋아 '궤'요 '효용'이지, 그 불편함이란 이루 다 형언할 수가 없었다. 물통에는 시간대마다 나오는 물을 받아두었다가 써야 하고, '책무지'는 수건이나 옷가지를 이어 묶었다가는 밤이 되면 다시 풀어놓아야만 했다. 그러나 그것마저도 없었더라면, 내 글쓰기는 그 이상 더는 이어가지 못했을 것이다. 이 점에서 '삼궤'는 나름의 기발한 발상이며, 그 기여는 무시할 수가 없다고 자부했다.

원시적인, 그것도 지극히 원시적인 순수 '1차 가공품'에 불과한 이 '삼궤'에 감지덕지 글쓰기를 의지하다가 어느 날 뜻밖에도 한 독지가가 네 발 달린 자그마한 앉은뱅이상(약 45×35×25센티미터 크기) 하나를 보내왔다. 이제야 드디어 '삼궤고(三机苦)'를 덜 수 있게 되었다. 그 무명의 독지가에게 마음속 깊은 곳에서 천만번 고마움을 보냈다. 그리고 어려움과 괴로움을 덜었다는 의미와 앞으로의 파급효과를 예상했을 때, 이날은 영어 생활 중 가장 반가운 날로 오늘까지도 기억에 생생히 남아 있다. 이제 글쓰기가 편리해진 것은 물론이고, 글쓰기 속도에 날개가 돋았다. 생산 도구가 생산력의 발전에서 중요한 역할을 한다는 경제학 원리를 새삼스레 체험으로 거듭 깨닫게 되었다.

끝으로, 이러한 인고 속에서도 본의 아니게 차려진 행운에 관한 여담 한 가지를 토설하려고 한다. 옥방의 백야(白夜)에서 덕 본 얘기다. 조금은 의아한 일이지만, 옥방은 하루 24시간 내내 불이 밝혀져 있다. 밤에도 밝혀져 있으니 흡사 북극의 백야를 방불케 한다. 평생 암야(暗夜)에 길든 초입자에게는 큰 곤욕이 아닐 수 없다. 나는 두 달 남짓하게 불빛 때문에 잠을 설쳐대던 기억이 지금도 생생하다. 규정상 밤 9시가 취침 시간이고 보면, 백야는 근 10시간이나 지속된다. 야행성 버릇에 굳어버린 나로서는 밤 시간이 실로 지루하고 맨숭맨숭하며, 허송하는 것이 아쉬웠다. 궁리 끝에 위법을 무릅쓰고 이불을 뒤집어쓴 채 몰래 책과 씨름했다. 그런데 읽는 것은 괜찮은데 쓰는 것이 문제였다. 몰래 쓰다가 교도관의 순찰에 걸려 검방(檢房)을 당한 일이 한두 번이 아니었다. 그럴 때마다 '울며 겨자 먹기'로 관용을 청촉(請囑)하곤 했다. 교도소 세 군데를 전전하는 동안 반복된 이러한 청촉은 대부분의 경우 묵시적으로 수용되어 운 좋게도 일각이 천금인 귀중한 시간을 매일 세 시간 이상의 백야의 공(空)시간을 벌어들여 집필 등 긴요한 일에 효용했다.

6장

옥중에서 구사한
학문 연구 총람

옥중에서 구사한 학문 연구 총람도

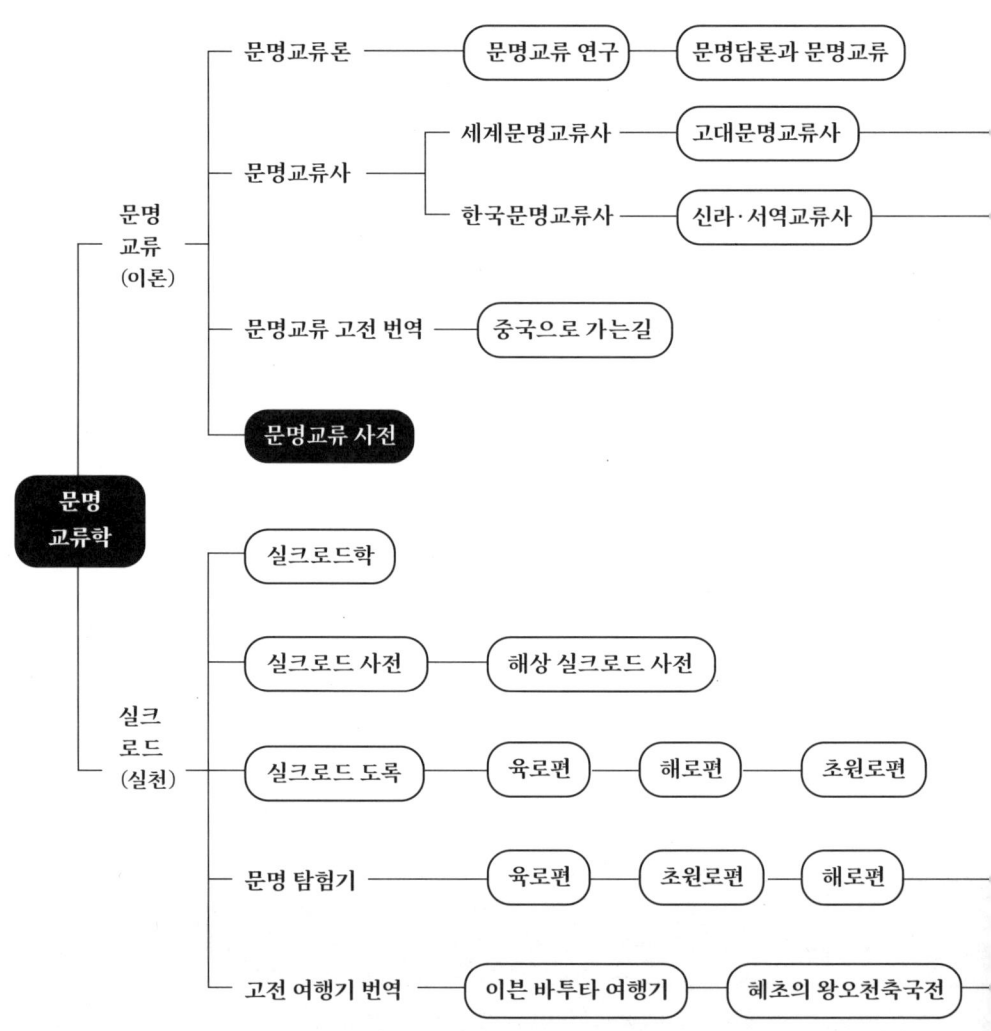

문명교류학의 학문적 정립을 최종 목표로 한 다음의 학문 연구 총람은 옥중에서 얼개를 구사하고, 출옥 즉시 보완해 작성한 도표로서 2020년까지의 수행 상황을 표시했다.

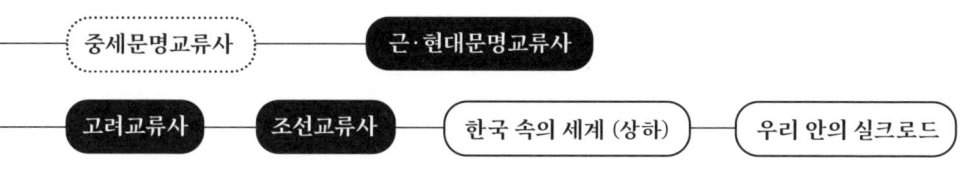

기수(旣遂) 23
수행 중 1
미수(未遂) 5

총 29건 (2020. 6.)

1996

2000

63세에서 67세

서울, 대구, 대전 구치소

나의 학문관

학문이란 배우고 익힘으로써 체계가 선 지식, 즉 체계적인 지식을 뜻한다. 아무거나 배우고 익힌다고 해서 학문인 것이 아니라, 일정한 논리적 근거에 따라 체계가 선 지식이라야 학문이라고 말할 수 있다. 일찍이 플라톤은 학문을 이루는 지식의 중요성에 관해 이렇게 말했다. "돈을 가장 밑바닥에, 힘을 중간에, 그리고 지식을 맨 윗자리에 놓으라." 치세(治世)에서 속물적인 돈이나 힘보다는 이지적인 학문이 더 중요함을 강조한 것이다.

그런데 지식인들이 시대의 학문적 소명에 대한 수용 태도와 그들이 처한 학문적 환경, 학문의 집적 수준 그리고 개개인의 소질과 선호도 등이 다르기 때문에 그들이 학문을 대하는 시각과 태도, 즉 학문관이 다를 수밖에 없다. 이러한 '다름'은 고정불변한 것이 아니라 학문 탐구가 심화됨에 따라 '같음'으로 승화할 수 있다. 복잡다기하고 지난한 학문의 길을 개척해 나가는 데에서 지식인들에게는 길잡이와 좌표가 되는 학문관이 필수불가결하다.

나는 평생 혼잡한 길을 걸어오다가 만년에 와서 학문 외곬으로 방향 전환을 굳히면서 미래의 학문 연구 총람(앞의 도표 참고)을 설계하는 과정에서 나름의 학문관을 세우기에 이르렀다. 나는 나의 학문관을 아위중(我爲重), 술이작(述而作), 천일정(穿一井)의 세 기둥으로 받쳐 세우고, 그 실천에 일로매진했다. 돌이켜 보면, 나의 이 학문관은 일찍이 대학 시절부터 한 가닥씩 싹을 틔워오다가 중간에 딴 일로 접어두지 않을 수 없었다. 그러다가 이순을 훨씬 넘겨 세상과 격폐되는 수인의 신세가 되다 보니 할 수 있고, 또 해볼 만한 일은 오직 '학문으로의 귀환' 하나뿐이었다. 그리하여 40여 년간 세진에 케케묵을 대로 묵어버린 '귀환된 학문'에 다시 손을 대고, 시들 대로 시들어 버린 학문관의 싹을 가까스로 다시 살려나갔다. 급기야 내 학문의 '기로산실(耆老産室)'인 감옥에서 학문관의 구상을 숙성시키고 출옥 후 그 실천에 잠심몰두했다.

나의 첫째 학문관은 아위중(我爲重)이다. 그 뜻은 '우리의 것이 중요하다'는 것이다. '우리의 것'이란, 우리의 고유한 사회환경에서 생겨나 우리의 지적 전통을 이어온 학문을 말한다. 그렇다고 순수한 '우리의 것'만은 아니고, 그 속에는 '우리화'한 '남의 것'도 응축되어 있다. 왜냐하면 '우리의 것'도 구경은 자폐나 배타가 아닌 개방과 수용 속에서 필요한 '남의 것'을 받아들였기 때문이다. 문제는 실정에 맞게 받아들여 파괴적이 아닌, 창의적이고 건설적인 융합을 이루어냄으로써 고유한 '자기의 것'으로 만들었는가 하는 점이다. 이렇게 학문을 포함한 문명 일반은 외래의 인자와 본래부터 가꾸어 오던 내재적 인자가 일정한 융합 과정과 토착 과정을 거쳐 비로소 한 민족이나 한 국가의 고유한 '나의 것'이 창출되고 고착되며 계승되는 법이다.

　제반 문명 현상에서도 마찬가지이지만, 학문 연구에서 '나의 것'에 대한 연구는 각별히 중요하므로 선행해야 한다. 그것은 학문 연구의 원초적 요구 때문이다. 통상 우리는 자신의 고유한 언어와 집적된 지식을 매체로 해 자신의 실정에 맞는, 자신에게 필요한 학문 연구에 착안한다. 그뿐 아니라, 자신이 소유한 학문에 대한 바른 이해만이 학문 연구에서의 사대주의나 추미주의, 허무주의, 자학관(自虐觀) 같은 폐단을 극복하고 학문 연구의 주체성을 확립할 수 있다.

　나는 이러한 '아위중'이란 학문관에 입각해 출판사 '학고재'와의 기획 시리즈 '세계적 여행기 20선 번역'에서 우리 역사 문화의 세계성을 선양하기 위해 첫 번역 대상으로 세계 4대 여행기의 하나인 혜초의 『왕오천축국전』을 선정하고 계획대로 2004년에 역주서를 출간했다. 또한 한국문명교류연구소 내에 '한국 고전 연구 모임'을 결성해 월 2회씩 지금까지 학계에서 소외되었던 우리 고전 속의 세계 인식과 교류에 관련되는 내용을 독해하고, 그것을 집대성(총 12권)해 2011년 『세계 인식에 관한 한국 고전 독해』란 고전 독해집을 발간했다.

　내가 두 번째로 견지해 온 학문관은 술이작(述而作)이다. 술이작이란, '선인의 것을 서술할 뿐만 아니라 새것을 창작하다'라는 뜻이다. 『논어』「술이편」에는 "술이부작 신이호고 절비어아노팽(述而不作 信而好古 竊比於我老彭)", 즉 "선인의 것을 서술했을 뿐 창작하지는 않았다. 그러나 옛것을 좋아하는 만큼은 몰래 노팽(은나라의 현인)과 비교해 본다"라는 말이 나온다. 이 말은 공자의 겸손함을 뜻하는 표현으로서 '술이작'은 '술이부작'의 반의어다. 『주희집주(朱熹集注)』

에도 이 말을 "술 전구이이 작 즉창시야(述 傳舊而已 作 則創始也)"라고 풀이했다. 즉, "술은 낡은 것을 전하는 것뿐이고, 작은 새롭게 시작하는 것이다"라고 했다.

사실 학문의 가치나 필요성은 남의 것을 그저 서술하는 데만 그치지 않고 창의적으로 새것을 창조하는 데 있다. 그렇다면 학문에서는 왜 '술이작'해야 하는가?

그것은 학문의 진일보한 발달을 위해서는 필수이기 때문이다. 선행지식을 충분히 습득하고 집성해야 새로운 지식 창출이 가능하다. 그런데 작금 학계에서는 술이작에 어깃장을 놓는 묘한 구태가 심심찮게 일어나고 있다. 불술부작(不述不作), 술이부작(述而不作), 술작혼탁(述作混濁), 불술이작(不述而作) 등등이 모두 그러한 구태의연한 작태인 것이다.

그렇다면 어떻게 '술이작'할 것인가? 우선 '술'과 '작'을 명백하게 분별한 다음 피타는(몹시 절절하여 애타는 심정을 표현하는 북한어) 학구적 노력과 고도의 창의력을 발휘해 '술이작'에 골인해야 할 것이다. "모든 책 중에서 그 사람의 피로써 쓴 책을 좋아한다"라고 니체는 그러한 노력을 촉구하는 명언으로 구태에 일침을 놓았다.

나는 새로운 인문학 분야인 '실크로드학'의 학문적 정립에서 나름대로 '술이작'을 터득하고 실천하려 했다. 관련 서적 50여 권을 섭렵하고 28년간 종횡무진 세계 일주를 단행해 실크로드 도록과 답사기를 10여 권 저술했다. 이 과정에 실크로드에 관한 선행지식을 널리 습득한 바탕에서(述) 『실크로드학』과 『실크로드 사전』 『해상 실크로드 사전』의 창작(作)에 천착했다. 또한 한국 속에 들어와 있는 다양한 이질 문화에 대한 문헌 기록을 섭렵하고 각종 유물들을 통찰하면서(述) 우리 역사 문화의 개방성과 수용성을 발견하고 '한국 속의 세계', '세계 속의 한국'이라는 한국의 세계적 위상을 당당히 정립할 수 있었다(作).

끝으로, 내가 시종일관 견지한 학문관의 하나는 천일정(穿一井)이다. 천일정이란, 한자 뜻 그대로 '한 우물을 깊이 파다'라는 뜻이다. 왜 학문 연구에서 '천일정'해야 하는가? 그것은 학문 연구의 생명인 지식의 체계성과 통일성을 보존하기 위해서이며, 또한 인간 능력의 한계성에서 오는 부득이함이다. 천일정의 학문관은 물론이고, 학풍에 반하는 대표적인 폐단으로 '어깨너머 학문'과 '마당발 학문'을 들 수 있다. 어깨너머로 간신히 귀동냥이나 한 천식(淺識)이나, 아무 데나 집적거리며 마당발질로 얻어들은 잡식(雜識)을 학문으로 둔갑시키는 가소로운 행태와 허풍이 진실한 학문의 세계를 좀먹는 현실이 실로 안타깝다.

한 우물을 깊이 파야 청정한 진수(眞水)인 암수(岩水)가 나온다. 아무 데나 얕게 파면 쓸모없거나 심지어 독소 섞인 구지렁물만 나오게 마련이다. 이것은 내 학문 연구의 체험이기도 하다. 나는 이 시대의 학문적 소명을 받들어 실크로드학이란 새로운 인문학의 개척을 위해 진수인 암수를 퍼 올릴 때까지 '실크로드학'이란 한 우물을 20여 년간 깊이 팠더니 드디어 암수가 샘솟아 나와 이 시점에서 감히 실크로드학에서 한 단계 업그레이드된 문명교류학으로의 진화를 설계하게 되었다. 학문 연구의 새로운 진화 단계에 들어서도 나는 나의 이 3대 학문관을 변함없이 굳건히 지켜나갈 것이다.

문명교류의 통로, 실크로드

실크로드의 개념

우리의 교과서나 저작물, 언론매체, 심지어 백과사전마저도 실크로드는 한낱 유라시아에서 로마와 중국 장안을 이어준 외통 장삿길로만 기술되어 있다. 그러다 보니 한반도 같은 이른바 '주변국'들은 이 길에서 제외되어 있다. 그뿐 아니라, 오아시스 육로 하나만을 실크로드로 오해하면서 그 동단(東端)을 중국의 장안(長安), 현 시안(西安)으로 보고 있다. 이러한 경향은 외국 학계도 마찬가지다. 이것이 이 시각까지 고집되어 오는 실크로드에 관한 동서 학계의 진부한 통설이다. 이제 이 구태의연한 통설을 혁파하고 역사적 사실과 시대의 요청에 걸맞게 실크로드를 새롭고 바르게 이해해야 할 것이다.

문명은 모방성이라는 고유 속성에 의해 끊임없이 이동하는데, 그 공간적인 이동 과정이 곧 교류이고 그 교류의 길이 바로 실크로드다. 따라서 실크로드란 한마디로 문명교류의 통로에 대한 범칭이다. 지금까지의 고고학적 발굴에 의하면 이러한 교류의 통로인 실크로드는 후기 구석기시대(3만 5000년~1만 2000년)에 그 싹이 트기 시작하였다. 특히 1만 년 전 충적세(沖積世)가 시작되면서 인류의 이동이 늘어나 유라시아 대륙에 몇 갈래의 길이 생겨났는데, 그것이 넓은 의미로 본 실크로드의 발단이다. 그런데 인류가 이러한 문명교류의 통로인 실크로드가 존재했다는 사실을 인지하게 된 것은 불과 130여 년 전부터이다. 그동안 여러 가지 연구 끝에 이 길이 인류가 장거리 이동을 하면서 트이기 시작한 이래 여러 확대 과정을 거쳐 오늘에 이르렀다는 것을 알아냈다.

실크로드 이해에서 또 하나의 혼동되는 개념은 이른바 '신실크로드'다. 대체로 18세기 중엽까지는 전통적인 교통수단인 말에 의해 초원로가, 낙타에 의해 오아시스로가, 범선에 의해 해로가 운영되었다. 그러다가 산업혁명의 덕분으로 1769년 프랑스의 퀴뇨(Nicolas Joseph Cugnot)가 사상 처음으로 증기기관을 동력으로 하는 목재 3륜차를 발명하였다. 톡탁거리면서 몇 걸음씩 내딛는 이 하찮은 '요물'은 실크로드 역사에 일대 혁명을 불러왔다. 개량에 개량을 거듭하던 끝에 드디어 19세기에는 버스가 만들어지고, 그 후로는 엄청난 교통수단들이 잇달아 발명된다. 철도와 비행기, 기선이라는 새로운 교통수단의 도입에 의해 지구는 육해공의 입체적 교통망으로 뒤덮이게 되고, 그에 따라 교류의 내용과 방도도 크게 달라졌다. 그래서 18세기부터 오늘 21세기에 이르는 약 300년간의 실크로드는 분명히 내용이나 형식에서 전통적인 구각을 벗어나 신형의 문명교류 통로, 즉 '신실크로드'로 그 면모를 새로이 갖추게 된 것이다. 그래서 18세기부터 오늘 21세기에 이르는 약 300년 간의 실크로드는 그 이전의 전통적 실크로드와는 구별지어 '신실크로드'라고 일컫는다. 요즘 흔히 말하는 '철의 실크로드'니 '경제 실크로드'니 '오일 실크로드'니 하는 것이 바로 이에 속한다.

전통적 실크로드건 현대적 실크로드건 간에 실크로드라는 조어는 유럽 문명 중심주의의 소산이다. 원래 실크로드란 명칭은 중국 비단의 일방적인 대서방 수출에서 유래했을 뿐만 아니라, 비단이 로마제국에서 큰 인기를 얻은 진귀품이었음을 기리기 위해 그 사용이 유지되었던 것이다. 사실 비단이 동서 교역품의 주종으로 오간 것은 기원을 전후한 짧은 한때의 일에 불과했다. 진정한 문명교류의 차원에서 유래된 말은 아니다. 따라서 그 사용이 적절치 못하기는 하지만, 비단이나 비단 교역이 지니는 상징성 때문에 하나의 아칭(雅稱)으로 그냥 관용적으로 사용되고 있다.

실크로드에 관한 이해가 바로 설수록, 이 범지구적 길이 인류 역사의 전개에서 감당한 역할을 더욱 깊이 인식하게 된다. 그 역할은 우선, 문명교류의 가교 역할을 한 것이다. 문명의 발달은 교류에 크게 의존하는데, 그러한 교류를 실현하려면 반드시 가교 구실을 하는 공간적 매체가 필요하다. 그 매체가 바로 실크로드다. 아시아인들의 문명 전환을 촉진시킨 청동기의 동전(東傳)이나, 유럽의 개화를 계도한 제지법의 서전(西傳)이나, 중국 전통 악부에 커다란 변화를 가져온 호악(胡樂)의 동전은 모두가 이 길을 따라 이루어졌다. 역사적 사실은 실크로드의 가교 역할을 증언하고 있다.

다음으로, 실크로드가 세계사 전개의 중추적 역할을 감당했다는 것이다. 문명교류의 통로인 이 길을 따라 일련의 세계사적 사변들이 일어나고 수많은 민족과 국가가 흥망성쇠를 거듭하면서 인류 역사는 오늘까지 이어졌다. 이 길이 없었던들 세계사는 분명히 다른 양상으로 전개되었을 것이다. 고대 오리엔트문명의 창조자들로부터 그리스·로마제국, 페르시아제국에서부터 이슬람제국, 선진(先秦) 시대의 중국으로부터 몽골제국, 석가 시대의 인도에서부터 티무르제국의 출현과 번영에 이르기까지 그리고 북방 유목민족들의 흥망으로부터 중앙아시아 여러 나라들의 출몰에 이르기까지, 이 모든 역사적 사변들은 이길을 따라 전개되었고, 이 길에 의해 서로 관련됨으로써 비로소 가능했던 것이다.

끝으로, 그 역할은 세계 주요 문명의 산파역을 담당한 것이다. 원래 문명의 탄생과 발달은 교통과 불가분의 관계에 있다. 교통의 불편은 문명의 후진을 초래하며, 교통의 발달 없이 문명의 창달이나 전파는 있을 수 없다. 이러한 문명론의 원리가 실크로드사에서 그대로 실증되고 있다. 고대 오리엔트문명을 비롯한 황허문명, 인더스문명, 그리스·로마 문명, 유목민족 문명, 불교 문명, 페르시아 문명, 이슬람 문명 등 동서고금의 주요 문명들은 모두가 이 길을 둘러싼 지역에서 발아한 다음 이 길을 타고 개화하여 결실했다. 그 뚜렷한 일례가 바로 기독교와 불교, 이슬람교 등 종교가 이 길을 따라 동서남북으로 전파됨으로써 세계적인 종교가 될 수 있었던 사실이다.

실크로드의 개념 확대

지난 한 세기 동안의 연구 과정을 살펴보면 내용은 물론이거니와 개념마저도 이해의 범위를 부단히 확대해 왔음을 알 수 있다. 즉 이 길이 포괄하는 공간적 범위와 그 기능에 대한 인식이 점진적으로 심화됨에 따라 실크로드는 단선적(單線的)인 연장만이 아니라 여러 가닥이 겹쳐 있는 복선적(複線的)인, 내지는 그물처럼 씨줄과 날줄로 엉켜 있는 망상적(網狀的)인 길로 확대되었다는 것이 밝혀지고 있다. 이것이 이른바 실크로드의 개념 확대다. 그간 실크로드의 개념은 다음과 같은 몇 단계를 거쳐 확대되었다.

첫 단계는 중국-인도로의 단계다. 독일의 지리학자 리히트호펜(Ferdinand Paul Wilhelm Richthofen)은 1869~1872년 기간에 중국을 답사한 후 다섯 권으로 된 방문기 『중국』(China, 1877)을 출간하였다. 그는 1권 후반부에 고대 중국 중원 지방으로부터 중앙아시아의 트란스옥시아나 지방을 경유해 서북 인도로 수출되는 주요 교역품이 비단이었다는 사실을 감안해, 이 중국으로부터 인도까지로 이어지는 교역로를 독일어로 자이덴슈트라센(Seidenstrassen), 즉 '실크로드'라고 명명하였다. 이리하여 실크로드라는 이름이 처음으로 나타나게 되었으며, 이 길의 면모가 드러나기 시작하였다.

둘째 단계는 중국-시리아로의 단계다. 이 단계에로의 개념 확대는 탐험가들과 고고학자들에 의한 비단 유물의 발견이 그 기폭제가 되었다. 20세기 초 스웨덴의 헤딘(S. Hedin)과 영국의 스타인(A. Stein) 같은 탐험가들은 중앙아시아 각지에서뿐만 아니라, 멀리 지중해 동안의 시리아 팔미라(Palmyra)에서까지 한금(漢錦, 한나라 비단) 유물을 발견한다. 그리하여 독일의 동양학자 헤르만(A. Hermann)은 1910년 이 비단 교역로를 시리아까지 연장하고, 선학을 따라 그 이름을 '실크로드'라고 재천명했다. 그런데 유물들은 주로 여러 사막에 산재한 오아시스에서 발견되었기 때문에 일명 '오아시스로(Oasis Road)'라고도 불렸다. 실크로드사에서 보면, 이 길은 첫 단계의 길, 즉 중국-인도로의 단선적 연장이다. 실크로드사에서 이 오아시스로는 시종 큰 변화 없이 중요한 역할을 해왔으며, 그 노선도 비교적 명확하므로 오늘까지도 이 길이 마냥 실크로드의 대명사인 양 오해되고 있다.

셋째 단계는 3대 간선로(幹線路) 단계다. 제2차 세계대전 후 문명교류와 그 통로에 관한 연구가 본격화되면서 실크로드는 오아시스로 육로만이 아니라, 그 남·북방에 해로(Sea Road)와 초원로(Steppe Road)가 동서로 병행되어 가로지르고 있다는 사실이 밝혀졌다. 이른바 3대 간선(초원로, 오아시스로, 해로)으로의 확대다. 유라시아 대륙의 북방 초원 지대(북위 50~40도 사이)를 횡단하는 초원로는 가장 오래된 실크로드로서, 그 주로(主路)는 흑해 동북부-카스피해-아랄해－카자흐스탄 초원－알타이산맥 남부－중가리아 분지－오르혼강 연안－중국 화베이(華北)－둥베이－한반도로 이어진다. 이에 비해 중앙아시아를 중심으로 한 건조지대(북위 40도 부근의 사막)에 점재(點在)한 오아시스들을 연결한 오아시스로(로마에서 장안까지 약 1만 2000킬로미터)는 시리아사막－카비르사막과 루트사막(이란)－키질쿰 사막(중앙아시아)－타클라마칸사막(중국)－고비사막(몽골) 등 여러 사막지대를 동서로 관통한다. 남방의 해로는 지중해－홍해－아라비아해－인도양－태평양에 이르는 바닷길(로마에서 중국 동남 해안까지 1만 5000킬로미터)로 중세에 와서는 주종 교역품의 이름을 따서 '도자기의 길', '향료의 길'이라고도 불렸다.

그뿐 아니라, 이 단계에서는 적어도 다섯 개의 통로, 이른바 5대 지선이 남북을 세로지고 있다는 사실도 알아냈다. 그 5대 지선은 다음과 같다. 즉 ① 마역로(馬易路): 몽골 오르혼강 유역－유주(幽州, 베이징의 북방)－광주(廣州, 현 광저우) ② 라마로(喇嘛路): 중가리아 분지－라싸－갠지스강 하구 ③ 불타로(佛陀路): 우즈베키스탄－페샤와르－동인도 ④ 메소포타미아로: 캅카스－바그다드－페르시아만 ⑤ 호박로(琥珀路): 발트해－콘스탄티노플－알렉산드리아. 이제 실크로드는 문자 그대로 동서남북으로 종횡무진 얽히고설킨 그물망의 교통로임이 분명해졌다. 실크로드 개념의 확대 차원에서 보면, 앞 두 단계의 단선적인 연장 개념에서 벗어나 복선적이며 망상적인 개념으로 증폭된 셈이다. 그러나 실크로드 개념이 이렇게 3단계를 거쳐서 확대되었음에도 불구하고 아직은 주로 유라시아를 아우르는 이른바 구대륙에만 한정된 길이며 이것이 지금까지의 통념이다.

마지막 넷째 단계는 환지구로(環地球路) 단계다. 앞의 세 단계를 거쳐 실크로드 개념은 부단히 확대되었지만, 그것은 아직 구대륙의 범위를 벗어나지 못하였다. 바꾸어 말하면 문명교류의 통로인 실크로드가 지구의 다른 한 부분인 '신대륙'(적절하지 못한 표현이나 관용적 용법에 따라 쓴다)까지는 이어지지 못함으로써 '신대륙'은 인류 문명의 교류권에서 소외되었다. 그렇지만 역사적 사실이 증명하다시피, 늦어도 15세기 말엽부터는 해로에 의한 문명교류의 통로가 구대륙에서 신대륙에까지 뻗어감으로써 실크로드는 명실공히 지구 전체를 아우르는 환지구적 통로로 자리매김이 되었다. 그러나 아직까지 이러한 인식과 연구는 공론화·보편화되지 못하고 전래의 통념에 머물러 있는 형편이다.

이렇게 문명교류의 통로가 신대륙에까지 이어졌다고 보는 근거는 우선 '신대륙'으로 통하는 해로가 개척되었다는 사실에 있다. 1492년 이탈리아 항해가 콜럼버스(C. Columbus)가 대서양을 가로질러 카리브해에 도착한 데 이어, 포르투갈의 항해가 마젤란(F. Magellan) 일행이 1519~1522년 스페인-남미의 남단-필리핀-인도양-아프리카의 남단-스페인으로 이어지는 세계 일주 항해를 단행함으로써 해로를 통해 신대륙에 이르는 바닷길이 트이게 되었다. 다음으로는 신대륙과 구대륙 간에 교역이 진행되었다는 데도 그 근거를 두고 있다. 16세기부터 에스파냐인과 포르투갈인들은 필리핀의 마닐라를 중간 기착지로 삼아 중국의 비단을 중남미에 수출하고 중남미의 백은(白銀)을 아시아와 유럽에 반입하는 등 신구 대륙 간에는 이른바 '태평양 비단길', '백은의 길'을 통한 '대범선(大帆船) 교역'이 진행되었다. 이러한 교역을 통해 고구마, 감자, 옥수수, 낙화생(땅콩), 담배, 해바라기 같은 '신대륙'의 특산물이 아시아와 유럽에 유입되어 오늘날까지 널리 보급되고 있다. 한편 이 바닷길을 따라 중국의 비단과 도자기가 '신대륙'에 운반되었다.

이상과 같은 사실을 감안할 때, 비록 해로의 단선적인 연장이기는 하지만 15세기를 기해 확실히 문명교류의 통로인 실크로드(해로)는 구대륙에서 신대륙으로 이어졌던 것이다.

초보적인 연구 결과에 의해서도 실크로드 3대 간선의 한반도 연장은 고증 가능하다는 것이 확인되었다. 우선, 오아시스 육로의 동단이라고 할 수 있는 고대 한중 육로의 원형은 평양과 전국시대 연나라의 수도 계(薊) 간의 이른바 '명도전로(明刀錢路)'다. 이 길은 연나라 화폐인 명도전의 출토지들을 연결한 고조선시대의 길로서, 그 노정은 한반도 경내의 평양에서 출발해 동북방의 영원(寧遠)과 영변(寧邊)을 지나 압록강 중류의 동황성[東黃城, 현 강계(江界)]에 다다른다. 여기서 강을 건너 중국 동북 경내의 통구[(通溝, 현 지안(集安)]에 이른 후 서행해 요동반도를 거쳐 승덕(承德, 현 청더)을 지나 하북성의 연나라 수도 계[유주(幽州), 즉 현재 베이징의 북방]에 종착한다. 고조선에 이어 출현한 3국 중 북방에 위치한 고구려는 한중 간의 육로를 독점하였다.『삼국사기』등 사적의 기록에 의하면 수도 평양에서 중국 여러 조와의 접경 요지인 영주[營州, 현 차오양(朝陽)]까지 가는 육로(평양-영주로)에는 남북 두 길이 있다. 두 길 모두가 평양(후기 고구려 수도)에서 출발해 동황성을 지나 압록강을 건너 환도(丸都, 즉 통구, 고구려 전기 수도)에 이른 후 남북 두 갈래로 나뉜다. 두 갈래는 각기 광주[廣州, 현 랴오중(遼中)]와 심주[瀋州, 현 선양(瀋陽)]를 지나 양어무(梁魚務)와 통정진[通定鎭, 현 신민현(新民縣)]에서 요하(遼河, 현 랴오허강)를 건넌 다음 영주에서 만난다. 그중 요동반도를 통과하는 남쪽 길은 고대 '명도전로'와 대체로 일치한다.

통일신라시대에는 나당 관계의 발전과 서역 문물의 한반도 전래로 인해 이 육로가 양국 수도를 연결하는 길, 즉, 금성(현 경주)-장안으로 확대 연장되었다. 그 노정은 금성에서 출발해 한반도 경내의 한주(漢州, 현 서울)를 지나 평양에 이르는 전술한 평양-영주로를 통해 영주에 이른다. 여기서부터 다시 서행해 임투관[(臨楡關, 현 산하이관(山海關)]과 평주(平州) 등 요령성(遼寧省, 현 랴오닝성) 서부와 하북성(河北省, 현 허베이성) 동북부 여러 곳을 지나 유주에 도착한다. 유주부터는 서·중·동도의 세 갈래로 갈라져 각기 남행하다가 낙양에서 합친 후 서행해 장안에 이른다. 이상의 내용을 종합하면, 금성에서 장안까지의 거리는 약 6840리가 되며, 로마까지는 약 3만 6840리(1만 4736킬로미터)로 추산된다. 하루에 100리(약 40킬로미터)를 걷는다면 꼬박 1년이 걸려야 전 노정을 주파할 수 있다.

다음으로, 실크로드 3대 간선의 하나인 해로의 경우, 한반도는 일찍부터 중국과는 물론, 멀리 동남아시아나 서역과도 바닷길을 통해 내왕하고 교역을 진행했다. 기원전 진시황 시대에 서복(徐福) 선단이 중국 산둥반도에서 출발해 한반도 남해안에 이른 것을 비롯해 고대 한중 간의 해상 내왕은 연락부절하였다. 그 바닷길은 대체로 중국 동남 해안을 거쳐 연해로(우회로)나 횡단로(직항로)를 따라 한반도의 서남 해안까지 이른다. 이 한중 간의 바닷길은 두 나라의 문헌 기록에 의해 구체적으로 구명되고 있다. 이 점에서 해로는 중국 동남 해안을 매개로 하여 한반도와 연결되었다고 말할 수 있다.

한편, 한국은 삼국시대부터 동남아시아는 물론, 멀리 아랍 세계를 비롯한 서역과도 교류하고 있었음이 여러 가지 유물과 기록에 의해 입증되고 있다. 동남아 특산의 유리구슬이 백제 왕릉에서 출토되고 자단(紫檀)과 침향(沈香) 공작새 꼬리와 비취 새털이 신라인들의 기호품으로 애용되었다. 그런가 하면 중세 아랍 문헌에는 신라에서 수출한 물품이 열거되고 있으며, 아랍-무슬림들이 신라를 내왕하거나 정착한 사실까지 기록하고 있다. 고려 초기에는 아랍 상인들이 100여 명씩 집단적으로 상역(商易)차 뱃길로 개경에 오곤 하였다. 이들의 이동에 관한 이 모든 사실은, 실크로드의 한 간선인 해로의 종착지는 결코 중국 동남 해안이 아니라 한반도까지 연장되었음을 실증한다. 조선술과 항해술의 발달 수준으로 미루어 동남아 지역과는 직접적 해상교통이 전개되었음 직한데, 연구의 미흡으로 아직 실증적 증거는 확보하지 못하고 있다.

끝으로, 초원로의 한반도 연장 문제가 남는다. 스키타이와 흉노를 비롯한 북방 유목 기마민족 문화의 영향이 역력한 한반도가 일찍부터 그들과 교류하고 있었으며, 그 교류 통로가 초원로였다는 사실은 의심의 여지가 없다. 그러한 문화와의 접촉은 지역적으로 폭넓게 진행되었기 때문에 한반도로 이어지는 초원로는 한 길만이 아니고 여러 갈래의 길로 이루어졌을 것이다. 그러나 관련 기록이나 유물이 별로 없는 데다가 연구의 일천까지 겹치니 아직은 별로 밝혀낸 바가 없다. 요체는 지금까지의 통설대로 중국 화베이 지방까지 이르렀다는 초원로를 한반도로 이어줌으로써 한반도를 초원로의 동단으로 자리매김하는 것이다.

역사적으로 보면, 고구려나 발해의 서변 출구는 영주다. 전술한 바와 같이, 고구려시대에 한반도를 이어주는 오아시스 육로의 남북 2도도 이곳에서 만난다. 영주는 고구려의 서역행 육로의 요지일 뿐만 아니라, 화베이와 몽골로 이어지는 초원로의 시발점이기도 하다. 『위서』와 『구당서』 등 중국 사적에 소개된 교통로 관련 기록들을 참고하면, 한반도와 초원로의 연결 루트를 두 길로 갈라 설정할 수 있다.

우선, 영주-평성(平城)로다. 『위서』에는 북위 도무제 등극 2년(387)부터 태무제 연화(延和) 원년(432)까지의 45년 동안에 위나라 수도 평성[平城, 현 산시성 다퉁(大同)]에서 화룡[和龍, 현 차오양(朝陽)]까지 일곱 차례에 걸친 위나라 왕의 순유나 동정(東征)에 관한 기록과 더불어 그 노정이 구체적으로 기술되어 있다. 그 기술에 의하면, 이 길은 평성-(동행)대녕[大寧, 현 장자커우(張家口)]과 유원[濡源, 현 롼허(灤河)]의 어이진[禦夷鎭, 현 츠청현(赤城縣) 두스커우(獨石口) 동쪽]-(동남행 90리)서밀운술[西密雲戍, 펑닝(豊寧) 민족자치현 다거진(大閣鎭) 동북]-(동행)안주[安州, 현 룽화(隆化)]-삼장구[三藏口, 현 청더(承德) 서북부]-(동북행)백낭성[白狼城, 현 링위안(凌源) 남변]-(동행)화룡으로 이어지는 초원로다. 이 길은 평성에서 유주와 몽골의 오르혼강을 남북으로 잇는 마역로(馬易路, 실크로드 5대 지선의 하나)와 합쳐 북방 몽골 초원을 관통하는 초원로와 연결된다.

다음은, 영주-실위[室韋, 현 헤이룽장(黑龍江) 중상류와 넌장(嫩江) 일대]로다. 『구당서』 「해국(奚國)」 전의 기록에 의하면, 이 길은 영주-(서북행)송경령[松徑嶺, 현 다칭산(大靑山)]-(서북행)토호진수[吐護眞水, 현 라오하허(老哈河)]-(서북행)해국의 아장인 황수석교[潢水石橋, 현 바린차오(巴林橋)]-(북행)구륜박[俱輪泊, 현 후룬호(呼倫湖)]의 오소고부(烏素固部, 실위의 최서부)로 이어지는 초원로다. 이 길은 몽골의 동부 초원로에 가닿는다. 고구려의 서변 출구인 영주로부터 이어진 이상의 두 초원로는 실크로드 초원로의 동단(東段)으로서 고대 한반도와 북방 유목 기마민족을 연결하는 통로로 많이 이용되었다.

『실크로드 사전』, 미증유의 문명교류 사전

사전은 관련 학문의 개념과 범주, 연혁 등 기본 내용을 규정하는 규범서이며 지침서다. 주지하다시피, 실크로드학 관련 사전은 일본(加藤九祚·前嶋信次 共編『シルクロード事典』, 芙蓉書房, 1993.)과 중국(周偉洲·丁景泰 主編『絲綢之路大辭典』, 陝西人民出版社, 2006.)에 이어 한국(졸저,『실크로드 사전』, 창비, 2013.)에서 출간한 서적들이 있다. 그 가운데서 외국어(영어)로 역출된 사전은 한국 사전이 유일하다.

규모에서 보면, 표제어와 색인이 한국 사전은 1900개와 8000여 개이며 일본 사전은 192개와 3815개다. 중국 사전의 경우 명색은 '실크로드 대사전'이지만, 실크로드 범위를 중국 시안(西安)에서 서역(西域)까지로 한정시켰을 뿐만 아니라, 내용 면에서도 주로 자국 영토 내의 지역이나 지리, 역사에 관한 것이 대부분을 차지함으로써 명실상불한 실크로드 사전이라고 볼 수 없다. 따라서 졸저는 양적 분량이나 내용, 즉 포괄성에서 지금까지 일본이나 중국 및 기타 나라들(관련 어휘의 취합 수준)에서 출간된 몇몇 실크로드 사전에 비해 단연 월등해 가위 '세계 최대의 실크로드 사전'이란 평가를 받고 있다. 한편, 아이러니하게도 서양에서는 실크로드 사전류가 아직 출간된 선례가 없는 것으로 알고 있다.

이 사전이 내재하고 있는 몇 가지 중요한 서지학적 특성은 다음과 같이 요약할 수 있다.

첫째로 '술이작'의 창의적 노작이다. '술이작'은 선인의 학설이나 이론을 서술해 밝힐 뿐만 아니라, 새로운 것을 만들어 내야 한다는 뜻의 복합어다. '술이작'은 학문 연구에서 내가 일관되게 견지하고 있는 학구적 이념이며 정신이다.

나는 실크로드에 관한 동서고금의 숱한 관련 문헌과 서적을 섭렵하고 사전의 원천이 되는 기본적인 이론 실천적 저술들을 마친 후에 이러한 저술들에서 표제어 1900여 개를 취사선택해 사전을 엮었다. 그러한 이론적 저술에는 『실크로드학』과 『고대문명교류사』 『문명교류사 연구』가, 실천적 저술에는 종횡 세계 일주 탐험기와 3대 실크로드 도록, 세계 3대 여행기의 역주 등이 포함된다.

특히 이 모든 저술의 근간이 되는 초유의 『실크로드학』(옥중 집필, 2001년 출간, 811쪽) 집필에는 사료 28권, 개설서 83권, 전문서 212권, 여행 탐험기 59권, 보조서 35권 등 선행 저서 총 417권을 참고했다. 그러나 저본으로 삼을 만한 사전류가 아직 없는 실정에서 표제어의 선정은 물론, 내용 전반에 걸쳐 일부분만 선학들의 서술(述)을 참고하였을 뿐, 대부분은 나의 창의적인 연구의 결과물(作)인 것이다.

이러한 창의적 작업을 보다 심도 있게 이해하기 위해 내가 선결조건으로 학문적 정립을 시도한 『실크로드학』의 구성 내용을 살펴보면, 서장 실크로드학의 정립, 1장 실크로드의 전개사, 2장 실크로드를 통한 교류의 역사적 배경, 3장 실크로드를 통한 물질문명의 교류, 4장 실크로드를 통한 정신문명의 교류, 5장 실크로드를 통한 인적 교류, 6장 실크로드를 통한 교류의 문헌적 전거, 7장 실크로드를 통한 교류의 유물적 전거 등으로 전편을 7장으로 대별했다. 20여 년 전 이 책의 출간에 즈음해 당시 한국의 대표적 중앙 일간지인《동아일보》는 실크로드학의 학문적 정립을 위한 창의적이며 선도적인 시도를 높이 평가해 이 책을 세계적 가치가 인정되는 "21세기의 신고전 50선" 중 하나로 뽑았다.

표제어의 해설에서는 우선, 위의 『실크로드학』이 제시한 분류법에 따라 표제어의 성격을 간명하게 규명한다. 예컨대, 표제어 '암포라'에 대해 '지중해 연안에서 제작된 운반 및 저장용 항아리'란 내용(성격) 규정을 명시한다. 그리고 표제어가 실크로드나 문명교류의 기본 개념이나 중요한 사항과 관련이 있는 경우에는 학문적 초야(草野)란 사정을 감안해 절제된 '사전문형(事典文型)'의 딱딱한 격식을 벗어나, 학습서나 참고서를 방불케 할 정도로 비교적 상세한 서술식 해설을 가했다. 이러한 기술 방식도 여타 사전류의 기술 방식과 구별되는 창의성의 발현이라고 할 수 있다.

나는 사전의 '후기'에서 "이 사전은 장장 15년이란 긴 세월이 걸린 우여곡절의 난산품이다"라고 술회했다. 사실 0.75평 철통 옥방에서 쪼그리고 앉아 가필(呵筆)로 한 자 한 자 더듬어 가는 과정은 여간 힘겹지 않았다. 그러나 초지일관 학구적 신념과 후학들에게 무언가 넘겨줄 그 기쁨에서 힘과 생기를 재충전하곤 했다. 그 보람은 오늘 이 순간까지도 면면히 이어지고 있다. 이것이 바로 학인(學人)의 인생이다.

둘째로, 실크로드의 생생한 현장 기록이다.

학문 연구에서 현장성을 강조하는 것은 내용의 정확도를 확보하고, 현장을 통한 이해력을 제고하기 위해서다. 그리하여 사전 편찬을 포함해 모든 학문 연구에서 현장 조사를 주요한 연구 방법의 하나로 도입하게 되는 것이다. 현장 검증을 통과한 학문이래야 믿음이 가는 참학문이다. '백문불여일견(百聞不如一見)'은 이러한 뜻의 함축어다.

실크로드학의 연구 대상이 공간적으로 광활한 지역에 점재(點在)해 있으며, 시간적으로 변화무상하기 때문에 현장 확인이 필수적이며, 또한 오로지 실문실물(實文實物, 실제적인 기록이나 유물)의 비교 대조에 의해서만 교류가 입증된다는 사실과 관련 있다. 그뿐만 아니라, 교류에 관한 기록이 매우 적고 늘 이물(異物)의 이동을 다루고 있어 기록이 부정확하거나 애매한 점이 많다는 사실 때문에 현장으로 접근하는 방식을 채택할 수밖에 없다. 여기서 중요한 것은 계획적 조사와 집중적 조사 그리고 연대적 조사를 실시하는 것이다. 문명의 전파는 보통 연속적으로 이루어지기 때문에 단절적인 토막 조사로는 그 실상을 제대로 파악할 수 없다.

실크로드는 사막이나 풀밭, 바닷물에 묻혀버린 죽은 길이 아니라 살아 숨 쉬는 길이며, 인류 역사의 어제를 오늘로 이어주는 길이다. 현장성이 없이는 이 약동하는 길을 제대로 알아낼 수가 없다. 이러한 신조는 사전 편찬에 고스란히 반영되어 있다. 나는 84세의 고령에 이르러서야 비로소 평생 28년간 5대양 6대주 세계를 종횡으로 일주하는 소망을 이루었다. 지금까지의 관행으론 '세계 일주'라고 하면 지구의 동반구와 서반구를 동서(혹은 서동)로 한 바퀴 횡단하는 개념이었다. 나는 지구를 동서로만 한 바퀴 횡단하는 것이 아니라, 남북(혹은 북남)으로까지 한 바퀴 종단하는 개념으로 확대하고 몸소 실천으로 옮겼다. 그 과정을 생동하게 기록한 탐험 노트 메모 열다섯 권을 참고해 『해상 실크로드 사전』 『실크로드 문명기행』 『초원 실크로드를 가다』『문명의 보고 라틴아메리카를 가다』『문명의 요람 아프리카를 가다』『문명의 모자이크 유럽을 가다』 등 탐험기와 더불어 전술한 실크로드 3대 간선의 도록 여섯 권(한글과 영어)을 연이어 출간했다.

나는 수많은 실크로드 현장을 직접 발품을 팔아 찾아다니면서 현장을 확인하고 몰랐던 것을 찾아내며, 잘못 알고 있었던 것을 바로잡으려 했다. 크게는 실크로드의 개념 이해에서 이 길이 단순히 중국 비단의 일방적인 교역로가 아니라, 동서 문명 간의 교류 통로라는 사실을 곳곳에서 실증함으로써 올바른 실크로드의 개념 정립에 천착하게 되었다. 라틴아메리카와 아프리카 관련 내용(표제어)에서는 서방 식민주의자들에 의해 자행된 수많은 왜곡과 무지를 현장 유물로 바로잡으려고 부심했다.

사전에서도 밝혔지만 나는 실제 답사와 여행기 역주를 통해 정화(鄭和)와 항해왕 헨리라고도 불리는 엔히크(Henrique), 콜럼버스, 다 가마(Vasco da Gama), 마젤란 등 중세 항해 개척자들과 혜초와 마르코 폴로, 이븐 바투타, 오도릭 등 4대 여행가들이 답파한 길을 현장에서 확인하고 복원하는 데 많은 공을 들였다. 일례로 콜럼버스의 네 차례 대서양 횡단 항해의 첫 상륙지인 대서양상의 고도 산살바도르 섬의 롱베이 해안을 찾아가 상륙 지점을 확인하고, 카리브해의 산토도밍고 현장에서 제2차 상륙 지점을, 자메이카에서 제4차 상륙 지점을 각각 확인했다. 이러한 현지답사와 확인을 통해 '희세의 풍운아, 콜럼버스'의 삶을 종합적으로 바르게 조명할 수가 있었다.

나는 이러한 생생한 현장들을 어림잡아 사진 수십만 장으로 남겨놓았다. 본 사전(350장)을 비롯해 도록 세 권에 실린 다양한 사진 총

2600여 장은 약 98퍼센트가 내가 직접 촬영한 것으로서, 그 피사체가 바로 다름 아닌 실크로드의 현장이거나 현장의 흔적이다. 이러한 피사체는 책상머리에서 짜낸 시들먹한 사료와는 달리 신빙성이 확보된 생동한 역사의 기록이자 증언이다.

셋째로, 실크로드의 환구론적(環球論的) 사전이다. 나는 이 사전에서 실크로드 개념의 확대 과정을 4단계로 나눠 설명하면서, 인류 문명의 교류 통로인 실크로드의 범위를 유라시아 구대륙에만 한정시키는 구태의연한 '국한론(局限論)'을 설파하고, 실크로드의 범지구적인 환구론(環球論)을 주장했으며, 이러한 논리에 입각해 본 사전을 집필했다. 실크로드 환구론은 실크로드의 국한론 사전이나 논저에서는 찾아볼 수 없는 미증유의 독창적인 새로운 실크로드 개념이다.

실크로드의 환구론에 대한 인식은 실크로드 개념의 확대 과정에서 터득한 실크로드의 기본 개념의 하나다. 실크로드 개념 확대란, 끊임없이 확장 정비되어 온 실크로드가 포괄하는 시공간적 범위와 그 기능에 대한 인식의 부단한 심화를 의미한다. 실크로드 자체는 인류의 문명사와 더불어 장기간 기능해 온 객관적 실체이지만, 지적 한계로 인해 인간이 처음부터 그 실재를 그대로 파악하고 인지한 것은 아니다. 그간 학문적 탐구와 고증으로 실크로드의 시공간적 범위와 그 기능에 대한 인지도는 점진적으로 폭과 깊이가 확대되었다. 이른바 실크로드 개념의 확대다.

지난 140여 년 동안 중국 비단 유물의 발견지와 교역로의 확대를 따라 실크로드의 개념은 중국 중원 지대에서 인도 서북 해안까지의 중국-인도로 단계(첫 단계)를 거쳐 중국에서 지중해 동안까지의 중국-시리아로 단계(제2단계)로 확대되었다. 여기까지는 주로 유라시아 중앙부의 여러 사막에 점재한 오아시스들을 연결한 육로로서, 일명 '오아시스로'라고 한다. 그러다가 제2차 세계대전 이후 북방 초원로와 남방 해로를 합쳐 동서를 관통하는 실크로드 3대 간선이라는 새로운 개념으로 확대되었다(제3단계). 여기에 남북을 종단하는 5대 지선까지 합치면, 앞 두 단계의 단선적인 개념에서 벗어나 그물처럼 얽히고설킨 복선적이며 망상적인 개념으로 크게 확대되는 것이다. 그러나 실크로드 개념이 이렇게 확대되어서도 아직은 구대륙에만 국한된 국부적 실크로드로 이해되고 있으며, 이것이 바로 지금까지의 통념이다. 동서양 학계는 아직껏 이 낡은 통념에 안주하고 있으며, 구대륙 밖의 문명교류 통로는 아예 무시하고 있다.

그러나 늦어도 15세기 말엽부터는 해로에 의한 문명교류의 통로가 구대륙에서 '신대륙'까지 뻗어가 명실상부한 범지구적 바닷길로 자리매김했다. 이것이 실크로드 개념 확대의 네 번째 단계인 환지구로 단계다. 나는 일찍부터 이 4단계 확대론을 주창하면서 진부한 통념에 도전해 왔다. 도전의 핵심인 해로가 '신대륙'에까지 이어졌다고 보는 근거는 크게 두 가지다.

하나는 '신대륙'에 이르는 해로가 개척되었다는 사실이다. 주지하다시피, 1492년 콜럼버스가 카리브해에 도착한 데 이어 마젤란 선단이 1519~1522년 사이에 스페인-(대서양) 남미 남단-(태평양) 필리핀-(인도양) 아프리카 남단-(대서양) 스페인으로 이어지는 세계 일주 항해를 단행함으로써 '신대륙'으로의 바닷길이 트이게 되었다. 다른 하나의 근거는 신구 대륙 간의 문물 교류다. 16세기부터 스페인과 포르투갈이 필리핀의 마닐라를 중간 기착지로 해서 중국의 비단이나 도자기를 중남미에 수출하고, 중남미의 백은(당시 페루가 세계 백은 양의 60퍼센트 생산)을 아시아와 유럽에 수출하는 등 신구 대륙 간에는 이른바 '태평양 비단길', '백은의 길'이 트임으로써 '대범선무역(大帆船貿易)'이 시작되었다. 이러한 무역으로 고구마, 감자, 옥수수, 담배, 고추 등 '신대륙'의 특별한 농작물이 아시아와 유럽 각지에 유입되었다. 당시 세계에 알려진 농산물 28종 중 무려 그 절반이 라틴아메리카에 원산지를 두고 있었으며, 그것이 이 무역로를 통해 세계 각지에 퍼졌다. 나는 아르헨티나의 한 박물관에서 구대륙에 수출되던 '신대륙'의 여러 가지 농작물 유물을 눈으로 확인함으로써 신구 대륙 간의 교류를 더욱 확신하게 되었다.

나는 사전에서 라틴아메리카와 아프리카의 주요 문명들과 그 유적 유물을 소개하고 있다. 연구의 미흡으로 인해 그러한 유적 유물이 상대적으로 적게 논급될 수밖에 없음을 못내 아쉬워하면서, 그것이 '환구론 사전'이라고 자화자찬하는 이 사전의 가장 큰 미흡점이라고 자평한다. 한편, 나는 이 두 대륙 탐험기에서 서방 식민주의자들이 저지른 문명 파괴 범죄를 신랄하게 단죄하고 있다.

나의 실크로드 환구론 주장은 사전 말미에 첨부된 환구론적 실크로드 전도에서 불 보듯 환하게 나타나고 있다. 여러분의 책상 앞에 걸려 있거나, 여러분이 갖고 있는 지도첩의 실크로드 전도는 그 십중팔구가 유라시아 구대륙의 지도상에만 표기되어 있을 뿐이다. 유감스럽게도 그것이 바로 대부분 국제 학회가 여전히 고집하고 있는 진부한 실크로드 국한론의 표상이다. 그러나 나는 환구론에 입각, 편파적인 국한론을 완전히 탈피해 새롭게 실크로드 전도를 그려내 공표했다. 그리고 이 지도의 전 노정을 거의 답파해 현장을 고증하고 확인하기도 했다.

이 『실크로드 사전』은 '제54회 한국출판문화상(학술 분야)' 수상작으로, 한 유명 작가는 이 사전은 "상상력을 자극하는 보물이다"라고 찬사를 보냈으며, 수상작 심사평에는 "단기필마(單騎匹馬)나 다름없는 한국인이 이런 대작을 완성했다는 사실, 그 자체가 하나의 기념비적인 사건"이며, 세계 어디에 내놓아도 손색이 없는 역작이다"라고 수상 이유를 밝히고 있다.

실크로드 현장을 사진으로 집대성한 3대 도록

일반적으로 도록은 소정의 주제를 시각적으로 해명하기 위해 선정된 그림이나 사진의 모음집을 말한다. 도록은 그 생생한 직관성 때문에 일반적인 교육과 교양 면에서뿐만 아니라 학문 연구에서도 널리 효용되고 있다. 『실크로드 도록』은 문명교류 통로인 실크로드의 전개 과정과 그 길을 통해 오간 문명의 교류상을 생동감 있고 현장감 있게 보여주는 사진과 그림을 체계적으로 한데 엮은 책이다.

이 실크로드 현장을 사진으로 집대성한 도록집은 실크로드의 3대 간선별로 육로(오아시스로) 도록과 해로(해상 실크로드) 도록 및 초원로 도록의 세 권으로 구성되었다.

육로 도록

육로 도록은 2013년 1월부터 9월까지 9개월에 걸쳐 진행한 현장 취재와 촬영을 통해 수집한 관련 자료 2만여 장 가운데서 취사선택한 사진과 지도 590매로 꾸몄다. 이 도록은 한반도를 관통한 실크로드 2대 육로 간선인 초원로와 오아시스로상의 주요 거점도시 59개소를 3부 8장으로 나눠 다루었다. 지구의 동단과 서단을 이어주는 실크로드 육로를 종합적으로 다루는 이 같은 도록의 간행은 실크로드 사상 초유의 일이다.

이 육로 도록은 내용과 구성에서 몇 가지 특징이 있다. 그 특징은 우선, 실크로드 육로의 학문적 정립에 초점을 맞춘 점이다. 유물에 관한 소략한 설명에다가 관련 글 몇 편을 곁들이는 식의 전래의 도록과는 달리, 아직도 이론이 분분한 실크로드를 개념에서부터 전개 과정에 이르기까지 학문적으로 정립하려고 시도했다. 이런 의미에서 이 도록은 『실크로드 사전』과 더불어 실크로드학 정립의 '쌍생아'라고 말할 수 있다. 그다음 특징은 실용성이다. 이 도록은 바야흐로 실크로드가 살아 숨 쉬는 길로 회생되고 있는 현실을 감안해, 그 길을 바르게 알고, 안전하게 오갈 수 있도록 안내하는 길잡이로 내용과 형식을 갖추었다. 끝으로, 실크로드상에서의 한반도 위상을 바로잡은 것도 그 특징의 하나다. 지금까지 한반도가 실크로드에서 소외된 구태의연한 통념을 깨고 천년 고도 경주를 실크로드의 동단으로 자리매김하고 출발점으로 삼았으며, 실크로드상에서 개화한 한민족의 문화유산을 발굴하고 현장에서 확인하는 데 최선을 다했다.

해로 도록

이 도록은 전술한 『실크로드 도록-육로편』의 자매 편으로, 해상 실크로드(해로)를 다룬 것이다. 이 도록은 2012년 3개월간 중남미와 동남아시아 그리고 2014년 4개월간 아프리카와 카리브해 및 동남아시아 지역을 취재 촬영하면서 수집한 사진 자료 9만여 장에서 취사선택해, 사진과 지도 886매로 꾸몄다. 경상북도가 추진한 '2014 해양 실크로드 글로벌 대장정' 내용을 첨부했다. 환지구적인 해상 실크로드의 전 노정을 도록으로 밝힌 것은 실크로드 사상 처음 있는 일이다. 이 도록과 더불어 해상 실크로드 연구의 쌍생아라고 할 수 있는 『해상 실크로드 사전』도 출간(2014.11.)했다.

이 도록은 내용과 구성에서 다음과 같은 몇 가지 특징을 지니고 있다. 우선, 범지구성(汎地球性)이다. 전술한 『실크로드 도록-육로편』 내용이 구대륙, 즉 유라시아 대륙에만 한정되었다면, 이 도록에서는 유라시아를 포함해 아메리카 대륙과 아프리카 대륙의 전 해역이 두루 망라되어 있다. 이는 실크로드 개념 확대에서 실크로드를 구대륙에만 한정하는 기존의 진부한 통설에서 벗어나, 5대양 6대주를 총체적으로 망라한 범지구적인 문명교류의 통로로 그 개념을 확대해야 한다는 나의 일관된 실크로드관(觀)에서 비롯되었다. 그다음 특징은, 해상 실크로드의 학문적 정립에 초점을 맞춘 점이다. 아직은 실크로드 일반이 그러하듯이, 특히 해상 실크로드는 명명에서 정의, 범주에서 내용에 이르기까지 기본 개념조차 각국각설(各國各說)이다. 이 도록은 이러한 형국을 타개하고 연구 이해에서의 공유성과 통일성을 기하는 데 특별히 유념했다. 마지막 특징은, 세계 속에서의 한국의 위상에 대한 확인이다.

초원로 도록

이 도록은 극동 시베리아에서부터 극서(極西) 유럽까지 전 노선에 대한 다섯 차례의 현장 답사를 거쳐 고대 북방 유라시아 초원로의 개척자들인 스키타이와 사르마트, 흉노를 비롯한 초기 유목민족들이 일찍이 북방 유라시아의 드넓은 초원을 종횡무진 이동하면서 개척한 길, 즉 북방 유라시아 유목 문명의 대동맥인 초원 실크로드의 원상 복원을 목적으로 삼아 편찬했다. 지금까지 동반구의 북변을 동서로 길게 가로지르는 이 길에 관한 연구는 국내외 학계를 막론하고 극히 단편적이고 영성적(零星的)이었다. 따라서 이 길 전반에 관한 실태 파악이나 원상 복원은 매우 부진한 상태였다.

초원로 연구의 큰 난점은 우선 주역인 유목민들 자체의 기록이 없다는 것과 유목민들의 부단한 유동 때문에 추적이 어렵다는 점이다. 이와 더불어 유목 문명은 고유의 융화성이나 불완전성으로 인해 주변의 농경문화나 도시 문화에 쉽사리 흡수 매몰되기 때문에 그 정체성이나 전통성이 쉽게 바래거나 심지어 없어지기도 한다. 이러한 난관과 불비(不備) 속에서 이 길을 되살릴 유일한 출구는 그들이 남겨놓은 무언의 증거물인 유적과 유물들을 직접 찾아가 보고 기록하며 현장을 확인하는 것뿐이다.

남아 있는 유적과 유물 중에서 가장 많이, 그리고 원형대로 남아 있는 것이 분묘인 쿠르간(kurgan)과 그 속에서 반출된 갖가지 유물들이다. 2018년 다섯 차례 총 79일간의 현장 탐사를 진행하면서 박물관 32개소, 유적지 19개소, 쿠르간 60여 기를 현장에서 목격하고 확인했다. 이와 더불어 탐사 기간에 현지 전문가 15명과 동행하면서 안내 해설을 청취하는 등 절실하고 유익한 도움을 많이 받았.

이 도록에서는 북방 유라시아 초원 실크로드의 원상을 복원하는 것을 목적으로 삼았기 때문에 서단(西段)에서는 주로 스키타이를 비롯한 유목민들이 남겨놓은 쿠르간과 거기에서 반출된 유물들을 추적했다. 그리하여 이 길은 초원 유목민들의 전형적 묘제(墓制)인 쿠르간의 연결로라고 해도 무방하다. 이에 비해 동단(東段)은 흉노와 고구려 및 발해가 개척한 고대 동북아시아 초원로의 복원에 초점을 맞췄다.

이 도록에는 내가 2006년 7월부터 2018년 7월까지 12년간 총 17회(235일간)에 걸쳐 진행한 초원 실크로드 현장 취재와 촬영에서 수집한 관련 사진 자료 1만여 장 가운데서 취사선택한 사진 820여 장과 지도, 그림으로 3대 구간 26개 지역의 얼개를 가진 도록을 완성했다. 수록된 사진들은 독충이 욱실거리는 풀밭과 키를 넘는 숲을 헤치고, 가파른 비탈길과 질벅거리는 진창길을 마다하지 않고 오가며 발품을 팔아 얻어낸 귀중한 피사체 유적 유물들이다. 이러한 피사체는 책상머리에서 짜낸 시들먹한 사료와 달리 신빙성이 확보된 생동한 증언 자료들이다. 이렇게 현장 탐사를 통해 고대 북방 유라시아 초원 실크로드를 서단에서 동단에 이르는 전 구간을 도록으로 복원한 것은 실크로드 연구사상 희유의 쾌거라고 감히 자평하는 바이다.

현장 답사와 탐구를 통해 구득한 일말의 지식을 글로 엮은 이 도록은 내용 편집에서 시종일관 쿠르간이란 한 화두를 잡고 3000년 전에 기원한 북방 유라시아 문명의 대동맥인 초원 실크로드의 전개 과정을 추적하고, 복잡다기한 내용을 변천 양상에 따라 구간별로 해설을 가했으며, 직접 발굴이나 탐사 작업에 참여한 현지(현장) 연구자들의 증언을 많이 채록했다는 특징을 지니고 있다.

문명의 교류, 이상사회로 가는 첩경

　　　　　　　　　18세기 후반 프랑스 계몽주의자들에 의해 문명이란 개념이 창출된 이래 문명에 관한 담론은 시대의 흐름에 따라 발전적으로 심화되어 미래의 대안론으로까지 확대되고 있다.

　문명담론은 19세기 중반 스펜서(H. Spencer)와 모건(H. Morgan), 타일러(E. B. Tylor) 등에 의한 '문명진화론'에서 발단되어, 같은 세기 말엽 스미스(E. Smith)와 페리(W. J. Perry)가 제시한 '문명이동론' 그리고 20세기 전반 토인비(A. J. Toynbee)가 주장한 '문명순환론'으로 이어졌다. 이들의 담론은 주로 정형화된 구조로서의 문명 자체, 즉 문명의 생성이나 이동, 멸망 등에 한정되었다. 따라서 이 시기의 문명담론은 근대적 문명담론이라고 개괄할 수 있다. 이에 비해 20세기 후반에 이르러서는 탈냉전시대의 도래와 더불어 이른바 '지구촌 시대'가 예단되면서 사이드(E. W. Said)의 '오리엔탈리즘(타자론)'이나, 헌팅턴(S. P. Huntington)의 '문명충돌론', 뮐러(H. Müller)의 '문명공존론' 그리고 내가 주장하는 '문명교류론'같이 주로 문명 간의 관계 문제가 담론의 중심 과제로 부상했는데, 이들 담론을 현대적 문명담론이라고 규정해 본다.

　지난 세기 인류는 두 차례의 세계대전을 겪으면서 전래의 상투적 대립 구조 속에서는 더 이상 인류의 공생 공영을 기대할 수 없다는 자성이 일면서 새로운 생존 패러다임을 모색하기에 이른다. 그 결과 갈등과 대결만을 양산한 국가나 민족, 정치나 경제, 이데올로기 등의 기반에서 벗어나, 그 모든 것을 아우르고 조화시킬 수 있는 공분모적 복합체인 문명과 그 상호 관계에서 소기의 대안과 해법을 강구하기 시작했다.

　20세기 후반 냉전시대의 종언으로 평화와 안전을 기대하던 인류가 민족 분쟁이나 종교분쟁, 국지전쟁 같은 예기치 못했던 새로운 유형의 국제적 분란에 휩쓸리자, 그 대응 논리나 분석의 틀로 이러저러한 문명담론이나 패러다임이 등장했다. 동방에 대한 서방의 지배주의적 사고방식을 갈파한 사이드의 '오리엔탈리즘'을 비롯해 동서방 서로를 타자화한 담론을 시작으로 헌팅턴의 '문명충돌론'과 이를 정면으로 비판하여 나온 뮐러의 '문명공존론' 그리고 내가 입론을 시도하는 '문명교류론'은 그 대표적인 담론들이다.

　헌팅턴의 '문명충돌론'은 현대적 문명담론 중에서 그야말로 '태풍의 눈'으로 떠올랐다. 그가 주장하는 문명충돌론의 기본 내용은 오늘의 탈냉전시대에는 지금까지 부상되지 않고 있던 정치나 경제 외적 가치인 역사나 언어, 종교 같은 문명적 요소와 그 충돌이 세계를 움직이는 핵심 변수가 된다는 것이다. 그러나 이 이론을 자세히 분석해 보면, 복합적인 문명 개념을 단순한 가치체계, 그것도 주로 종교 가치체계로 축소하고 단순화하며, 문명 간의 차이를 문명 본연의 '충돌'인 양 착각하고 문명 간의 상생 관계를 상극 관계로 오도하며, 지구촌의 분란을 숙명화하는 등 근본적인 오류를 발견하게 된다. 따라서 이 '문명충돌론'은 결코 현대적 문명담론의 '완결판'일 수가 없다.

　현대적 문명담론으로서의 타자론이나 공존론, 충돌론이 내재하고 있는 이러한 한계성을 극복하고, 세계화의 시대정신을 구현하며, 인류가 공생 공영할 수 있는 미래의 대안으로 제시된 것이 바로 내가 주장하는 문명교류론이다. 그리하여 그 출현의 역사성이나 논리성 그리고 내용으로 보면, 문명교류론은 분명 현대적 문명담론의 주도적 견인 역할을 맡게 될 것이다. 지금 우리는 문명교류의 무한 확산 시대에 살고 있다. 이제 문명교류론의 학문적 정립은 담론으로서뿐만 아니라, 실천적 과제로서 절박한 시대적 요청이 아닐 수 없다.

문명교류는 본질적으로 서로 다른 문명(이질 문명) 간의 오고 감으로 '서로의 다름'이야말로 문명교류의 전제인 동시에 필수적인 요인이다. 이러한 '서로의 다름'을 바로 인지하고, 그에 대한 불편부당한 타자론적 및 상대주의적 입장을 취할 때만이 진정한 의미의 문명교류가 이루어질 수 있다. 포괄적인 동양 문명과 서양 문명 간의 상차(相差)에서 이와 같은 문명교류의 당위성이 여실히 입증된다.

원래 인간은 동양인이건 서양인이건 간에 생물학적으로는 같은 종에 속하여 같은 지수의 뇌 용량을 가지고 생겨난 후 변하지 않는 육체적 속성뿐만 아니라, 인간의 본성이라는 불변의 정신적 속성도 공유하고 있다. 그러나 자연환경이나 인문환경이 달라짐에 따라 서로 다른 문명을 창출하고 말았다. 동양과 서양 간의 문명적 격차가 바로 그 대표적인 일례이다.

공자의 인(仁)이나 예수의 사랑, 석가의 자비나 무함마드의 형제애는 같은 맥락의 도그마적 가르침이기는 하나, 동양과 서양의 서로 다른 역사적 환경 속에서 그 설명과 치장은 그토록 다를 수가 없다. 정신문명의 측면에서 볼 때, 대저 절대적·배타적·원심적·능동적·외향적·논리적·분석적·개인적인 것이 서양 문명이라면, 동양 문명은 상대적·포괄적·구심적·수동적·내향적·직관적·종합적·관계적인 것이어서 정말로 음과 양처럼 대조적이다. 요컨대, 동은 동대로, 서는 서대로의 사고와 행동양식이 있다는 것이다. 그런데 이러한 대조 관계를 자연계의 수화불상용(水火不相容)적 관계처럼 보아서는 안 된다. 다만 이것은 다름에서 오는 대조 관계일 뿐이다. 이러한 대조 관계를 우열 관계로 오인하여 '선진 서양'이니 '후진 동양'이니 운운하거나, 또는 이러한 대조 관계를 절대 관계로 착각하여 서로의 만남이나 섞임을 부정하는 것은 일종의 편단이다.

작금 '선진 서양'이니 '후진 동양'이니 하는 발상은 주로 근세에 와서 서양의 기술문명이 앞질러 가고, 이에 부수된 이른바 서구 문명 '중심주의'나 '우월주의' 잔영이 작동하고 있기 때문이다. 그러나 이것은 어디까지나 역사에서 부침되는 일종의 기선(機先) 현상일 따름이다. 돌이켜 보면, 5000년 인류 문명사는 그 활동 무대에서 동과 서가 서로 엎치락뒤치락하면서 만나고 나누는, 즉 교류의 역사이다. 물론, 자생 문명도 있지만, 그것도 근원적으로 보면 교류를 통해 외래 문명과 상관된 경우가 다반사이며, 순수 문명이란 사실상 존재하지 않는다.

그래서 문명교류사 연구는 이질 문명에 대한 이해를 전제로 한다. 인류의 미래는 생물학적 진화보다 상호 의존적인 문명의 발달에 절대적으로 의존하게 될 것이다. 지난 시기 협애한 편견 때문에 서로에 대한 이해를 소홀히 했거나 포기한 것이 사실이었다. 주지하다시피, 13세기 마르코 폴로는 동방에 와서 직접 견문하고 체험한 여러 가지 문명 업적들을 『동방견문록』에 실감 나게 소개했다. 그러나 서양인들은 당대는 물론, 그 후 수 세기 동안 그 내용을 믿으려 하지 않았다. 폴로가 임종을 앞두었을 때, 그의 친구들이 영혼의 평화를 위해 이 견문록에 수록된 '거짓말'들을 회개하라고 권유했다. 그러자 폴로는 한숨을 몰아쉬며 회개는커녕, 오히려 그가 본 동양의 놀라운 일들을 절반도 기술하지 못했다고 못내 아쉬워하면서 눈을 감았다. 그런가 하면 그로부터 500년이 지난 뒤 절대정신을 파악했다고 자부한 철학자 헤겔조차도 "중국이 존재한다는 것 외에는 중국에 관해 아무것도 이해하지 못했다"라고 고백했으니, 근세까지도 이질 문명 간의 격색성(隔塞性)이 얼마나 심각했는가를 가히 짐작하고도 남음이 있다.

일반적으로 문명교류는 이질 문명으로 경계 지어지는 문명권 사이의 교류를 의미한다. 물론 같은 문명권 내의 교류도 문명교류(사실은 문화 교류)의 범주에 속하지만, 보다 확실하고 효과적이며 상부상조적인 교류는 문명권 간의 교류이다. 문명권이란, 문명의 전승이나 전파를 통해 이루어진 공통적인 문명 구성 요소를 공유한 여러 국가나 민족, 지역을 망라하여 형성된 문명의 역사적 및 지리적 범주를 말한다. 한 문명권이 형성되려면 다음과 같은 세 가지 요건을 구비해야 한다.

첫째, 문명의 구성 요소에서 독특성(상이성)이 있어야 한다. 즉 다른 지역 문명과 구별되는 일련의 문명 구성 요소들을 공유해야 한다.

둘째, 문명의 시대성과 지역성이 보장되어야 한다. 즉 시대적으로 장기간 존속해야 하고, 지역적(공간적)으로 한정된 국가나 민족의 범위를 벗어나서 비교적 넓은 지역에 유포되어야 한다.

셋째, 문명의 생명력이 유지되어야 한다. 즉 장기간에 걸쳐 지역 사회 전반에 영향력을 계속적으로 행사해야 한다.

이러한 세 가지 요건을 충족시킨 문명권이라야 명실상부한 문명권인데, 실제로 지금까지 주장된 여러 문명권들의 실태를 살펴보면,

이러한 요건들을 무시한 채, 대체로 공통적인 문명 구성 요소나 문명의 역사성 및 지역성만을 고려하여 문명권을 자의대로 설정했다. 이러한 문명권들은 모두가 이른바 '중심 문명'만을 고려해 설정한 것이다. 그 밖의 북방 유라시아나 동남아시아, 호주, 중남미, 아프리카 등지에서 창조된 수많은 문명들은 문명권에서 제외되었다.

그 대표적인 것이 유라시아 북방 초원 지대를 2000여 년 동안이나 활보했던 유목 기마민족들이 가꾼 찬란한 문명이다. 그들은 초원이란 자연환경 속에서 특유의 사회구조와 문화 패턴을 가지고 다른 문명들과는 구별되는 문명을 창조하고 향유하면서 인류의 문명교류에 동참했다. 근 5000년 전에 신석기 문화를 갓 벗어난 에게해 지역의 문화를 '에게문명'으로 정의하면서도, 그보다 3000년 후에 화려한 금속 문화를 꽃피운 이 유목 기마민족들의 문화는 문명 밖의 '미개'와 '야만'으로, 그리고 '중심 문화'에서 멀리 벗어난 이른바 '주변 문화'로 홀대당했다.

흔히 킴메르문화니, 스키타이문화니, 흉노문화니 하는 등 여러 유목 기마민족 문화를 고립적인 문화현상으로 취급하면서 개별 문화의 계승성 같은 것은 논하지만, 그 개체들로 구성된 총체, 즉 하나의 문명이나 문명권으로 묶지는 않는다. 문제는 그들이 창조한 개개의 문화가 동질 문명으로 통합되어 하나의 문명권을 형성할 수 있는가 하는 것이다.

문명과 문명권 인식에 관한 잣대(요건)로 유목 기마민족들이 가꾼 제반 문명 요소들을 가늠해 보면, 그들 역시 다른 민족들과 마찬가지로 나름의 문명을 창조하고 문명권을 이루었음을 발견하게 된다. 그들은 자신들의 육체적 및 정신적 노동을 통해 그들 공유의 결과물인 문명을 창조해 인류 문명의 공영에 응분의 기여를 했다. 특히 그들이 창조한 유목 문명은 다른 민족들의 문명과 구별되는 일련의 특징을 지니고 있을 뿐만 아니라, 시공간적으로 오래 그리고 널리 유포되었으며, 소정의 지역사회에 지속적인 영향력을 행사했다. 요컨대, 그들의 문명은 문명 구성 요소의 독특성과 문명의 시대성 및 지역성이 보장되고 생명력이 유지됨으로써 문명권 형성의 제반 요건들을 기본적으로 구비했던 것이다.

그러나 그들의 문명은 성격상 순수성이 결여된 혼성문명(混成文明)이다. 유목 문명이라는 기본 성격은 유지하면서도, 주변의 농경문화나 도시 문화의 영향을 받아 이질적인 문명 요소들을 수용했다. 이러한 수용은 생존을 위한 필수이고 '법칙'이기도 하다. 흉노가 한(漢)문화를 받아들여 융화적인 '호한문화(胡漢文化)'를 펼친 것은 그 대표적 일례이다. '호한문화'란 기원 전후 유목 기마민족인 흉노와 농경문화 민족인 한(漢)민족 간의 교류를 통해 이루어진 혼성 문화를 뜻하는데, 그 대표적인 유적은 울란바토르 북방 110킬로미터 지점에 있는 노인울라 고분군(212기 고분)이다.

역대의 유목 기마민족들은 강력한 군사력이나 기동력을 발동하여 일시적으로 농경지나 도시를 공략함으로써 경략(經略)에 의한 문화적 접촉과 교류를 진행하기는 하지만, 쉽사리 피경략지 문화에 융화되거나 동화되거나 함몰되어 버린다. 르네 그루세(René Grousset)는 명저 『유라시아 유목제국사』에서 중국과 페르시아에 대한 유목민들의 정복을 실례로 들면서, "중국과 페르시아의 문화는 비록 정복되었지만 도리어 저 거칠고 야만적인 승리자들을 압도하고 도취시키고 잠에 빠뜨려 소멸시켜 버렸다. 정복된 지 50년만 지나도 마치 아무 일도 없었던 것처럼 전과 같은 생활이 계속되는 경우가 많았다"라고 지적했다. 이러한 융화성이나 동화성은 유목문화의 상대적 후진성과 불완정성(不完整性)에서 기인한다고 판단된다.

이러한 성격상의 혼성과 더불어 유목 문명은 항시 불완정성을 면치 못한다. 유목민들은 자연조건이나 생활환경의 변화에 민감하며 늘 유동적이기 때문에 일정한 정착지나 활동 권역을 확보하지 못하며, 통일적이고 집중적인 국가권력이나 사회조직을 갖추기 어렵다. 남러시아 일원에서 수백 년 동안 위력적인 존재로 활동하던 스키타이마저도 분산 할거적인 부족 연맹에나 머물렀지, 끝내 통일국가는 건설하지 못했다. 또한 유목민들은 생존을 위해서는 주변 농경민이나 도시민들로부터 생활필수품이나 무기를 얻어야 하는 의존성을 벗어날 수가 없다. 이와 더불어 부단한 유동으로 인해 유목민들은 거개가 문자를 갖지 못하는 등 문명의 후진성을 면치 못하기도 한다.

이와 같이 북방 유목 기마민족들은 나름대로 문명을 창조하고 일정한 문명 권역을 형성했지만, 이러한 문화적 혼성과 불완정성 때문에 그들이 창조한 문명은 궁극적으로 확연한 유목 문명으로 완결될 수는 없었다. 그리하여 그들이 이루어 놓은 문명의 권역은 완결된 문명권이 아니라, 준문명권(準文明圈)에 해당된다고 나는 주장한다. 북방 유목 기마민족 문명을 비롯해 지금까지 소외된 여러 지역의 문명과 문명권을 어떻게 정의할 것인가 하는 것은 금후의 중요한 연구 과제다.

문명교류란 문명의 전파와 수용의 실천 과정이다. 이러한 과정은 여러 가지 형태와 내용으로 전개된다. 전파에는 한 문명 요소가 다른 문명에 직접 전파되는 직접 전파와 제삼자를 통해 간접적으로 전파되는 간접 전파가 있다. 직접전파는 문명 간의 직접적인 통로나 수단, 매체에 의해 실현되는 전파로서 보다 신속하고 원형적(原型的)인 문명 요소의 전파가 가능하다. 이에 반해 간접 전파는 제삼자에 의한 전파이기 때문에 보다 완만하고 다분히 변형적인 문명 요소가 전파될 수 있다.

다음으로, 전파에는 연파(延播)와 점파(點播)의 두 가지 경우가 있다. 연파는 전파가 간단없이 연속적으로 이어지는 데 반해, 점파는 연속성 없이 군데군데 점재되는 형식으로 전파되는 것을 말한다. 연파가 문명의 자연적이고 광폭적인 확산이라면, 점파는 대체로 우연적이고 소폭적인 확산에 머문다. 문명 전파의 직간접성과 더불어 그 파폭(播幅)을 가늠하는 이 연파와 점파는 전파 문명의 수용과 그 결과로 일어나는 문화접변(文化接變, acculturation) 현상을 고찰하는 데서 중요한 의미를 갖는다. 문화접변이란 두 문화(문명) 간의 상호작용으로 일어나는 문화변동을 말한다. 이런 변동에는 융합(融合, fusion), 융화(融化, deliquescence), 동화(同化, assimilation) 등 각이한 형태가 있다.

문명교류의 궁극적 지향성으로 보면, 그 과정은 문명 간의 이질성을 극복하고 보편 문명(universal civilization)을 창출하는 과정이다. 보편 문명이란 선이나 정의, 자유, 평등 같은 정신적 보편 가치와 발달된 산업이나 기술, 교역, 복지 같은 물질적 보편 가치를 아울러 통칭한다. 이러한 개념은 문명을 정신노동과 육체노동에 의한 결과물의 총체로서, 정신문명과 물질문명을 포괄한다는 총체론적 전망에서 추출되었다. 물론 아직까지 보편 문명의 개념이라든가 그 실현 방도나 과정에 관한 구체적인 연구가 대단히 미흡하지만, 그간의 관련 연구 동향을 살펴보면 몇 가지 문제점들을 발견하게 된다. 그중 가장 문제시되는 것은 보편 문명을 정신적 보편 가치 일변도로만 이해하며, '선진 서구'에 의해서만이 창출 가능하다는 편단이다.

새로운 비전과 패러다임을 요청하는 탈냉전시대를 맞아 문명담론은 시대의 화두로 부상했다. 지난 두 세기 동안 인류의 문명사를 재량해 오던 유아독존적인 '서구 문명 중심주의'는 이제 설득력을 잃고 빛이 바래고 있으며, '문명화 사명'을 자처하던 서구 문명은 서구인들 스스로 인정하다시피 더 이상 고압적인 우월주의에 안주할 수 없게 되었다. 대신, 천시되고 도외시되던 이른바 '주변 문명', '저급 문명'이 점차 위상을 되찾으면서 문명 간에는 타문명을 발견하고 이해하려는 문명타자론이 대두되었다. 이를 계기로 문명 간의 관계 속에서 문명을 이해하고 정의하려는 현대적 문명담론이 활성화되고 있으며, 문명 인식이 점차 균형을 잡아가고 있다.

이 과정에서 미래의 비전을 지향하는 '문명대안론(文明代案論)'이 거론되기 시작했다. 그 근거는 한마디로 공유를 생명으로 하는 문명만이 모든 문제 해결의 공분모로 작용하여 보편 문명을 창출함으로써 인류의 공생 공영을 보장할 수 있다는 데 있다. 그런데 인류가 염원하는 이러한 보편 문명은 결코 어떤 특정 집단에 의해서만 성취되지 않는다. 또 그 누구의 전유물로 전락될 수도 없다. 보편 문명은 오로지 서로의 부정이 아닌 긍정, 상극 아닌 상생 속에서 문명 간의 부단한 상부상조적 교류를 통해서만 실현 가능한 것이다. 그래서 문명의 교류는 인류가 공생 공영하는 이상사회로 가는 첩경이라고 말한다.

불화만을 부채질하는 '문명충돌론'

지금까지 슈펭글러(O. Spengler)나 토인비같이 문명으로 세계 역사를 설명하는 역사가나 문화인류학자, 철학자는 있었지만, 헌팅턴처럼 정치가가 문명으로 국제정치를 재량한 전례는 거의 없다. 이것은 지난 수 세기 동안 오로지 국가만을 단위로 하여 국제정치를 분석하고 이해하던 국제 학계에 큰 충격이 아닐 수 없었다.

미국 하버드대학 석좌교수이며 미국 정치학회 회장을 역임한 안보 전문가 새뮤얼 헌팅턴은 1993년 여름 《포린어페어스(Foreign Affairs)》지에 「문명의 충돌?」이란 논문을 발표했는데, 즉각 세계적으로 큰 반향과 논쟁을 불러일으켰다. 그러자 연이어 관련 논문 몇 편을 발표했으며, 그것을 『문명의 충돌과 세계질서의 재편(The Clash of Civilizations and the Reclaiming of World Order)』i이란 저서에 한데 묶어 1996년에 출간하였다. 헌팅턴의 이른바 '문명충돌론'이 이 저서에 집약되어 있다. 그는 이렇게 말한다. "새로운 세계에서는 문화적 동질성이 한 나라의 우방과 적국을 규정하는 본질적 요인이다. 냉전 구조에 편입되는 것은 피할 수 있었지만 국가가 문화정체성 없이 존재할 수는 없게 되었다. '너는 어느 편인가?'라는 물음은 '너는 누구인가?'라는 훨씬 근원적인 물음으로 바뀌었다. 모든 나라는 이 물음에 답하지 않으면 안 된다. 그 답변, 곧 한 나라의 문화적 정체성이 세계정치에서 그 나라가 차지하는 위치, 그 나라의 친구와 적수를

---

i 우리나라에서는 이 책의 핵심 내용이 '문명충돌'이라는 점을 감안해 원저의 제목을 『문명의 충돌』로 축약해 출간하였다.

규정한다." "문화가 중요성을 갖는 세계에서 소대는 종족, 중대는 민족, 군 전체는 문명에 해당한다." 이 두 문장에서 그가 주장하는 '문명충돌론'이란 과연 무엇인가가 확연하게 드러난다. 그 기본 내용은 오늘의 탈냉전시대에는 지금까지 부상되지 않고 있던 정치나 경제 외적 가치인 역사나 조상, 언어, 종교 같은 문명적 요소('문화적 동질성', '문화정체성')와 그 충돌이 세계를 움직이는 핵심 변수가 된다는 것이다.

헌팅턴은 이 책의 서문에서 자신의 저서가 '사회과학서'가 아님을 밝히면서, 국제정세의 추이를 통찰하기 위해 그가 제시한 '문명충돌'이란 패러다임은 그 어떤 패러다임보다도 '더 의미있고 유용한 렌즈를 제공할 것'이라고 자부한다. 그러나 그는 그 '유용성'을 20세기 말과 21세기 초의 세계정세를 이해하는 데로 한정하고 있다. 그 역시 그의 이론은 보편타당한 것이 아니라, 한시적인 것임을 자인하는 것이다. 아무튼 그의 이론은 새로운 국제정세 속에서 문명을 중시하고 문명담론을 정면화했다는 점에서는 일정한 의미를 부여할 수 있다. 그러나 이 '문명충돌론'은 몇 가지 근본 오류를 내포하고 있다.

그간 그러한 오류에 대해서 논쟁도 많았고 비판도 있었지만, 그 대부분은 정치학적 시각에서의 논쟁이고 비판이었다. 물론 그러한 논쟁과 비판 중에는 적절한 내용도 없지 않지만, 정곡(正鵠)을 향한 것은 아니었다. 왜냐하면 속성이 서로 다른 문명과 정치가 견강부회적으로 어설피 상대했기 때문이다. 조화와 상생을 공분모로 하는 문명은 문명으로 접근하고 이해해야지, 대결과 상극을 통념으로 하는 정치로는 결코 접근할 수 없고 이해할 수도 없기 때문이다. 차원이

다른 문명과 정치의 상호 대입은 언필칭 논리상의 무리가 아닐 수 없다. 그러다 보니 헌팅턴 자신도 그렇거니와, 평론가들도 문명이라는 기본 개념에서부터 그 속성이나 상호 관계에 이르기까지 이해나 전개에서 혼미와 모순, 착오가 일어나지 않을 수 없다.

헌팅턴의 '문명충돌론'을 그가 착안한 정치학이 아닌, 문명 본연의 시각에서 통찰하면 적어도 다음의 세 가지 측면에서 이론적 및 실천적 오류를 발견하게 된다.

그 오류는 첫째로, 복합적인 문명 개념을 단순한 가치체계로 축소했다는 데 있다. 그는 문명의 개념을 가치체계, 그것도 주로 종교가 결정적 역할을 한다는 종교 가치체계로 축소하고 단순화하였다. 그리하여 그는 종교를 일차적 기준으로 하여 1993년에 발표한 첫 글에서 세계 문명을 ① 기독교, ② 정교, ③ 이슬람교, ④ 유교, ⑤ 불교, ⑥ 힌두, ⑦ 아프리카(비이슬람권), ⑧ 일본 등 8대 문명으로 구분하였다. 그러나 그러한 문명 유형화에 대한 신랄한 비판이 일자, 3년 후에 펴낸 책에서는 ① 중화, ② 일본, ③ 힌두, ④ 이슬람, ⑤ 정교, ⑥ 서구, ⑦ 라틴아메리카, ⑧ 아프리카 등 8대 문명으로 수정하였다. 그는 종래의 '유교 문명'을 '중화(Sinic) 문명'으로 개칭하면서 여기에 해외 화교 공동체와 베트남, 한국을 포함시켰다. 그리고 '기독교 문명'은 '서구 문명'과 '라틴아메리카 문명'으로 이분하였다. 그런가 하면 불교는 탄생지 인도에서 소멸되고 중국과 일본 등지에서 이미 토착 문화에 통합되어 '거대 문명의 바탕'이 되지 못하였기 때문에 문명에서 아예 제외시켰다. 불과 3년을 사이에 두고 헌팅턴의 문명관은 이렇게 오락가락한다. 여기서의 문명 유형화는 분명히 문명권 분류이다. 그는 '기독교'를 '서구'와 '라틴아메리카'로 나누고, 불교를 제외함으로써 종교의 개입을 희석하려고 시도한 것 같지만, 종교를 '문명을 규정하는 핵심적 특성'으로, '문명이 의지하는 토대'로 인지하면서 여전히 문명 유형화에서 종교를 절대적 기준 가치로 삼고 있다.

문명이나 문명권의 이러한 유형화야말로 문명사에서는 전무후무한 '독창'이다. 원래 문명권이란 공통된 문명 요소들을 공유한 문명의 역사 문화적 및 지역적 범주를 말하는 것으로서, 그러한 문명권은 문명 구성 요소의 특수성과 시대성 및 지역성이 보장되고 생명력이 유지되어야 비로소 형성 가능하다. 정신문명과 물질문명의 여러 분야를 두루 아우르는 포괄적 문명을 어떤 개별 분야에 한정시키거나, 그 구성 요소들을 단순화하는 것은 문명의 본연에 어긋난다. 사실 문명의 구성 요소로 본다면, 순수한 종교보다는 종교를 바탕으로 한 복합적 종교 문화를 염두에 두어야 하지, 헌팅턴과 같이 이질성과 갈등의 소지가 많은 종교만을 거론하니 문명을 충돌의 화신으로 오해할 수밖에 없다.

종래 중국의 천하 중심과 모화사상을 대변함으로써 이미 역사의 퇴물이 된 소위 '중화' 개념을 문명에 끌어들이는 것은 실로 어불성설이다. 더욱이 망측한 것은 일본을 하나의 문명권으로 설정한 기상천외한 발상이다. 헌팅턴은 그 원인에 관해서는 한마디로 일본 문화의 '특수성'을 들고 있다. 그는 서기 100년에서 400년 사이에 중국 문명의 영향을 받아 출현한 일본 문명은 '독자적' 문명이라고 단정하면서, "가장 중요한 고립국 일본은 일본 문명의 유일한 국가이자 핵심국이다. 일본의 특이한 문화를 공유하는 국가는 전혀 없으며 일본에서 외국으로 이주한 사람들은 그 나라에서 극히 소수에 머물러 있거나 아니면 그 나라의 문화에 동화되었다"라고 해석한다. 그런데 이러한 주장은 1970~1980년대 국세가 급상승하면서 일본 지식계가 부르짖던 '탈아입구(脫亞入毆)'의 추세와 맥을 같이한다는 점에 유의할 필요가 있다. 일본이 제아무리 일탈에 몸부림을 친다 해도 운명적으로 '재아시아화'일 수밖에 없다.

헌팅턴의 문명 단순화나 축소화는 문명에 대한 그의 편단에서 비롯되었다. 그는 "문명은 언어, 역사, 종교, 관습, 제도 같은 공통된 객관적 요소와 사람들의 주관적 귀속감 모두에 의해 정의된다"라고 하면서, "어떤 문명이나 문화에서든 가장 핵심이 되는 요소는 언어와 종교다"라고 언어와 종교를 극구 강조한다. 그리하여 그는 주로 종교나 언어, 역사나 관습, 제도(그는 '객관적 요소'라고 했지만) 그리고 귀속감 같은 주관적 요소들을 문명으로 정의했다. 이것은 문명을 인간 집단의 생활양식의 총체나 노동을 통해 얻은 결과물의 총체로 보는 '총체론적 전망'과는 상치되는 관념론적 전망으로서, 뮐러가 지적한 대로 헌팅턴은 문명을 독일식 전통적 문화 개념으로 이해하고 있다. 그래서 문명 개념을 주로 종교 체계 같은 관념론적 가치체계로 단순화하고 있다.

그런가 하면 그는 또 "문명과 문화는 모두 사람들의 총체적 생활 방식을 가리키고 있다" "문명은 가장 광범위한 문화적 실체다"라고 표현함으로써, 문명에 대한 이해에서 총체론적 전망을 따르는 인상을 주기도 한다. 그리고 문명과 문화를 총체와 개체 관계로 구분 짓는 것 같기도 하지만, 대부분의 경우는 혼동하고 있다. 한마디로, 문명에 대한 헌팅턴의 이해는 천방지축 오리무중이라 해도 과언이 아니다.

'문명충돌론'이 내포한 두 번째 오류는 문명 간의 차이를 문명 본연의 '충돌'인 양 착각하고 문명 간의 상생 관계를 상극 관계로 오도한다는 데 있다. 헌팅턴은 현대 세계에서 문화 집단들 사이의 갈등이 커짐에 따라 그러한 갈등이 세계정치에서 "점점 중요한 뜻을 갖는다"라고 하면서, 그러한 갈등과 충돌의 원인은 종교들 간의 관계를 포함한 모든 '문화적 사안들은 전부 아니면 전무, 다시 말해 제로섬 선택의 문제'이기 때문으로 설명한다. 즉 이질 문명 간의 관계는 절충이나 조화를 할 수 없는, '이것이 아니면 저것'이라는 수화불상용(水火不相容)적 관계로 치부한다. 상극 관계이므로 충돌이 일어날 수밖에 없다는 것이다. 예컨대, 프랑스 학교들에서 이틀에 한 번씩 무슬림 여학생들에게 이슬람의 고유 의상을 입고 등교할 수 있게 하는 '절충안은 프랑스 당국이나 무슬림 학부모 모두가 받아들이지 않을 공산이 크다'는 것이다.

그러한 충돌의 또 다른 원인을 헌팅턴은 이른바 '분쟁의 보편성'에서 찾고 있다. "증오는 자연스러운 인간의 감정"이며, "사람들이 자신을 스스로 정의하고 행동 욕구를 느끼기 위해서는 적이 필요하다"는 것이 그가 주장하는 '분쟁의 보편성' 논리다. 그래서 정치에서 적용되는 '우리'와 '그들'이라는 대립 구조가 문명에서도 그대로 적용된 결과 "냉전의 종식은 분쟁을 종식시킨 것이 아니라, 문화에 뿌리를 둔 새로운 정체성…… 상이한 문화에서 유래한 집단들 사이의 새로운 갈등양상을 낳았다"라고 그는 진단한다.

이러한 맥락에서 헌팅턴은 국제적 무역이나 교류는 국제적 유대나 협조를 결과하는 것이 아니라, 오히려 분열과 분쟁을 야기할 소지가 있다고 오판한다. 그는 1980년대 국제 무역량이 세계 총생산

액의 15퍼센트밖에 안 되었는데도 1990년대의 냉전 종식을 가져왔는데, 1913년에 그 비율이 무려 33퍼센트였지만 이듬해에 세계대전이 발발했다는 사실을 예로 들면서, "무역과 교류가 평화나 유대감을 조성하는 데 실패한다는 것은 사회과학에서 밝혀진 사실과 맥을 같이한다"라고 학문적 근거까지 들먹이고 있다. 그가 말한 '사회과학에서 밝혀진 사실'이란 사회심리학에서의 변별 이론(distinctiveness theory)과 사회학에서의 세계화 이론을 염두에 둔 것이다.

특정한 상황에서 사람들은 타인과 자신을 구별함으로써 자신을 정의한다고 하는 변별 이론을 문명교류에 적용해서 "통신, 무역, 여행의 증가로 문명과 문명의 접촉이 비약적으로 늘어나면서 사람들은 차츰 자신들의 문명적 정체성에 더 큰 중요성을 부여한다"라고 지적한 것은 정당하나, 그 중요성으로 인해 타 문명과의 갈등이 가중된다는 것은 '헌팅턴식 충돌론'일 따름이다. 그는 20세기 후반 이슬람과 서구의 갈등이 증폭된 배경의 하나로 두 문명 간의 접촉과 교섭이 잦아져 자신의 정체성과 차이를 인식하게 된 것을 지목하고 있다. 여기서 한 가지 부언하고자 하는 것은, 그가 앞에서 언급한 국제무역과 세계 생산 간의 비율에 따른 세계정세의 변화 논리는 제국주의와 식민지의 양극화가 심했던 시대의 일방적이며 독점적인 국제무역과 오늘날 다극화·다중심 시대의 다국적 균형 교역 간의 근본적인 차이점을 간과한 데서 나온 부당한 논리이다.

헌팅턴의 문명 상극 논리를 종합하면, 문명 간의 차이는 근본적이고, 문명 간의 '상호작용'(즉 교류)은 상호 차이를 강화하며, 문화적 차이는 정치나 경제, 이념적 차이보다 변화하기 어렵기 때문에, 한마디로 문명 간의 차이 때문에 서로의 충돌이 불가피하다는 것이다.

이것은 문명의 근본 속성인 자생성과 그에서 파생되는 보편성과 개별성(차이성) 그리고 문명교류에 대한 무지의 소치이거나 왜곡인 것이다. 문명은 인류 공동의 창조물이고 향유물이며 소유물로서 상부상조에 의해 공존한다. 따라서 문명의 절대적 독점이나 우월은 있을 수 없으며 문명 간의 교류는 필연이다. 절대적 독점이나 우월이 없는 문명 간의 교류는 다름에서 오는 일시적 갈등이나 모순을 평화적으로, 순기능적으로 극복하면서 점진적으로 실현된다. 문제는 생태적으로 없는 충돌을 인위적으로 있게 하거나 있다고 보는 데 있다.

끝으로, 문명충돌론이 노정한 세 번째 오류는 지구촌의 분란을 숙명화한다는 것이다. 냉전시대 이후 새 세기를 맞는 인류의 공동 염원은 평화와 안전이다. 그런데 헌팅턴은 문명 간의 단층선에서 문명충돌이 불가피하게 일어난다고 주장함으로써 지구촌의 분란에 불가피성을 부여하고, 인류의 항구적 평화 염원에 찬물을 끼얹고 있다.

헌팅턴의 '문명충돌론'을 심층 분석하면, 그의 '충돌론'에는 허구적 이중 잣대가 적용되고 있음을 발견하게 된다. 세력이 약하여 서구에 대한 의존도가 높은 라틴아메리카나 아프리카 문명과는 갈등의 소지가 적어서 원만한 관계를 유지할 수 있으며, 러시아나 일본, 인도 문명은 이미 서구에 도전했다가 실패했기 때문에 우려할 만한 갈등은 없이 협력의 요인을 안고 있다는 것이다. 이에 반해 도전 의식이 강한 이슬람 문명과 중화 문명의 성장 그리고 그들 간의 제휴는 서구와 미래 세계에 가장 큰 위협 요인으로서 심각한 충돌이 불가피하다는 것이다. 이를테면, 문명 간의 갈등이나 충돌 여부는 문명의 본연에 기인한다기보다는 서구와의 정치적 역학 관계에 의해 좌우된다는 것이다. 이것은 그의 문명 '논리'와는 자가당착적인, 순수 정치적 안보 논리에 불과하다.

그는 서구 문명에 대한 이슬람 문명과 중화 문명의 도전을 이렇게 기술하고 있다. "서구는 도전 의식이 강한 이슬람 문명, 중화 문명에 대해서는 늘 긴장감을 느끼며, 이들의 관계는 대체로 적대적이다. …… 이슬람과 중화는 판이한 문화적 전통을 가지고 있지만 둘 다 서구에 대한 크나큰 우월의식을 가지고 있다. 이 두 문명의 실력과 자긍심은 서구와의 관계에서 나날이 늘어나고 있으며, 가치관과 이익을 둘러싼 서구와의 충돌 역시 다각화되며 심화되고 있다." 이른바 이슬람의 비관용(intolerance)과 중화의 자기주장(assertiveness)에 바탕한 도전은 결국 충돌로 이어질 수밖에 없을진대, 여타 여섯 개 문명권은 합종연횡하여 집단적으로 대응해야 한다는 것이 '문명충돌론'이 추구하는 궁극적 목표라고 말할 수 있다.

그는 저서의 많은 부분을 할애해 이슬람 문명에 관해 언급하고 있는데, 한마디로 이슬람 문명을 매우 호전적인 문명으로 묘사하고 있다. 그는 '검을 앞세운 종교', 타 종교와의 화합 불능성, 강한 자존심, 갈등을 조정할 만한 핵심 세력의 부재, 인구 격증 등으로 이슬람의 폭력성 원인을 설명하고 있다. 그뿐 아니라, 20세기 후반 이슬람과 서구의 갈등이 증폭된 배경으로는 무슬림 인구의 증가와 대규모 실업자의 발생, 무슬림의 자기 문명에 대한 자긍심 회복, 경제적 및 군사적 우위를 고수하면서 이슬람 세계의 분쟁에 간여하려는 서구의 시도, 공적 공산주의의 소멸로 인해 서로가 최대의 위협이란 인식, 두 문명의 접촉과 교섭의 증가로 인한 서로의 정체성과 차이의 확인 등등을 꼽고 있다. 20세기 후반 이슬람과 서구 간의 갈등이 더욱 심각해지는 배경에 관한 분석에서 무슬림들의 자긍심 회복이나 서구의 간섭 시도 등은 가당한 지적이나, 이슬람을 근본적으로 폭력의 종교로 보는 것은 명백한 왜곡이다.

헌팅턴은 중화의 자기주장이 또 하나의 위협 요인으로서 서구와의 충돌을 야기할 것이라고 경고한다. 중화 문명의 경제력이 커지면 자기주장이 강해질 것이고, 그것은 결국 서구와의 문명충돌로 이어질 것이라는 것이 헌팅턴의 논리이다. 이 논리대로라면 서구와의 충돌을 피하기 위해서는 중국을 포함한 비서구는 자승자박하여 경제 발전을 포기해야 한다는 것이다. 이것은 독단과 오만의 극치라고 하지 않을 수 없다.

이로써 헌팅턴이 주창하는 '문명충돌론'의 본질과 지향성 그리고 그 허상이 명백해진다. 그의 논리대로라면 문명이 있는 한, 문명을 발전시키려고 하는 한, 충돌은 불가피하다. 그러면 결국 인류의 공생 공영을 담보하는 보편적 가치이며 공분모인 문명은 항시 각축장으로 변할 수밖에 없게 된다.

이슬람의 바른 이해

내 생애에서 이슬람과는 어떤 숙명적 인연이 있었지 않았는가를 가끔 회상할 때가 있다. 감수성이 강한 청장년 시절에 공부를 마친 후 주로 아랍-이슬람 세계를 상대로 한 외교 일선에서 10여 년을 보내고, 남북한을 비롯해 몇 개 나라 대학에서 아랍과 이슬람에 관한 지식 전수도 몇 년간 했다. 나는 실사구시한 현장의 진실 탐구와 더불어 이슬람에 관한 서구의 각양각색 낭설을 설파하는 연구를 하나의 시대적 소명으로 받아들이고 그 연구를 간단없이 추진했다. 그 연구 결과물을 묶어 졸저 『이슬람문명』이라는 일서를 출간하기도 했다.

이슬람에 관한 나의 통찰과 연구를 이끈 총체적 문명관은 특정한 사회의 제도나 관습 및 문명을 그 사회의 특수한 환경과 상황 그리고 역사적 맥락에서 이해하고 평가하는 문명상대론(文明相對論)이다. 이질적인 이슬람 문명은 이슬람 사회가 처한 특수한 환경과 역사적 배경 속에서만 올바르게 이해할 수 있다. 왜냐하면 이슬람 문명은 이슬람 사회가 처해 있는 특수한 환경에 실용적으로 적응하는 역사적 과정을 통해 제반 문명 요소들이 축적된 결과물로서 그 나름대로 최상의 가치를 지니고 있기 때문이다. 숱한 오해와 능멸까지 당해온 이슬람을 이해하기 위해 견지하는 문화 상대론적 관점에서 중요한 것은 자기 문화만을 우수하다고 믿고 타 문화를 부정하거나 비하하는 이른바 문화국수주의(文化國粹主義), 또는 자문화중심주의(自文化中心主義)를 철저히 지양하는 것이다.

나는 이 회고록에서 내가 직접 목격하고 경험한, 이슬람에 관한 몇 가지 중요한 왜곡과 편견을 설파함으로써 이슬람에 대한 바른 이해를 도모하는 데 초점을 맞추려고 한다.

이슬람 문명은 아시아 문명

이슬람 문명은 하나의 범세계적인 문명권을 이루고 있다. 이슬람 문명권(혹은 이슬람 세계)이란 1400여 년간 이슬람 문명을 공동으로 창조하고 향유하는 범지구적 문명 공동체로서 주민의 과반수가 무슬림(이슬람교 신봉자)인 나라와 지역이 이 문명 권역에 해당한다. 지금은 지구상의 50여 개 나라가 이에 속한다. 지정학적으로 이슬람의 발상지 사우디아라비아를 원심(圓心)으로 하여 동서로 활모양의 고형(孤形)을 이루면서 서로 면면히 이어져 있는 집중성을 나타내고 있다.

오늘날 무슬림은 세계 인구의 약 25퍼센트인 19억여 명이다. 이러한 무슬림을 아우르는 이슬람 문명권의 구성체를 구체적으로 살펴보면, 무슬림의 80퍼센트 이상이 아시아에 편재하고, 아시아 나라들의 60퍼센트가 이슬람 국가이며, 게다가 이슬람교는 아시아 땅(사우디아라비아)에서 출현하고 번성했으며, 따라서 그 주역은 시종 아시아인이다. 이러한 제반 사실을 감안할 때, 이슬람교는 아시아 종교이고, 이슬람 문명은 아시아 문명, 즉 동양 문명이라는 사실을 확인하게 된다.

이슬람교는 평화의 종교다. '평화'와 '순종'이라는 어의가 말해주듯 이슬람은 평화를 지향하고 종교의 강요를 배제하며 신앙의 자유를 강조한다. 경전 『꾸란』에는 "종교에는 강요가 없나니, 이성은 미로에서 스스로 밝혀지느니라"(2:256), "그대 주님이 원하시면 지구상의 모든 사람들이 믿음을 가지게 될 것일진대, 그대는 어찌하여 사람들을 강요해서 믿음을 갖게 하려는가"(10:99)라고 설교하고 있다. 원론적으로 그리고 역사적 사실이 보여주다시피, 종교란 일종의 잠재적 의식 형태이기 때문에 결코 강요에 의해 주입될 수 없다.

이슬람교의 이러한 평화와 자유 이념에 대한 몰이해와 왜곡으로 인해 이슬람교는 호전적인 종교로 매도되었다. 이러한 매도는 이른바 "무력에 의한 포교 활동"이라든가, "한 손에 꾸란, 다른 한 손에 검"이라는 등 갖가지 곡설(曲說)에서 마냥 그 '근거'를 찾고 있다. 사실 뒷말은 13세기 중엽 십자군원정이 최후의 패배를 예고하고 있던 시기, 이슬람에 대한 공포증을 불러일으키기 위해 이탈리아 신학자이자 스콜라철학의 대부인 토마스 아퀴나스(T. Aquinas)가 능멸조로 지어낸 말이다. 이 원정이 끝난 후 수 세기 동안은 잠자코 있던 이 곡설이 서구인들 속에서 회자된 것은 이슬람과의 마찰이 불거진 근래의 일이다.

이슬람의 평화 이념은 이렇게 경전에 의해 천명되었을 뿐만 아니라, 숱한 사실(史實)로도 입증되고 있다. 이슬람교로의 개종은 대부분 정복 시기가 아닌 10세기 이후의 평화 시기에 이루어졌으며, 성직자 없는 이슬람교는 포교단 같은 집단력이 아니라 무슬림 개개인의 선교 활동에 의해 전파되었기 때문에 '검'을 휘두르는 완력 사태란 있을 수 없다. 중국이나 동남아로의 전파는 전쟁은 물론, 포교단도 없이 주로 무슬림 상인들이나 여행자들, 현지 무슬림 교민들에 의해 성사되었으며, 845년 중국 회창법란(會昌法亂) 때 외래 종교 중 유일하게 이슬람교만이 도교와 함께 탄압을 비껴갔다. 한국의 경우, 여말선초 약 150년간 서역 회회인(回回人, 무슬림)들이 개경에 집거하면서 사원 격인 예궁(禮宮)에서 예배를 올리는 등 고유의 종교 행위를 계속했지만 아무런 마찰 없이 고려인들과 따뜻한 이웃으로 평화롭게 공존했다. 제2차 세계대전 전까지만 해도 서아시아와 북아프리카 지역에서 무슬림과 기독교인, 유대인은 서로 별다른 분규 없이 줄곧 공생 공영했으며, 오늘도 아랍-이슬람 국가들에는 많은 유대인과 기독교인과 무슬림이 이웃하며 오순도순 살고 있다.

그렇다면 오늘날 서아시아와 북아프리카를 비롯한 이슬람 세계에서 간간이 일어나는 자살테러 같은 극단적 행위는 과연 어떻게 설명할 것인가? 한마디로 이것은 평화와 중용(wisātah)을 지향하는 이슬람 본연의 행위가 아니라, 극소수 과격파들의 정치적 극단 행동일 따름이다. 그중에는 아프가니스탄 탈레반의 반달리즘(vandalism, 문명 파괴)적 무모함도 포함되어 있다. 선량한 대다수 무슬림들은 이러한 극단 행동을 외면한다.

그러나 한편, 이러한 행동의 역사적 배경에 대해 이해할 필요는 있다고 본다. 이슬람은 인간이란 본래가 착한 존재로서 무모하게 고행하거나 자학해서는 안 되며 삶을 낙천적으로 영위해야 한다는 성선설(性善說)을 제창한다. "인간은 순수 결백하게 태어난다." "오래 살고 좋은 일을 많이 한 사람이 최상의 인간이다." "범죄자도 죽음을 원하지 말라." 교조 무함마드는 경전 격인 『하디스』(al-Hadīth, 언행록)에서 이렇게 설교한다. 이러한 성선설에 훈육된 무슬림들이 자의건 타의건 간에 이율배반적인 자해행위를 하는 것을 어떻게 이해해야 할 것인가? 항시 당하기만 하면서 화약고 속에서 살다 보면 악에 받치기도 하는 것이 인간의 상정일진대, 요체는 그러한 화근을 제거하는 것이다.

이슬람의 평화 이념을 오도하는 데 단골 메뉴로 등장하는 것이 이른바 지하드(jihād)와 근본주의이다. 우선, 지하드에 관해 살펴보면, 아랍어 단어 '지하드'는 '정신적 및 육체적으로 최선을 다해 노력함'이라는 뜻이며, 이러한 복합적 뜻이 이슬람의 종교적 지향성과 교감을 이루어 '신의 길, 즉 이슬람을 위한 길에서 헌신적으로 노력(분투)함'이라는 종교적 함의로 승화되었다. 이러한 종교적인 함의에서 엿볼 수 있다시피, 이슬람의 지하드에는 세진에서 벗어나 자신을 순화하기 위한 개인적인 신앙 차원의 노력과 이슬람 영역의 발전이나 방어 및 확대를 위한 집단적 공헌 차원의 분투라는 두 가지 내용이 복합되어 있다. 전자는 내면적이고 평화적인 성격을 띠고 있으며, 후자는 다분히 외향적이고 전투적인 성격을 지니고 있다. 그런데 종종 후자의 전투적 성격이 일방적으로 확대 과장되어 지하드는 마치 그것뿐인 것으로 오인되고 있다. 이를테면, 서구식 '성전(聖戰, the Holy War)'으로 곡해되고 역어(譯語)마저도 그대로이다. 이러한 곡해와 오역은 의당 지양되어야 할 것이다.

지하드의 중요한 종교적 함의와 역할 때문에 이슬람에서는 그것을 종교적 의무로 규정할 것인가의 여부를 놓고 많은 논의가 있었다. 소수파인 시아파는 지하드를 의무로 간주해야 한다면서 오늘날까지도 그 수행을 강력히 촉구하고 있다. 그러나 다수파인 수니파는 지하드를 격려하면서도 원래 종교적 의무는 개인 차원의 의무이기 때문에, 개인 차원과 집단 차원의 이중적 성격을 띠고 있을 뿐만 아니라, 모든 무슬림들이 꼭 수행해야 할 의무도 아닌(여성이나 어린이, 환자 등은 제외) 지하드를 종교적 의무로 규정하는 것은 부당하다고 주장한다.

작금 이러한 지하드가 전쟁과 폭력으로만 왜곡되어 이슬람의 '호전성'을 대변하는 징표인 양 회자되고 있다. 그런가 하면 이슬람 세계에서는 지하드의 이름 아래 음으로 양으로 수많은 운동과 투쟁, 전쟁이 벌어지고 단체와 조직이 결성되었으며, 오늘도 그 양상은 지속되고 있다. 물론, 개중에는 지하드 본연에 충실한 것도 있지만, 더러는 그렇지 못한 것도 있다. 지하드라는 이름을 걸고 지하드와는 무관한 행위를 일삼기도 한다. 비문명적인 테러나 무모한 자폭은 어떠한 명분으로도 지하드를 합리화할 수 없다. 지하드의 본연을 망각하고 정치를 빙자한 사이비적 지하드가 자행되고 있는 것은 큰 폐단이라 하지 않을 수 없다.

다음으로 이슬람의 평화 이념을 오도하는 데 한몫 단단히 하고 있는 것이 이른바 이슬람근본주의이다. 작금 이슬람 세계에서 일어나는 모든 이변들, 특히 조금만 외향성을 띤 일이라면 싸잡아 이슬람근본주의 소행으로 몰아붙이는 것이 학계나 언론계의 중론이다. 이런 중론의 진원이나 근거가 어디에 있는지는 분명하지 않다. 그리하여 용어나 개념부터 내용에 이르기까지 너무나 애매모호하여 통 종잡을 수가 없다. 이것은 한마디로 '이슬람근본주의'라는 허상을 실상으로 사변화하고 오도하는 데서 비롯된 것이라고 말할 수 있다.

원래 근본주의(fundamentalism)는 미국의 프로테스탄트 내에서 일어난 보수주의 종교운동이다. 18세기 전반 미국에서 성행한 '천년왕국운동(千年王國運動)'에 뿌리를 둔 이 운동의 가담자들은 1902년에 '미국성서연맹'을 결성하고 1910년부터 1912년까지 『근본적인 것, 진리의 증언』이란 제하의 소책자 12권을 시리즈로 발간해 자신들의 반모더니즘적 입장을 설교했다. 여기에 연유되어 그들의 주의 주장을 '근본주의'라고 명명했던 것이다. 근세 기독교사를 되돌아보면, 19세기에 들어 기독교의 근본 교리를 부정하는 이른바 '성서비판학'(신앙상의 예수 분리론) 등이 대두되어 기독교의 세속화와 자유화가 심해지자 성서의 무오류와 축자적 해석, 예수의 신성, 동정녀의 탄생, 그리스도의 재림 등 기독교의 근본 교리를 지키기 위한 명분으로 출현한 것이 바로 기독교 근본주의이다. 이와 같이 기독교 근본주의는 근본을 살리기 위한 운동(사상)으로서 용어와 개념이 서로 부합되며, 일정한 역사적 당위성도 부여받게 되는 주의나 운동이다.

그러나 이슬람의 경우는 사정이 다르다. 1400여 년간의 이슬람 역사에서 근본 교리나 6신(信) 5행(行)을 포함한 '근본적인 것'이 도전받거나 거부되어 그것을 지키거나 회복하기 위해 근본주의 같은 것이 필요한 적은 한 번도 없었다. 이슬람에서 경전 『꾸란』은 누구에게나 절대적이어서 비판의 여지란 있을 수 없고, 또한 이슬람 자체가 근본이요 원리이기 때문에 따로 어떤 '근본주의' 같은 것이 이슬람과 병존한다고 상상할 수도 없다.

원래부터가 이슬람에 없는 개념이라서 이슬람의 경전 언어인 아랍어에는 '근본주의'란 단어가 아예 없다. 근간에 하도 외부에서 왈가왈부하기에 '우술리야'('근원적'이란 뜻)라는 유사 조어가 생겨나기는 했으나, 정통 이슬람 학자들은 무시하고 있다. 사실 '이슬람근본주의'라는 낱말은 유럽인들의 작품이다. 이슬람 연구의 태두로 불리는 영국의 와트(W. M. Watt)가 1988년에 출간한 『이슬람근본주의와 모더니티(Islamic Fundamentalism and modernity)』에서 전통적 세계관을 수용하고 그대로 실현하려는 자들을 '이슬람근본주의자'로, 전통적 세계관을 몇 가지 측면에서 수정하려고 하는 자들을 '자유주의자'라고 처음 정의했다. 그런가 하면 미국 시카고대학에서 편찬한 세계 종교 부흥 관련 연구논문에는 "다른 적절한 대체어(代替語)가 없지만" 이슬람과 기독교 근본주의 사이에는 '전투성'이라는 비슷한 점이 있기 때문에 그대로 '이슬람근본주의'란 말을 채택한다고 밝히고 있다. 이들의 견해를 종합하면, 이른바 '이슬람근본주의'는 전통 고수의 보수주의이며, 그 용어는 '전투성' 때문에 차용할 수 있다는 것이다.

보수를 근본주의로 보는 것은 기독교적 개념이다. 이 개념대로라면 '이슬람근본주의'에는 의당 보수 사상만이 망라되어야 할 것이다. 그런데 이율배반적으로 이슬람근본주의 주창자들은 보수주의뿐만 아니라, '개혁운동에 뿌리를 두고 있는 행동주의', 즉 혁신주의마저도 '이슬람근본주의' 범주에 포함시키고 있다. 이러한 오류와 혼동은 연구의 가설이나 분석의 방편에 불과한 차용어가 '본래의 것'으로 착각되어 용어와 개념이 불일치 내지는 괴리된 데서 비롯되었다.

이와 더불어 이슬람 정치사에는 통칭 근본주의라고 할 만한 실체가 없다는 점도 간과해서는 안 된다. 사상 조류사 측면에서 보면, 역대 이슬람 사회에도 여느 사회와 마찬가지로 항시 손등과 손바닥 관계와 같은 보수와 혁신이라는 위상적(位相的) 대립 관계가 존재해 왔다. 지난 1~2세기 동안 근대화의 물결 속에서 종교 신앙과 사회 정치 및 생활 규범의 복합체로서의 이슬람에도 시대의 흐름에 부응해 여러 가지 사상 조류와 그에 따른 사회 정치운동이 발생했는데, 그 흐름은 크게 보수주의와 혁신주의 두 갈래로 나눌 수 있다. 이외에 따로 근본주의라는 사상 조류는 애당초 없었다. 따져보면, 오늘날 이슬람근본주의 논자들이 지적하는 내용(일부 극단 행동 포함)은 이러한 두 가지 사상 조류에 두루 뒤섞여 있는 '혼탁물'일 따름이다.

이슬람근본주의를 한낱 유령에 불과한 허상으로 보는 또 다른 이유는 단지 '전투성'이라는 상사성 때문에 차원이 전혀 다른 타 종교의 근본주의에 억지로 접목시켰다는 데 있다. 원래 미국에서의 근본주의는 출범할 때부터 많은 분파들이 출몰하고 발전하는 과정에서, 특히 후기에 오면 배척에 맞서 비타협적인 전투성을 띠게 된다. 이에 비난을 받게 되자 자체를 '복음주의'니 '보수적 복음주의'니 하는 이름으로 바꿔버린다. 앞서 말한 시카고대학의 연구논문을 보면, 이른바 이슬람의 '전투성'에서 오는 공통성을 감안해 이슬람근본주의라는 대체용어도 마다하지 않는다고 밝히고 있다. 그렇지만 학문적 양식으로 엄밀하게 따져볼 때 표출 양식이나 행동 방식에서의 비본질적인 한두 가지 공유성이나 상사성만을 근거로 해 정연한 내재적 논리 구조를 가진 주의나 학설에 무턱대고 연유시킨다는 것은 분명한 무리이고 어불성설이며 비과학적인 접근이라고 지적하지 않을 수 없다.

이슬람교의 관용성

이슬람교는 타 종교에 대해 상당히 포용적인 종교다. 그 관용성은 타 종교의 경전이나 예언자들을 인정할 뿐만 아니라, 종교적 신앙으로 경배하는 타자관에서 두드러지게 나타난다. 타 종교의 경전이나 창시자를 신앙의 대상으로 명문 규정하고(6대 신앙 중 셋째와 넷째) 경배하는 종교는 이 세상에 거의 없다. 하느님(알라)의 계시로 내려진 경전은 총 114부인데, 그중 가장 중요한 것은 『모세오경』, 다윗의 『시편』, 예수의 『복음서』, 무함마드의 『꾸란』 등 4부다. 다른 종교나 민족들의 예언자(선지자)들은 모두 하느님이 파견한 사람들이기 때문에 믿고 존중한다(16:36). 하느님이 보낸 예언자는 총 12만 4000명이다. 그중 25명을 선별 거명하고 있는데, 그중 여섯 명(아담, 노아, 아브라함, 모세, 예수, 무함마드)만이 경전을 가진 예언자이며, 다시 그중 네 명(아브라함, 모세, 예수, 무함마드)만은 하느님이 직접 파견한 사람(Rasu'llah, 聖使)들이라고 믿는다.

이슬람의 관용은 신자들의 종교 의무 수행에서도 나타나고 있다. 환자는 금식 의무에서 제외되고, 먹을 것이 없을 때는 금기시된 돼지고기를 먹어도 무방하며, 경비와 건강이 허락되지 않으면 5대 의무의 하나인 성지순례는 포기할 수가 있다. 이것은 필요가 금기에 우선한다는 이슬람의 가변법리(可變法理)다. 이러한 관용성과 융통성은 이슬람 고유의 성선설과 중도관 및 타자관에서 비롯되었다. 생사관에서 기독교는 성악설을, 불교는 고행설을 따르나 이슬람교는 성선설을 믿는다. 이슬람의 성선설에 관한 앞글에서 보다시피, 이슬람은 삶의 아름다움을 구가하고 현세에서의 생을 오래도록 즐길 것을 권장하며, 원죄가 아닌 후천성에서 오는 죄나 과오를 자진 회개하고 알라의 용서를 빌며, 헛된 죽음을 그만두라고 한다. 이렇게 이슬람은 내세보다 현세를 더 중시하며, 현세에서 삶을 즐기라고 한다.

극단을 지양하는 중도관(Wasatiyah)은 6대 신앙의 하나인 정명관(定命觀)에서 잘 나타나고 있다. 이슬람교의 정명관은 행한 것(因, 자유의지)만큼 얻는다(果, 정명)는 인과율에 따라 자유의지와 정명을 조화시킨 유연한 정명관이다.

이슬람의 가족관

이슬람의 가족관을 바르게 이해하는 관건은 앞에서 언급한 문명 상대론적 관점에 철저히 입각해서 투시하는 것이다. 탈문명 상대론적 관점에서 이슬람 가족관을 살펴보면, 모든 것이 이색적이고 후진적이라서 제대로 이해할 수 없게 된다.

우선, 가족관에서 중요한 것은 혼인관이다. 이슬람에서는 결혼은 알라와의 약속으로서 종교 의무의 절반으로 간주한다. 그만큼 결혼을 중시하며, 따라서 독신주의 같은 반결혼 행위는 종교 의무 수행에 대한 포기로 죄악시한다. 일부 비이슬람 나라들에서도 허용 내지 권장되는 근친결혼에 관해 이슬람에서는 그 필요성을 ①종족의 동질성 보장, ②재산의 유출 방지, ③친족 애착 정신(Shabiyah)의 함양 등 세 가지를 들고 있다. 그리고 남녀 결합의 상징으로 신랑이 신부에게 마흐르(maher, 신붓값)를 지불하는데, 그 액수와 형태는 지역과 시대 그리고 가정 형편에 따라 서로 다르다. 이슬람에서 이혼은 "알라가 허용하는 일 중 가장 혐오하는 일"로 간주되므로 흔치는 않다. 그러나 부득이하게 해야 할 경우는 다음의 세 가지 조건이 갖춰져야 한다. 즉 ①남자의 부양이 불가능, ②성적 장애, ③여자의 부정(不淨) 등이다.

이슬람의 혼인 관계에서 자고로 가장 많이 회자되고 있는 것은 일부다처제인데, 이에 대한 이슬람적 시각을 제대로 알고 판단해야 한다. 사실 일부다처제는 동서고금에 있었던 일종의 결혼 제도로서, 여성 보호와 부양의 윤리적 요청에 따라 생겨났다는 것이 문화인류학의 보편적 해석이다. 따라서 일부다처제는 이슬람만의 특이한 혼인 제도가 아니라는 점을 간과해서는 안 된다. 상대적으로 이슬람에서의 일부다처제는 그나마도 무제한적이 아닌, 전제나 조건부 제도인 것이다. 그 전제나 조건은 ①전쟁으로 인해 남자 수가 부족한 경우, ②다처에 대해 공동 거주, 공정 부양, 공평 상속 등 공평 대우의 보장이다. 실제로 이러한 전제나 조건은 구시대의 유물로 현시대에는 맞지 않는다는 이유를 들어 폐지 논란이 일고 있는 가운데 일부 이슬람 나라들에서는 이미 법적으로 금지하고 있다(튀니지 등).

다음으로, 가족관에서 중요한 것은 여성관이다. 여성관에서의 특징은 여성 동격(同格)관과 여성 유별(有別)관, 여성 보호(保護)관이다. 여성 동격관은 "여성은 남성의 옷이고 남성은 여성의 옷이다"라는 경문(經文)과 재산권이나 상속권 등에서 남녀가 평등한 권리를 행사하는 데서 나타난다. 그런가 하면, 여성 유별관은 여러 분야에서 그 합리성의 전거를 제시하고 있다. 남녀는 생리·육체적 및 사회·문화적 여건이 다르므로 역할과 책임에서 구별이 있을 수밖에 없으며, 남성은 여성을 보호하고 가족을 부양해야 하므로 상속액에서의 유별은 당연하다. 예배 시 남녀의 자리를 다르게 하는 것은 인간 본연의 성차심리(性差心理)를 감안한 조처다. 이 대목에서 남녀의 유별을 말하지만 실제로는 "천국은 어머니 발밑에 있다"라는 준경전 격인 『하디스』의 경문에 따르면 이슬람에서는 어머니를 최우대시한다고 해석을 덧붙인다. 끝으로, 여성 보호관으로는 여성은 남성과 사회로부터 보호를 받을 권리를 부여받고 있으며, 논란이 되고 있는 여성의 히잡 착용은 여성 얼굴의 노출로 인해 일어날 수 있는 사회적 문란의 사전 예방용으로 필요하다는 논리다. 최근 히잡 착용 문제에서 논란이 일어나자 히잡 착용은 일종의 관행이지 제도는 아니라는 샤리아(이슬람법)의 법적 해석에 따라 폐지되는 추세다.

이슬람 문명과 기독교 문명은 '충돌' 아닌 상생 문명

세상을 놀라게 했던 9·11 사건이나 미국의 일방주의 소산인 이라크전쟁을 이슬람 문명과 서구 기독교 문명 간의 '충돌'에서 그 기연(起緣)을 찾고 있는 것이 작금 학계나 언론계의 보편 추이라는 것은 주지의 사실이다. 이 두 문명의 바탕이 된 이슬람교와 기독교의 이질성이나 상극에서 찾고 있는데, 과연 그것이 가당한가?

확답은 결코 그렇지 않다는 것이다. 한마디로, 이 두 종교는 친연종교(親緣宗敎)이다. 이슬람교와 유대교는 숙질간이고, 이슬람교와 기독교는 종형제간이라는 비유를 해도 무방할 정도로 이 세 종교는 태생적으로 가깝다. 화제인 이슬람교와 기독교의 친연성은 혈연과 지연, 교연(敎緣)에서 오롯이 나타나고 있다. 혈연이란 같은 혈통적 조상인 아브라함에서 적자인 이삭의 후예가 유대인과 기독교인이고, 서자인 이스마일의 후손이 아랍-무슬림이란 혈연적 인연이다. 지연이란 같은 지역인 아랍 팔레스타인 땅에서 이 세 종교가 공히 출현했다는 지정학적 인연이다. 교연이란 모두가 유일신교이자 계약 종교이며 교리 면에서도 서로가 영향을 받아 유사성이 짙다는 종교적 인연이다.

그렇다고 이 두 종교가 같다는 의미는 아니며, 무시 못 할 상이점도 있다. 그 주요 상이점은 ①교조의 신인성(神人性)에서의 차이점이다. 기독교에서 예수는 신인 양성을 갖고 있으나, 이슬람교에서 무함마드는 인성뿐이다. ②성직자관이 다르다. 기독교에서는 성직자가 신의 '대행 역'을 하지만, 이슬람교에는 성직자가 따로 없이 인간과 신(알라)은 직결된다. ③인생관도 확연히 구별된다. 기독교는 원죄설로 인간의 원죄 회개를 설교하나, 이슬람교는 성선설로 인간의 후천적 죄 회개를 계도한다. ④종교의 창시관에서도 엄연한 차이를 보이고 있다. 기독교는 예수그리스도에 의한 종교(기독교)의 창시를 주장하나, 이슬람교에서는 종교(이슬람교)는 피조물이 아니라 본래부터 존재한 것의 복원이나 완성으로 보며, 따라서 이른바 교조에 의한 종교의 창시를 부인함으로써 이슬람교에서 무함마드는 '교조'가 아니라, 알라가 보낸 알라의 종교(이슬람교)를 인간에게 전달하고 그 수행을 담당하는 한 인간일 따름이다.

　문제는 이러한 상이점(이질성)이 결단코 두 종교, 두 문명 간에 '충돌'을 야기할 만한 요인이 될 수 없다는 사실이다. 작금 운운하는 여러 가지 충돌 내지는 전쟁의 실상을 엄밀히 따져보면, 그것은 두 종교, 두 문명 간의 '충돌'이 아니라, 종교나 문명 미명하의 정치적 갈등이나 경제적 이해관계의 표출이라는 사실을 쉬이 갈파할 수 있다. 적잖은 논자들이 이러한 '충돌'의 원인을 까마득한 700~800년 전의 십자군원정에서 찾으면서 구원(舊怨)을 부채질하고 있는데, 이것은 심히 부당한 유설(謬說)이다. 사실 이 원정은 종교를 명분(구실)으로 이슬람 세계와 신흥 유럽 세계 간에 지중해 일원에 대한 정치적 패권과 경제적 이권을 둘러싸고 진행된 다툼이지, 결코 오랫동안 공생 공영한 두 종교나 두 문명 간의 대립이나 '충돌'은 아닌 것이다. "…… 서유럽의 성직자들과 귀족들이 합작해서 엮어낸 성지 탈환 전쟁-십자군원정-이란, 곧 동방 이슬람의 경제적 번영과 문화적 우월에 대한 서유럽의 질투와 갈망이 빚은 발작이다"라고 한국의 한 서양사학자가 내린 평가는 시사하는 바가 크다고 하겠다.

7장

후반생의
문턱을 넘다

2000

2005

68세에서 72세

무위의 낭인

산 사람 입에 거미줄 치랴

사람에 따라 한평생의 과정을 토막내는 경우와 그러지 않는 경우가 있다. 토막내는 경우는 흔히 앞 절반을 전반생(前半生), 뒤의 남은 절반을 후반생(後半生)으로 2대별하는데, 그 분별의 잣대가 같지 않다. 더러는 순수 생물학적인 나이의 절반을 기준으로 전·후반생을 가르지만, 더러는 어떤 획기적인 사건적 전환을 기준으로 그렇게 가르기도 한다. 요즘 회자되는 '제2 인생'이란 표현은 후자를 두고 하는 말 같다. 나의 경우는 후자에 속한다.

나는 내 한평생에서 생물학적 나이와는 관계없이 세태에 눈을 뜨고 시대적 소명을 받아들여 민족 통일 성업에 기여하려고 행동했던 그때까지를 전반생, 그 후 그러한 행동을 더 이상 지속할 수 없어, 학문적 연구의 기여로 방향타를 돌린 시점부터를 후반생으로 자임하고 있다. 구체적으로 보면, 수감까지가 전반생이고 출옥부터가 후반생이며, 그사이의 옥살이는 과도생(過渡生)으로 나눌 법하다.

2000년 8월 15일 특사(特赦)로 가족과 지인들의 환영을 받으며 5년 만에 대전교도소 옥문을 나섰다. 옥벽 하나를 사이에 두고 완전히 다른 세상이 펼쳐진다. 어제까지는 일상이 좁디좁은 옥방에서 '다람쥐 쳇바퀴 돌듯' 하는 지겨운 반복이었지만, 오늘부터는 반(半)자유인이 되었다. 반자유도 자유이기는 하다. 오래간만에 맛보는 자유이니 마냥 흥겹기만 하다. 자유는 인간이 만끽할 수 있는 최상의 흥(興)이다.

그러나 이튿날 새벽잠에서 깨어나니 흥은 간뭇없이 사라졌다. 창가에서 지저귀는 참새는 마치 비아냥 섞인 찍찍 소리로 얄밉게 묻고 있다. "앞으로 어떻게 살려고?" 그 순간 말문이 막히며, 자괴심 같은 것이 일렁인다. 저 하찮은 미물마저 빈정거리며 걱정하는 신세가 되다니…….

여기서 출옥한 나 자신을 반자유인이라고 자리매김한 것은, 첫째로 출옥했지만 국적이나 직업, 사회적 수혜(受惠)가 없으니 삶이나 일상에서 완전히 자유로울 수 없다는 뜻이며, 둘째로 나의 경우, 비록 특사로 출옥은 했지만, 출소자에 대한 사실상의 감시법인 '보호관찰'이라는 법적 제재가 뒤따르기 때문이다. 이 법에 따라 거주지를 이탈할 경우 담당관에게 보고해 승인을 받아야 하고, 담당관의 수시 방문이나 조사에 응해야 하는 등 일련의 피감 조치가 강요된다. 이러한 '보호관찰'은 2년에 한 번씩 갱신되는데, 나에게는 세 번의 갱신이 있었으니, 도합 6년간 '보호관찰'을 받아야 했다. 적어도 이 기간만은 완전 자유인이 아닌 반자유인이었다.

이러한 '보호관찰'의 기제에 묶여 있는 반자유인인 나의 삶은 어디까지나 나 자신의 선택에 의해 결정될 수밖에 없었다. 그런데 그 선택의 폭은 영(0)에 가깝다. 왜냐하면 이제부터 나는 무국적, 무직업, 무수혜의 무위적 낭인으로서 단기필마(單騎匹馬) 도생(圖生)해야 하기 때문이다. 흔히 늙은이들의 노후 도생 패턴으로 본인이 벌어놓은 연금으로 살아가는 연금형(年金型)과 타인의 부양에 의지하는 부양형(扶養型) 그리고 종생(終生)까지 스스로 벌어먹고 살아야 하는 자생형(自生型)의 세 가지 유형을 든다. 그런데 어찌어찌하여 나는 자생형에 낄 수밖에 없었다. 나는 신분 위장이 이유가 되어 수감되자마자 교수직이 박탈되어 연금도 받을 수 없게 되었다. 그리고 자식들이 곁에 없으니 부양은 자연히 물 건너갔으며 아무런 사회적 혜택도 받을 수가 없게 되었다. 남은 선택은 오로지 '울며 겨자 먹기'의 자력도생(자생형)뿐이다. 나는 옥중에서 이미 이 후반생의 도생 패턴을 예단하고, 그 준비를 갖춰왔다. 그리고 출옥 후 알고 보니 고맙게도 아내는 또 아내대로 그 대비에 만전을 기하고 있었다.

인간의 모든 행동이 엄격한 국가 법에 의해 규제되는 현대 문명사회에서 국적 없이 지낸다는 것은 상상할 수 없는 희유의 일이 아닐 수 없다. 무국적이면 거주권이나 통행권, 부(富)의 향유권은 물론, 심지어 죽어서 묻힐 권리마저 행사할 수 없게 된다. 이것은 사회로부터의 완전한 격리이며 소외이다. 그리고 산 사람에게 직업이 주어지지 않는다는 것은 인간의 생존권에 대한 가혹한 박탈이고, 인간의 참사(慘死)에 대한 무자비한 방기(放棄)이며, 인간의 사회적 기여에 대한 무모한 회피다. 그리하여 문명사회일수록 직업을 가질 것을 더욱 권장한다. 자연이나 사회로부터의 혜택을 받을 수 없게 하는 것은 인간이 자연이나 사회로부터 받는 응분의 혜택을 인위적으로 차단하는 조처로서 인간 차별과 사회적 불평등을 심화시키고, 사회적 균열을 야기하며, 공동체의식을 마비시킨다.

나는 출소 후 곧바로 가장 시급한 국적 취득 신청서를 법무부에 신청했으며, 법무부는 이듬해 1월 신청서를 정식 접수하고 연내에 해결하자고 했다. 그러나 2년이 지나도 아무런 조치가 없었다. 그래서 2003년 2월 20일 자로 천주교 인권위원회 앞으로 성원을 부탁하는 편지를 보내면서 이렇게 당시의 참상을 하소연했다.

"저는 이제 고희(1934년생)를 눈앞에 둔 노학입니다. 그리고 타박 후유증으로 왼발이 자주 마비되고 심장과 위에 이상이 생겨 병고에 시달리고 있는 환자이기도 합니다. 그러나 무국적자로 신분증이 없다 보니 이 모든 것에서 정상을 잃고 있습니다. 일상에서 불편을 넘어 울짱이 곳곳에 막아서 있습니다. 학자는 밥과 함께 책을 먹고 사는 사람입니다. 일상의 9할을 책과 씨름하는 사람입니다. 학적 및 지적 소산인 책을 마음대로 이용할 수 없을 때면 반기아 상태에서 허덕이게 되고, 급기야는 아사에 이르게 됩니다. 지금 저의 경우가 바로 그러합니다." 끝으로, "지난 40년간 저는 분단 비극의 체험자로, 증인으로 살아왔습니다. 얼마간의 옥고를 치르기도 하였습니다. …… 지금은 할 수 있는 일에 최선을 다하고 있습니다"로 편지를 마감했다.

이 편지를 띄운 몇 달 후에 나는 정식으로 국적을 취득해 3년 만에 드디어 후반생의 정상 궤도에 들어서게 되었다. 차제에 인간의 기본권인 인권을 지켜주기 위해 시종여일 노고를 아끼지 않는 천주교 인권위원회에 경의와 사의를 표하는 바이다.

정치범으로 낙인된 나는 출옥 후 있을 법한 이러한 무국적과 무직업, 무수혜의 3무로 인한 무위의 낭인 생활 처지를 예의(銳意) 예단하고, 그 영향과 피해를 최대한 축소하려고 심혈을 기울였다. 그러나 낭인의 무위도식하는 기생에서 탈출하기란 여간 어렵지 않았다.

게다가 새옹지마의 현실도 녹녹지 않았다. 무엇보다 먼저 밑천이 쥐꼬리만치 짧은 것이 문제였다. 내 통장을 쥐어짜 봤자 5년간 조교수를 하면서 받은 봉급에서 잘라낸 얼마간의 잔금이 전부였다. 나 때문에 자진 사직한 아내가 20여 년간 수간호사로 봉직하면서 한 푼 두 푼 모은 적금과 퇴직금은 5년간의 옥바라지에 소진되고 말았다.

그래서 생활이 막막할 때면, 아내가 구두선처럼 상기하곤 하는 격언 한 구절이 있다. 그것이 바로 "산 사람의 입에 거미줄 치랴!"다. 뜻인즉, 살기가 어렵다고 쉽게 죽기야 하겠는가 하는 잠언이다. 그 말을 들을 때면 나는 식어가는 잿더미에서 불씨가 피어나는 충동과 격려를 느끼곤 했다. 이러한 격려와 더불어 시간이 흘러감에 따라 비록 아직은 한정된 공간이지만, 점차 주변에 미더운 지인들이 생겨나고 환경에 익숙해지며 사회와의 소통이 이루어지기 시작했다.

지인들의 후의로 후반생의 문턱을 넘다

돌이켜 보면, 나는 이렇게 낭인으로서 지낸 고난의 3년간에 그런대로 이루어 놓은 괜찮은 쾌거로 인해 후반생의 문턱을 이럭저럭 성공리에 넘어설 수가 있었다. 그러나 이러한 쾌거는 결국 나 혼자만의 노력이나 지혜에 의해 이루어진 것이 아니라, 후의(厚意)를 지닌 숱한 지인들의 관심과 배려, 격려와 지원이 있었기에 가능했다. 이러한 미담은 낭인 생활 3년간 줄곧 이어지면서 나에게 가늠할 수 없는 활력과 용기를 북돋아 주었다.

내가 구금되기 전에 조계종과 우리나라 고승 20인의 전기를 몇 사람이 나눠 1년에 한두 권씩 써서 당시 불교 전문출판사인 '민족사'에서 출간하기로 합의했다. 영광스럽게도 그중 첫 권인 혜초 스님의 전기를 내가 쓰기로 했다. 쓰자면 현지 탐방이 선행되어야 하니 민족사로부터 여비로 70만 원을 지원받았다. 그런데 불행하게도 그해 여름에 내가 수인이 되는 바람에 지원금도 돌려드리지 못한 채 모든 것이 물거품이 되고 말았다. 수감 내내 이것이 큰 빚덩어리가 되어 내 가슴을 짓누르고 있었다. 그래서 출옥한 며칠 후(2000.8.) 원금 70만 원을 들고 민족사를 찾아가 그 지원금을 돌려주려고 했다.

그런데 뜻밖에도 놀라운 대답을 들었다. 내가 구금된 바로 그해 어느 날 젊은 스님 한 분이 찾아와 "정수일 교수께 드린 지원금을 돌려드립니다"라는 말을 하면서 원금 봉투를 책상 위에 내놓고는 아무 신분도 밝히지 않은 채 사라졌다고 한다. 그 대답을 듣는 순간 가슴이 뭉클했다. 그 스님은 나와는 일면식도 없는 은인이다. 그 후 각방으로 수소문해 스님의 종적을 찾으려 했으나 오늘날까지도 오리무중이다. 이러한 분들의 사심 없는 후의와 지성의 보살핌과 성원이 있었기에 나는 고난의 낭인 생활 3년을 거뜬히 넘길 수 있었다. 그런 고마움은 계속된다.

이듬해(2001) 초 약속대로 옥중에서 번역한 중세 아랍의 유명한 여행기 『이븐 바투타 여행기』 한글 역주본을 들고 출판사 '창작과비평'(현 '창비')을 찾아가 초고를 접수하고 돌아왔다. 그런데 얼마 지나서 편집팀에서 이러저러한 이유로 출판이 어려울 것 같다는 출판사 측의 의견을 조심스럽게 전달했다. 조금은 뜻밖이고 의아해서 내심 다른 출판사를 알아볼까도 했지만, 워낙 '창작과비평'은 사회적 신망이 높은 출판사라서 그러한 생각은 접고 다시 '창작과비평'을 찾아갔다. 대표이사를 만나 사단(事端)의 자초지종을 알아보고 나서 본인의 견해를 정중히 피력했다. 그러자 대표이사는 즉석에서 백낙청 교수에게 전화로 사연을 알렸다. 그러자 백 교수는 꽤 긴 시간 무언가 설득하고 초고 반송을 나무라듯 하면서 시쳇말로 '강추'(강력한 추천)를 당부했다.

며칠 후 출판사에서 출판이 결정되었으니, 출판 계약서를 맺기 위해 오라는 전갈이 왔다. 한걸음에 달려가, 다들 조금은 계면쩍어했지만 서로 웃음으로 넘기며 계약서에 서명했다. 원래 이 여행기는 고전식 아랍어로 쓰였기 때문에 난해한 곳이 적잖은 데다가 역출도 변변치 않아 교정이나 편집에 어려움이 많았다. 사막의 모래알처럼 무미건조한 글을 제대로 엮어낸다는 것이 결코 쉬운 일은 아니다. 출판사는 처음으로 외주까지 주어서 최단 시일 내에 출판을 보장했다. 책임 편집자였던 김정례 씨는 수개월간의 노고에 지칠 대로 지쳐서 책이 나오자 특별 휴가까지 받았다고 한다. 돌이켜 보면, 만약 백 교수의 '강추'가 없었고, 편집팀의 모진 노고가 없었다면 2001년 10월에 출간된 여행기가 오늘날까지 무려 16쇄를 기록할 수는 없었을 것이다. 기록은커녕 이 진서가 어디에 묻혀버릴지도 몰랐을 것이다. '강추'한 백 교수와 수고한 편집진 여러분께 거듭 깊이 감사하는 바이다. 아울러 세계 4대 여행기의 하나인 이 진서가 세계에서 세 번째로 완역되어 출간 홍보됨으로써 내가 후반생의 문턱을 당당히 넘어가는 데 유의미한 기여를 했다는 점에서도 출판사에 거듭 고마움을 표한다.

또 한 가지, 그해 여름 어느 날 내가 속한 '거시기산악회' 산우인 박석무 선생이 느닷없이 저녁 식사에 초청한다는 전화를 걸어왔다.

약속 장소에 가니 박 선생과 초면인 서울대 법학대학 안경환 교수와 고려대 영문과 서지문 교수가 미리 와 기다리고 있었다. 정다운 얘기로 시간을 끝낼 무렵, 안 교수가 나더러 무국적으로 있으니 나들이에 불편한 점이 많을 터라면서, 자신의 운전면허증을 복사해 보낼 테니, 통행 중 신분 확인에 걸렸을 때 제시해 보이면 도움이 될 것이라고 사용법까지 설명해 주었다. 나는 뜻밖의 후의에 몸둘 바를 모르고 사절(謝絶)의 뜻과 함께 거듭 사의(辭意)를 표했지만 막무가내였다.

이튿날 안 교수는 약속대로 자신의 운전면허증 복사본을 보내왔다. 그러나 나는 안 교수께 누를 끼칠까 염려되어, 2년 후 국적이 나올 때까지 한 번도 사용한 적은 없었다. 국적을 취득하자 곧바로 그 복사본을 들고 찾아가 돌려드렸다. 안 교수는 그날 나의 국적 취득을 축하하는 뜻에서 법학대학 내 교수들과의 학술 세미나까지 마련했다. 그리고 그 후 오늘에 이르기까지 백망 중에도 안 교수는 우리 연구소의 행사에 꼭꼭 참석해 축하와 격려, 가르침을 아끼지 않는다. 산우 박석무 선생은 그후 '거시기산악회' 회장직을 맡으며 오늘에 이르기까지 신병으로 산행을 함께하지 못하는 내게 끊임없는 배려를 아끼지 않았다. 두 분의 후의에 거듭 감사드린다.

다음으로 이 수난의 반자유인 시절에 남겨놓은 아름다운 추억으로 회상만 해도 가슴 설레는 한 토막 이야기가 또 있다. 외지 통행이 엄한 제약을 받는 상황에서 제주도 서귀포에서 열린 국제학술대회에 참석해 논문까지 발표할 수 있도록 배려받은 미담이다. 무국적의 3년 세월 동안에는 아무러한 신분증이 없기 때문에 이웃 마을 나들이도 승인받기 여간 버겁지 않은데, 하물며 항공편 나들이는 아예 불가능해 꿈도 꾸지 못했다. 그런데 기적 같은 일이 일어났다.

2002년 4월 한국문화인류학회가 '서복[徐福, 일명 서시(徐市)]과 동북아시아 문화교류'란 제하의 국제학술대회를 서귀포에서 열기로 했다. 회의 개최를 주도한 이는 당시 제주도 출신이자 이 학회의 회장인 서울대학교 문화인류학과의 전경수 교수였다. 당시까지만 해도 문명교류 시각에서 서복 문제를 논급(내가 모 신문사 기자와의 인터뷰에서 고대 한중 간 교류 관계를 회고하면서 이 문제를 약간 언급했다)한 사례는 별로 없었으므로 전 교수는 나더러 꼭 참석해 논문을 발표해달라고 간곡히 부탁했다. 그러나 나는 '보호관찰'법에 발이 묶여 운신할 수 없다고 했다. 그러자 이 초문(初聞)에 놀라면서 알아보고 필요한 법적 조치를 취하겠다고 응답했다. 10여 일이 지난 어느 날, 아침 일찍이 공항 측에서 출장 채비를 한 뒤 여객 담당실에 와서 신분 확인을 하고 비행 수속을 하라는 전화가 왔다. 시간을 맞춰 여객 담당실에 갔더니 안면과 지문 확인 절차를 마치고 제주행 비행기표를 내주었다. 그제야 안도의 숨을 내쉬면서 탑승 수속장에 갔더니 동행하는 몇 분 교수들이 기다리고 있었다. 그들의 안내와 보호를 받으며 제주공항에 안착하자 제주에 미리 와 있던 전경수 교수가 마중을 나왔다. 후에 안 일이지만, 이 모든 법적 조치는 전 교수의 수고로 마련된 것이었다.

기원전 3세기 중국 진(秦)나라의 방사(方士, 신선의 술법을 닦는 사람) 서복 일행의 '출해동도(出海東渡)'는 고대 동아시아 교류사의 여명기에 있었던 최초의 일대 거사로서 학계의 큰 관심을 모았다. 특히 중일 양국 학계는 서복 연구를 전유물화해 독점하다시피 했다. 이에 비해 중심 당사자인 한국 학계의 서복 연구는 거의 불모 상태로서 관련 국제 학술 모임에 한 번도 참석한 적이 없었다. 완전히 무시당한 꼴이었다. 한·중·일 동아 3국이 참석한 서복 관련 국제학술대회는 이번이 처음이다. 그래서 전경수 교수를 비롯한 몇몇 선각 학자들이 이번 학술대회의 유치에 앞장섰던 것이다. 덕분에 여러 가지 걸림돌이 있는 나 같은 사람도 운 좋게 대회의 초청을 받아 참석할 수 있었다.

나는 대회에서 「서복도한고(徐福渡韓考)」라는 제하의 논문을 발표했다. 논문에서 나는 중국의 고전 사서 『사기』와 『삼국지』『후한서』 등 문헌자료와 주로 제주도와 남해안 일대에 산재한 마애각(磨崖刻, 글자와 그림이 새겨진 암벽) 다섯 점과 암각(岩刻) 한 점 등 유물 자료를 근거로 서복 일행의 도한(渡韓, 한반도에 도래)을 역사적 사실로 추정하고, 그 도한이야말로 한중 양국 간의 교류사와 소통에서 개창적(開創的) 의미가 있음을 명시했다. 그러면서 끝으로 서복 일행의 동도나 도한에 관한 연구는 아직 미완의 과제로 남아 있다는 사실도 지적했다. 현존 문헌이나 유물, 전설 들을 체계적으로 수집하고 정리해 연구를 심화하고, 학제 간 연대 연구뿐만 아니라, 한·중·일 3국의 학계는 긴밀히 협조해 고대 3국 간의 교류사에서 중차대한 의미를 지닌 서복 일행의 '출해동도' 문제를 종합적으로 조명할 것과, 그 연구가 더 이상 중일 양국 학계의 전유물이 되지 않고 당사자들인 한·중·일 3국 학계의 공동 의제로서 고대 동아시아 역사의 정립에 다 함께 일조할 것을 과제로 제시했다.

대회를 마친 다음 날, 동아시아 3국 간에 '서복연구협의체'(가칭)를 발족시키자는 우리 측의 발의에 공감하는 각국 참가자 대표 10명이 한자리에 모였다. 우리 측을 대표한 전경수 교수의 발의안 설명을 듣고 모두가 기꺼이 찬의를 표했다. 전 교수는 나를 한국 측 대표로 추천하면서 앞으로 협의체의 준비위원회를 꾸리는 일을 책임질 것이라는 제안도 했다. 사실 사전에 거듭 사의를 표했으나 전문가가 책임져야 한다면서 막무가내였다. 그리고 협의체 본부는 서복이 서쪽으로 돌아간 곳이라고 해서 이름이 붙여졌다는 서귀포(西歸浦)에 두기로 했다. 사실 서귀포는 지금까지도 해마다 여러 가지 서복 기념 축제 행사를 거행하는 서복 도한과 관련된 고장으로 알려지고 있다.

이렇게 대회는 유종의 미를 거두는 성싶었지만, 부득이한 일로 이러한 제안과 계획은 없었던 일로 접고 말았다. 그렇지만 우리나라에서 서복 관련 첫 국제학술대회가 개최되었다는 역사적 의미는 지워질 수 없으며, 나로서는 서복 관련사를 한번 훑어보는 유익한 계기가 되었다. 그리고 제한된 반자유인의 낭인 생활을 놓고 보면, 전경수 교수 같은 지인들의 지성 어린 후의를 체감함으로써 내 삶의 의미를 더 깊이 터득하게 되었다. 또한 그 어려운 환경 속에서도 국제학술대회에 참석했다는 쾌거는 후반생의 문턱을 당당히 넘어섰다는 증좌이기도 했다.

'입에 거미줄 칠까' 전전긍긍하던 내가 그나마도 후반생의 높은 문턱을 넘어설 수 있었던 것은 이러한 고마운 지인들에게서 쇄도한 후의 덕분이었음은 물론이거니와, 더불어 나 자신이 심조자득한 결과임도 감히 자부한다. 그 한 가지 대표적인 예로는 옥중에서의 과도생(過渡生)으로부터 후반생의 첫 수난기 3년까지의 기간에 달성한 연구의 결과물을 들 수 있다. 나는 감옥 안 '학문의 산실'에서 고고지성을 올린 『실크로드학』(1998)과 『이븐 바투타 여행기』(역주, 1999)

외에 『실크로드 사전』의 7할을 집필했다. 그리고 출옥 후 첫 3년간에만도 『고대문명교류사』(2001), 『문명의 루트 실크로드』(2002), 『문명교류사 연구』(2002), 『이슬람문명』(2002), 『중국으로 가는 길』(역주, 2002) 등 다섯 권을 집필, 번역 출간하고, 혜초의 『왕오천축국전』(2004.4. 출간)의 역주 초역을 완수했다.

돌이켜 보면, 내 생애에 이렇게 단시일에, 비록 졸작이기는 하지만, 수다한 연구물을 세상에 내놓은 일은 전무후무하다. 무위의 낭인에게 찾아드든 후반생의 관문을 자생형 도생으로 뚫고 나가야 하는 엄혹한 환경이 강요된 이상, 문자 그대로 일각천금(一刻千金)으로 불철주야 잠심몰두하지 않을 수 없었다. 아무튼 모든 것은 내 자신을 부단히 채근한 결과에 이루어진 어줍잖은 쾌거임에는 틀림없다. 그 덕에 입에 거미줄이 쳐지는 최악의 경우를 간신히 막고, 조금씩 회생의 발돋움을 이어갈 수 있었다.

앎의 목마름을 풀어준 '거시기산악회'

나는 존경하는 고 이돈명 변호사의 주선으로 '거시기산악회'와 인연을 맺게 되었다. 이 변호사와는 일면식도 없었지만, 유명한 인권변호사여서 존함은 익히 듣고 있었다. 이 변호사는 여러 차례 변호사 모임에서 담당 변호사를 찾아와 나의 안부를 물으며 여러모로 걱정했다고 한다. 그 보살핌이 고마워 출소한 후 얼마 지나지 않아 아내와 함께 회사(回謝)차 근무처인 강남의 '법무법인 덕수'를 찾아갔다. 머리에 잔서리가 내려앉기 시작한 다부진

몸매의 노변호사는 환한 웃음을 지으며 두 팔을 벌려 반갑게 환영해 주셨다. 세상의 풍상을 다 겪은 노변호사는 아무런 '법조인 티'도 내지 않고 마치 손위 형님처럼(나보다 꼭 한 띠 위다), 가식 없는 촌로처럼 소탈하다. 스스럼없이 오간 대화는 자리를 옮긴 점심식사 때까지 근 세 시간이나 이어졌다. 푸짐한 점심식사 대접도 받았다. 이제부터의 내 삶에 지침이 될 만한 유익한 말씀도 많이 들려주었다.

이야기가 끝날 무렵에 이 변호사는 내게 외롭고 적적할 테니, 함께 산행을 하자는 제의를 했다. 그 순간 태생적으로 궁벽한 심산유곡에서 나고 자라 산의 멋이나 매력, 낭만 같은 것을 별로 느껴본 적이 없는 데다가, 산행이라면 그 시절 훈련으로 '입에서 신물이 나'도록 고되게 속행(續行)했던 그 수백 리의 '산행'이 눈앞을 스쳐 지나갔다. 어안이 벙벙했지만 어른의 제안을 거절하기는 그렇고 해서 건성으로 받아들였다.

약 두 달 동안 허약해진 몸을 좀 추세우고 나서 북한산이 울긋불긋 단풍으로 물들기 시작한 가절(佳節) 어느 날 산악회 김순자 총무로부터 전갈을 받고 약속 장소인 상명여대 정문 앞에 갔다. 이돈명 변호사는 이미 그곳에서 나를 기다리고 있었다. 오는 사람마다 반갑게 악수로 인사를 나누면서 소개를 주고받았다. 그날 온 사람은 이 변호사를 비롯해 최연장자인 구연우 전 군수, 김달수 사회운동가, 김순자 총무, 김영덕 화백, 박석무 전 의원, 박중기 사회운동가, 백낙청 교수, 이정룡과 유영희 교수 부부, 이호철 작가, 임형택 교수, 전무배 사회운동가, 정기용 세무사, 한병용 전 시장 등 모두 열다섯 명이었다. 대여섯 사람은 사정으로 오지 못했다. 비봉산 기슭에서 점심 도시락을 까놓고 이 변호사는 나의 산악회 입회를 정식 선언했다. 그날 입회 자격 심사위원회 위원장인 변형윤 교수는 사정으로 불참했다. 원래 무엇보다 선행되는 입회 자격은 '큰집'(감옥) 콩밥을 맛본 사람에게만 주어지는데, 나는 그 자격에 부합된다고 하니, 모두가 웃음 섞인 큰 박수로 동의를 표했다. 그러곤 다들 눅진한 막걸리 한 잔으로 축배를 든다. 알고 보니, 이 변호사는 벌써 몇 년째 산악회 회장직을 맡아 산악회의 세 확장과 건전한 산행 문화의 정착에 선도적 역할을 담당하고 있었다.

이렇게 나와 거시기산악회의 인연은 싹트기 시작했다. 그날 저녁 나는 집에 돌아와서 산행에서 만난 산우들의 면면을 한 사람 한 사람씩 떠올려 보았다. 비록 직업은 천차만별이지만, 너나없이 일가견을 갖고 이 나라의 민주화운동에 한결같이 헌신한 분들이다. 여러모로 이 산악회는 그저 건강이나 챙기고 적적함이나 달래기 위해 아무나 모인 집단이 아니라, 무언가 뜻을 같이하는 민주화운동 인사들이 의기투합해 뭉친 산행 조직체란 인상을 강하게 받았다. 그러나 나에게 이것보다 더 중요한 것은 그들의 다양한 경륜과 지식에서 앎에 대한 내 목마름을 풀어줄 수 있을 것이라는 믿음과 기대를 품게 된 일이다.

그간 나는 남한에서 15년여를 살아왔지만, 다분히 책상머리에만 눌러앉아서 마냥 서생처럼 겉도는 생활만을 누려왔다. 저 밑바닥에서 짓눌려 신음하는 민초들의 진짜 삶이나, 그 삶에서 분출되는 암장이나 화염 같은 무궁무진한 잠재력이나 기세를 제대로 가늠하지 못하고 체득하지 못했다. 그래서 내 삶의 구석구석에 숱한 허점과 미흡함이 도사리고 있음에도 불구하고 그대로 안주하고 있지 않았는가! 이제 다양한 경륜과 지력(智力)을 갖추고 있는 각계각층의 지성들과 산우로 교우하게 되었으니, 그러한 허점과 미흡함을 가셔낼 전기를 맞은 셈이다. 이렇게 자칫 무위의 낭인 생활로 인해 생길 수 있는 실의나 고독을 제때 날려 보내고 삶의 활력을 되찾으며, 앎의 갈증을 풀어주는 산악회와 뜻을 같이하는 산우들을 만났다는 것은 상서롭지 않은 후반생의 첫 관문을 통과하는 나에게는 정말로 큰 행운이 아닐 수 없었다.

한마디로, 나는 근 20년간(2000~2019) 몸담고 있던 산악회를 조국의 절반 땅인 남한의 현대사와 문화 전통을 자초지종 다시 연수하거나 새롭게 배우는 전당으로 간주하고, 산우들의 일언일구나 범사에서 많은 앎을 건져 올렸다. 크게는 우여곡절이 많았던 산업화나 민주화 및 통일운동의 구체적 과정으로부터, 작게는 남한만이 간직한 일상적 생활문화에서의 여러 가지 특색에 이르기까지 실로 많은 문제에 관해 몰랐던 것을 새롭게 알게 되고, 흐리멍덩하던 것을 명명백백히 가려내게 되었으며, 오해나 착각을 바로잡을 수 있었다. 하찮은 예 같지만 산우들이 들고 오는 도시락 반찬에서 해산물이라곤 기껏해야 명태나 절인 고도에(고등어의 함경도 방언)밖에 모르던 내가 생선회나 남도의 삼합 같은 우리 겨레의 맛깔나는 다종다양한 음식문화를 자랑스럽게 알게 되었다.

나는 종횡 세계 일주를 수행하면서, 우리나라처럼 이렇게 산행 문화가 보편화되고 발달한 나라를 본 적이 없다. 10여 년 전 라틴아메리카를 주유할 때 칠레 수도 산티아고에서 세계적으로 유명한 파타고니아 트레킹 복장을 판매하는 전문 상점에 들렀다. 남미의 남단 칠레와 아르헨티나 사이에 걸쳐 있는 파타고니아는 세계적으로 이름난 트레킹 지역으로 '파타고니아 트레킹 복장'은 세계적 여행가들이 가장 선호하는 트레킹 브랜드다. 나도 호기심에 그 전문 상점에 찾아갔더니, 실망하지 않을 수 없었다. 복장마다 요란한 형형색색의 브랜드 표식만 붙어 있을 뿐, 규모나 품질에서 서울의 여느 백화점 등산복 코너를 별로 벗어나지 못했다. 체면을 살리느라 장갑 한 켤레만 사 들고 나왔다. 이것은 우리네 산행 문화가 세계 산행 문화의 상위권에 들어 있다는 무언의 인증 사진이다.

우리 겨레는 자고로 산명수려한 우리의 산에서 세기(勢氣, 동양철학에서 만물이 생성하는 근원)를 찾고 희망과 낭만, 여유를 구가해 왔기 때문에 어느 민족보다도 산에 대한 애착이 깊고, 산을 즐기며 가꾸기를 게을리하지 않는다. 오늘날 어림잡아 인구의 3분의 1에 해당하는 1600만 명이나 산행을 즐기며, 전국에 각이한 취향을 가진 산악회가 무려 3~4만 개 있다고 하는 사실이 그 증좌다.

내가 몸담고 있는 '거시기산악회'가 걸어온 길과 그 운영 실태는 우리나라 산행 문화의 연혁과 그 현실의 단면을 여실히 보여주고 있다. 지난 세기 1970년대 초에 산을 좋아하는 이돈명 변호사를 비롯한 세 사람이 산에서 우연히 만나 산우로서의 우의를 다져가고 있었다. 그러다가 1980년대에 들어 신군부 통치에 반발하는 교수들과 기자들이 대거 해직되어 실업자가 되자, 자진 시국 변론에 나선 이 변호사가 이들을 한 품에 안아 산행으로 이끌었다. 이때 산악회의 초창기 멤버들인 백낙청 교수, 변형윤 교수, 고 리영희 교수, 고 박현채 교수, 배상희 교수, 고 송건호 언론인, 고 이호철 작가, 정기용 세무사, 고 조태일 시인 등 유명 인사들이 이에 흔쾌히 응했다. 이들 대부분은 이 변호사의 시국 변론에 신세를 진 이들이다. 이어 얼마 지나지 않아 여러 인맥을 통해 각이한 직업과 연령의 각계각층 인사들이 줄줄이 이 산악회에 합류함으로써 산악회의 몸집이 커짐은 물론, 운영도 제법 튼실한 지반 위에 특색 있는 틀을 갖춰 나갔다.

나는 이 변호사로부터 직접 권유를 받고 출옥 2개월 반 후인 2000년 10월 말경에 산악회를 찾아가 정식 회원으로 가입한 때부터 아쉽게도 2019년 가을 고문 후유증으로 생긴 대퇴부 통증과 감옥에서 얻은 심방세동증(心房細動症)의 재발로 산행이 불가능해 부득이하게 발길을 멈출 때까지 근 20년 동안 해외 체류 일정을 제외하고는 어김없이 격주로 내 앎의 목마름을 풀어주고, 후반생의 무사 관문 통과를 앞에서 이끌고 뒤에서 밀어준 사랑하고 존경하는 산우들과 즐거운 인생의 한때를 함께 보냈다.

그 한때를 돌이켜 보면, 산우들이 쏟아낸 실담(實談)이건, 기담(奇談)이건, 해학(諧謔)이건 간에 그 한마디 한마디가 앎에 목말라하던 나에게는 가뭄의 단비였으며, 내 머릿속의 빈 곳간을 차곡차곡 채워주는 소중한 보물이었다. 물론 정치나 사회, 경제 같은 딱딱한 경성적(硬性的)인 내용의 주고받음이나 담론이 적지 않았지만, 그보다 못지않게 팍팍한 내 마음을 훈훈하고 따뜻하게 녹여주고 안정시켜 준 일상이나 문화, 인간관계 같은 연성적(軟性的)인 '거시기'도 수두룩했다. 인상적인 점은 이 모든 것이 '해학의 민족' 기질을 그대로 고스란히 담아냈다는 사실이다. 해학이라는 것은 익살스럽지만 품위 있는 말이나 행동을 말하는데, 우리 산우들은 모두 지성인으로서 힘겨운, 심지어 극한 상황도 품위 있는 익살스러움으로 표현하고 웃고 넘기는 우리 민족 고유의 기질인 해학과 낭만의 소유자들이다. 그래서 늘 즐겁고 살가운 정이 오갔다.

산악회의 작명부터가 그러했다. 산악회의 초기 멤버인 고려대 농과대학 배상희 교수가 강의 시 '거시기'란 말을 하도 많이 하길래 한 학생이 수업 한 시간에 도대체 몇 번 사용하는가를 세어보니 100회 가까이 되었다고 한다. 이 얘기를 배 교수가 산행에 와서 옮기니, 모두가 박장대소했다. 그러자 박학다식한 대장 이돈명 변호사는 즉석에서 이 알 듯 말 듯 하면서도 포괄적 의미를 지닌 '만능지시어(萬能指示語)', 아무 데서나 말문이 막히면 군말로 차용되는, 이를테면 '두루 춘풍(春風, 늘 누구에게든지 호감을 사는 일) 격인 이 해학적인 '거시기' 일어를 산악회의 이름으로 하자고 건의했고, 그 제안이 만장일치로 통과됐다고 한다. 그때가 1980년대 중반이었다. 그러니 거시기산악회는 1970년대 중반 세 사람의 우연한 산행이 씨앗이 되어 정식 기명(起名)을 거쳐 오늘에 이르기까지 그 역사가 근 반세기를 이어오고 있다. 국내 산악회 가운데서는 원로 산악회에 속한다. 작명에 관해 한 가지 부언하자면, 나는 처음엔 난생처음 듣는 '거시기'란 군말에 관해 이 산악회의 특색에 걸맞은 해학적인 이름이라고 생각하다가, 같은 값이면 한자의 뜻을 살려 '거시기(巨視其)', 즉 '그 멀리 보는' 거시적인 시각을 가진 산악회로 그 뜻을 보다 유의미하게 확대 해석해 보자는 비견을 감히 제기했다. 그러자 일부 산우들은 고려해 볼 만한 해석이라고 머리를 끄덕였다.

　다른 한 가지로, 거시기산악회라고 하면 소문난 음주 얘기를 빼놓을 수 없다. 자고로 우리 민족은 엄격한 주도(酒道)를 자부하고 있는 '애주(愛酒) 민족'으로서 정연한 음주문화를 가지고 있다. 나는 애주가로서 우리 산악회의 음주문화에 관해 처음부터 예의 주시하면서 산우들 속에서 주도에 어긋나지 않으면서도 음주문화를 통해 특유의 '회풍(會風)'(산악회의 회풍)을 세우고 유지하며 해학으로 세상사를 다스리고 서로의 마음을 통섭하는 재치를 발견했다. 술잔을 들고서는 더더욱 그러했다. 주량은 다르고 술에 대한 미감에는 조금씩 차이가 있으나, 술을 가까이하게 된 동기에는 진배없어 보인다. 세상의 부조리에 대한 한을 풀려다가 억울함을 당한 마음의 적적함이나 화를 달래기 위해서였다는 점에서 말이다.

그래서 일찍이 세상을 뜬 선배 산우 박현채 교수는 그토록 오랫동안 맺히고 쌓였던 한과 화를 생전에 빨리 풀고파서 "술은 지고는 못 가도 마시고는 간다"라고 호언장담했으며, 산우들 사이에는 이런 '애주송 사언시(愛酒頌 四言詩)'가 입버릇처럼 나돌았다.

두주불사(斗酒不辭, 말술 마다하지 않고),
주종불문(酒種不問, 무슨 술 묻지 않네),
요두출수(搖頭出手, 머리 저으면서도 손 내미네).

앞서 간 산우들을 잊지 못해서 그랬을까, 우리 산악회의 점심식사 자리는 늘 시음장을 방불케 했다. 세상 어디서나 손에 들어온 술이란 술은 다 들고나오니 그럴 수밖에 없었다. 고 백인 김달수 선배 산우는 그토록 산악회를 성실하고 열정적으로 지켜오다가 만년에 노구로 더 이상 등산을 할 수 없게 되자 매번 산행 전날 김포 집에서 강화도에 직접 가서 유명한 막걸리 한 통을 사다놓고 이튿날 새벽 일찍이 산행 집합 장소인 상명여대 입구까지 지고 와서는 인계하고 돌아가곤 했다. 이것이 두주불사 김 형의 산우들을 향한 끈끈한 주정(酒情)이고 인정(人情)이었다. 내가 들고 오는 술 캐릭터는 강원도 동강 더덕술이었다.

끝으로, 거시기산악회를 회상할 때마다 빼놓을 수 없는 것은 고견산 이호철 작가와의 인연이다. 이산과 탈향, 이 점에서 두 살 위인 견산과 나는 동병상련이다. 그의 고향은 함경남도 원산이고, 나의 고향은 함경북도 명천이다. 그래서일까, 지기지우를 넘어 호형호제의 사이가 되었다. 우리에게 산은 늘 이산과 탈향의 아픔을 삭이고 재회와 귀향의 그날을 위해 기를 보듬어 주는 성소 같은 곳이기도 하다. 이 형은 이 시대 분단의 아픔을 문학으로 승화시킨 '분단문학'의 대표적 작가다. 그가 첫 작품 『탈향』(1955)을 발표한 이래 인간 견산과 작가 견산의 삶과 글에는 이산의 아픔과 탈향의 향수가 올올이 짙게 배여 있다.

우리의 대화는 여느 산우들과의 대화보다 진지하고 신중했다. 왜냐하면, 대화의 주제가 늘 난항에 처한 통일 문제를 해결하는 데 초점이 맞춰졌기 때문이다. 내가 견산에게 바라는 것은 이제 분단이나 탈향 문학은 나름대로 마무리했으니, 통일의 완성을 지향하는 귀향 문학에 착안해서 대작을 세상에 내놓으라는 것이었다. 이에 대비해 견산은 내가 천착하려는 창의적인 민족론과 통일담론에 관심을 보이면서 때로는 논쟁에 불을 붙이기도 했다.

어느 날 이 형은 북한산 중턱의 한 그루 노송에 등을 기대고 앉아서는 느닷없이 북녘 허공을 대고 어림잡아 손가락으로 고향 마을의 지도를 그려 넣었다는 애절한 사연을 들려주었다. 세월이 흐를수록 더 사무치게 그리워지는 고향 땅에 대한 순수한 애수를 넘어 그에로의 귀소(歸巢)를 숙명으로 간직하고 있는 한 인간, 한 작가의 애틋한 발원이다. 견산의 이러한 발원은 종시 사그라지지 않고 계기마다 기민하게 꿈틀거리며 '귀향'으로의 발걸음을 재촉하고 있었다. 10여 년 전 오래간만에 북녘에 가서 혈육(여동생)을 만나고 돌아와서는 듣기만 해도 마음이 훈훈해지는 '한살림 통일론'(혹은 '한솥밥 통일론')을 펼친다. 남북 간에 오르내리는 사람들이 많아지면 한솥밥을 먹게 되며, 그렇게 되면 통일은 이루어진다는 지론이다. 군더더기 없는 순박하면서도 명쾌한 통일론이다. 그만큼 이호철 문학은 끝내는, 귀착되어야 할 '귀향'으로 한 걸음씩 다가서고 있었다.

이제 『탈향』으로 서막을 연 '분단문학'을 『귀향』의 '통일 문학'으로 승화시킴으로써 벅찼지만 영예로웠던 한 시대 문학을 유의미하게 마무리 지어야 할 때, 애석하게도 이 형은 통일의 그날, 오매에도 애타게 그리던 고향 땅을 밟아보지 못한 채 영면에 들었다.

아내의 지성 어린 묵묵헌신

내가 보안법 위반 혐의로 장기형을 선고받고 투옥되자, 나와 아내 사이에는 망연자실 속에 잊음과 기다림이라는 딜레마를 피할 수가 없었다. 나는 그에게 인고의 쓰라림을 더 이상 안겨주지 않기 위해 "나를 잊어주오"라고 단장의 절규를 실토했다. 그러나 그는 '기다림'으로 '잊음'을 멀리하겠다고, 정녕 기담(奇譚) 같은 큰 사랑으로 화답했다. 사실 하염없는 기다림이란 그 자체가 그리움이고 외로움이며 괴로움이 아닌가. 이 모든 것을 운명으로 받아들이고 단호하게 '기다림'을 택한 것이다. 내가 받아안기에는 너무나 고맙고 벅차며 죄송스럽기만 했다. 이에 나는 이렇게 화답했다. 우리가 애절하게 이야기하는 잊음이나 기다림은 우리의 운명적

만남에서 온 몸부림이다. 이제 우리는 기다림으로 그 몸부림을 잠재우며, 만남의 그날을 위해 서로의 뜻과 지혜를 하나로 모아야 한다. 오로지 당신의 용단과 슬기, 헌신에 의해 이제 딜레마의 터널은 일단 벗어난 것 같다. 그러나 우리 앞에는 기다림이라는 더 길고도 침침한 터널이 가로놓여 있다고…….

이로부터 시작된 아내의 옥바라지는 '묵묵헌신' 그 자체였다. 서울구치소 때(1년 반)는 매주 2~3회, 지방(대구와 대전) 구치소 때(3년 반)는 1~2회였으니 그 횟수가 실로 엄청나다. 옥바라지에서 가장 어려웠던 것은 참고 서적들을 영치시키는 일이었다. 내가 옥중에서 저술하고 역주하는 데는 여러 가지 언어로 쓰인 참고 자료가 필수였다. 일본어나 아랍어 같은 생소한 언어로 된 서적을 부탁할 경우는 서명의 생소한 글자 하나하나를 맞춰 가면서 고르는 일이 여간 까다롭지 않았을 것이다. 그런데도 어느 한 번 어긋난 일이 없었다. 게다가 수감자가 보유할 수 있는 서적 수는 극히 제한되어 있어 자주 바꿔야 하며, 서적 검열이 엄해 영치가 불허되기도 한다. 내가 우리말 공부를 위해 부탁한 『국어 대사전』은 부피가 커서 배식구로 들여올 수 없어 꼬박 이틀을 기다렸다가 문을 열고 받은 경우도 있었다. 단언컨대, 여러 가지 어려움을 극복하면서 들여보낸 서적들이 없었더라면, 나는 옥중에서 아무러한 학문 연구도 할 수가 없었을 것이다.

숱하게 옥중 면회를 다녀가면서 모든 아픔을 가슴속 깊이 묻어둔 채 내 마음에 부담이 될 말은 한마디도 한 적이 없다. 모든 것을 묵묵히 홀로 삭이고 참고 견디면서 기다리고, 가계의 모든 일을 도맡아 했다. 그러는 과정에서 주위로부터 당한 외압과 냉소인들 얼마나 많았겠는가. 그러나 그러한 내색을 전혀 내비치지 않았다. 내가 사형을 구형받았을 때도 눈물을 보이지 않았는데, 면회 와서 투명창 너머로 박사학위가 취소됐다는 사실을 전할 때는 두 눈에 눈물이 그렁그렁해 차마 서로 눈을 맞출 수가 없었다.

그리고 출옥 후에야 본인의 실토로 안 사실이지만, 아내는 내가 수감됐을 때부터 이 세상에서 제일 경원시되는 사람이 나 같은 정치범인데, 언젠가 출소하더라도 노구에 직장을 얻기는 만무할 터, 평생 일터 없이 지낼 것이라고 예측했다 한다. 내가 구금되자 아내는 면회 등 나를 돌보기 위해 20여 년간 근무하던 병원에서 수간호사직을 자진 사직하고 무직자가 되었다. 자신이 가계를 책임져야 하겠다는 일념에서 2년여 동안 정부가 주관하는 '근로자 직업훈련 과정'인 '한식 조리사'와 '정보 처리'(컴퓨터), '미용'의 3종 과정을 수료했다. 이 이야기를 듣는 순간, 고마움과 더불어 미안한 마음에 가슴이 뭉클하고 눈시울이 뜨거워졌다. 아내는 '산 사람 입에 거미줄 치랴!'라는 강인한 의지로 가계를 이끌어 가겠다는 결심을 이렇게 다지면서 준비하고 있었다.

어지간히 지체 있는 집마다 집안이 다 같이 지켜야 할 교훈인 가훈이 있는 법이다. 우리 집도 일찌감치 가훈을 생각하기는 했지만, 하나의 신념이나 윤리·도덕으로 모이는 가훈이 쉬이 발견되지 않아, 그 제정을 하루하루 미루어 왔었다. 그러다가 근 10년을 지나서 옥방의 고요와 적막 속에서 서로가 삶에서의 공분모를 발견하고 인지함으로써 드디어 가훈을 세우기에 이르렀다. 그것은 바로 '서검(恕儉), 즉 '너그러움과 검소함'이다. 사실 이 말은 '유서즉정평 유검즉용족(惟恕則情平 惟儉則用足)', 즉 "너그러우면 불평이 없어 화목하고, 검소하면 저축이 있어 여유가 있다"라는 숙어의 함축어다. 검소함은 절약의 동의어 격이다. 검소하면 절약하게 마련이고, 절약하다 보면 자연히 검소하게 되는 법이다.

한편, 도덕적 함의에서 근면과 절약은 일맥상통한다. 다 같이 행복과 유족함의 열쇠이다. 그래서 "근면은 행운의 오른손이고, 절약은 그의 왼손이다"라는 영국 속담이 나왔나 보다. 사실 근면은 더 말할 나위가 없거니와, 검소와 절약도 모두가 이를 데 없이 고상한 미덕임이 틀림없다. 그런데 사회에 물신주의와 배금주의 썩은 풍조가 만연하고, 언제부터인가 인간이 돈밖에 모르는 수전노로 전락하다 보니, 이러한 미덕이 제대로 대접받지 못할 뿐만 아니라, 오히려 우롱당하고 멸시당하는 것이 현대사회의 큰 병폐 중 하나이다. 그래서 우리는 현대사회의 도덕성에 의문을 던지며 갈아엎기를 주장하는 것이다.

아내는 세상만사에 대한 너그러움이 몸에 관습처럼 배어 있다는 것이 첫 만남에서부터 시종일관 지워지지 않는 깊은 인상으로 남아 있다. 아마 이러한 너그러움은 20여 년간 간호사로서 인간 봉사와 사회봉사의 일선에서 훈육(薰育)된 일종의 '직업벽(職業癖)'일 수도 있다. 너그러움과 더불어 검소함은 그가 깊이 간직하고 있는 가훈의 하나다. 그의 일관된 주장은 분수에 맞는 소비와 꾸밈이다.

그리고 내가 진심으로 아내를 고맙게 생각하는 것은 북에 있는 내 딸들을 친자식들처럼 염려하고 배려하는 마음씨다. 3년 전에는 함께 통일부에 찾아가서 '남북 이산가족 찾기 신청서'를 정식 제출했으며, 2년 전에는 대한적십자사의 '이산가족 영상 편지' 제작과 DNA 검사를 적극 권유해 마쳤다. 그리고 늘 내게 "건강해서 자식들을 만나야지"라고 격려하곤 한다. 그는 내가 아버지로서 자식들의 교육이나 성장, 삶에 한 푼도 보태준 것이 없음을 못내 아쉬워한다. 그래서 통일 후에라도 부모의 구실을 해야 하지 않겠는가 하고 채근하면서 은행에 한 푼 두 푼 예금을 하고 있다.

돌이켜 보면, 아내를 만난 지도 어언 36년이란 세월이 흘러갔다. 문자 그대로 생사고락을 함께한 이 범상찮은 세월은 그가 오로지 이 못난 사람과 가정을 위해 묵묵히 헌신한 과정이었다. 어느덧 그 젊었던 모습이 머리에 흰서리가 내려앉은 반백의 노파가 되어 해로를 함께하게 되었으니, 세월이란 실로 무상하다. 앉아서 밥상을 받아야 할 종심(從心)을 훌쩍 넘긴 나이에 부엌에 서서 밥상을 차리는 모습을 지켜보노라면 안쓰럽기만 하다. '종심'이란 뜻은 '마음대로 하다'인데, 곁에서 조용히 공부하는 나에게 소음으로 지장을 줄까 봐 조심스레 까치걸음으로 다닌다. 지금까지 문화생활을 즐기기 위한 음악회나 영화 감상은 3~4회밖에 간 적이 없으며, 새벽 서너 시까지 공부하는 내 곁에서 '늙은 전임조교'로 자칭하면서 시중을 드느라고 매일같이 잠을 설치는 등 체질적으로 '마음대로 하는' 종심이 장기간 억압당하다 보니 일찌감치 반백의 노파가 되어버렸다. 사실 그간 나의 책에 실린 모든 사진들은 선택에서부터 배치 및 수정에 이르기까지 어느 것 하나 그의 손을 거치지 않은 것이 없다. 그런데도 아내의 생일 한번 제대로 기억하고 챙겨준 일이 없다. 그래도 이해심을 갖고, 한 번도 개의한 적이 없다. 뒤늦게나마 이 모든 것이 나의 불성과 미련함에서 왔다는 것을 생각하니, 만시지탄의 자성과 자괴를 금할 수가 없다. 요컨대, 나는 남편으로서는 자격이 한참 불급한 사람이다.

최근에 회고록을 정리하면서 아내가 1997년 12월 법원 재판부에 제출한 장문(A4 용지 14쪽)의 탄원서를 발견했다. 아내는 탄원서에서, 고령인 남편이 여생을 학자로서 자랑스러운 우리 역사를 복원하고 학문을 발전시키는 데 능력과 열정을 쏟을 수 있도록 선처해 줄 것을 절절한 심정으로 탄원하고 있다. 순간 지나간 모든 일들이 한 편의 파노라마처럼 눈앞을 지나갔다.

8장

종횡 세계 일주의
꿈을 이루다

2006

2017

73세에서 84세

한국문명교류연구소,

실크로드 3대 간선과 4대주 집중 답사

종횡 세계 일주와 '세계일화'

지금까지의 세계 여행사에서 '세계 일주'라고 하면, 대저 지구를 가로로(횡적으로) 한 바퀴 도는 것을 뜻했으며, 세인은 그 수행자를 '세계 일주자'로 기려왔다. 그러나 지구를 세로로(종적으로)까지 한 바퀴 돈 사례는 흔치 않은 것으로 알고 있다. 나는 진정한 '세계 일주'란, 지구를 가로로뿐만 아니라, 세로로까지 도는 것, 이를테면 '종횡 세계 일주'여야 한다는 소신을 갖고 일찍부터 그 꿈을 키워왔다.

나는 어릴 적부터 무엇이 동기가 되어서 그랬는지는 똑똑히 기억나지 않지만, 어쩐지 '세계'란 낱말이 그렇게 묘연하면서도 매혹적으로 다가왔다. 그러나 궁벽한 산간벽지에서 고급중학교를 마칠 때까지만 해도 세계와 나 사이에는 넘을 수 없는 장벽이 가로막고 있어 감히 넘겨볼 엄두를 내지 못했다. 그러다가 운 좋게도 세계를 향해 빗장을 풀고 문을 연 베이징대학에 진학하게 되면서 '세계'가 가깝게 다가오기 시작했다. 특히 세계와의 어울림을 지향하는 외국어나 외교학, 국제관계사 같은 세계와 관련된 학과목들을 두루 배워가는 과정에서 '세계'는 더 이상 낯설지 않은, 더 이상 객체가 아닌, 필히 함께해야 할 일체(一體)로 내 마음의 한 구석을 채워가기 시작했다.

돌이켜 보면, 1955년 12월 처음으로 비행기를 타고 머나먼 아프리카 이집트로 유학의 장도에 오른 것이 '세계 일주'의 단초였다. 그 후 반세기 동안 늘 이러한 꿈을 안고 마치 역마살 낀 유객(遊客)처럼 이러저러한 일로 이곳저곳을 동분서주하면서 그 실현에 한 걸음 한 걸음씩 다가섰다. 다행스럽게도 그동안 자의 반 타의 반으로 네 차례의 획기적인 호기가 차려져 마침내 꿈을 이룰 수가 있었다. 이집트에서의 유학 생활 3년(1955.12.~1958.8.), 모로코 주재 중국 대사관 봉직과 알제리전쟁 간여 4년(1959.1.~1963.3.), 통일 광야로의 길을 모색하기 위한 남한 진출 준비 9년(1974.3.~1983.3.), 남한에서의 실크로드 집중 탐사 12년(2006.7.~2018.7.), 이렇게 총 28년이라는 긴 시간 여행을 거쳐 비로소 종횡 세계 일주란 긴 터널을 빠져나올 수 있었다.

그 과정은 결코 순탄치 않았다. 특히 인생의 황혼기에 접어들면서 주어진 환경은 마냥 난망(難望)을 예고하듯 여의치 않았다. 급기야 걸음새가 주저앉으면서 일시 실의에 빠지기도 했다. 그러다가 나이 현거(懸車, 일흔)에 이르러서야 행운의 여신이 다시 찾아왔다. 2005년에 《한겨레》가 조직한 40여 일간의 아시아 횡단 실크로드 답사는 시들어 가던 꿈의 활성소가 되었다. 그 후 12년간의 행각은 문자 그대로 종횡무진의 질주였다. 이 질주에만도 총 457일을 쾌척했다.

그간의 종횡 세계 일주의 답사 일지를 종합해 보면, 가로로는 유라시아 서단인 포르투갈의 호카곶에서 태평양 동단인 칠레 서해안과 대서양 서단인 산살바도르까지를, 세로로는 유라시아 서북단인 스칸디나비아반도에서 아프리카 남단인 남아공의 희망봉(케이프타운)과 아시아 남단인 인도네시아 수라바야, 오세아니아 남단인 웰링턴(뉴질랜드)까지를, 아메리카 북변인 알래스카에서 남단인 아르헨티나의 우수아이아까지 두루 갈무리했다. 될수록 내로라하는 세계의 명승요지에는 답사했다는 인증 사진을 남기려 했다. 그리고 선행한 일주자들이 뚫어놓은 땅길이나 바닷길을 거지반 되밟아 보았다. 이러한 점을 감안해 나는 아프리카 주행에서 돌아온 2014년 6월 30일, 한국문명교류연구소 홈페이지에 「종횡 세계 일주를 마치며」란 글을 올려 종횡 세계 일주를 공문화했다.

　종횡 세계 일주를 평생의 화두로 내걸고 발품을 팔아 21세기 세계 여행사(史)에 '종횡 세계 일주'라는 하나의 장을 엮어놓기는 했지만, 아직은 곳곳에 미답(未踏)의 여지가 남아 있어 미완과 불실을 면치 못했다는 자성이 일어났다. 허심탄회한 자성은 새로운 분발을 촉구하는 터, 그래서 즉각 종횡 세계 일주의 '마침'을 '시작'으로 환원하고, 그 출발선에 다시 섰다. 원래 유럽은 젊은 시절에 종횡무진으로 다녀봤다는 이유로 앞의 글 「종횡 세계 일주를 마치며」에서 유럽 답사는 빼놓고 서둘러 종횡 세계 일주의 마침을 선언했다. 그러나 그간 유럽의 변화란 사실을 묵과한 것이 마음에 걸려 자성 끝에 2017년 51일간에 걸쳐 북유럽 4개국을 비롯한 유럽 18개국을 주유했다. 이어서, 다음 해에는 65일간 발해-고구려-몽골-알타이-중앙아시아-러시아-우크라이나를 잇는 북방 초원 실크로드의 집중 답사로 종횡 세계 일주의 미완과 불실을 보완하고 내실을 굳히려고 했다.

내가 세계 일주 내내 마음속 깊이 간직한 신념은 '하나의 세계'와 '세계 속의 우리'다. 세계를 편견 없이 보고, 어우러져 살아가는 이웃으로 대하며, 상부상조하는 인류 공동체로 간주하는 것, 즉 '세계의 일체성(一體性)'이 내가 추구하는 '하나의 세계관'이다. 더불어 우리를 세계 속에 드러내고 세계와의 관련 속에서 공시적으로 우리의 위상을 헤아리는 것이 바로 '세계 속의 우리관'이다. 넓은 의미에서 보면, '세계 속의 우리관'은 세계의 일체성을 추구하는 '하나의 세계관' 그 자체일 수도 있다. 아무튼 이 두 세계관이야말로 시종 '종횡 세계 일주'를 지탱하게 한 마음의 기둥이며 원동력이었다.

나는 그동안 이러한 신념과 여행관을 바탕으로 문명교류와 실크로드에 관한 일련의 저서를 펴냈다. 이 저술들을 관통하는 일관된 기조는 한마디로 '사해시일(四海是一)', 즉 '세계는 하나'라는 '세계의 일체성'이다. 그러나 구두선처럼 회자되던 이 세계관의 표현을 아름다운 우리말의 상징적인 표현인 '세계일화(世界一花)', 즉 '온 세상이 한 송이 꽃'으로 대체하게 된 것은 한국문명교류연구소 초대 이사장인 김정남 선생의 현명한 지혜 덕분이었다.

연구소가 설립된 지 1년쯤 되는 어느 날 김 이사장은 보자기에 정성스레 싼 범상찮은 서예품 한 점을 연구소에 기증했다. 전주 토요일 서초구청이 운영하는 주말 벼룩시장에서 우연히 이 서예품을 발견해 가격 불문하고 구입했다고 한다. 구입하고 보니 내가 평시에 '세계 일체성'이란 말을 되뇌는 것을 들었는데, 그 '세계 일체성'과 '세계일화'는 신통히도 그 뜻이 일맥상통하므로 연구소에 축하 선물로 기증하기로 했다고 한다.

작품에는 '근화필(槿花筆)'이라는 생소하고도 신기한 인장이 찍혀 있다. 뜻인즉 '무궁화 꽃잎으로 쓰다' 혹은 '무궁화 꽃잎에 쓰다'의 두 가지 해석이 가능하다. 나는 전자는 불가능하고 후자만 가능하다는 판단하에 그 서법에 관해 이곳저곳에 알아봤다. 그러나 알려준 곳이 몇 군데 되지 않은 데다가 알려준 내용마저도 조금씩 다르다. 비교적 신빙성이 있는 대답은 이러하다. 1945년 8월 16일 충남 예산의 동방제일선원이라고 알려진 수덕사(修德寺) 인근의 한 암자에서 수행하던 제자들이 수덕사 주지인 고승이며 독립운동가인 만공(滿空) 스님을 찾아와 광복의 기쁨을 함께 나누고자 했다. 제자들을 기쁜 마음으로 맞이한 스님은 상좌더러 붓과 무궁화꽃 한 잎을 가져오게 하고는 그 꽃잎 위에 붓글씨로 '세계일화'란 글귀를 썼다고 한다. 이 꽃송이를 제자들에게 보여주면서 스님은 이렇게 말씀하셨다.

'세계일화(世界一花)'는 온 세상이 한 송이 꽃이란 이야기니라. 너와 내가 하나요, 만물 중생이 다 한 몸이요, 세계만방 모든 나라가 하나요, 이 세상 삼라만상이 한 송이 꽃이니라. 머지않은 장래에 우리 조선 땅이 세계일화의 중심이 되느니라.

만공 스님은 만물의 일체성과 대동 세계의 실현 그리고 조선의 드높은 국제적 위상에 대한 비범한 사자후를 날렸다. 불교계에서는 이 '세계일화'에는 선(禪)의 진수와 불법의 정수가 고스란히 담긴 명언이란 격찬을 보내고 있다.

차제에 김정남 이사장에 관한 잊을 수 없는 한 장면을 뜻깊은 추억과 회고로 남기고자 한다. 지난해(2021) 나의 수신(晬辰, 생일)에

즈음해 연구소가 마련한 조촐한 회연에 이사장을 모셨다. 한창 분위기가 무르익을 무렵, 이사장은 축배를 들고 나서 나를 끌어안고는 감격에 겨워 엉엉 흐느끼셨다. 갑자기 장내는 숙연해지면서 너나없이 눈에 이슬이 맺힌다. 우리는 한참 부둥켜안고 얼굴을 비벼댔다. 김정남, 그는 누구인가! 그 엄혹한 시절, 지하에서 40년 동안이나 반독재 민주화 투쟁의 진두에 섰던 인물이다. 바로 그곳에 늘 그가 있었기에 투쟁은 명맥을 잃지 않고 활활 타올랐던 것이다. 그 살벌한 시절, 그런 끔찍한 일은 견인불발(堅忍不拔)의 강철의 심장 소유자가 아니고서는 도시 불가능하다. 아마 많은 사람들은 이사장을 그저 그러한 강철의 심장 소유자로만 알고 있고, 또 그렇게만 높게 평가하고 있을 터이다. 기실 그것 하나만으로도 '사건 창조적 위인'의 반열에 당당히 내세울 수 있는 인물이다.

그러나 우리는 오늘의 이 감격스러운 장면에서 그것 말고도, 어쩌면 그것보다도 한 차원 높은 참된 인간상으로서 그의 진면모를 실감했다. 그의 낙루(落淚)는 참된 인간 사랑의 심연에서 활화산처럼 분출하는 뜨거운 암장 그 자체다. 어찌 보면, 그가 인간 사랑에 대한 이러한 마그마의 소유자이기에 강철의 심장을 소유할 수 있었을 것이다. 이사장은 늘 국조 단군의 건국이념인 '홍익인간' 정신을 강조하면서, 무한히 겸손하고 소박하며 매사에 선공후사가 분명하다. 이러한 뜻을 하나로 모아 나는 김정남 이사장이야말로 이 시대 우리네 참된 사표(師表)라고 감히 단언하는 바이다.

김정남 이사장은 우리 연구소의 초대와 2대의 이사장을 맡아 우리 연구소가 튼실하게 설 수 있는 초석을 놓은 정초자(定礎者)이며, 제 발로 바르게 걸어갈 수 있게끔 이끈 향도자(嚮導者)이다. 그리고

10여 년간 켜켜이 쌓여 있던 '실크로드 사전' 메모지 뭉치를 발견하고는 백방으로 출간을 독려한 결과 드디어 햇빛을 보게 한 사실도 고마운 추억으로 남는다. 그러곤 여러 매체를 통해 나의 저술에 다함없는 격려를 보내주었다. 또한 나 같은 수감자들이 어려움을 이겨내면서 학문 연구를 해온 지상의 귀부(鬼府, 감옥)를 '학문의 산실'로 자리매김하게 하는 데 일조하면서 '산실'의 출산물을 비범하게 평가했다. 이사장은 연구소의 이사장직을 내려놓은 후에도 여전히 연구소를 자주 찾아와서는 좋은 가르침을 남기곤 한다. 이 모든 것이 우리에게는 큰 행운이 아닐 수 없다.

각설하고, 종횡 세계 일주를 통해 어렵사리 발견하고 확인하고 선양한 '세계의 일체성'은 공통적 조상을 갖고 있다는 인류의 혈통적 동조(同祖)와 역사는 공통적 발전 법칙을 공유하고 있다는 역사의 통칙(通則), 문명 간에 부단한 소통과 교류가 이어지고 있다는 문명의 통섭(通涉) 그리고 숭고한 보편 가치를 다 같이 누리려 하고 있다는 보편 가치의 공유(共有), 이 네 가지 공통 요소의 발현이다. 세계의 일체성을 규정짓는 이 네 가지 요소의 발현은 인류의 미래를 결정짓는 시금석이 될 것이다.

이러한 신념을 기조로 한 세계 일주의 궁극적 과녁은 범지구적 실크로드를 통한 인류 문명교류의 학문적 정립이다. 이에 천착하기 위해서는 종횡 세계 일주의 끈을 놓을 수가 없다. 늘 '마침'이 아니라 '시작'일 뿐이다. 그래서 '종횡 세계 일주'는 현재진행형일 수밖에 없다.

나는 우리 겨레가 일찍부터 문명교류를 통해 세계와 소통함으로써 시종일관 세계의 일원으로 세계와의 일체성을 유지해 온 역사적 사실을 밝히고자 『한국 속의 세계』(창비, 2005) 일서를 저술했다. 이 책에 대해 한 독자는 책 속에서 참조선을 발견했으며, 책을 통해 자기 비하적인 역사관을 반성했다고 독후감을 피력했다.

문명의 요람 아프리카

나에게 아프리카는 문명의 요람으로 다가왔다. 인류의 문명이 언제 어디서 시작하였는가, 그 자체가 신비에 싸여 있다. 따라서 나의 아프리카 답사는 문명이라는 수수께끼의 문을 열고 들어서는 행위와 같았다.

문명은 인간에 의한 피조물이기 때문에 그 시원과 진행 과정은 인류의 출현과 진화에서 찾아야 한다. 그러한 착안점에 근거한 연구 결과 인류의 출현지는 다름 아닌 아프리카이며, 수백만 년 동안 여러 단계의 진화 과정을 거쳐 오늘의 현생인류로 진화했다는 것이 밝혀졌다. 그래서 우리는 아프리카를 인류의 출현지이자 인류 문명의 요람이라고 단정한다.

그러나 그것도 어디까지나 인간의 미흡한 지식 수준에서 내린 추단이나 예측에 불과할 수도 있다. 그것은 아프리카의 역사나 문명을 밝혀내는 데서 아직은 넘지 못한 한계가 수두룩하기 때문이다. 아프리카 연구가 많은 한계에 부딪히는 것은 여러 가지 난제가 앞을 가로막고 있기 때문이다. 사료의 결핍, 고대 문자의 부재, 영성적이며 왜곡된 내용으로 인한 신뢰성의 부족 등을 들 수 있다. 게다가 주민들의 심한 이동이 역사 기술을 위한 집단적 기억이나 전승 그리고 사료 축적에 차질을 빚게 하고, 일관성과 통일성 및 관계성을 유지할 수 없게 한다는 점도 문제를 어렵게 만들고 있다.

엎친 데 덮친 격으로 아프리카를 '역사 없는 암흑대륙'으로 호도하면서 아프리카의 유구한 역사와 문명을 무시하고, 설혹 역사 문명에서의 어떤 발전적 실존을 인정한다고 하더라도 그것은 자생이 아니라 외부의 영향을 받은 것이라는 이른바 '외래설'이나 '영향설'과 같은 아프리카 식민사관 역시 연구를 방해하는 요소의 하나다. 그럼에도 불구하고 제2차 세계대전 이후 아프리카 출신 학자들의 노력으로 의문점, 오래된 편견, 왜곡이 조금씩 극복되었다. 거기에 서구의 양심적 학자들의 가세로 아프리카 요람상은 어느 정도 복원되었다.

구체적으로 보면, 고인류 유골과 석기를 비롯한 각종 선사시대 유물의 발견으로 범지구적인 인류의 진화 과정이 밝혀지기 시작했으며, 이에 따라 아프리카의 역사 발전 과정이 부분적으로 정립되기에 이르렀다. 아프리카는 다른 지역과 달리 석기의 출현이 빠를 뿐만 아니라 모양새도 달라, 대체로 석기시대를 전기(前期) 석기시대(Early Stone Age) → 제1이행기(移行期) → 중기(中期) 석기시대(Middle Stone Age, 12만 년 전에 진입) → 제2이행기 → 후기(後期) 석기시대(Late Stone Age, 2만 년 전에 진입)의 5기로 구분한다. 이 구분법은 유럽의 경우와 다르다. 그 과정에서 지금까지 동서남북 여러 지역에서 미지의 세계로 남아 있던 고대 문명국들[예컨대 악숨(Axum), 쿠시(Kush), 가나(Ghana), 말리(Mali), 상하이(Sanghai), 베닝(Benin) 등]의 실상이 밝혀지기 시작했다. 아울러 아프리카의 식민지화와 이 대륙 특유의 노예무역 등 중·근세의 암울했던 역사상과 한때 '암흑대륙'으로 전락되게 된 역사적 요인 등이 점차 밝혀지고, 그 잔재를 극복하기 위한 연구도 상당히 진척되었다.

특기할 만한 사항은 인류의 진화 과정이 밝혀졌다는 것이다. 지금까지의 연구에 따르면, 인류의 조상은 약 1억 년 전에 진화를 시작한 영장류 중 인류와 가장 가까운 유인원군인데, 발견된 유인원군 중 가장 오래된 유인원은 약 1400만 년 전에 살았던 드리오피테쿠스(Dryopithecus)다. 이 유인원은 프랑스에서 처음 발견(1856)된 후 이어 동아프리카와 인도, 중국 등지에서도 발견되었다. 드리오피테쿠스를 시작으로 호모하빌리스, 호모에렉투스, 호모사피엔스, 호모사피엔스사피엔스 같은 5단계의 진화 과정을 거쳐 오늘에 이르고 있다는 것이 지금까지의 통설이다. 아프리카는 이상의 5단계를 모두 거친 유일한 대륙이라는 사실이 중요하다. 다른 곳에서는 아프리카처럼 모든 단계의 유골이나 유물이 발견되지 않고 있다.

아프리카 대륙에서 출토되고 있는 선사시대의 각종 석기 문화나 금석기(金石器) 문화 그리고 농경문화는 문명의 요람으로서 아프리카의 선진성을 여실히 말해준다. 1721년 모잠비크를 시작으로 여러 곳에서 암각화가 발견되어 금석 시대의 생활상을 상상할 수 있게 되었으며, 2만 년 전에 진입한 후기 석기시대에 이미 상당히 다양하고 높은 수준의 농업과 목축업이 성행하고 있었다는 사실도 확인이 가능하다.

가장 특기할 점은 서아프리카 니제르강 유역이 동남아시아나 한반도와 더불어 세계의 벼 원산지의 하나라는 사실이다. 서아프리카에서 벼재배는 계속되어 오다가 중세 서구 식민주의자들이 침입해 벼 대신 빵을 만드는 밀을 심으면서 시들어 가더니 급기야 세인의 시야에서 사라져 버렸다. 그래서 아프리카에서의 벼재배 연혁사가 제대로 밝혀지지 못했던 것이다. 그럼에도 불구하고 오늘날까지도 서아프리카를 비롯한 일부 지역에서는 벼를 재배하고 있음이 현지에서 확인되었다.

내가 한창 세계에 대해 눈을 뜨기 시작한 젊은 시절에 8년을 보낸 아프리카 땅을 다시 밟은 것은 2014년이었다. 60일에 걸쳐 21개국을 집중 탐방하고 돌아와서, 아프리카의 문명에 관한 이론과 주장, 감상을 묶어 『문명의 요람 아프리카를 가다』(창비, 2018)라는 책을 냈다. 나의 아프리카에 관한 애정과 감회는 두 권으로 나누어 발간한 그 책에 모두 담겨 있다.

문명의 보고 라틴아메리카의 정체성과 그 문명

바다를 통해 외래의 문화가 유입하면서 고대의 찬란한 문화가 짓밟히고 역사의 맥이 끊어짐으로써 사회의 정체성은 걷잡을 수 없는 혼미 속으로 빠져들 수밖에 없다. 그것이 500년 동안 지속된 라틴아메리카의 운명이었다. 그러나 언제부터인가 전통적 정체성을 복원하려는 노력이 꿈틀거리기 시작하였다. 그러한 사실을 현장에서 확인하기 위한 나의 라틴아메리카 답사는 2012년 6월에 시작되어 8월에 끝났다. 그리고 2년 뒤 다시 중남미의 카리브해 해상 실크로드를 답사하고, 2016년 가을 『문명의 보고 라틴아메리카를 가다』(창비) 두 권을 상재했다.

난맥상의 라틴아메리카가 지닌 정체성의 실상은 과연 어떠한가?

문명의 보고로서의 가치는 또 어떠한가? 답사 기간 내내 고심하던 의문이었고, 기대하던 풍경이었다. 비견대로라면, 라틴아메리카의 정체성은 한마디로 다양성과 일체성을 동시에 내재하고 있는 중층적 복합성이라고 말할 수 있다.

우선 명칭부터 다양하다. 무려 40여 가지가 난무하던 끝에 내키지 않지만 '라틴아메리카'로 낙착되었다. 지리적 다양성도 라틴아메리카만의 특징이다. 북반구와 남반구를 아우르고, 서경 34도에서 118도 사이에 걸쳐 땅덩어리가 넓게 펼쳐져 있다.

다음으로 인종의 다양성은 특출한 현상이다. 크게는 원주민과 유럽 백인 그리고 노예선에 실려 끌려온 흑인의 3대 부류로 대별된다. 여기에 원주민과 백인의 혼혈인 메스티소와 백인과 흑인의 혼혈인 물라토가 다시 나뉘는가 하면, 유럽에서 건너온 백인과 현지에서 태어난 백인이 또 구분된다. 다양한 인종은 다양한 이해관계에 엉켜 사회의 혼란을 초래할 수밖에 없다. 이와 더불어 국가의 규모와 국력이 또한 다양하다. 인구 1억 6000만 명인 나라와 10만 명에 못 미치는 나라가 공존하고 있는가 하면, 이에 대비되어 경제 규모와 정치적 안정성 역시 천차만별이다.

이상의 제반 다양성은 필연적으로 문화적 다양성을 결과하게 된다. 대표적으로 들 수 있는 것이 언어다. 스페인어와 포르투갈어가 언어의 2대 산맥을 이루며, 그 지맥으로 프랑스어, 영어, 네덜란드어, 이탈리아어 등 여러 언어가 공존한다. 학자들의 통계에 의하면, 1492년 콜럼버스가 카리브해에 상륙했을 때만 해도 토착어가 남미에만 100개, 중미와 북미를 합치면 200여 개, 그리고 없어진 언어까지 합치면 약 300개 언어가 존재했다고 한다. 문화적 다양성은 각국 간의 문맹률 차이에서도 극명하게 나타나고 있다. 그 비율이 아르헨티나에서는 10퍼센트 미만이지만, 과테말라 같은 나라에서는 40퍼센트를 웃돈다.

비록 이와 같은 다양성을 정체성의 징표처럼 여기고 있기 때문에 정체성을 한마디로 규정하기에는 무리가 따르지만, 역설적으로 라틴아메리카만이 지니고 있는 공유성과 일체성은 다른 면에서 그 정체성을 규제하는 충분 요인으로 기능하고 있다. 33개 라틴아메리카 나라들이 공유하고 있는 근대적 정체성은 역사와 문화, 생활과 자연환경 등 제반 분야에서 다양성을 아우르는 일체성으로 나타나고 있다는 것이 나의 현장 관찰 결과다.

우선 유사한 역사적 경험을 공유하고 있다는 사실 자체가 일체성을 시사한다. 고대사도 유사한 맥락에서 전개되었지만, 근세에 와서 전 지역이 약 300년 동안 스페인과 포르투갈을 비롯한 서구의 식민지지배를 받았다. 그리고 19세기 초반부터 한결같이 독립투쟁에 나섰다. 언어가 다양하다고 하지만, 95퍼센트 이상이 스페인어와 포르투갈어를 사용하고 있기에 언어적 소통에서 거의 일체성을 띠고 있다. 정치적으로는 대통령중심제와 의회주의 등으로 대표되는 정치체제의 단일성이 두드러진다. 그런가 하면 본질에서 식민지지배 구조를 탈피하지 못하고 있으며, 격심한 빈부의 차이와 부패 등으로 상징되는 소위 '남미병'에 전역이 감염되어 신음하고 있는 상황도 같다. 종교는 가톨릭이 중심이 되어 있어 사회통합에 기여할 가능성을 보이고 있다. 이러한 점들 때문인지 애당초 19세기 초 시몬 볼리바르(Simon Bolivar)에 의해 라틴아메리카 단일국가 건설이 시도되기도 했다.

이와 같이 라틴아메리카는 일체성을 지니면서도 다양성을 동시에 내재하고 있는 중층적 복합사회라는 것이 바로 라틴아메리카 고유의 정체성이다. 이러한 일체성과 다양성이 유기적인 조화를 이룰 때 라틴아메리카의 정체성은 분명해지고 확보되리라는 것이 라틴아메리카의 미래에 대한 나의 희망적인 결론이다.

다양성과 일체성이라는 모순적 양상으로 비치는 라틴아메리카 특유의 정체성 실체는 문명의 보물창고라는 데서도 찾아볼 수 있다. 나는 답사를 통해 문명의 보고(寶庫)다운 라틴아메리카의 특징을 현장에서 몸소 실감하고 확인했다. 그 보고다움은 문명의 여러 분야에서 여실히 나타고 있다. 라틴아메리카의 인디언들이 남겨놓은 잉카문명이나 마야문명, 아즈텍문명 같은 휘황찬란한 고대문명이야말로 인류 공유의 귀중한 문화유산으로서 인류 문명사에 지대한 기여를 했다. 올메카문화로부터 시작해 잉카문명과 마야문명, 아즈텍문명 그리고 메소아메리카문명에 이르기까지 라틴아메리카에서 발생한 모든 문명들은 명실공히 그 높은 수준으로 인해 인류 문명사에 불멸의 업적을 남겼으며, 인류에게 고귀한 혜택을 베풀었다. 경탄을 자아내는 황금 문화와 도자(陶瓷) 문화는 물론, 세계 농작물 절반의 원산지가 바로 라틴아메리카라는 사실 하나만으로도 그 기여도를 가히 짐작할 수 있다. 은을 비롯한 풍부한 부존자원은 서구 산업화의 동력으로 기능했다. 다양한 생태계는 종의 기원을 비롯한 여러 가지 과학 연구의 장을 제공했으며, 근래에는 종속이론과 해방신학을 비롯한 여러 사회 이론의 '고향'으로 주목받았다.

거기에 더해 우리 역사 문화의 외연사(外延史)를 넓히는 데서 놀라운 증좌를 제공하고 있다. 학계의 연구에 의하면 우리 한민족과 동족인 몽골로이드가 약 1만 5000년 전에 베링해협이나 태평양을 건너 그곳에 정착한 것으로 알려졌다. 라틴아메리카 원주민인 인디오의 종족적 기원은 우리와 뿌리를 같이하는 셈이다. 몇몇 박물관에 전시된 고대 인디언들의 이동로 지도에도 근간의 연구 성과를 반영해 인디언들이 한반도를 지나간 것으로 명시되어 있다. 최근의 각종 체질 인류학적 조사에 의해서도 한민족과 인디언들의 유전자 DNA가 신통히도 같다는 점이 밝혀지고 있다.

게다가 빼어난 자연경관은 인류에게 정신적 활성소를 제공해 준다. 브라질과 아르헨티나 사이에 있는 이구아수(Iguaçú)폭포는 세계 3대 폭포의 하나로서 엄청난 인류의 자연유산이다. 270여 개 폭포수가 낙하하며, 유역 면적만도 39만 5000헥타르에 달하는 이구아수에 대해 "Do not try to descrive it in your voice.(괜히 당신의 언어로 묘사하려고 애쓰지 마시오)"라는 말이 회자할 정도로 웅장하고 수려하다. 문명의 보고 라틴아메리카의 진가를 겨우 1000여 페이지 남짓의 나의 여행기 두 권에 담기에는 능력과 지면 모두가 부족하다는 것을 절감할 수밖에 없었다.

종횡 세계 일주의 일환으로 아메리카 대륙을 주유하면서 맞닥뜨린 한두 가지 탈시대적 괴상한 일이 오래도록 악몽으로 남아 있어 차제에 한번 회고해 보려고 한다. 2012년 8월 8일 멕시코 칸쿤으로부터 UA995편으로 5시간 2분 날아서 현지 시각 밤 0시 45분에 로스앤젤레스 공항에 안착했다. 서울에서 받은 비자로 안심하고 입국 수속을 하고 있는데, 난데없이 미국연방수사국(FBI) 요원이 나타나 심사가 필요하니 수사실로 가야 한다고 한다. 나는 아메리카 대륙의 문명을 탐사 중인 한국인 교수라고 신분을 밝혔으나 막무가내다. 동행한

티엔씨(TNC)여행사 손현진 안내원과는 분리시켜 만날 수가 없다.

이윽고 얼굴이 험상궂은 요원 다섯 명이 들이닥치더니, 어처구니없는 질문으로 억지 '심사'를 한다. 추방과 회유의 강온책을 써가면서 진행된 소위 '심사'는 2006년 미국을 방문했을 때 한 일을 캐묻는 것과 네댓 번 연거푸 채취한 지문이 이상하다는 이 두 가지였다. '심사'는 그럴싸한 알리바이 하나 제대로 꾸며내지 못한 100퍼센트 사실 무근의 엉터리다. 하늘이 내려다보는 개명천지에 이러한 어처구니없는 '심사'라니! 나는 한마디로 '모든 것이 허위이고 날조'라고 통박하고는 눈을 지긋이 감고 묵비권을 행사했다. 수사관들이 근 네 시간이나 털어봤자 먼지 한 점 안 나오니, 창문 밑으로 '입국허가증'을 슬며시 내밀고는 어디론가 사라져 버린다. 로스앤젤레스에서는 밀착 감시 속에 3일을 보냈다.

그로부터 2년 후 유사한 일이 또 터졌다. 2014년 6월 4일, 중미 카리브해의 콜럼버스 4차 대서양 횡단 항해 노정과 상륙 지점을 확인하기 위한 탐험에 나섰다. 동행하는 투어블릭 강상훈 대표와 함께 대한항공에 의뢰한 인천-뉴욕-나소-산토도밍고(도미니카공화국 수도) 구간의 항공권 발권 수속을 하려고 인천공항 A-19창구에 갔다. 담당 여직원이 발권 대장을 들춰 보더니 정색하면서 미국 측 항공회사에서 '발권 승인 거부서'를 보내왔다고 한다. 실로 청천벽력이다. 순간 눈앞이 아찔해진다. 따지고 물어봐야 대답은 '미국 측 항공사의 지시'란 말뿐이다. 초조와 불안 속에 미국 대사관 측에 전화로 물어보니 똑같은 소리다. 순간 2년 전 로스앤젤레스 공항에서의 악몽이 떠오르면서 미국 수사 당국의 작간(作奸)이라고 단정하고는 초비상 상태에 들어갔다. 강 대표가 초능력을 발휘했다. 마침 당일 밤 독일 프랑크푸르트에서 산토도밍고 향발 피서용 저가 항공편이 있어 예약한 뒤, 갈 때의 뉴욕 경유행을 취소하고, 돌아올 때의 뉴욕 경유는 런던 경유로 변경했다. 다행히 이 복잡한 수속이 인천공항 이륙 30분 전에 겨우 끝났다.

21세기는 여행이 자유로운 시대다. 일부 적대 국가 이외의 여행은 국제법적으로 보장된 인권이다. 경유지 공항 이용도 국제항공법에 의해 보장된 공법제도다. 그럼에도 불구하고 오만방자한 미국 수사 당국과 항공회사들의 전횡은 시대에 대한 몰상식한 역행이다. 여행의 자유와 인권은 인류의 신성한 불가침의 보편 가치다. 그럴진대 "개는 짖어대도 대상은 전진한다"라는 아랍어 격언대로, 나는 나대로 할 것은 다 해냈다.

모자이크식 유럽 문명

나는 유럽 문명을 한마디로 무엇이라 표현할까 오랫동안 고심했다. 그 결과가 '모자이크 문명'이었다. 유럽 문명은 마치 다채로운 돌이나 유리 조각을 바닥이나 벽에 점착시켜 장식 효과를 나타내는 미술 기법인 모자이크처럼 여러 세계 문명의 다종다양한 요소들을 적시적지(適時適地)에 받아들여 융합시킨 다원적인 복합 문명이다. 이렇게 다양성과 수용성, 융합성을 일체(一體) 속에 더불어 아우르는 것이 유럽 문명의 두드러진 특성이자 정체성이다. 이러한 특성으로 인해 이질적인 문명 요소들이 모자이크식 수용 과정을 거쳐 유기적으로 융합되어 유럽 문명 고유의 정체성을 줄곧 확보할 수 있었다.

지금까지 대부분 논자들은 왜곡된 유럽 문명의 우월주의와 중심주의에 편승한 나머지 주로 세계 문명에 대한 유럽 문명의 일방적인 '선도'나 주입을 논급하는 데 급급했지, 반대로 세계 문명에 대한 유럽 문명의 부정적 영향이나 모자이크식 침식에 관해서는 외면했다. 이것은 문명교류의 상호성과 호혜성을 무시하는 작태로서 문명교류의 본연에 대한 일탈이라는 것이 나의 일관된 소신이다.

그 확인 작업으로 떠난 여행은 2017년 5월 17일부터 시작되었다. 48일 동안 15개국을 도는 강행군이었는데, 그중 북유럽편에 해당하는 1권만 『문명의 모자이크 유럽을 가다』라는 제목으로 2021년 11월에 출간되었다. 나는 유럽 문명과 세계 문명 간의 교류 진상을 유의미하게 복원할 뿐만 아니라, 분별없이 으쓱대는 유럽 문명의 중심주의나 우월주의의 민낯을 벗겨내는 것을 이번 유럽 답사의 목표로 삼았다. 그 과정에서 다원적 복합 문명인 유럽 문명을 총체적으로 올바르게 이해하기 위해서 지정학적 구도와 정신적 구도 및 물질적 구도의 3중 구도를 분석의 틀로 설정하고 해부의 메스를 들이댔다.

지금까지 서양의 역사나 문명에 관한 모든 저술들은 한결같이 유럽의 지정학적 범주를 의도적으로 확대해 포장하는 구도에 집착했다. 서양사의 전개와는 무관한 아랍-이슬람사를 아전인수 격으로 서양사에 억지 편입시켜 마치 서양사의 일부인 양 둔갑시킨 것이 그 전형적인 일례다. 내로라하는 서양사 명저들을 펼쳐보면, 엉뚱하게도 '오리엔트'란 이름으로 고대 아랍사(이집트와 메소포타미아 역사)를 유럽사의 서장(序章)으로 둔갑시키고, 이슬람 세계의 성립으로 암흑 속에서 헤매던 중세 유럽 세계의 '성립'을 환치시키다가 근세에 들어와서는 아랍-이슬람 세계를 아예 다루지도 않고 있다. 유럽사나 아랍-이슬람사에 웬만한 상식이라도 갖고 있는 사람이라면 이러한 비학문적인 얼치기 서술은 다름 아닌 '유럽 문명 중심주의'의 잔영이라는 것을 일견에 간파할 수 있을 것이다.

세계사가 고증하다시피, 로마제국의 멸망으로 인해 유럽 역사 무대는 지중해로부터 유럽 대륙으로 옮겨갔다. 그에 따라 지중해를 중심으로 한 서방 세계는 유럽 문명권과 동로마(비잔틴) 문명권(약 1000년간), 이슬람 문명권(7세기부터)의 3대 문명권으로 나뉘었다. 게르만족이라는 새로운 역사의 주인공이 등장한 유럽 문명은 그리스-로마 문명과 그리스도교 그리고 게르만적 요소가 새로이 접합된 융합 문명의 성격을 띠게 되었다. 문명사에서 보면, 이렇게 적어도 5세기부터 이슬람 문명은 더 말할 나위가 없지만, 비잔틴 문명마저 그 구성 요소나 성격이 유럽 문명과는 판판 다른 별개의 문명으로 성장했다. 흔히 동로마, 서로마라는 모호한 개념의 함정에 빠져 동로마, 즉 비잔틴 문명을 유럽 문명으로 착각하는데, 그 원인은 역시 잘못된 서양사의 서술 체계에 있다. 비잔틴 역사를 서양사 서술 체계에 '편입'시킨 것은 전술한 아랍-이슬람사에 대한 서양사의 작태와 다를 바 없다.

유럽 문명은 토착 문명과 인근의 오리엔트문명이나 페르시아 문명, 비잔틴 문명, 이슬람 문명뿐만 아니라, 심지어 멀리 인도 문명이나 불교 문명, 한자 문명, 라틴 문명, 아프리카 문명 등 원근불문(遠近不問)의 여러 외래 이질 문명 요소들을 다채롭게 모자이크한 융합 문명이라는 사실이 정신적 구도의 실체를 잘 보여주고 있다.

오랜 세월을 거치면서 굳어버린 융합 문명의 구도 속에서 토착 문명과 외래 문명의 요소들을 가려낸다는 것은 결코 쉬운 일이 아니다. 여러 가림색으로 더덕더덕 덧칠한 유럽 문명과 같은 융합 문명에서는 더더욱 그러하다. 그러나 오만할 대로 오만해진 유럽 문명의 민낯을 있는 그대로 드러내 시비와 진위, 허실을 가려내는 것은 유럽 문명에 관한 온갖 과장과 오해, 맹종을 극복하는 첫걸음이며, 인류의 미래지향적인 보편 문명을 창출하는 데 나서는 절박한 시대적 요청이다.

나는 2021년에 펴낸 졸저 『문명의 모자이크 유럽을 가다』의 서문에서 문명의 정신적 구도 면에서 유럽과 동양의 여러 면모를 독일의 라이프니츠와 프랑스의 백과전서파까지 동원해 상세히 파헤쳤다. 그리고 중국 문명에 대해 날카로운 통찰력을 보인 볼테르의 연구 성과를 언급했다. 답사기에서 유럽 문명의 정신적 구도 설명과 함께 비교적 장황하게 근세 서구 계몽주의 선구자들의 파천황적(破天荒的)인 중국 문명 관련 견해와 평론도 소개했는데, 그 이유는 그들의 그러한 견해나 평론의 정당성 여부를 판단하기 위해서가 아니라, 유럽 문명이 내재하고 있는 모자이크식 융합성을 방증하기 위해서였다.

유럽 문명이 오늘날 남다른 풍요를 누릴 수 있게 된 원인은 수 세기 동안 여러 이질 문명으로부터 주로 교류나 수탈을 통해 숱한 물질적 자양분을 흡수했기 때문이다. 그러한 취득물은 유럽 문명의 물질적 구도를 형성하고 다채로운 캔버스의 모자이크처럼 그 흔적을 오롯이 남겨놓고 있다. 나는 그 대표적 실례로 감자의 유럽 문명 정착을 들었다. 감자는 당초 우연히 '감상용 화초'로 스페인 원정군에 의해 유럽에 알려진 후 장장 2세기 동안 우여곡절을 겪은 끝에 유럽 문명의 운명을 좌지우지할 정도의 당당한 물질적 요소(식량)로 위상을 굳힌 것이다. 이질 문명인 감자의 수용은 유럽 문명의 융합성을 상징하는 모자이크화의 한 단면을 보여준다.

이와 같이 유럽 문명은 구도 면에서 3중성을 띠고 있을 뿐만 아니라 내용과 형식 면에서도 다양성을 지니고 있다. 그 다양성은 세 가지 근원에서 비롯된다.

첫째는 유럽 문명의 다원성이다. 기독교의 원조 격인 동방 기독교에서 분립된 서방 기독교(그리스도교), 남하한 게르만족의 고유문화 등 다종다기한 문명 계보와 요소들, 비잔틴(동로마) 문명과 7세기에 출현한 아랍-이슬람 문명 등 3대 문명의 공존에서 그 특질을 확인할 수 있다. 둘째는 유럽 세계 내의 부단한 사회적 변동이다. 동로마제국의 몰락에 이은 이른바 유럽의 '암흑시대', 르네상스 시대, 종교개혁, 과학혁명(16~17세기), 프랑스대혁명, 열강 간의 해외 식민지 약탈을 위한 각축, 산업혁명, 각종 과학기술의 발명, 중세 봉건사회로부터 근세 자본주의사회로의 과도 등 1000여 년간의 끊임없는 각종 사회변동은 유럽 문명의 다양성 생성에 직접적인 영향을 미쳤다. 셋째로, 광범위한 식민지 경략을 통한 여러 이질 문명의 유입도 다양성의 근원이 되었다. 15세기 대항해시대의 개막을 계기로 유럽 대륙을 제외한 세계 5대양 6대주에 식민지를 침탈하려는 유럽 열강들의 촉수가 뻗치지 않은 곳이 없었다는 점을 상기하면 이해가 쉽다.

아시아 문명의 관용적 공존

아시아 문명이란, 역사적으로 아시아인들의 육체적·정신적 노동을 통해 창조하고 공유해 온 공통적인 문명 요소들을 관용적으로 수용하면서 공존한 복합적 융합 문명이다.

아시아인 대부분은 3대 인종군의 하나인 몽골로이드(Mongoloid, 황색인종)에 속해 있기에 체질인류학적인 공통성을 간직하고 있다. 그리고 아시아는 유럽과는 달리 일찍부터 강력한 봉건적 중앙집권제하의 통일적 민족국가를 형성하고 발전시켰다. 그 과정에서 민족주의는 줄곧 의식구조의 보편 가치로 긍정적인 기능을 했다. 그뿐 아니라 그들은 정주적(定住的) 농경문화도 공유하고 있었다. 유럽은 겨울비에 강우량(동아시아의 절반이나 3분의 1인 500~600밀리미터)이 적어 유동적인 목축업에 의존하지 않을 수 없었다. 이에 반해 아시아는 여름비와 고온을 이용한 논농사와 그에 바탕을 둔 생산구조와 사회조직이 발달한 문화, 즉 정주적인 농경문화가 아시아 문명의 공통적인 근간을 이루었다.

그런가 하면 아시아 고유의 자연지리적 환경이나 경제구조에 의해 아시아인들만이 즐기고 누리는 생활문화의 공통성도 형성되었다. 식생활에서 쌀과 곡물을 삶아서 조리하는 자립식(煮粒式)이 아시아의 식문화라면, 빻아서 구워 먹는 소분식(燒粉式)이 유럽의 식문화다. 주거에서의 좌식(座式) 가옥, 의상에서의 전개형(前開型, 카프탄형) 등 생활문화에서의 공통적 요소들도 확고하게 마련되었다.

한편, 이러한 공통적인 문명 요소를 공유한 아시아 문명은 특유의 다양성과 관용성이란 특징을 지니고 있을 뿐만 아니라, 다양한 이질 문명을 관용적으로 받아들여 창의적으로 자체 문명을 살찌우고 발전시킴으로써 세계 문명의 발달에도 불멸의 기여를 해왔다.

아시아 문명의 다양성은 원초적인 문명 연원(淵源)의 다원성에서 비롯되었다. 이러한 원초적인 다원성은 여느 문명에서는 그 유례를 찾아볼 수 없는 아시아 문명만의 고유한 특성이다. 태생적(원초적)으로 아시아 문명만큼 다원적인 연원에서 싹트고 뿌리내리고 성장해 결실한 문명은 거의 없다. 그 원초적인 다원성의 연원으로는 우선 고대의 4대 문명을 들 수 있다. 기원전 3000년경 메소포타미아문명의 주역이었던 수메르인들은 인류 최초로 설형문자(楔形文字)를 창제해 약 3000년 동안 사용했으며, 1만 년 전(중석기시대) 팔레스타인의 예리코(Jericho) 부근에서 세계 최초의 농경문화로 추정되는 나투프문화(Natufian Culture) 유적(가축 사육 흔적)이 발견되었다.

인더스문명(기원전 2500~기원전 1500)의 모헨조다로(Mohenjo-Daro)에서는 도시 유적과 함께 상형문자가 새겨진 각종 인장이 발굴되었다. 그런가 하면 황허-양쯔강문명(기원전 5000~기원전 3300) 유적에서는 신석기시대의 농경문화에 속하는 벼농사(메벼)와 나무 보습 유물이 발견되었다. 그리고 중국 산시성 양사오문화(仰韶文化, 기원전 3000~기원전 2000) 유적에서는 채도(彩陶)가 나왔다. 이렇게 아시아 문명은 오래된 다원적 연원에서 파생되었기 때문에 다양성을 띠게 되는 것은 자연스러운 일이다.

오늘날 원초적인 다원성에서 비롯된 아시아 문명의 다양성은 여러 분야에서 찾아볼 수 있다. 우선 상이한 종교 신앙의 병존이다. 3대 이성 종교(불교, 이슬람교, 기독교)와 더불어 각종 각양의 원시종교, 토속신앙, 다신교 그리고 수조(獸祖), 천손(天孫), 지신(地神), 해신(海

神), 지모신(地母神) 신앙 등 여러 상이한 종교 신앙이 공존 공생하고 있다.

아시아 문명의 다양성은 또한 이러한 다원적 연원에서 파생된 여러 문명권의 병존에서도 찾아볼 수 있다. 세계 30개 문명권 중 현존하는 문명은 일곱 개, 그 가운데서 생명력이 가장 강한 두 개의 문명권, 즉 이슬람 문명권과 한자 문명권은 병존하면서 여전히 그 강력한 생명력을 과시하고 있다. 끝으로, 다인종, 다언어, 여러 가지 정치 제도도 모두 아시아 문명이 갈무리하고 있는 다양성을 표현한다.

다양성과 더불어 아시아 문명이 지니고 있는 또 하나의 특징은 문명의 관용성(寬容性)이다. 문명의 관용성이란 이질 문명에 대해 순기능적 융합 과정을 통해 수용하거나 공존하는 것을 말한다. 아시아 문명의 이러한 특징은 다음과 같은 여러 방면에서 구체적으로 나타나고 있다.

첫째, 다종 인종과 언어의 공존이다. 아시아는 세계 3대 인종군(몽골로이드, 코카소이드, 니그로이드)과 3대 어족(우랄-알타이어족, 인도-유럽어족, 셈어족)이 공생 공존하는 유일한 대륙이다.

둘째, 종교적 관용이다. 아시아는 다종교 대륙으로서 교리를 달리하는 여러 종교 간에 종교적 마찰과 갈등을 일으킬 여지는 충분히 있고, 또 실제로 아시아 역사에서 간헐적으로 마찰과 갈등이 발생한 경우가 있지만, 그럴 때마다 시종 관용으로 해결의 실마리를 찾아 공존을 줄곧 유지했다.

인도에서는 힌두교와 이슬람교 간의 갈등을 해소하기 위해 시크교란 새로운 종교가 탄생했다. 창시자 나나크(Nanak)는 두 종교의 번다한 형식적 종교의식을 부정하고, 두 종교의 장점을 취한 일신교를 주장하면서 이슬람의 신 알라를 사트카르타르(Satkartar, '진정한 창조자')로 대체했다. 그는 인도의 전통적 신분 차별 제도인 카스트제도를 반대하며, 종교 지도자를 '스승'으로 지칭하고, 경전 『그란트사히브(Granth Sahib)(스승의 책)를 창제해 힌두교와 이슬람교의 절충과 융합을 시도했다.

그리고 아우랑가바드 북서 20킬로미터의 바위산 기슭에 축조된 엘로라 석굴(Ellora Caves)의 구도에서 인도의 종교적 관용성과 융합상이 오롯이 드러나고 있다. 길이 2킬로미터에 달하는 석굴군에는 석굴이 모두 34개가 있는데, 그중 1~12굴은 불교(12개), 13~29굴은 힌두교(17개), 30~34굴(5개)은 자이나교 석굴이다. 세계에서 유일하게 한곳에 세 종교적 성지가 병존하는 이곳은 인도의 종교적 관용성을 실증한다.

이슬람교의 관용성은 경전이나 교리에서뿐만 아니라 무슬림의 행동에서도 여실히 입증되고 있다. 이슬람교의 6대 신앙 중 세 번째는 모든 종교의 경전에 대한 신앙이고, 네 번째는 모든 종교의 창시자들에 대한 경배다. 시리아 다마스쿠스의 우마이야 사원(Umayyad Mosque, 705년 건립, 1979년 유네스코 세계문화유산 지정) 안에 헤롯왕에게 참수당한 사도 요한의 머리가 안치된 무덤이 기독교도들의 순례 성소로 허용되고 있다. 한 종교(이슬람교) 사원 안에 다른 종교(기독교)의 성자가 묻힌 희유의 현상은 이슬람교가 추구하는 관용의 증좌다. 2001년 5월 사원을 찾은 교황 바오로 2세는 연설에서 "우리의 위대한 종교 공동체인 이슬람과 기독교를 더 이상 갈등이 아니라 존경할 만한 대화의 집단으로 만드는 게 나의 열렬한 소망입니다"라고 언명했다.

'고귀한 적' 살라딘의 관용에 관한 전설 같은 이야기는 영웅 미담으로 오늘날까지도 전해오고 있다. 3차 십자군전쟁(1189~1192) 때 아랍군 총사령관이던 살라딘은 패전을 만회하려고 야파 전투에서 무모하게 달려드는 영국의 사자왕 리처드가 낙마하자 "고귀한 사람은 그렇게 땅에서 싸우면 안 된다"라고 말하면서 자신의 말 두 필을 보내고, 리처드가 열병에 걸리자 위로의 편지와 함께 약과 얼음을 보냈다. 곁에서 이 광경을 지켜보던 십자군 지휘자들은 그를 가리켜 '고귀한 적'이라고 존칭했다고 한다.

셋째, 동아시아 3국의 서학(西學)에 대한 관용적 수용이다. 서학이란 조선 중기 이후 동아시아 3국에 전래된 서구의 선진 사상과 문물을 말하는데, 좁은 의미에서는 가톨릭교를 의미하기도 한다. 그래서 일면 서교(西敎) 또는 천주교(天主敎)라고도 한다. 동아시아 3국은 사상과 문물의 후진성을 탈피하기 위해 서로 경쟁적으로 나름의 수용 기준을 세우고 받아들이기에 급급했다. 한국은 전통사상과 제도를 지키면서 서구의 과학 지식을 수용하는 동도서기(東道西器)를, 중국은 중국 학문을 바탕으로 서구의 학문을 수용하는 중체서용(中體西用)을, 일본은 일본의 정신 위에 서양의 유용한 것을 수용하는 화혼양재(和魂洋才)를 각각 채택했다.

넷째, 문화의 관용적 융합이다. 아시아인들은 외래문화를 통째로 삼키는 것이 아니라, 토착문화의 발달에 유용한 것을 창의적으로 취사선택함으로써 관용적 융합을 이루었다. 그 대표적인 실례로 간다라미술과 무굴제국의 문화, 헬레니즘 문화를 들 수 있다. 간다라미술은 기원전 4세기 알렉산드로스의 동방 원정을 계기로 페샤와르(현 파키스탄 북서부)를 중심으로 한 간다라 지방에 전래된 그리스 문화와 토착문화가 만나서 생긴 불교의 융합 미술로, 헬레니즘미술의 양식과 수법으로 불교의 주제를 표현한 불상 조각 위주의 융합 미술이다.

인도 무굴제국(1526~1857)의 문명은 이슬람과 힌두 문명의 융합물로서, 통치 형태는 이슬람의 칼리프제를 표방한 정교합일의 중앙집권적 전제군주제이며, 문화 면에서는 페르시아 문화(세밀화 등)를 다분히 수용하고 페르시아어를 사용했다. 그런가 하면 이슬람으로부터는 아치와 돔 등 건축 기법을 도입해 타지마할 능 같은 화려한 융합 건축 유산을 남겼다.

헬레니즘 문화(약 300년간)는 기원전 4세기 알렉산드로스가 단행한 동방 원정을 계기로 그리스 문화와 페르시아 문화를 비롯한 여러 아시아 문화가 만나('유럽과 아시아의 결혼') 탄생한 동서 문명의 첫 융합 문화로서 주 탄생지는 파르티아(安息國, 기원전 247~서기 226) 왕국의 수도 니사(Nisa, 현 투르크메니스탄)다. 이 문화는 명실공히 아시아에서 탄생한 융합 문화이지 아시아 문화가 그리스 문화에 일방적으로 흡수되어 생긴 동화 문화는 결코 아니다. 따라서 헬레니즘이 '기본적으로 그리스 문화'라든가, '그리스 문화화한 세계 문화'라는 주장은 서구 문명 중심주의에서 비롯된 오견(誤見)으로서 의당 시정되어야 한다.

마치며

여명을 잉태한 낙조에 한생을 고이 묻고
훨훨 떠나련다

지금으로부터 2000여 년 전 불후의 역사서 『사기』를 저술한 사마천은 죽음보다 더 치욕스러운 궁형(거세형)을 선고받고 복역 중 친구 임안(任安)에게 보낸 편지(「보임안서(報任安書)」)에서 자신의 생사관을 이렇게 밝힌다. "인고유일사 사유중어태산 혹경어홍모 용지소추이야(人固有一死 死有重於泰山 惑輕於鴻毛 用之所趨異也)."(사람은 본디 한 번 죽지만, 어떤 죽음은 태산보다 무겁고, 어떤 죽음은 새털보다 가볍기도 하다. 이는 죽음을 사용하는 방법이 다르기 때문이다.) 사마천의 이 한마디 생사관은 삶을 어떻게 살아갈 것인가에 관한 신념과 철학의 가치관이기도 하다. 사마천은 궁형이라는 그 모진 수치와 모욕을 견디며 오로지 태산보다 더 무거운 죽음의 가치를 확신하면서 130편에 52만 6500자에 달하는 '사서 중 사서'인 『사기』를 완성해 5000년 중국 역사 체계의 초석을 마련했다.

이와 같이 사마천은 죽음을 맞이하는 인간의 자세를, 세상에 훌륭한 족적을 남긴 태산보다 무거운 죽음과 사회발전에 기여하지 못한 새털보다 가벼운 죽음의 두 가지 형태로 대별했다. 물론 시대와 시각에 따라 각자가 살아온 삶의 연장인 죽음에 관한 평가는 다를 수 있다. 그러나 인간임을 그만두기 전에는 그 누구도 태산 같은 무거운 죽음으로 생의 '유종의 미(有終之美)'를 거두려고 하는 것은 인간의 상정이다.

돌이켜 보면, 나는 일찍부터 내 삶의 좌우명을 '시대의 소명에 따라 지성의 양식으로 겨레에 헌신하다'로 잡고 그 실천을 위해 나름대로 사심(私心)을 버리고 우여곡절과 간난신고를 마다하지 않은 채 자진해 가시밭길을 뚜벅뚜벅 걸어왔으며, 이 한길에서 '유종의 미'를 거두려고 했다. 그러나 '유종의 미'다운 '미'를 거둔 것은 별로 없는 성싶다. 다만 이 나이까지 살아서 한생을 돌아보게 된 것만도 축복받은 행운이 아닐 수 없다. 이제 나는 그 행운에 의해 약간이나마 이루어 놓은 '미'를 고마운 마음으로 돌이켜 보고, 그 고마움을 제대로 갚지 못한 아쉬움을 자성하면서, 그 아쉬움을 달래고 메워주기를 바라는 소망을 글로 남기고자 한다.

고마웠던 세월에 남긴 몇 가지 족적

본론에 들어가기에 앞서, 내가 나름대로 이 글에서 쓰고 있는 '세월(歲月)'이란 낱말의 이해에 관해 밝히고자 한다. 원래 이 낱말의 사전적 의미는 '흘러가는 시간'이지만, 나는 이 단일적 의미의 낱말을 20~21세기 격변의 시대와 그 시대를 나와 함께 흘려보낸 모든 이들, 특히 나를 시대의 지성으로 이끌고 돌봐준 이들을 망라한 복합적 의미의 낱말로 규제했다.

사람들은 흔히 나더러 "분단 시대의 불우한 ○○○○"라고 말한다. 함의인즉 '분단 시대'라는 불행한 시대를 맞아 제대로 쓰이지 못하고 버림받은 사람이라는 것이다. 물론 내가 숱한 우여곡절을 겪으면서 박사학위나 교수직을 박탈당하고, 사형까지 선고받고는 가까스로 살아남았으며, 노후에도 그 어떤 부양이나 연금도 없이 늙어 죽을 때까지 제 손으로 벌어먹고 살아야 하는 자생형 인간이고, 특별 사면으로 풀려나서는 무적무직(無籍無職)의 낭인 신세로 있다가 겨우 호구지책으로 모 대학에서 주당 몇 강의를 하고 있는데 정권이 바뀌더니 느닷없이 해고를 당한…… 그러한 사람이고 보면, 남들은 다분히 선의와 동정이 어린 그러한 평가를 내릴 법도 하다. 이것이 '분단 시대의 불우'가 아닌 '불우한 분단 시대'를 힘겹게 살아온 한 지성인의 뒤틀린 운명인가 보다.

그러나 단언컨대, 나 자신은 절대로 그렇게 생각하지 않는다. 나는 비록 일시적으로 불우한 처지에 놓였다 하더라도 한 번도 자학적인 불우지탄(不遇之歎) 같은 넋두리나 푸념을 늘어놓은 적이 없다. 오히려 나는 이 시대, 이 세월의 축복받은 행운아로 자임하곤 했다. 왜냐하면 분단 시대를 포함한 격변의 이 시대, 이 세월이 나를 이만큼의 지성으로 키워주고 이끌어 주었기 때문이다. 이러한 시대, 이러한 세월이 아니었던들 나는 전연 다른 인생의 길을 걸어왔을 것이다. 그래서 나는 오늘 고마운 마음가짐으로, 그리고 어쭙잖은 자부심을 갖고 이 시대, 이 세월을 위해 남겨놓은 족적이나 '유종의 미'

를 몇 가지로 결산해 보고자 한다.

첫째로, 새로운 민족론의 정립과 민족사의 복원을 위한 시도다. 나는 우리의 민족 통일이 이토록 난조 속에 지지부진한 원인에 관해 엄밀하게 관찰하고 세심하게 분석한 결과, 그 근본적인 원인은 정확한 민족론(민족과 민족주의)에 기반한 통일철학의 부재라는 결론을 얻었다. 그리하여 지금까지 언론이나 학계를 풍미하고 있는 진부한 서구식 민족론에 대해 병근을 도려내는 근본적인 대수술을 집도해 우리의 민족 통일 실정에 맞는 새로운 민족론 정립을 시도했다. 이러한 시도는 테제적 성격을 띤 졸저 『민족론과 통일담론』에 집약되어 있다. 예컨대, 작금 진보적 학계나 정치인들 속에서까지 회자되고 있는 '분족론'의 부당성을 설파하고, 민족주의 3대 속성(연대 의식, 민족 수호 의지, 발전 지향성)을 새롭게 밝히면서 3대 속성이 바로 통일담론의 철학적 기조가 되어야 한다는 주장을 폈으며, 진일보한 통일론으로서의 '진화통일론'을 새롭게 제시하기도 했다. 이러한 민족론을 가리켜 한 연구자는, 이론적 무장이 모자라서 갈팡질팡하며 목말라하던 독자들에게 "가뭄에 내린 단비"라고 평가했고, 또 다른 연구자는 "이 책(『민족론과 통일담론』)이 편견과 오해에서 벗어나 실사구시에 기초해 새로운 민족론과 통일담론을 형성하는 데 초석이 되길 기대한다"라는 메시지를 보내기도 했다. 그래서 나는 여러 번 출판사 측이나 주변 사람들에게 "굳이 이 책의 값어치를 재량한다면 비록 200여 쪽에 불과한 소략한 '만시지탄'의 졸작이지만, 여느 수만 쪽에 달하는 저작들과 맞바꿀 수 없다"라는 말을 주저없이 건넸다. 왜냐하면, 내 삶의 가치와 보람은 민족 통일 성업에서 찾고자 하기 때문이다.

나는 박사논문 「신라·아랍-이슬람 국제관계사 연구」와 저서 『세계 속의 한국』을 비롯한 여러 저서와 논문에서 개방적이며 수용적인 우리 민족사의 세계적 위상을 밝혀냈다. 민족사의 복원은 우리의 5000년 통일 민족사에 대한 민족적 자부심을 함양하고, 현실적으로 분단된 우리 민족의 재통일 위업의 당위성과 절박성 및 그 실현 방도에 대한 바른 이해를 도모하며, 통일 대국의 찬란한 미래 비전까지 제시함으로써 남북한 온 겨레가 통일 성업에 함께 나설 수 있게 하는 활성소와 원동력이 될 것으로 굳게 믿는다. 따라서 민족사의 복원은 통일 위업 달성의 선결 조건이며 징검다리라고 말할 수 있다.

나는 이렇게 민족주의를 포함한 민족론의 새로운 정립과 민족사의 복원 과정에서 섭취한 이론과 신념을 자양분으로 삼아 당면한 민족적 지상 과제인 통일 성업에 몸소 투신함으로써 나름의 실천적 기여를 했다. 물론 미숙하고 미흡한 점이 많았지만 통일에 대한 '확신범'으로서 초지일관 남북을 아우르는 통일 성업의 험난한 현장을 숱하게 누비면서 비교적 적중한 정세 분석과 평가 및 제의로 한때나마 남북 간에 협의와 화해를 도모하는 데 소정의 기여를 했다고 자평한다. 따라서 차제에 일부 언론에서 내가 마치 '용도 폐기'나 당한 것처럼 얼토당토않은 보도를 일삼았는데, 어디가 그 책원지인지는 밝힌 바가 없어 알 수 없지만, 이것은 전혀 사실무근의 오보인 동시에 내 개인에 대한 무례한 인격적 모독임을 엄정하게 지적하지 않을 수 없다. 단언컨대, 나는 평생 '용도 폐기'를 당하는 그러한 무지렁이 약골로 살려 하지 않았으며 그렇게 살 수도 없었고, 또 결코 그렇게 산 적도 없다. 거듭 강조하지만, 나는 지성의 양식으로 오로지 시대의 소명에 따라 맡겨진 사명을 열과 성을 다해 수행했을 뿐이다.

둘째로, 그 족적은 새로운 인문학 분야인 문명교류학의 학문적 정립의 정초자가 되었다는 사실에서 찾아볼 수 있다. 18세기 프랑스의 계몽주의자들에 의해 '문명'이란 새로운 조어가 선을 보인 때로부터 지금까지 200여 년 동안 문명담론이 줄곧 학계의 주목을 받아왔다. 그리하여 '문명학', 특히 '문명교류학'의 학문적 정립이 여러 모로 시도되었으나 여의치 않게 되자 문명은 인간의 관심 밖으로 밀려나 방치되었다.

그러나 지난 세기 후반에 냉전시대가 마감되면서 문명담론이 시대의 화두로 급부상했다. 그 역사적 배경은 문명에 의한 새로운 대안과 해법의 모색과 더불어 문명 의존도의 상승과 그 중요성의 증대다. 세계는 지금 '문화(문명)의 홍수' 속에서 문명을 떠나서는 한시도 삶을 지탱할 수가 없게 되었다. 이제 문명은 국가나 민족, 이데올로기나 계급을 초월해 대량으로 양산되고 소비됨으로써 미증유의 보편적이며 평준화된 다양한 문명이 거듭 재생되고 있다. 살아남는 길은 오로지 문명의 역군이 되는 것이며, 인간적인 삶의 척도는 문명을 얼마만큼 향유하는가에 달려 있다.

그리하여 문명은 어느 특정 집단의 전유물이 아니라 보편성과 대중성을 띠면서 '대중문화'의 이름 아래 무한대로 확장 심화되고 있다. 이러한 시대적 변화는 그에 상응하는 문명담론을 절실히 요청하고 있다. 그러나 문명의 개념으로부터 시작해 내용이나 전개 과정 등에 대한 학계의 이해는 사뭇 엇갈리며, 논쟁도 분분하다.

특히 지난 세기 1990년대 냉전체제가 무너지면서 새로운 세계질서에 대한 탐구가 학계의 초미의 과제가 되었다. 이 시대적 과제의 해법으로 등장한 것이 '냉전'을 대신한 문명담론의 '열전(熱戰)'이다. 여러 전선에서 동시다발적으로 일어난 열전 가운데서 통솔(統率)을 자임한 것은 미국이라는 거대 '문명 공룡'을 배경으로 한 미국의 안보전문가 헌팅턴이 들고나온 이른바 '문명충돌론'이다. '냉전'의 밧줄에 꽁꽁 묶여 있다가 갑자기 풀려난 탓에 허둥지둥할 수밖에 없었던 인간들에게는 이 계산된 '충돌론'이 마냥 보검으로 다가왔다. 키신저 같은 '현자들'의 절대적인 지지와 부추김 덕분에 이 말세적 '충돌론'은 잠시 세계의 지성계를 풍미하기에 이르렀다. 그러나 이것은 한때, 그것도 짧디짧은 순간에 불과했다. 그 순간이 지나자 '문명충돌론'은 냉정한 비판 속에서 슬그머니 자취를 감추었다.

나는 일찍부터, 아마도 대학 시절부터 문명교류론에 개안(開眼)한 것 같다. 그동안 이러저러한 문명 세계를 넘나들면서 문명만이 지니고 있는 특성, 즉 인간 삶의 공분모라는 점에 못내 마음이 끌렸다. 문명교류를 통해 인류의 보편 문명이 창출되고, 그 바탕에서 공생공영의 인류 사회가 실현될 것이라는 이상의 얼개가 점차 갖추어졌다. 드디어 '문명교류사' 연구를 필생의 과녁으로 삼으면서 그 천착에만 잠심몰두했다. 옥중에서 사색을 굳히고 나서 출옥 후 '연구 총람'이란 판을 짰다. 문명과 문명교류사, 실크로드학, 고전 역주, 실크로드와 문명교류 사전, 세계 주유 등에 관한 연구서 25권을 집성해 최종적으로 '문명교류사'의 학문적 정립을 완수하려는 것이 그 총람의 개요다.

나는 『신라·서역교류사』 『고대문명교류사』 『문명교류사 연구』 『문명담론과 문명교류』 등 일련의 저서들을 통해 한국 문명교류사의 서막을 열었을 뿐만 아니라, 문명학이나 문명교류 분야에서 지금껏 미개척이었거나 이론이 분분한 내용들에 관해 나름의 학문적 견해를 개진함으로써 문명교류학의 학문적 토대를 마련하고자 했다. 더불어 '문명충돌론'을 비롯한 일련의 문명과 문명교류에 관한 사론(邪論)들에 비판의 메스를 들이대기도 했다. 이러한 것들이 감안되어 졸저가 출간될 때마다 매스컴에서는 거의 이구동성으로 '문명교류학의 창시자', '문명교류학의 세계적 권위' 같은 분에 넘치는 찬사로 격려해 주곤 했다.

셋째로, 비교적 뚜렷한 족적으로 남겨놓은 것은 '실크로드학'의 학문적 정립이다. 실크로드는 문명교류의 통로이기 때문에 '실크로드학'은 '문명교류학'의 가장 기초적인 학문이다. 따라서 '문명교류학'에 천착하려면 우선 '실크로드학'을 학문적으로 정립해야 한다. 그리하여 지난 20여 년 동안 나의 학문 연구의 초점은 '실크로드학'의 학문적 정립에 맞춰졌다.

140여 년 전 '실크로드'란 개념이 창출된 이래 동서양 학계에서는 꾸준히 연구를 계속했다. 그렇지만 연구의 이론적 기초가 빈약하고 결과물의 집적이 제대로 이루어지지 못한 탓에 실크로드 연구에서 여러 가지 편향이 나타났다. 실크로드를 중국의 전유물이나 단순한 무역로로만 오해하는가 하면, 중국을 동계(東界)로 한 유라시아 구대륙에만 실크로드를 한정시킴으로써 한반도 같은 이른바 '주변국들'을 실크로드의 범주에서 제외하는 등 진부한 통념에 사로잡혀 있었다. 심지어 유네스코 같은 국제적 학술 기구마저도 편향과 곡해의 늪에서 허우적거리고 있었다. 가장 원초적인 실크로드의 근본 개념에서조차 중구난방이다. 이대로라면 실크로드학이란 새로운 학문의 창출이 불가능함은 물론이거니와, 나름대로 쌓아온 연구 업적마저도 오도되거나 무위로 돌아갈 위기에 처해 있었다.

나는 더 이상 이러한 사태를 좌시할 수 없었다. 출구는 도전의 길뿐임을 절감했다. 나는 단국대학 대학원 교과목 강의나 국내외에서 개최된 여러 학술 대회에서의 기조 강연이나 주제 발표 등을 통해 실크로드학의 학문 체계, 실크로드의 개념과 그 확대, 실크로드의 전개 과정, 실크로드의 한반도 연장 등 일련의 학문적 정립을 위한 기본 내용에 관한 입론적 견해를 천명하고, 그것을 『실크로드학』 『실크로드 사전』(한글, 영문), 『해상 실크로드 사전』 『실크로드 도록(육로, 해로, 초원로 각 1권)』, 4대주(아시아, 라틴아메리카, 아프리카, 유럽) 답사기(총 7권), 실크로드 전도(全圖) 같은 세계 초유의 과학적 저술로 집대성했다. 나는 시종일관 창의성을 기조로 하는 '술이작'을 저술의 모본(模本)으로 삼고 그 실천에 최선을 다했다. 나의 근본적인 입론에 대해 학계에서는 아직까지 큰 반론 없이 창신(創新)으로 받아들이는 분위기다.

그뿐 아니라, 실크로드의 실용적 가치를 입증하기 위해 실크로드에 대한 현장 접근을 중요시하고 그 실천에 솔선했다. 그리하여 2015년 경상북도가 주도한 사상 초유의 '코리아 실크로드 프로젝트(2013~2018, 5년간)'의 기획 담당자로서 천년 고도 경주에서 세계 실크로드 대학총장연맹과 실크로드 대학생연맹 그리고 세계실크로드학회의 창립을 총기획함으로써 사상 처음으로 실크로드의 범세계적 조직을 탄생시키고, 그 연구의 붐을 고조시켰다. 그리고 그 운영에 적극 동참하면서 두 차례에 걸쳐 한반도에서 지중해에 이르는 사상 초유의 대규모 '육상 실크로드 대장정'과 '해상 실크로드 대장정'을 성공리에 마쳤다. 그 음덕으로 나는 2017~2018년 제3대 세계실크로드학회 회장직을 맡게 되었다.

이 역사적인 프로젝트를 계기로 실크로드 연도상에 있는 중국 시안과 이란의 이스파한, 튀르키예의 이스탄불 등 요로에, 한국과 실크로드 국가들 간의 친선과 우의를 상징하는 '실크로드 기념비'를 세웠으며, 이스탄불에서는 실크로드 엑스포 박람회를 개최하기도 했다. 박람회 개막 축사에서 튀르키예 대통령은 경주가 실크로드 동단의 핵심 도시임을 정식 선포했다. 이로써 경주는 실크로드 동단의 메카라는 국제적 위상을 확고하게 얻게 되었다.

나는 차제에 통 큰 선견지명으로 이 역사적인 프로젝트를 발의하고 진두지휘한 경상북도 김관용 지사와 프로젝트의 구체적 집행을 총괄한 김남일 총괄 본부장 두 분께 심심한 사의와 경의를 표하는 바이다. 이 프로젝트의 지원이 없었더라면 수억 원이 소요되는 『실크로드 사전』이나 『실크로드 도록』(3권)의 한글어본과 영역본의 집필 및 출간은 물론, 현장 탐사를 위한 4대주 주유는 불가능했을 것이며, 애당초 엄두도 내지 못했을 것이다. 따라서 '실크로드학'의 학문적 정립도 상상할 수가 없었을 것이다.

특히 5년간 '코리아 실크로드 프로젝트'를 함께 수행하면서 이 역사에 길이 남을 거대한 프로젝트를 성공리에 이끈 총괄 본부장 김남일 박사의 빛나는 혜안과 통찰력, 굳은 의지와 추진력, 치밀한 계획성과 조직력, 소탈한 품성과 친화력에 크게 매료되었다. 이 모든 비범한 기질이 하나로 응결되어 그의 머릿속에서는 기발한 아이디어가 줄줄이 새어 나왔다. 그래서 나는 김 박사를 '아이디어 박스'라고 별칭했다. 그런가 하면 그는 선친의 3일 상례만 치르고 곧바로 원양으로 떠나는 해양 실크로드 대장정의 지휘봉을 잡았다. 그는 마냥 선공후사의 화신이다.

지금은 경상북도 환동해 지역 본부장을 맡고 있으면서 올해 초에는 '엉뚱하게'도 숱한 참고 문헌과 다년간의 현장 탐사를 통해 얻은 해박한 지식을 집대성해 미역의 세계화란 원대한 포부를 실현하고자 초유의 『미역인문학』이란 역작을 펴냈다. 얼마 전 한 텔레비전 영상은 김 박사가 성공한 '미역 맥주'를 대대적으로 홍보하고 있었다. 한마디로, 김남일 박사야말로 나라와 겨레를 사랑하고 문화와 전통을 진중(珍重)하는 이 나라의 참된 공무원이다.

나는 과분하게도 5년간 경상북도가 주도한 이 프로젝트에 기여한 공로로 경상북도 도민증과 함께 '제1회 문무대왕 해양대상'(해양문화 부문 대상)을 수훈했으며, 또한 영광스럽게도 제5회 국제실크로드 학술대회(모스크바)에서는 '최우수논문상'(주제:「실크로드와 경주」)을 받기도 했다. 《중앙일보》의 한 문화 담당 기자는 자신의 글에서 분에 넘치게도 나에게 "실크로드를 살아 숨 쉬는 길로 회생시킨 실크로드의 아버지", "분단 시대의 불우한 천재 학자"(《뉴욕타임스》 인용)라는 별칭을 덧붙였다.

이상의 여러 학술적 저작들과 현장 탐방 및 기타 기리는 행사 등을 감안할 때, 나는 우리의 학계가 지난 20여 년 동안 진지하게 경주한 노력에 의해 이제 인문학의 새로운 분야인 '실크로드학'의 학문적 정립이 기본적으로 이루어졌다고 감히 자부하는 바이다.

넷째로, '유종의 미'라고 남겨놓은 족적은 문명교류학의 학문적 정립을 위한 물질적 토대로서의 저서들이다. 그동안 우리는 '실크로드학'의 학문적 정립에 주력하면서도 여기에 머물지 않고, 필히 이어져야 할 전망을 예견하면서 꾸준히 종국적 천착점인 문명교류학의 학문적 정립에 필수인 물질적 토대 구축을 위해 관련 저술을 병행했다.

　여기서는 우선 고전 역주서를 지목한다. 번역은 국력(國力)이다. 번역을 떠난 학문이란 상상할 수 없다. 번역 능력을 갖춘 자만이 선진화의 고지를 선점할 수 있다. 그리고 번역은 단순하게 어휘를 교조적으로 치환하는 '언어유희'가 아니라, 고도의 지능과 노력이 필요한 창의적인 창작과정이다. 번역을 통해 언어표현이 숙달되고, 사고와 지식이 향진된다. 이것은 역사의 증언이면서 우리에게는 뼈저린 교훈이다. 근대에 와서 한때나마 우리가 후진성을 면치 못했던 원인의 하나는 번역을 통한 서양의 선진 문물 수용을 등한했기 때문이다.

　고전 가운데서도 특히 선현들이 남겨놓은 여행기나 답사기는 그 사실성과 다양성, 생동성으로 인해 문명교류 연구에서 중요한 자료원이 되고 있다. 이질 문명권 간의 여행이나 답사는 그 자체가 소통이고 교류다. 나는 이 점을 감안해 그간 세계 4대 여행기 중 마르코 폴로의 『동방견문록』을 제외한 나머지 3대 여행기, 즉 혜초의 『왕오천축국전』과 이븐 바투타의 『이븐 바투타 여행기』, 오도릭의 『동방기행』 그리고 문명교류의 최초 고전인 율(Henry Yule)의 『중국으로 가는 길』 등 고전들의 원문 그대로를 한글로 상세히 역주(譯註)했다. 역주란, 원문과 그 이해를 돕기 위한 주석을 말한다. 일반적으로 난해한 고전에 대한 주석의 질적 수준과 정확도가 바로 당해 역서의 학문적 수준을 가늠하는 잣대가 되기 때문에 역자는 역주에 각별히 신중해야 한다.

　나는 이러한 인식과 입장에서 세계 4대 여행기 중 각각 한문과 아랍어, 영어로 된 원전 세 권을 역주했다. 그 가운데서 『이븐 바투타 여행기』(아랍어)는 세계적으로 프랑스어와 영어에 이어 세 번째, 공역이 아닌 단독 번역으로는 세계에서 첫 번째로 완역 역주본을 출간한 것으로 알려져 있다. 이 여행기는 2001년 초간이 나온 후 최근까지 16쇄가 나왔다고 하니, 그 인기에 역주자로서도 놀라움을 금할 수 없다. 그리고 한 사람이 서로 다른 언어로 고전 세 권을 완역한 것은 번역 사상 드문 일이라고도 한다. 이 모든 것이 사실이라면, '유종의 미'에 한 가지 '미'를 보탰다는 자긍심을 느끼게 된다.

고전 역주와 더불어 문명교류학(실크로드학 포함)의 학문적 정립을 위해 사명감을 가지고 관련 학술 서적의 저술에 불철주야 잠심몰두했다. 주지하다시피, 문명교류학은 새롭게 부상한 인문학 계보의 한 분야이기에 선행 연구 집적이 거의 전무한 상태다. 학문의 초야(草野)를 개척한다는 의지와 각오만으로는 너무나 벅찬 현실이었다. 그러나 '세월'의 극진한 배려와 격려, 지지와 성원 속에 굴기(崛起)의 활로를 찾아 나섰다. 출로는 '술이작'하는 창신의 길뿐이다. 이러한 학문관을 깊이 간직하고, 옥중에서 구사한 학문 연구 총람구도를 따라 하나씩 실천했다. 그 결과 1992년부터 2022년까지의 사이에 총 33종 41권(공저 5권 포함)을 저술 및 출간했다(별도의 '저서 및 역주서' 목록 참고). 미흡한 졸저이지만 초창적 의미가 있기 때문에 문명교류학 연구에 유용한 참고서가 되기를 바란다.

다섯째, 지식의 사회적 환원이다. 원래부터가 지식의 귀착지는 사회다. 그래서 그 귀착지로의 귀환을 본연으로 돌아가는 환원이라고 한다. 환원됐을 때의 지식만이 쓸모 있고 영생하는 산지식이 되는 것이다. 그래서 지식은 개인의 전유물이 아니라 사회의 공유물이어야 한다. 어떤 지식을 어떻게 환원할 것인가는 시공에 따라 다를 수밖에 없다.

나는 선학으로서 내가 소유하고 있는 지식을 깡그리 사회에 돌려주는 것을 당연한 책무로 간주하고 2008년 한국문명교류연구소를 창립한 이래 지식의 사회적 환원을 연구소의 3대 사업의 하나로 규정하고 꾸준히 수행했다. 우선 실크로드 답사에 대한 사회적 요구를 반영해 연구소 산하에 실크로드학교와 전임 여행사(투어블릭)를 두어 업무를 담당케 했다. 그리하여 연구소 창립 이래 10년간 실크로드 정기 답사 총 22회(27개국, 191개 도시, 참가 총인원 510명)를 진행했다. '아는 것만큼 보이기' 때문에 답사 출발 전과 현장에서 답사국에 관한 지식 전수를 필수로 했으며, 현장에서 감상 발표회도 가졌다. 다음으로 연구소는 일반 사회인들을 대상으로 '옥인학당 아카데미 강좌'의 이름하에 격년으로 연간 8~10회 시리즈 교양강좌를 개설해 주로 실크로드와 문명교류를 핵심으로 한 다양한 주제의 강의를 진행했다.

이와 더불어 나는 지식의 사회적 환원의 주요한 통로인 대외 초청 강연이나 강의에 성의껏 임했다. 2001년 11월부터 2021년 10월까지 20년간 초청 강연이나 강의에 총 388회 응했다. 연평균 19회인 셈이다. 내용은 실크로드가 가장 많고(129회), 다음으로 문명교류(104회)와 이슬람(74회) 순이다. 강연이나 강의는 청중과의 소통 과정이기도 하다.

여섯째로, 내 인생에서 또 하나의 족적으로 기릴 만한 것은 희유의 종횡 세계 일주를 단행한 것이다. 평생 우연히 맞게 된 네 차례의 기회를 일기일회의 호기로 삼아 전후 28년간 5대양 6대주의 종횡 세계 일주를 단행했다. 세계 여행사(史)의 관례를 보면, 지구를 가로로 한 바퀴 도는 것[횡행(橫行)]을 '세계 일주'의 장거로 여겨왔다. 그러나 실크로드와 문명교류에 매료되면서부터는 그러한 구태의연한 '세계 일주' 방식에 마냥 안주할 수만은 없었다. 그리하여 어렵기는 하지만 지구를 가로로 도는 횡행과 함께 세로로 도는 종행(縱行)을 복합적으로 수행하는 종횡 세계 일주를 꿈꾸었다. 이를 실제적으로 단행한 경우는 드물었다. 과문이기는 하지만, 아직까지 한 사람이 단행한 종횡 세계 일주 여행기 같은 기록이 발견된 바는 별로 없는 것으로 알고 있다. 그도 그럴 것이 횡행 하나만도 벅찬 일인데, 종횡을 함께 단행한다는 것은 여간 어려운 행각이 아니기 때문이다.

이집트 유학과 아프리카에서의 외교관 생활은 내게 세계 일주의 첫 번째와 두 번째 기회로 작용했고, 지난 세기 80년을 전후한 약 10년간의 '자유인 생활'은 세계 일주의 세 번째 계기가 되었다. 그리고 마지막으로 역마살이 낀 이 '낭인'을 12년간 종횡 세계 일주의 광야로 불러낸 건 10여 년 전부터 문명교류연구소가 주도한 정기 실크로드 답사 프로젝트였다. 그것은 그 답사 과정을 기록으로 남겨놓게 한 행운의 결정적 기회였다.

돌이켜 보면, 나름대로 가는 곳마다 세계 일주의 인증 사진을 남겨놓은 것 같기는 하지만, 렌즈의 줌을 좀 더 넓게, 좀 더 촘촘히 확대해 보니 아직 미답의 공백이 많이 남아 있다. 확언컨대, 28년간의 '방랑'으로 미지의 세계에 대한 일주는 결코 끝난 것이 아니라, 그 시작에 불과하다. 지금까지 행한 종횡 세계 일주와 그 기록인 답사기 일곱 권을 통해 문명교류와 그 통로인 실크로드에 대한 이해를 체험적으로 심화시켰을 뿐만 아니라, 사해시일이라는 세계의 일체성을 몸소 터득한 것은 소득 중 소득이라고 감히 자부한다.

나는 종횡 세계 일주를 통해 어렵사리 '세계의 일체성'을 발견하고 확인했으며 선양해 왔다. 그 일체성은 인류가 공통적 조상에서 진화했다는 인류의 혈통적 동조(同祖), 세계 역사는 공통적 발전 법칙을 공유하고 있다는 역사의 통칙(通則), 문명 간에 부단한 소통과 교류가 이어져 왔다는 문명의 통섭(通涉) 그리고 숭고한 보편 가치를 다 같이 누리려 한다는 보편 가치의 공유(共有), 이 네 가지 공통 요소에서 발현되고 있다. 아울러 이 '일체성'이야말로 미래의 인류를 다 같이 공생 공영할 수 있게 하는 역사의 원초적 뿌리이며 밑거름이라는 불변의 확신을 갖게 했다.

끝으로, 이 고마웠던 세상에 보답할 '유종의 미'로 남겨놓은 족적으로는 이 땅에서 문명교류학의 연구 전당이며 기지인 사단법인 한국문명교류연구소를 빼놓을 수 없다. 20세기 중반 실크로드를 통한 문명교류가 시대의 화두로 급부상하면서 국내외를 막론하고 실크로드가 화제의 붐을 이루고 있었다. 이러한 시류에 영합해 실크로드에 관심을 가진 각계각층 인사 30여 명이 문명교류 연구자인 나를 필두로 2006년 6월 실크로드의 십자로에 자리한 중앙아시아 답사에 나섰다. 보통 여흥을 즐기는 여행길이 아니라, 듣기만 해도 귀가 솔깃해지는 문명과 실크로드를 깨닫게 하는 탐사의 길, 개안의 길이었다.

일행은 돌아와서 이러한 유의미한 답사를 일회성으로 그칠 것이 아니라, 정기적으로 지속해야 한다는 데 뜻을 모은 끝에, 그해 9월 일행을 주축으로 '실크로드 학교'(내가 교장을 맡았다)를 개교했다. 몇 번의 실험 답사를 거쳐 급기야 2008년 6월 문화체육관광부에 사단법인으로 등재한 한국문명교류연구소를 발족하기에 이르렀다.

연구소의 설립 목적은 ① 문명교류학의 학문적 정립, ② 저술과 번역을 통한 연구의 물질적 토대 구축, ③ 지식의 사회적 환원, 이상 세 가지다. 사단법인으로서의 연구소는 국가로부터 지원은 전혀 받지 않고, CMS 후원 회원과 개인 후원 회원 및 일시 후원 회원들의 지성 어린 십시일반으로 재정을 운영하고 있다. 임기 4년의 임원으로는 1~2대에 김정남 전 청와대 교육문화 수석, 3대(현)에 장석 중앙씨푸드 대표이사가 이사장직을 수행하고, 1~3대 소장엔 내가 줄곧 그 역할을 맡고 있다. 그 밖에 연구소 산하에 각이한 전공 분야의 대학원생과 박사, 교수로 구성된 '연구반'(매기 10여 명)을 조직해 매월 2회씩 주로 고전 연구를 진행하고 있다.

지난 12년 동안 연구소는 학술 총서와 교양 총서의 발행과 정기적 학술 대회의 개최, 옥인 아카데미 강좌의 운영, 연구반의 고전 연구, 빈번한 대외 강연이나 강의의 출연, 실크로드나 문명교류 관련 프로젝트의 공동 운영, 실크로드의 정기 답사 등 일련의 사업과 활동을 통해 부과된 과제들을 큰 차질 없이 수행했다. 이러한 성과를 거둘 수 있었던 것은 연구소 성원 전체가 너나없이 '소위당가(所爲當家)', 즉 연구소 일을 '제집 일처럼 챙긴다'는 주인 의식으로 일심협력했기 때문이다. 이제 '소위당가'는 연구소의 소훈(所訓)으로 뿌리내렸다. 연구소의 어느 일 하나 한 사람의 힘으로 이루어진 것은 없으며, 모두의 힘과 슬기가 모인 결정체다. 상근 임원 두 명만이 아닌 무임 임원 20명, 아니 200명이 떠받치는 연구소는, 그 덕분에 지금 힘차게 비상하고 있다.

이 시점에서 돌아보면, 연구소가 출범할 당시 많은 분이 자력으로 민간 연구소를 운영한다는 것은 여간 어렵지 않다는 선의의 우려를 표시했다. 그러나 연구소는 모든 구성원들이 이렇게 '소위당가'의 소훈에 따라 '십시일반'의 협력 정신을 발휘한 결과 그러한 우려는 한낱 기우에 불과했다는 점을 입증하듯, 보람찬 길을 걸어왔다.

이 길의 진두에는 소훈의 디딤돌을 놓은 두 분 이사장을 비롯한 강윤봉 상임이사, 박성하 이사, 한동헌 이사, 임영희 이사, 이재서 이사, 김승신 이사, 신석범 이사, 김영학 감사 그리고 이광주 전 이사, 진병무 전 이사, 이상호 전 이사는 연구소를 든든하게 뒷받침했으며, 한임숙 사무국장은 정말로 연구소 살림을 알뜰살뜰히 꾸렸다. 이에 연구소를 이끈 두 분 이사장을 비롯한 여러 이사들, 물심양면으로 돌봐준 회원들과 후원자 여러분 그리고 무보수로 연구소의 궂은일 마른일 가리지 않고 발 벗고 나선 연구소 가족들께 심심한 사의를 표하는 바이다.

지면 관계로 한 분 한 분 모두에게 감사 인사를 드리지 못함을 널리 양지하기 바라면서 몇 분만 이 글 속에 모시려 한다. 우선, 이사장인데, 초대와 2대 이사장을 맡았던 김정남 이사장에 관한 이야기는 앞글에서 했기 때문에 여기서는 생략하고, 3대부터 지금까지 이사장직을 맡아 연구소의 발전을 위해 물심양면으로 헌신하고 있는 장석 이사장에 관해서만 극히 일부나마 갸륵한 미담 몇 가지를 전하려고 한다. 장 이사장은 2006년 앞장서 몇몇 분들과 함께 연구소의 설립을 주도했으며, 상임이사직을 맡은 이래 오늘에 이르기까지 해마다 운영비를 기부하고, 근년에는 '장석학술기금'을 설립해 학술대회를 비롯한 연구 사업을 지원하고 있다. 그리고 연구의 물질적 토대를 구축하기 위한 해외 답사 사업이나 저서 출간 사업도 백방으로 지원하고 있다. 그뿐 아니라, 이우학교의 설립을 비롯해 여러 가지 사회봉사와 자선사업에도 솔선하고 있다.

지방에서 회사를 운영하는 백망 중에도 수시로 연구소에 출근해 사업을 일일이 세심하게 챙기는 이사장 덕분에 연구소 사업은 지금 질서정연하게 안정적으로 운영되고 있다. 모든 문제를 독단적으로 처리하는 법 없이 차분하고 친절하게 이사들이나 관련자들과 협의해 해결하는 장 이사장의 사업 기풍이야말로 타의 모범이며 그만의 미덕이다. 이러한 향도가 있기에 연구소의 모든 구성원들이 한마음 한뜻으로 어려움을 이겨내면서 일로매진하고 있는 것이다.

이러한 두 분 이사장의 휘하에서 역대의 이사들과 감사들은 모두가 한결같이 '소위당가'의 애소(愛所) 정신으로 어려움의 고비마다 연구소의 지속적 발전을 위해 자진해서 주머니를 털어 쾌척했다. 연구소의 운영에서 일어나는 갖가지 사법 문제를 마다하지 않고 제때 처리해 주는 변호사 박성하 이사는 2018년 내가 제3대 세계실크로드학회 회장 자격으로 경주에서 개최한 세계학술대회의 원만한 운영을 위해 지정 기부금을 쾌척했다.

특히 전 이사인 이광주 박사는 연구소에 특별한 애정을 가지고 소임을 다한 분이다. 나는 이 박사를 연구소 이사진에 추대했다. 큰일을 하여 명망 높은 분을 이름도 없는 조그마한 연구소의 이사로 모시겠다고 하는 발상 자체가 '대재소용(大才小用)'의 결례를 범하는 성싶어 조금은 망설였지만 이 박사는 미소를 지으며 흔쾌히 제안을 수락했다. 이사직의 소임을 맡은 기간에 이 박사는 연구소의 각종 모임에 개근하다시피 했으며, 평시에도 수시로 연구소에 들러 그 완숙한 사업 경험과 박학다식에서 우러나오는 단비 같은 조언들을 아끼지 않았다. 황송하게도 이 박사는 올해로 예정된 나의 미수연 행사비를 쾌척하는 큰 배려도 베풀었다.

고마운 것은 정기 후원자 외에도 연구소를 후원한 전국추모연대 박중기 의장, 실크로드 답사에 동행한 태양건설 이재규 부회장, 연구소의 멋진 로고를 무료로 디자인해 준 손혜원 크로스포인트문화재단 상임이사, 동국약품상사 공화춘 사장, 실크로드 답사 때마다 맏언니 역할을 한 김애리 여사, 일면식도 없는 이면숙 여사, 큰 행사 때마다 사회를 맡아준 유정아 전 아나운서를 비롯한 여러분의 진심 어린 성의와 배려다. 돌이켜 보면, 나는 이러한 마음 따뜻한 분들 속에서 행운만을 누려온 사람으로서, 보답한 것은 아무것도 없는데, 배려만 받는다고 생각하니 늘 부끄럽고 죄송스럽기 한량없다.

고마움을 채 갚지 못한 아쉬움

내가 이 시대의 지성으로서 그나마도 고마웠던 이 세월에 몇 가지 족적을 남길 수 있게 된 것은 전적으로 시대의 부름과 그 부름을 따를 수 있도록 이끌어 주고 격려해 주며, 도와준 숱한 고마운 벗들과 반려들 그리고 이웃들 덕분이다. 그들이 없었던들, 오늘의 나는 결코 존재할 수 없었을 것이다. 하여 그들의 고마움은 하늘보다 높고 바다보다 깊은 데 비해, 그에 대한 나의 보답과 갚음은 티끌만큼밖에 안 되니 참으로 머리 숙여 자성할 뿐이다. 이제 자괴하는 심정으로 그 아쉬움 몇 가지를 짚어보면서, 그것을 메워줄 보완책을 제시해 보고자 한다.

첫째로, 나는 기성세대로서 제구실을 다하지 못했다. 이것은 모든 아쉬움을 집대성한 표현이다. 서울구치소에 수감되어 있을 때 어느 날, 몇몇 학생들과 붉은색 연승(連繩, 공안수들은 출정할 때 일반 죄수들과는 달리 붉은색 포승에 묶인다)에 한 줄로 묶여 법정에 출두했다. 먼저 심문을 마치고 대기실로 돌아온 한 학생이 대기 중인 내 앞에 다가왔다. 그는 내 강의를 수강한 적이 있는 단국대학 경영학과 2학년 ㅎ군이라고 자신을 소개하더니 묶인 팔로 주머니에서 무언가를 꺼내서 역시 팔이 두 겹으로 꽁꽁 묶여 자유롭지 못한 내 입속에 넣어주었다. "교수님, 오랜 심문에 입이 마르실 테니 이것 드세요"라고 할 때 그것이 사탕 한 알임을 알아챘다. 그 순간 가슴이 뭉클했다. 사제가 한 포승에 묶여서 법정을 들락날락하는 것 자체가 희유의 비사(悲史)이거니와, 이렇게 사탕 한 알이 끈끈하게 이어주는 사제동행의 드라마틱한 미덕을 나는 영원히 잊을 수가 없다. ㅎ군은 먼저 돌아가는 길에 문지방에 다가서자 가까스로 몸을 돌리면서 "교수님, 건강하세요"라고 연신 머리 숙여 인사했다.

옥방에 돌아와서도 오늘 법정에서 어떻게 지냈는지는 감감하고, 온통 자책의 여운만이 마냥 기승을 부리는 성싶었다. 나는 수감된 학생들을 만날 때마다 구두선처럼 "남북에 있는 우리 기성세대가 제구실을 못 하다 보니 자네들이 이렇게 고생하네"라고 자성과 자책을 고백하곤 했다. 이제 한스러운 분단의 비극과 불행은 제구실을 하지 못한 기성세대가 업보로 감수함으로써 그것으로 족하고, 더 이상 우리의 후대들에게 전가되지 말았으면 하는 것이 내 절절한 소망이다.

둘째로, 민족적 통일담론에 관한 학문적 정립의 미숙성과 그 보급에서의 소극성이다. 나는 민족적 분단 시대의 한 지성으로서 분단을 하루속히 종식시킬 수 있는 정확한 이론적 및 실천적 전략 전술과 대안을 모색해야 한다는 시대적 소명에 따라 통일 성업의 광야에 서게 되었다. 그러나 그 소명을 수행하는 데에 일련의 미숙함을 드러냈다. 예컨대, 민족 통일이 장기간 지지부진한 근본 원인의 하나가 통일담론의 철학적 기조의 부재에 있다는 사실을 일찍이 감지하고도, 또한 민족주의에 대한 무지와 오해, 왜곡으로 민족적 통일담론이 정도(正道)를 잃고 방황하는 사실을 간파하고도 한두 권의 얄팍한 테제식 저술로 소략하게 논급했을 뿐, 심도 있는 논리적 전개에는 질적으로나 양적으로 크게 미치지 못했다. 그 연구가 학문적 전공 분야로서 천착한 문명교류학의 심조자들에 비하면 미숙하고 부박하기 이를 데 없는 정도니, 실로 후회막급하다.

뒤늦게나마 성찰의 기회를 갖고 무언가 새로운 창의적인 통일담론의 모색에 착수했다. 그 담론이 바로 거시적 완전 통일을 지향하는 '진화통일론'이다. 나는 통일 후 독일과 예멘이 직면한 여러 가지 새로운 사회문제들을 종합적으로 검토하고, 통일 시 남북한이 처하게 될 사회경제 및 체제 상황에 대한 구체적 분석에 기초해 학계에서 아무도 논급한 바 없는 이 미증유의 새로운 통일론을 제시함으로써 통일담론의 진폭을 한껏 넓히려고 했다.

그러나 이 나름의 창의적인 통일 방안의 정립에 이르기까지는 상당한 이론적 난관을 극복하면서 미숙함을 성숙시키는 과정을 거쳤다. 그 과정은 구체적으로 지금까지 우리가 거론해 온 통일은 거시적이고 미래지향적 완전 통일에 이르는 미시적인 과도적 불완전 통일에 불과하다는 점과 '진화통일론'에 의한 완전 통일을 이룩하기 위해서는 통일의 편익을 정확하게 이해하고 최대한 효율적으로 이용해야 한다는 점 그리고 체제의 완전 통일을 실현해야 한다는 점 등은 지금까지의 통일론에 대한 인식의 전환을 전제로 하고 있다. 따라서 아직껏 공론화되지 않은 이 새로운 '진화통일론'에 관해서는 지속적으로 담론과 연구를 심화시켜 그 완성도를 높여 나가야 할 것이다.

한편, 독자들은 이와 같이 '가뭄에 단비' 같은 창의적인 통일 방안이나 담론의 제시를 크게 환영하면서 뒤늦게 습득하게 된 데 대해 아쉬움을 표하기도 한다. 그럴 때면 나는 더더욱 심한 아쉬움을 느낀다. 연구를 좀 더 다그쳤더라면 보다 일찍이 독자들의 목마름을 풀어주지 않았을까 하는 후회와 아쉬움 그리고 미안함과 자성까지의 '4중고'를 겪는다. 사실 내로라하는 기라성 같은 거유(巨儒)들이 운집한 이 사회에서 섣불리 무어라고 내놓기가 주저되는 바가 크다. 전후좌우 이것저것 재다 보니 소극성이 생겨 '출시'가 늦을 수밖에 없었다. 이 점을 아쉽게 생각하면서 후학들의 양해와 함께 엄정한 질정을 바라는 바이다.

셋째로, 민족 통일담론에서 진보와 보수의 '초록동색론(草綠同色論)'을 혁파하지 못한 아쉬움이 있다. 우선 '초록동색론'의 어원부터 따져보기로 하자. 초록은 푸른 빛깔과 누런 빛깔의 중간색을 말하며, '초록동색'은 동류끼리 어울린다는 뜻과 이름은 다르나 따지고 보면 내용은 같다는 두 가지 뜻을 가지고 있다. 나는 한국에서 진행되고 있는 민족 통일담론에서는 소위 진보파가 보수파와 진배없이 꼭 같은 견해를 가지고 있는 사실이 신통히도 이 '초록동색'이란 격언에 상응하기 때문에 두 경우를 비유한 것이다. 실로 아이러니한 현실이다.

정연한 논리적 체계와 내재적 구조를 갖춘 이념이고 의식구조이며 생활 모습인 민족주의는 다른 주의들과는 달리 어떠한 한시적 시류나 흥행물이 아니라, 통시적인 역사 과정에서 형성되고 축적된 역사와 생존의 보편 가치이다. 또한 민족주의는 2차 이데올로기가 아니라 인류의 모든 진보 사상과 이념에 편재하는 보편적 진보주의이다. 그런데 진보주의를 표방하는 어떤 이는 민족주의자와 진보세력은 동반자 관계인 짝일 뿐이라면서 민족주의의 '부정적 면'을 제거하는 이른바 '민족주의의 환골탈퇴'를 주장할 뿐만 아니라 민족주의를 넘어선 사람(진보주의자)과 넘어서지 못한 사람(민족주의자)으로 편을 가르기도 한다. 이것이야말로 민족주의의 보편 가치에 대한 무지와 왜곡에서 비롯된 일종의 백해무익한 편견이라고 지적하지 않을 수 없다.

특히 아쉽고 안타까운 것은 소위 진보를 표방하는 정당이나 지도자들이 민족주의나 단일민족론을 아예 적대시하거나 부정하는 경향이다. 2007년 한 진보정당 분당파의 이론서(정강)에는 "일단 승리한 민족주의, 즉 민족국가를 쟁취한 민족주의는 진보와 해방의 수단이 아니라 새로운 억압과 모순의 진원지가 된다"라고 역설하고 있다. 그리고 최근 진보 진영의 한 대통령 후보 출마자는 "이제 단일민족에 근거한 당위적 통일 논리로는 국민의 동의를 얻을 수 없다"라며 '대전환 시대의 통일외교 구상'이란 성명문에서 공공연히 주장하고 있다. 실로 놀라운 일이다. 이러한 사이비 민족론의 궤변은 이루 다 헤아릴 수 없을 정도로 형형색색이다.

흔히 호도된 서구적 민족주의 개념을 좇아 민족주의와 진보주의로 여기는 국제주의를 대치시키면서 민족주의를 보수로, 국제주의를 진보로 흑백논리화하고 있는데, 이것은 명명백백한 오견이다. 왜냐하면, 민족주의와 국제주의는 조화를 이룸으로써 진정한 민족주의자는 진정한 국제주의자가 되고, 참된 국제주의자는 참된 민족주의자가 되기 때문이다. 가장 민족적인 것이 가장 국제적이라는 것은 동서고금이 공히 인정하는 대명제다.

보다시피, 아이러니한 것은 소위 진보를 자처하는 논객들이 민족론 담론에서만큼은 보수와 '초록동색'임을 분명히 표백하고 있다. 나는 이러한 원칙이나 명분 없는 진보와 보수 간의 혼탁을 혁파하지 못한 것을 큰 아쉬움으로 남긴다.

넷째로, 아직 변죽을 울린 데 불과한 '문명대안론'의 학문적 정립을 완수함으로써 인류 미래의 비전을 적시하는 미제의 과제가 남아 있다. 나는 인류의 문명사를 통찰하면서 문명만이 인간들 간의 관계를 조율할 수 있는 공분모로서 서로의 교류를 가능하게 하고, 이러한 교류를 통해서 인류의 보편 문명이 형성되며, 그 보편 문명을 바탕으로 비로소 공생 공영하는 인류의 영원한 이상사회가 실현된다는 이른바 '문명대안론'을 창의적으로 제시했다.

돌이켜 보면, 인류의 역사는 인간 사회가 제기하는 갖가지 문제에 대한 해답을 모색하고 그것을 실천하는 과정이었다. 종교로 선악을 가려내고, 철학으로 의식을 순화하며, 생산으로 부의 축적을 시도했다. 말하자면, 선이나 정의, 자유, 평등, 복리 같은 인간의 보편적 가치를 추구했다. 그리고 그 논리적 틀로서 수많은 학설과 주의 주장이 나왔고, 그 실천 방도와 보장책으로서 각종 제도와 규범이 마련되었다. 그러나 역사적 경험이 보여주다시피, 그 어느 것 하나도 서로 닫혀 있는 세계 속에서는 시공간을 초월한, 그리고 보편타당한 해법으로는 기능하지 못했다. 특히 20세기에 들어와서 전례 없는 세계대전을 두 차례나 겪은 데다가 엄혹한 냉전시대까지 겹치다 보니, 종래의 해법에 대한 회의론이 일면서 새로운 해법과 대안을 찾아 나섰다. 그 유력한 대안이 바로 인류의 공생 공영을 담보하는 보편적 가치와 공분모인 문명의 교류이다. 이것이 이른바 '문명대안론'이다.

사실 이러한 대안론은 지난날 모든 인류가 겪은 경험에서 비롯되었다. 우리의 민족사와 세계사가 여실히 말해주듯이, 가슴을 활짝 펴고 남들과 잘 어울리며 선진 문물을 적극적으로 수용한 민족은 예외 없이 번성하고 오래 생존하지만, 그렇지 못하고 옹졸하게 문을 걸어 잠근 채 '우물 안의 개구리'로 살아온 민족은 영락없이 후진을 면치 못하고 일찍이 조락하고 말았다. 이것이 문명교류사로부터 얻은 인간의 통절한 교훈이다. 교훈은 살려야 값지다.

좀 더 구체적으로 살펴보면, 문명교류의 과정은 문명 간의 이질성을 극복하고 보편 문명을 창출하는 과정이다. 보편 문명이란 선이나 정의, 자유, 평등 같은 정신적 보편 가치와 발달된 산업이나 기술, 교역, 복지 같은 물질적 보편 가치를 아울러 통칭하는 문명이다. 이러한 개념은 문명을 정신노동과 육체노동에 의한 결과물의 총체로서, 정신문명과 물질문명을 포괄한다는 총체론적 전망에서 추출되었다. 물론 아직까지 보편 문명의 개념이라든가 그 실현 방도나 과정에 관한 구체적인 연구가 대단히 미흡하지만, 그간의 관련 연구 동향을 살펴보면 몇 가지 문제점들을 발견하게 된다. 그중 가장 문제시되는 것은 보편 문명을 정신적 보편 가치 일변도로만 이해하면서 '선진 서구'만이 창출할 수 있다는 편단이다.

미국의 대표적 안보전문가인 헌팅턴은 자유, 평등, 평화, 인권, 남녀평등, 민주주의 등 이른바 연성권력(軟性權力, soft power)인 정신적 가치체계만을 보편 문명으로 오해할 뿐만 아니라, 그러한 보편 문명을 서구의 전유물로 간주하고 있다. 그러면서 이러한 연성권력은 영토, 인구, 생산력, 군사력 같은 경성권력(硬性權力, hard power)에 뿌리를 박고 있기 때문에 후자가 쇠퇴하거나 무너질 때는 매력을 잃고 무의미해지며, 결코 보편 문명으로 전파될 수 없다고 단정한다. 오늘날의 서구가 바로 그러한 쇠퇴 상태에 빠져 있는데도 굳이 서구가 보편 문명 운운하면서 그것을 비서구권에 주입하려고 하는 것은 서구의 오만이고 독단일 따름이다.

새로운 비전과 패러다임을 요청하는 탈냉전시대에 문명담론은 시대의 화두이다. 지난 두 세기 동안 인류의 문명사를 재량하던 유아적(唯我的)인 '서구 문명 중심주의'는 이제 설득력을 잃고 빛을 잃어가고 있으며, '문명화 사명'을 자처하던 서구 문명은 서구인들 스스로 인정하다시피 더 이상 고압적인 우월주의에 안주할 수 없게 되었다. 대신, 천시되고 도외시되던 이른바 '주변 문명', '저급 문명'이 점차 위상을 되찾으면서 문명 간에는 타 문명을 발견하고 이해하려는 문명타자론이 대두되어 부동의 자리를 잡아가고 있다. 이를 계기로 문명 간의 관계 속에서 문명을 이해하고 정의하려는 현대적 문명담론이 활성화되고 있으며 문명 인식이 점차 균형을 찾고 있다.

이 과정에서 미래의 비전을 지향하는 문명대안론이 거론되기 시작했다. 그 근거는 한마디로 공유를 생명으로 하는 문명만이 모든 문제 해결의 공분모로 작용하여 보편 문명을 창출함으로써 인류의 공생 공영을 보장할 수 있다는 데 있다. 그런데 인류가 염원하는 이러한 보편 문명은 결코 어떤 특정 집단에 의해서만 성취되는 것이 아니며, 또 그 누구의 전유물로 전락될 수도 없다. 보편 문명은 오로지 서로 부정 아닌 긍정, 상극 아닌 상생 속에서 문명 간의 부단한 상부상조적 교류를 통해서만 실현 가능하다.

이상은 아직 걸음마도 제대로 떼지 못한 보편 문명과 그에 바탕을 둔 '문명대안론'에 관한 나의 비견으로서, 확실한 입론까지 이루지 못한 아쉬움 속에 한 선학이 후학들에게 남겨놓은 숙제쯤으로 받아들였으면 하는 마음이 간절하다. 적어도 소위 '미래학자'들이 토설하는 덧없이 뜬구름 잡는 무모한 예언이나 속단과는 차원이 다른 설파이니 말이다.

다섯째로, 우리 학계가 실크로드를 비롯한 문명교류 연구에서 개창(開創)적 일보는 내디뎠지만 아직 선도적 역할을 제대로 하지 못하고 있는 것이 아쉬운 현실이다. 21세기는 '문명교류의 무한 확대' 시대로서 문명교류 연구는 신생 인문학의 중요한 분야로 부상했다. 이러한 시대적 요청에 부응해 우리 한국 학계는 지난 20여 년 동안 문명교류의 토대 학문인 실크로드의 학문적 정립에서 명불허전의 개창적 역할을 해왔다. 그 결과 전술한 바와 같이 실크로드학의 이론적 기반인 실크로드학 개론을 비롯해 실크로드 사전과 도록 및 기타 연구 논저들을 잇달아 편찬 출간했을 뿐만 아니라, 세계 실크로드학회의 창립과 두 차례의 국제학술대회를 주도했으며, 실크로드 대장정을 통해 아시아 지역 여러 곳에 실크로드 기념비를 세우는 등 미증유의 업적을 쌓아 올렸다. 이 모든 것은 우리 학계가 긍지와 자부심을 갖고 기려야 할 소중한 학문적 자산이다.

이제 우리 앞의 과제는 실크로드학의 학문적 정립에서 모자라는 부분을 하나하나 실속 있게 채워 나가면서, 궁극적 과녁인 문명교류학의 학문적 정립까지 천착하는 것이다. 이 과정에서 우리는 이때까지 그러했던 것처럼 개창적 및 선도적 역할을 담당해야 한다. 우리는 이러한 역할을 할 수 있는 충분한 잠재력을 보유하고 있다. 지금 우리에게는 주로 대학에 소속되어 실크로드와 문명교류 연구를 지향하는 전문 연구 기관이 11개나 있으며, 그 산하에 연구자 수백 명이 불철주야 연구에 진력하고 있다.

그러나 보다 폭넓고 깊이 있는 연구를 추진하기 위해서 당면하게는 현존 연구 기관들 간의 학문적 통섭을 도모하는 연합 학술 대회를 정기적으로 개최해야 한다. 또한 전망적으로는 연구의 통일성과 연구 역량의 효용성을 기하기 위해 현존 연구 기관들을 중심으로 전국적인 학회 조직을 출범시켜 국가적 차원의 연구 사업을 기획 조정할 필요가 있다는 제언을 드리는 바이다.

끝으로, 속으로만 생각하고 한 토막의 문자화도 하지 못한, 겨레의 '북간도(중국)' 유민사(流民史)를 제대로 한번 엮어보자던 욕망은 이제 꿈으로 증발해 아쉬움으로 남게 되었다. '북간도(오늘의 옌볜)'는 나의 태가 묻히고, 나의 '새벽길을 열어준 정든 요람'인 제2의 고향이자 '더부살이 티 없는 완벽한 조선인 유민 사회'로, 나는 거기서 겨레의 말과 글을 배우고 전통을 익혔으며, 민족의식의 싹을 틔웠다. 그곳은 오늘까지도 여섯 남매 중 다섯 남매와 그 후손들이 살고 있는 잊지 못할 고장이다. 비록 이역이지만 한때는 나와 운명을 같이한 땅이다. 그 땅이 없었던들 오늘의 나는 결코 없었을 것이다. 그래서 늘 고마웠다.

그 고마움에 보답하기 위해 그 땅의 개척에서부터 우리 유민들의 희비고락이 함께 묻어 있는 유민사를 한번 진솔하게 써서 헌정하고 싶었다. 게다가 근간에 와서는 먼 옛날 우리 겨레가 대국을 세워 당당하게 살아온 정체성을 둘러싸고 한중 간에 이른바 '역사 전쟁'이 음으로 양으로 치열하게 벌어지고 있는 현실에 접해 그러한 유민사를 쓰고픈 충동을 더 절절하게 느껴왔다. 그간 간간이 '역사 전쟁' 문제에 관해서는 현지 답사기 등을 통해 소견을 발표하기는 했지만, 유민사에 관해서는 얼마간의 사료나 모았을 뿐, 차일피일 미루다가 이제는 무위로 놔버릴 수밖에 없게 되었다. 정말 아쉽고 안타깝다. 누구에게 이 아쉬움을 메워달라는 기대마저도 걸 수 없게 되었으니 더더욱 안타깝다.

나는 격변의 시대를 살아온 한 지성으로서 이 에필로그에서 평생 고마웠던 이 세월에 남겨놓은 '유종의 미'로서 일곱 가지 변변찮은 족적을 늘어놓았으며, 세월의 고마움을 채 갚지 못한 여섯 가지 자성의 아쉬움을 곧이곧대로 토로했다. 이것으로 나는 이 시대, 이 세월을 그런대로 큰 구김새 없이 보람 있게 살아온 기복무상(起伏無常)한 여정을 대충 결산한 셈이다. 그러고 보니 한 일과 하지 못한 일에 만감이 교차한다. 나는 늘 '불급(不及)함' 속에서 초조히 살아왔다. '불급함'은 내 인생의 연속이었다. 오, 불급함이여, 더는 나를 괴롭히지 마소서! 이제 나는 그 '불급함'을 내일의 여명을 잉태한 낙조에 고이 묻고 미련 없이 훨훨 떠나련다.

색인

ㄱ

가변법리 467
가족관계 등록 등에 관한 법률 38
간도 21, 47-48, 50, 52, 56-57, 59-65,
　　70, 72, 84, 86-87, 94-96, 106-107, 109,
　　114-115, 117-120, 122-123, 127-128,
　　139, 143-145, 150, 152, 155-156, 176,
　　285, 558
감무공파 43
강도회맹 57
강윤봉 320-321, 547
개심사 51, 54
거룡우호공원 143
거시기산악회 8, 42, 481-482, 486, 488,
　　490, 492, 494
겔너, 어니스트 330
겨릅등(저릅등) 130
경사대학당 184, 190
경제 실크로드 415

고귀한 적 528
고영일 114, 117
〈고향의 봄〉 147, 155
공든 탑이 무너지는 퇴행의 시대 355, 368
공백의 시대 353, 368
공작호 202
광동중학교 19-20, 123, 127, 136-138
광제욕 47, 59
교포사업총국 287-288
국립베이핑대학 베이다학원 186
국립시난연합대학 187
국한론 430, 432
권녕하 138, 161
『권학편』 203
『그란트사히브』 527
그루세, 르네 444
그리피스, 윌리엄 엘리엇 319
『근본적인 것, 진리의 증언』 463
근본주의 461, 463-466
근오지현 44-46

근화필 507
기자 237
길림-조선 상인 간 수시 무역에 관한 장정
　　59
김동삼 155-156
김삿갓 55-56
김약연 67
김창걸 50
깁, 해밀턴 262

ㄴ

나나크 526
나세르, 가말 압델 23, 227-228, 230,
　　243-246
나스르조 253-254
나투프문화 525
『낙동강』 302
남도인 44
남미병 515
남북 관계 발전과 평화 번영을 위한 선언
　　(10·4 남북정상선언) 353, 358, 362
남북기본합의서 352, 358, 361
남한화약 57
〈내 고향〉 145-146
내선동조동근론 98
내자불거 38, 355, 369
〈노들강변〉 172
노용활 137, 178
노진우 67, 176
『농민독본』 169
니사 529
닉슨독트린 293

ㄷ

다라쯔 50, 52, 56, 174
다산식 전범 393
대광현 55
대법선 교역 420, 432
대성중학 150-151
대식(아랍) 321-322
대자적 민족 360
대전뿌리공원 40-41
대조영 55
더프리스, 휘호 126
데탕트 무드 293
도문강 52
도유호 246-249
도자기의 길 419
돌연변이설 126
동도서기 528
동양척식주식회사 46
동화 94, 96-97, 99, 103, 107, 109, 123,
　　444-446, 452, 529
드리오피테쿠스 512

ㄹ

라마로 419
라이프니츠, 고트프리트 빌헬름 폰 522
로기순 128
루거우차오 사건 187
루브룩, 윌리엄 308
루쉰 185, 191
룽징중학교 151
룽징지명기원지정천 143

⟨룽징찬가⟩ 155, 158
류열 218-220
리히트호펜, 페르디난트 파울 빌헬름 417
림민호 119, 128
림원철 161, 171, 179

ㅁ

마라케시 253
마야문명 516
마역로 419, 424
마오이즘 24, 264, 268-269
마인추 185
마젠 204
마흐르 468
만공 스님 507
만주벌의 호랑이 155
만주야소교전문학교 49
「만주 한인 사회의 형성」 48
맘루크조 254
메소아메리카문명 516
메소포타미아로 419
메스티소 514
명도전로 421-422
명천촌 40, 52, 56, 59-62, 121, 144
명천현 46, 55
명태 54-55, 489
모란봉예술단 80
모자이크 문명 519
목극등 58
『무빈골 전설』 50
무정 119
무허회의 269

문명공존론 438-439
문명교류론 406, 438-440, 536
문명대안론 32, 197, 447, 554-557
문명상대론 458, 467
문명순환론 438
『문명의 모자이크 유럽을 가다』 429, 520, 522
『문명의 보고 라틴아메리카를 가다』 429, 513
『문명의 요람 아프리카를 가다』 429, 513
『문명의 충돌과 세계질서의 재편』 448
문명이동론 438
문명타자론 197, 447, 556
문무대왕 해양대상 540
문예봉 146-147
문정일 76, 121, 128, 283
문화 교류론 249
문화국수주의 458
문화 소통론 248
문화 영향론 248
문화인아파트 146, 292
문화 전파론 248-249
문화접변 258, 446
문화 주입론 248
물라토 514
미국성서연맹 463
민족 공동체 건설을 위한 3단계 통일 방안 368
민족 만들기 364
민족유일당재만책진회 155
민족주의 폐기론 338-339, 342
민족 통일론 376

ㅂ

바이런 270-271, 273, 276
바쿠리, 아흐마드 227-228
박은식 222
〈반갑습니다〉 노래비 155
반둥 23, 227, 246
반혁명진압운동 208
배타적 민족주의 345, 359
백과전서파 522
백두산정계비 58
백상출판문화상(번역 부문) 264
백수문 90
백은의 길 420, 432
베링해협 517
베이징대학 문화 189, 190-192, 203
베이징대학인 184, 190
「베이징학생계선언」 186
「베이징학생계전체선언」 186
변별 이론 454
「보임안서」 530
보편 문명 198, 446-447, 522, 536, 554-557
볼리바르, 시몬 515
볼테르 522
봉천-조선 간 변민 교역 장정 59
부근치성 86
『북간도』 47
북한 붕괴론 355
분단 시대의 불우한 천재 학자 540
분족론 328, 363-368, 370-371, 533
불령선인 103
불타로 419

〈비암산 진달래〉 155

ㅅ

사로 43
사잇섬 농사 47
사제삼세 215, 300
사트카르타르 527
사해시일 506, 544
사해일가 20
산살바도르섬 429
산토도밍고 429, 518-519
살라딘 528
삼합촌 42, 70, 172
상공당제 83
샤탄 182
서백 392
서복 422, 483-485
「서복도한고」 484
서전서숙 150
서헌 151, 161, 165, 167
『석봉천자문』 88, 91
〈선구자〉 147, 152-160
선구자탑 154-155, 158
선다일여 387-388
선죽교 106
성서비판학 463
성차심리 469
세계의 일체성 31-32, 506, 509, 544-545
『세계 인식에 관한 한국 고전 독해』 411
세계일화 503, 506-507
『세 나라 시기의 리두에 관한 연구』 220
세스페데스, 그레고리오 데 308

『소걸음으로 천리를 가다』 390-391
『손자병법』 392
수니파 462
수덕사 507
수라바야 505
수류화개 383, 385-389, 398-399
수원보 60
수피즘 255, 259
숙반운동 148
순자 203
술라이만 앗 타지르 309
술이작 30, 349-350, 410-412, 426, 538, 542
「술이편」, 『논어』 349, 411
스탈린 117-118, 346
시아파 462
시크교 526
『신라·서역교류사』 249, 307, 406, 536
신라일본비정설 314
신실크로드 415
신체호 202
『실크로드 도록』 30, 406, 412, 426, 433-435, 538-539
『실크로드 사전』 30, 406, 412, 425, 428, 432-435, 486, 509, 538-539, 557
실크로드의 아버지 540
실크로드학 5, 30, 391, 394-396, 406, 412-413, 425-428, 434, 485, 536-540, 542, 557

ㅇ

『아랍어-조선어 사전』 291

아시아-아프리카정상회의 23, 227, 246
아우랑가바드 527
아위중 410, 411
아즈텍문명 516
아퀴나스, 토마스 460
『아학편』 92
아흐마드 나지브 하심 233
아흐마드 루트피 알 사이드 239
안달루스 256-257
안수길 47
안익태 147
『알기 쉬운 한글 강좌』 220
알라 플러스 혁명 245
알 마스오디 309
알 마크디시 311
알 이드리시 310-311
알 카즈위니 312
〈애국가〉 147
애주송 사언시 493
야위 86-87
『야학독본』 169
양국문화협력기요 228
양숙공파 43
양푸창 234, 236
에디슨, 토머스 앨바 126
엘로라 석굴 527
『여러 나라의 유적과 인류의 소식』 312
여성 동격관 469
여성 보호관 469
여성 유별관 469
연일 정씨 39-46, 52, 60-62
연파 446
열린 민족주의 341, 359

예리코 525
옌벤고급중학교 20, 73, 76, 109, 123, 135-136, 139, 142, 151, 160, 201, 210, 283
옌벤조선족자치주(옌벤조선족자치구) 38, 136, 200-201
옌벤조선족전원공서 138, 283
옌징대학 173, 182-183, 189
오랑캐령 52
오리엔탈리즘(타자론) 438-439
오봉산 52, 110, 112-113, 142
오아시스로 415, 418-419, 431, 433-434
오일 실크로드 415
오천 정씨 40
옥인학당 아카데미 강좌 543
올메카문화 516
『왕오천축국전』 320-322, 324, 326, 406, 411, 486, 541
용두레 우물 143, 157
우마이야 사원 527
우베르케르크호 308
『우봉잡억』 214
우수아이아 505
「우의의 씨앗」 277
웨이밍호 183-184
웰링턴 505
위국헌기위지고 22, 80, 216-218, 221, 284
위국효용 214
『유라시아 유목제국사』 444
유럽과 아시아의 결혼 529
유소프, 무스타파 234
윤동주 기념관 151
윤동주 시비 151

융합 410, 446, 519-524, 526-529
융화 356, 436, 444-446
『은자의 나라 한국』 319
이구아수폭포 517
이기섭 143
이동녕 150
『이븐 바투타 여행기』 30, 250, 257, 260, 262, 322, 406, 480, 485, 541
이상설 150
이수광 319
『이슬람근본주의와 모더니티』 464
『이슬람문명』 458, 486
『이슬람 이전 시대의 아랍 시가 연구』 241-242
이시애 46, 55
이시애의 난 46, 55
이익 222
이태백 168
일본식성명강요 99
일송정 152-159
일칸국 254
잉카문명 516

ㅈ

자메이카 429
자문화중심주의 458
자위야 255, 258, 260
자이덴슈트라센 418
잔류파 283-284
장명린 187
장밋빛 합의의 시대 352, 368
「장진주」 168

장톄성 195
저우언라이 23, 27, 76, 117, 227-231, 266
전개형(카프탄형) 524
「절명시」 221
점파 446
접촉의 시대 353, 355, 368
정극유 43
정몽주 42, 106
정수일의 민족론과 통일담론 333
정습명 43
정율성 210
정자피 43
정종은 43, 62
제1차 아시아-아프리카인민단결대회 246
제첸, 울리히 야스퍼 261
조두남 147, 158-159
조명희 302
조선간민(조선인 간민) 50, 57, 59, 60
조선독립동맹 120
조선성명복구령 102
조선의용군 119-121, 127
조선통감 간도 파출소 144
조원섭 161, 172
종성 47
주덕해 119-122, 128
『주역』 392
주흥사 90-91
『주희집주』 411
준문명권 445
중경현덕부 153
『중국』 114, 309, 417, 486, 541
『중국과 인도 소식』 309
『중국조선민족사연구』 114

중서병중 185
중소우호동맹호조조약 117
중체서용 185, 528
중화 문명 450
즈신향 60, 70
즉자적 민족 360
지백호 43
『지봉유설』 319
지셴린 203-204, 211-212, 215
『지셴린문집』 212
지주사공파 43
지하드 461-463
지희겸 128
진화통일론 372, 375, 379, 533, 551-552
징스대학교 186

ㅊ

차오양촨 175, 178-180
차이위안페이 185-186, 191
『창세와 역사서』 311
창씨개명 38, 95, 97-108
천년왕국운동 463
『천애 횡단 갈망자의 선택』(『로제왕의 서』) 310
천이 27
천일정 410, 413
『천자문주해』 89
철의 실크로드 415
체제 통합론 376
초원로 406, 415, 418, 423-424, 431, 433-437, 538
초의 선사 387-388

최우수논문상 540
최채 138
최치원 400
친구론 328, 363, 367, 370
친족 애착 정신 468
칠보산 51, 53-54, 62
칠정산내외편 319

ㅋ

카사블랑카 271, 273
칸쿤 517
코리아 실크로드 프로젝트 327, 538-539
쿠르간 436-437
쿡, 웰링 토머스(쥐위즈) 49-50
퀴뇨, 니콜라 조제프 415

ㅌ

타민족론 328-329, 357, 363, 367
탈아입구 452
탕읍퉁 188
탕헤르 250-251, 253, 257
태평양 비단길 420, 432
토문 58
통양포 45
통일 대박론 355
통일비용 과다론 373
「통일비용과 분단비용」 373
통일비용론 371-372
통일 편익 372-376, 379, 551
퇴호 호사인 사건 241-242
트란스옥시아나 417

ㅍ

파르티아 529
파크리, 아흐메드 247-248
파타고니아 트레킹 복장 489
팔미라 418
페스 251, 253
펠리오, 폴 322
편지 강의 396-397
폐성창씨 100
폐쇄적 민족주의 345, 359
《포린어페어스》 448
포항창 45
표언복 48
푸쓰녠 186

ㅎ

『하디스』 252, 260, 461, 469
하루 스승 백년 어버이 215
학부조정법 188-189
한국문명교류연구소 275, 320, 411, 502, 505-506, 543, 545
한반도평화기원탑 305
『한비자』 392
한설야 246
한 손에 꾸란, 다른 한 손에 검 459-460
한양 정씨 42
한호 91
해란강(하이란강) 60, 143, 153, 157
해로 261, 323, 406, 415, 418-423, 431, 433-434, 538
『해상 실크로드 사전』 30, 412, 428, 435,

538

향료의 길 419

허대진 161, 165, 167, 195

『혁명철학』 243

『현대 학생 우리말 사전』 220

협화회 108

형설지공 130-131

혜초 320-327, 406, 411, 429, 480, 486, 541

『혜초의 대여행기 왕오천축국전』 320

호모사피엔스 512

호모사피엔스사피엔스 512

호모에렉투스 512

호모하빌리스 512

호박로 419

호카곶 505

호한문화 444

혼성문명 444

〈혼일강리역대국도지도〉 319

홉스봄, 에릭 330, 364

홍난파 147

홍러우 183, 187, 189

화북조선청년연합회 119

화혼양재 528

환구론 430, 432

환국파 283-284

환지구로 419, 431

황산곡 386, 388

황현 221

회령 44, 52, 70, 143, 172

회창법란 460

후치리 207-208

희망봉 505

히잡 469

기타

2014 해양 실크로드 글로벌 대장정 327, 435

『21세기 민족주의: 재생의 담론』 333

21세기민족주의포럼 333

3·13 반일의사릉 150

3호 202-203, 206, 208

4·27판문점선언 355, 358, 362

4보39사 60

4통4풍 190-191, 200

6·15남북공동선언 353, 358, 361-362

7·4남북공동성명 294, 352, 357-358, 361, 368

8·15평화통일구상선언 294

9·19평양공동선언 358, 362

정수일 약력

- 중국 옌볜 출생(1934)
- 옌볜고급중학교 졸업(1952)
- 베이징대학 동방학부 졸업(1955)
- 카이로대학 인문학부 중국 국비유학생 제1호 선발, 3년간 유학(1956~1958)
- 중국 외교부 및 모로코 주재 중국 대사관 근무(1959~1963)
- 평양국제관계대학 및 평양외국어대학 동방학부 교수(1963~1974)
- 튀니지대학 사회경제연구소 연구원(1980~1981)
- 말레이대학 이슬람아카데미 교수(1982~1983)
- 단국대학교 대학원 사학과 박사과정 수료(1984~1989)
- 단국대학교 사학과 교수(1988~1996)
- 국가보안법 위반 혐의로 5년간 복역(1996~2000)
- 사단법인 한국문명교류연구소 결성(2008)
- 21세기민족주의포럼 결성(2008)
- 종횡 세계 일주 수행
  제1기(1955~1958), 제2기(1959~1963),
  제3기(1974~1983), 제4기(2006~2018)
- 제3대 세계실크로드학회 회장 역임(2017~2018)
- 전공: 문명교류사
- 현 한국문명교류연구소 소장

수상

- 제42회 한국백상출판문화상 출판상
  『이븐 바투타 여행기(전 2권)』, 번역 부문(2002)
- 제54회 한국출판문화상
  『실크로드 사전』, 저술 부문(2013)
- 제1회 문무대왕 해양대상 해양문화 부문 대상(2019)
- 제5회 국제실크로드 학술대회 최우수논문상
  「실크로드와 경주」(2019)

정수일 저서 및 역주서 목록

· 저서

	제목	출판사	출판연도	쪽수	내용
1	신라·서역교류사	단국대학교 출판부	1992	634	박사논문
2	세계 속의 동과 서	문덕사	1995	294	수필집
3	기초 아랍어	단국대학교 출판부	1995	214	초보자용 아랍어 교재
4	실크로드학	창비	2001	810	실크로드의 학문적 정립을 시도한 학술서
5	고대문명교류사	사계절	2001	742	고대문명교류사를 체계화한 학술서
6	문명의 루트 실크로드	효형출판	2002	205	교양용 실크로드 개설서
7	문명교류사 연구	사계절	2002	584	문명교류 관련 논문집
8	이슬람문명	창비	2002	404	이슬람문명 관련 종합 개설서
9	소걸음으로 천리를 가다	창비	2004	424	옥중 서간집
10	한국 속의 세계 (상·하)	창비	2005	500	한국의 내재적 세계성 관련 교양서
11	실크로드 문명기행: 오아시스로 편	한겨레출판	2006	392	실크로드 오아시스 육로의 현장 답사기
12	실크로드의 삶과 종교(공저)	사계절	2006	284	실크로드상의 삶과 종교 관련 논문집

13	중앙아시아 속의 고구려인 발자취 (공저)	동북아 역사재단	2008	421	고구려인들의 중앙아시아 정착 관련 논문집
14	문명담론과 문명교류	살림	2009	515	문명담론과 문명교류 관련 논문집
15	초원 실크로드를 가다	창비	2010	555	실크로드 초원로의 현장 답사기
16	21세기 민족주의 (공저)	통일뉴스	2010	341	민족과 민족주의 관련 담론집
17	전통을 보는 열 가지 시선(공저)	주류성	2012	247	전통 관련 각이한 시각의 논문집
18	실크로드 사전 (한글·영어)	창비	2013	1092	세계 최대 실크로드 사전
19	해상 실크로드 사전	창비	2014	460	세계 유일의 해상 실크로드 사전
20	실크로드 도록 : 육로편(한글·영어)	창비	2014	330	실크로드 육로 도록
21	실크로드 도록 : 해로편(한글·영어)	창비	2014	496	실크로드 해로 도록
22	문명의 보고 라틴아메리카를 가다 (전 2권)	창비	2016	1072	라틴아메리카 문명 탐험기
23	문명의 요람 아프리카를 가다 (전 2권)	창비	2018	1056	아프리카 문명 탐험기
24	실크로드 도록 : 초원로편 (한글·영어)	창비	2019	464	실크로드 초원로 도록

25	국학과 민족주의 (공저)	통일뉴스	2019	391	국학과 민족주의 접근성 관련 논문집
26	민족론과 통일담론	통일뉴스	2020	204	민족주의와 통일담론 관련 학술서
27	우리 안의 실크로드	창비	2020	512	실크로드의 한반도 연장 관련 연구서
28	문명의 모자이크 유럽을 가다 1 : 북유럽	창비	2021	484	북유럽 4대국의 문명 탐험기
29	시대인, 소명에 따르다: 정수일 회고록	북이십일 아르테	2022	604	총 9장으로 구성된 회고록

- 역주서

1	이븐 바투타 여행기, 이븐 바투타 (전 2권)	창비	2001	1076	(아랍어→한글) 세계 4대 여행기 중 하나, 세계 세 번째로 완역
2	중국으로 가는 길, 헨리 율 ·앙리 꼬르디에	사계절	2002	488	(영어→한글) 문명교류사의 첫 고전 역주서
3	혜초의 왕오천축국전, 혜초	학고재	2004	514	(한문→한글) 세계 4대 여행기 중 하나, 가장 오래된 세계적 여행기 역주서
4	오도릭의 동방기행, 오도릭	문학동네	2012	332	(영어→한글) 세계 4대 여행기 중 하나, 중세 수사 오도릭의 동방여행기 역주서

- 총 33종 41권(공저 5권 포함)

중국 옌볜 명천촌 생가(개축)

할머니와 함께한 가족사진(필자는 빠짐)

세 딸의 어린 시절

아내와 세 딸

중국 옌볜고급중학교 재학 시절 [1951.]

중국 베이징대학 재학 시절 [1955.]

베이징대학 축구팀 선수들과 함께(필자는 앞줄 왼쪽에서 세 번째) [1954.]

베이징대학 동방학부 청사 앞 [2012.1.]

이집트 카이로대학 유학 기념 [1955.]

중국 유학생과 이집트 종교부 바쿠리 장관이 함께한 중국 국경절 연회석상에서
(바쿠리 장관은 유학생 파견을 추진한 주역) [1956.10.]

베이징 외교부 식당에서 카이로대학 중국 유학생
학우들과 54년 만의 반가운 해후 [2012.1.]

카이로대학 인문학부 청사 앞 [2013.1.]

모로코 주재 중국 대사의 신임장 봉정 후 모로코 국왕과의 대화 통역 장면 [1959.4.]

모로코의 중세 대여행가인 이븐 바투타의 묘당 참배 [2009.1.]

튀르키예 동부 아라라트산 맞은편에 있는 '노아의 방주' 유적지에서(왼쪽), 노아박물관 관장과 함께(오른쪽) [2005.8.]

요르단 역사학자 파우지 자이단(Fauzi Zaidan)과 고대 남북 '왕의 길(The King's Highway)'에 관해 담화하는 장면 [2006.12.]

요르단 '신비의 도시' 페트라의 나바테아왕국 시대(기원전 4세기~기원후2세기) 가즈나 대신전 외관 [2006.12]

한국문명교류연구소 창립의 단초가 된 첫 중앙아시아 탐사 일행 [2006.6.]

불교 4대 성지 중 하나인 인도의 사르나트에 있는 높이 약 15m의 아소카왕 석주(기원전 3세기) [2007.8.]

블라디보스토크 니콜라예브카에 남아 있는 발해 유적지(성터)에서 [2009.7.]

무교(巫敎)의 본향인 시베리아 바이칼호 알혼섬 참배 [2010.7.]

1955년 제1차 아시아-아프리카정상회의(반둥회의)가 개최된 인도네시아 자바섬 반둥시의 회의 장소 [2012.2.]

유라시아의 최서단인 포르투갈 대서양 연안에 자리한 호카곶에서 [2012.6.]

지구의 최남단 땅끝 마을인 아르헨티나의 우수아이아 표지판 옆에서 [2012.6.]

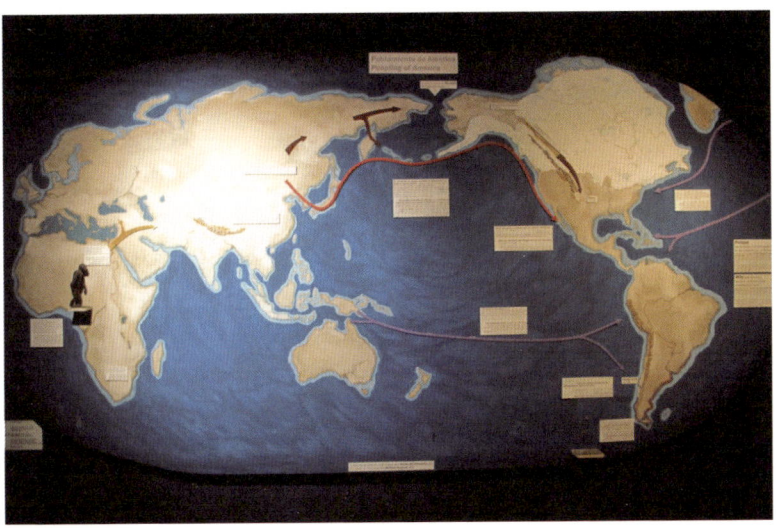

우수아이아의 야마나박물관에서 처음 발견한 고대 인디오의 한반도를 관통하는 이동로 지도 [2012.6.]

찰스 다윈의 탐험선 비글호의 이름을 딴 라틴아메리카 최남단의 비글해협 탐험선에서 [2012.7.]

칠레의 산티아고에서 3800km 떨어진 남태평양상의 고도 이스터섬에 있는 15개 모아이 거상 앞에서 [2012.7.]

노벨문학상 수상자이며 칠레의 '국민 시인'인 파블로 네루다의 발파라이소 고택 정원에 설치된
구리 의자 위의 시인 좌상과 함께 [2012.7.]

페루 잉카문명의 '성스러운 계곡' 우루밤바의 중심부에 위치한
표고 2871m의 마추픽추 유적지 정상에서 [2012.7.]

세계적으로 유명한 콜롬비아의 보고타
황금박물관에 전시된 황금 장식품

체 게바라와 여섯 동료가 암암리에 매장된 볼리비아 바예그란데의 매장지 참배 [2012.7.]

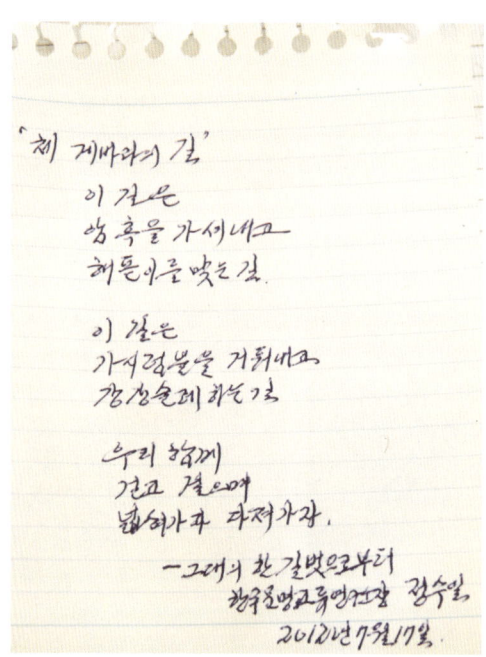

체 게바라가 총살된 볼리비아 라이게라 마을의 옛 소학교 현장 벽에 남긴 추모 글 [2012.7.]

에콰도르 키토시를 관통하는 남·북반구 경계선인 적도선(북위 0도)상에서 [2012.7.]

멕시코시티 아즈텍박물관에 전시된, 한국 여성들의 두식과 유사한 현지 여인들의 가체(加髢) [2012.8.]

노벨문학상 수상자인 미국 작가 헤밍웨이의 단골 카페였던 아바나의
엘 플로리다(현재 주점)에 설치된 그의 동상 옆에서 [2012.8.]

미국 샌프란시스코의 명물인 금문교(현수교, 길이 2789m, 주탑 높이 227m)의 해군 조각상 옆에서
[2012.8.]

카리브해 산살바도르섬 롱베이 해안에 있는 콜럼버스의 제1차 대서양 횡단 상륙지에서 [2014.6.]

인도네시아 암본섬 카이테투(Kaltetu) 마을 카이테투 왕국의 알민 국왕(흰옷 입은 사람) 예방 [2014.6.]

한국 경주 출토 상감유리구슬의 원류를 찾기 위해 인도네시아 수리바야 젬버 마을의
상감유리구슬 공방 방문 [2014.6.]

젬버 공장에서 제작한
화려한 상감유리구슬 [2014.6.]

'곶의 도시' '어머니 도시' '바람의 도시' '의사의 도시' 등 다양한 이름을 가진
동서양 접점의 도시인 아프리카 서남단의 케이프타운(희망봉) [2014.4.]

러시아 상트페테르부르크 근교에 있는 주러시아 공사 이범진 애국 열사의 묘 참배 [2014.12.]

노르웨이 오슬로 바이킹선박박물관 소장 대형 비크선 [2017.5.]

스웨덴 스톡홀름의 바사박물관에 복원 전시된 화려한 행궁선(行宮船) 바사호 [2017.5.]

1907년 벨기에 헤이그의 만국평화회의에 특사로 파견된 이준 열사를 기리기 위한 헤이그의 이준평화박물관 참관 [2017.6.]

독일 분단의 종언을 상징하는 베를린장벽의 잔해 옆에서 [2017.6.]

런던 서교에 있는 거석문화의 대표적 유물인 대형 고인돌 스톤헨지 답사 [2017.7.]

아프리카 잔지바르의 잠보 향신료 농장에서 투어블릭 강상훈 대표와 함께 [2014.4.]

이집트 카이로의 나일강 유역에 자리한 기자의 3대 피라미드 앞에서 [2013.1.]

이집트 남부의 나세르 호숫가에 이축된 아부심벨신전(기원전 13세기 축조) 앞에서 [2013.1.]

신라 명이 기재된 첫 세계지도인 알 이드리시 세계지도(카이로도서관 소장. 1154년 제작) [1984.]

아프리카 서남단 케이프타운의 명소인 테이블마운틴 정상에서 [2014.4.]

2021년 생일 만찬에서 김정남 전 이사장과의 감격적인 장면 [2021.11.]

험악한 알타이 산지에 있는 스키타이의 전형적 유적인 파지리크고분군 헬기 탐사 [2018.5.]

포르투갈 여행가 바스쿠 다가마의 서세동점의 길을 튼 '인도항로' 개척 기념비 옆에서 [2012.3.]

튀르키에 이스탄불 톱카피궁전박물관에 전시된 태극무늬의 청화백자 사발 유물 [2013.2.]

노르웨이 오슬로 콘티키박물관에 소장된 태평양 횡단 콘티키호(실물 복원) [2017.5.]

2013년 11월 평택 해변가에 세운 '혜초기념비' 옆에서 [2017.10.]

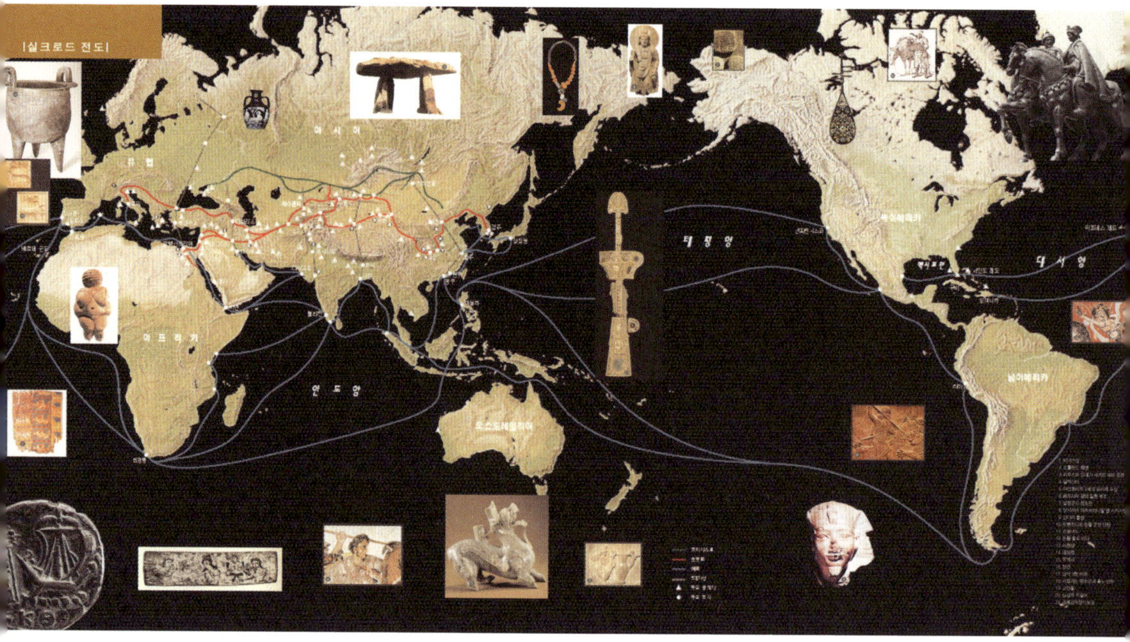

미증유의 환지구적 '실크로드 전도' 제작 [2001.11.]

한·영 『실크로드 사전』과
한·영 『실크로드 도록』(육로편, 해로편, 초원로편)
[2013.;2014.~2018.]

세계 여행기 5종 [2006.~2019.]

옥중에서 집필한 각종 원고 [1996.~2000.]

아프리카 짐바브웨 잠베지강의 저녁노을에 새 한 마리가 창공을 비상하는 황홀한 모습 [2014.4.]

모로코 사하라사막에서 맞이한 해돋이 [2009.1.]

세계의 일체성
사해일가(四海一家), 세계일화(世界一花)

"세계일화는 온 세상이
한 송이 꽃이라는 이야기니라. (……)
이 세상 삼라만상이 한 송이 꽃이니라,
머지않은 장래에 우리 조선 땅이
세계일화의 중심이 되느니라."
—만공(滿空)

세계 9개 지역의 야생화 (시계 방향)

1 [동아시아] 한국 백두산 꽃 → 2 [북유럽] 노르웨이 피오르 꽃 → 3 [남아메리카] 페루 마추픽추 꽃
→ 4 [동아프리카] 케냐 나이로비 꽃 → 5 [남아시아] 파키스탄 카라코람 하이웨이 꽃
→ 6 [중앙아메리카] 자메이카 꽃 → 7 [동유럽] 러시아 사마라 꽃 → 8 [남아메리카] 칠레 이스터섬 꽃
→ 9 [동아프리카] 탄자니아 잔지바르 꽃

시대인, 소명에 따르다

정수일 회고록

1판 1쇄 발행 2022년 12월 9일
1판 2쇄 발행 2025년 3월 11일

지은이 정수일
펴낸이 김영곤
펴낸곳 (주)북이십일 아르테

책임편집 김지영
기획편집 장미희 최윤지
디자인 박대성
마케팅 남정한 나은경 최명열 한경화 권채영
영업 변유경 한충희 장철용 강경남 황성진 김도연
제작 이영민 권경민

출판등록 2000년 5월 6일 제406-2003-061호
주소 (10881) 경기도 파주시 회동길 201(문발동)
대표전화 031-955-2100 팩스 031-955-2151

(주)북이십일 경계를 허무는 콘텐츠 리더

아르테 채널에서 도서 정보와 다양한 영상자료, 이벤트를 만나세요!

인스타그램 instagram.com/21_arte 유튜브 www.youtube.com/@sgmk 홈페이지
　　　　　 instagram.com/jiinpill21 　　　　 www.youtube.com/@book21pub 　　　　arte.book21.com
페이스북 facebook.com/21arte 포스트 post.naver.com/staubin 　　　　book21.com
　　　　　 facebook.com/jiinpill21 　　　　 post.naver.com/21c_editors

ISBN 978-89-509-4275-5 03810

· 책값은 뒤표지에 있습니다.
· 이 책 내용의 일부 또는 전부를 재사용하려면 반드시 (주)북이십일의 동의를 얻어야 합니다.
· 잘못 만들어진 책은 구입하신 서점에서 교환해 드립니다.

'다민족'과 '다문화'는 각이한 민족들의 정체성이 존중될 때만이
비로소 시대정신이 될 수 있다.

'세계사적 시대' '민족사적 시대'는 층위적 개념이 아니라
시공을 초월한 상호 보완적이며 평행적인 개념이다.

'일체성'이야말로 미래의 인류를 다 같이 공생 공영할 수 있게 하는
역사의 원초적 뿌리이며 밑거름이다.

나는 나의 학문관을 아위중, 술이작, 천일정의 세 기둥으로 받쳐 세우고
그 실천에 일로매진했다.
— 아위중(我爲重): 우리의 것이 중요하다
— 술이작(述而作): 선인의 것을 서술할 뿐만 아니라, 새것을 창작하다
— 천일정(穿一井): 한 우물을 깊이 파다

인류가 염원하는 '보편 문명'은 결코 어떤 특정 집단에 의해서만
성취되지 않으며, 그 누구의 전유물로 전락될 수도 없다.

'보편 문명'은 오로지 서로의 부정이 아닌 긍정, 상극이 아닌 상생 속에서
문명 간의 부단한 상부상조적 교류를 통해서만 실현 가능하다.

'문명의 교류'는 인류가 공생 공영하는 이상사회로 가는 첩경이다.